乳井貢　志学幼弁

小島康敬❖校注

北海道大学出版会

儒服をまとった乳井貢
(弘前市立博物館蔵)

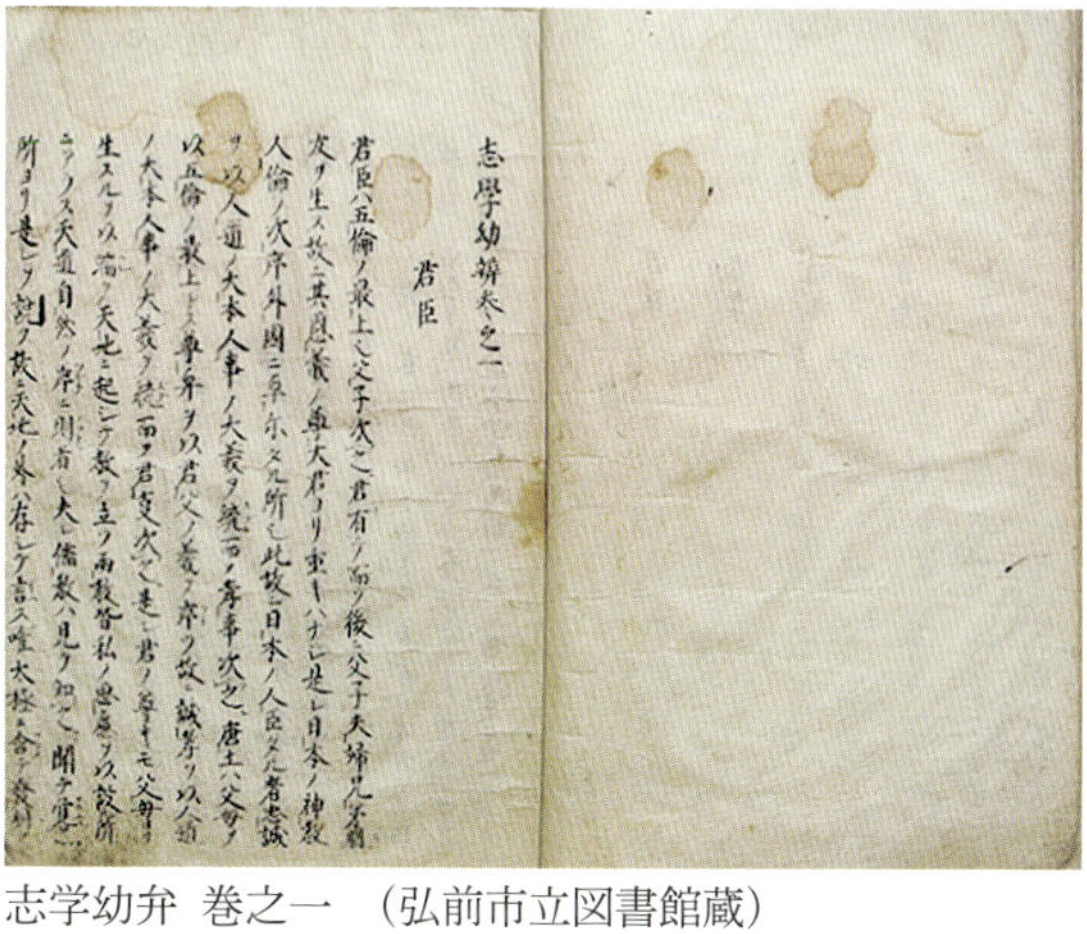

志学幼弁　巻之一　(弘前市立図書館蔵)

目次

目　次

凡例

一、翻刻原本は乳井の裔孫乳井龍雄氏が所蔵されていた自筆本と称される（確証はない）十巻本に拠った。氏は昭和十二年に三井銀行常務取締役を務めた人物である[*]（『三井銀行八十年史』一九五七年）。この原本は乳井家から昭和四十一年九月に弘前市立図書館に寄贈され、現在に至っている。原本各巻の表紙裏には昭和四十一年九月乳井建一氏寄贈の受入印が押捺されている。ただし巻之一には寄贈者名が乳井貢となっているが、これは明らかに誤記である。建一氏は龍雄氏の長子である。この原本の画像史料はアデアックの「弘前市立弘前図書館／おくゆかしき津軽の古典籍」で一般に公開されている。国文学研究資料館の日本古典籍総合目録データーベースからも辿ることができる。それ故に、本書での翻刻校訂にあたっては、原本の忠実な反映を基本としつつも、読解への便宜と読み易さを優先し、以下のような方針で臨んだ。

一、原本は漢字片仮名交じり文であるが、巻之五のみ漢字平仮名交じり文となっている。『乳井貢全集』第一巻（乳井貢顕彰会　昭和十年）の校訂者による巻頭言によれば、全集編纂の時点で巻之五（「節用・数道」）のみ欠佚しており、旧制弘前高等学校（現弘前大学）所蔵の写本をもって充当した、という。本書でも全集本と同じく体裁を整えて巻之五は他巻と同様に漢字片仮名交じり文で翻刻することとした。

一、読解の便を考慮して、適宜改行を施した。

一、読解の便を考慮して、適宜句読点を加えた。

凡　例

一、読解の便を考慮して、本文・振り仮名ともに濁点を付した。

一、原史料にある文字と文字とを繋ぐ連結線は全て除いた。

一、人名、書名などの一部を除き、旧字体を新字体に改めた。

一、原文に見られる字体の不統一は通用の字体に統一した。

一、合字や踊り字はカタカナで表記した。

一、読み易さを考慮して、名詞が長く連続する場合、中黒で区切った箇所がある。

一、闕字・平出については生かす形で残した。闕字については字数分の空白を設け、平出については改行した。

一、原史料に記された一、二点、返り点、送り仮名及びルビは、明らかな誤りを除き、乳井の漢文の読みを尊重して、可能な限り忠実に再現した。

一、小さな送り仮名は本文中に組み込んだ。例：「己《レ》」→「己レ」、「所以《ン》」→「所以ン」。

一、原文に見られる漢字表記の不統一は原本通りに翻刻した。例：「困窮」「困究」「窮理」「究理」「窮民」「究民」等々。

一、原文では「己」「已」「巳」の表記が不正確であるので、正した。

一、誤字・脱字、間違いと思われる箇所は括弧内に相当する文字を補った。判断に迷う場合や間違いもそのままに残した方が史料的に意味のあると思われる場合は、行間にママを付した。

一、明らかな誤りについては適宜訂正した。

一、乳井の思想形成の文献的背景及び原典に対する乳井独自の訓読や理解の仕方を知る上で、乳井が引いた文献を調査し、注で出典箇所の原文を可能な範囲で掲げた。

一、典拠の調査及び確認にあたっては、中国哲学電子化計画、寒泉、漢籍リポジトリ、中華経典古籍庫等のネット上のデータベースを活用した。データベースからの引用は典拠の字体に従うことを原則とした。

一、原本画像及び乳井貢全集本と入力原稿との読み合わせ対校及び引用出典の調査・確認、更には注釈の作成等に関して、阿曽歩氏を中心に次の各氏から多大な協力を得た。記して謝意を表する次第である。（現所属　敬称略）阿曽歩（フェリス女学院大学全学教養教育機構講師）、武田祐樹（二松学舎大学非常勤講師）、アンドレ・リネペ（帝京大学文学部日本文化学科講師）、中川優子（東京藝術大学大学院音楽研究科博士後期課程）、港就太（国際基督教大学大学院修士課程修了）、杉岡隆（清華大学大学院歴史学修士課程修了）。また、中国人民大学大学院からの留学生であった劉螢（現人民大学哲学院講師）、王茂林（現社会科学院哲学研究所ポストドクター）からも、読み合わせ合宿において助力を得た。更に港就太からはゲラ刷り校正においても献身的な協力を得た。

一、翻刻公刊を許可してくださった弘前市立図書館に深甚の謝意を表する次第である。

凡　例

＊乳井貢の裔孫乳井龍雄氏が三井銀行の常務取締役を務めた人物であると同定した理由は以下の通り。同氏は菊池元衛著『津軽信政公事績』第二版（昭和十一年）の発行者となっており、その奥付には東京市品川区上大崎の住所が番地まで記載されている。他方、『人事興信録』第八版（昭和三年）において乳井龍雄の項目を拾うと、青森県士族、三井銀行（株）文章課長、明治十二年三月生まれ、住所は東京市外大崎町上大崎と記載されており、番地も奥付のそれと一致する。加えて、『人事興信録』には長男建一の名前も記載されている点からも、確証できる。ちなみに同氏は、三井財閥のトップとして三井財閥の改革を推し進め、後に日銀総裁、蔵相兼商工相、枢密院顧問官を歴任した池田成彬を主人公に描いた、江上剛の経済小説『我、弁明せず』（ＰＨＰ文芸文庫　二〇一〇年）で三井時代の成彬の部下として登場する。

刊行にあたって

小島 康敬

本書は弘前藩宝暦改革を推進した実務家であり、かつ独自の視点から朱子学を批判した思想家、乳井《にゅうい》貢《みつぎ》の主著『志学幼弁』（弘前市立図書館蔵）を校訂翻刻して、引用箇所の出典を調査確認し、且つ重要語句・難解語に注を施したものである。乳井はその執筆意図を自序で、「幼学ヲシテ其惑ニ入レ使メザランコトヲ欲シテ也。而俚言ヲ以テ国字ニ記シ、其大抵ヲ挙グルト云フ」と端的に記している。「志学」すなわち学に志すにあたって、「幼学」すなわち学問の学び始めの者が惑いに陥らないようにと、漢文体ではなく、誰もが読める「国字」で著した、というのである。「幼弁」とは、学問の学び始めの者に向けてという意味合いと同時に、普段使いの言葉で誰にでも分かるよう弁じたという意味合いも含意しているのであろう。

乳井貢（一七一一～一七九二）、本名を建福、一説に建冨ともいう。「乳井家由緒書」では建冨とするが、『志学幼弁』の自序では「乳井貢建福手記」と署名し、巻之三の冒頭では「乳井貢建冨述」と署名しているので、彼自身が両方の名を名乗っていたと思われる。彼は、宝暦三年（一七五三）、勘定奉行に就任するや、有名無実と化した行政組織を見直し、思い切った財政改革を断行した。改革当初、目ざましい治績を上げ、同五年（一七五五）の大飢饉に際しても、果断の対応により領内からはひとりも餓死者を出さなかったという。同六年（一七五六）、年貢徴収に功あって、藩主津軽信寧《のぶやす》より「貢《みつぎ》」の名を賜った。翌年には一〇〇〇石を賜り、家老席に就いた。ところが急転劇にも似て、翌年宝暦八年（一七五八）失脚へと追いやられ蟄居の身となった。これは改革反対派の讒言にもよるが、改革の目玉として「標符」(通い帳)を発行し、これが経済的混乱を誘発して士民の不評を買ったことが大きい。安永七年(一七七八)再出仕を要請され改革に挑むが、反対派の策動で再び失脚し、同九年知行を召し上げられて、川原《かわら》平《たい》に幽閉された。幽閉地では水田を開き、村人に数学・漢学を教え父母の如く慕われた。天明四年(一七八四)許されて弘前塩分町に閑居し、詩文俳諧を楽しみ、傍ら数学を講じて余生を終えた。享年八一歳。

口絵は儒服を身に纏った乳井貢の肖像である(弘前市立博物館蔵)。精悍で眼光鋭い乳井の面影が偲ばれる。この肖像は友人手塚独有が描き、乳井自身の賛(原漢文)が付されている。その自嘲気味の賛に言う。

群鴉に攻めを得るは梟なり。群俗に笑いを得るは貢なり。我既に耄たり。耄たれば則ち悼となす。諺に曰く、「老いては再び児となる」と。亦た是なり。其の容皃は異にして言行は同じなり。是の故に礼に曰く、「耄と悼とは罪有ると雖も刑を加えず」と。是れ大人の恵む所か、群俗の笑う所か。昔、吾が友、獨有己の像を画く。自ら讃じて云う。麟に非らず、鳳に非らず、喪家の狗なり。喪家の狗は盗人に吠えるの智功有るなり。我は則ち生者に非らず、死者に非らず。胞中の赤子なり。

　　幾年を　過るとも　我は児攖

自分は麒麟でも鳳凰でもない。「喪家の狗」である。否、「喪家の狗」は盗人に吠える智功があるが、自分にはそれすらない。生きているというのでもなく、死んでいるというのでもない。いわば胎児である。華々しい栄光と蟄居幽閉の挫折を味わった、乳井の屈曲した思いの内が吐露されている。

乳井は朱子学を空理空論として徹底的に批判し、山鹿素行、荻生徂徠、太宰春台に見られる実学的な学風に共鳴し、独自の思想世界を構築している。こうした乳井の経歴と実践についての詳細は、末尾の解題(拙論「弘前藩宝暦改革の主導者乳井貢の思想と実践」浪川健治・佐々木馨編『北方社会史の視座』第二巻　清文堂出版　二〇〇八年を加筆修正）を参照して頂きたい。

乳井は多くの著述を遺している。その殆どは昭和十年から十二年にかけて公刊された『乳井貢全集』全四巻（校訂編纂者　中道等　乳井貢顕彰会発行）に収録されている。今、全集本に従って書名を掲げておく。

第一巻　昭和十年六月。

志学幼弁十巻　宝暦十四（明和元、自序）、大学文盲解二巻。

第二巻　昭和十年十一月。

周礼通用一巻　寛政二年自序、応分志、（別本）応分志二巻、経国度量一巻、度量分数一巻、節用則一巻　安永六成稿、国家財制一巻、識量問答一巻、商家利道一巻　天明九、別本商家利道一巻　天明六、無名郷一巻。

第三巻　昭和十一年七月。

太極図説一巻、象数一巻、易象一巻、夫貢制一巻　安永七年、定分禄一巻、王制利権之方一巻、王制利権方一巻、利権主客之位一巻、陸稲記一巻　明和九年、損益指掌一巻、年穀多寡節用一巻　安永七年、期月而已可一巻　安永八年、通財一事凡例一巻、得失問答一巻、制地考一巻　安永六年、検地政一巻、検地法一巻、城制法一巻、城制規矩一巻。

第四巻　昭和十二年四月。

町見術三巻、円術真法円伝一巻、初学算法一巻、観中算用一巻、版籌一巻、五蟲論一巻　宝暦十二年自序、津軽名臣伝一巻、深山惣次五巻、可楽先生詠哥一巻。

『志学幼弁』は目次を通覧すれば自ずと分かるように、彼の思想が体系的に纏められている。宝暦十四年（一七六四)の自序を有することから、一回目の行財政改革で失脚後の蟄居中に執筆されたことが分かる。乳井は単なる実務家ではなかった。彼が改革に臨むにあたっては強烈な思想信条が作動していたに違いない。ということは、自分の思想信条を正当化するために渾身の力を振り絞って筆を執ったという面も多々あろう。文章の端々からそれは容易に窺い得る。宝暦改革を断行推進した実務家としての体験を土台に儒教の経典を自在に再解釈して、思想と実践を繋ぎ合わせるような形で思いの丈が熱く、そして時にユーモラスに綴られている。そこには「今日唯今」を重視するアトム的な時間論、プラグマティックな実学的思考法、朱子学を机上の空理空論とする苛烈な批判、ユニークな老荘解釈等々、独自の思想世界が展開されている。巻之九の「雑問」では、豊臣秀吉の朝鮮侵略を「吾ガ神国ヲ盗賊国トセン」とするものであると容赦なく糾弾し、また赤穂四十七士を「人倫ノ大義」を見誤った者と厳しく批判している点も特に注目される。『志学幼弁』は地域史、藩政史のレベルでの政治改革に儒教思想が実際にどの程度関わったのかを知る上においても一級の史料である。

『志学幼弁』は全集の第一巻に既に翻刻されているが、読点が打たれておらず甚だ読みづらく、更には誤植が余りにも多く、意味の取れない箇所が少なくない。加えて、全集本は入手が極めて困難である。『新編弘前市史』資料編2(平成八年三月)及び『青森県史』資料編近世学芸関係(平成十六年)には、筆者による翻刻校訂が収録されているが、前者は巻之三、巻之九、巻之十、後者は巻之一、巻之二に限られており、全巻ではない。そして注も付していない。

そこでこの度、読みやすく信頼できるテキストを供するべく、改行・句読点等々を適宜施し、全巻を翻刻校訂することとした。加えて、乳井の教養の背景を知る上、彼が引用した箇所の出典を調査して、各巻の末尾に脚注を付した。更に読解の扶けとすべく、人名、重要語句等々の注釈を施した。本文末尾に各巻ごとの概要を付した。翻刻校訂の方針は凡例を参照されたい。

本書の翻刻校訂は、『乳井貢の基礎的研究――「聖人の道」と藩政改革』との課題のもと、平成二十八年度より令和二年度まで（実際はコロナ禍により令和五年度までに延長）交付を受けた、日本学術振興会科学研究費助成事業における研究成果の一部である。刊行にあたっては、日本学術振興会令和六年度科学研究費補助金（研究成果公開促進費）による出版助成（学術図書・課題番号24HP5009）の交付を受けた。出版を引き受けて下さった北海道大学出版会の英断に深甚の謝意を表する。本書の編集を担当頂いた同会相談役の竹中英俊氏に大変お世話になった。氏の編集者としてのプロ魂と精密な校正力に驚嘆しつつ、特記して深く感謝申し上げる。

二〇二四年五月十日

志学幼弁　目次

志学幼弁　自序

国不《ズ》レ豊《ナラ》臣不《ルハ》レ賢《ナラ》人君《ノ》之辱也《ナリ》。君不《ズ》レ安《カラ》民不《ルハ》レ畏《レ》臣《ノ》之辱也《ナリ》。学《テ》而不《ルハ》レ知《ラ》二其所《ヲ》レ務《ムル》儒《ノ》之惑也《ナリ》。故《ニ》君臣《ハ》者国家《ノ》之権衡也《ナリ》。治乱《ノ》所《ハ》レ由《ル》唯《ダ》在《ル》二君臣《ノ》之誠不誠《ニ》一而已。夫《レ》生《レ》二於武門《ニ》一安《ンジ》二人君《ヲ》一定《メ》二国家《ヲ》一強《クスルハ》二兵威《ヲ》一者人臣《ノ》之性務《タリ》矣、命職《タリ》矣。而《ルヲ》近世《ノ》之聖学棄《テ》二此道《ヲ》一、而別《ニ》立《テ》二心上理学《ノ》之工夫《ヲ》一、而不《ズ》レ知《ラ》二今日《ノ》之急《ヲ》一。予憂《ルコト》レ之《ヲ》也久《シ》矣。故《ニ》勃二興《シテ》一論《ヲ》一、而欲《シテ》レ不《ランコトヲ》レ使《シメ》三幼学《ヲシテ》入《レ》二其惑《ニ》一也、而以《テ》二俚言《ヲ》一記《シ》二乎国字《ニ》一挙《グルト》二其大抵《ヲ》一云《フ》。

宝暦甲申[1]冬十月中五[2]

乳井貢《建福》手記

1　宝暦十四年（一七六四）

2　中《なか》の五日《いつか》。その月の十五日のこと。

志学幼弁　巻之一

君臣

君臣ハ五倫ノ最上也。[1] 父子次グレ之ニ。君有テ而シテ後ニ父子・夫婦・兄弟・朋友ヲ生ズ。故ニ其恩義ノ尊大、君ヨリ重キハナシ。是レ日本ノ神教、人倫ノ次序、外国ニ卓爾タル所也。此故ニ日本ノ人臣タル者、忠誠ヲ以テ人道ノ大本人事ノ大義ヲ統《スブ》。而シテ孝事次グレ之ニ。

唐土ハ父母ヲ以テ五倫ノ最上トス。尊卑ヲ以テ君父ノ義ヲ序《ツイ》ヅ。故ニ誠孝ヲ以テ人道ノ大本人事ノ大義ヲ統《スブ》。而シテ君事次グレ之ニ。是レ君ノ尊キモ父母ヨリ生ズルヲ以テ、端《ハシ》ヲ天地ニ起シテ教ヲ立ツ。両教、[2] 皆私ノ思慮ヲ以テ設ル所ニアラズ。天道自然ノ序《ツイデ》ニ則《ノットル》者也。

夫レ儒教ハ見テ知リレ之ヲ、聞テ覚《ヲボユル》レ之ヲ所ヨリ是レヲ説ク。故ニ天地ノ外ハ存シテ言《イハ》ズ。唯太極ニ含《フクメ》テ発明ヲ俟《マツ》。此故ニ万物万事天地ニ帰《キ》シテ始トス。是《ココ》ヲ以テ其終ヲ云フ。皆天命ト称ス。

夫レ万物何者カ天ニ生ジ地ニ養ハレズト云者ナカラン。故ニ天ヲ父トシ地ヲ母トスレバ、万物統テ是レ子ニアラズト云者ナシ。然レバ父子ハ人倫ノ最上、次序ノ第一義ナル所以ン也。而シテ其子亦陰陽尊卑ノ別ヲ生ジテ、夫婦君臣兄弟朋友ノ分《ブン》、布《シイ》テ定リ、而シテ族氏相ヒ列《ツラ》ナル。此故ニ天ニ指斥《ユビサシ》テ父ト云ヒ、地ニ指斥テ母ト云ヒ、日ヲ陽ト云ヒ、月ヲ陰ト云フトキハ、智者モ伏シ愚者モ明《アキ》ラム。故ニ見聞事物当然ノ外ハ存シテ言《イハ》ズ。此レニ依テ云トキハ、君ノ尊キモ父母ナケレバ生ゼズ。故ニ父母ノ恩義ハ君ヨリモ重キコト知ンヌベシ。

然レドモ、天地夫レ偶然トシテ天地タランヤ。太極真《シン》中《チウ》ノ善ク一ニシテ対《タイ》ナク、有無出没ノ玄妙ヲ為《ナ》ス者ハ是レ何者ゾヤ。能ク自立シテ始メナク、能ク独歩シテ終ナク、天地ニ先キ立チ鬼神ヲ操《ソウ》ス。是レ神教ニ所謂天地未ダレ分レザル時有リ二一ノ物一[3] ト云フ。此物即是レ唯一ニシテ天地ヲ造分シ万物ヲ化成ス。説文ニ曰、「道立《テ》二于一《ニ》一造二分《シ》天地《ヲ》一化二成《ス》万物《ヲ》一」[4]ト。即是レ此一ヲ云也。又六書ニ曰、「惟一《ニシテ》不《ル》レ変《ゼ》者《ノハ》、至尊《ニシテ》無《ク》レ対、一定《シテ》不《ズ》レ易《ラ》也」[5]トハ亦此一ヲ称スル也。即太極造化ノ元命ニシテ、天地万物主宰ノ神也。是レ即君尊ノ象ニシテ、天地鬼神ノ主君タル所以也。関尹子ガ曰、「夫《レ》天之《ノ》有《ル》レ体、非《ズ》二自《ミヅカラ》為《ニ》一レ体《ヲ》也。有《リ》下所二以《ンノ》為《ナサシムル》一レ体《ヲ》者《ノ》上。地之《ノ》有《ル》レ形、非《ズ》二自為《ラニ》一レ形《ヲ》也、有《リ》下所二以《ンノ》為《シムル》一レ形《ヲ》者《ノ》上」[6]トハ、是レ天地ニ先立ツ元命主宰ノ神ヲ云也。設令《タトヘ》バ人ノ心ハ神明ノ舎《シヤ》[7]ニシテ、一身ノ主宰タリ。魂魄手足豈《アニ》偶然トシテ動ンヤ。手ニ執ラントスレバ彼レニ往キ、足ニ歩ンズレバ爰ニ来ルモ、皆一身主宰ノ元命有テ、能ク執リ、能ク歩ミ、能ク聴キ、能ク視ル。故ニ木偶《ニンギヤウ》ハ主宰ノ神ナクシテ、自ラ動クコト能ハズ。

此故ニ主宰ノ神ハ自立シテ始ナク、独歩シテ終ナク、天地ノ運動陰陽ノ変化人間《ニンゲン》ノ動作万物ノ出没主宰ノ神命ニ係《カカラ》ズト云者ナシ。是レヨリ次序シテ天地ト分レ陰陽ト定リ、而シテ人物ト生ジ、君ト成リ臣ト成リ、父ト成リ子ト生《ウマ》ル。故ニ君ハ二人有ルコトナクシテ唯能ク一ニ居テ尊ク、万事ノ始メヲ君ニ受ケズト云コトナク、万事ノ終ヲ君ニ帰《キ》セズト云コトナシ。故ニ君ノ位ハ夫レ唯一ニ止テ対ナク、至尊一定ニシテ万方ニ命ヲ下シ、万機ヲ統《スブ》。是レ全ク人作ノ定《サダム》ル所トセンヤ、允《マコト》ニ生々自然ノ道則《ドウソク》也。

此故ニ吾ガ国ハ人倫ノ始メヲ君ヨリ起スコトハ自然ノ元命ニ順フ所以ン也。礼記ニ孔子ノ曰、「天無《ニシ》二二《ツノ》日一、土無《ニシ》二二《フタリノ》王一、家無《ニシ》二二《ノ》主一、尊無《ニシ》二二《ツノ》上《ミ》一」[8]トハ、是レ君ハ唯至尊ニシテ、一ナルコトヲ称ス。若シ君二人有ルトキハ堯舜ノ徳トイヘドモ治《チ》ヲ統ルコト能ハズ。故ニ堯ハ舜ニ譲リ、舜ハ禹ニ譲ル。聖人ハ至善也トテ、是レヲ君ノ位ニ置クコト、百人千人ナルトキハ国家其治ヲ統ルコト能ハズ。其治ヲ統ルコト能ハザルハ即是レ乱也。天ニ両《フタツ》ノ主宰アラバ、豈能ク変化ノ数ヲ統ベケンヤ。故ニ天下両天子有ルトキハ定ラズ。国両君有ルトキハ治ラズ。家ニ両主有ルトキハ和セズ。大任両士有ルトキハ統《スベ》ズ。物一ニ居ルトキハ治マル。物二ニ居ルトキハ乱ル。是レ自然ノ道則也。

故ニ一ヲ握ルハ政ノ大本治道ノ大体《ダイタイ》也。是《ココ》ヲ以テ吾ガ国、君道ヲ以テ人倫ノ最上トシ、三才[9]開始ノ次序ニ於テ其正シキヲ得。此故ニ夫婦・兄弟・朋友、凡《スベ》テ是レ臣タラズト云コトナクシテ、天地主宰ノ神ノ元命ヲ序ヅルコト、其次第ヲ明カニス。此故ニ人臣タル者天命ヲ重シトセズシテ、君命ヲ以テ至重トスベシ。然ルヲ人臣トシテ君ニ事《ツカフ》ルコトヲ疎ニシ、鬼神ニ向テ願ヲ祈ル者アリ。天地ニ直訴《ジキソ》シ幸福ヲ祈ル士アリ。是レ命ヲ知ラザル也。君臣ノ道則ヲ弁ヘザル也。甚誤レリト云ベシ。

夫レ人臣タル者、君ヨリ外祈ルベキ鬼神モナク、尊ムベキ天地モナシ。故ニ君ハ天ナリ。罪ヲ君ニ得ルトキハ祈ルベキ天ナシトハ、是レ孔子ノ謂ヒナラズヤ。或人ノ曰、「天命ヲ軽ンジテハ即是レ君命ヲモ軽ンズル所以ンナラズヤ。是レ不孝ニシテ、忠義ヲ尽スニ似ザランヤ」。曰、天命ヲ軽ンジ侮ル謂ヒニアラズ。敬礼順序ノ義理ヲ云也。

夫レ奉行頭《ガシラ》・家老・用人ヲ閣《サシヲキ》テ吾ガ願ヒ訴ル所ノ欲ヲ君ニ直訴シテ可ナランヤ。奉行頭・家老・用人ノ言行ハ、即、是レ君命ヲ首《カウベ》ニ戴キ是レヲ万方ニ降ス者ナリ。故ニ人君ハ命ヲ天ニ受ケ、天ハ命ヲ主宰ノ神ニ受ク。其次序斯ノ如クシテ、帰復ノ道ヲ妄《ミダリ》ニセザルハ是礼敬ノ至ト云ベシ。孔子ノ曰、「天子受《ハケ》二命《ヲ》于天《ニ》一、士受《ハク》二命《ヲ》于君《ニ》一、故《ニ》君命順《ナレバ》、則臣有《ス》レ順《フヲ》レ命《ニ》、君命逆《ナレバ》、則臣有《ス》レ逆《フヲ》レ命《ニ》」[10]ト云々。此故ニ凡ソ人ノ臣タル者、君命一タビ荷ヒテハ、与《アツカ》ル所ノ官事職義ニ思ヒヲ尽スコト精一ニシテ、昼夜死生ノ間ヲ顧《カヘリミ》ズ、国家主君ノ為ニ益ヲ捧ゲ、功ヲ献ズル志ヲ実一ニ定メ変ゼズンバ、何ゾ君命ヲ悖《モトキ》テ外ニ地神天帝ヲ祈リ求ムル者アラン。然ラズンバ徒《イタヅラ》ニ君恩ノ俸禄ヲ費シ、妻妾ヲ饒《ユタカ》ニシ、子孫ヲ栄《エイ》スルノミ。是レヲ命ヲ盗ムノ不義ト云。自ラ顧ミ恐レザランヤ。斯ノ如クニシテ或ハ皐ヲ天地ニ祈リ幸福ヲ鬼神ニ祷ルハ愚昧ノ至也。祈ルトモ豈験アランヤ。凡ソ士臣タル者、性ヲ日本ノ域ニ得テ君臣道則ノ源ヲ自得セズンバ、奉公勤仕ノ間、武門動作ノ上ニ於テ義ヲ誤ルコト多カルベシ。

忠　孝

増韻《ゾウン》《イン》ニ「内尽《シテ》二其心《ヲ》一不《ル》レ欺《カ》謂《フ》二之《ヲ》忠《ト》一」[11]ト。又韓詩《カンシ》外伝ニ「以レ道《ヲ》覆《フクテ》レ君《ヲ》而化《スルヲ》レ之《ヲ》、謂二大忠《ト》一。以レ徳《ヲ》調《テ》レ君《ヲ》而輔《ルヲ》レ之《ヲ》、謂《イ》二次忠《ト》一。以レ諫《ヲ》非《シテ》レ君《ヲ》怨《ムヲ》レ之《ヲ》、謂二下忠《ト》一」[12]、又謚法ニ「危《シテ》レ身《ヲ》奉《ジ》レ上《ニ》、険《シケレドモ》不《ル》レ辞《セ》レ難《ヲ》、曰《フ》レ忠《ト》」[13]ト云ヘリ。

夫レ忠孝ノ二字強《アナガチ》君父ニノミ限ラズ、五倫互ニ孝弟忠信ノ道ヲ統べ兼ヌベシ。然レドモ是レヲ約シテ云トキハ、忠ハ君ニ対シ孝ハ親ニ対シテノ名トス。

夫レ忠也トイヘドモ不孝ナル臣、何ゾ忠臣ト称セン。孝也トイヘドモ不忠ナル子、何ゾ孝子ト称スルニ足ラン。曽子ノ曰、「事《ルニ》レ君《ニ》不《ルハ》レ忠《ナラ》、非《ズ》レ孝《ニ》」[14]ト云ヘリ。然ルトキハ忠孝ノ道両《フタツ》ナガラ全フシテ、而シテ忠臣ト称シ孝子ト云べシ。然ラバ其尽ス所ニ於テ君父別ナカルべシ。然ルヲ其名ヲ別ニスルハ何ゾヤ。

夫レ凡ソ事ニ軽重ナクンバアルベカラズ。義ニ小大ナクンバアルベカラズ。是レ人事動作ノ間ニ於テ節ニ生ジ已《ヤム》コトヲ得ザル変動也。此時ニ当テ軽重小大ノ両義二ツナガラ全ク執テ捨ザルゴトクスルコトハ、聖人ノ智トイヘドモ及バザルコト也。是《ココ》ニ於テ重キヲ取テ軽キヲ捨《ステ》、大ヲ取テ小ヲ捨ズンバアルベカラズ。日本ニ依ラバ忠ヲ執テ孝ヲ捨ツベシ。漢土ニ依ラバ孝ヲ取テ忠ヲ捨ツベシ。是レ忠孝両名ノ立ツ所以ン也。事ナク節ナクンバ忠孝ノ道何ノ軽重カアラン。

夫レ事ニ臨、節ニ当テ已《ヤム》コトヲ得ザレバ、武王其君ヲ弑シテ天下ヲ救フノ属ヒ、是レ忠孝取舎《シュシャ》ノ大ナル者也。

吾ガ朝ニテハ、縦《タトイ》紂《チウ》王ノ悪百倍ノ君也トモ、臣トシテ君ヲ弑シ、其姓統ヲ断《タチ》、臣ヲ以テ君ニ代ハルト云コトハ曽テ以テセヌコト也。又日本ニ於テハ六条ノ判官為義《タメ》ノ子為《ヨシ》朝[15]ハ勅命ヲ蒙リ、父為義ヲ弑ス。是、亦忠孝取舎ノ大節也。漢土ニ於テハ縦《タトイ》勅命トイヘドモ父ヲ弑スルコトハ曽テ以テセヌコト也。此二ツノ道、皆急節ニ臨テ人臣人子、忠孝取舎ノ行ヒ也。然ルヲ武王ハ紂ヲモ弑《シイ》セズ是レヲ善人ニ飜《ヒルガヘ》シ、又天下ヲモ安ンジ、忠孝二ツトモニ全ク執ルコトハナラヌコトノ至極也。義朝[16]亦勅命ヲモ反《ソム》カズ父ヲモ弑セズ、忠孝二ツトモニ全ク取ルコトハ、イカナル名将良将ノ謀智ニモ及バヌコト也。

然ルヲ今ノ学者、凡テ日用ノ小事トイヘドモ、大ヲモ捨ズ小ヲモ捨ズ、軽キヲモ執リ重キヲモ取ル分別ノミ第一ト修スル。故ニ果敢決断ナクシテ皆猶予ニ流レ、事ヲ穏便《ヲンビン》ニスルコトヲノミ好《ヨミ》ンジ、忠トモ付ズ孝トモ付ズ、唯其身ノ無事世俗ノ非謗ヲ恐ルルノミ。是レ世説ニ所謂ル「好事《カウジ》モ無キニハ如《シカ》ズ」[17]ト云コトヲ一偏ニ信用シテ、変モ常モ義モ仁モ忠モ孝モ、節度ナク是レヲ中庸ノ至極ト定メテ一生ノ善事ト守リ、一期ノ大道ト覚ルヨリ此誤リヲ生ゼリ。其本ヅク所、皆底意己レガ利ニ応ズル古語ナル故、行ヒニ亘《ワタリ》テ変化応用ノ義理ヲモ究理セズ、此語ヲ方人《カタウド》ニ取テ竟ニ義理ヲ昧《クラ》マスニ至レリ。

夫レ平常ニシテ事モ無キニ、名目ヲ立《タテ》、形状ヲ設ケ、善《ヨ》キコトヲ為サント謀慮ヲ巧《タク》ムヲ、事ヲ好ムトハ云也。是レ善《ヨ》キコトハ好《ヨ》ケレドモ必人我ノ害トナルコト出ル者ナレバ、悪是ニ対シテ顕《アラハ》ルル。是レヲ戒メテ好事モ無キニハ如《シカ》ズト云ベシ。求メテ好《ヨ》キコトヲ嗜《スキ》好ムノ謂ヒ也。此古語ヲ至極ノ金言トシ、人々守《ラバ》レ之《ヲ》儒仏神三教ノ千言、及ビ聖人賢者名将良士モ皆是レヲ好事ト云テ無《ナミ》シテ可ナランヤ。允《マコト》ニ訣《ワケ》[18]モナキコト也。凡テ仁義忠孝ノコトヲ行フハ好《ヨキ》コトト云ハレン為ニ作リタルニモアラズ、身ノ幸福ヲ得ル本手《モトデ》ニ行フ為ニモアラズ。節義ニ当テハ人ノ正《マサ》ニ行フ道ニ定リタルコトト思フベシ。善悪ノ名ハ行ヒノ跡ノ号ニテ人ヨリ是ヲ云也。而シテ其義ヲ撰ビ是レヲ挙ゲテ教トハスルナリ。彼《カノ》近世大石氏良雄《ヨシヲ》ガ行ヒノ如キ是也。人世挙テ誉《ム》レ之《ヲ》。誉ルハ是レ至極ノ好事《ヨキコト》ナレバ也。然レドモ、此好キ事モ無キホド好キハナシト云ヲ其類ヲ凡テ好事モ無キニハ如《シカ》ズト云也。何ゾ日々時々心ヲ君父ニ尽シ、天下国家蒼生ノ為ニ功用ヲ志シ、天地ノ化育ヲ輔《タスク》ルヲモ無キニハ如《シカ》ズト棄ルトキハ、天地人物ノ道殆ンド断滅スルノ謂ヒ也。

然ラバ、大石大節ニ当テ忠孝ノ好事ヲ行フ四十六士ノ外ハ中庸ヲ得タリト称《ホム》ベケンヤ。唯此大節ノミナラズ日々小節ノ上《ウヘ》ニ於テ忠孝ノ好事瞬息ノ間志ヲ尽サズンバアルベカラズ。然ルヲ其身ハ人世ニ交リナガラ、心ハ隠遁山居ノ思ヲ守リ、節義ニ当テ事アルトキハ大事小事皆他ニ譲テ、身ヲ遁ルヲ以テ自ラ賢《カシコシ》ト心得、譲ラレテ為《スル》者ヲ愚也ト笑フ、是レ孔子ヲ笑フ長沮・桀溺ガ輩也。全ク鳥獣ト群ヲ同フスル者ナリ。故ニ孔子、長沮・桀溺ヲ謂テ曰、「鳥獣《ト》不《ズ》レ可ニ与《ニ》同レ群《ヲ》、吾非《レ》ニ斯《シテ》人之《ノ》徒《ト》与一《ニスルニ》而誰《ト》与《ニセン》」[19]ト云々。

夫レ天地万物日々ニ動テ止《ヤム》コトヲ得ズ。而シテ不《ル》レ斉《ヒトシ》ハ物ノ情也[20]。其不斉ノ物ト互ニ動テ相ヒ触ルルトキハ必吉凶悔吝由テ生ゼズト云コトナシ。是レ易ノ道也。是レヲ修スルニ其宜シキニ称《カナフ》ヲ義ト云。己レヲ棄テ事ヲ済《スクフ》ヲ仁ト云。其仁義ノ尽ス所皆忠孝ニ本ヅカズト云コトナシ。其忠孝ニ本ヅク所皆天命ニ帰セズト云コトナシ。其動キ勤ル所、大事ハ勿論、日々刻々ノ小事トイヘドモ、忠孝仁義ノ故《ユヘ》ニ係《カカ》ラズト云コトナシ。其刻々ノ小事是レヲ積ムトキハ、豈亦大忠ナラズトスベケンヤ。

夫レ天地四時ノ功ヲ顕《アラハ》スヲ見ズヤ。冬至ニ僅《ワヅカ》一陽ノ萌《キザシ》ヲ生ジテヨリ以来《コノカタ》止《ヤム》時ナク、日々ニ其微ヲ積ンデ一歳ノ大功人ノ耳目ニ余ルニ至ル。是レ至誠ノ微ヲ積ム所ナラズヤ。然ラバ忠臣ノ功ヲ君ニ献ジ国家ヲ利セント欲ス其志竟ニ止マズ、至誠ノ微日々積ムナラバ、何ゾ別ニ大事ヲ待テ為《スル》ニ及ンヤ。大節ニ臨テ忠義ヲ勤ルハ士臣ノ定リタルコト也。然ルヲ忠孝仁義ノ行ヒ人皆命ニ本ヅカズシテ、先ヅ毀誉褒貶ノ処ニ意ヲ止ム。故ニ守リヲ失ヒ誠ヲ去ルコト遠シ。

夫レ忠孝ニ此身ヲ尽スコトハ、是敢テ君父ノ為ニモアラズ、吾ガ為ニモアラズ、当《マサ》ニ勤ムベキ性命ノ定理也。是ヲ君ニ勤メ親《ヲヤ》ニ尽スト云ハ教ノ拠《ヨリドコロ》ニシテ其的《メアテ》ヲ指《サス》ナリ。而シテ其勤ムル所ノ守リヲ執ルコト天地ノ至誠鬼神ノ功用ヲ以テ亀鑑《カン》トセバ、彼好事モ無キニハ如ズノ語ニ義理ヲ失《シツ》シ、生ヲ盗ムノ属ヒニ陥《ヲチイル》ベカラズ。

道法

日本ノ教ヲ神道ト号シ、支那ノ教ヲ儒道ト号シ、天竺ノ教ヲ仏道ト号ス。三道、今天下ニ混ジテ互ニ其治《チ》ヲ輔ク。其名其趣異ニシテ、其道法皆天下ヲ治《ヲサム》ルノ外他事ナシ。是レ別趣一実ノ道法也。若シ衆ヲ治メ天下ヲ平均ニスル外ヲ教ルト云ハバ、三道皆異端也、外道《ゲドウ》也。凡ソ千教万法天下ニ充満ストイヘドモ、其実治道ノ外ヲ云ベカラズ。然ラバ学ハイヅレヲ学ブトモ、治道ヲ的ニ係テ是ヲ習ハバ、其得ル所皆本ニ帰リ、神聖立教ノ奥旨ニ通ヅベシ。

然ラズシテ唯神ヲ敬ヒ仏ヲ信ジ聖ヲ尊ブノミヲ的《メアテ》トシ、道ノ名法ノ形ヲ聴聞スルバカリヲ難《シ》レ有《リ》ト心得テハ、皆末《スエ》ヲ求メ惑ニ入テ惑ヲ知ルベカラズ。是レ世愚庸俗ト異ナルコトナシ。斯ノ如クノ者ハ設令《タトイ》志死ニ尽シ、博聞多識ノ功ヲ積ムトモ、是皆礼記ノ所謂ル記問ノ学者ニシテ、天下国家治道ノ実用ニ通ゼズ。斯ノ如キ者ハ唯衆俗ト与《トモ》ニ信心敬慎ノ地ニ居《ヲ》ラシメ人ノ師トスベカラズ。治メラルル人数ニ入レ置クベシ。其志ニ愛《メデ》テ或ハ奥秘伝授ヲ免許シ、或ハ博識ニ愛《メデ》テ人ノ師タラシムルトキハ、必自ラ吾ガ道法ヲ衰微セシメ、其法永ク隠レ治ヲ害シ衆ヲ乱スニ至ル。最モ大事ト謂ベシ。

夫レ道ハ体ニシテ法ハ用也。道ハ法ニ非レバ行ハレズ。法ハ道ニアラザレバ立《タタ》ズ。道・法ハ治道ノ規矩ニシテ、相ヒ兼備セザレバ、功用ヲナスコト能ハズ。道ハ本《モト》形ナシ。見ベカラズ聞クベカラズ。法ニ依テ是レヲス暁《サト》スベシ。四時行ハレ万物化ス、是レ天地ノ道ヲ以テ也。南北ノ極辰天地ヲ貫キ万代処ヲ易《カヘ》ズ、日軌往来シテ星宿正シク布《シキ》、自《ヲノヅカラ》定度ヲ現《アラ》ハシ、日月東西シテ斜《ナナメ》ニ繞《メグル》、是レ天地ノ法也。此法アルヲ以テ帝堯天文暦数ヲ定メ、民時[21]ヲ授ケ、農業ヲ安ンズ。若シ天地無法ニシテ、南北ノ枢《ク》軸《ヂク》[22]モ備ヘズ、日月斜絡《シャラク》ノ道路モ定メズンバ、天旋《メグ》ルコト能ハズ、四時序ヲ為スコト能ハズ、歳定ラズ時正シカラズ。

夫レ天旋ラズ、日月移ラズ、歳定ラズ、時正シカラズンバ、万物化成生育ノ道何ヲ以テカ行ハレンヤ。法備ルトイヘドモ、道体ノ妙用ナクンバ法亦何ヲ以テカ立ンヤ。故ニ道・法兼備セザレバ天地ノ徳モ散乱シテ行ハレズ。故ニ道行ハレテ法現ハレ、法現ハレテ道存ス。是《ココ》ヲ以テ古ノ聖人天地ヲ俯仰シ法象ヲ察シ、以テ人道ニ法《ノット》リ教ヲ設ケ治道ノ良法ヲ定ム。然ルヲ人皆道ノ妙ナルコトヲ論ジテ、未ダ嘗テ法ノ妙ナルコトヲ深ク察セズ。

案ズルニ、三教各道・法最モ尊シトイヘドモ、道ニ精密ナル者ハ神道ニ如《シカ》ズ。法ニ精密ナル者ハ仏道ニ如《シカ》ズ。事ニ精密ナル者ハ儒道ニ如《シカ》ズ。然ドモ、三道各其教トスル所ハ風土ノ性ニ率《シタガイ》テ其導ク所別也トイヘドモ、法ヲ以テ俗ヲ統《スベ》、善《ヨク》其治《チ》ニ居ラシムルコトハ、三教一致天下一道ニ帰スベシ。此故ニ人ノ君タル者、厚ク学ビ深ク察シ、神聖治道ノ故《ユヘ》ニ通ジ、是ヲ天下国家ニ行ハバ、何ゾ乱賊ノ憂ヲ哀ムニ足ランヤ。

天下干戈ノ乱ニ及ブコト、尤運ノ時勢・数ノ変態ト云トイヘドモ、乱テ治ムルコトノ難キハ常ノ備ナクシテ、法ノ正シカラザルガ故也。然レバ国家乱賊貧究ノ憂ヲ得ルハ、本是有司民俗ノ罪ナラズ、人君ノ愚昧ヨリ生ズルコト古今皆然リ。其愚昧ナル、是レ三道ノ教ヲ学バズ、年来《ネンライ》俗ニ習フ所ノ私智ヲ以テ国政ヲ執ル故也。俗是レヲ我流《ガリウ》ト云。何ゾ三教治道ノ神制ヲ閣《サシヲキ》、我流ヲ以テ天下ノ大事ヲ操センヤ。故ニ上ハ皆事《コト》ヲ下ニ制セラレ、決断ハ有司ノ小職ヨリ定リ、利権ハ商家ニ奪ハレ、武備ハ威ヲ失フ。此故ニ上ハ下ヲ制シガタク、下ハ上ヲ掠《カスメ》ヤスシ。是レ皆聖教ニ依ラズシテ、政我流ヲ以テ行フ故也。而シテ国家ノ災、人君ノ身ニ苦メドモ、何ヨリ起ルト云コトヲモ弁《ワキマヘ》ズ。

夫レ古ハ道・法ヲ君上ノ身ニ与《アヅカリ》テ教ヲ民ニ施《ホドコシ》シニ、今ヤ三教悉ク家々門々ニ与《アヅカリ》、釈氏ハ唯滅在《メッザイ》[23]ノ役人ト為《ナリ》、儒士ハ唯訓点講釈ノ役人ト為《ナリ》、神学ハ唯口訣《クケツ》伝授ノ役人ト為《ナリ》、三教ノ大道ハ何ノ用ニ立ツト云コトヲモ知ラズ、唯名ト形ノミ有テ、実《ジツ》ハ名家専門ノ庫中ニ永ク朽チ廃《スタル》ノミ。亦哀シカラズヤ。此故ニ国君執政ノ人ハ三道ヲ学ブコトヲ幼童女子ノ物習《モノナラフ》未熟ノ業《ワザ》ノ如ク思ヒテ反テ恥トシ、是レヲ学ブヲ甚ダ笑フ。故ニ聖学ハ多ク下賤匹夫ノ者是レヲ学ブ。然レドモ是モ亦一己ノ心上理学ヲ修スルノミニテ、曽テ天下治道ノ用ヲ究理スル者少シ。

夫レ古孔門ノ徒ハ其教学皆治道政事ノ道ヲ以テ専ラト学ベリ。設令《タトイ》匹夫下賤ノ者ニシテ生涯国政ニ与《アヅ》カラザル身也トモ、聖学ヲスル者専ラ治道ノ故ヲ先トスルコト、其味ヒ最モ所以《ユエ》アリ。况ンヤ人君執柄ノ者ヲヤ。

夫レ教ノ斯衰《カクヲトロヘ》タルコト、独リ人君ノ愚ノミニモアラズ。又師弟教習ノ間ニ於テ自《ミヅカラ》吾レト吾ガ手ニ大道ヲ隠《カク》サシムルニ至ルベシ。イカントナレバ、其教習トスル所、唯家ヲ重ンジ門ヲ貴ブコトヲノミ専ラト守ル故ニ、師ハ偏ニ弟子ノ志ト敬トノミヲ撰テ伝授口訣ヲ免許シ、曽テ天下国家治道ノ大本ニ通暁セル器量ノ門人ヲバ危シト謂テ、是ヲ忌ミ嫌フ。

又、吾ガ家也トテ其子縦《タトイ》未熟也トイヘドモ、父ノ家伝ヲ相続シテ世ニ名ヲ敬《ウヤマ》ハレテ師範ヲ事トス。又処士ノ属ハ世ヲ活計《スギハイ》ノ為メニ事トスルモアリ。故ニ道・法ノ大事モ竟ニ一己ヲ利スル謀略ニ陥《ヲチ》イリ、甚ダ秘シテ一子相伝ノ事ドモヲ作リ出スニ至ル。故ニ年ヲ歴ルニ随テ繁栄スルコトヲ得ズシテ反テ哀微スルニ至ル。吾ガ神学ノ属ハ吉川家[24]一人ニ与《アツカリ》テ秘蔵スルコト、万国何者カ是ニ如《シク》者アラン。故ニ日本ニ生レテ神教アルコトヲ知ラザル者半《ナカバ》ヲ過グ。哀イ哉。

夫レ国ニ教アリテ広ク衆ニ及バズ、外国ノ教普ク国中ニ弘《ヒロ》マルハ、是レ国ノ恥ト云コトヲ知ラズ。弥秘シ益匿《カク》シテ、或ハ誓言血盟ヲ以テ道ヲ聞キ、外国ノ教ニ混雑センコトヲ深ク恐レ、人口ノ批判ヲ憚ルコト最モ甚シ。故ニ門人志ヲ記シ書ヲ顕ハスコトヲ頗ル是ヲ禁ジ戒ム。是《ココ》ヲ以テ志アル者ハ世ヲ憚リ自ラ身ヲ狭《セバ》メ肩ヲ脥《スボ》メ跼《セクグマリ》レ天ニ蹐《ヌキアシシ》レ地ニテ聞クニ似タリ。是レ何ゴトゾヤ。

日本ニ生レテ日本ノ教ヲ聴キ、日本ノ道・法ヲ教ルニ、誰レヲ憚リ何ヲ恐レンヤ。若シ云ハバ日本ニ生レテ外国ノ教ヲ聴クコソ憚ルベキコト也。然ルヲ天竺ノ道ハ殊ニ繁栄シ、其次ハ隣国ノ儒学、其次ニ吾ガ国ノ教有テ更ニ無キガ如シ。仏法ノ弘キニ比スレバ允《マコト》ニ日中ノ星ノ如シ。豈哀シカラザランヤ、又恥ナラズヤ。其本敬慎ニ過ギ反テ不敬ヲ知ラズ。悉ク教ル者ノ罪也。而シテ常ニ道ヲ聴ク者ノ希《スクナ》キヲ嘆息ス。是レ自ラ縊《クビル》ル也。

夫レ勧《ススメ》ズ導カズシテ愚俗自ラ勤ム者ヲ待《マタ》バ、千ニシテ一人ノ志ヲ得ベケンヤ。是レ愚ノ至也。量ナキ也。愚ニシテ量ナキ者人ノ師トスルトキハ、吾ガ家ヲ吾レ是レヲ哀微ナラシムル者也。他ヲ怨ムル義ニアラズ。

夫レ大道ハ天下ノ大道也。一人家ニ与《アツカル》者ナラズ。凡ソ天下ノ事物塵埃土石ノ末ニ至ルマデ一物トシテ道ニ居ラズト云者ナク、法ヲ備ヘズト云者ナシ。広ク衆ヲ統ルトキハ是ヲ公道ト云。即、天ノ大道也。割テ一物ニ云トキハ是ヲ私道ト云。即、人ノ大道也。天人合一ノ動キヲ為《ナ》サシム、是ヲ法ト云フ。此道此法ニ居ラシムル如ク導クヲ教ト云フ。教ノ周ク布《シキ》及ブヲ治《チ》ト云フ。然ルヲ其教ヲ周ク施サズシテ、深ク一人ニ秘シ隠クスハ、私ヲ公ニ用ヒズシテ私ヲ私ニ用ユト云者也。

夫レ私トハ一己一形ノ分命ヲ云フ。私トイヘドモ本是レ公ノ分形也。故ニ天モ一物一形ノ私ナラズト云コトナシ。地モ一物一形ノ私ナラズト云コトナシ。万物斯ノ如クニシテ各其性ヲ尽シテ、一ニ帰シ終ルヲ公トハ云也。

老子ノ所謂ル聖人ハ能ク其私ヲ成ストハ是ヲ云也。然ラバ、吾ガ国ノ立教ヲ吾ガ国ニ弘ムルコトハ勿論、外国夷狄ノ国ニモ普ク行キ届クコソ、日本ノ高名ナルベキニ、日本ノ内スラ知ル者希ニシテ、学ブコトヲ忌ミ嫌ラハルルハ、嘆クベキ至リ是ニ過グベカラズ。

此故ニ聖徳太子仏道ヲ信ジ玉ヒシヲ、守屋《モリヤ》憤リテ太子ヲ亡サンコト謀リ、朝敵ノ名ヲ降シ末世ニ悪逆ノ徒ト唱ヘラルルモ、日本ノ神教永ク隠レンコトヲ恐ルレバ也。然ルヲ反テ吾レヨリ是レヲ隠スコト、其理甚ダ悖《モト》レリ。

今外国儒仏ノ両道、日本ニ流布シテ治道ノ輔トナルコト、是レ神道ノ大幸也、天ノ扶《タスケ》也。若シ衆人ノ学ブ所ニ於テ仏儒ノ二道ニ混雑シ、其神理ヲ誤ル者アリトイヘドモ、其本原ヲ其家ニ明カニ有《タモツ》トキハ是レヲ訂正スルコト何ノ嘆クコトカアラン。本ヨリ其教コソ周カラズトイヘドモ、日本今日ニ行ハルル所悉ク倭国ノ神風歴然ト行ハレ、其大体《ダイタイ》ニ於テ厘毛モ外国ノ教ニ交ラズ、唯其教ノ隠レタルマデ也。

今ニ於テ天子行事ノ儀式在《イマス》トキハ、洛中ハ云ニ及バズ洛外ニ至ルマデ寺々ノ鐘鼓ヲ禁ゼラレ、御郭《クルワ》内ハ染衣異髪ノ者往来スルコト能ハズ。又伊勢両宮ノ宮庫ニハ朝家ノ記録神書哥書医書及ビ儒書ノ類ハ悉ク是レヲ蔵《ヲサム》トイヘドモ、仏書独容《イル》ルコトヲ禁ズ。然レバ是レ其大体ニ至テハ日本ノ道・法ハ日本ニシテ少シモ混乱セズ、粲然トシテ今日ニ行ハレ、儒仏ノ風俗交ルコトナシ。縦《タトイ》交リ紛ルルニモセヨ、又儒仏ノ族イカ程衆ヲ勧メ手ヲ引クトモ、日本ノ天性ヲ易ヘ改メ俗ヲ移スト云コトハ釈尊ノ仏智ニテモ曽テ以テナラヌコト也。況ンヤ凡下ノ学智ヲヤ。故ニ聖智ハ其風土ノ性ニ率テ教ヲ立ツルコト、此故ヲ以テ也。然ルトキハ何ヲ恐レ誰レヲ憚リ其教ヲ弘ムルコトヲ厭ヒ匿《カク》スノ甚キヤ。是レ全ク敬慎ノ二字ニ泥ミ惑ヒタルナルベシ。

夫レ井ノ水ヲ貴ブハ今日人ノ生ヲ養フ功用ノ道ヲ弘クスルヲ以テ也。然レバ水ヲ貴ブハ本ト人生ノ道ヲ貴ブニ在テ、其貴キ実ニ於テハ水ニアラズ。然ルヲ井水ヲ惜ミ貴テ井ヲ封ジ、常ニ人ニ施スコトナクンバ、水ノ功用殆ンドナク、水モ人モ其貴シトスル所ヲ失フニ至ルガ如シ。斯ノ如クナレバ、イカナル清水也トモ、濁水ノ功用ニ劣レリ。是レ貴ブニ過ギテ、悋嗇嫉妬ノ道ト異ナルコトナシ。

教ノ道ハ人ヲ貴ブニ本ヅキテ立ツベシ。教ヲ貴ブ為ニ人ヲ生ズルニ非ズ。然ラバ忌《イヤ》ガル人ヲモ手ヲ引テ得度ナサシメ、人ノ為ニ教ヲ弘クスルヲコソ道ヲ志ス人ト云ベキニ、人ヲ棄テテ教ヲ匿《カク》スト云コト、古今未曽有ノ立教也。凡ソ小事大事トモニ人ニ匿《カク》スコトニ必善道ナキ者也。況ンヤ神教ヲヤ。故ニ天下儒仏ノ学者ニ下墨《サゲスミ》ニ預リ疑ヲ受ケ、弥笑ハレ益誹ラレ、悉ク嫌ハレ頗ル衰フ。是レ教習ノ罪ニアラズシテ何ゾヤ。

夫レ舎人親王[25]ハ日本紀ヲ撰ビ、是レヲ梓ニ刻ミ、漢字ニ写シ、周ク天下ニ流布シ玉ヘタルハ、唐土天竺ニモ往キ至ルコトヲ忌ミ憚ラザルヲ以テ也。

夫レ理ハ一人ノ理ニ非ズ、道ハ一家ノ道ニアラザレバ、見ル者聡明叡智ノ聖、其奥旨秘伝ノ口訣ト云トモ悉ク通暁セザルベキヤ。何ゾ一人是ヲ知テ天下万世知ル人ノナシトスベキヤ。允《マコト》ニ下愚ノ移ラザル也。故ニ其趣ヲ諫ムル者アレバ、金言耳ニ逆ヒ、反テ道ヲ悪口スル神敵ト憎ム。耳目ノ愚ト云ベシ。斯ノ如クノ師、吾ガ神学ニ限ラズ間《ママ》多シ。是道・法ノ故、昧フシテ、皆吾レ自ラ吾ガ道衰微ナサシムル者也。其本皆治道ノ学ニ拘ラズ偏ニ一己心上ノ学ニ本ヅク故也。嘆息スベキノ至ナラズヤ。

夫レ道ハ天下ヲ化シ、法ハ天下ヲ成ス。故ニ大ニシテハ天地ノ化成ヲ為《ナ》シ、小ニシテハ一器ノ造立モ、無法ニシテ事ノ成ルコト古今未ダ有ルレ之レコトヲ聞カズ。妙手《ジャウズ》ノ木匠《ダイク》トイヘドモ、規矩準縄ノ法ナケレバ、家屋造立ノ道ヲ行フコト能ハズ。道法ノ立教、豈私ノ作為ナランヤ。皆天地ノ規則也。古ノ神聖天地ニ則《ノットリ》テ教ヲ万世ニ施ス。故ニ道・法兼備ノ治ニアラザレバ、天下治マルガ如シトイヘドモ、民情常ニ乱レ刑人絶ユルコトナク、干戈一タビ起ルトキハ治ムルニ又難シ。乱ルルニ易ク治ムルニ難キハ、道ノミ有テ法ナケレバ也。此故ニ道ヲ知ルトイヘドモ、法ニ昧キ者ハ其道果シテ道ニアラズ。故ニ一事ノ功ナシ。

夫レ天地功ナキコトナシ。人事功ナクンバ何ヲ以テ天地ニ則ル立教トセン。何ヲ以テ人ノ信不信ヲ知ラン。成功ノ信ヲ現ハスハ面《マノアタリ》天地ノ業ナラズヤ。人トシテ是ヲ執ラザルハ道ヲ知ル人トスベケンヤ。天下一己ノ功ヲ立ツル者多シトイヘドモ、天下家国ノ功ヲ立ツル者少キハ、皆心上ノ学ヲ専ラニシテ、聖人治道ノ故ヲ蔑如スル故也。此故ニ道ノ妙ヲ講ズレドモ、曽テ法ヲ詳ニ察スル者ナシ。

性命

命ハ我ニ蒙ル所以ン、性ハ我ニ任《ニン》タル所以ン。既ニ蒙リ既ニ任アリ。此吾レヲ尽サズンバアルベカラズ。尽サザレバ性ニ悖《モトリ》、命ニ逆フ所以ンナリ。然ルニ古ヨリ性ノ説ヲ立テテ、或ハ性ハ善也ト云ヒ、性ハ悪也ト云ヒ、或ハ性ハ理也ト云ヒ、性ハ生也ト云ヒ、或ハ性ハ善モナク悪モナシト云ヒ、性ハ善悪混ズト云ヒ、或ハ作用是レ性也ト云フ。[26] 皆是レ形名気質ノ名分ヲ論ズルノミ。本然ノ性ヲ云者ニアラズ。

噫《アア》、性ノ実ニ通ゼザルカ。聖教要録ニ曰、「理気妙合《シテ》而有《テ》二生々無息底一、能《ク》感通知識《スル》者《ハ》性也《ナリ》。人物生々、無《シ》レ不《ズトイフコト》二天命《ナラ》一。故曰《ニ》二、天命《ノ》之《ヲ》謂レ性《ト》」[27]、又曰、「性《ハ》以二善悪《ヲ》一不《ズ》レ可レ言《フ》、孟軻《ノ》所謂《ル》性善《ハ》者不《シテ》レ得レ已《ムコトヲ》而字《シ》レ之《ヲ》、以二堯舜《ヲ》一為《スルナリ》レ的《ト》也、後世不《シテ》レ知二其実《ヲ》一切《リニ》認《メテ》二性之《ノ》本善《ヲ》一立《ルハ》二工夫《ヲ》、尤《モ》学者《ノ》之惑也《ナリ》、学者嗜《ミ》二性善《ヲ》一竟有《リ》二心学理学之《ノ》説一、人々所《ノ》レ賦《スル》之性、初《ハ》相近《シ》、因《テ》二気質之《ノ》習《ニ》一相遠《シ》、宋明之学者陥《ルノ》二異端《ニ》一之失、唯在《リ》二這裏《コノウチニ》一」[28]ト云々。是レ性ヲ説クノ実、要録ノ如キハ其宗允《マコト》ニ良《ヨシ》。孟子ノ性善ハ人物各性ニ率テ用ヲ為《ナス》トキハ道ニ称《カナ》フ。道ニ称フトキハ天地ニ則《ノット》ル。天地ニ則ルトキハ必功アリ。功アルヲ以テ其信ヲ見ル。故ニ其名ヲ授クルニ善ト云。

性ニ逆フハ私ヲ利スル也。私ヲ利スルハ道ニアラズ。道ニアラザレバ、功、家国ニ普カラズ、其信ヲ見ズ。人トシテ生涯性命ノ信ナキハ、小人ニシテ君子ニアラズ。其名ヲ授クルニ不善ヲ以テスベシ。不善ハ悪ノ表《ヒヤウ》也。此故ニ孟子性ヲ表スルニ当テ性善ト云。性ハ命ノ任《ニン》ニシテ万物正《マサ》ニ尽スベキノ元名ナレバ、本ト指スベキノ形ナク、見スベキノ定位ナケレバ、已ムコトヲ得ズシテ性善ト云ノミ。故ニ暫ク堯舜成功ノ徳象ヲ的《メアテ》ニシテ、人性ノ信ヲ云テ性ハ善也トス。然ルヲ孟子ノ一言ニ泥著シテ竟ニ心上ノ謂《イイ》ニ陥《ヲチイル》也。

夫レ万物ノ尽ス所ニ於テ性ニアラズト云コトナシ。性ノ動キハ誠ニアラズト云コトナシ。故ニ誠ハ性ニ乗《ジヤウ》ジテ尽シ、性ハ誠ヨリシテ動ク。而シテ命ニ帰スル者也。而シテ後ニ是ヲ善ト名ヅクベシ。然ラザルヲ不善ト名ヅク。是《ココ》ヲ以テ命ヲ知ラズンバ性ヲ知ルベカラズ。性ヲ知ラズンバ亦誠モ尽スコトヲ得ベカラズ。誠ヲ尽スコトヲ得ズンバ仁義トスル所モ亦応《カナフ》ベカラズ。故ニ国家人物ノ為ニ生涯繊毛ノ功ナシ。是レ正シク性命ヲ尽セル信《シルシ》ナケレバ君子何ヲ拠ニ是ヲ善ト称スベケンヤ。天地ノ至誠モ四時成功ノ信ヲ見《アラ》ハスヲ以テ其善ヲ称スベシ。其天地ノ功、豈唯一己ノ利ノミナランヤ。故ニ人道モ教ヲ天地ニ則ルナリ。

夫レ真円ニシテ旋テ止マザルハ天ノ気質也。覆テ洩ラサズ、生ジテ厭ハザルハ天ノ性也。其気質性ニ率テ尽ス。瞬息ノ間隙ナシ。是レ天ノ道也。至厚ニシテ定《ツ》テ動カザルハ地ノ気質也。載セテ洩ラサズ、養テ厭ハザルハ地ノ性也。其気質性ニ率テ尽ス。瞬息ノ間隙ナシ。是レ地ノ道也。是レ天地其気質ノ性同ジカラズトイヘドモ、本然ノ性ヲ尽シテ其道ヲ修ルコトハ相ヒ同ジ。而シテ天地主宰ノ神ノ元命ニ帰ス。聖人是レヲ執テ人ニ教テ性命ノ故ニ差《タガ》ハザラシム。故ニ中庸ニ曰、「天命《ノ》之《ヲ》謂レ性《ト》、率《フ》レ性《ニ》之《ヲ》謂レ道《ト》、修《ル》レ道《ヲ》之《ヲ》謂《フ》レ教《ト》」[29]ト、礼記ニ「天道《ハ》至教《ナリ》」[30]ト云是也。

夫レ善悪ハ形ノ後ニシテ、本然ノ性ヨリ見レバ杳《ハルカ》末《スヘ》ノ論也。善悪ヲ以テ性ヲ論ズレバ、学者悉ク己利ニ陥《ヲチイリ》テ、性命ノ道ヲ失ハシム。是レ異端ノ導キ也。

夫レ世ノ所謂ル善ハ、君ニハ忠義ヲ尽シ、親ニハ孝行ヲ尽シ、人ニハ信実ヲ尽シ、偸盗ヲ為サズ、偽ヲセズ、酒色ヲ犯サズ。斯ノ如クシテ是レヲ善人ト称ス。言行是ニ毛厘モ差フトキハ定メテ悪人トス。是レ唯寂然不動平常ノ云ヒ分《ブン》也。曽テ変化ノ事実ヲ云ニアラズ。即是レ凡俗ノ善悪ニシテ、性命誠一ノ善悪ニアラズ。性命誠一ノ善悪ハ耳目形名ヲ以テ論ズベカラズ。即、要録ノ所謂ル「性ハ以二善悪一ヲ不ズレ可レ言」[31]トハ是ナリ。

夫レ弁慶安宅《アタカ》ノ関ニ主君ヲ打擲シ、[32]韓信蜀山ニ道ヲ効《ナラヒ》シ恩夫ヲ殺シ、[33]舜ハ告ズシテ娶リ、[34]武王君ヲ弑シテ代ハルノ属ヒ、[35]古ヨリ勝《アゲ》テ計《カゾフ》ベカラズ。其行ヒ亦一ナラズシテ其善ヲ得ルコト一也。是レ所謂ル君子ノ善悪ニシテ、性命ヲ尽ス所ノ誠一ヨリ生ズル善也。然ルヲ唯寂然不動平常ノ姿《スガタ》ヲ取テ、変化応用ノ義理ニ当《アテ》テ一定ス。焉ンゾ其実ニ称《カナ》ハン。

夫レ此身人世ニ立テ、君父・妻子・朋友・親族・家国・天下ノ為ニ患難得失吉凶禍福ヲ厭ハズ、死生ヲ忘レ日夜心身ヲ労シ、苦ミヲ積ミ一刻ノ安キヲ慮ラズ、能ク其楽ヲ棄ツルヲ以テ性命ヲ守ルトハ云也。然ルヲ長沮・桀溺[36]・許由・巣父[37]・竹林ノ七士[38]ノ如キハ、反テ人世ノ苦患ヲ遁レテ自然ノ性ヲ守ルト覚ユ。是レ性ヲ知ラズ。人倫天地ノ間ノ大盗ニシテ、世ニ害ナシトイヘドモ、聖教ヲ廃シ天地ノ道ニ悖《モトル》コト、其罪桀紂ノ大悪ニ異ナルコトナシ。然ルヲ世皆賢ト称ス。是レ性命ノ道ヲ知ラザル也。

夫レ隠遁シテ何ヲカ喰フ、何ヲ衣《キ》ル、イヅクニカ居ルヤ。其喰フ所ノ者皆民ノ労骨ニシテ、天地日夜ノ性分ナラズヤ。其衣《キ》ル所ノ者皆民ノ労役ニシテ、天地日夜ノ性分ナラズヤ。其居ル所民ノ労骨天地日夜ノ性分ナラズヤ。其身トスル所、其楽トスル所、父母ノ精神君主ノ養育大恩ノ係《カカ》ル所、大義ノ荷フ所ナラズヤ。然ルヲ一己安楽ノ為ニ悉ク天地人倫ノ労役ヲ盗ム、豈大賢ト称スベキヤ。

夫レ人トシテ人ヲ離レ、天トシテ天ヲ棄《ステ》、地トシテ地ヲ遁レ、鬼神ハ鬼神ヲ離レ、馬ハ馬ヲ離レ、牛ハ牛ヲ離レテ、物各其徒ヲ捨《ステ》、其群ヲ離ルルヲ以テ性トシ道トスルノ義アランヤ。然ルヲ唯人ノミ遁世ノ行ヒヲ為《ナ》ス。是レ気質情ニ引レテ、殆ンド智ニ惑フ者也。

夫レ遁世シテ物喰ハズ、衣ヲ被《キ》ズ、身ヲ地ニ着《ツケ》ズトモ、天地鬼神陰陽五行ノ外ヘ遁ルルコトハナラヌコト也。然レバ形ヲ保《タモチ》テ天地ノ内ニダニ在ルトキハ、性分ノ尽ス所ヲ遁ルルコト能ハズ。況ンヤ形ノ始メヲ父母ニ養ハレ、君主ニ恵マレ、天地ニ生ゼラレ、民ノ耕シヲ食《クラ》ヒ、民ノ織《ヲル》ヲ着《キ》、民ノ造《ツク》ルニ居《ヲリ》ナガラ、独己レヲ安ンジ、労苦ヲ免レント欲ス。允《マコト》ニ生ヲ掠《カスメ》、世ヲ盗ム天ノ賊民也。

凡ソ得失究達ハ物ト形ト相ヒ交接スル所ニ生ゼズト云コトナシ。人ノスル所ニモ非ズ。吾ガスル所ニモアラズ。物ト形ト相ヒ触レ、剛柔相ヒ由テ生ズ。是レ陰陽変易ノ道ニシテ天地モ免レズ、聖人モ免レズ。故ニ天生ズレドモ稔《ミノ》ラズ、地養ヘドモ茂ラズ、人民餓殍シ百物成ラズ。是ヲ凶年ト云。是レ天地ノ吉凶得失也。釈迦ハ提婆ガ為ニ支《ササヘ》ラレ、[39]黄帝ハ蚩尤ガ為ニ悩《ナヤマ》サレ、[40]舜ハ父母ノ為ニ困《クルシ》メラレ、文王ハ紂ガ為ニ獄ニ囚ハレ、孔子ハ盗跖ガ為ニ辱《ハヅカシ》メラレ、陳蔡ニ囲マレ、魯ノ政ヲ敗ラル。是レ聖人ノ吉凶得失也。皆人世古今ノ定例ニシテ、新ニ憂ル所ニアラズ。学者是ニ心ヲ置クコト常トセバ、性命ノ守リヲ失ヒ一向《ヒタスラ》私心ヲ尽スニ遑《イトマ》アルベカラズ。

夫レ私心ヲ尽ス光陰ヲ惜ンデ何ゾ性命ヲ尽スコトヲ勉強センヤ。要録ノ所謂ル「人々所《ノ》レ賦《スル》之性、初《ハ》相《ヒ》近《シ》、因《テ》二気質《ノ》之習《ニ》一相《ヒ》遠《シ》、宋明《ノ》之学者陥《ルノ》二異端《ニ》一之失、在《リ》二這《コノ》裏《ウチニ》一」[41]ト云者是也。

中　庸

凡ソ天地ノ運旋人世ノ動作、一時一刻ノ間、用事ニアラズト云コトナシ。故ニ教ヲ立ツルコト、万聖皆功用ヲ貴ブ者一也。

夫レ公用私用大用小用是ヲ為《ナ》シテ其験ナケレバ、勤ル所ノ用事皆虚也、空也。是ヲ無功ト云。凡ソ草木土石禽獣魚鼈是ヲ用テ功ナキ者ナシ。況ンヤ人ヲヤ。其功ヲ得ルコト事ノ実ニ中《アタ》ルトキハ功ヲ成シ、事ノ実ニ中《アタ》ラザルトキハ功ナシ。事ノ実ハ其時其節ノ宜キニ適《カナフ》ヲ執テ節ニアタラズト云コトナキヲ云。是ヲ中ト云。[42]庸ハ用也。[43]共ニモチユルト訓ズ。即、日用常事当《マサ》ニ勤ムベキノ業ヲ云。故ニ中庸ハ当用也。然ルヲ中庸ニ分ツコトハ、夫レ当用ハ唯今此事ニ当テ此用ヲ為《ナス》ベキ者ヲ云。而シテ其節ヲ見、其善ヲ計リ、其宜キヲ慮テ、其実ヲ得。是ヲ中ト云。故ニ中ハ当也。共ニアタルト訓ズ。其中ヲ得テ用事ニ応ズ。是レ庸也。是レ功ノ生ズル所以ン、故ニ庸ハ功《イサヲシ》トモ訓ズ[44]。然レバ当用ハ事既ニ出テ為《スル》ニ当ルヲ云。是レ其事ノ未ダ動ザル以前ノ名、中庸ハ其事既ニ動カスニ至テ、事ヲ調ベ成スノ名也。

聖教要録ニ曰、「能《スルトキハ》二中庸《ヲ》一、則喜怒哀楽及《ビ》家国天下《ノ》之用、皆可《シ》レ中《ル》レ節《ニ》。中者《ハ》天下《ノ》之大本也。庸者《ハ》平日日用《ノ》之謂《ナリ》也。用《ルナリ》二此中《ノヲ》於平日《ニ》一也。以レ庸《ヲ》別《ニ》立《ルハ》二工夫《ヲ》一、尤《モ》差謬《ナリ》也」[45]ト云々。仮令《タトヘ》バ琴ヲ調《シラブ》ル者、柱《コトヂ》[46]ヲ係《カケ》テ是ヲ進退セシメ、而シテ一絃毎ニ其音定リ十三絃律呂[47]ニ和ス。其柱《ヂ》ノ進退絃ノ程好《ホドヨキ》処ニ当テ止ル。是レ其真中《シンチウ》ニ当レルヲ以テ也。故ニ柱進ムニ過ルトキハ音《ヲン》即、律呂ニ合《ガッ》セズ。是レ中ヲ失ヘバ也。柱退クニ及バザルトキハ音即、律呂ニ合《カナ》ハズ。是亦中ヲ失ヘバ也。進退節ノ中《チウ》ニ中《アタリ》テ音律和ス。是ヲ中ヲ得ルト云。進退スル是ヲ庸ト云。中庸ヲ撰ビ得テ律呂ノ和音人ノ耳ヲ悦バス。是ヲ功ト云。方《マサ》ニ琴ヲ弾《ヒク》ベキ義有テ、即、琴ヲ執テ調《シラベ》ニカカル、是当用也。故ニ中庸ハ即、当用ニ有ラズト云コトナシ。当用ヲ棄《ステ》テ外ニ中庸ヲ謂《イフ》ベキナシ。

又曰、今日調《シラブ》ル所ノ柱、各其中ヲ得タリトテ其柱ヲ止《トド》メテ動カサズ、明日是ヲ弾《ヒク》ニ至テ、必絃《イト》ニ屈伸《ノビチヂミ》ノ変ヲ生ジテ音律昨日ノ如ク和セズ。是《ココ》ニ於テ昨日ノ柱ヲ又各進退セシメテ、又今日ノ中ヲ得ルトキハ、昨日ハ今日ノ中ニアラズ。今日ハ昨日ノ中ニアラザルコトヲ知ルベシ。然ルトキハ、中ハ居ル所ヲ定メズ、節ニ中《アタリ》テ其宜キヲ求メ用ニ応ジテ其事ヲ成ス。是ヲ偏《カタカタ》ナラズ、倚《カタヨ》ラズト云。

然ルヲ一尺ノ半五寸ヲ中ト定メ、是ヲ動《ウゴカ》スコトヲセズシテ万事ノ規矩トスルヲ中ト心得、是ヲ偏ナラズ倚ラズト覚ユル者アリ。甚中ノ理ニ昧シ。凡ソ一尺ノ半五寸ノ中ハ、正中ノ中ニシテ、唯中ノ一居ノミ。地球《チキウ》[48]ノ心是也。天地万物ノ中、地球ノ心《シン》ヨリ真《シン》ナルハナシ。夫レ唯一ニシテ二ナシ。変セズ易《カワ》ラズ、万物ノ象形此中ヲ備ヘズト云コトナシ。

中庸ノ中ハ、用事ノ節ニ中《アタ》ルノ動ヲ云也。故ニ庸ノ字ヲ加テ中ノ用ヲ云。是《ココ》ヲ以テ一尺ノ間、其用四寸ニ宜キハ四寸ヲ以テ用ノ中トス。其用三寸ニ宜キハ三寸ヲ以テ用ノ中トス。若シ四寸ノ用五寸ニ偏ナルトキハ、其中ヲ過グルコト一寸ニシテ、節ニアタラズ、其宜キヲ失フ。若シ三寸ノ用二寸ニ倚ルトキハ、三寸ニ及バザルコト一寸ニシテ節ニアタラズ、其宜キヲ失フ。是ヲ中庸ト云。故ニ中庸ノ撰ビガタキコト、中庸ノ行ヒガタキコト、凡智ノ能ク得ル所ニアラズ。惟レ精惟レ一[49]ノ至誠ニアラズンバ、能ク其中ヲ執ルコトナルベカラズ。允《マコト》ニ白刃ヲモ踏ベシ、爵禄ヲモ辞スベシ、中庸ヲバ能クスベカラズトハ、其撰ムベキノ難キヲ云ヘリ。

　夫レ動ク所ニ於テ天地トイヘドモ過不及ナキト云コトナシ。況ンヤ人ヲヤ。其過タルヲ損ジ、及バザルヲ益シ、其平均ヲ執テ以テ是ヲ補フモ、亦是レ中庸ノ道也。何ヲカ過不及ノ失《シツ》ヲ平均シテ、其中ヲ得ルト云フ。曰、夫レ年ニ豊凶旱雨ノ失アルハ、五運六気[50]ノ過不及有ルヨリシテ生ズ。故ニ陰過ルトキハ水災有リ、陽過ルトキハ旱災有リ。是レ陽過ルトキハ陰及バズ、陰過ルトキハ陽及バズ。陰陽升降ノ気化平分ヲ得ザルトキハ、五穀稔《ミノ》ラズ人物損害ス。是レ天地ヲシテ其中ヲ失ハシム。是ヲ輔《タスク》ル者ハ人ノ力ニ在リ。是《ココ》ヲ以テ礼記王制ニ「三年耕《シテ》必有《リ》一年之《ノ》食、九年耕《シテ》必有《リ》三年之《ノ》食、以《スレバ》三十年之《ノ》通《ツウヲ》雖《モ》有《ト》凶旱水溢民無《シ》菜色」[51]ト云ヘリ。是レ陰陽ノ升降過不及有テ、年凶作シ五穀ヲ得ズ、民餓殍ニ及トイヘドモ、三十年ノ通蓄《ツウチク》ヲ以テ一凶年ノ食ヲ足ラシムルトキハ、其実凶年ニシテ人世ニ凶年ナシ。是レヲ天地ノ化育ヲ扶《タス》クト云。皆古ノ聖法ニシテ、中道平分ヲ得ル権方也。

　夫レ只凶年ノミナランヤ。続《ツヅイ》テ豊年ニシテ其制ナキトキハ、五価[52]賤《ヤス》クシテ士農ノ二民財用ノ利便ヲ失フコト、其憂凶年ト異ナルコトナシ。故ニ五価貴《タカキ》トキハ亦工商ノ二民、財用ノ利便ヲ失フ。是《ココ》ニ於テ上《ミ》其価《アタイ》ノ貴賤ヲ均《ヒトシ》クシテ、士農利ニ過ギテ工商利ニ及バザルトキハ、貴《タカキ》ヲ損ジテ賤《ヤスキ》ヲ益《マ》シ、其利偏ナラズ、倚ナラズ、均シク是ヲ得サシム。是ヲ利権ト云。皆其中ヲ執ル所以也。惟レ精惟レ一ニシ、允《マコト》ニ其中ヲ執レト云。亦此是等《コノコレラ》ヲ云也。

　然レドモ物ノ価《アタイ》ハ天下ノ通利ナリ。俗是ヲ相場《ソウバ》ト云。故ニ令ヲ以テ貴賤ヲ均クスルコト能ハズ。令ヲ以テ貴賤セシムルコトハ天下ノ武威トイヘドモ能ハズ。若シ強《シイ》テ威令ヲ以テスルトキハ民反《ソム》ク。反クヲ以テ是レヲ罰セバ、天下ノ民悉ク罰スルコトヲ得ベケンヤ。是レ暴政也。況ンヤ一国一郡ノ主タル者、能ク是ヲ禁ズルコトヲ得ベケンヤ。是レヲ利権下ニ奪ハルルト云。利権下ニ在ルトキハ、四民ノ利ヲ平均ニ得サシムルコト能ハズシテ、士農ノ財用節スルコト能ハズ、悉ク利ヲ商家ニ奪ハル。是《ココ》ニ於テ人君豈独商ヲノミ利シテ士農ヲ不仁センヤ。均《シク》分《ツヨ》謂《フ》レ仁《ト》[53]ト云ハズヤ。是レ民ヲ養フコト偏倚過不及有テ其中ヲ失ハバ、何ヲ以テ天下平均ノ名ヲ貴ブトセンヤ。天下ノ事物日用ノ間、堯舜ノ一言ヲ尊信シ、惟レ精惟レ一ニシテ允ニ其中ヲ執ル。是レヲ天下ヲ平均ストハ云也。

或人ノ曰、「今既ニ利権商家独是ヲ握ル。故ニ已レ利セント欲スルトキハ、或ハ是ヲ貴《タカフ》シ、或ハ是ヲ賤《ヤスフ》スルコト、列国各其党ヲ結テ相ヒ通ジ、家ヲ置クコト数所ニ在《アラ》シメ、是《ココ》ニ損ズルトキハ彼《カシコ》ニ利倍シ、彼《カシコ》ニ損ズルトキハ爰ニ利倍シ、其相ヒ通ヅルコト千里ヲ遠シトセズ、其運送スルコト天下ヲ広シトセズ、万金ノ重キモ一人ノ手ニ送ルコト只一紙ヲ以テ馬トシ駅路ノ弊ヲ省ク。且、貧賤富貴常ナキコト人其実ヲ知ルコト能ハズ。允《マコト》ニ利倍ノ術ニ於ケルコト斯ノ如シ。其臨機応変、孫・呉[54]ガ謀策モ及ブ所ニアラズ。是レ苟《イヤシ》クモ天性本命ノ然ラシムル也。武家ノ能クスル所ナラズ。然ルヲ令ヲ下サズシテ能ク其利権ヲ奪フコト何ヲ以テカセン」。

曰、聖人ノ言ヲ信用シテ是ヲ行ヘバ、上《ミ》利権ヲ得ルコト安シテ難カラズ。何ヲカ聖人ノ言ト云。曰、聚斂ノ臣ヲ畜ハンヨリ寧《ムシロ》盗臣アレト[55]云。是ヲ国ハ利ヲ以テ利トセズ、義ヲ以テ利トスト云、是也。

夫レ聚斂ノ臣ハ己レヲ利セズシテ上ノ為ニ利セント欲ス。是忠功ニ似タリトイヘドモ、下ヲ貪ランコトヲ常トス。故ニ下ト利ヲ争フ。是ヲ上ニ帰スルトキハ人君ノ義ナシ。盗臣ハ一己ヲ利スルコトヲ欲シテ上ヨリ是ヲ盗ム。是レ不忠也トイヘドモ、是ヲ下ニ帰スレバ民ニ害ナシ。未ダ人君ニ於テ義ヲ失フニ至ラズ。二臣トモニ取ルニ足ラズトイヘドモ、然レドモ已《ヤム》コトヲ得ザル取捨ノ道ニ依ルトキハ、忠功ニ似タル聚斂ノ臣ヲ捨テ、不忠ノ盗臣ヲ取ルコトハ其義ノ小大広狭ヲ以テ是ヲ云。然レバ上ハ損ヲ以テ利トシ、下ハ利ヲ以テ利トセシム。苟クモ下ト利ヲ争フトキハ、上ノ能ク下ニ及ブ所ニアラズ。況ンヤ商家天職ノ者ニ対シテヲヤ。

　故ニ上ハ常ニ損ヲ以テ利トシ、下ヲバ利ヲ以テ利セシムルトキハ、国家ヲ利スルコト其利千倍ス。而シテ商家ノ利権イカントモスルコト能ハザル、是レ即、利権上ニ在リト云。利権上ニ在ルトキハ国家物価ノ貴賤ヲ操《ソウ》スルコト、掌ヲ反《カヘ》スガ如ク令セズシテ行ハル。以テ四民ノ過不及ヲ平均スルコト自在ナルベシ。国家スラ猶斯ノ如シ。況ンヤ天下ヲヤ。

　家語ニ孔子易ノ損ノ卦ヲ嘆息シテ曰、「夫《レ》自《ヲ》損《スル》者《ノハ》必有《リ》レ益、自《ヲ》益《スル》者《ノハ》必有《リ》レ決《カクコト》レ之《ヲ》」[56]ト曰フモ、此謂也。故ニ上ハ常ニ損スルヲ以テ利トシ、下ヲバ常ニ利ヲ以テ利セシメバ、下ヨリ上ノ利権ヲ奪フコト能ハズ。学者一言ニシテ通暁シガタキ所アリ。自得シテ可也。唯仁義ノ在ル所天下是ニ帰スト云ノ理ノミニアラズ。是レヲ以テ観《レバ》レ之《ヲ》、其庸用ニ於テ其中ヲ得ルコト権ノ道ニアラザレバ、中ヲ執ルコト能ハズ。中ヲ得ザレバ平均スルコト能ハズシテ、或ハ偏ニ、或ハ倚リ、或ハ過ギ、或ハ及バズシテ、皆其義ヲ失ヒ皆其実ヲ失フ。

　故ニ物ノ軽重ヲ秤《ハカ》ル権《ヲモリ》《ケン》ニアラザレバ、其中正ヲ得ルコト能ハズ。其権ヲ進退セシメテ、其重サノ正実ニ適《テキ》スル処ニ至ルトキハ、其衡《サヲ》偏ナク倚ナクシテ正直ニ居《スワ》ル。柱《コトヂ》ヲ進退セシメテ律ノ正音ニ中スルモ亦斯ノ如シ。而シテ是ヲ天下ノ耳目ニ問フ普天ノ下《シタ》、智愚皆唯《イイ》ト対テ反《ソム》ク者ナシ。故ニ中ハ天下ノ大本ト云。然レバ是レ権柱ハ中ヲ得ルノ術ニシテ、進退ハ是レ過不及ヲ正ス所以ン、而シテ偏倚ナキニ止マル。而シテ其中正ニ中《アタ》ル。其用是ヲ庸ト云。天下ノ万物、国家ノ万事中庸ヲ撰ズンバアルベカラズ。況ンヤ政ノ大事ニ於テヲヤ。其是レヲ撰ムヤ、人君常ニ至誠ヲ尽シ、惟レ精惟レ一ニセズンバ焉《イヅク》ンゾ能ク其中ヲ執ルコトヲ得ン。其中ヲ執ルコトナケレバ其仁トスル所偏《ヘン》アリ。其義トスル所倚《キ》アリ。既ニ偏倚有リ。事理過不及ナクンバアルベカラズ。仁義ノ行フ所、事理ノ尽ス所、偏倚過不及アラバ、人君ノ徳沢民ニ周《アマネ》カラズ。各其均キヲ得ズ。

　然レドモ鶴ノ脛《アシ》ノ長キヲ断《キリ》テ、鴨ノ脛《アシ》ノ短キニ続《(ママ)》ギ、是ヲ平分ノ中トスルハ、彼《カノ》一尺ノ半五寸ヲ中トスルヨリ猶善トシガタシ。[57]

　夫レ物々皆斉《ヒトシ》カラズ。孟子ノ曰、「不斉ハ物ノ情也」[58]

ト。故ニ其情ヲ平均シ、人ト我ト相ヒ斉《ヒトシ》カラシムルコトニハアラズ。然ルヲ程子[59]・朱子ハ天下ノ人ヲシテ悉ク明徳[60]ヲ明《アキラ》メシメテ、一人モ残ラズ聖人ニ新《アラタ》ニシ、而シテ天下治国平均トスルハ以テノ外ノ註釈ナルベシ。[61]是レ所謂ル鶴ノ脛ヲ断テ鴨ノ脛ニ継《ツグ》ノ均《ヒトシ》キニテ、彼《カノ》荘周ガ笑ヘル所也。[62]

夫レ程朱ノ二子ハ三国ノ聞人《ブンジン》ニシテ、孔門ニ功アルコト最モ大ナルニ、イカンゾ又斯ノ如ク聖学ニ疎《ウト》キヤ。是レ必故アルベシ。未ダ其宗ヲ得ズ。後ノ君子其旨趣ヲ暁《サトシ》、予ガ亡霊ニ示シテ、今ノ愚ヲ開カシメンコト深ク願ヒ厚ク請フ者也。

---

1 五倫の中でも君臣関係の「忠」を重んずる日本、父子関係の「孝」を重んずる中国、両者の対比が以下に論じられる。

2 日本の神教と中国の儒教の両教。

3 『日本書紀』の冒頭の一節を踏まえている。山鹿素行『中朝事実』の影響も認めうるか。

4 「道立於一、造分天地、化成萬物。」『説文解字』(最古の部首別漢字字典、西暦一〇〇年に成立)。

5 「惟一不変者、至尊無対、一定而不易也。」『正字通』一巻・一部。

6 「夫天之有体、非自為体也、有所以為体者。地之有形、非自為形也、有所以為形者」『関尹子』に見えず。関尹子とは、周の大夫尹喜のことであり、また彼が著したとされる書物である。書物としての『関尹子』は『漢書』藝文志に著録されるものの、『隋書』や新旧『唐書』の経籍志に見えない。よって、後世の人物による仮託の書物か。

7 「人ノ心ハ神明ノ舎」『朱子語類』九八に「心是神明之舎、為一身之主宰」という表現があるが、日本では吉田兼倶(一四三五～一五一一)、林羅山(一五八三～一六五七)、度会延佳(一六一五～一六九〇)、山崎闇斎(一六一九～一六八二)等が盛んに「心は神明の舎」言説を展開した。

8 「天無二日、土無二王、家無二主、尊無二上。」『礼記』坊記問。

9 天・地・人の三つを指し、転じて宇宙万物の総称を意味する。

10 「天子受命于天、士受命于君。故君命順、則臣有順命。君命逆、則臣有逆命。」『礼記』表記。

11 「増韻《ゾウイン》」の謂い。「増韻、内尽其心不欺也。」『正字通』巻

四、心部。当該箇所より次の『韓詩外伝』、さらに後の『逸周書』に至るまで、『正字通』巻四、心部における「忠」字の説明として、同一項目内にて引用されている。よって、これらはみな『正字通』から引用されたものと見なすのが妥当か。『正字通』は張自烈の撰とされる。『四庫提要辨證』によれば、張自烈は宜春の人であり、明崇禎年間の末に南京国子監生であった。『正字通』以外にも、『四書大全辨』を著した。七七歳にして没するも嫡男がおらず、清代に南康太守の廖文英が原稿をもとめて、ようやく『正字通』出版に至ったという。『正字通』の伝本は日本にも多くのこる。増韻は『増修互注礼部韻略』の略。宋代に編纂された『礼部韻略』を南宋の毛居正父子が増注したものである。『増修互注礼部韻略』の注に、「内尽其心而不欺也」(巻一、忠字)とある。

12　「韓詩外伝、以道覆君而化、之謂大忠。以徳調君而輔、之謂次忠。以諫非君而怨、之謂下忠。」『正字通』巻四・心部。『韓詩外伝』巻四には「韓詩外伝、以道覆君而化、之謂大忠。以徳調君而輔、之謂次忠。以諫非君怨、之謂下忠」とある。

13　「謚法、危身奉上、険不辞難、曰忠。」『正字通』巻四・心部。『逸周書』謚法解にも、「危身奉上、険不辞難、曰忠」とある。『逸周書』は周代の決まりごとを記した書物。なかでも、謚法解には、おくりなに用いる文字のニュアンスが記される。

14　「事君不忠、非孝。」『礼記』祭義。

15　ルビママ。義朝《よしとも》(長男)の間違いか。為朝《ためとも》は八男。

16　原文では「為《ヨシ》朝」の「為」に圏点を付して「義」に訂正してある。

17　「好事不如無。」『碧巌録』巻九。

18　古くは「訣」字を「わけ」と読み、理由やいわれの意で用いた。

19　「鳥獣不可与同群、吾非斯人之徒与、而誰与。」『論語』微子。

20　「曰、夫物之不齊、物之情也。」『孟子』滕文公上。

21　「彼奪其民時、使不得耕耨以養其父母、父母凍餓、兄弟妻子離散。」『孟子』梁恵王上。

22　「南北基準」の意。

23　「滅在」は「滅罪」の間違いか。

24　吉川惟足(一六一六～一六九五)は京都で吉田神道の口伝を伝授され、江戸に戻り、徳川家綱を始め諸大名、例えば加賀前田家、会津保科家等の信任を得て、幕府神道方となり、以後吉川家の子孫がこれを世襲した。その神道説は吉田神道に陰陽五行説、宋儒の理気論をまじえ、理学神道と言われる。弘前藩では、四代藩主津軽信政以来、吉川神道を奉じており、その霊廟は高照神社として伝存する。この間の経緯は、高岡の森弘前藩歴史館所蔵『陸奥国津軽高岡高照霊社御縁起』に詳しい。

25 舎人親王（六七六〜七三五）。天武天皇の第三皇子。勅によって太安万侶とともに『日本書紀』の編纂にあたった。

26 「然ルニ古ヨリ」より「作用是レ性也ト云フ」にいたるまで、『聖教要録』下・性を踏まえる。乳井は、天から賦与された「性」を自分に課せられた「任」と捉え、自身の力の及ぶ限りを尽くすこと重んじた。従って、「性」の善悪に関する議論は、彼にとって重要とはならない。しかし、山鹿素行の語を借り、一応は「性」字に関する諸説を列挙する。もっとも、引用元と比べると、文字の出入りや諸説を紹介する順番にやや違いがある。素行と乳井の間で、先行する諸説を如何に整理するのかという点で、差異があったからであろう。「性ハ善也」は孟子の性善説を、「性ハ悪也」は荀子の性悪説を指す。「性ハ理也」は、程頤が唱え、朱熹が踏襲した「性即理」の性説。「性ハ生也」は『孟子』告子上に見える告子の語を指す。「性ハ善モナク悪モナシ」は、王守仁「四句教」に見える性無善無悪説を踏まえる。「性ハ善悪混ズ」は司馬光の性善悪混説。「作用是レ性也」は朱熹による仏教批判の語。

27 「理気妙合而有生々無息底、能感通知識者性也、人物生々、無不天命、故曰、天命之謂性。」『聖教要録』性。

28 「性以善悪不可言、孟軻所謂性善者不得已而字之、以堯舜為的也、後世不知其実、切認性之本善立工夫、尤学者之惑也、学者嗜性善、竟有心学理学之説、人々所賦之性、初相近、因気質之習相遠、宋明之学者陥異端之失、唯在這裏。」『聖教要録』性。

29 「天命之謂性、率性之謂道、脩道之謂教。」『中庸』。

30 「天道至教」『礼記』礼器。引用元においては「聖人至徳」と続き、対句を成す。

31 「性以善悪不可言。」『聖教要録』性。

32 「義経打擲」の話は『吾妻鏡』『源平盛衰記』『義経記』等を題材とした能「安宅」を踏まえる。「安宅」をもとに作られた歌舞伎の演目『勧進帳』は人気を博した。

33 韓信は秦末から前漢初期にかけての武将。劉邦が項羽を討って中国統一を果たすのに決定的な軍功をあげた。

34 『孟子』万章句上には、妻を娶るに必ず父母に告ぐべしと詩経にあるのに、舜が父母に告げずに娶ったことに関して万章と孟子との問答がある。

35 武王は殷王朝の紂王を討伐して周王朝を創立した。

36 長沮・桀溺は『論語』微子に出てくる隠者。世を避けて超然と耕して自然と共に生きることを勧める長沮・桀溺に対して、孔子は「鳥獣は与に群を同じくすべからず」と応じ、人間である以上、人間社会の中で正しい道を実現すべきとした。

37 許由も巣父も中国古代の伝説上の人物。許由は堯から位を譲ろうと言われると、汚れたことを聞いたと、潁水で耳を洗い、箕山に隠れたと伝えられる。巣父はその穢れた水を牛に飲ませることを潔しとせず、牛を牽いて帰ったと伝えられる。

38 三世紀の魏の時代末期に、世俗に背を向けて竹林に集い、酒と清談を楽しんだ七人の賢人。阮籍、王戎、山濤、向秀、嵆康、劉伶、阮咸。

39 「支える」には、はばむ、さえぎる、こばむ、さしさわりがある、などの意味がある。

40 蚩尤は中国神話に出てくる神。無数の魑魅魍魎を味方にし、風・雨・煙・霧などを巻き起こして黄帝と涿鹿の野に戦ったという。

41 「人々所賦之性、初相近、因気質之習相遠。宋明之学者陥異端之失、在這裏。」『聖教要録』性。引用文自体も、『論語』陽貨の「子曰、性相近也。習相遠也。」を踏まえる。

42 乳井は「中」をあたると訓じているが、「中」字を「當」字と解する例には、『史記索隠』の「宋均云、中、當也。」などがある。

43 「庸、用也。」『説文解字』用部。

44 「庸、功也」は『詩経』大雅・崧高の鄭箋や『礼記』学記の鄭注に見える。

45 「能中庸、則喜怒哀楽及家国天下之用、皆可中節。中者天下之大本也。（中略）庸者平日日用之謂也。用此中於平日也。以庸別立工夫、尤差謬也。」『聖教要録』中。

46 琴柱のこと。琴柱は和琴、箏で胴の上に立てて弦を支え、その位置によって音の高低を調節するもの。

47 中国、日本の音楽用語で音階・調子のこと。中国では十二律を六律ずつ二グループに分けて、律と呂とし、律呂と併記して音律の意味に用いた。日本の雅楽では「呂律」という。

48 「地球」という用語からして、乳井は中国古代の宇宙観である「天円地方」説ではなく、大地を球体とする認識を有していたと思われる。

49 『尚書』虞書・大禹謨の「人心惟危。道心惟微。惟精惟一。允執厥中」を踏まえる。これは、堯が舜に禅譲する際に授けた戒めの言葉である。

50 運気論。「五運」とは木・火・土・金・水の五行の運行、「六気」は風・熱・湿・火・燥・寒の六の氣。人体の生理現象を気象との影響から捉え、五運六気の過不足によって、それぞれ対応する臓器・経路が変調を来たし病気となるものと考える東洋における医学理論。

51 「三年耕。必有一年之食。九年耕。必有三年之食。以三十年之通。雖有凶旱水溢。民無菜色。」『礼記』王制。

52 五価は五穀の値。

53 『荘子』外篇胠篋に「分均、仁」とある。

54 孫子と呉子。中国春秋時代の兵法家。

55 「與其有聚斂之臣、寧有盗臣。」『礼記』大学。重税を取り立てて民を苦しめる家臣よりは、主家の財を盗んで私腹を肥やす家臣の方がましであるとの意。

56 「夫自損者必有益之、自益者必有決之、吾是以歎也。」『孔子家語』六本。孔子と子夏の問答からの引用である。孔子が『易』を読み、息を漏らすと、子夏がその故を問う。当該箇所は、子夏の問いに対する孔子の返答である。

57 「是故鳬脛雖短、續之則憂、鶴脛雖長、斷之則悲。」『荘子』外篇・駢拇。

58 「夫物之不齊、物之情也。」『孟子』滕文公上。

59 程子を、程顥(程明道)と程頤(程伊川)との孰れかに限定することは出来ないが、乳井はしばしば程頤の語を拾うため、ここでの程子は程頤を指す。

60 「明明徳」は、『大学』経一章および最初の伝に見える言葉。

61 ここには『大学』の「治国平天下」に対する乳井なりの理解が表れている。乳井には『大学文盲解』と題する著作(弘前市立図書館蔵)がある。

62 『荘子』外篇・駢拇に見える「断《だん》鶴《かく》続《ぞく》鳧《ふ》」の故事を踏まえる。これは、儒家の仁義を、鴨の短い足を切り落として鶴の長い足を接ぐことにたとえ、「人情に非ず」と謗る言葉である。

志学幼弁　巻之二

名　実

夫レ教ハ名ト形トノ外ナシ。故ニ聖人ハ名教ヲ貴ブ。名ハ形ノ声《コエ》也。先ヅ呼《ヨン》デ人ノ耳ヲ導キ、是ニ向ハシム者ハ名ノ徳ナリ。而シテ其形ヲ指斥《ユビサシ》テ、人ノ目ヲ導ク者ハ形ノ徳ナリ。名形二ツノ者ヲ以テ人ノ耳目ヲ導《ミチビ》キ、而シテ後ニ其用ノ実ヲ暁《サト》サシム。其実ハ本ヨリ形ナシ。故ニ実ニ至テハ聴クコト能ハズ、視ルコト能ハズ、耳目ノイカントモスルコト能ハザル者也。此故ニ学者一年ノ学ヲ百年ノ間ニ惑《マドフ》者ハ唯名形耳目ノ玩《モテアソビ》ノミ。

夫レ学テ其実ヲ知ラザレバ、学ブ所ノ者千名万形ニ分離《ブンリ》《ハナレバナレ》シテ曽《カツ》テ事ノ用ニ応ゼズ、実ヲ去ルコト弥遠シ。

壺丘《コウキウ》子林ト云者、此事ヲ形容シテ曰、「或人羊《ヒツジ》ヲ失フ、大勢人ヲ分ケテ是ヲ尋サシム、竟《ツイ》ニ羊ヲ得ズシテ帰テ告テ曰、初ハ一路ニシテ往クニ随《シタガ》ヒ、岐路《キロ》《エダミチ》多ク有テ竟ニ羊ノ行ク所ヲ知ラズ」[1]ト云フコト列子ニ見ヘタリ。是レ名形耳目岐路多クナリテ、実ノ一羊ヲ尋ネ得ザルヲ云也。

夫レ名形耳目ノ学問ヲスルモ唯ダ一疋ノ羊ヲ得ン為也。名形ノ貴キモ羊ナケレバ用ナシ。羊ヲ得テ而シテ名形ノ用ニ応ズル也。神儒《シント》(ママ)仏ノ三教ハ云ニ及バズ、軍学四《シ》芸技《ゲイギ》芸《ゲイ》悉《コト》ク学ビ尽シテ、其用ルニ及ビ、曽テ用ニ立《タタ》ズシテ応変ナキハ、皆其実ヲ知ラザル故也。

夫レ事物ノ実ヲ知ルコト、身心安閑《カン》トシテ成ルベキコトニアラズ。意《イ》ヲ砕《クダ》クコト昼夜ヲ舎《ステ》ズ、心ヲ死地ニ居《ヲ》ラシメ、身ヲ患難《クハンナン》ニ尽サズンバ、焉ンゾ事ノ実ヲ知ラン。故ニ孔子ノ曰、「不《ンバ》レ観《ズ》二高崖《ガイヲ》一何《ヲ》以《テカ》知《ン》二顛墜《テンタイ》之患《ヲ》一、不《ンバ》レ臨二深泉《シンセンニ》一何《ヲ》以《テカ》知《ン》二没溺《ノ》之患《ヲ》一、不《ンバ》レ観《ズ》二巨海《ヲ》一何《ヲ》以《テカ》知《ン》二風波《ノ》之患《ヲ》一」[2]トハ、是レ事ノ実ヲ知ルノ安カラザルヲ云。此故ニ孔子陳蔡ノ間ニ七日粮ヲ絶《タチ》、弟子皆餒《ウエ》[3]病ム。已《スデ》ニ厄《ヤク》ヲ免レ出ルトキ、子貢轡ヲ執テ曰、「二三子従《テ》二夫子《ニ》一而遭《ヲフ》二此難《ノナンニ》一也其《ソレ》弗《ズ》レ忘《レ》矣、孔子《ノ》曰善《イカナ》夫陳蔡《ノ》之間《ハガ》丘之幸《ナリ》也、二三子《モ》従《フハ》レ丘《ニ》者、皆幸《ナリ》也、吾《レ》聞《ケリ》レ之《ヲ》、烈士不《レバ》レ困《クルシマ》行《ヒ》不《ズ》レ彰《アラハレ》」[4]ト曰ヘリ。

皆是レ事物ノ実ヲ徹底スルコトヲ善トシ、患難危殆ニ遇フヲ幸トス。然レドモ患難《クハナン》危殆ヲ求ムルコトニハアラズ。又患難危殆ヲ始ヨリ免《マヌガ》レント欲スルコトニモアラズ。学ノ為行ヒノ為、患難危殆ニ心ヲ用ヒザルヲ以テ善トスベシ。安危皆節ニ遇フトキハ能ク其実ヲ知ルヲ幸トスル也。然ルヲ只安キニ居テハ偶然トシテ心ナク、難《ナン》ニ遇フテハ憂ニ身ヲ忘レ心ヲ失《シッ》ス。斯ノ如クナレバ、常ニ学ブ所只席《セキ》上ノ空理ノミ。一ツモ事変ノ実用ニ立《タタ》ズ。是レヲ記問ノ学[5]ト云フ。記問ノ学ハ聖人ノ執ラザル所也。故ニ礼記ニ「記問之《ノ》学《ハ》、不《ズ》レ足《ラ》三以為《テスルニ》二人《ノ》師《ト》一」[6]ト云々。

凡ソ志実一ナル者ハ、草木土石碁《キ》局《キョク》絃歌《ゲンカ》ノ拙《ツタナ》キニ触《フ》ルルニモ、意《イ》ヲ認《トドメ》テ道体《タイ》ノ妙用ニ心ヲ尽セバ、皆其実ヲ得ズト云コトナクシテ、天下家国ノ大用ニ移《ウツ》ラズト云コトナシ。昔伊勢ノ吉兼《ヨシカヌ》ト云者敵ト戦フコト三タビシテ、三タビ負《マ》ク。其勝ンコトヲ日夜工夫スレドモ未ダ得ズ。或ル時友ト碁ヲ打テ、忽然ト石ヲ投《ナゲ》ウチ、大ニ悦テ曰、「吾レ今碁ノ道ニ敵ニ勝ツベキ心得ヲ知レリ、必明日ノ戦ニ勝ベシ」ト謂テ竟ニ戦ヒ勝ツトイヘリ。其友其理ヲ問フ。答テ曰、「吾レ今マデ敵ノ格ヲ知ラズシテ、強《シイ》テ力ヲ以テ争《アラソ》ヒ勝ンコトノミヲ専《モッパラ》トス。故ニ負ク。負クルトキハ猶怒ル。怒テ争フ。皆虚也。豈能ク勝ツコトヲ得ベケンヤ。夕《ユフベ》、子《シ》ト碁ヲ争テ悉ク勝ツコトヲ得ル者ハ、子《シ》ヲシテ怒ラシメ、十分ニ争ヲ持シメ、而シテ吾レ勝ンコトヲ要セズ。只負ザルコトヲ守ル。故ニ子《シ》ハ戦フニ間《ヒマ》ナク、吾レハ応ズルニ間《ヒマ》アリテ、静《セイ》ヲ以テ其譟《サワガシ》キヲ討ツ。吾レ是ヲ以テ知ル」[7]ト云ヘリ。学問ノ実ヲ尽スコト、志ヲ爰ニ置クナラバ、縦《タトイ》蚊虻《ブモ》ノ動キニモ天下国家ノ大ニ移ル理アラズト云コトナシ。況ンヤ聖経ヲヤ。

夫レ火ハ用ノ名也。焔《ホノヲ》ハ形ノ名也。熱《ネツ》ハ実ヲ指シテノ名也。火ト云テ其用ヲ示シ、焔ト云テ其形ヲ見セシメ、熱ト云テ其実有ルコトヲ聴カシム。是レ名ノミ、形ノミ。聖人ノ教ル所ハ是マデニシテ、其熱実ニ至テハ言ヲ以テ伝ヘガタク、問ヲ以テ授《サヅカリ》ガタシ。学者是《ココ》ニ於テ、聖人モナク、師モナク、教モナク、導キモナキ場ニ至ル。此時ニ当テ耳目視聴ノ及ブ所ニアラズ。自ラ手ヲ焔ニ入レテ、熱実ノ味ヒ始テ心ニ徹底シテ覚ユ。是ヲ実ヲ知ルト云。

事物ノ学、其実ヲ知ルコト、斯ノ如ク名形ノ立教ヲ離レテ自ラ試ムル所也。是ヲ本ニ帰ルト云。本ニ帰テ始テ格中ノ出入ヲ自在ニスベシ。而シテ変機ニ応ズルコト、影ノ形ニ随フガ如ク、皆其実ヨリ涌出シ究リ尽ルコトナシ。故ニ名教ハ無究ノ一端ヲ挙ゲテ変ヲ尽スコトヲ得ズ、実ヲ伝ルコト能ハズ。此故ニ名ニ随テ尋ネ、形ニ依テ求メ、其本ニ帰ルコトヲ志サザレバ、火ニ或ハ焼《ヤク》ノ名ヲ生ジ、或ハ炒《イル》ノ名ヲ生ジ、或ハ焦《コガス》ノ名ヲ生ジ、或ハ炙《アブル》ノ名ヲ生ジ、或ハ煮《ニル》、或ハ烟《ケムリ》、或ハ灯ノ名、勝テ計フベカラズ。

形モ亦随テ異《コト》ニ理モ亦随テ別ナリ。其本火ノ熱実ヨリ涌《ワキ》出テ万物ヲ熟化《ジュククワ》スル徳ヲ称スル外他ナシ。然ルヲ其本ニ帰ラズシテ、一象毎《ゴト》ニ其名其形其理ノミニ著《ツイ》テ是ヲ論ジ、各皆別々也トス。而シテ末《スヘ》ヲ追フコト甚タ繁《シゲ》ク、実ヲ去ルコト弥遠シ。故ニ老子曰、「無名《ハ》天地《ノ》之始、有名《ハ》万物《ノ》之母《ナリ》、故《ニ》常《ニ》無《ニシテ》欲《シ》㆔以観《テント》㆓其妙《ヲ》㆒、常《ニ》有《ニシテ》欲《セ》㆔、以観《テント》㆓其徼《ヲ》㆒」[8]ト云々。

是レ万物無ヨリ生ジテ無ニ帰ラズト云者ナシ。無ハ形ナシ。形ノナキ初ハ名モナシ。唯ダ一ニシテ天地ノ根タリ。衆妙変化是ヨリ出デテ、已《スデ》ニ形ヲ顕ハス。是ヲ有《ウ》ト云。已《スデ》ニ有ト成ルトキハ、生々シテ止マズ。止マズシテ各亦其名ヲ出生スルコト究リ尽キズ。故ニ有名ハ万物ノ母ト云。母トハ産《ウミ》出スノ称号ニシテ、即、地ノ有形生産《サン》ヲ云。此故ニ老子言《イフ》心ハ、有形有名生々シテ究リナキヲ、耳ニ従ヒ目ニ従ヒ形ヲ尋ネ名ヲ追ヒ往クトキハ、其本ニ帰ル道ヲ失ヒ、末ヲ追ヒ、物ニ引レ其形弥多ク、其名益繁《シゲ》ク、殆ンド放心スル所ヲ自ラ知ラズ、惑ヲ以テ是ヲ悟レリト究ム。是レ此ノ悟《サトリ》、唯形ト名ノミニシテ実ナシ。故ニ用ルニ及テ分厘モ変化ニ応ズル妙ヲ知ルコトナシ。

夫レ事物ノ学ハ天地ノ間、人世ノ功用ヲ為《ナス》ヲ貴ブ。然ルヲ学テ人世ノ用ニ立《タタ》ザルトキハ聖教ニアラズ。故ニ学ハ唯其実ヲ得ルマデ也。此故ニ始ハ名ト形ニ教ヲ受ケ、而シテ其実ヲ得テ終トス。是レヲ本ニ帰ルト云。其本ニ帰テ、而シテ有名有形ノ妙用ヲ自在ス。其本ハ何ゾ。是レ無名無形無教無格ノ処ニ放心ヲ呼《ヨビ》返シ、目ヲ閉《トヂ》、耳ヲ塞ギ、心ヲ以テ視聴スルヲ常ニ無ニシテ其妙ヲ観ント欲セトハ云也。是レ事物応用ノ実ヲ観ルノ謂也。而シテ万物自然ノ変動ニ応ジ、功成リ名遂《ト》ゲテ、身退ク。是ヲ常ニ有ニシテ其徼ヲ観ント欲セトハ云也。故ニ又曰、「不《ズ》レ忘《レ》レ始《ヲ》、不《ズ》レ求《メ》レ終《ヲ》」[9]ト云々。是レ学者ノ常ニ心ヲ止ムル金言也。凡ソ人々外物ニ心ヲ誘《サソ》ハレ、目ニ随ヒ、耳ニ引レ、形ノ変ヲ追ヒ、名ノ趣ヲ尋ネ、一向《ヒタスラ》終ヲ求メ往クトキハ、悉ク其始ヲ忘レ、放心シテ其実ノ執ル所ヲ失フ。

夫レ只人々誠ヲ失ヒ虚ニ乗ジ末ヲ追テ本ニ帰ラザルハ、名形変化ノ姿ニ着《ツク》故也。

夫レ学テ能ク実ヲ知ルトキハ、格ヲ離レテ格ニ中《アタ》ラズト云コトナシ。始メ教ル所ノ格ハ唯一格ノ形ヲ指シ名ヲ呼ブノミ。所謂ル応変ノ格ハ数[10]ヲ立テテ限ルベカラズ。故ニ応変ノ格ハ実ニ在テ見ベカラズ。常ニ無ニシテ用ニ当テ有《ウ》ヲ為《ナス》。故ニ人見テ格ニ非ズト云。其用ニ応ズ。即是レ格ヲ離レザル所以ン也。人見テ格ニ中ルト云。其用ニ応ゼズ。故ニ功用ナシ。是レ格ニ中《アタ》ラザル所以ン也。故ニ実ノ字フ草本ノ実《ミ》トモ訓ズ。実ハ実《ジツ》ノ有ル所ノ名、種ハ形ノ名、是ヲ土中ニ植《ウヘ》テ、種ノ中ニ実アレバ、生ジテ花葉枝条ノ変化ヲ顕ハシ、種ノ形名ノミ在テ其実ナケレバ、土ニ応ゼズ生ズルコト能ハズ、花葉枝条ノ変化ヲ尽シテ物ノ用ヲ為《ナス》コトナシ。学者ノ実ヲ知ラズシテ唯花葉枝条ノ名形ノミヲ玩《モテアソブ》コト斯ノ如クニシテ、其実ヲ求メ其根ヲ重ンズルノ志ナキハ、実学ニアラズ。故ニ事物ヲ学テ其実ヲ得ルコト甚ダ微ニシテ最モ見難シ。

夫レ万物ノ動キハ唯其功用ヲ貴ブ也。功用ハ皆実ヨリ生ズ。只格中ニ動クバカリヲ用トセズ。只格中ニ身ヲ委《ユダネ》テ動クヲ用ヲ勤タリトスル者ハ風ニ動ク草木ノ如シ。動クトイヘドモ用ノ実ナケレバ也。

事理

凡ソ天覆《ヲイ》運旋《リ》、地載《ノセ》利潤《ヂウン》、人間ノ云為、万物ノ動作《サ》、是レヲ事ト云。而シテ一日瞬息《シウンソク》ノ間、事アラズト云コトナシ。事ニアラズト云コトナシ。其事ノ已《ヤム》コトヲ得ズシテ当《マサ》ニ行ハルル者ハ、是レ即、理ノ属《ゾク》スル所ノ当然也。故ニ理ヲ除テ事ノスベキナシ。事ヲ離《ハナ》レテ理ノ尽スベキナシ。此故ニ日用ノ動キ、事理合一セズト云コトナシ。然ルヲ事ヲ閣《サシヲキ》テ先ヅ其理ヲ弁ジ、而シテ其事ヲ為《セ》ントト欲スルハ、是《ゼ》ニ似テ非也。

イカントナレバ、理ハ事ヲ尽スノ間ニ於テ適《カナフ》也。故ニ事ヨリ前ノ理ハ皆応ゼズシテ廃《スタ》ル。是空理也。惟レ精惟レ一ニ向テ事ヲ尽ス。何ゾ別ニ事ノ前ニ其理ヲ弁ジ得ベケンヤ。事ノ前ニ理ヲ弁ズルハ正理ノ謂ナラズ。善悪ノ跡《アト》ヲ以テ是ヲ前《サキ》ニ考ル謂也。故ニ心竟ニ果敢《クハンカン》ヲ失テ、其事ヲ徒《イタヅラ》ニスルコト間《ママ》多シ。学者必理ヲ先ンズベカラズ。

夫レ只事ヲ尽スヲ先トスベシ。事ヲ尽スノ間ニ於テ得ル者、是ヲ正理ト云。故ニ其理能ク事ニ応ジテ行キ届《トド》カズト云コトナシ。事ト理ト合一ニシテ離《ハナ》ルベカラズ。其離ルベカラザルノ理ハ言《コト》ヲ以テ人ニ会得《エトク》ナサシムルコト能ハズ。故ニ事ヨリ前ノ理ハ、言ヲ以テ人ニ語リ、其意《イ》ヲ悦バシムルニ足《タ》ル。是レ其事ノ真理ニアラズシテ空理ナレバ也。大学ニ「如《ク》レ保《ンズルガ》ニ赤子《ヲ》一、心《ニ》誠《ニ》求《メバ》レ之《ヲ》、雖《ドモ》レ不《ト》レ中《ラ》不《ズ》レ遠《カラ》矣。未《ダ》ズレ有ニ学《テ》レ養《フコトヲ》レ子《ヲ》而《シテ》后《ニ》嫁《トツグ》者《ノハ》一」[11]トハ、是事ヲ尽サザル前ニ先ヅ其理ヲ弁ゼントスルノ謂ナラズヤ。

心、誠一ニシテ其事ヲ尽セバ、其理即是レ随テ離レズ。其理ノ其事ニ離レザル者、是レ真理ト知ルベシ。然ルヲ何ゾ先ヅ産《サン》ヲスル理ヲ学ビ、又子ヲ育《ソダツ》ル理ヲ学テ、而シテ後ニ嫁《ヨメ》ニ行ク者アラン。故ニ其事ヲ閣《サシヲキ》テ先ヅ其理不理ヲ弁ジ、而シテ其事ニ至ラント欲スルハ皆事ノ跡ニ心ヲ用ル故也。学者ノ誠ヲ離レ心理ノ学ニ陥《ヲチイリ》、私ニ戻ルコト唯此一挙ニアルベシ。

夫レ若《ワカフ》シテ利口ノ弁アリトイヘドモ、愚ニシテ老タル者ノ言ヲ貴ブベシ。是レ事理ノ年功ヲ信ズル所以ン也。今ノ学者ハ然ラズ。若《ワカ》ケレドモ利口弁理ノ者ヲ美《ビ》也トシ、或ハ只名家専《セン》門ノ者ヲ尊信《ソンシン》シ、老タルヲ侮リ、下賤匹《ヒ》夫ノ言ヲ笑フ。皆是レ事理ヲ尽ス誠、繊毛モナシ。

夫レ舜ハ八歳ノ蒲衣子[12]ニ事ヲ学ビ、禹王ハ五歳ノ睪子ヲ佐トシ、孔子ハ七歳ノ項《コ》橐《ケツ》[13]ヲ師トシ、八十歳ノ老聃《タン》ニ学ビ、縲絏《ルイセツ》[14]獄辱ノ公冶長ニ族親《ゾクシン》ヲ結ブノ属ハ、皆是レ事ヲ尽スノ理ニ於テ偏倚ナク、其名声形状ヲ以テ信トセズ、唯己レヲ尽ス事理合一ノ至誠ナラズヤ。

夫レ事ハ形ヲ尽スニ在リ。理ハ其形ノ変化ヲ行フ所以ンニシテ、其事ノ功ヲ成ス也。釈名ニ「事偉也《ハイナリ》。偉《ハ》立也《ルナリ》。凡《ソ》所《ノ》レ立《ツ》之功也《ナリ》」[15]ト云ヘリ。故ニ事ヨリ前ニ定ムル理ハ、其事ノ理ニ似テ其事ノ理ニ非ズ。故ニ功ナシ。

夫レ弄《ロウ》丸《アヤトリ》[16]ノ者ノ両ノ手ニ物ヲ執ル一ツハ缶《トクリ》、一ツハ豆《マメ》、一ツハ刀《カタナ》、一ツハ石《イシ》、此四ツノ者ハ軽重大小長短有テ、形ノ変ヲ成スコト各異ニシテ等《ヒト》シカラズ。是ヲ空中ニ升《シャウコ》降ナサシメ、其二ツハ毎《ツネ》ニ空ニ遊バシメ、其二ツハ互ニ手ニ執テ、又能ク居《ヲル》コトナシ。是ヲ手ニ得テ心ニ伝ヘ、心ニ得テ亦手ニ応ジ、其妙ヲ以テ父母妻子昆弟ヲ養ヒ、以テ家ヲ斉《トトナフ》、是ヲ功ト云。然ルヲ彼《カレ》此事ヲ為サントスルノ始、先ヅ其理ヲ得テ而シテ是ヲ行ハンヤ。先ヅ其変ヲ尽シテ而シテ是ヲ為サンヤ。先ヅ其善悪ヲ慮テ而シテ是ヲ得ンヤ。

夫レ唯事ヲ精一ニ尽ス間ニ於テ、其理竟ニ事ニ随《ノツ》（ママ）ヒ、変化ニ応ズル者也。是レ平常緩《クハン》々ノ事スラ寸陰ヲ惜《ヲシン》デ、先ヅ尽スコトヲ専トスベキニ、況ンヤ国家ノ急ヲヤ。況ンヤ任官ノ職事ヲヤ。然ルヲ先ヅ其事ノ成敗《バイ》ヲ鑑《カンガミ》、先ヅ其事ノ始終ヲ考ヘ、先ヅ其事ノ変化ヲ案ジ、先ヅ其事ノ善悪ヲ顧《カヘリミ》、先ヅ其事ノ時宜ヲ察シ、寸陰ヲ弊《ツイヤ》スコト、竟ニ死ニ至ルマデ君父ノ為国家ノ為曽テ将《ヲシ》トセズ。噫《アア》、人ノ生若干《ソコバク》年ヲカ保《タモツ》ゾヤ。六十年ニシテ幼老病疾食事私用ノ日刻ヲ除ケバ、君ニ事《ツカフ》ル官事ヲ勤ル、僅《ワヅカ》ニ、七、八年ニ満《ミ》ツベカラズ。父祖子孫ノ禄恩ニ身ヲ尽ス、何ゾ此少キコトヲ憂トセズ、寸刻ノ陰《カゲ》ヲ惜マザルハ、豈忠誠ノ臣ト称《シャウ》スベケンヤ。皆是レ口《クチ》常ニ忠孝ノ理ヲ先ンズレドモ、事ハ一毛報功ノ義ナシ。是レ理ハ忠ニシテ、事ハ禄ヲ盗ムノ不忠也。事理合一ノ道ヲ尽ス者ニアラズ。宋儒ヨリ以来《コノカタ》、理学心学ト云者、始テ事ノ外ニ別ニ理ヲ喜ビ、勤ノ先キニ別ニ心ヲ修《シウ》シ、聖教ヲ後《シリヘ》ニス。

夫レ事即理也。理即事也。事理毛頭前後ナシ。事ハ身ヲ以テ尽シ、理ハ心ヲ以テ尽シ、身ト心ト与《トモ》ニ尽シテ分別セザルヲ至誠ヲ守ルト云ベシ。故ニ理ヲ別ニシテ事ヲ格中ニ委《ユダヌ》ル者ハ、譬《タトヘ》バ猶熟睡シテ痒《カユキ》処ヲ抓《カク》ガ如シ。事ヲ勤メズシテ理ヲ先ダツル者ハ、譬バ猶目覚《メザメ》テ夢ヲ語ルガ如シ。事理分離シテ実ナシ。唯動クヲ事トシ、語ルヲ理トスルノミ。一毛ノ功ナシ。功ナキハ実ナク虚ナレバナリ。実ナク虚ナルハ誠ナキノ証《シヤウ》也。事理皆死物《シブツ》ノ論ニシテ、形ニ添《ソフ》影ノ如ク手ニ使《ツカ》ハルル木偶《ニンギヤウ》ノ如シ。人有テ動ケバ動キ、使ヘバ働キ、内性命ヲ守ル至誠ノ実理ナシ。此レヲ無心ノ真誠ト喜ビ、一生無事無難ノ良道ト信ジ、心理ノ学ト貴ブ。苟《マコト》ニ異端ノ道ナリ。

故ニ宋儒ノ学ハ先ヅ事ノ理ヲ明ラメ、而シテ其事ヲセントス。是レ聖人ノ教也トス。此故ニ学問ノ事ト今日ノ事ト別々也。然レドモ口《クチ》ニハ云フ、今日ヲ去《ステ》テ別ニ聖人ノ教ナシト。而シテ今日ヲ疎《ヲロソカ》ニ勤メ、勤ノ外ニ別ニ遑《イトマ》ヲ設ケ、或ハ遊楽ヲ事トシ、或ハ心上真理ノ工夫ヲ立ツル。此《コ》レ皆任官職事ノ外ニ修学ヲ設ク。而シテ誠意正心修身心上ノ成就ヲ得テ、吾レ聖人ノ地ニ至ルヲ待チ、而シテ事ヲ為サントス。皆是レ子ヲ養フコトヲ学テ、而シテ後ニ嫁グ者ニシテ、事ノ前ニ其理ヲ明メントス。甚ダ惑也。

夫レ心上ノ修学極リテ、而シテ事ニ及ブト云ハバ、其極マル所ノ吾レニ覚ヘ有ル期、何《イツ》レノ年、何レノ月、何レノ日、何レノ時ニ有ルベシト思ヘルヤ。允ニ愚ノ至リト云ベシ。

夫レ聖人モ、吾レ聖人タル所ヲ知ラザルヲ以テ聖人タリ。其自ラ知ラザル聖人ヲ聖人ト知ル者ハ、帝堯在テ虞舜ノ聖ヲ知レリ。舜自ラ聖人タル期ヲ知ルコトハ、天地ノ寿ヲ尽シテモ知ルベカラズ。故ニ世々ノ聖王云ヘルコト有リ。朕不徳也ト云テ、位ヲ譲ラント嘆《タン》ジタルハ、是レ自ラ聖タル所ヲ知ラザレバ也。若シ自ラ聖タル所ヲ知ラバ、焉《ナン》ゾ不徳ナル聖人アランヤ。蓋《ケダ》シ是レ衆人ノ為ニ言《コトバ》ヲ飾《カザ》レルカ。聖人何ゾ大事ニ臨テ飾テ免レンヤ。是レ至誠ニシテ生涯《ガイ》聖自ラ知ラズシテ終ルベシ。然ルヲ心上修学成就ノ期ヲ待テ、而シテ事ニ臨ントハ、愚ノ甚キ也。

夫レ舜自ラ聖人タルヲ知ラザレドモ、堯ノ為ニ固辞《コジ》セズ、天下ノ為ニ事ヲ執ル。孔子位ヲ得ズ、猶自ラ聖人タルヲ知ラザレドモ、天下ヲ利センコトヲ欲シ、列国ヲ周流シ、患難ヲ厭《イト》ハズ。古ノ聖君子誰カ一人心理ヲ修《シウ》シ得テ、而シテ事ニ及ビシ者アランヤ。皆当ル所ノ事理撰《エラ》ムコトナク、猶予スルコトナク、精一ニシテ尽サズト云コトナシ。其自ラ足ラズトシ、聖人ニシテ聖人タルコトヲ知ラザル地ニ於テハ、其至誠、神聖凡愚厘毛ノ差等ナキ所ナリ。唯気質ノ清濁ヲ云フノミ。故ニ志、聖教ニ随フトキハ其尽ス所ノ忠信亦聖愚別ナクシテ、唯其及所ノ功徳小大有ルノミ。其小大ヲ以テ事ヲ辞スルトキハ、愚ハ智ニ及ベカラズ、智ハ聖ニ及ベカラズ、聖ハ天ニ及ベカラズ。其及ベカラザルヲバ執ル所ニアラズ。其当ル所ノ事理ヲ尽《ツクシ》、性命ノ誠ヲ守テ此身ヲ人世ニ果スニ於テ、天地聖愚毛末モ隔《ヘダテ》ヲ入ルル所ナク、各一ニ命ニ帰スルノミ。是《ココ》ニ於テ何ゾ聖智ヲ恐レテ事ヲ猶予スルニ足ランヤ。是レ即聖人ノ策《ムチ》打所也。孔子夫レ何人ゾヤ。吾レ夫レ何人ゾヤ。况ンヤ君命ヲ首《カウベ》ニ戴キ、官爵ヲ身ニ蒙リ、職事ヲ掌握ニ任《ニン》ゼラレタル人臣ノ者ヲヤ。

然ルヲ禄ヲ重ネ官ヲ高フスルヲバ辞セズシテ受ケ、職事ヲバ愚也ト謂テ、唯格法ニ身ヲ安ンジ、光陰ヲ弊《ツイヤ》シ一寸ノ益ヲ奉《ハウ》ゼズ、賜ハル所ノ禄ヲ以テ徒ニ子孫ニ長久シ妻子ヲ悦バシメ、忠トモ付ズ孝トモ附ズ、善モナク不善モナク、功モナク名モナクシテ終ル。是ヲ俗間ニ目出《メデ》度往生《タキワウジャウ》ト称シ、人臣ノ愛似《アヤカリ》者トス。是レ何《ン》ト云コトゾ。論語ニ「君子疾《ハム》ニ没《ルマデ》レ世《ヲ》而名不《ルヲ》レ称《セ》焉」[17]ト云ハ孔子ノ言ナラズヤ。

然ルヲ愚俗ノ為ニ名ヲ称セラレ、聖人ノ為ニ誹《ソシ》リヲ受ク。其義トスル所、武ニモ中《アタ》ラズ文ニモ中ラズ。而シテ常ニ信ズル所、言フ所、聖教ヲ楯《タテ》トシ仁義ヲ講《コウ》ジ忠孝ヲ語ル。然ルニ其行ヒ言ニ中ラズ。是ヲ攻《セム》レバ、愚ヲ以テ辞シ、不肖ヲ以テ譲ル。謙退《ケンタイ》辞譲ノ行ヲ以テ人ノイカントモスルコトナキヲ知テ、以テ愚俗ノ愛ヲ貪ル。故ニ愚俗是レヲ賢ト称ス。宜《ムベ》ナル哉。

古ヨリ君子ハ希ニシテ、万ニシテ其一ニ居《ヲ》ル、小人ハ常ニシテ百千万。然レバ其多ニ称セラレ、少キニ疾《ニク》マル。一己ニ於テ其利スル所多ケレバ也。苟《マコト》ニ禄賊《ゾク》ノ臣也。己レ実《マコト》ニ愚ヲ知テ官職ニ勝《タヘ》ズト思フナラバ、何ゾ是ヲ君ニ辞セザルゾヤ。是レ言ト行ヒト其義相ヒ中《アタ》ラズ、性命ノ事理ヲ知ラズ、且ツ人臣ノ大義ヲ弁《ワキマ》ヘズ。此故ニ前車ノ覆《クツガヘ》ルヲ観《ミ》テ後車ノ戒トスルノ先言ヲ守リ、好事モ無キニハ如《シカ》ズ[18]ト云ノ古語ヲ貴ビ、言ノ義不義ヲモ深ク究メズ、唯吾ガ為ノ用心ニ善トス。故ニ事理ノ故ニ惑フ。

夫レ前車ノ覆ルヲ観ルト云ハ、博奕《バクイキ》強盗不義悪行ノ為ニ禍《ハザ（ママ）》ヒヲ得ル者ヲ云。彼魯《カノロ》ノ少正卯[19]、殷ノ尹諧、周ノ潘《ショウ（ママ）》正、斉ノ付乙、鄭ノ史何ガ如キ、前車ヲバ恐レテ戒トスベシ。彼《カノ》伯夷・叔斉ガ餓死、王子比干[20]ガ心《ムネ》ヲ割《ワ》ラレ、関龍逄《クハンリウハウ》[21]ガ刑セラル、伍子胥[22]ガ殺サルル属ヒノ前車ハ禍ヒヲ恐ルベカラズ。況ンヤ文王ノ獄屋ニ入リ、公冶長ノ縲係《ナワカケ》ラレタル、孔子ノ数災ニ逢ヒ衆口ニ戒メラレタル、前車ハ後車ノ尊信スベキコト也。然ルヲ善モ不善モ義モ不義モ撰バズ、禍ヒノ分ハ悉ク無キニハ如《シカ》ズト忌ミ嫌ヒ、一向《ヒタスラ》一身ノ為ニ心ヲ用ヒテ、常ニ払ハント志ヲ立ツルトキハ、忠孝ノ志ハ第二義ニ陥《ヲチイル》也。是レヲ武門ニ両心《フタゴコロ》ノ勤ト云。或ハ二ノ足ト云テ甚ダ恥トスルコト也。

　然レドモ一概《イチガイ》ニ吾ガ身ヲ土灰ノ如ク軽《カロ》ンズルコトニハアラズ。此身ハ君命ノ舎《シャ》、父母ノ遺骸《イガイ》、先祖ノ世禄タレバ、吾ガ物ノ如ク使フ者ニハアラズ。故ニ身ヲ全フ存シテ、而シテ忠孝ノ志モ行ヒ遂グベシ。此身ナクンバ何ヲ以テカ志ヲ遂ゲンヤ。是レ事理ノ当然也。是ヲ両心ノ勤トハスベカラズ。然レドモ此心ト二心ト形同クシテ、心ハ二等ヲ挟《サシハサ》ム故ニ、形ヲ以テ見ベカラズ。唯功ノ立ツ所ヲ見テ信ヲ知ルベシ。功ハ忠誠実一ヨリ生ズ。天地ノ至誠モ四時ノ成功ヲ以テ知ル。四時ノ成功一事モナクシテ、何ヲ以テカ実アルコトヲ知ランヤ。然レバ吾ガ為ニ勤ヲ重ンズルト、勤ノ為ニ吾ガ身ヲ重ンズルトノ二ツ、形状動作同一ニシテ見分ケ難シトイヘドモ、其尽ス所ノ功、一己一家ニノミ利シテ、君上国家ニ普《アマネ》カラザルトキハ、是レ必忠実ノ臣タラズ。故ニ義ノ大体《ダイタイ》ヲ欠《カク》コト多シ。

　何ヲカ義ノ大体ヲ欠クト云。曰、君自ラ地ヲ裂《サイ》テ、以テ臣ニ賜ハル。是レ賞ノ重キ是ニ過ル者ナシ。イカントナレバ、田禄《チギヤウ》ノ賞ヲ物ノ如ク辞《コトバ》ノ如ク軽ク賜ハルトキハ、君ノ地悉ク臣ニ帰スレバ也。一世一時ノ賜《タマモノ》ニアラズ、永ク子孫ニ持《タモツ》コト天地ノ星霜《ソ》ト与《トモ》ニス。故ニ其地ヲ削《ケツ》ルモ亦大也。イカントナレバ、君ノ宗祖ヨリ臣ノ父祖ヲ賞スル田禄ナレバ也。是ヲ軽ンズルトキハ、君ハ宗祖ノ遺賞ヲ敗リ信ヲ失フ。故ニ其子孫ヲ罰スレドモ、姓氏世禄ヲ罪セザルハ後世ニ忠義ノ信ヲ示ス所以ン也。故ニ地ヲ裂テ賞スル者ハ天下ヲ利シ国家ヲ定ムルノ功ニアラザレバセズ。凡テ地理死生ノ功ヲ賞スルニ田禄ヲ以テスベシ。其余ハ皆一世一時ノ物ヲ以テ賞ヲ加フベシ。

君ヲ弑シ父ヲ無《ナミ》スル罪ハ罰ノ大ナル者、是ニ過《スグ》ルハナシ。姓氏世禄ヲ共ニシテ絶《タツ》ベシ。是レ其罪三族《ゾク》ニ及ベバ也。故ニ大功ノ賞ハ生《イキ》テハ地ヲ以テ賞シ、死シテハ天ヲ以テ祭ヲ君ニ享《ウク》、是レ賞罰事理ノ大体《タイ》也。故ニ礼記王制ニ先ヅ論ズル者ハ地方田禄ノ分也。又廟数ヲ定テ、天子ハ七ツ、諸侯ハ五ツ、大夫ハ三ツ、士ハ一ツトスルモ、唯崇敬ニ随ヒ、愛傷ニ任《マカ》セ、是ヲ妄ニスルトキハ、天下ノ地悉ク尸《シカバネ》ノ為ニ治生ノ地ヲ失フ理ヲ以テ也。故ニ礼記檀弓ニ子高ガ曰、「吾聞《ク》レ之《ヲ》也、生《イキテ》有《レバ》レ益二於人《ニ》一、死《シテ》不《ズト》レ害《セ》二於人《ニ》一。吾《レ》縦《タトイ》生《テ》無《クトモ》レ益二於人《ニ》一、吾《レ》可《ケンヤ》三以レ死《ヲ》害《アルベ》二於人《ニ》一乎哉。我《レ》死《ナバ》則択《ンデ》二不食《ノ》之地《ヲ》一、而葬《ムレ》レ我《ヲ》焉」[23]ト云ヘリ。

是レ不食ノ地トハ、菜地ニナラヌ無用ノ地ヲ云ニアラズヤ。古ノ賢士ハ死シテモ、地ノ徳ヲ重《ヲモン》ズルコト斯ノ如シ。然ルヲ君故アリテ田禄ヲ加《マシ》賜ハレバ、自ラ無功ノ罪ヲ弁ヘズ報恩ノ一事モナクシテ大賞ヲ戴キ、先ヅ父祖ヘノ孝トシ、子孫ノ大幸トシ、吾ガ身ノ規模《キボ》トシ、親族ヲ集メテ万歳ヲ唱ヒ、是ヲ君ヘノ礼ト覚ユ。是レ一人ノ利ヲ喜ンデ、君国ノ地ノ減ズルコトヲ思ハズ。

夫レ古青砥左衛門藤綱ト云者、相模守時頼ニ仕ヘテ至廉ノ士タリ。時頼其廉直ヲ感賞シテ三郷ヲ以テ田禄ヲ賜フ。藤綱大ニ恥テ曰、「臣今君ニ仕テ未ダ一事ノ功モナクシテ、賞禄ニ与《アヅカ》ルコト其義理ナシ。君ニ於テ賜ハルノ故アルトモ、臣ニ於テ受クベキノ謂《イワレ》ナシ」[24]ト云テ竟ニ戴カズト云コト、山鹿語類ニ載《ノセ》テ後世ノ士ニ其廉道ヲ導ケリ。

夫レ功ハ一人得分ノ為ニ求ル者ニアラズ。君父国家ノ為ニ本ヅク者ニモアラズ。万物ノ当《マサ》ニ為《ス》ベキ事理ヲ尽シ、性命ヲ守ルコト実一ナレバ功従テ生ズ。然ラバ吾レニ功ノ覚アルト云トモ固辞スベキコトナルニ、況ンヤ厘毛ノ功名モナクシテ君ト地ヲ分ツノ賞ヲ吾ガ幸ト賀シ、軽々シク受クルコト、是レ大体ノ義ヲ欠ク者也。是ヲ攻ムレバ、曰、「時風然ラズ、時ノ宜シキヲ行フハ聖人ノ仁義也」トス。噫《アア》、是レ何ノ謂ゾヤ。然ラバ孔子ハ聖人ニアラザルカ。何ンスレゾ乱政ノ世ニ仁義ヲ提ゲ周流シテ患難ニ逢ヒ玉ヘルヤ。然ラバ桀紂《ケツツウ》（ママ）ノ時ニハ桀紂ヲ以テ仁義トスベケンヤ。吾レ未ダ聞カズ、仁義ヲ行フニ時ヲ以テスルコトヲ。且ツ賞功ヲ辞スルニ何ンゾ罪トセンヤ。桀《ケ》紂《ツウ》（ママ）ガ暴トイヘドモ、賞スルヲ辞スルニ憎《ニク》シト思フベキヤ。然ラバ大義ハ弁ヘ知ラズシテ受ルトモ、群ニ抽ンデ賞禄ニ与《アヅカ》ルカラハ、亦群ヲ抽ンデ君ニ益ヲ献ジ、国家ヲ利セント欲スル志ヲ立《タテ》、寝食ヲ安ンゼズ一世ノ功ヲ奉ルベキコトナルニ、唯今ノ禄ヲ弥失ハザランコトヲ恐レ、益勤ヲ飾リ、無事ヲ謀ルヲ専トスルニ至ル。是レヲ慎ト覚ヘテ衆俗ト与ニ其愛ヲ求ムル。是レ甚聖人ノ疾《ニク》ム所ナラズヤ。是ヲ郷原ト云。

孔子ノ曰、「郷原《ハ》、徳之《ノ》賊也」[25]トハ是ヲ云也。徳ニ似テ徳ニアラズ。是皆性命ニ随ハズ、事ノ先キニ別ニ理否ヲ分別シ、事ノ後ニ別ニ善悪アランコトヲ考ヘ合セ、事ノ中ニ変易アランコトヲ恐レ、未ダ動カザル事ニ前中後三段ノ先見ヲ立テ、是ガ為ニ六十年ノ星霜ヲ空シクシテ土トナル。

是レ未ダ事理離ルベカラズ。離ルベキハ、道ニアラザルノ微妙ニ通ゼザル故也。事ト理ト離レテ云者ハ、事ニモアラズ、理ニモアラズ。事ニモアラズ理ニモアラザレバ、亦道ニモアラズ。

公私

公私本ト是レ二ツヲ云ベカラズ。万物各其形ヲ別ニシ、名ヲ異ニスル。其一物ノ対《タイ》名ヲ凡テ是レヲ私ト称ス。故ニ物各其私ヲ尽シテ功用一ニ帰スルヲ公ト称ス。此故ニ天モ私ナケレバ生ズルコト能ハズ。地モ私ナケレバ載《ノス》ルコトヲ得ズ。聖人モ私有ルヲ以テ天下ヲ利ス。各相為ニ其私ヲ通シテ道行ハレ事足ル。老子ノ所謂ル「聖人ハ善ク其私ヲナス」ト云者是也[26]。

夫レ天地ヨリ塵埃《ヂンアイ》ノ末ニ至ルマデ用ナキト云者ナシ。其用又功ナキト云者ナシ。功ハ信ノ顕《アウハ》(ママ)ハルル也。是《ココ》ヲ以テ万物私ヲ尽シテ、公ノ為ニ其用ニ労《ロ》役《イキ》スルハ、天地ノ道也、人物ノ大義也。然ルニ人ハ智ニ長ジタルヲ以テ労役ヲ厭《イト》ヒ、一己ヲ愛スルコトヲ知リ、竟《ツイ》ニ情《ジャウ》ニ引レ慾ニ誘《サソハ》ハレ、性ヲ亡《ウシナ》ヒ義ヲ失ヒ、或ハ隠遁閑《イントンカン》居ノ思ヒヲ以テ公道ト貴ビ、或ハ無為清虚ノ行ヒヲ以テ公道ト仰ギ、長沮、桀溺《ケツデキ》、竹林ノ七士ガ族ヲ以テ大賢トシ、民ノ労骨ヲ以テ一己自愛ノ私欲《ヨク》ヲ楽ミ、鳥獣ト群《グン》ヲナシ[27]、或ハ日用功業ノ外ニ別ニ誠意正心ノ工夫ヲ設ケ、是ヲ心上理学ノ本立テトス。孔子、万世ノ学者ヲ策打所、豈斯ノ如クノ安閑無事ノ謂ナランヤ。是皆私欲ノ最モ大ナル者ニシテ、財ヲ掠《カス》ムル小盗ノ属ヒニアラズ、悉《コ》ク世ヲ盗ミ性ヲ盗ムノ私也。故ニ商家ハ党ヲ列国ニ結ビ、上ノ利権ヲ奪テ一己ノ利ヲ恣《ホシヒママ》ニシ、或ハ忽然トシテ貧ク、俄然トシテ富ミ、盈虚更ニ人ノ能ク窺ヒ知ル所ニアラズ。

故ニ白圭《ケイ》ガ曰、「商家《ハ》好《ム》レ用《ルコトヲ》レ智《ヲ》、儲畜《モケタクハヘ》《チヨチク》以《テ》待《チ》レ乏《キヲ》、乗《テ》レ急《ニ》而増《ス》レ価《ヲ》、上《ノ》之人発《シテ》レ政《ヲ》以《テ》制《スレバ》レ之《ヲ》、則逃《ノガレテ》亡隠匿《セカクレカクシテ》《トク》、以《テ》避《サケ》二其害《ヲ》一、機変百出《シテ》、無《シ》レ有《ルコト》二端倪《タンゲイ》一、欲《セバ》レ誅《セント》レ之則不《ズ》レ可レ勝《フ》レ誅《スルニ》也、酷吏不《モ》レ能《ズ》レ禁《ズルコト》レ之《ヲ》、仁人不《モ》レ能《ズ》レ懐《ナツクルコト》レ之《ヲ》、故商家《ノ》之於《ケル》レ利《ニ》也、豊年《ニモ》亦得、凶年《ニモ》亦得、治《ニモ》亦得、乱《ニモ》亦得、神禹《ウモ》所レ不《ル》レ能二与闘《ニタタカフコト》レ智《ヲ》、計然《モ》所レ不《ル》レ能二与《ニ》争《フコトヲ》レ利《ヲ》也、是《ヲ》以《テ》商家《ハ》不《シテ》レ待二上《ノ》之人《ヲ》一利《スルニ》レ之《ヲ》、無《シ》レ不《ズト云コト》レ利《セ》、有土《ノ》之君《モ》屈《シテ》二其尊《ヲ》一而低《タレ》二頭《ヲ》於市井《シセイノ》之人《ニ》一賢智《ノ》之士人《ハノ》之所《ナリ》レ敬《スル》也、今迺《チ》屈《シテ》二其節《ヲ》一而折《ル》二腰《ヲ》於庸俗《ヨゾノ》之人《ニ》一、此《レ》其故何《ゾヤ》也、以《テ》二己不《ルヲ》レ足《ラ》、就《ツケバナリ》二彼《レガ》有余《ニ》一也、人《トシテ》而若《キ》レ是《ノ》豈不《ランヤ》二亦可《ラ》レ恥《ヅ》乎」[28]ト云ヘリ。故ニ武門ノ威《イ》ヲ拗《ヒシグ》者ハ、四民ノ間商家ノ私ヨリ大ナルハナシ。

次ニ工家ノ私欲トスル者ハ、己ガ造ル所ノ者ヲバ速ニ偽巧《テヌキ》ヲ飾リ、一年ノ用ヲ弊《ツイヤ》シ、十年ノ利ヲ掠《カス》メ、人ノ造ラシムル所ノ者ヲバ日刻ヲ貪リテ其価ヒヲ利シ、疎密《ソミ》更ニ聡明ノ耳目ヲ昧マスニ至ル。

次ニ農家ノ私欲トスル者ハ、地ヲ窃《セツ》《ヌスム》ニシテ税歛《ゼイレン》ヲ匿《カク》シ、有司ニ賂《マイナイ》シテ隠田《ヲン》ヲ構《カマ》ヒ、計外ノ米穀ヲ收メ己ガ利トシ、或ハ凶稔《ネン》ヲ訴《ウタイ》テ豊稔ノ田圃ヲ共ニシテ見セシムルノ私ヲナスニ至ル。

次ニ士家ノ私欲トスル者ハ、空ク官禄ヲ重フシテ子孫ヲ栄ジ、格法ノ内ニ身ヲ安ンジ、唯己ガ過失ヲ慎ムノミヲ一ニ勤メ謀テ、主君ノ益国家ノ為ニ志ナク、職事ノ功恩爵ノ報ヲ忘レ、俗間ニ愛ヲ求メ虚名ノ善ヲ利スル。是レ士臣ノ私欲也。其形全ク聖教ノ則《ノリ》ヲ差《タガ》ハズシテ、其実皆私ノ為ニ大利ヲ偸《チウ》盗スル者ニシテ、意ヲ尽ス所、唯己ニ向フト公儀ニ向フトノ差ヒノミ。荘周ガ所謂ル「聖人ノ法ヲ与ニシテ盗ム」ト云者是也[29]。故ニ明君トイヘドモ、罰スルニ証《シヤウ》ナク、止ムコトヲ得ズシテ却テ以テ賞セズンバアルベカラズ。此レヲ以テ竟ニ風俗ノ常トス。故ニ人皆善也ト思テ不義タルコトヲ知ラズ。独其親ヲ親トシ、其子ヲ子トシ、天下ノ公ヲ塞グ。孔子ノ曰、「大道之《ノ》行《ハルルヲ》二天下《ニ》一為《ト》レ公、選《ビ》二賢《ト》与《ヲ》一レ能、講《ジ》レ信《ヲ》修《ス》レ睦《ヲ》、故人不《ズ》三独親《トセ》二其親《ヲ》一、不《ズ》三独子《トセ》二其子《ヲ》一」[30]ト云ヘリ。

公私ノ分《ブン》深ク察セズンバアルベカラズ。公ニ向テ此私ヲ尽スコト、寝食ヲ安ンゼズ、内ニ在テハ家ヲ斉ヘ父母ニ事ヘ、朝ニ在テハ職ヲ修メ、主君ニ事ヘ、内ニ在テモ職事ヲ兼、朝ニ在テモ家事ヲ兼、志ヲ天下国家ニ委《ユダネ》テ意ヲ尽スコト、君父ニ向ケテ他念ヲ忘レンコトヲ守リ、生涯《ガイ》身ヲ労役セシムルコト厘毛ノ間ヲ辟易《タジロガ》ズ、難易禍福盛衰得失ニ心ヲ止メズ、行余力アルトキハ以テ経ニ鑑ミ行ヒヲ正ス。是レコレヲ誠意正心格物致智ノ勤行ト云。其功天下国家ニ及バズト云コトナシ。是レ義ヲ以テ利トシ、利ヲ以テ利トセザルノ行ヒ也。[31]此行ヒ此心正シカラズシテ、別ニ安間ノ上ニ誠意ヲ工夫シ、一己一身ノ修マルヲ待テ、而シテ平天下ニ及バントス。允《マコト》ニ空学ノ弊エ惑《マドヒ》ノ甚キ者也。然ラバ誠意正心ノ工夫未ダ得ザルノ間ハ、君父ノ勤事国家ノ治術相ヒ待ベキカ。仮令《タトヒ》一己一身修リタル時刻ニ至ルトモ、事ヲモ為サズ、一人偶然ト心ヲ正シ、其功天下ニ及ベケンヤ。

夫レ身ヲ難易禍福盛衰得失ノ内ニ置テ、此為ニ苦憂ヲ厭ハズ、志ヲ改メズ、君父国家ノ為ヨリ外他念ヲ顧《カヘ》ズ、私ヲ公ニ尽シテ以テ死ヲ待。即、是ヲ誠意正心格物致智トハ云也。故ニ此八字ノ名ハ忠孝動作ノ跡ヲ名ザシテ教トス。然ルヲ八字ヲ修シテ而シテ後ニ忠孝ヲ行ハントス、最モ惑也。

夫レ忠臣孝子ノ勤ル所、仁君慈父ノ尽ス所、妻妾朋友ノ会スル所、天下日用事物当然ノ係ル所、此為ニ誠ヲ存シ精一ニ此身ノ私ヲ尽スニ於テ、何《イツ》レノ処ニカ寸陰ノ遑アリテ心理ノ修学ヲナサンヤ。是レ君子ノ勤ル公道ニアラズ。故ニ子貢為《スル》コトニ労シテ孔子ニ五息ヲ請フ。孔子詩ヲ引テ人ノ寸陰ノ休息ナキコトヲ示シテ免《ユル》サズ、死シテ始テ休息スル者ヲ教ユ。[32]是レ私ヲ公ニ尽ス君子ノ大義也。亦誠意正心格物致智ノ実学也。

夫レ凡愚ノ苦ミハ楽ヲ求ムルヨリ大ナルハナシ。天地ノ尽ス所、日月ノ勤ル所、豈毛末ノ遑《イトマ》アラシヤ。人々仰《アフイ》デ天ノ行ヲ顧、俯テ地ノ勤ヲ察セバ、千歳ノ今トイヘドモ直ニ孔子ノ示教《シケウ》ヲ受ルニ異ナルベケンヤ。百経ニ説ク所、万巻ニ教ル所、悉ク其私ヲ策打テ天下ノ公ニ向ハシムルノ外他アランヤ。

然ルニ近世心理ノ学文始リテ、日用忠孝ノ外ニ別ニ工夫ヲ立テ、暇ノ上ニ隙ヲ費シ、善悪是非ヲ撰ムコト最モ甚シ。此故ニ正直ヲ守ント志ス者トイヘドモ、ヲノヅカラ用心ノ意ヲ貯ヒ情ヲ牽テ、心ト心ト相ヒ戦ヒ、思ヒ邪ニ入リ、竟ニ誠ヲ失ヒ行ヒ飾ヲナスニ至ル。是レ何ノ故ゾ。日月無心ノ勤ヲ則《ノットラ》ズ、天地思無邪ノ行ヒヲ守《マモラ》ズ、安閑ノ間ニ心理ノ学ヲ好ムヨリ生ズ。允《マコト》ニ奸計ノ媒也。

夫レ人ト人ト此情ヲ以テ相ヒ交ルトキハ、干戈ヲ動カスノ憂ナシトイヘドモ、心偏ニ軍旅闘戦《トウセン》ノ術ニ異ナルコトナシ。其本皆安閑間暇ナルヲ好ムヲ以テ也。凡ソ万物一タビ形ヲ得ルトキハ、物ト物トノ為ニ尽サズト云者ナシ。況ンヤ人ヲヤ。

夫レ日用ノ動作云為何ゴトカ忠孝ニ帰セズト云者ナシ。心ヲ守ルコト爰ニ置テ苦患得失ノ外物ニ奪ハレズンバ、心理ノ修学何ノ用ル所カアラン。善悪ノ撰ミ亦何ゾ考ル所カアラン。列子ガ論ニ曰、「或人市ニ出テ衆人ノ見ル所ヲ憚ラズ、人ノ財金ヲ盗ム者アリ。人是レヲ捕《トラヘ》テ是レヲ辱《ハヅカシ》メテ赦ス。側ノ人其盗人ニ謂テ曰、何ゾ衆目ノ見ル所ニ於テ執リタルヤ。盗人ノ曰、吾レ金ノミ有ルコトヲ見テ、人ノ有ルコトヲ知(ラ)ズ」[33]ト云ヘリ。

是レ欲スル所ノ実一ナルニ譬フ。允ニ神妙ノ論也。臣子ノ君父ニ勤ルノ大慾心、彼ノ人ノ在ルヲ知ラズ金ノミ有ルヲ見ル如クセバ、何ノ遑アリテカ有心ノ邪ヲ生ゼンヤ。允ニ無心思無邪ノ域ニ入テ、日月ト其尽ス所ヲ同フスベシ。

彼ノ漢ノ蒯《クハイ》徹[34]ガ韓《カン》信ガ為ニ漢王ニ其罪ヲ攻メラレシトキ、吾レ韓信アルコトヲ知テ漢帝在ルコトヲ知ラズト云ヒシモ、亦彼ノ盗人ノ金ヲ執リタルト其意同ジ。其実己《ヲノレ》ニ向フトキハ私慾トス。其実君父ニ向フトキハ公慾トス。公慾ハ天地ノ大道也。故ニ釈尊三千界ヲ棄ルノ無慾ナレドモ、衆生ノ済《サイ》度平天下ノ為ニ私ヲ尽スノ大慾ハ棄《スツ》ルコトヲセズ。是レ之レヲ公ト云。是レ之レヲ能ク其私ヲ尽スト云。

夫レ盗人ハ金ノミ有ルヲ見テ、人ノ有ルコト知ラズ。孔子ハ道ノミ有ルヲ見テ、天下ノ人ノ拒《コバミ》有ルヲ知ラズ。故ニ魯ヲ再ビ逐ハレ、跡ヲ衛ニ削ラレ、樹ヲ宋ニ伐ラレ、陳蔡ニ囲レ七日火食セズ、漁父ニ毀《ソシ》ラレ、盗跖ニ辱《ハヅカシ》メラレ、長沮・桀溺ニ詰ラレ、天下周流シテ容ラレズ、死ヲ安ンゼズシテ終ル。彼レハ私慾也。是レハ公慾也。善悪異ニシテ、尽ス所一也。善悪ノ撰ム所、何ゾ又此外ヲ求ンヤ。志公道ニ向テ尽ス所、昼夜ヲ捨ズンバ即是レ善ノ至ナリ。又何ゾ己レヲ顧《カヘリミ》テ此外ノ善ヲ求ンヤ。僅《ハヅカ》ニ己レヲ顧ノ心ヲ生ズルトキハ、誠ヲ隔ルコト稍《ヤヤ》遠ザカル。故ニ君父ニ事ルコト一ツ、己レニ事ルコト一ツニシテ善ヲ執ルコト両ニ兼ヌ。是レ忠孝ノ実ヲ失ス。況ンヤ名ニ就キ形ニ従テ其善ヲ求ンコトヲ要スル者ヲヤ。

　夫レ実ハ一也。形ハ万也。故ニ万ヲ算《カゾフ》ル者ハ一ヲ失フ所以《ユエン》也。一ハ公也。公ハ大道也。万ヲ求テ一ヲ失フ者ハ其善虚名ノミ。虚名ハ飾也。老子ノ所謂ル「大道廃《スタ》レテ仁義ノ名アリ」[35]トハ、豈虚言ナランヤ。故ニ心理ノ学ハ万善ヲ求ル法ニシテ、智巧邪《ザ》僻《ヘキ》ノ媒也。故ニ山鹿氏高興[36]、心理ノ学ヲ以テ異端ノ道トスルコト、孟・荘以来ノ大賢也。

仁義

　天地物ヲ生利シテ、其功息《ヤマ》ザルハ仁ノ道也。天地物ヲ品《ヒン》節シテ、其宜キヲ失ハザルハ義ノ道也。人道是レニ則《ノ》ル物ナケレバ仁モナシ。仁ナケレバ義モナシ。故ニ仁義ハ行ヒノ分《ブン》也。行ヒハ人ヲ以テ本トス。物ハ人ヲ以テ大也トス。故ニ孔子ノ曰、「仁ハ人《ジン》也」[37]ト云々。

　夫レ仁、人世ニ行ハレテ土芥《カイ》ニ及ビ、天ニ通ズ。是レヲ為《スル》者ハ人也。故ニ尹焞[38]云、「惟《タダ》公可《シ》ニ以《テ》尽《ス》レ之《ヲ》、所以《ン》ニ至仁一《トスル》者《ノハ》惟《ダ》公耳《ノミ》、人能《ク》至《ナル》公便《チ》是《レ》仁《ナリ》」[39]ト云々。故ニ己レヲ棄《ステ》テ人ノ宜キニ就ク。是レヲ弁ズルヲ義ト云フ。故ニ孔子ノ曰、「義ハ宜《ギ》也」[40]ト云々。己レガ動ク所、義ニ当ラザレバ、仁ニシテ不仁ノ者アリ。子路、昔蒲ノ宰タルトキ、水ノ備ヒヲ為《ナス》。其民ト溝壑《コウガク》ヲ修《シウ》シテ民ノ煩苦《ハンク》ヲ労《イタハ》リ、人毎ニ箪食《タンシイ》一壺漿[41]ヲ与《アト》フ。孔子コレヲ聞テ子貢ヲ使ヒコレヲ止メシム。子路忿テ孔子ニ見《マミエ》テ曰、「吾レ慕（暴）雨ノ為ニ人民水災ニアハンコトヲ恐レ、民ト力ヲ同シ、溝壑ヲ修ス。民又コレガ為ニ匱《キ》《トボシ》餓煩《ハン》苦スル者多シ。故ニ箪食壺漿ヲ与フ。夫子、今コレヲ止メシム。是レ由ガ仁ヲ行フヲ止ムル也」。孔子ノ曰、「汝、民ヲ以テ煩苦シテ餓タリト思ハバ、何ゾコレヲ君ニ白《モフシ》テ倉廩ヲ発《ヒラ》キ、以テコレヲ賑《ニギヤカ》ニセザルヤ。是レ君ノ不恵《ケイ》ヲアラハシ、己レガ徳ヲアラハス私也」[42]ト示ス。是レ即、仁ニシテ不仁ノ義ニ当ル。然ルトキハ、仁義別名ニシテ其根ヲ同フシ、義コレ仁ヲ正フシ、仁コレ義ヲ行フ所以ン也。故ニ礼運ニ「仁者《ハ》義之《ノ》本也《ナリ》」[43]ト云フ。

夫レ仁ハ体ノ名、義ハ用ノ名ニシテ、事ノ変化物ノ動作ニ応ジ、本《モト》定レル形ナシ。事物ノ応用、人間ノ一生、一々習ヒ尽シテ行フ者ニアラズ。古人ノ行フ一、二ヲ挙テ、教ノ規矩トスルノミ。皆コレ仁義ノ跡也。子路ガ仁ノ不仁モ、又事ノ変ニ依テ君ニ白《モフ》サズトモ、行フコトモナクンバアルベカラズ。然レバ孔子ノ言トイヘドモ、泥《レイ》着《ザク》（ママ）スルコトニアラズ。子路ガ一事ヲ以テ推テ、仁義ノ真《シン》ヲ自得スル者ハ、誠ニ聖人ノ言ヲ信ズル人ト云ベシ。然ラズシテ子路ガ不義ヲ万代不易ノ格ト定メ、コレヲ行フコトアラバ、必後世ノ孔子又却《カヘ》テ子路ガ不仁ヲ仁トスル者アルベシ。

夫レ聖人ノ言ハ其実ヲ尊テ万代不易トス。形ヲ以テ云ニアラズ。形ハ変ヲ兼ヌ。故ニ其形究メ極ムベカラズ。是レヲ説クコト一事ノ跡ヲ借テ示ス。是ヲ教ト云。幼学是ヲ聞テ万代不易一定ノ格ト守テ其実ヲ執ラズ。故ニ聞ク所ノ格言、其実ニ当ルトキハ応ズ。実ニ応ゼサルトキハ当ラズ。而シテ当ルモ当ラザルモ知ラズ、唯是聖人ノ格言也ト行フノミ。是子路ガ所謂ル仁ニシテ、唯慈恵ヲ以テ愛ヲ兼ヌルヲ仁ト云ト孔子ノ格言ヲ聞ク偲《ママ》ニ信ジテ行フ者也。仁義ヲ自得シ、真実ヨリ涌出セル所ニアラズ。故ニ其義ニアタラズ。義ニ当ラズトイヘドモ自ラ以テ仁ト思ヘリ。学者ノ仁義ヲ行フコト斯ノ如キノ類《ルイ》、間《ママ》多シ。韓《カン》子外《ゲ》伝[44]ニ「子為《ハ》レ親《ノ》隠《スハ》、義不《ズ》レ得レ正《キコトヲ》。君誅《スルハ》二不義《ヲ》一、(仁)不《ズ》レ得レ愛《(受)ヲ》。雖二違《タガヒ》レ仁《ニ》害《スト》レ法《ヲ》、義在《リ》二其中《ニ》一」[45]ト云ヘリ。是孔子ノ所謂ル「父為《ハ》レ子《ニ》隠《シ》、子為《ハ》レ父《ノ》隠《ス》、直《キコト》在《リ》二其中《ニ》一」[46]ト同意ニシテ、直ニ其形ヲ見テ一定スベカラザルノ教也。程子ノ云ク、「聖人不《ハ》レ論《ズ》二利害《ゼ》一、惟《タダ》看《テ》レ義《ヲ》当《サニ》《ベク》レ為不《ズ》二嘗《テ》[47]為一。便《スナハチ》是《レ》命在《リ》二其中《ニ》一也」[48]ト云ヘリ。又張子ガ云、「今日万鍾明日棄《テ》レ之《ヲ》、今日《ノ》富貴明日飢餓《スルトモ》亦不《ズシテウレヘ》レ恤、惟《タダ》義《ノ》所《ノママニス》レ在《ル》」[49]ト云々。然レバ慈愛モ反テ不仁トナリ、人ヲ殺スモ亦仁トスルモノハ、皆コレ義ニ当ルヲ以テ仁ヲ得。故ニ兼愛ノ仁ハ婦女ノ仁ニシテ、反テ是レ仁義ヲ害ス。故ニ孟子ノ曰、「墨氏《ガ》兼愛《ハ》無《ナミス》レ父《ヲ》也、兼愛《ハ》害《シ》レ仁《ヲ》非《ズ》レ仁《ニ》也」[50]ト云々。是其義ヲ棄ルニ及バ也。

凡ソ事ニ小大アリ、理ニ軽重アリ。世ニ変化アリ、人ニ尊卑アリ。豈能ク小大軽重変化尊卑、等ク兼愛シテ、与《トモ》ニ執リ棄ザルコトヲ得ベケンヤ。故ニ湯ハ桀ヲ放チ、武ハ紂ヲ討チ、以テ位ヲ得。釈尊孔子ハ道ヲ執テ位ヲ棄ツ。四聖ノ取捨、其義ヲ異ニシテ、天下ノ仁ヲ執ルコト同ジ。

夫レ位ヲモ捨ズ、道ヲモ捨ズ、義ヲモ捨ズ、桀紂ヲ捨ズ、而シテ天下ヲ利シ衆生ヲ救フノ仁ヲ執ルコトハ、聖智ノ明トイヘドモ及ブベカラズ。若シ軍旅ノ術智ヲ用ヒ、謀計頓策ヲ借テ、人ヲ欺キ世ヲ掠メ、一旦ノ媚ヲ求メ位ヲ得、而シテ後ニ大道ニ就クガ如キノ智ヲ用ルトモ、何ゾ亦孔明[51]・子房[52]ガ智ト日ヲ同フシテ語ルベケンヤ。然レドモ聖人ハ得テスベカラズ。聖教要録ニ曰、「聖人《ノ》之道《ハ》大路《ナリ》也、異端《ノ》之道《ハ》小径《ナリ》也。少径《ハ》少《シバラク》可《クシテ》レ翫《ブ》而終《ニ》不《ズ》レ可レ安《ズ》、大路《ハ》無《ク》レ可《キ》レ翫《ブ》無《クシテ》レ可レ見《ツ》、而万《ノ》小径在《リ》二目下《ニ》一終《ニ》不《ズ》レ可レ離《ル》」[53]云ト者是也。今ノ学者多クハ木《ノ》下藤吉ガ一旦主ノ金ヲ掠メ[54]、以テ人臣ノ極官太政大臣ニ登テ天下ノ仁ヲ執ルヲ以テ、或ハ武門ノ規模トス。若シ仁ナルコトハ仁ナルベケレドモ、義ニ於テイカガアランヤ。後ノ君子ヲ待《マチ》、決断《ケツダン》スベシ。此故ニ孝ヲ棄テ忠ヲ取ルノ義アレドモ、義ヲ棄テ仁ヲ取ルノ道ナシ。

夫レ仁義ハ人ノ当《マサ》ニ行ベキ天則也。是ヲ行ヒテ敢テ世ノ誉レヲ得、身ノ幸福ヲ設ル方術《テダテ》ニ作為シタル者ニアラズ。故ニ仁義ヲ守リ行ヒテ、生涯ノ間、患難禍災ヲ免レザル者アリ。仁義ヲ行ハズシテ生涯ノ間、歓楽幸福ニ預ル者アリ。古今皆人ノ知ル所也。此故ニ名誉幸福ヲ心当ニシテ、仁義爰ヨリ発シ行フ者ハ、形仁義ニ似テ仁義ノ盗人也。名ハ仁義ニシテ実ハ不仁ノ至也。既ニ不仁ナラバ、其義豈義ナランヤ。故ニ吾レ仁義ヲ行テ彼レ仁義ノ返礼ナケレバ、大ニ怒リ大ニ怨ム。是レ何ゴトゾヤ。仁義ヲ商テ、名誉幸福ノ価ヲ利スル者也。

夫レ仁義ハ己慾ヲ損ジテ道ヲ利スルヲ幸福トス。是レ聖人ノ学者ニ進ムル幸福ノ利徳ニシテ、敢テ富貴名誉財金官禄ノ利ヲ進ムル為ノ教ニアラズ。故ニ孔子陳蔡ノ間、患難ヲ得タルトキ、子路慍テ色ヲ変ジテ曰、「君子ハ困究スルコトナシ」[55]ト。

夫レ思ヘバ、夫子ハ未ダ仁義アラザルカ。人ヨリ吾レヲ信ゼザルハ夫子未ダ智アラザルカ。且ツ由、常ニ夫子ニ聞ク、「善ヲスル者ニハ天是レニ報フニ福ヲ以テシ、不善ヲナス者ニハ天是レニ禍ヒヲ以テスト。今、夫子徳ヲ積ミ義ヲ懐キ是ヲ行フコト久シ、何ゾ困究スルコト斯ノ如キヤ」[56]。孔子ノ曰、「由、汝未ダ是ヲ知ラズ。夫レ汝、仁者ヲ以テ必シモ信ゼラルル者ナラバ、伯夷・叔斉首陽ニ餓死セズ。汝、智者ヲ以テ必シモ用ラルル者ナラバ、王子比干胸ヲ剖レズ。汝、忠ヲ以テ必シモ報セラルル者ナラバ、関龍《クハンリウ》逢刑セラレズ。汝、諫《イサメ》ヲ以テ必シモ聴ルル者ナラバ、伍子胥殺サレズ。

夫レ遇《ア》フト遇ハザルトハ時也、賢ト不肖ハ才也、君子博ク学ビ深ク謀リ、時ニ遇ハザル者多シ。何ゾ唯丘ノミナランヤ、芝蘭幽林ニ生ジテ人ナキ地也トテ芳《カフバシ》カラズンバアラズ。君子道ヲ修シ徳ヲ積ミ、困究ノ為ニ節義ヲ改メズ、是ヲスル者ハ人也、死生ハ命也」[57]ト曰ヘリ。

然レバ人ノ身ニ仁義ノ有ルハ芝蘭ノ芳キノ有ルガ如シ。人ニ嗅《カガ》セテ誉ラレ愛セラレン為ニ、芝蘭ノ芳キヲ行フ者ニアラズ。幽林ニ生ジテ枯ルルニ及ブマデ人ニ知ラレザレドモ、香ヲ失ハズ。或ハ人ノ鞋下ニ踏ミ倒サルルコトアリ。或ハ秣《マグサ》ニ刈リ籠ラレ、或ハ富貴ノ席ニ愛セラレテ瑠璃ノ盤ニ植ラレ、苦楽得失ノ間、其様各別也トイヘドモ、其香ヲ失ハザルコトハ皆一実也。

人ノ仁義ヲ失ハザル、亦斯ノ如クナルヲ以テ、孔子是ヲ譬ノ。聖人ハ其香ヲ愛《メデル》ニアラズ。吉凶得失ノ間、其香ノ徳ニ安ジテ其守ヲ失ハザル実ヲ愛《メデ》テノ謂ヒ也。香ハ徳ノ跡也。若シ其実ヲ執ラズ、唯香ノ聞《キコ》ヘヲ愛スルナラバ、何レノ草ニモ麝香・龍脳・沈香・丁子[58]ノ香ヲウツサシメテ、是ヲ愛スルモ亦可ナランヤ。

夫レ人ノ福寿ハ道ヲ得ルヨリ大ナルハナシ。故ニ道ヲ得ル者ハ富貴ノ寵ニ居《ヲリ》テモ安ク、牢獄ノ難ニ居《ヲレ》ドモ亦安シ。

夫レ人ハ安キヲ欲シテ苦ヲ憎ムハ常ノ情也。然ラバ、何ゾ道ヲ求ムルコトヲ閣《サシヲキ》テ、常ニ心ノ安キヲ求メンガ為ニ苦ミノ絶ルコトナキハ、亦愚ナラズヤ。禍福得失ハ人世万物時運ノ数ニ係《カカ》リ、凡ソ動ク者天地モ夫レ猶免レズ。人智勤力ノ能ク救フ所ニアラズ。然ルヲ禍失ヲ免レ、福得ヲ求メ、是ガ為ニ生涯ヲ苦ム。故ニ得ルトイヘドモ苦ミ、猶止ムコトヲ得ズ。是レ道ヲ棄テ安キヲ外ニ求ムレバ也。

家語ニ曰、「子路問《テ》二於孔子《ニ》一曰、君子亦《モ》有《リヤ》レ憂《ヘ》乎。子《ノ》曰、無《シ》也。君子之《ノ》修《スコト》レ行《ヲ》也、其未《ダ》レ得《ルトキハ》也、則楽《ミ》二其意《ヲ》一、既《ニ》得《レバ》レ之《ヲ》、又楽《ム》二其治《ヲ》一。是《ヲ》以《テ》有《テ》二終《ルマデノ》レ身《ヲ》之楽一、無《シ》二一日之《ノ》憂《ヘ》一。小人《ハ》則不《ズ》レ然《ラ》。其未《ダ》レ得《ルトキハ》也、患《ヒ》レ弗《ルヲ》レ得レ之《ヲ》。既《ニ》得《レバ》レ之、又恐《ル》レ失《ハンコトヲ》レ之《ヲ》。是《ヲ》以《テ》有《テ》二終《ルマデノ》レ身《ヲ》之憂《ヘ》一、無《シ》二一日之《ノ》楽一也」[59]ト云、此是ヲ謂也。

夫レ道ハ天人ノ大宝也。人能ク善ヲナセバ、是道ノ大宝ヲ得。是即天ノ報也。不善ヲスル者ハ此道ノ大宝ヲ失フ。是即天ノ報也。然ルヲ子路ハ福禄幸甚ノ拙キヲ以テ天ノ報ト思ヒ、庸愚ノ禍災ヲ以テ天報トス。未ダ孔子ノ常ニ曰フ所ヲ知ラズ。故ニ汝未ダ知ラズト謂テ再ビ其故ヲ詳ニス。学者ノ仁義ト行フ所、多クハ子路ガ思ヒヲ以テ幸福ヲ得ルヲ的トシ、麝香龍脳ノ香ヲ止メシ草ヲ以テ芝蘭ニ誤ル。此故ニ教ル師モ己利《コリ》ヲ以テ仁義ヲ進メ、習フ者モ己利ヲ以テ名誉ヲ求メ、竟ニ大道廃《スタ》レテ仁義ノ名跡ノミヲ貴ブニ至ル。豈慎マザランヤ。

夫レ三軍ノ大敵モ得テ勝ツ者アリ。己レト云一敵ハ取リ拗《ヒシグ》モノ最モ希也。己レヲ棄テ人ニ就クハ仁ノ大綱目也。是ヲ克己復礼[60]ト云。聖教要録ニ云、「仁者《ハ》人之《ノ》所二以《ン》為《ル》レ人、克《テ》レ己《ニ》復《ルナリ》レ礼《ニ》也。天地《ハ》以レ元《ヲ》而行《ハレ》、天下《ハ》以レ仁《ヲ》而立《ツ》。顔子問《フ》レ仁《ヲ》。夫子以二綱目《ヲ》一答《フ》レ之《ニ》、仁之《ノ》全体大用尽《セリ》。」[61]ト云々。徐鉉ガ曰、「在《テハ》レ天《ニ》為レ元《ト》、在《テハ》レ人《ニ》為レ仁《ト》」[62]ト云ヘリ。元ト仁ト天人ノ別名ニシテ皆至公生利ノ功徳也。己レニ克ツハ仁ノ公也。礼ニ復ルハ義ノ至也。仁ハ体ニシテ義ハ用也。故ニ礼ニ「仁《ハ》者、義之本也」[63]ト云フ。体有テ用ナキハ仁ヲ尽ス所以ニアラズ。故ニ義ヲ尽スハ本ニ復ル所以也。本ニ復ルハ仁ヲ得ル所以也。既ニ仁ヲ得ル、人ノ人タル所以也。既ニ人ノ人タルヲ得、是レ所謂ル君子ノ幸福トスル所也。コレ是ヲ善ヲスル者ハ天是ニ報《ムクフ》ニ福ヲ以テスト云。故ニ富貴水火ノ安危ヲ分《ワカ》タヅ、居《ヲ》ル所心ノ安キヲ得ズト云コトナシ。仁人何ゾ己利ノ喜ビヲ以テ幸福トスベケンヤ。義人何ゾ官禄富貴ノ設ケヲ以テ幸福トセンヤ。

見識

凡ソ人ノ見識ハ各志ス所ノ向《ヲモムキ》ニシテ、其斉《ヒトシ》カラザルコト猶人ノ面《ヲモテ》ノ如シ。五雑俎ニ云ク、「一尺之《ノ》面、億兆殊《コトニス》形《ヲ》、方寸之《ノ》心、億兆異《ニス》向《ヲモムキヲ》、然《シテ》面貌《ハ》、父子、兄弟有《リ》相《ヒ》肖《ニタル》、至《テハ》於心《ニ》、雖《ドモ》骨肉衽席《ト》、其志不《ズ》同《ク》行《ハレ》」[64]ト云ヘリ。

夫レ一々万物ノ不斉ヲ観ルニ、允ニ造化ノ妙用数ノ交変也。孟子ノ曰、「不斉ハ物ノ情也」[65]ト。

夫レ其不斉ヲ不斉ニシテ、不斉ヲ一ニ帰スル者ハ聖人ノ見識也。小人ハ然ラズ。吾ガ見識ヲ以テ是《シ》ノ至トシテ、人ノ見識ヲ以テ皆非トス。故ニ人ノ見識ヲシテ吾ガ見識ノ如クナラシメンコトヲ欲シテ、天下其是非ヲ争フコト、古今更ニ止ムトキナシ。是レ人ノ面ヲシテ吾ガ面ト斉《ヒトシ》カラシメントスルニ似ザランヤ。天地ヲ尽ストイヘドモ得ベカラズ。其得ベカラザルヲ知ラズシ[66]、之レヲ追テ止マラズ。豈惑ニアラズヤ。

夫レ吾ガ見《ケン》ヲ以テ人ノ見《ケン》ニ比シテ非トスルトキハ、彼レモ亦吾ガ見ヲ非トス。然ルトキハ彼我トモニ非ニシテ是《ゼ》ニアラズ。彼我相ヒ離ルトキハ彼我トモニ是《ゼ》ニシテ非ニアラズ。是レ未ダ非ノ非タル所以ニアラズ。是《ゼ》ノ是《ゼ》タル所以ニアラズ。

夫レ千見万識互ニ相ヒ非ストイヘドモ、各相ヒ称《カナフ》所アリ。其称所ヲ執テ以テ天下ノ大用ヲ連《ツラ》ネ、人世ノ功用ヲ貫ク。之レヲ不斉ヲ一ニスルト云。荘周ガ曰、「天地雖大《ナリト》、其化均《ヒトシ》也。万物雖多《ト》、其治一《ナリ》也。通《シテ》於一《ニ》而万事畢《ル》」[67]、又曰、「愛《シ》人《ヲ》利《ス》物《ヲ》之《レヲ》謂《フ》仁《ト》、不《ズシテ》同《ラ》同《ス》之《ヲ》之《レヲ》謂《フ》大《ト》」[68]ト、是レ也。然レドモ見識ニ小大アリ、広狭アリ。故ニ其用之レニ準ジ、其功之レニ応ズルノ等《シナ》有ルノミ。此故ニ聖教ヲ学ブ者、見識ヲ立ルコト最モ慎マズンバアルベカラズ。

夫レ聖教ノ学ハ治道ノ外ヲ出ズシテ、天下ノ大事治道ヨリ重キハナシ。故ニ学ニ志ス者ハ其見識ヲ立ルコト、縦令《タトヒ》匹夫ノ身タリトモ、天下国家ノ治道ヲ的トスベキコト也。唯一己ノ無事修身ノミヲ学ビ、治道ニ不レ志ルトキハ、見《ケン》モ亦小狭也。是レ庸人ノ学問ニシテ、君子ノ学ニアラズ。孔子ノ曰、「見小《ケンセウ》闇大ニシテ、其執ル所ヲ知ラズ、此レ則庸人也」[69]ト曰ヘリ。

夫レ大見ハ小見ヲ斉《ヒトシ》フスレドモ、小見ハ大見ヲ害スルニ至ル。故ニ孔子又曰、「小弁ハ義ヲ害シ、小言ハ道ヲ破ル」[70]ト謂《ノタマ》ヘリ。此故ニ聖教ヲ学ブ者ハ、設令小家賤夫ノ者ト云トモ、天下ヲ治ル道ヲ学ベシ。能ク治ル道ヲ知ルトキハ又能ク治メラルル道ヲモ知ルベシ。兵ヲ学ブ者ハ軽卒《アシガル》ノ者ト云トモ能ク主将ノ術ヲ学ベシ。衆軍ヲ統ル方《ミチ》ヲ知ルトキハ又能ク其統ラルル所以ヲ知ルベシ。是レ大能ク小ヲ兼、小能ク大ヲ成シ、以テ一ニ帰スルノ道ヲ尽ス者也。

夫レ海ハ万水ヲ兼容ルレドモ、一川万水ヲ容ルルコト能ハズ。治道ハ人世ノ海也。聖教是也。其学ハ猶万水ノ通ズル所、天下流行シテ万物潤沢シ、功ヲ海ニ帰ス。然ルヲ一川ノ流ヲ学テ自《ミツカラ》足レリト覚悟スル者ハ、猶池濠《イケボリ》ノ水ノ如シ。唯一処ニ滞留シテ一事ノ用ノミ。此故ニ一己心上ヲ修メテ治道ニ志ナキ聖学ハ、聖学ニアラズ、名ノミニシテ、実ハ是レ楊朱為我ノ見識也。

古孔門ノ学者、豈唯一己心上ノミヲ専トセンヤ。皆政ヲ論ジ治《チ》ヲ講ジ以テ学ノ大体《ダイタイ》トス。「魯ノ定公顔回ニ謂テ曰、汝、東野畢ガ善ク馬ヲ御スルヲ聞ズヤ。顔回対テ曰、善コトハ善ケレドモ其馬必佚スベシ。定公ノ曰、何ヲ以テ知ルレ之ヲヤ。対テ曰、政ヲ以テ知レリレ之ヲ。昔帝舜ハ民ヲ使ニ巧也。造父ハ馬ヲ使ニ巧也。舜ハ其民力ヲ究セズ。造父ハ其馬力ヲ究セズ。今東野畢ガ馬ヲ御スルコト、升レ馬執レ轡御体正シ、歩驟《シウ》馳《チ》騁《テイ》《ハシルハシルハシル》、朝礼畢、険ヲ歴、遠ヲ致シ、馬力尽キタリ。然レドモ猶又馬ニ策ウツコト止ズ。臣此ヲ以テ知レリレ之ヲ」[71]ト云ヘリ。是レ学ノ見識、十哲ノ教習皆然リ。

又孔子、閔子騫ニ政ヲ説テ曰、「夫レ徳ト法トハ民ヲ御スルノ具ニシテ、猶馬ヲ御スルニ銜勒《ロク》[72]アルガ如シ。君ハ人也。吏ハ轡[73]也。刑ハ策[74]也。夫レ人君ノ政ハ其轡策ヲ執ルノミ。内吏ヲ以テ左右ノ手トシ、徳法ヲ以テ銜勒トシ、百官ヲ以テ轡トシ、刑罰ヲ以テ策トシ、万民ヲ以テ馬トス。故ニ天下ヲ御シテ失ハズ。善ク馬ヲ御スル者ハ銜勒ヲ正シ、轡策ヲ斉へ、馬力ヲ均クシ、馬心ヲ和ス。故ニ声ナクシテ、馬轡策ニ応ズ。挙ズシテ千里ヲ極ム」[75]ト曰ヘリ。

顔回ハ帝舜治道ノ大ヲ以テ御馬ノ小ヲ暁《サト》シ、孔子モ治道ノ大ヲ以テ御馬ノ小ニ譬《タトフ》、其赴一也。然ルトキハ碁ヲ巧ニシテ手段ノ妙ヲ尽ス者モ、是ヲ推シテ兵戦ノ大ニ移サバ、孫・呉ガ右ニ立ベキニ、其志ス所小見ニシテ、唯一己一事ノ為ニ空キ心気ヲ費シ、一身一席ノ上ノ一興トナルノミ。況ンヤ聖教ノ大ヲ学ブ者ヲヤ。昔

東照神君駿府ニ於テ本因坊[76]ト宗桂[77]ト象《シヤウギ》棋ヲ挑《イド》マシメ玉ヒシ時、宗桂已ニ本因坊ガ為ニ勝利ヲ失ハントシ唯一手ニ究ル。此時、宗桂駒ヲ置テ手ヲ組ミ、黙然トシテ工夫ヲ懲ス。[78]殿中見物ノ諸侯、皆謂テ曰、「宗桂ガ手段既ニ尽タリ。焉《イヅクン》ゾ此上ノ手段カアラン。宗桂又何ヲカ案ズル」ト曰ヘドモ、宗桂敢テ対フルコトナクシテ巳ノ下刻ヨリ申ノ下刻ニ至ルマデ其工夫未ダ決セズ。是ニ於テ神君本多上野介ニ命ジテ、勝負ハ明日ノコトニサセヨト有テ、既ニ入御アラントシ玉ヒシ時、宗桂告《モフシ》テ曰、「工夫唯今決セリ、暫ク御待」ト云テ、一手ノ詰《ツメ》ヲ変ジテ三十手ヲ以テ竟ニ本因坊ニ勝ツ。満座皆面ヲ仰テ神《シン》ノ如シト称嘆ス。此時　神君諸侯ニ向テ曰、「天下ノ事理皆斯ノ如シ。必シモ此事ヲ以テ極ト思ベカラズ。今衆目ノ見ル所、宗桂ヲ以テ極テ負トスレドモ、工夫三時ニシテ反テ必勝ヲ得ル」ト謂《ノタマ》ヘリト伝ヘリ。[79]是レ象棋ノ小事ヲ以テ天下ノ事理ニ移シ、以テ諸侯ニ示教アル聖見ノ大ヲ見ツベシ。

孔子御馬ノ示教ト本朝異域万里ヲ隔星霜数千歳ヲ去ルトイヘドモ、聖見ノ赴、符節ヲ合スガ如シ。其学ヲ修セシメ行ヲ勤メ志ヲ導クコト、皆治道ヲ以テ大体トス。然レバ其学志ス所ノ向《ヲモムキ》ニ依テ其見モ亦大ト成リ小トナルベシ。故ニ教習ニ随テ其気質ヲ変ズルニ至ルベキヲ、何ゾ自《ミヅカラ》縊《クビレ》テ次第ニ小見小才ニ陥ルコトヲ修センヤ。

夫レ人君タル者ハ国家ニ向テ心ヲ尽スコト、宗桂盤上ノ工夫ノ如クシ、人臣タル者ハ職事ニ向テ心ヲ尽スコトモ亦宗桂盤上ノ工夫ノ如クシテ、君臣斯ノ如クナラバ、国家豈其治《チ》ヲ得ザルベキカ。心上正シカラザルベキカ。理明カナラザルベキカ。意《ココロバセ》誠ナキト云ベキカ。智尽サズト云ベキカ。物格《コト》ラザルベキカ。斯ノ如クシテ是ヲ

身修ラズト云ベキカ。然ルヲ象棋ヲ指《サス》コトヲバ閣《サシヲキ》テ、先ヅ手段妙手ノ理学ヨリ修シ極メテ、心上安ニ至リ、而シテ後ニ象棋ノ治道ニ趣クヲ順トスル者ハ、是宋儒以来ノ学術ニシテ、即、程子朱子ノ見識是也。故ニ今ノ天下ノ学者十ガ九、是ヲ善トシテ随フ。此故ニ大学ノ親《シン》ノ字ヲ改テ新ノ字ニ作リ、天下ノ民ヲシテ一人毎ニ明徳ヲ明カニサセテ、悉ク聖賢ノ心地ヲ践《フマ》シメ、以テ至善ノ治也ト思フ。是朱子ノ註意也[80]。

夫レ事理本《モト》先後ナシ。事理分離スル者ハ実理ニアラズ。実理有ルトキハ事ナキコト能ハズ。事ナキコト能ハズシテ理即行ハル。設令バ猶樹《キ》ノ根ト枝葉ノ如キカ。其根太《フトリ》テ而後ニ枝葉長ズル者ニアラズ。枝葉長ジテ而後ニ根ノ太ル者ニモアラズ。根ト枝葉ト共ニ動クコト毛末ヲ容《イ》ルル間隙ナキ所ヨリシテ長ズルニ至ル。天地四時ノ勤行豈亦斯ノ如クナラザランヤ。然ルヲ其根ヲ太クスルヲ待テ、而後ニ枝葉ニ及《ヲヨ》ボサントスル者ハ、彼ノ心理修身ノ極ヲ待テ、而後ニ治国平天下ノ事ヲ為《ナス》ト云ニ似ザランヤ。

夫レ生涯人世ノ為ニ日夜苦ムヲ以テ楽トスル者ハ、是レ聖人ノ学徳也。生涯人世ノ為ニ日夜楽ムヲ以テ楽トスル者ハ、庸俗ノ求メ也。然ルヲ生涯無事安穏ヲ計リ、是ガ為ニ心理ノ学ヲ専ニシ、修身ノ極ヲ待コト、何《イツ》ヲ限トスルコトナク一生学ト日用ト扞格ス。聖教要録ニ「学ト与二日用一扞格スルハ、唯書ヲ読テ、其道ヲ不ルレ致メ也」[81]ト云ハ是ヲ云也。本《モト》是一己利ノ為ノミ聖教ヲ学テ、一己利ニ本ヅクトキハ、聖学変ジテ楊朱ガ為我《イガ》トナル[82]。為我ノ見ハ儒ノ異端ト悪ム所ナラズヤ。然レドモ諸見皆可ナル所アルベケレバ、是非《ゼヒ》ヲ容ルル所ニアラズトイヘドモ、聖教ノ大本ハ神儒仏皆治道ノ外ヲ言ハズ、治道ハ天下ノ民一人毎ニ聖人ニナルヲ待チ、且《カツ》世ニ聖人ノ出生ヲ待テ、而シテ天下ヲ治《ヲサム》ルト云コトハ見ヘズ。若シ天下ノ人悉ク教究メテ聖徳ニ至ラシメ、且聖人ニアラザレバ其余ノ人ハ天下国家ヲ治ムルコトナラヌ者トスルナラバ、聖教ノ万世天下ニ在ルコト実《マコト》ニ無益也。又学ブニ及バズ。意《ココロバセ》ヲ誠ニシ志ヲ義ニ寄《ヨス》ルトキハ成ル所有ルヲ以テ万世不易ノ教トシテ、上天子ヨリ下庶人ニ至マデ四海治道ノ式トハスル也。

1 「楊子之鄰人亡羊、既率其黨、又請楊子之豎追之。楊子曰、嘻。亡一羊何追者之衆。鄰人曰、多岐路。既反問、獲羊乎。曰、亡之矣。曰、奚亡之。曰、岐路之中又有岐焉。吾不知所之、所以反也。（中略）心都子曰、大道以多岐亡羊、學者以多方喪生。」『列子』説符。壺丘子林は、列子こと列禦寇の師である。しかし、本来この亡羊の嘆の故事は楊朱の談であり、学問との関連性を逸話の中で指摘する者は、楊朱の弟子の心都子である。

2 「孔子曰、不觀高崖、何以知巓墜之患。不臨深泉、何以知沒溺之患。不觀巨海、何以知風波之患。」『孔子家語』困誓。『説苑』雑言に同じ逸話が見えるものの、文字の出入りを確認する限りでは、乳井は『孔子家語』のテキストを典拠としている。『説苑』は、『漢書』芸文志によれば、劉向の撰とされる。

3 原文は食偏に孚。

4 「孔子遭厄於陳、蔡之間、絕糧七日、弟子餒病、孔子絃歌。子路入見曰、夫子之歌、禮乎。孔子弗應、曲終而曰、由來。吾語汝。君子好樂、為無驕也。小人好樂、為無懾也。其誰之、子不我知而從我者乎。子路悅、援戚而舞、三終而出。明日、免於厄、子貢執轡、曰、二三子從夫子而遭此難也、其弗忘矣。孔子曰、善惡何也。夫陳、蔡之間、丘之幸也。二三子從丘者、皆幸也。吾聞之、君不困不成王、烈子不困不彰。」『孔子家語』困誓。先の注の二つ前の条に見える逸話である。

5 ただ暗記しているだけで、それらの知識を生活の中で活用しないこと。

6 「記問之學。不足以為人師。」『礼記』学記。

7 出典未詳。

8 「道可道、非常道。名可名、非常名。無名天地之始、有名萬物之母。故常無欲、以觀其妙。常有欲、以觀其徼。此兩者、同出而異名、同謂之玄。玄之又玄、衆妙之門。」『老子』第一章。

9 「不忘其所始、不求其所終。受而喜之、忘而復之。」『荘子』内篇・大宗師。

10 前行に「教ル所ノ格」とあることからして教の誤りか。

11 「康誥曰、如保赤子。心誠求之、雖不中不遠矣。未有學養子而后嫁者也。」『大学』。

12 「蒲衣子者、舜時賢人也、年八歳而舜師之。」皇甫謐著『高士傳』巻上。「蒲公（名蒲衣子）、八歳而爲舜師。罣子、五歳而為禹佐。伯益、五歳而掌火。項櫜、七歳而為孔子師。是古之聖賢生而神霊也。」『和漢三才図会』巻七・人倫。『和漢三

才図会』は医者の寺島良安（一六五四～没年不詳）が編纂した類書である。類書とは、天象類、時候類、人倫類といった事項別の分類を採用した百科事典である。『和漢三才図会』の編纂にあたり、寺島良安は明代の類書『三才図会』を模範としたという。

13 頭注に「囊音託《タク》」とあり。項囊のルビは正しくは「コウタク」。「夫項囊生七歳、而為孔子師。」『戦国策』秦策五・文信侯欲攻趙以廣河間。

14 「縲紲（絏）」は縄で縛られて獄に入ること。『論語』公冶長には、孔子が罪人として獄にあった公冶長を無実の罪と認め、更には自分の娘の婿にしても相応しい人間として娘を嫁がせたという話を載せる。さらに、王充『論衡』に『論語』の当該箇所を詳しく説明する記事が見える。

15 「事、偉也。偉、立也、凡所立之功也。故青徐人、言立曰偉也。」『釈名』釈言語。

16 「市南宜僚弄丸、而両家之難解」『荘子』雑篇・除無鬼。お手玉遊び。ジャグリング。

17 「子曰、君子疾没世而名不稱焉。」『論語』衛霊公。君子はこの世の生を没するまでに名誉をあげないことを嫌うとの意。

18 「好事不如無。」『碧巌録』第八六則。

19 少正卯以下、史何らが誅戮された逸話は『孔子世家』始誅第二を典拠とする。

20 比干は殷の暴君紂王の叔父。紂王の暴政を諫言したが、聞き入られず紂王に殺害された。

21 関龍逢は夏の桀王の賢臣。桀王の暴政を諫めたが、聞き入れられず桀王に殺害された。

22 春秋時代の呉の臣。呉王夫差が越王勾践を会稽山に破ったとき、勾践を殺すべく勧めたが退けられ、讒言にあって自害した。

23 「子高曰、吾聞之也、生有益於人、死不害於人。吾縱生無益於人、吾可以死害於人乎哉。我死、則擇不食之地、而葬我焉。」『礼記』檀弓上。

24 「青砥左衛門顔を振て、さては一所をもえこそ賜り候まじけれ。且は御意の通も歎入て存候。物の定相なき喩にも、如夢幻泡影如露亦如電とこそ、金剛経にも説れて候へば、若某が首を刎よと云夢を被御覧候はゞ、無咎共如夢被行候はんずる歟。報国の忠薄して、超涯の賞を蒙らん事、是に過たる国賊や候べきとて、則補任をぞ返し進せける。」『太平記』北野通夜物語事付青砥左衛門事。『太平記』の逸話は、本文とやや類似するものの、語句の異同が甚だしい。青砥左衛門藤綱は鎌倉時代の武士。生没年は不詳。『太平記』の記述を信じるならば、北条時頼・時宗と、得宗家へ二代にわたり仕えたことになる。幅広い知識を背景とした一風変わった考えを持ち、得宗家の言いなりにならぬ硬骨漢として描かれている。

25 「子曰、郷原、徳之賊也。」『論語』陽貨。「夫子以其似徳非徳、而反亂乎徳、故以爲徳之賊、而深悪之。詳見孟子末篇。」『論語集注』陽貨。郷原は、郷里で幅を利かせる、謹厳実直で人をよろこばせることに長けた者を言う。郷原が持つ、徳に似て非なる性質を嫌い、孔子は「徳の賊」と形容した。

26 「天長地久。天地所以能長且久者、以其不自生、故能長生。是以聖人後其身而身先、外其身而身存。非以其無私耶。故能成其私。」『老子』第七章。

27 「長沮・桀溺耦而耕。孔子過之、使子路問津焉。長沮曰、夫執輿者為誰。子路曰、為孔丘。曰、是魯孔丘與。曰、是也。曰、是知津矣。問於桀溺、桀溺曰、子為誰。曰、為仲由。曰、是魯孔丘之徒與。對曰、然。曰、滔滔者天下皆是也、而誰以易之。且而與其從辟人之士也、豈若從辟世之士哉。耰而不輟。子路行以告。夫子憮然曰、鳥獸不可與同群、吾非斯人之徒與而誰與。天下有道、丘不與易也。」『論語』微子。

28 『産語』の「四民第九」及び「有土第三」からの引用。『産語』（一七四九刊）は太宰春台の著述とされているが、確証はない。『産語』に付された春台の跋文によれば、「奈良の仏寺の古い蔵から出たもので、中国で亡失して日本に残存したものであるかも知れない」という。他方、春台の弟子宮田明の序によれば春台が古書に仮託して擬装した春台本人の著述という。『産語』は江戸時代には相当数版を重ねた。『志学幼弁』でも『産語』からの引用が少なくない。

29 「則是不乃竊斉国、並與其聖知之法、以守其盗賊之身乎」『荘子』外篇・胠篋。

30 「孔子為魯司寇、與於蜡。既賓、事畢、乃出遊於觀之上、喟然而歎。言偃侍、曰、夫子何歎也。孔子曰、昔大道之行、與三代之英、吾未之逮、而有記焉。大道之行、天下為公、選賢與能、講信脩睦。故人不獨親其親、不獨子其子。」『孔子家語』礼運。孔子が魯で司寇を勤めていた時の言。司寇は、刑罰を司る官職。

31 「此謂國不以利為利、以義為利也。」『大学』。

32 『荀子』大略篇第二十七および『孔子家語』困誓篇に見える。『列子』天瑞にも、類似した逸話が引かれる。しかし、こちらは、『詩経』からの引用が省略されている。

33 「昔齊人有欲金者、清旦衣冠而之市、適鬻金者之所、因攫其金而去、吏捕得之、問曰、人皆在焉、子攫人之金何、對曰、取金之時、不見人、徒見金。」『列子』説符第八。

34 蒯通の本名が蒯徹。徹は漢の武帝の諱であるため、『史記』や『漢書』は避けるが、『資治通鑑』などは徹字に作る。

35 「大道廢、有仁義。智慧出、有大偽。六親不和、有孝慈。國家昏亂、有忠臣。」『老子』第十八章。

36 山鹿素行の名。たかおか。

37 「仁者人也。親親爲大。義者宜也。尊賢爲大。親親之殺、尊賢之等、禮所生也。」『中庸』。「仁は人なり」とは、「仁」字を定義する文言であり、類似した表現は『孟子』盡心下（仁也者、人也）や『春秋繁露』仁義法（仁之為言、人也）に見える。

38 尹焞（一〇七一～一一四二）、字は彦明、和靖と号す。『宋史』道学伝によれば、程頤の弟子であり、程頤からは「魯」と評価された。この「魯」とは、孔丘が曽参に与えた「参也魯」を踏まえていよう。つまり、程頤は尹焞を非常に買っていたのである。

39 「見伊川請益曰、某以仁、惟公可盡之。伊川沉思久之云、思而至此、學者所難及也。天心所以至仁者、惟公爾。人能至公、便是仁。」『性理大全』性理七・仁。その他、『二程外書』傳聞雜記や『朱子語類』程子之書三などにも見える。「仁」字と「公」字とを、結び付けるための引用であろう。元々は、尹焞と程頤の対話中に、別々に話した内容であったが、乳井の引用文中では尹焞の言として一つになっている。

40 「仁者人也。親親爲大。義者宜也。尊賢爲大。親親之殺、尊賢之等、禮所生也。」『中庸』第二十章。

41 「簞」は竹やひのきなどの薄い木の板で作られた、食べ物をいれるための容器。「漿」は酒以外の飲み物や汁物のこと。

42 「子路為蒲宰、為水備、與民脩溝洫、以民之勞煩苦也、人與之一簞食、一壺漿。孔子聞之、使子貢止之。子路忿然不説、往見孔子曰、由也以暴雨將至、恐有水災、故與民脩溝洫以備之。而民多匱餓者、是以簞食壺漿而與之。夫子使賜止之、是夫子止由之行仁也。夫子以仁教、而禁其行、由不受也。孔子曰、汝以民為餓也。何不白於君、發倉廩以賑之、而私以爾食饋之、是汝明君之無惠、而見己之德美。汝速已則可、不則汝之見罪必矣。」『孔子家語』致思。

43 「仁者、義之本也、順之體也。得之者尊。」『礼記』礼運。

44 正しくは『韓詩外伝』。前漢の韓嬰による書物。さまざまな事柄や故事を記し、関連する『詩経』の文句を引いて説明したもので、説話集に近い。

45 「子為親隠、義不得正。君誅不義、仁不得受。雖違仁害義、法在其中矣。」『韓詩外伝』巻第四。引用には脱字、誤りがあるが、乳井が如何なるテキストに依拠したのか、不明。

46 「孔子曰、子為父隠、父為子隠、直在其中矣。」『韓詩外伝』巻第二。「葉公語孔子曰、吾黨有直躳者。其父攘羊。而子證之。孔子曰、吾黨之直者、異於是。父爲子隱。子爲父隱。直在其中矣。」『論語』子路。

47 『性理大全』原文は「嘗」ではなく「當」につくる。誤写か乳井の意図的な読みかは未詳。

48 「聖人則更不論利害、惟看義當爲不當爲。便是命在其中也。」『性理大全』学八。また、『二程遺書』や『近思録』にも見える。

49 「天下事、大患只是畏人非笑。不養車馬、食麤衣惡、居貧賤、皆恐人非笑。不知當生則生、當死則死、今日萬鍾、明日棄之、今日富貴、明日飢餓、亦不卹、惟義所在。」『性理大全』学七。また、『近思録』にも見える。張子とは、張載(一〇二〇～一〇七七)を指す。張載、字は子厚、横渠と号す。

50 「聖王不作、諸侯放恣、處士横議。楊朱・墨翟之言盈天下。天下之言、不歸楊則歸墨。楊氏爲我。是無君也。墨氏兼愛。是無父也。無父無君、是禽獸也。」『孟子』滕文公下。

51 後漢末から三国時代の蜀の軍師。諸葛亮(一八一～二三四)のこと。孔明は字。

52 秦末期から前漢初期の政治家・軍師、張良(紀元前二五一～紀元前一八六)のこと。子房は字。

53 「聖人之道大路也、異端之道小径也。少径少可翫、而終不可安。大路無可翫無可見、而万小径在目下、終不可離。」『聖教要録』道。「道」字を「路」字と解する訓詁は、鄭玄・皇侃・孔頴達・朱熹と、諸家の用いるところである。

54 木下藤吉郎が使いの金を盗んで出奔したとの説は『甫庵太閤記』や『真書太閤記』にあるが真偽は不明。乳井の秀吉評価は手厳しい。『志学幼弁』巻九「雑問」では秀吉の朝鮮出兵を侵略行為として激烈に批判している。

55 「在陳絶糧。從者病莫能興。子路慍見曰、君子亦有窮乎。子曰、君子固窮。小人窮、斯濫矣。」『論語』衛霊公。『史記』孔子世家にも、同様の逸話が見えるが、文言はあまり変わらない。両者は、いずれも乳井の「君子ハ困窮スルコトナシ」という表現とやや異なる。乳井は引用元の「君子亦有窮乎」を疑問ではなく反語表現と解したか。

56 「子路慍、作色而對曰、君子無所困。意者夫子未仁與。

人之弗吾信也。意者夫子未智與。人之弗吾行也。且由也、昔者聞諸夫子、為善者、天報之以福。為不善者、天報之以禍。今夫子積徳懐義、行之久矣、奚居之窮也。」『孔子家語』在厄。また、『韓詩外伝』巻第七や『荀子』宥坐、あるいは『史記』楽書などにも見える。ただ、それぞれ少しずつ文字に異同がある。これらの内、最も古く早い典拠は『荀子』であるが、表現が類似する典拠は『孔子家語』である。

57 「子曰、由未之識也。吾語汝。汝以仁者為必信也、則伯夷・叔齊不餓死首陽。汝以智者為必用也、則王子比干不見剖心。汝以忠者為必報也、則關龍逢不見刑。汝以諫者為必聽也、則伍子胥不見殺。夫遇不遇者、時也。賢不肖者、才也。君子博學深謀、而不遇時者、衆矣。何獨丘哉。且芝蘭生於深林、不以無人而不芳。君子修道立徳、不為窮困而敗節、為之者人也、生死者命也。」『孔子家語』在厄。前掲の注から引き続き、『孔子家語』からの引用である。

58 麝香・龍脳・沈香・丁子は、みな香料である。麝香は、ジャコウジカ（ヒマラヤ山脈や中国北部の高原地帯に分布）の雄の分泌物を乾燥させたものであり、龍脳は、龍脳樹（ボルネオ島・スマトラ島・マレー半島に分布）の樹脂であり、沈香もやはり沈香樹（東南アジア全域に分布）の樹脂であり、丁子はクローブのつぼみを乾燥させた物。

59 「子路問於孔子曰、君子亦有憂乎。子曰、無也。君子之修行也、其未得之、則樂其意。既得之、又樂其治。是以有終身之樂、無一日之憂。小人則不然。其未得也、患弗得之。既得之、又恐失之。是以有終身之憂、無一日之樂也。」『孔子家語』在厄。『荀子』子道や劉向『説苑』雑言にも見えるが、乳井は『孔子家語』の名を挙げている。

60 「顔淵問仁。子曰、克己復禮為仁。一日克己復禮、天下歸仁焉。為仁由己、而由人乎哉。顔淵曰、請問其目。子曰、非禮勿視、非禮勿聽、非禮勿言、非禮勿動。顔淵曰、回雖不敏、請事斯語矣。」『論語』顔淵。この逸話は、『春秋左氏伝』昭公一二年や『史記』仲尼弟子列伝にも引かれる。

61 「仁者人之所以為人、克己復礼也。天地以元而行、天下以仁而立。顔子問仁。夫子以綱目答之。仁之全体大用尽。」『聖教要録』仁。

62 「在天爲元、在人爲仁。」『康熙字典』元、また仁。その他、類似する表現は宋代以降の資料に複数あるものの、いずれも徐鉉の言葉を引いたものではない。乳井は、当該箇所を徐鉉の言として引くが、出典は不明。徐鉉（九一六〜九九一年）、字は鼎臣、揚州広陵（現在の江蘇省揚州市）の人。はじめ五代十国の呉、ついで南唐、さらに北宋と、三王朝六代に仕える。とくに、南唐においては、北宋からの圧力に抗するため、交渉役として趙匡胤と舌戦を交えるものの、趙匡胤の高圧的な態度には敵することができなかった。南唐滅亡の後、旧主李煜と共に趙匡胤に見えると、厳しく叱責されるものの、自身に仕えるよう説得される。北宋に下ってからは、『説文解字』の校定を行う一方、『太平広記』や『文苑英華』の編纂にかかわる。

63 「仁者、義之本、順之體、得之者尊。」『礼記』礼運。また、『孔子家語』礼運。両者の間には、微妙な字句の出入がある。

64 「一尺之面、億兆殊形、此造物之巧也。方寸之心、億兆異向、此人之巧也。然面貌、父子、兄弟有相肖者矣。至於心、雖骨肉衽席、其志不同行也、人巧勝於天也。」『五雜俎』巻第五・人部。『五雜俎』は、明の謝肇淛（一五六七～一六二四）による随筆を集成・分類した書物であり、寛文元年（一六六一）に和刻され、広く読まれた。『和漢三才図会』でも『五雜俎』からの引用は九十条に及ぶという。

65 「曰、夫物之不斉、物之情也。」『孟子』滕文公上。

66 頭注に「此所闕字アラン」とあり。

67 「天地雖大、其化均也。萬物雖多、其治一也。（中略）記曰、通於一而萬事畢、無心得而鬼神服。」『荘子』外篇・天地。引用に際して、乳井は大幅な省略を行っている。

68 「夫子曰、夫道、覆載萬物者也、洋洋乎大哉。君子不可以不刳心焉。無為為之之謂天、無為言之之謂徳、愛人利物之謂仁、不同同之之謂大、行不崖異之謂寛、有萬不同之謂富。」『荘子』外篇・天地。

69 「公曰、敢問何如斯謂之庸人。孔子曰、所謂庸人者、心不存愼終之規、口不吐訓格之言、不擇賢以托其身、不力行以自定。見小闇大、不知所務、從物如流、不知其所執、此則庸人也。」『孔子家語』五儀解。五儀解は、魯の哀公が下問し、孔丘が応答する、一連のやり取りが記された篇である。

70 「孔子曰、小辯害義、小言破道。關雎、興于鳥、而君子美之、取其雄雌之有別。鹿鳴、興於獸、而君子大之、取其得食而相呼。若以鳥獸之名嫌之、固不可行也。」『孔子家語』好生。前注と同様に、哀公の問いに孔丘が答えている。

71 「魯定公問於顏回曰、子亦聞東野畢之善御乎。對曰、善則善矣。雖然、其馬將必佚。定公色不悅、謂左右曰、君子固有誣人也。顏回退。後三日、牧來訴之曰、東野畢之馬佚、兩驂曳兩服入于廄。公聞之、越席而起、促駕召顏回。回至、公曰、前日寡人問吾子以東野畢之御、而子曰、善則善矣、其馬將佚。不識吾子奚以知之。顏回對曰、以政知之。昔者、

帝舜巧於使民、造父巧於使馬。舜不窮其民力、造父不窮其馬力。是以舜無佚民、造父無佚馬。今東野畢之御也、升馬執轡、銜體正矣。歩驟馳騁、朝禮畢矣。歴險致遠、馬力盡矣。然而猶乃求馬不已。臣以此知之。公曰、善。誠若吾子之言也。吾子之言、其義大矣。願少進乎。」『孔子家語』顔回第十八。同様の逸話は、『荀子』哀公や『韓詩外伝』巻第二あるいは劉向『新序』雑事にも見える。しかし、文字の出入を鑑みるに、乳井は『孔子家語』を用いたと見るのが妥当であろう。

72　カンロク。馬の口にくわえさせて馬を扱う具。轡。くつばみ。

73　ヒ。たずな。馬の口に結びつけ手にもって馬を御する縄。

74　サク。馬を打つ鞭。

75　「閔子騫為費宰、問政於孔子。子曰、以徳以法。夫徳法者、御民之具、猶御馬之有銜勒也。君者、人也。吏者、轡也。刑者、策也。夫人君之政、執其轡策而已。子騫曰、敢問古之為政。孔子曰、古者天子以内史為左右手、以徳法為銜勒、以百官為轡、以刑罰為策、以萬民為馬、故御天下數百年而不失。善御馬者、正銜勒、齊轡策、均馬力、和馬心。故口無聲而馬應、轡策不擧而極千里。」『孔子家語』執轡。

76　本因坊算砂（一五五九～一六二三）。家康に仕え大橋宗桂と度々勝負に及んだ。算砂と宗桂は互いに将棋・囲碁の好敵手で名勝負を繰り広げた。

77　初代大橋宗桂（一五五五～一六三四）。将棋指し。家康に仕え、囲碁の本因坊算砂と度々勝負におよんだ。

78　凝らすか。

79　出典未詳。

80　朱熹『大学章句』における三綱領（明明徳・新民・止至善）に関する、乳井の理解を簡潔に記した箇所である。「親」字を「新」字に改めるとは、「大學之道、在明明徳、在親民、在止於至善。」という、『大学』経一章冒頭に見える「在親民」の「親」字を「新」と読みかえることを指す。これは程頤の説に拠るものであり、朱熹は『大学章句』経一章で程頤の「當に新と作るべし」という説を引用している。

81　「学与日用扞格、是唯読書、不致其道也。」『聖教要録』読書。

82　「聖王不作、諸侯放恣、處士横議。楊朱・墨翟之言盈天下。天下之言、不歸楊則歸墨。楊氏爲我。是無君也。墨氏兼愛。是無父也。無父無君、是禽獸也。」『孟子』滕文公下。『孟子』の当該箇所については、すでに本巻「仁義」の注で説明しているため、割愛する。

志学幼弁　巻之三

乳井貢建富述

自然

天地ノ造分、万物ノ動揺、悉ク自然ニ非ズト云者ナシ。而シテ自然本ヨリ偶然タラズ。悉ク主宰ノ神令ニシテ、尚《ナヲ》本然ノ自然トスル者アリ、人力ノ自然トスル者アリ。是レ神ト人ト合一ナル所ナリ。

夫レ無形ノ霊ヲ神ト名ヅク。有形ノ霊ヲ人ト名ヅク。神ニアラザレバ生ゼズ。人ニアラザレバ成ラズ。仮令バ種ヲ蒔テ、種地中ニ芽ヲ生ズルマデヲ神ノ力トス。人ノ善ク為《スル》所ニアラズ。既ニ生ジテ而シテ後ニ是レヲ長ズルニ培《ツチカフ》ヲ以テスル者ハ人ノ力也。古語ニ曰、「天雖《ドモ》二能《ク》生《ズト》一、弗《ズ》レ能レ産《ズルコト》二不《ルノ》レ樹《ヘ》之桑《ヲ》一、地雖《ドモ》二能《ク》養《ト》一、弗レ能《ズ》レ長《ズルコト》二不《ルノ》レ培之梁《ヲ》一」[1]ト云ヘリ。

天地ノ自然ノミヲ楽テ、人力ノ自然ヲ楽マザルハ皆老荘ノ論ニシテ、是ヲ異端ノ道ト云フ。纔ニ桑梁一樹ノ物スラ神ト人ト合一ノ力ニアラザレバ事ナラズ。況ヤ天下国家ノ治乱ヲヤ。老荘何ゾ是ヲ知ラザランヤ。

夫レ老荘ハ四海ノ聞人《ブンジン》[2]ニシテ、共ニ聖賢ノ域ヲ出ベカラズ。故ニ天人ノ二ツヲ論ズルコト最モ切也。是ヲ異端ノ道ト沙汰スル者ハ後世学者ノ異見也。学者能ク自然ノ理《スヂ》ヲ熟得セバ、孔孟老荘厘毛ノ差異ナキコトヲ知ルベシ。

又人身ニ三霊[3]有リ。其一ヲ神ト名ヅク。其二ヲ魂魄ト名ヅク。神ハ命分ヲ受ク。魂魄ハ変化ヲ行フ。三霊ハ内ニ在テ自然ニ行ハレ、百骸ハ外ニ在テ其自然ヲ祐ク。百骸ハ神霊ノ妙ニ生ジ、神霊ハ百骸ノ力ニ成リ、生成互ニ妙合ノ功ヲ積ム。其生ズル、其成ル、二ツニシテ其自然本ト一也。是レ神ト人ト合一ナル所也。是ヲ天人合一ト云。

故ニ天ヲ知テ人ヲ知ラザル者ハ勤ムル道ヲ知ラズ。人ヲ知テ天ヲ知ラザル者ハ性命ノ故ヲ知ラズ。天ト人ト二ツ有ルコトヲ知テ始テ人間世ノ当ニ尽スベキノ義理明也。

故ニ能ク其一ニ止ルコトヲ知ル。是レヲ知ノ至レルト云。此故ニ荘子ガ曰、「知《リ》二天《ノ》之所《ヲ》レ為《スル》、知《ル》二人《ノ》之所《ヲ》レ為《ル》者《ノハ》、至《レリ》矣。知《ル》二天《ノ》之所《ヲ》レ為《ル》者《ノハ》、天《ニシテ》而生《ズ》也、知《ル》二人《ノ》之所《ヲ》レ為《ル》者《ノハ》、以《テ》二其知《ノ》之所《ヲ》レ知《ル》、以養《テヒ》二其知《ノ》之所《ヲ》レ不《ル》レ知、終《テ》二其天年《ヲ》一而不《ル》二中道夭《ニセ》一者《ノハ》、是知《レノ》之盛《ナルナリ》也」[4]トハ此是ヲ云ナリ。

夫レ父ハ天ニ則ル。故ニ能ク生ズ。母ハ地ニ則ル。故ニ能ク養フ。子ハ人ニ則ル。故ニ能ク事フ。子ヲ生ズルハ父母ノ道也。父母ヲ成スハ子ノ道也。天下ノ人ハ天地ノ子也。天地即、人ヲ生養ス。人何ゾ人ノ道ヲ尽シテ天地ニ事ルコトヲ務メザルヤ。君ハ天也。臣ハ人也。君世禄ヲ以テ臣ヲ生育ス。臣何ゾ功業ヲ成スコトヲ務メザルヤ。故ニ天人二ツノ道別ニシテ、其帰スル所ノ者ハ共ニ自然ノ一ツ也。

老子ノ曰、「人法《ハリ》レ地《ニ》、地法《ハリ》レ天《ニ》、天法《ハリ》レ道《ニ》、道法《ハル》二自然《ニ》一」[5]ト云フモ、亦其人ヲ尽シテ自然ノ一ニ帰スルコトヲ論ズル者也。然ルヲ君国家ヲ生ジテ臣是ヲ成サズ、父母子ヲ生ジテ子是ヲ成サズ、天万物ヲ生ジ人是ヲ成サズンバ、何ヲ以テカ事治マランヤ。臣、心ヲ昼夜ニ尽シ、君ノ国家ヲ成スヲ忠トハ云也。子、心ヲ昼夜ニ尽シテ父母ノ家僕ヲ成スヲ孝トハ云也。人、心ヲ昼夜ニ尽シテ作業ヲ成スヲ信トハ云也。臣トシテ唯格法ニ動クバカリヲ忠トハ云ハズ。子トシテ唯父母ヲ養ヒ敬フバカリヲ孝トハ云ハズ。人トシテ唯生ヲ育フバカリヲ信トハ云ハズ。唯格法ニ動キ、唯敬養ニ動キ、唯生育ニ動クノミナラバ、鳥獣魚蟲モ爰ニ動カズト云者ナシ。是《コレ》ヲ以テ自然ノ動キト心得テハ、人ト禽獣ト何ヲ以テ別《ワカ》タンヤ。烏ニ反哺ノ孝[6]アリ。鳩ニ三枝ノ礼[7]アリ。獺ノ魚ヲ祭ル[8]ノ類、間《ママ》多シ。然レドモ是ヲ以テ至レリトハスベカラズ。臣トシテ格法ヲ守リ、子トシテ敬養ヲ守リ、人トシテ生育ヲ守ルノミヲ尽セリト云トキハ、烏ノ孝、鳩ノ礼、獺ノ祭ト同ク生レ得タル侭ノ自然ノミ。人力ノ自然ヲ尽ス所ナシ。故ニ生涯勤テモ一事ノ功ナシ。猩々能ク言《モノイフ》トイヘドモ獣ヲ離レヌハ言《モノイフ》バカリニテハ人トセヌコトノ仮令ナラズヤ。是レ生ジタル粱《アワ》ノ侭ヲ尊テ、培《ツチカフ》力ヲ尽ス自然ノ道ナキガ如シ。

今、荘子ガ所謂ル天ノ自然ノ道アルトキハ亦人ノ自然ノ道アレバ、二ツノ者ヲ知テ人ヲ尽シテ天ニ合フコトヲ云トキハ、即儒ニシテ異端ニアラズ。然ルヲ今ノ儒ヲ学ブ者、唯天ノ自然ノミニ身ヲ安ジ、人ノ自然ノ力ヲ棄ツルハ、是レ自《ミツカラ》識ル所ノ虚無ノ行ヒニシテ、儒ノ異端ナラズヤ。是ヲ古ヨリ矛盾ノ論ト云也。矛盾トハ向フヲ識ル所ノ悪ハ却テ己レニ在ルコトヲ知ラズ、己レ即己レヲ識ルノ謂ヒ也。

夫レ天ハ天ニシテ生ジ、人ハ人ニシテ成ス。其成ス所ノ者是ヲ智明ト云。智明ヲ以テ功ヲ顕ハス。功ヲ以テ人ノ信トス。信ナキハ人ニシテ人トシガタシ。然ルトキハ生ズルノ自然アルトキハ必成スベキノ自然ナキコト能ハズ。其動ク所ノ者二ツニシテ、其自然ニ合《カナフ》所ノ者ハ一也。故ニ人胎内ニ在ルトキハ、天ノ自然ニシテ養ハレ、人ノ力・人ノ智ノ能ク及ブ所ニアラズ。是レ神代ノ時ニシテ生《セイ》ノ始也。今日胎内ヲ産レ出テヨリ始テ人ノ手ニ渡テ人ノ力・人ノ智ニ養ハレ長ズ。是レ人代ノ時ニシテ成スノ終也。

天地万物ノ始終、生ト成ストノ二ツ有テ、而シテ自然ノ一ニ帰ス。是ヲ全備ノ功ト云フ。其胎内ニ在テ神是ヲ養ヒ、人ノ智ノ及ブ所ニアラズトイヘドモ、身心ヲ正フシ飲食ヲ慎マザレバ病ヲ生ズ。然レバ天ノ時ニアリトイヘドモ、猶又人ノ力ヲ加ルニ足レリ。況ンヤ人ノ時ニ当テヲヤ。

赤子既ニ産レテ乳ヲ知リ吸ベキヲ覚ユルコト、習ハズ教ズシテ自知ル。是レ神智ノ妙也。是ヲ無智ノ智ト云。允ニ天ノ自然ノミ。爰ニ於テ人ノ自然ヲ尽シテ、乳房ヲ加テ飲シム。若シ天ノ自然ノミニ任セ人ノ自然ヲ加ヘズンバ、何ヲ以テカ其子ヲ成サン。是レ神ト人ト合一ノ道ヲ尽シテ、事物全キヲ得ルコト粲然トシテ明カナラズヤ。然ルヲ君、国家ヲ布キ、格法其規、定マルハ、彼ノ赤子ノ乳ヲ知リ吸ベキヲ覚ヘタルマデニシテ、唯天ノ自然ノミ。其臣、天ノ自然ノミヲ勤テ、乳房ヲ与ヘ介抱ヲ尽シ変ニ応ジ時ヲ考ヘ是ヲ成スノ道ヲ極メザルハ、赤子ヲシテ飢渇ナラシムルガ如シ。何ヲ以テ臣道至誠ノ忠ト称スベケンヤ。

夫レ国民治メザレドモ、時豊《ユタカ》ニシテ金銀財宝君ノ蔵ニ満《ミチ》余ルノ時ナラバ、三歳ノ嬰児モ能ク勤ムルニ足ルベシ。何ゾ賢才ヲ撰ムニ及ンヤ。其無キヲ有ラシメ、其乱レタルヲ統ルノ難ヲ善ク成サシメンガ為ニ、名士口才ノ人ヲ撰ニアラズヤ。故ニ国究シテ、君其臣ヲ撰ムニ、当世ニ名アル者、人世ニ聞ヘアル者ヲ挙ゲ、官ヲ授ケ職ヲ任ズ。然ルニ無キハ無キニ任セ、有ルハ有ルニ任セ、思ヒヲ労シ力ヲ尽ス忠信ナク、勤ハ自然ノ格法ヲ守テ動キヲ禁ジ、徒ニ禄ヲ貪リ、堅ク誉名ヲ貴ブトキハ、全ク小人ニシテ儒ヲ貴ブ人トハ云ベカラズ。

夫レ種《ウユ》ルハ人ノ智也。生ズルハ神ノ応也。培ハ人ノ力也。長ズルハ神ノ感也。神生ズトイヘドモ、人力ヲ尽サザレバ感応ナシ。神人理気妙合ノ自然ヲ尽シテ、以テ其功ヲ得。是ヲ信ト云。人トシテ功ナクンバ、何ヲ以テ信ト称セン。聖人ノ人ヲ定ムルハ其信ヲ以テスル也。其信ヲ顧ルコト、功ヲ以テ知ル也。故ニ志ニ始マリ功ニ終ル。是ヲ貫クハ信也。信ヲ失ハザル者ハ守リ也。人ノ臣トシテハ君命ノ職ヲ尽スコト、身水火ノ難ヲ恐レズ、寝食ノ間モ己レガ思ヲ尽スコト職事ノ外ヲ顧ズ、以テ国家ヲ定メ民ヲ救ヒ君ヲ安ンズルヲ無心ノ至誠ヲ守ル無為ノ勤トハ云也。然ルヲ学者以為《ヲモヘ》ラク、無心トハ寝《イネ》テ夢ナキ時ノ如クナルヲ云ト。噫、是レ何ント云コトゾ。然ラバ死人ヲ以テ無心至誠ノ極トスベケンヤ。天下如此ノ人ヲ使テ何事ヲカ成サン。唯木偶《ニンギャウ》ノ如ク然ラン。又無為ヲ謂テ曰、何モセズシテ唯天ノ自然ノ侭ニ任スト。然ラバ是レモ亦死人・木偶ノ如クス。

凡ソ天地ノ間ニ生物タル者、心ヲ無クスルノ術ハ死ヌヨリ外何ヲ以テ修スルコトヲ得ンヤ。又種《ウヘ》ズ培ハズシテ生長シ日月旋《メグ》ラズシテ昼夜ノ功ヲ成スノ術ハ造化ノ妙モ及ブベカラズ。況ヤ人間ヲヤ。允ニ妄談異端ノ説也。

夫レ無心ハ至誠ノ謂也。無為ハ為《スル》コトノ極至ヲ云也。仮令バ人臣ノ君ニ向テ猶予《タジロ》ガズ、職事ニ思ヒヲ懲スノ外余念ナキ、是ヲ至誠ヲ守ル無心トハ云也。二心他念ノナキヲ云ナルベシ。無為トハ事ヲ勤ルコト毛末ノ間ヲ尽シテ、微ヲ積ミ天下ノ大ニ及ブヲ云也。故ニ庸人ノ眼ニ其為《スル》コト見ヘズ。允ニ何モセヌ人ノ如クニ見ツベシ。然レドモ其功天下ニ及ンデ、是亦庸人ノ目ニ知ルコト能ハズ。唯君子ノ人是ヲ知ルノミ。難ヲ微ノ安キニ尽スヲ無為トハ云也。故ニ一樹ノ大木トナルハ実《サネ》ノ内ノ微ヨリ生ジ、而シテ一日一刻ノ間、其為《スル》コト毛末ノ隙ナキ微ヲ積テ、竟ニ大木ヲ成ス。皆天地至誠ノ尽ス所ニシテ、是ヲ無心無為トハ云也。

聖人ノ勤、天地ノ勤、此是ヲ以テ貴トス。何ゾ国家ノ為ニ勤ヲ尽シ職ヲ勤ムルコト、己レガ名誉利害ヲ用心シ、四方顧《カヘリミ》前後堅メ、之《コレ》ガ為ニ私心多念ニ分レンヤ。是ヲ有為有心ト云也。有心有為ハ惑ヒニシテ忠信ニアラズ。忠信ナキハ自然ヲ守ル人ニアラズ。皆天地ノ道ニ相ヒ反スル者也。天地ノ道ニ相ヒ反スルヲ行ヒテモ是ヲ儒ト称スベケンヤ。

今ノ儒トスル者ハ、天下国家ノ為官職一事ノ任ニ於テ、厘毛勤功ノ験ナクトモ、唯一己ノ言行ダニ聞ヘ能ク、世禄ヲ増シ重テ、全ク子孫ニ譲ルヲ以テ、大功珍重ノ大儒ト崇《アガ》メ、衆人皆以テ大悦ス。其惑何ゾ如《ク》レ此《ノ》甚キヤ。是レ自然ノ故ヲ詳ニ弁ゼズ、守ルト云一字ヲ知ラザルユヘ也。自然ハ天人合一、守ルハ至誠無心ニシテ、人ハ天ニ向テ勤メ、以テ国家ニ及ビ、以テ君ニ及ビ、以テ父ニ及ビ、利ヲ一己ニ帰セザルヲ以テ一己ノ大利トスル者ハ、所謂ル聖人ノ儒也。此《コレ》ハ是レ聖人ノ地ニシテ、凡人ノ及ブ所ニアラズトイヘドモ、学テ志ヲ勤ルコト聖人ヲ的トセズシテ何ヲカ的トセンヤ。

若シ聖人ニ及ズト云テ、別ニ凡人ノ行ヒヲ設クル、是ヲ異端トハ云ベシ。然ルヲ聖人ヲ学テ聖人ニ及バザルニ極ラバ、聖教ノ世ニ於ケル何ノ益カアル。聖人ハ生知安行ノミ[9]。凡人ハ修学苦行ノミ。其功ヲ成スニ於テハ一也。孔子ノ曰、「或《ハ》安《ジテ》而行《ヒ》レ之《ヲ》、或《ハ》利《シテ》而行《ヒ》レ之《ヲ》、或《ハ》勉強《シテ》而行《フ》レ之《ヲ》、及《テハ》二其成《スニ》レ功《ヲ》、一也」[10]ト云々。其行フ所以ンノ者ハ、皆天ノ自然ニ則リテ人ノ自然ヲ尽サシムルノミ。然レドモ聖人ハ聖人ノ自然ニ任セ、小人ハ小人ノ自然ニ任セ、天地ハ天地ノ自然ニ任スルヲ、自然トスルニハ非ズ。是ナレバ銘々各々ニシテ自若《ワガママ》ト云者ナリ。本然ノ一ニ帰スルノ自然ニアラズ。自若ヲ以テ自然ニ誤リ、偶居ヲ以テ無為ニ誤リ、死物ヲ以テ無心ノ至誠ニ誤ルコト、間多《ママ》シ。学者詳ニセズンバアルベカラズ。

成　敗

成ルト敗ルルトハ始ヨリ心ヲ用ルハ惑也。聖智トイヘドモ知ルベカラズ。仮令知ルト云トモ、予《アラカジメ》心ヲ爰ニ止ムル所ニ非ズ。況ヤ始ヨリ心ヲ爰ニ用テ未ダ知レザル所ニ労スルヲヤ。人皆始ヨリ爰ヲ用心スル故ニ、心意多念ニ渡リ、当ニ勤ムベキノ的ヲ外《ハッ》シ、意ノ向フ所ヲ失ヒ、竟ニ無功ノ勤ヲナス。皆此故也。

夫レ孔子魯ニ事テ相ノ事ヲ摂行フ[11]。数月ナラズシテ魯国大ニ治マル。然ルニ斉ヨリ謀テ政ヲ敗レリ。是レ聖慮ヲ以テ未然ヲ拒《フセギ》玉ハバ、焉ンゾ斉ノ凡慮ニ勝玉ハザランヤ。是レ始ヨリ知リ玉ハザル所也。知ルトイヘドモ、始ヨリ心ヲ爰ニ用ヒ玉ハザル証也。聖人スラ敗ラルル時ハ免ルルコト能ハズ。況ヤ凡人ヲヤ。

人、皆孔子ヲ的トシテ向フ所ニ向テ、前後左右吉凶得失盛衰成敗ノ用心セズ、無心至誠ノ守ヲ堅メ、唯一職一事ノ命令ヲ戴キ、此為ニ此身ヲ忘ルベキ勤ヲナスベキヲ、却テ孔子ヲ鏡トシテ曰、「夫レ聖智スラ禍ヲ取ルコト如《シ》レ此《ノ》、況ヤ吾ガ如キ愚ヲヤ」ト云テ、日夜勤ニ己レヲ用心シテ、君ノ苦ミ国ノ究民ノ急ヲ観ズ、弥用心ニ用心ヲ重ルヲ以テ自《ミヅカラ》是ヲ忠孝ノ至リト思フ。若シ是ヲ顧《カヘリミ》テ其義ノ差ヘルコト知ラバ、始テ恥辱ノ大ナルコトヲ知ルベシ。然レドモ未ダ其義理ニ通ゼズシテ、孔子ヲ以テ不覚ノ過チニ当ツル故ニ、其恥辱ノ大ナルト云コトヲ知ラズ。故ニ却テ自ラ忠孝ノ至リト思フ也。

夫レ管仲天下ノ諸侯ヲ九《タダシ》会セ[12]、一タビ天下ヲ匡《タダ》シ、桓公ヲ覇タラシメ、大ニ斉国ヲ富シ、民今ニ至ルマデ其賜ヲ受クト、孔子モ大ニ其英才ヲ歎美シ玉ヘリ[13]。然ルニ孔子ト管仲ト孰カ勝レルヤ。是レ敗ルルトキハ孔子モ及ズ。成ルトキハ管仲モ孔子ニ勝レリ。是ヲ形数ノ運ト云。故ニ孔子若シ斉ノ桓公ニ事ヘバ、其成功管仲ガ如キ者ニハアルベカラズ。管仲若シ魯ノ定公ニ事ヘテハ其英才モ用ルニ足ラズシテ、其敗レヲ取ルコト亦孔子ノ如クナル者ニアルベカラズ。

此故ニ善ク成サシムル者ハ君ニ在テ臣ニナシ。善ク成ス者ハ臣ニ在テ君ニナシ、君ト臣ト相ヒ成スベキ合一ノ時ヲ得ズンバ、全ク成ルコト能ハズ。君成サシメント欲スレドモ、臣以テ成ス心ナク、臣成サント欲スレドモ、君成サシメントスル心ナケレバ、全ク成ルコト能ハズシテ竟ニ敗ルベシ。況ヤ君モ成サズ、臣モ成ス志ナクンバ、何ヲ以テ国家永久ノ定規立ンヤ。是レヲ古ヨリ国虚ニシテ実ナシト云也。云心ハ、夫レ君臣ハ国家ノ体也。体有テ用ノ心ナケレバ也。体有テ心ナキハ唯木仏ノ如シ。危哉。事一タビ変動セバ、国家将《マサ》ニ離散セン。故ニ仮令君々タラズトモ、臣以テ成サズンバアルベカラズ。臣々タラズトモ、君以テ成サズンバアルベカラズ[14]。

此故ニ魯ノ定公成サシムルノ心ナシトイヘドモ、孔子是ヲ成ス。其敗レントスルコトヲバ始ヨリ是ニ心ナシ、唯事物当然ノ職義ヲ尽シテ、志ヲ大ニ国家ニ向ハシムルノ外、至誠無心ノ勤ヲ務ムルノミ。天下国家ノ為ニ身ノ行末ヲ顧《カヘリミ》ズ、周流艱難シテ一己ノ為ニ毛頭ノ利ヲ思ハズ、義ヲ以テ利トシ務ヲ成シ物ヲ開ント欲スル者ハ、皆聖人ノ勤跡天地ノ義則也。是ヲ視、是ヲ聴、是ヲ学ブ儒門ノ徒、何ゾ是ヲ習ハズシテ、偏ニ有為有心ノ多端ニ渡リ、一己利ヲ貧ルコトノ甚キヤ。

夫レ小人ノ勤ル所ハ先ヅ破レザル所ヨリ用心ヲ極メント欲ス。故ニ亦身ヲ全フセン所ヨリ用心ヲ執ランコトヲ欲ス。如《ク》レ此《ノ》ナレバ、日々退ク所ニ近ク勤ニ進ムニ遠クナリ、竟ニ時ヲ失ヒ、期ヲ過《ス》ゴスニ至ル者也。是レ次第ニ小見ニ陥リ惑ニ入リ、其勤ル所ヲ失ヒ其執ル所ヲ覚《ヲボヘ》ズ、日用ノ間、其公務危キ思ヒヲナサズト云者ナク、事ハ弥前《サキ》暗ク、爰ニ於テ益己レヲ用心スルコト専ニ多端ニ心ヲ賦リ、疑生ジ、考ヒ深ク機ヲ見ルコト能ハズ、無用ノ先見ノミヲ喜ビ偏ニ愚ヲ以テ智トシ、暗ヲ以テ明トシ、空々然トシテ一生ヲ終リ、一事モ奉公ノ功《イサホシ》ナク、是ヲ以テ自《ミヅカラ》慊レリトス。家語ニ孔子ノ曰、「不《シテ》二力行《セ》一以自《ラ》定《メ》、見小闇大《ニシテ》、而不《ズ》レ知レ所《ヲ》レ務《ムル》、従《フコト》レ物《ニ》如《クシテ》レ流《ノ》、不《ズ》レ知二其所《ヲ》レ執《ル》、此《レ》則《チ》庸人也《ナリ》」[15]トハ此之レヲ云也。

夫レ志アリトイヘドモ、其君ヲ得ズ、其任ヲ得ザルトキハ成スコト能ハズ。既ニ其君ヲ得、其任ヲ得。是ヲ時ヲ得ルト云フ。時ヲ身ニ得ナガラ為《スル》コトヲ得ズ、成スコト能ハズ、一点ノ功ナキハ是レ時ヲ失フ也。其臣時ヲ失フトキハ、殃《ワザハイ》国家ニ及ブト云リ。范蠡[16]ガ曰、「得《テ》レ時《ヲ》不《レバ》レ成《サ》反《テ》受《ク》二其殃《ヲ》一」[17]トハ是也。君其臣ヲ得、其任ヲ授ク、是レ君ノ成スベキ時ヲ得タル也。君此時ヲ失ヒ、臣此時ヲ失フモトモニ殃ヲ国家ニ受クルノ義ヲ云ヘリ。

斉ノ管仲ハ君ヲ得、任ヲ得。君モ亦臣ヲ得、任ヲ授ケ、君臣時ヲ同シテ失ハズ。故ニ福国家ニ受ク。唯恨ムラクハ一身ノ才ノミヲ用テ耳目ノ間ヲ極ルノミ。天人合一ノ礼楽ニ本ヅカズ。故ニ桓公一世ニシテ其功ヲ空クシ、管仲死シテ桓公乱ニ亡ブ。故ニ孔子其不足ヲ歎ジテ、管仲ガ器小《チイサ》シ礼ヲ知ラズ、ト門人ニ示シ玉ヘリ[18]。其一時ノ功ニ於テハ孔子ノ聖モ及ビ玉ハズ。故ニ亦深ク其功ヲ称シテ、勤ヲ門人ニ示シ玉フニアラズヤ。

今、幸ニ孔子ノ言ヲ聴キ、先王ノ道ヲ詳ニ学ブ人有テ、未ダ時ヲ得ザル間ハ、時ノ政ノ不善ヲ歎ジ、常ニ人ニ道ヲ講ジ教ヲ語ルトイヘドモ、君既ニ此人ヲ挙テ官ヲ授ケ、職ヲ任ジ禄ヲ与ヘ、以テ其功ヲ待テドモ、吾レ愚也ト譲テ、格法ニ身ヲ委《ユダネ》一点ノ功モ捧ゲズ、其禄ト名トヲ全フシテ子孫ニ伝ヘ、親族其無事ナルコトヲ賀シ終ル。是レ儒カ、抑義カ。君ハ臣ヲ使フニ礼ヲ以テスレバ、公ヲ以テ其愚ハ誣ベカラズ。其愚ト知リナガラ、何ゾ早ク官職ヲ辞シ、身分相応ノ官職ヲ請《カフ》テ、是ヲ以テ功ヲ献ジテ君恩ヲ報ゼザランヤ。

然ルヲ愚ニシテ勤ヲ知ラズト云ヒナガラ、賜ハル所ノ官禄ヲバ身ノ得分トスルヲ見レバ、義ニ於テ穏便ナラズ。吾レ自《ミヅカラ》其下愚ヲ知ルハ実ニ是大賢也。然ラバ鮑叔[19]ガ管仲ヲ進メ、子皮[20]ガ子産ヲ進メシ行ヒヲシテ、国家ニ益アラシムルコトヲ勤ベキニ、有功ノ臣ヲバ其善ヲ隠シ其悪ヲ挙ゲ、以テ是ヲ拒ムヲ見レバ、自《ミヅカラ》愚ヲ知ル大賢ノ義ニモ当ラズ。家語ニ「子貢問《テ》二於孔子《ニ》一曰、今之《ノ》人臣孰《レカ》為レ賢、子《ノ》曰、吾《レ》未《ダ》《ズ》レ識《ラ》也、往者《シ》斉《ニ》有《リ》二鮑叔一、鄭《ニ》有《リ》二子皮一、則《チ》賢者《ナラン》矣、子貢《ガ》曰、斉《ニ》無《ク》二管仲一、鄭《ニ》無《キカ》二子産一乎、子《ノ》曰、賜、汝《ヂ》聞《ケ》用《ルヲ》レ力《ヲ》為《ル》レ賢《ト》乎《カ》、進《ルヲ》レ賢《ヲ》為《ル》レ賢《ト》乎《カ》、子貢《ガ》曰、進《ルコト》レ賢《ヲ》賢《ナラン》哉、子《ノ》曰、然《リ》、吾《レ》聞《ク》下鮑叔進《メ》二管仲《ヲ》一、子皮進《ムルヲ》中子産《ヲ》上、未《ダ》《ズ》レ聞下二人之《ノ》進《ムルヲ》中賢《レル》二己之《ガ》才《ニ》一者《ヲ》上也」[21]。又列子ニ云、「治《ルノ》レ国《ヲ》之難《ハ》、在《リ》二於知《ルニ》レ賢《ヲ》一」、又公羊ニ云、「能《ク》賢《トスレバ》レ賢《ヲ》也使《ム》二賢《ヲシテ》亦賢《ナラ》一也」[22]ト云ヘリ。然ルヲ己レモ勤メズ、賢ヲモ挙ゲズ、唯俸《タマハ》ル所ノ禄ヲ守テ子孫ヘノ大功、先祖ヘノ至孝トノミ悦ビテハ、己レガ信ズル所ノ聖教ニ厘毛モ似タル者ナシ。是ヲ孔子ノ所謂ル位ヲ竊ム人[23]ト云テ、皆蔵文仲[24]ガ徒トスルナラズヤ。

夫レ管仲ハ桓公ノ怨敵也。桓公、管仲ヲ捕テ獄ニ繋ギ、是ヲ誅セントスル者ダニ、鮑叔是ヲ桓公ニ進メ、竟ニ大功ヲ成サシム。是レ管仲ガ功ニアラズ、皆鮑叔ガ忠功ナラズヤ。故ニ孔子鮑叔ヲ以テ賢ト称シ、管仲ヲ以テ賢トセズ。故ニ鮑叔ハ無名ノ功、管仲ハ有名ノ功、二ツノ者ノ功ハ皆其帰スル所ノ者ハ君ニ帰ス。君ニ帰スル所ノ者ハ皆国家ニ帰ス。国家ニ帰スル所ノ者ハ皆天地ニ帰ス。是ヲ性命ヲ尽スト云。是ヲ一己名誉ノ為ニスル者ハ皆私欲ニ落ツ。

彼ノ高時[25]天下ヲ乱シシ時、新田[26]、足利[27]ノ両将一旦朝敵ヲ亡シ君ヲ安ンジ奉リシハ誠ニ大功也トイヘドモ、本ト是レ天ニ向テ性命ヲ尽ス所以ンニアラズ。唯一己名誉ノ為、子孫後栄[28]富貴権勢ニ慾ヲ倚《ヨ》ス。全ク暴ヲ討テ乱ヲ鎮メ、君ヲ安ジ民ヲ救ヒ、富栄ヲ世ト与ニスル、仁恕ヨリ出タル功ニアラズ。故ニ争闘止ムトキナシ。故ニ賢ヲ拒ミ名ヲ争フ。

古ヨリ名将良将多シトイヘドモ、功ヲ天ニ帰スル者甚希也。皆名誉富貴ヲ貪ル為ノミ。独楠正成ヤ其功竟ニ成ラズ、志全ク遂ゲズトイヘドモ、実ニ忠誠ノ臣也。後世人臣ノ良鑑トスベキ者カ。噫、惜哉。君、愚ニシテ群臣ノ佞ヲ信ジ、楠ガ諫ヲ用ヒ玉ハズ、其任ヲ塞グ。楠、爰ニ於テ事ノ成ラザルヲ了悟シ、終ニ討死ス。然レドモ子ニ遺戒シテ曰、「君、仮令非ヲ以テ臣ニ命ズトモ、毛頭ノ恨ヲ存スベカラズ。君ト栄辱ヲ与ニシテ、節ヲ守テ義ヲ乱ルベカラズ。志ヲ一ニシテ天下ヲ安治シ、上ヲ敬ヒ民ヲ定メヨ」[29]トノミ戒メテ、湊川ノ土トナル[30]。

又、始メ後醍醐天皇ノ御前ニ於テ勅答ニ曰、「正成一人生存《イキナガラヘ》テ在ルト思召サバ、必御聖運ヲ開キ奉ルベシ。一旦ノ勝敗ハ叡慮ニカケラルベカラズ」[31]ト勅答ニ及シハ、誠ニ大節ニ臨テ人臣タル者ノ忠言也。此時正成何ンゾ末《エ》ヲ考ヘ、我ガ愚ヲ辞譲シ、前後ヲ顧《カヘリミ》、安危ヲ挟ミ、成ルベキカ敗ラルベキカノ行ク末マデヲ思ヒ定メ、二心ヲ跟蹐《タメライ》、後日都合ノ善キ辞ヲ以テ勅答スベキヤ。爰ニ於テ始勅答ニ決断ノ肯《ウケコヒ》ト終ニ功ノ成ラザルトヲ以テ、楠ヲ表裏ノ士ト嘲ルベケンヤ。但シ又己レガ分際ヲ知ラザル不遜大言ノ勅答ト誹ルベケンヤ。今ノ人臣ノ礼譲トスル所ヨリ見レバ、楠ガ勅答ハ皆踈忽不覚無分別ニシテ、遠慮ナキニ似タリ。

夫レ謙退辞譲ハ朋輩ヘノ礼義也。君父ノ間ノ謙退辞譲ト云コトハ事ニ依ルベキ義也。夫レ君父ヨリ外ハ天下凡テ朋輩ノ列也。唯至尊匹夫ノ別アルノミ。此朋輩ニ対シテハ最モ謙退辞譲ノ慎ヲ重ンズベキコト也。今日君前ニ於テ、汝何官何職ヲ勤ムベキ旨命ヲ蒙ルトキ、畏リ奉ルト云ハ其職事ヲ肯《ウケコヒ》奉ルノ義也。然ルヲ先ヅ我ガ愚ヲ楯ニシテ辞シ奉ルコトハ、君ヲシテ朋輩ニスルト云者也。君其臣ノ智愚ヲ明カニシテ、其官職ヲ任ズベキ故ヲ詳カニシ、以テ命ヲ下ス。然ルヲ君ハ我ガ愚ヲ知ルベカラザルヲ以テ辞スカ。又肯奉ルト云、我ガ智才アルヲ以テ肯ニモアラズ。吾ガ身ヲ使フ智愚ハ君ニ任ジ奉リ、官職ハ君ヨリ我レニ任ジ受ル所也。

　夫レ吾ガ生命已《スデ》ニ君ノ物ナラズヤ。君ハ臣ヲ以テ手足身体トシ、臣ハ君ヲ以テ心トス。然ラバ吾ガ心ヨリ吾手足ヲ用ルトキ、吾ガ手足吾ガ心ニ対シテ謙退辞譲シテ可ナランヤ。成ルカ成ラザルカヲ辞セズ、手足皆吾ガ心ニ従フニアラズヤ。若シ他人ノ心ヨリ吾ガ手足ヲ借用スルトキハ、是レ成ルトモ成ルベカラザルヲ以テ辞スベキコト礼譲也。是レ他人ニシテ朋輩ナルヲ以テ斯ノ如シ。吾ガ朝ニ於テ君命ヲ辞スルコト曽テ以テセヌ義也。君命ハ人臣ノ天命也。人トシテ天命ヲ辞スレバ、天地ノ間ニ住ム所ナシ。是ヲ以テ君臣ノ道ヲ明ムベシ。

　夫レ唯戦場ノミナラズ今日治世トイヘドモ、人臣ノ官職ハ皆国家ノ安危ニ係ル大節ニアラザルヤ。然ルヲ一向《ヒタスラ》ニ吾ガ愚ヲ恐レ、ベンベント光陰ヲ空クシ、一点ノ功モ捧ゲザルハ不義不忠ト云者也。礼記ニモ「為《ニ》レ君《ノ》使《ル》者《ノハ》、已《ニ》受《テハ》レ命《ヲ》、君言不《ズ》レ宿《サ》二於家《ニ》一」[32]ト云ズヤ。是レ君命ヲ厳重ニ勤ルノ敬慎之至リヲ云ニアラズヤ。此故ニ成敗ハ形数ノ変ナレバ、智愚ノ与《アヅカ》ル所ナラズ。始ヨリ用心ヲ極ムル所ニアラズ。予メ爰ニ心ヲ賦ルハ惑也。

時宜

学者ノ要本ハ唯時ノ一字ヲ知ルヲ貴ブト云ヲ、己レガ意見ニ適《カナフ》時節ヲ待ツ、是ヲ時ヲ得ルトスル者、間《ママ》アリ。是レ以テノ外ナル誤リナルベシ。己レガ意見ニ叶フ時ト云ハ四海ノ衆人、人別ノ時ニシテ、各是ヲ得ルコト、天地ノ限リヲ尽シテモ得ルコト能ハズト知ルベシ。况ンヤ己レ一世ニ於テヲヤ。

夫レ時宜ト云ハ世ノ変態ヲ云也。其変ニ宜キヲ執ル者ニシテ、時トシテ行ハレズト云コトナシ。大ニスレバ古今是也。小クスレバ朝夕是也。其一事ヲ以テ是ヲ云ヘバ、古堯舜ノ聖代ニハ宮殿ノ結構、茅葺ニシテ、今ノ代有得《ウトク》ノ庄屋ノ家ニモ準ズベシ。漸ク周ノ文武ノ聖代ニハ宮殿既ニ美尽シ、未ダ善尽サズ。是ヨリ是ヲ見レバ、太古伏羲神農ノ聖代ニハ、柴ヲ枉《マゲ》テ柱トシ、草ヲ編テ屋根トシ、以テ宮殿ト称ス。今ノ代乞食ノ家ニ勝《タヘ》ズ。故ニ民ハ皆穴居巣栖ノ民ト云ハズヤ。今ノ宮殿大内[33]ノ結構、民家ノ造作、其美殆ンド古ヲ以テ其善、論ニ及ズ。是ヲ時宜ト云也。是ヲ聖教ノ一言ニ泥ミ、一概《イチガイ》ニ質素奢侈ノ道ニ誤ルトキハ、堯舜ヨリ伏羲神農ハ質素ノ至極ト称センヤ、又恪牆ト譏ランカ。是ヲ倹ト称スルトキハ堯舜ハ僭セリ、文武ハ奢レリ。況ンヤ夫レ今ノ民家ヲヤ。是ヲ古ノ風ニ復《カヘ》サント願テ今ノ宮殿民家ヲ改ムルコトハ、聖人ノ智ニモ及ザルコトト知ルベシ。若シ強《シイ》テ改ントセバ、天子苦ミ蒼民驚キ擾乱ニ及ブ。悠久ニシテ改ムルトモ、一世ノ善クスル所ニアラズ。況ヤ一時ノ内ニ改マランヤ。是レ運時ノ自然、人情ノ体、順ナレバ也。故ニ聖人ハ天ノ時ヲ以テ人ノ情ヲ治ム。是ヲ時ヲ知ルト云。

然ルヲ今ノ学者時ヲ以テ道ニ誤リ、道ヲ以テ時ト覚ユ。故ニ孔子ヲ以テ時ニ遇ハズト誤レリ。孔子、子路ニ曰《ノタマ》ヘル、「夫《カノ》遇《ト》不《ルトハ》レ遇者時《ナリ》也、賢不《ト》肖《トハ》者才也、君子博《ク》学《ビ》深《ク》謀《テ》而、不《ル》レ遇レ時《ニ》者《ノ》衆《シ》矣、何《ゾ》独《リ》丘哉《ノミナランヤ》[34]」トハ、一己一時ノ時ニシテ、設令《タトヘ》バ時令ノ不祥ニ風邪ヲ受ケタルノ時ヲ曰《ノタマ》ヘル也。

夫レ一年ノ間ニ、時ニ夏アリ、冬アリ。夏ハ暑《アツク》シテ衣服ノ行ヒ帷子《カタビラ》ヲ以テ応ジ、冬ハ寒《サムク》シテ衣服ノ行ヒ綿子《ワタイレ》ヲ以テ応ズルノ時也。然ルヲ孔子ノ時、先王ノ制聖人ノ道則モ廃レ、夏ノ時ニ綿子ヲ被《キ》、冬ノ時ニ帷子ヲ被テ、人々弥暑ク益寒ク覚ヘ苦メドモ、其行ヒ時ニ応ゼズ、道ノ行ハレザルニ依テ、斯ノ如ク安カラズト云コトヲ知ラズ。孔子爰ニ於テ正ニ時ニ応ジテ着スベキ衣服ヲ教ヘ弘メ、天下ノ苦ム所ヲ救ハン為ニ自《ミヅカラ》帷子ヲ召《メ》シテ見セ玉ヘドモ、王侯却テ是ヲ笑ヒ、衆人却テ是ヲ譏ル。後世ノ学者、是ヲ時ヲ知ルト心得、時ニ遇ハヌコトハ曽テセヌガ良《ヨシ》ト、皆夏ノ暑ニモ綿子ヲ被《キ》テ、世ト能ク推《ヲシ》移ル聖人ノ行ヒト誤ル者多シ。

夫レ道ハ古今一道ニシテ通リ、時ハ古今斉シカラズシテ行ク。故ニ道ト時ト相ヒ応ジテ行フヲ善政ノ代トハ云也。此故ニ時ヲ知ラザレバ、道ヲ行フコト相ヒ応ゼザルヲ以テ、学者時ノ一字ヲ知ル[35]ヲ要本トストハ云也。爰ヲ以テ堯舜今ノ世ヲ治メ玉ハバ、必古ノ政ニアラザルコトヲ知ルベシ。其道同シテ其時同ジカラザレバ也。

然ルヲ学者今ノ時ヲ以テ堯舜ノ時ヲ願フ。是時ヲ知ラザルノ証拠也。聖人ノ古ヲ慕《シタヒ》玉フハ聖代ノ徳ノミ。何ゾ其時ヲ今ノ時ニ移サント欲シ、今ノ時ヲ古ノ時ニ易《カヘ》ントスルガ如キ愚昧ナル聖人アランヤ。学者ノ古ヲ願フハ、設令《タトヘ》バ春ノ時ヲ聞テ是ヲ慕《シタヒ》、夏モ秋モ冬モ悉ク春ノ時ニスルヲ願フガ如シ。

夫レ春夏秋冬ノ時変ハ人力ヲ以テ易《カフ》コトヲ得ベケンヤ。故ニ春ノ時ハ春ノ時ニ応ジテ行《ヲコナフ》ベキ道アリ。夏ノ時ハ夏ノ時ニ従ヒテ行《ヲコナフ》ベキ道アリ。秋冬皆時ニ応ズルノ道行ハレテ、一年ノ大道ヲ得ル也。人世ノ古今其時ヲ易《カフ》コト、一年春夏秋冬ノ易《カハ》ルガ如シ。然ルヲ一年皆春ノ時ヲ以テ良《ヨシ》トシ、万世皆堯舜ノ時ヲ以テ佳《ヨシ》トスベケンヤ。是レ不祥ヲ招クノ望也。礼記ノ月令ニ「孟春ニ不ズレ可二以テ称グレ兵ヲ、称レバ兵ヲ必天殃《ワザハイ》アリ、戎不ズレ起サ、不ズレ可二従リレ我レ始ルコトヲス一、毋レレ変ズルコト二天ノ之道ヲ一、毋レレ絶ツコト二地ノ之理ヲ一、毋レレ乱スコト二人ノ之紀ヲ一、孟春行ヘバ二夏ノ令ヲ一、則雨水不ズレ時ナラ、草木蚤《ハヤク》落ツ、国時ニ有リレ恐ルルコト、行ヘバ二秋ノ令ヲ一、則其民大疫ス、猋風暴雨総テ至ル、藜莠蓬蒿併ビ興ル、行ヘバ二冬ノ令ヲ一、則水潦為スレ敗ヲ、雪霜大ニ摯ツ、首種不ズレ入ラ」[36]ト云ズヤ。

是レ聖人其時ヲ知テ其行ニ応ゼシム。其人道ノ行ヒ其天道ノ時ニ応ゼザレバ、天ト人ト時ト道ト相ヒ応ゼズ。故ニ不祥ノ気行ハレ殃《ワザハイ》生ズ。然ルヲ況ヤ人世ノ時ヲ差《タガヘ》テ、今ノ時ヲ棄、堯舜ノ時ヲ行ハント欲スルハ、孟春ニ夏ノ令ヲ行ハントスル者也。然ルトキハ孔子時ニ遇ハザルニアラズ、其代ノ王侯却テ時ニ遇ハズト云者也。

夫レ時ハ天道ノ常ニシテ人道ノ変ナレバ、人道ヲ以テ其変ニ応ズ。是レ聖人ノ撰ム所ノ時也。其時、甚微也。故ニ老子ノ曰、「知ルレ常ヲ明《メイ》」[37]ト云ト。学者、道ハ古ヲ以テ通ジ、時ハ今ヲ以テ応ズベシ。然ルヲ無道ノ行ハルル形ヲ見テ時トシ、或ハ己レガ意見ニ依テ時ヲ窺フ。誤リト云ベシ。此誤リ有ルヲ以テ道ハ己レ一人ニ与《アヅカ》ルゴトク覚ヘ、堯舜ノ時ニモ許由、巣父ガ如キ者アリテ、幽谷ニ隠居シテ、清虚ヲ事トシ世ヲ憂《ウシ》ト遁ルル行ヒヲナス也。

是ヲ意見ノ時ヲ窺フトハ云也。

此故ニ今ノ学者皆実《マコト》ノ時ヲバ察セズ、悉ク意見ノ時ヲ撰ムヲ以テ、彼ノ孔子ノ曰《ノタマ》ヘル「君子哉《ナルカナ》蘧伯玉、邦有《レバ》レ道則仕《ヘ》、邦無《ケレバ》レ道、則可二巻而懐レ之」[38]ト云字ヲ朱子ノ註ニ巻モ懐モトモニ収蔵《ヲサメカクス》ノ義トス。[39] 爰ニ於テ林氏ガ訓点ニ巻《マイ》テ懐《フトコロ》ニストス。[40] 是レ国道ナキ時ニハ紙ヲ巻《マク》ゴトク今マデノ行ヒヲ人目ニ蔵《カク》シ収メ、或ハ隠居シ、或ハ門外ヨリノ人ニハ行ヒヲ隠シ、世風ニ飾リ其恨ヲ隠シ、或其人ヲ友トシ、或ハ山林幽谷ニ世ヲ避ケ、己レ一人ノ身ヲ安ク送ルヲ君子ト誤リ来レリ。是レナレバ老荘ノ異端ニシテ儒ノ譏ル所ナラズヤ。

朱子一人ノ誤リヨリ天下若干《ソコバク》ノ学者皆老荘ノ学ヲ以テ儒ニ代ル。是レ俗ノ諺ニ、一犬虚ヲ吠ユレバ万犬実ヲ吠ユルト云者也。[41] 天下ノ学者各其声ニ随テ是ヲ実トス。

夫レ蘧伯玉ガ行ヒ、若シ朱子・林氏ガ註意ノ如クナラバ、長沮・桀溺ガ行ヒニ厘毛モ異ナルコトナシ。然ルヲ孔子、長沮・桀溺ヲバ鳥獣ト群ヲ成ス者ニシテ人倫ニアラズト譏リ玉ヒ、蘧伯玉ヲバ君子ト歎美シ玉フハ、何ゴトゾヤ。但シ長沮・桀溺、孔子ニ道ヲ教ヘズ、却テ詰《ナジリ》問ヒタル。[42] 其宿意ヲ以テ聖人私ヲ行ヒ玉フカ。

又、聖人ノ言ハ人ニ依テ其教ルコト一ナラズ。故ニ孟武伯ガ孝ヲ問ヘバ病ヲ以テシ、子游ガ孝ヲ問ヘバ敬ヲ以テシ、[43] 斉君政ヲ問ヘバ財ヲ節スルヲ以テシ、魯君政ヲ問ヘバ臣ヲ論ズヲ以テ対《コタヘ》玉フ。[44]

又、管仲ガコトヲ曰ク、「管仲ガ器小シ、管仲礼ヲ知ラバ誰カ礼ヲ知ラザラン」[45]ト。然ルニ又管仲、桓公ヲ相ケテ諸侯ニ覇タリ。一タビ天下ヲ正シ、民今ニ至ルマデ其賜《タマモノ》ヲ受ク。「管仲ナカリセバ吾レソレ髪ヲ被リ、衽ヲ左ニセン」[46]ト称シ玉フノ類ヲ以テ、今蘧伯玉ト長沮・桀溺トモ亦褒貶同ジカラズト云人アリ。是レ大ナル誤リ也。長沮・桀溺ハ其身ハ人ニシテ人ノ世ヲ離レ、而シテ食ト居ト衣トハ未ダ人ノ労骨ヲ盗ムヲ悪《ニクミ》玉フ也。孟武伯・子游・斉君・魯君・管仲ガ如キハ人ノ道ヲ以テ人ノ世ニ在ル人也。故ニ教テ其気質ノ失ヲ正シ玉フ也。

夫レ道ハ一人ノ道ナラズ、天下ノ道也。聖君子ナシトイヘドモ道猶存ス。若シ蘧伯玉自身作為ノ道ナラバ、行ハレザルトキハ巻《マイ》テ懐《フトコロ》ニ入レ世ヲ仕廻ヒ、何レヘ也トモ隠レ去ルベシ。若シ天下、人世ノ大道ナラバ、人ノ世ヲ去テ人ノ道ヲ何レノ処ニテ行フベキヤ。人ノ道ヲ以テ人ノ世ヲ去ルトキハ、是レ人道ヲ捨タルト云者也。人トシテ人ノ道ヲ捨タル者ヲ君子ナルカナト称《ホメ》玉フベキヤ。蘧伯玉ハ国道ナケレドモ人ノ道ヲ善ク行フコトヲナスヲ以テ君子ナル哉トハ称シ玉フ也。

夫レ巻《ケン》《ユミヅル》ハ弮《ケン》《ユミヅル》ノ字ト同ジ字ニテ、弓弦《ユミヅル》ト訓ズ。懐ハ包《カヌル》トモ服《ナヅクル》トモ思フトモ又フトコロトモ訓ズル也。然レバ始メニ史魚ガ直キヲ挙ゲテ曰、「直哉《ナルカナ》史魚、邦有《レバ》レ道如《シ》レ矢《ノ》、邦無《ケレドモ》レ道如《シ》レ矢《ノ》」[47]ト曰ヘルヲ以テ、蘧伯玉ガ直ヲ是ニ対シテ又弓弦ヲ以テ曰ヘル也。云心ハ、二人ノ者ノ行ヒヲ弓矢ヲ以テ形容シ玉フニ、史魚ガ直ニ合スレバ、蘧伯玉ガ直ハ弓ノ弦ノ如ク也トノ心也。

夫レ矢ノ直ハ剛健ニシテ、其障《サハリ》アレバ物ヲモ傷《ヤブリ》、矢モ傷《イタ》ムベシ。只一筋ニ直ニシテ寛柔ノ徳ナシ。弦ノ直ハ其力《チカラ》矢ヨリモ強クシテ、引クトキハ柔ニシテ人ノ手ニ枉《マガリ》応ズ。故ニ強弱曲直二ツノ者ヲ兼包《カネカヌ》。是レ直ノ全徳也。故ニ君子ニ比シテ称シ玉フ也。是ヲ巻《マイ》テ懐《フトコロ》ニスベシトテ、人ノ人タル道ヲ収メ蔵《カク》シテハ、身ヲ世ニ入レルニ無道ヲ与《トモ》ニ行フテ可ナランヤ。然ラズバ世ヲ棄テ遁ルベシ。遁ルルトキハ人ノ道ヲ誰トトモニ行ハンヤ。故ニ孔子ハ無道ノ世ニ居玉ヘドモ、其収メ蔵レタル道ヲ懐《フトコロ》ヨリ取リ出シテ其巻キタルヲ披キ、世間憚ル所ナク天竺唐土日本遠慮ナク弘メ玉ヘルヲ見ズヤ。剰ヘ此為ニ身ヲ危難ニ入レ玉フコト度々ニシテ、曽テ懲《コリ》ヲ見玉ハズ。

或人此言ヲ難ジテ曰、「夫レ孔子ハ聖徳ニシテ常ノ人ノ及ブ所ニアラズ。君子ヨリ以下ノ人、孔子ノ真似《マネ》ヲシ無道ノ世ニ道ヲ行ハバ、立所《タチドコロ》ニ刑罰ニ行ハレン。下学シテ上達スナレバ、トカク先ヅ身ヲ修メテ後君子ノ場ニ至ルヲ待テ、聖人ノ行ヒヲスベシ」ト。是レ亦聖人ヲ後《ウシロ》ニスルノ道也。

夫レ聖人トイヘドモ本ト人也。人ナラバ天地ノ徳ニハ及ベカラズ。聖人ノ徳ハ天地ト同ジト云フモ、天地ニ及バザル所ヲ的ニシテ徳ヲ積ミ、竟ニ天地ト其徳ヲ合セタルニアラズヤ。今日ノ学者聖人ノ行ヒヲ的ニセズ、天地ノ行ヒニ鑑《カンガミ》ズシテ、何ヲ行ヒノ杖柱トスルヤ。

聖人ノ行ヒヲ的ニスル博学英才三国ノ聞人《ブンジン》タル、朱子・林氏ダニ巻テ懐《フトコロ》ニスルノ誤アルコトヲ免レズ。況ヤ唯世ニ善《ヨキ》ト云ハルルマデノ人ヲ的ニスルナラバ、万年ヲ歴ルトモ聖教ノ意ニ通ズルコト思ヒモヨラヌコトト知ルベシ。聖教ヲ学テ聖教ノ意ニ通ゼズンバ、学問スルコト最モ無益也。此故ニイカナル無道ノ世ニ居テモ、道ヲ行ハザル時ト云時ハ天地ノ有ン限ハナキコト也。道ヲ行ハン為ニ、天ノ時ヲ知ルコトヲ要《ヨウ》スル也。一己ヲ利スル為ノ時ヲ見合スコトニハアラズ。今学者ノ時ヲ知ルノ時ハ、無道ノ世ニハ無道ヲ行フヲ時ニ合フト覚ユ。誤リナルベシ。斯ノ如クナレバ孔子ハ一向ニ時ヲ知ラザル無分別人也、狂人ト云テ可也。

善悪

善悪ノ名ハ形ヲ以テ定ム。実ノ与《アヅカル》所ナラズ。是レ庸人ノ善悪ナリ。聖人ノ善悪ハ義ヲ以テ定メ、形ヲ以テ執ラズ。故ニ善ク其実ニ適《カナフ》ナリ。其実ヲ知ラズシテ妄リニ形ヲ以テ善ヲ争ハシムルトキハ、是レ大乱ノ媒也。学者深ク察セズンバアルベカラズ。

夫レ公冶長ハ縄ヲカケラレ牢ニ入リタル恥アレドモ、孔子ハ是ヲ恥トセズ、其親族ヲ昵ム。[48]武王其主君ヲ討ツ。孔子是ヲ聖ト称ス。舜又告ゲズシテ娶リ、堯又其子ヲ放ツ。孔子是ヲ聖トスルノ属ヒヲ以テ推テ知ルベシ。其形ヲ以テ取レバ皆悪也。其義ヲ以テ取レバ皆善ニ適ス。庸人ハ唯形名視聴ニ随テ定ム故ニ、人ノ実ヲ誤ルニ至ル也。

孔子ノ曰、「庸人ハ其執ル所ヲ知ラズ。其務ムル所ヲ知ラズ」[49]、又曰、「誉ルニモ必察シ、毀ルニモ必察セ」[50]トハ、此是ヲ戒メテ也。昔、　東照神君御在世ノ時、宇津左門五郎忠茂ト云者、常ニ犬ヲ愛シ其恩ヲ与ルコト深カリシニ、或時山野ニ出テ猟《カリ》ヲス。此犬忠茂ニ従テ行ク。忠茂晩《クレ》ニ至テ大樹ノ下ニ疲レ眠ル。此犬忠茂ガ袖ヲ引テ頻リニ眠ヲ覚《サマ》ス。忠茂是ヲ呵リ追ヒ退クレバ、又来テ吠ヘ起ス。忠茂大ニ怒リ拳ヲ以テ扣キ呵レドモ、後ニハ敢テ側ヲ立去ラズシテ袖ヲ引キ、吠ヘ回リテ忠茂ヲシテ曽テ眠ラシメズ。忠茂甚怒リ刀ヲ抜キ犬ノ首ヲ切リ落ス。此首飛テ樹上ニ登リ、大ナル蛇ヲ加テ下ニ落ツ。忠茂是ヲ観テ、或ハ驚キ或ハ悲ミ或ハ悔ユ。東照是ヲ聞キ玉ヒ、誠ニ人ニ勝レル忠犬也ト曰ヘ、其首ヲ埋メ、其上ニ社ヲ建テ菜地ヲ加ヘラレ、犬頭社ト号ヲ賜リ、今ニ於テ三河ノ国上和田《カミワタ》森崎ト云処ニ在リ。

　是レ形ト名ノミヲ以テ其実ヲ深ク察セザルノ誤リ也。常ニ恩愛ノ犬ノ頻リニ眠ノ妨ゲヲナシ、死ヲ恐レズ吠ヘ起スナラバ、其怪キニ心ヲ付ケ善ク其実ヲ察シナバ、犬ガ忠誠ヲ誤ルマジキニ、形ハ犬ナルヲ以テ軽ンジ、名ハ犬ナルヲ以テ侮リ、竟ニ其実誤ルニ至ル。犬スラ哀ムニ勝《タヘ》タリ。況ヤ人ヲヤ。東照モ亦犬ヲ称シテ忠ノ一字ヲ賜リ霊社ニ崇メ後世ニ残シ玉フモ、人ト犬ト其形名異也トイヘドモ、主君ノ報恩ヲ忘レズ、其忠誠ヲ尽スコト、其実人ト一ナル所ヲ示シ玉フ聖慮ノ精一ナルヲ仰《アフ》ガザランヤ。

　庸君ナラバ唯一旦ノ称談ノミニシテ、犬ヲ以テ霊社ノ沙汰ニ及バズ、允ニ犬死トナルベキニ、聖人ノ物ヲ捨ザル、学者何ゾ爰ニ行ヒヲ執ラザランヤ。故ニ孔子モ「馬ヲ相《ミル》ニ輿ヲ以テシ、士ヲ相ニ居ヲ以テセバ、廃ルベカラズ。形ヲ以テ人ヲ取ルトキハ、是ヲ子羽ニ失ス。辞ヲ以テ人ヲ取ルトキハ、是ヲ宰予ニ失ス」[51]ト曰ヘリ。是レ子羽ハ君子ノ形アレドモ、言行形ト相違ス。宰予ハ文雅ノ辞アレドモ智弁ナシ。是レ其形名ノミニテ人ヲ取捨スルトキハ、大ニ其実ヲ誤ルコトヲ恐レ玉フテ也。聖人スラ善悪ヲ撰ムコトノ精密、斯ノ如ク深ク誤ヲ恐レ玉フ也。況ンヤ凡愚ノ身、慎ミヲ重ネザランヤ。此故ニ賞罰実ニ当ラザレバ、其悪ヲ賞シ其善ヲ罰スルノ誤ヲ免レズ。是レ偏ニ形名ノ善悪ノミヲ撰ム故也。

　孟子斉ノ宣王ニ対ル所ヲ聞ズヤ。「左右皆曰《フトモ》レ賢《ナリト》、未可《ナリ》也。諸大夫皆曰《フトモ》レ賢《ナリト》、未可《ナリ》也。国人皆曰《テ》レ賢《ナリト》、然《シテ》後《ニ》察《シ》レ之《ヲ》。見《テ》レ賢《ナルヲ》焉。然《シテ》後《ニ》用《ヨ》レ之《ヲ》。左右皆曰《フトモ》二不可《ナリト》一、勿《レ》レ聴《クコト》。諸大夫皆曰《フトモ》二不可《ナリト》一、勿《レ》レ聴《クコト》。国人皆曰《テ》二不可《ナリト》一、然《シテ》後《ニ》察《シ》レ之《ヲ》。見《テ》二不可《ヲ》一焉、然《シテ》後《ニ》去《レ》レ之《ヲ》」[52]ト云モ、亦是レ善悪ノ実ヲ択ムコトノ惟《コ》レ精惟レ一ノ至極セルコト、国人一人モ残ラズ賢也ト云ハ、是レ至リ極レル所ナレドモ、其上ヲ又察ノ一字ヲ加テ、弥以テ其賢ナル所ノ者ヲ明カニ見テ、而シテ是ヲ用ルニ至ル。是レ何ノ故ゾ。善悪ハ形ノミ名ノミヲ以テ、衆ノ声ノミ吾ガ目ノミヲ信ジ、其実ヲ誤ルコトヲ恐ルル。聖賢、慎ノ甚篤キノ致ス所ナラズヤ。

朱子ノ註ニ「至《テハ》於二国人《ニ》一則其論公《ナリ》矣、然《レドモ》猶《ヲ》必《ズ》察《スルコトハ》レ之《ヲ》者、蓋《シ》人有《リ》下同《シテ》レ俗《ニ》而為《ス》二衆《ニ》所《ヲ》レ悦《バス》者《ノ》上、亦有《リ》下特立《リテ》而為《ス》二俗《ニ》所《ヲ》レ憎《マルル》者《ノ》上。故必自《ラ》察《シテ》レ之《ヲ》、而親《ク》見《テ》二其賢否《ノ》之実《ヲ》一、然《シテ》後《ニ》従《テ》而《シテ》用二舎《スレバ》之《ヲ》一。則於《テ》二賢者《ニ》一知《ルコト》レ之《ヲ》深《ク》、任《ズルコト》レ之《ヲ》重《シ》、而《シテ》不才者《ノ》不《ズ》レ得二以《テ》レ幸《ヲ》進《ムコトヲ》一矣」[53]ト云々。是レ朱子ノ註解最モ精《クハ》シ。

夫レ特立[54]シテ俗ノ為ニ憎《ニク》マルルハ、孔子儒行ヲ説テ曰、「儒有《リ》澡《シ》レ身《ヲ》浴《シ》レ徳《ヲ》、世《ノ》治《ニモ》不《ズ》レ軽《セ》、世《ノ》乱《ニモ》不《ズ》レ沮、其特立独行有《リ》二如《キ》レ此《ノ》者《ノ》一」[55]ト。此《コレ》其属ヒニシテ行ヒ勇操潔清ニシテ風俗ヲ事トセズ。故ニ衆俗ノ為ニ憎マルベキノ賢アリ。又衆俗ノ為ニ悦ビ愛セラルルハ彼ノ少正卯ガ属ヒ是也。能ク衆俗ヲ懐《ナツケ》悦バシメテ、党ヲ成シ情ヲ蕩《トラカ》ス故ニ、智愚皆善《ヨキ》人ト称ス。孔子独是ヲ悪《ニク》ンデ、竟ニ誅ニ行フ。子貢爰ニ於テ孔子ニ謂テ曰、「少正卯ハ魯国ニ聞《キコヘ》アル人ニテ、上ハ是ヲ挙ゲテ大夫ニ任ジ、士ハ皆懐《ナツイ》テ善人ト称ス。然ルヲ夫子、今政ヲ為《ナシ》テ七日ニシテ是ヲ誅ス。故ニ衆人駭キ、夫子ヲ以テ過失也、ト評判スル也。夫子恐ラクハ失《シッ》セルカ」[56]ト。

孔子ノ曰、「天下ニ大悪ナル者五ツアリ。其悪ヤ盗人ノ属ヒト日ヲ同ク語ルベカラズ。一ニ曰、心逆テ険ク、二ニ曰、行ヒ僻テ堅ク、三ニ曰、言ヲ偽テ弁ジ、四ニ曰、悪ヲ配テ博メ、五ニ曰、非ニ順テ餝ル。此五ノ者一ツモ人ニ有ルトキハ、君子ノ誅ヲ免レズ。少正卯ハ皆是ヲ兼有セリ。而シテ智者有才ノ人モ悦テ親シミ、愚者無能ノ人モ悦テ好ンジ党ヲ成スコト父子ノ昵ヒヲ堅クスルガ如クス。其談説スルコト皆衆ノ感悦スルコトヲ云ヒ、其強ヲ禦《フセ》グコト是《ゼ》ヲ反ジテ非トシ、非ヲ餝テ是《ゼ》トシ、以テ独立スルニ足レリ。是レ人ノ奸雄ナル者也。以テ除《ノゾ》カズンバアルベカラズ。夫レ殷湯ハ尹諧ヲ誅シ、文王ハ潘正ヲ誅シ、周公ハ管・蔡ヲ誅シ、大公ハ華士ヲ誅シ、管仲ハ付乙ヲ誅シ、子産ハ史何ヲ誅ス。此七子ハ皆世ヲ異ニシテ誅ヲ同フスル者也」[57]ト曰ヘリ。

斯ノ如クナレバ、国人皆賢ト云トモ、国人皆不可也ト云トモ、卒爾ニ又信ズベカラズ。聖人ノ尽ス所ヲ以テ的トシ、誠ヲ以テ其実ヲ得、而シテ善悪ヲ極ムベキコト也。然ラズシテ唯形ト名ノミヲ以テ衆俗ノ耳目ニ任ジテ、善ヲ挙ゲ名ヲ争ハシムルトキハ、其善極リナク、其善極リナケレバ其善皆悪ノミ。是レ善ヲ勧メテ却テ悪ヲ集ル者ニシテ、大乱ノ媒也。老子ノ所謂ル「天下皆知《レバ》ニ美之《ノ》為《タルコトヲ》レ美、斯悪《レ》已《ノミ》。皆知《レバ》ニ善之《ノ》為《ルコトヲ》レ善、不善已《ノミ》」[58]ト云コト、豈中《アタ》ラザランヤ。是レ妄リニ形ヲ称《ホメ》、名ヲ貴ビ、以テ善ヲ勧ムルニ財ヲ施シ、慾ヲ引キ人ノ情ヲ欺キ、是ヲ以テ善ヲ勧ムレバ、人々善ヲ争ヒ飾テ以テ上ヲ掠《カス》メ謀テ、以テ上ヲ欺キ唯其慾ニ引レ、財ヲ貧ランコトヲ争フニ至ル。

　此故ニヲノヅカラ我レニ勝《マサ》レル者ヲ拒ミ、掩ハンコトヲ謀リ、彼レニ先ダタンコトヲ争ヒ、及ザルトキハ讒ヲ構テ害ス。是レ其実ナクシテ、唯形ト名トヲ立テ以テ其善ヲ勧ムレバ也。是レ善ヲ勧メンコトヲ謀リテ、却テ悪ニ至ル所以也。爰ニ於テ衆ノ争ヒ生死ニ及ノ大乱ヲ生ズ。今改テ是ヲ禁ズルコトヲ得ベケンヤ。イカントナレバ其形善也。其名モ善也。飾テ実ナク、謀テ合ハスト知ルトイヘドモ始メ勧ムル所ノ則《ノリ》也。其則ヲ違フトキハ上亦信ヲ失フノ悪ヲ示ス。下亦是ヲ学ビ行フトモ、又能ク其不信ヲ罰スルコトヲ得ベケンヤ。爰ニ於テイカントモスルコトヲ得ズ。已ムコトヲ得ズシテ徒ニ其悪ヲ賞シ其善ヲ罰スルコトヲ知ラズ。

　昔国王ニ玉ヲ献ズル者アリ。王其美玉ナルコトヲ悦テ其献《タテマツ》ル者ヲシテ賞シテ官ヲ重ジ財ヲ与フ。隣村ノ者又玉ヲ淵ニ得タリ。是ヲ玉磨ノ者ニ問フ。玉工答テ曰、「是古今未曽有ノ名玉也」ト云。爰ニ於テ其妻ニ謂テ曰、「吾レ此玉ヲ国王ニ捧ゲバ、他日必富貴ニ栄ンコト、隣村ノ人ニ倍スベシ」ト云フテ、夜ノ明ルヲ待ツ。其妻其夜竊ニ其玉ヲ火ニ投ジテ焼キ捨ツ。夜既ニ明ケ其玉ヲ尋ヌレドモ見ヘズ。其妻ノ曰、「妾、君ガ為ニ焼キ捨タリ」ト云。其夫《ヲット》大ニ怒テ妻ヲ殺ントス。其妻ノ曰、「吾レ君ガ為ニ死ス。悔ナシ」。夫ノ曰、「何ノ為有テカ玉ヲ焼テ、死ヲ顧ザルヤ」。其妻ノ曰、「凡ソ物ノ善ヲ撰ミ美ヲ求ムルトキハ、其極マル所ヲ知ルベカラズ。人ノ心ヲシテ放失ナサシムル者ハ財ヨリ甚キハナシ。去年隣村ノ人、玉ヲ王ニ献ズ。王、美玉此上ナシトシテ、至宝トス。隣村ノ人、此為ニ今君寵ヲ蒙リ富貴ヲ得タリ。君、今又此玉ヲ献ゼバ、向《サキ》ニ奉リシ隣村ノ玉ハ遥ニ劣リテ悪トナラン。然ルトキハ王、又君ヲ以テ大賞セン。爰ニ於テ隣村ノ人其寵ヲ失テ辱ヲ得ン。是レ王ヲシテ放心ナサシメ、人ヲシテ其寵ヲ奪フノ悪行也。斯ノ如クニシテ天下其美善ヲ争ハバ、又人有テ君ガ玉ヨリ勝レルヲ求メ献ゼバ、君又今ノ寵ヲ奪ハレン。其時君快《ココロヨ》カランヤ。其争ヒ天下長ズルトキハ、人皆智ヲ尽シテ巧ヲ以テ真《シン》ヲ偽リ、上ヲ欺キ下ヲ掠ムルニ至ル。君今玉ノ為ニ人道ノ真《シン》ヲ失ヒ、其害殆ンド天下ニ及ントス。故ニ妾今死ヲ以テ君ヲ諫ム」ト云ヘリ。是レ能ク善悪ノ故ヲ知ルト謂ツベシ。准南子ニ曰、「人有《リ》教《ユ》レ子《ヲ》、謹《ンデ》勿《レト》レ為《スルコト》レ善《ヲ》。子《コノ》曰、将《ベキニ》レ為《ス》二不善《ヲ》一邪《ヤ》。曰、善《スラ》猶不《ズ》レ為。況《ヤ》不善《ヲヤ》乎」[59]ト。是亦玉ノ意ト同ジ。

夫レ天下ノ事物其対《タイ》アラズト云コトナシ。是レ陰陽ノ道也。故ニ天ノ清キアレバ地ノ汚アリテ対ス。昼アレバ夜是ニ対ス。男アレバ女是ニ対ス。剛アレバ柔是ニ対ス。山ノ高キアレバ必谷ノ低キアリテ対ス。故ニ釈迦ノ大善ニ提婆ノ大悪アリ。黄帝ニ蚩尤[60]アリ。舜ニ瞽嫂（瞍）、[61]尭ニ丹朱[62]、成王（湯）[63]ノ聖ニ桀王[64]ノ愚、文王ノ大徳ニ紂王[65]ノ大逆、周公ニハ管・蔡[66]、孔子ニ盗跖[67]アリ。大アレバ小是ニ対シ、長キアレバ短ヲ生ズ。故ニ其長キヲ追ヒ求ムレバ皆短クシテ長キノ極ヲ得ルコトナシ。其短キヲ追ヒ求ムレバ、皆長クシテ短ノ止マル所ヲ知ラズ。設令《タトヘ》バ人一丈ト一尺トヲ見テ云ク、一丈ヲ長シトシ一尺ヲ短シトス。一物ノ長短爰ニ極テ明カ也ト覚ユ。

治既ニ極リヌ。然ルヲ其長キヲ賞シテ争ハシメ、是ヲ勧ムルニ欲ヲ以テ情ヲ引キ、或ハ一丈一寸ノ者ニハ財宝何ホドヲ賜リ、一丈二尺ノ者ニハ金玉若干《ソコバク》ヲ与ヘントスレバ、人皆死ヲ忘レテ其長キヲ欲シ、或ハ二丈或ハ三丈ヲ以テ告グ。然レバ始メニ反リテ、其一丈ノ長キハ三丈ノ為ニ短カラザランヤ。其三丈ノ長キハ四丈ノ為ニ短カラザランヤ。其短キヲ追ヒ求ムルモ亦斯ノ如シ。爰ニ於テ人、智尽ルトキハ偽リ巧ミテ、其形ヲ飾リ名ヲ欺ク。力《チカラ》及ザルトキハ相ヒ拒ミ相ヒ憎ム。猶長ズルトキハ相ヒ害シ相ヒ戦ヒ、以テ死ニ及ビ罪ニ落ツ。是レ大乱ノ媒也。故ニ聖人ハ時ニ通ジテ官職ヲ定メ、位階ヲ極メ、其処ヲ得セシメ、其業ヲ尽サシメ、其功ヲ見、其義天下ニ帰セシメテ以テ是ヲ賞ス。是レ聖人ノ善ヲ勧ムル所以ン也。長短ヲ均クスル所以ン也。

此故ニ本然ノ性ヲ以テ云トキハ人皆等ク一丈也。気質ノ性ヲ以テ云トキハ一身ノ中ニシテ、猶長短アリテ長《チヤウ》ズル所アリ、足ラザル所アリ。況ンヤ人ト人ト相ヒ比スルヲヤ。故ニ気質ノ性ヲ閣《サシヲキ》テ頻リニ本然ノ性ヲ求ムルハ学者ノ惑也。聖教要録ニ「不シテレ因二聖教一ニ切リニ覔ルハ二本善之ノ性ヲ一者異端也ナリ」[68]トハ是レ之レヲ云也。又云ク、「措テ二気質ヲ一論ズルハレ性ヲ者、学者之差謬也ナリ、細《コマカナルコトハ》乃細ナレドモ而、無シレ益二聖学ニ一」[69]ト云々。

然ルヲ唯其言行ノ善ノミヲ執テ、職業ノ功ヲ以テ賞実トセザレバ、形ヲ飾リ名ヲ欺キ、吾レ安クシテ人ノ労ヲ貪リ、以テ賞ヲ受ル者出テ、皆上ヲ掠メ禄ヲ私スルノ善人有テ、是ヲ見分ルニ功ヲ棄テ何ヲ以テセンヤ。此故ニ管仲小器無礼ニシテ、且ツ吾ガ主ノ仇ヲ以テ又君トシ、二君ニ仕フノ不義アレドモ、後ノ功ヲ謀テ竟ニ己レガ職業ノ大功ヲ成シタルヲ以テ聖人ノ賞ニ預レリ。少正卯ガ如キハ国人皆善人ト称スレドモ、職業ノ功何ヲカ国家ニ残シタルヤ。唯己レガ官職ヲ重宝トシ、己レガ一身一族一家ノ富貴ヲ貪ルノミ。此為ニ悪ヲ隠シテ人情ノ悦ブ所ヲ行ヒ、衆俗ノ愛ヲ竊ム。是レ庸俗ノ善人也。

若シ此時聖人ノ眼力ナクンバ幸ニ死ヲ全クスベキニ、不幸ニシテ罰セラル。然レドモ少モ国家ニ功アルコトアラバ、誅ニハ及マジ。斯ノ如キノ善悪世ニ於テ古今計《カゾフ》ルニ遑アラズ。形ト名ノミヲ以テ見レバ、離婁ガ眼、師曠ガ耳ニモ見分ルコト能ハズ。[70]故ニ善悪ノ名ハ形ヲ以テ極ムベカラズ。形ヲ以テ極メ名ヲ以テ定ムルトキハ、草木ノ種皆実《ミ》ナラズト云コトナシ。能ク植《ウヘ》テ芽ノ出ル功ヲ見、実《ミ》ヲ結ブ終リヲ詳カニシテ、而其善悪ヲ定ムベシ。然ラザレバ少正卯ヲ善人トシ、管仲ヲ悪人トスルノ誤リアラン。一タビ人ヲ誤ルトキハ其不仁鬼神ヲ蔑如スル也。恐ルベシ慎ベシ。故ニ聖人ハ善悪ヲ撰ムコトヲ明細ニス。故ニ良将ハ賞罰ヲ明カニスト云。善悪明カナラズシテ何ヲ以テ賞罰其実ニ当ランヤ。今ノ学者ハ其官職ニ於テ功ヲ成スヲバ甚忌ミ嫌ヒ、唯心上理学ヲ修シテ、専ラ言行ヲ平和ニシテ、衆俗ノ愛名ヲ得ルヲ以テ聖教ノ善トス。是ヲ仁心仁聞[71]ト孟子ニモ出タリ。范氏ガ註ニ「斉宣王ノ不ズレ忍ビ二一牛之ノ死ニ一、以レ羊ヲ易フレ之ニ、可シレ謂レ有ルト二仁心一。梁ノ武帝終日ス一タビ食ヒ二蔬素ヲ一、宗廟以レ麪ヲ為二犠牲ト一、断ズレバ二死刑ヲ一必為メニレ之ガ涕泣ス、天下知ル二其慈仁ヲ一、可シレ謂レ有リト二仁聞ノキコヘ一。然レドモ而宣王ノ之時、斉国不ズレ治、武帝ノ之末、江南大乱ス。其故ヘ何ンゾヤ哉、有テ二仁心仁聞一而不ルレ行ハ二先王ノ之道ヲ一故ヘ也ナリ」[72]ト云ヘリ。

衆俗ノ愛名ヲ得ル、是仁聞也。心上言行ヲ正ス、是仁心也。善ナルコトハ善ナレドモ、君ニ向テ報恩ノ功徳ナシ。国家被沢ノ実行ナシ。是レ空善也。故ニ孟子是ヲ徒《イタヅラ》善、徒法ト云ハズヤ。

夫レ人臣ハ君ヲ相《タス》ケ職事ヲ尽シ、以テ君ノ仁慈ヲ開キ、周ク衆民ニ被《カウム》ラシメ、国家ヲ定メ事物ヲ富栄セシメ、以テ安キヲ君ニ報ズルヲ功ヲ立ツルトハ云也。是ヲ聖教ヲ力行スルトハ云ナリ。皆是善悪ノ故ニ闇キ故也。

勇怯

凡ソ勇ニ君子ノ勇アリ、小人ノ勇アリ。君子ノ勇ハ怯ヲ存ス。孔子ノ曰、「勇振《フ》レ世《ニ》、守《ルニ》レ之以《ス》レ怯《ヲ》」[73]ト。又子路ニ謂テ曰、「子路《ガ》勇《ハ》過《タリ》レ丘《ニ》而《レドモ》不《ズ》レ能レ怯《ヲソルルコト》也」[74]ト。

夫レ始メノ志ス所ヲ変ゼズ、其事ヲ遂ゲ果シ、其物ヲ開キ成シ、而シテ功ヲ立ツル、皆是レ勇徳ノ然ラシムル所也。

夫レ元亨利貞ノ四徳ヲ一貫シ、万代不易無究ノ成功ヲ行フモノハ、是レ天地ノ勇徳ニシテ、元《ハジメ》ヲ開キテヨリ今ニ亨《トウ》リ、万物ヲ利シ、簡易貞固ニシテ、勤テ已《ヤマ》ザルノ功ヲ成ス。其気大地ノ真中《シンチウ》ヲ貫キ、天蓋ノ両端ニ係リ、天此気ヲ得テ運動シテ、其務万古止《ヤマ》ズ。地此気ヲ得テ定静ニシテ、其務永久変ゼズ。万物此気ヲ得テ発生シテ、其用古今絶ヘズ。天ニ在テハ乾ト云、地ニ在テハ坤ト云、人ニ在テハ勇ト云、物ニ在テハ金気ト云。其名異ニシテ其気一也。

気中ノ真精、是ヲ神ト云。人ニ在テハ心トス。万功此気ニ成テ、以テ信ノ至リトス。故ニ天地ノ動静ヲ見テ、己レガ務メニ則《ノツト》ル者ハ君子ノ勇也。哀公孔子ニ問テ曰、「君子何《ンゾ》貴《ブヤ》二乎天道《ヲ》一也、孔子対《テ》曰、貴《ブナリ》二其不《ルヲ》レ已《マ》、如《キ》二日月東西相《シ》従《ヒテ》而不《ルガ》レ已《マ》也、是《レ》天道《ナリ》也、不《ズ》レ閉二其久《ヲ》一、是《レ》天道《ナリ》也、無為《ニシテ》而物成《ル》、是《レ》天道《ナリ》也、已《ニ》成《テ》而明《ナリ》、是《レ》天道《ナリ》也」[75]。又易ニ曰、「天行《ハ》健《ナリ》、君子以《モチイテ》自《ラ》彊《ツトメテ》不《ズ》レ息《イコハ》」[76]トハ此之レヲ云也。故ニ君子此守ヲ怠リ、寸陰ノ務メヲ闕《カク》コトヲ深ク慎ミ甚ダ恐ルル者ハ、是レ君子ノ怯ヲ存スル所也。

夫レ事ニ就テ身ノ過失ヲ恐レ慎ムコト、名ニ順フトキハ多端ニシテ計リ尽スベカラズ。其計リ尽スベカラザルヲ務ルトキハ、唯是ヲ務ルコトニ遑ナクシテ、殆ンド務ル所ノ本ヲ失フ者ナリ。斯ノ如クナレバ、事トシテ執ルコト能ハズ、物トシテ動カスコト能ハズ、為《スル》コト為《ナス》コト皆怯《ヲソ》レ、皆危カラズト云コトナク、思ハズシテ勇ヲ失ヒ、悉ク臆ニ落入ル也。故ニ事ニ臨テ果敢決断スルコト能ハズ。故ニ生涯一点ノ功ヲ奉ルコトナクシテ終ル。是レ所謂ル小人ノ怯也。

夫レ務メヲ慎ミ恐ルルコト、天地日月ヲ的トシ、聖教ノ言ヲ信ジ寸陰ノ間暇ナキコトヲ守ラバ、其余ノ過失ハ彊《ツトメ》ズシテ消スベシ。是ヲ君子ハ其本ヲ務ムト云ベシ。本立テ道成ル也[77]。然レバ人臣タル者ハ職命ニ身ヲ尽サザルホドノ過失ハナシ。是レ過失ノ最モ大ナル者也。イカントナレバ天道ニ則トラズ、聖教ヲ信ゼズ、君恩ヲ報ゼズ、一生安キヲ貪リ、官禄ヲ空ク子孫ノ栄花ニ受ケ、一己ヲ利スルノミ。是レ大過ニアラズシテ何ゾヤ。礼記ニ云、「臣下竭シレ力ヲ尽シレ能ヲ以テ立ツ二功ヲ於国一ニ、君必報ズルニレ之ヲ以ス二爵禄一ヲ、故ニ臣下皆務メテ竭シレ力ヲ尽シレ能ヲ以テ立ツレ功ヲ、是ヲ以テ国安ジテ而君寧シ」[78]、又家語ニ云、「政ノ之不ルハレ中ラ、君ノ之患ナリ也、令ノ之不ルハレ行レ、臣ノ之罪ナリ也」[79]ト云ヘリ。

固《モト》ヨリ武臣ハ天命ヲ君ニ受ケ、三民ノ長ニ立テ君ヲ相ケ、民ニ人君ノ徳ヲ届ケ、上下ヲ安康ニ栄ヘシメ、以テ其功天ニ帰スベキ天命ノ家也。猶其上ニ其正《マサ》ニ務ムベキ官職ヲ蒙リナガラ、動キヲ格法ニ安ンズルマデヲ務ト覚ヘ、志ヲ定メ心ヲ労シ、身ヲ殺シテ国ノ為、君ノ為ニ益ヲ献ズル功ヲ空クスルハ、誠ニ孟子ノ所謂ル徒善徒法ノ行ヒニシテ、是レ勇気ノナキ也。

夫レ此身一タビ人世ニ生レ、天命武門ニ在テ、君命職ヲ与フ。是レヲ勤メテ功ヲ立テ、信ヲ顕ハシ、以テ君子ノ眼ニ実《ジツ》スルコト、誠ニ人臣ノ大難也。其大難ヲ避ケザル、是レ勇ニアラズシテ何ゾヤ。家語ニ「勇者不ハズレ避ケレ難ヲ」[80]ト云ヘリ。然ルヲ唯死ヌルヲ安クスルヲ勇トスルヤ。生《イキ》ルヲ好ムヲ怯トスルヤ。是皆小人ノ勇怯也。

夫レ生《イケ》ルヲ以テ必ズ勇ナシトセバ、韓信ガ市人ノ股ヲ窬《クグリ》、又賤婦ニ食ヲ乞フテ生キ[81]、主君亡テ召忽死シ管仲生キ[82]、程嬰ハ生キ杵臼ハ死スルノ類[83]、皆其死ヲ以テ勇ト称シ、生ヲ以テ怯トスベケンヤ。

夫レ一タビ生キテ二タビ死スルニ足ルベシ。一タビ死シテ二タビ生キルコトヲ得ンヤ。且ツ此生ナクシテ何ヲ以テカ事ヲ尽サンヤ。故ニ杵臼ガ曰、「患難褒貶ノ間ニ立テ智ヲ尽シ恥ヲ忍ビ事ヲ遂グルトキハ、生ハ最モ大難也。死ハ義ニ迫リテ一旦ニ赴クトキハ是レ難クシテ易シ」[84]ト云ヘリ。

故ニ或ハ憂苦ニ迫リ、或ハ恋暴(慕カ)ニ溺ルル者ハ、懦《ダ》夫ノ臆モ能ク死シ、柔婦ノ弱キモ潔ク死ス。固《モト》ヨリ死生ハ命也トイヘドモ、其義トスルコト主君ニ預ル所ニシテ、私ノ物ニアラズ。故ニ国家ノ為、主君ノ為ノ外ハ、私ニ生キ私ニ死スル者ニアラズ。此故ニ今日ノ生ハ君恩ニ養ハレテ存ス。故ニ今日ノ生ニ於テ人臣誰カ私スルコトヲ得ンヤ。若シ私スルトキハ不忠ノ誅ヲ免レズ。

生既ニ私スルコト能ハズ。何ゾ唯死ノミ人臣ノ心ニ任ズベケンヤ。然ルニ、今日ノ生ハ私ノ物ニアラザルコトヲ知ル者多ケレドモ、死ヲ私セザル者少シ。

夫レ生ヲ賜ルモ、死ヲ賜ルモ、皆天ヲ以テ君命ニ帰スルコト、異国スラ猶斯ノ如シ。況ヤ吾ガ国ノ君臣ヲヤ。然ルトキハ君ノ一身ハ悉ク国家ニ与《アヅカ》ラズト云コトナシ。臣ノ一身ハ皆君命ニ与《アヅカ》ラズト云コトナシ。故ニ人君恥辱ヲ国家ニ受クルトキハ、身ヲ国家ト共ニ存スベカラズ。人君ノ身恥辱アリトイヘドモ、国家ヲ以テ棄ベカラズ。人臣恥辱ヲ身ニ受クルトキハ、生ヲ名身ト共ニ存スベカラズ。君命ヲ待ズシテ死スベシ。是レ君ノ身ヲ汚シ君ヲ穢スノ義ヲ以テ也。改メテ死ヲ賜フノ命ヲ待ズトイヘドモ、即チ是レ常ノ命ニ与《アヅカ》リ居ル所ト知ルベシ。然レドモ身恥辱ノ実ナクシテ名恥辱ノ虚名ヲ受ルコトアリ。是レ卒爾ニ死ヲ私スベカラズ。能ク忍ビ謀テ生ヲ全フシ、後ノ功ヲ存スベキコト也。

彼ノ甘宿禰《ウマシスクネ》ガ武内《タケノウチ》宿禰ヲ讒シ、応神天皇是ヲ信ジ、討手ヲ下サレシヲ、武内謀テ其死ヲ免レタルノ類[85]世ニ亦多シ。時ノ人君、皆明君ナラネバ讒人ノ為ニ身ヲ虚名ニ穢スコト、人臣ノ者間《ママ》多シ。是ヲ真ノ恥辱トシテ死ヲ私スルハ義ニアラズ。是レ過《アヤマリ》ヲ君ニ止ムル也。

又、中興松平下総侯殿ニ於テ御能《ノウ》見物ノ時、吉良《キラ》某[86]ト云ヘル公家《コウケ》ノ人扇ヲ以テ下総侯ノ頭上ヲ撫デ、頭高シ今少シ屈《カガ》メ玉ヘト云ヒシカバ、満座ノ諸侯皆驚キ、驚破《スハ》事アラントセシニ、下総侯微笑《ニッコ》トシテ屈《カガミ》テ見物シ玉ヒ、事故ナク退出アリシガ、松平奥州公御殿ヨリ直ニ下総侯ヘ推参セラレ、「今日御殿ニ於テ御自分吉良氏ニ扇ヲ以テ頭ヲ撫《ナデ》ラレ屈シテ見玉フ、満座ノ見ル所隠便ニ済スコト恥辱ヲ知ラザルニ似タリ、イカガ思ヒ玉フ」ト問ヒケレバ、下総侯ノ曰、「吾ガ身ノ命ハ士民ノ衆ヲ撫育スルノ職也。未ダ職命ヲ辱シムルコトナシ。然レバ今日ノ恥辱ハ未ダ国家ニ及バズ。何ゾ一身ノ私ヲ尽シテ、是ヲ国家ノ恥辱ニ弘メ、士臣ノ妻子蒼民ノ仁恵ヲ共ニ棄ンヤ。固《モト》ヨリ吉良氏ハ人倫ノ類ニアラズ。形ハ人ニ似テ、行ハ鳥獣ト等シ。然ラバ貴公ノ乗リ玉フ馬貴公ノ前ニテ糞《フン》ヲ垂レ、貴公ノ鷹貴公ノ拳《コブシ》ノ上ニテ糞ヲ垂レタルヲ、恥辱トシテ討テ棄玉フベキヤ。然レバ今日吉良氏ガ無礼ヲ以テ喧吪ニ及ビ、国家ノ士民ヲ忘レ討果サバ、頭《アタマ》ニ遊ブ蝿ヲ以テ無礼トシ、死ヲ遂ルニ同ジ」ト云ハレシカバ、奥州公大ニ悦テ曰、「吾レ小事ヲ以テ大事ヲ誤ランカト疑テ来レリ。吾ガ思フ所ト符節ヲ合ス」ト曰ヘリ。是レ両君トモニ仁義ノ勇ニシテ、善ク其怯ヲ守ルト云ベシ。其後上聞ニ達シ、両君ノ言行ヲ甚御感アリト伝ヘリ。

又、其後竟ニ赤穂ノ城主侯ト吉良氏ト私ノコトヲ以テ一身ノ恥辱ヲ国家ニ及ボシ、士民千万人ノ苦憂ヲ賜ル。豈不仁ノ君ナランヤ。大石良雄一旦義名ヲ挙ゲ、主君ノ汚名ヲ雪《キヨ》ムニ似タリトイヘドモ、国家ニ及ブノ辱名ハ今ニ於テ刪《ケヅ》ラレズ[87]。

其勇怯ノ向フ所仁義ニ行クトキハ君子トス。忿怒ニ行クトキハ小人トス。礼記ニ「所《ノ》レ貴《ブ》二勇敢《ヲ》一者《ノハ》、貴《ブナリ》三其敢《テ》行《フヲ》二礼義《ヲ》一也、故《ニ》勇敢強有力《ノ》者《ノ》、天下無《キハ》レ事、則用《ユ》二之《ヲ》於礼義《ニ》一、天下有《トキハ》レ事、則用《ユ》二之《ヲ》於戦勝《ニ》一、用《トキハ》二之《ヲ》於戦勝《ニ》一則無《ク》レ敵、用《トキハ》二之《ヲ》於礼義《ニ》一則順治《ナリ》、外《ニ》無《ク》レ敵、内順治《ナル》、此《レ》之《ヲ》謂《フ》二盛徳《ト》一、故《ニ》聖王《ノ》之貴《ブコト》二勇敢強有力《ヲ》一如《シ》レ此《ノ》也。勇敢強有力《ニシテ》而不《ズ》レ要二之《ヲ》於礼義戦勝《ニ》一、而用《トキハ》二之《ヲ》於争闘《ニ》一、則謂《フ》二之《ヲ》乱人《ト》一」[88]ト云ヘリ。又孔子、子路ニ謂テ曰、「好《テ》レ勇《ヲ》不《ズンバ》レ好レ学《ヲ》、其蔽《ヤ》也乱《ナリ》、好《テ》レ剛《ヲ》不《ズンバ》レ好レ学《ヲ》、其蔽《ヤ》也狂《ナリ》」[89]ト示シ玉ヘリ。

夫レ勇ニ五等アリ。天真ノ勇アリ、気象ノ勇アリ、強力ノ勇アリ、血気ノ勇アリ、養有ノ勇アリ。所謂ル天真ノ勇者ハ乾坤ノ行健[90]ニ則ル。即神武不殺[91]ノ勇ニシテ、是レ聖君子ノ勇也。故ニ功事物ニ及テ、天下ニ沢ヲ蒙ル也。人ノ能ク及べカラズトイヘドモ、武門ノ者是レヲ的ニシテ力《ツトメ》テ及ズンバアルべカラズ。及ズト云テ捨ナバ亦猶及べカラズ。貴田親豊先生ノ初学或問[92]ニ云、「天地ノ化育ヲ助ル徳ニハ至ルべカラズ、及ザルコトニ志スハ迷也トスべケンカ。然レドモ千里ノ遠キモ及べカラズト云テ、志ザサズンバ行クべカラズ」ト云ヘルモ、是レ志ノ小ク心気ノ惰弱ヲ責タル所也。孔子ノ曰、「譬《ヘバ》如《キ》レ為《クルガ》レ山《ヲ》、未《ダ》《ズシテ》レ成《サ》二一簣《ヲ》一、止《ムハ》、吾《ガ》止《ナリ》也。譬《ヘバ》如《キ》レ平《グガ》レ地《ヲ》、雖《ドモ》レ覆《ツト》二一簣《ヲ》一、進《ムハ》、吾《ガ》往《クナリ》也」[93]ト曰《ノ玉》フモ亦此意也。

夫レ人皆善キコトノ大ナルヲバ及べカラズト辞シ、悪キコトノ大ナルヲバ及べカラズト辞セズシテ積テ大悪ニ及ビ、身ヲ殺シ国ヲ失フ者ノ多キハ何ゾ。是レ己レガ慾ノ為ニハ千憂万苦ヲ辞セズ力《ツトメ》テ功ヲ積ミ、竟ニ天下ニ及ブ。是レ其務ムル所ノ勇気ニ於テハ天真ノ勇、乾坤ノ行健ニ厘毛モ其実差《タガ》ハズ。唯公ニ行クト私ニ行クトノ差ヒニ在ルノミ。然ルトキハ及ズト云テ辞スルハ孔子ノ所謂ル吾ガ止ム也、吾ガ進ム也[94]。若シ庸人ノ者、君子ノ地ニ及ズト極マラバ、孔子ノ策ウチ玉フハ偽也、無法也、不仁ナリ。其天地ノ徳ニ至ル理アルヲ以テ万世ノ教ト尊ブ也。全ク虚言ニハアルべカラズ。

夫レ碁ヲ打者ヲ見ルニ、終夜眠ラズトイヘドモ屈セズ。盗ヲスル者ヲ見ルニ、生命ノ亡ルヲ畏レズシテ入ル。是レ志ヲ力《ツトム》ル所ノ勇気ニアラズシテ何ゾヤ。此勇気ヲ身ヲ殺シテ仁ヲ成スニ用ヘ（ママ）職事ニ心気ヲ労シテ功ヲ奉ルニ用ユレバ、即是レ君子ノ勇也。

紂王ハ強勇ニシテ務メテ悪ニ功アリ。其功天下ニ及ブ。武王ハ強勇也。務メテ善ニ功、天下ニ及ブ。其勇気ノ鋭《スルド》ナル所ハ紂・武二ツナクシテ、其赴ク所ノ者ハ善悪二ツトナル。其功ヲ成ス所ハ紂・武二ツナクシテ、其執ル所ノ者ハ利害二ツトナルノミ。是ヲ以テ是ヲ観レバ、人臣己レヲ利スルコトヲ勤メ、官ニ進ミ禄ヲ高フシ身ヲ全クシ、子孫ヲ栄セント志ヲ強ク立、竟ニ其功ヲ得ル者多シ。其志其功ヲ国家ニ振リ向ケ、君ヘ飜《ヒルガヘ》シテ身心ヲ尽サバ、何ゾ及ザルコトカアラン。然ルヲ己レヲ利スルコトハ賢ニシテ、君ヲ利スルコトハ愚也トス。豈忠臣ナランヤ。

夫レ顔涿聚ハ梁父ノ大盗ナレドモ、志ヲ飜シテ道ヲ孔子ニ学ビ、子石ハ斉国ノ暴人ナレドモ、心ヲ飜シテ道ヲ墨子ニ学ビ、竟ニ天下ノ名士ト成リ、王公大人モ従テ礼敬セリ。[95] 吾ガ国ノ碓井貞光[96]ハ碓井峠ノ大盗ナレドモ、志ヲ改メ源ノ頼光ニ仕ヘテ四天王ノ一勇ト称セラレ、君ニ忠アリ国家ノ妖ヲ鎮ムニアラズヤ。然レバ己レヲ利スル功アルトキハ、是レ智ナキニハアラズ賢ナラザルニハアラズ。唯君ト己レトニ向フ差《タガヒ》也。

又群臣一人、身ヲ捨タリトテ、国家ニ於テ風前ノ塵ニシテ、君ノ為ニ、事ノ欠《カク》ルコトナクシテ功ヲ奉ルニ於テハ、一人亦当千[97]ナラズヤ。況ンヤ群臣皆志一ニシテ国家ニ向ハバ、其国家ニ功アルコト其君ヲ安ンズルコト疑フ所ナシ。群臣皆己レ己レガ利ヲ務メテ国家ニ向フ者一人モナキトキハ、君憂ヘ国豊《ユタカ》ナラザルコト亦疑ベカラズ。然レバ群臣皆志ヲ己レニ尽ストテ、吾レモ亦其行ヒヲ与《トモ》ニスベキノ義理アランヤ。群臣皆志ヲ国家ニ向ハシムルコトハ古今ナキコト也。故ニ一人其中ニ務メヲ立ル、是レ独立ノ志ニシテ大難ノ至極ト云ベシ。其大難ヲ見テ君ヲ後《ウシロ》ニセズ、国家ヲ脇ニセザルヲ武門ノ勇ヲ用ル所トハスベシ。其行ヒ皆是レ先王周公孔子ヲ以テ的《メアテ》トスル者也。然ルヲ学者皆聖人ノ地ニ至ルヲ待テ、而シテ後ニ行ハント思フ甚ダ誤リナルベシ。斯ノ如ク修スルトキハ、今日事物当然ヲ外ニシテ又何ヲ以テカ修センヤ。

夫レ弓ヲ射ルコトヲ修スル者ハ先ヅ其格ヲ学テ而シテ射ルコトヲ日々ニ修シ、以テ妙処ニ至ルニアラズヤ。然ルニ始メヨリ其妙処良射ノ地ニ至ルヲ待テ、而シテ弓ヲ射ントスルニ似タリ。今日射ヲ尽スコトヲ捨テ、何ヲ以カ是ヲ得ンヤ。

今日ノ事物ハ即是レ今日ノ射也。其向フ所ハ是レ的也。人臣ノ的ハ是レ忠義也。其的ニ中《アテ》ント修スル者ハ志気也。其志気ノ的ハ是レ師也。師ハ即、聖人ノ地也。斯ノ如クシテ日々ニ務メ修シ、而シテ其功ヲ得、百タビ放チ百タビ中《アタ》ルノ妙ニ通ズベシ。

然レバ聖人ノ地ニ至ラザル内ハ忠義ハ行ハザル者カ。是レ何ト云コトゾ。志ノミ忠義ヲ存有スルトモ、其尽ス所ノ事《ワザ》ナク、其事アリトイヘドモ其功ノ験シナケレバ、何ヲ以テ信トスベキヤ。固《モト》ヨリ聖人ノ地ヲ待ツトモ、吾レ聖人ノ地ニ至リタルト云極ハ聖人スラ知ラザル所也。子貢問《テ》二於孔子《ニ》一曰、「夫子《ハ》聖矣《カ》。孔子《ノ》曰、聖《ハ》則吾《レ》不《ズ》レ能《ハ》」[98]

ト曰ヘリ。是ヲ謙退ノ辞トハスベカラズ。

吾レ聖人也ト自ラ知ル者ハ是レ聖人ニアラズ。聖人ヲ見テ聖人ト知リ分ル者ハ聖人也。他ノ聖人ヲ知レドモ吾ガ聖人タル所ヲ知ラザルハ堯舜禹湯文武皆然ラン。然ラバ孔子モ聖人ニアラズシテ、其尽ス所ヲ止《ヤメ》ズ、先王ヲ的ト定メ今日ノ当然ヲ勉強シ玉フ。其勉強皆天下国家ニ向フ。是ヲ的《メアテ》トスベキヲ唯言行ノミヲ貴ミ、職命ノ重キヲ外ニスルコト、是レ聖外ノ学也。聖人ニアラザル者ハ皆務メヲ控《ヒカヘ》テ行ハザル者ナラバ、四海ノ教、誠ニ空教也。

所謂ル気象ノ勇者ハ其気寛大ニシテ怯ヲ知ラズ。故ニ多クハ奢ニ走リ仁恕ヲ失フノ疾アリ。彼ノ秦ノ始皇ノ類ナランカ。

所謂ル強力ノ勇者ハ其気、力量ニ乗ジテ放情ニ走リ人ヲ侮ル。故ニ多クハ智ニ踈ク義ニ昧シ。彼ノ朝比奈三郎義秀[99]ガ類ナランカ。

所謂ル血気ノ勇者ハ其気、忿怒ニ引レ、忍ビ怺ユルコト能ハズ、生死ヲ知ラズ。故ニ多クハ大事ヲ傷《ヤブ》リ悔ヲ生ジ姓氏ヲ滅ス。彼ノ土岐頼遠[100]ガ類ナランカ。

所謂ル養有ノ勇者ハ器ヲ借リ、事ニ依リ、形ヲ以テ気ヲ養ヒ以テ勇ヲ存ス。故ニ多クハ野鄙ヲ好ミ、殺伐ヲ事トシ、狡訐《アバレ》テ不敬ヲ尽ス。彼ノ石川熊坂[101]ガ類ナランカ。

天真ノ勇ノ外此四勇ハ皆失《シツ》ナキコト能ハズ。故ニ其行ヒ大小厚薄アリトイヘドモ、其悪行ニ赴クコトハ四勇皆一也。此故ニ勇気ヲ養ヒ勇気ヲ有《ユウ》スル者、学ニ依ラズ教ニ預ラザレバ、事物ニ於テ害傷ナキト云コトナシ。

夫レ勇気ヲ養フコトハ武門士臣ノ者ノ最モ嗜ムベキコト也。常ニ心ヲ湅(錬)リ気ヲ養フニ非ズンバ有《タモツ》コト難シ。其養ヒ有《タモツ》コト法ニ依ラズンバアルベカラズ。唯心気ノミヲ修シ法ナキトキハ、有《タモツ》コト能ハズ。心気ハ水ノゴトシ。故ニ器ニ依リ色ニ依ルトキハ、変ジ易ク移リ安クシテ、有ツコト難シ。故ニ其器ヲ定メ其色ヲ正シクスルトキハ、水是ニ従テ有ツ。是レ養ヒ有ツノ法也。

夫レ身形ハ心気ノ器也。事物ハ心気ノ色也。此故ニ先ヅ心気ノ水ヲ入ルル此身形ノ器ヲシテ威儀ヲ厳重ニ定メ、其常ニ玩弄《モテアソブ》所ノ事物或ハ衣服居住ノ色、或ハ兵器軍事武芸ノ等《シナ》ヲ正シクシテ、仮ニモ戯言碁双六博奕酒色乱舞財宝利得ノ触ルル所ヲ怯ルルトキハ、心気ノ水自ラ其正シク健《スクヤカ》ナルニ反ル。是レ力ヲ以テ気ヲ養ヒ気ヲ以テ心ヲ守ルノ法也。

　斯ノ如ク外先ヅ形ヲ調ヒ、内先ヅ心気力定マル。而シテ教学ヲ以テ義理ノ分明善悪ノ名実ヲ自得シ、以テ是ヲ国家ニ行ヒ忠義ニ尽シ其功ヲ成ス。是ヲ内ヲ湅（練）ルノ法ト云。外ハ形状ヲ以テ調ヘ、内ハ教学ヲ以テ湅（練）ル。是レ気ヲ養ノ法也。此法ナクシテ妄ニ勇ヲ養者、皆暴慢ニ陥リ、悪行ニ走リ、野鄙狡訐奢侈忿怒ノ行ヒ有テ、皆人物ノ害ヲ成スニ至ルコト勇気ヨリ甚ハナシ。聖智ニ至リ物ヲ開キ務ヲ成シ、其功沢天下国家ニ及ビ、君ヲ安ジ民ヲ寛《ユタカ》ニスルコトモ亦勇気ヨリ善ナルハナシ。

　然レドモ勇ノミニシテ仁ノ心ヲ本トセザレバ勇ノ功皆害ト変ズ。故ニ是ヲ守ルニ怯ヲ以テス。怯ハ仁ニ属ス。仁ノミ有テ勇ナキトキハ勉強シテ其仁皆懦弱惰気ニ変ジ、却テ害トナル。仁勇二ツノ者備テ而シテ務メ行フニ足ル。然レドモ事ニ軽重アリ、物ニ小大アリ。務ニ常変アリ。善悪ニ虚実アリ。執リ謀ルニ本末アリ。其二ツノ者取捨ノ道豈全クスベケンヤ。其軽キヲ捨、重キヲ取リ、其小ヲ去リ大ニ就クノ類ヲ撰ム。是レ義ヲ詳ニ明弁シ以テ其宜キヲ取ル、是ヲ智ヲ致《キハ》ムト云。故ニ仁勇ノ行ヒ唯義ニ当ラザレバ節ニ応ゼズ。此故ニ智仁勇ノ三ツノ者具足スルヲ以テ其行ヒヲ遂グベシ。孔子ノ曰、「智仁勇三《ツノ》者《ハ》、天下之《ノ》達徳也《ナリ》。所二以《ン》行《フ》レ之《ヲ》者《ノハ》一也《ナリ》。或《ハ》生《レナガラニシテ》而知《リ》レ之《ヲ》、或《ハ》学《テ》而知《リ》レ之《ヲ》、或《ハ》困《クルシミテ》而知《ル》レ之《ヲ》、及《ハ》二其知《ルニ》レ之《ヲ》一也《ナリ》。或《ハ》安《ンジテ》而行《ヒ》レ之《ヲ》、或《ハ》利《トクシテ》而行《ヒ》レ之《ヲ》、或《ハ》勉強《シテ》而行《フ》レ之《ヲ》、及《ハ》二其成《スニ》レ功《ヲ》一也《ナリ》」[102]ト云々。然レバ行ヒヲシテ節義ニ叶ヘシムル者ハ智明ノ徳也。行ヲシテ道徳ニ居ラシムル者ハ仁慈ノ体也。智仁二ツノ者ヲ載セテ発動シ勤テ功ヲ成シ以テ止《ヤマ》ザル者ハ英勇ノ力也。此勇ナクンバ智仁ノ徳トイヘドモ何ヲ以カ立ンヤ。故ニ勇気ヲ表シテ金気トモ英気トモ称ス。

　然ルヲ程子、独孟子ハ英気アリ、故ニ聖ニ亜《ツグ》ノ次也[103]ト謂テ、顔子ニ劣レリトス。孔子ハ夫レ英気ナキカ。孔子無道ノ世ニ在テ、危難ヲ事トモセズ。却テ曰ク、「陳蔡ノ間ニ困《クルシ》メラルルハ丘ガ幸也。二三子ガ丘ニ従フモ皆幸也」[104]ト示シ、陳蔡ノ間ニ囲ヲ得、七日食事ヲシ玉ハネドモ、絃歌シテ事トモセザルハ英気ニアラズシテ何ゾヤ。時勢既ニ孟子ノ時ノ如クシテ、道義ヲ以テ憚リナク邦国周流シ、是レガ為ニ若干《ク》ノ艱厄ニ遇ヒ玉ヘドモ、天下ヲ以テ恐レトセザルハ、大難ヲ避ケザル聖人ノ勇気ナラズヤ。然ルヲ何ゾ「才《ワヅカニ》有《レバ》二英気一、便《チ》有《リ》二圭角一、英気甚《シキトキハ》害《アリ》レ事《ニ》」[105]ト云ヤ。孔子英気甚シカラズンバ何ゾ斯ノ如ク自他ノ事ニ害アランヤ。周公、管・蔡ヲ誅シ[106]、文王七年ノ囚ハレニ屈セズ、孔子少正卯ヲ誅ス。是皆聖人ノ英気也。然ルヲ何ゾ圭角ナシト云ハンヤ。

程子又曰、「率《フトハ》レ性《ニ》循《フ》二天理《ニ》一是《ナリ》也」[107]ト。然ラバ云ハン。元ニ亨利貞《ヲヲイトヲリリアリテイニ》此四徳ヲ以テ天旋《メグリ》テ究リ息《イコ》ハズ、地定テ万物ヲ載セテ重シトセズ、日月運テ止マズ、四時行ハレテ万功成ル。豈天地ノ英気ナラズヤ。天地無心ナレドモ至誠、豈無心ト云ハンヤ。天地為《スル》コトナシトイヘドモ、生々止マズ、成功尽キズ、其精一、豈為《セ》ズト云ハンヤ。其本ト大元ノ一気ヲ以テ万代不易逃《タジロ》ガズ。是レ天地ノ大英気也。聖教何事カ天地ノ行ヒニ法トラザル者アランヤ。然ルヲ厘毛モ英気ヲ止《トド》メズ其務メ厉《ハゲム》ノ気ヲ無《ナミシ》、以テ是ヲ天理ニ循フトハ何ゴトゾヤ。

夫レ人世、道ナシトテ天地行ヒヲ止《ヤメ》ズ。今日雨天也トテ、日月息《イコ》ハズ。其道ヲ尽シテ毛末ノ間モ怠リナシ。聖人又是ニ法リ、天下道ナシトテ巻テ懐《フトコロ》ニ入レ、鳥獣ト群ヲ同クセズ。人事ニ害アリトテ厉《ハゲ》ム気ヲ折《クジキ》テ、綿ノ如ク豆腐ノ如ク屈《カガ》マラズ。皆事物当然ノ已ムコトヲ得ザル所ヲ尽シ、是ヲ人道トシ、以テ万世ノ教ト定メ、人ニ策ウツ天人ノ大道トハスルナルベシ。然ルヲ何ゾ已ムコトヲ得ザルノ間ニ於テ、別ニ心上ヨリノ学ヲ設ケ、其心ノ正キヲ修シ其至ルヲ待テ、而シテ事ニ及ンヤ。

夫レ人、今日母ノ胎内ヲ出ルヤ否《イナヤ》、其老テ死ニ至ルマデノ間、一刻瞬息ノ中、人事ナラズト云者ナク、急務ナラズト云者ナク、皆日用已ムコト能ハズシテ行ヒ過グル、是レ人道也。是レ天理ナリ。其動作云為ノ間、教アリ習アリテ、動キ来リ伝ヘ為《ナス》ノミ。

然ルヲ其日用事務ノ動作ヲ別ニシテ、此外ニ心上理学ノ工夫ヲ立テ、学修ス。其為ニ別段ノ暇ヲ設クルトキハ、是レ学ト日用ト扞格スル也。聖教要録ニ「書者《ハ》載《スル》二古今《ノ》之事蹟《ヲ》一器《ナリ》也、読書者《ハ》余力之《ノ》所《ナリ》レ為也、措《テ》二急務《ヲ》一読《ミ》レ書《ヲ》立《ハ》レ課《ヲ》、以《テ》レ学《ヲ》為《ス》レ在《リト》二読書《ニ》一也、学与《ト》二日用一扞格《スルハ》、是《レ》唯《ダ》読《テ》レ書《ヲ》不《ズ》レ致《キハメ》二其道《ヲ》一也」[108]トハ是ヲ云也。

夫レ人生レテヨリ死ニ至ルマデノ間、己レガ為《スル》所、務ル所ノ事々一々書ニ尽シテ、其善悪邪正ヲ記スコトヲ得ベケンヤ。允《マコト》ニ億兆ノ一ニモ足ラズ。然ラバ今日ノ事務ニ於テ、未ダ書ニ見ズ習ヒノ外ナラバ其事ヲ先ヅ止《ヤメ》テ、其格其道其理其法ヲ悉ク書ニ尋ネ師ニ学ビ習ヒ極メテ、而シテ後ニ其事ヲ務メントスルカ。程子ノ学ハ皆此謂ヒ也。斯ノ如クナレバ、生レヌ前ニ一生ノ事務残ル所ナク学ビ極メテ、而シテ生レネバ甚ダ危シ。是レ過失ヲ恐ルルノ最モ甚シキ者也。

　彼ノ斉ノ管仲ガ小器無礼ノ失ハ是レ管仲ガ気質ノ長《タケ》ト云者也。此長《タケ》ヲ聖人ノ長ニ比《クラベ》テ、其大功ノ善ヲ与《トモ》ニシテ棄ザルハ是即、聖人也。故ニ孔子又是ヲ称シ、管仲ナカリセバ、吾レ髪ヲ被リ袵ヲ左ニセン、ト嘆ジ玉ヘリ。[109] 然レバ天下国家ヲ利スルコト、強《アナガチ》ニ聖人バカリヲ取テ、余ハ何ホドノ功アリトモ、其小失ト共ニ捨ルナラバ、誠ニ以テ聖学ハ不仁ノ至極ト云ベシ。程子ガ如ク、過失モナク成功モナク、一生ガ間、性一ト通リヲ発明シ、天下ノ衆俗ニ善人ト称美シ終ランヨリハ、孔孟ノ如ク時俗ニ譏ラレ危難ニ遇ヒ、先王ノ道ヲ万世ニ施ス功ヲ立、管仲不賢ニシテ孔子ノ為ニ小器無礼ノ御呵リヲ蒙リテモ諸侯ヲ九会シ、一タビ周室ヲ匡シ斉ヲ富マシ、主君ヲ覇タラシメ、君ヲ安ンジ民ヲ救ヒ、孔子ヲシテ髪ヲ被《カム》ラセズ、袵ヲ左ニセザルノ功アランニハ如《シカ》ズ。

　是レ聖人ハ聖人ノ長《タケ》ヲ尽シ、賢人ハ賢人ノ長ヲ尽シ、小人ハ小人ノ長ヲ尽シ、其功ヲ成スニ及テハ一也。程子ノ如キハ名ノミ賢ニシテ、君ニ事《ツカヘ》テ国家ニ功ナク、下民ニ対シテ仁恵ノ功ナク、唯ダ一己一人ノ善名ノ功アルノミ。其上、智仁勇ノ三徳ノ内、勇ノ一徳ヲ除キ只《タダ》二徳ヲ以テ聖人ヲ極ム。是レ聖学ノ一変也。聖教要録ニ「孟子没《シテ》而後《ニ》儒士之《ノ》学、至《テ》宋《ニ》三変《ス》、戦国《ノ》法家縦横家、漢唐《ノ》文字訓詁専門名家、宋《ノ》理学心学也《ナリ》。自《リ》夫子没《シテ》至《テ》今《ニ》、既向《ニナンナントス》二千余歳《ニ》三変来《シル》、周孔之《ノ》道、陥《リ》意見《ニ》、誣《ヒ》世《ヲ》惑《ハシ》民《ヲ》、口唱《テ》聖教《ヲ》、其所《ス》志顔子之《ガ》楽処、曽点之《ガ》気象也《ナリ》。習来世久《ヨヨシ》、嗚呼《アア》命哉《ナルカナ》」[110]ト云ヘリ。是ヲ以テ是ヲ観レバ、孟子ハ十哲ノ上ニ居ルベシ。十哲ハ孔子ニ学テ孔子ヲ起ス道ヲ知ラズ。孔子ヲ相《タスク》ル故ヲ知ラズ。孟子ハ孔子ノ後ニ居ルコト百五十余年ニシテ、同ク世ノ無道ニ独立シ、竟ニ孔子ヲ開キ先王ノ道則ヲ起ス。況ンヤ孔子ト世ヲ同フスルナラバ、孔子ヲ相《タス》ケ位ヲ得セシメンコト疑ナシ。

然ルトキハ孟子ノ智弁、子貢ガ及ブ所ニアラズ。孟子ノ仁義、顔回ガ及ブ所ニアラズ。孟子ノ英気、子路ガ及ブ所ニアラズ。然ルトキハ孟子ハ三人ノ徳ヲ兼有ス。智仁勇兼有シテ、未ダ聖人タラザル者ハアラズ。彼ノ三人ハ孔子ノ蔭《カゲ》ニ立テ道ヲ存ス。孟子ハ独立シテ道ヲ行フ。彼ノ三人ハ直《タダチ》ニ孔子ヲ以テ世ニ立ツルコト三人ノ力《チカラ》ニ及バズ。孟子ハ一人力ヲ以テ空シキ孔子ヲ立テ、千歳ノ今日ニ存セシム。其功徳何《イヅ》レカ勝レル。誠ニ三徳兼有ノスル所ニ非ズンバ争《イカデ》カ此功ヲ立ツルコトヲ得ンヤ。然ルヲ英気アルヲ以テ顔回ニ劣レリトス。

吾ガ日本ニテハ智仁ニ富メル人ニテモ勇ナキヲバ俗間ニ是ヲ腰抜ト云テ笑フ也。況ンヤ武門ノ人ヲヤ。故ニ吾ガ国ノ儒士太宰氏[111]モ亦、其孟子ノ英気些《チト》アルヲ以テ顔回ニ劣レリト云ヲ、大ニ笑ヘリ。[112] 孟子些《チト》バカリノ英気アル故賢トモ称セラレタリ。若シ黄帝及ビ武王ノ如ク大英気アラバ、硜々然タル小人ト云ハレンカ。

夫レ渾天ハ英気ヲ以テ旋リ、日月ハ英気ヲ以テ照シ、地球ハ英気ヲ以テ載セ、人身ハ英気ヲ以テ行フ。骨ハ英気ノ精質ナリ。故ニ地形ハ磐石ヲ以テ堅シ。人ハ骨骸ヲ以テ立ツ。万物何モノカ気質ノ二ツヲ除テ善ク立、善ク動クコトヲ得ンヤ。若シ程子ガ謂ヒノ如クナラバ、人身骨骸ヲ抜テ唯血肉バカリニ成ルヲ柔和温潤ノ徳トスベキヤ。学者皆是ニ至ルヲ術《ミチ》トシ至善ノ地トス。是レ一点モ信ズベカラズ。一毛モ惑フベカラズ。況ンヤ日本士武ノ者ヲヤ。

夫レ英勇ハ万行ヲ載スルノ大車也。士武最モ養ハズンバアルベカラズ。而シテ是ヲ守ルニ怯ヲ以テス。怯ハ猶刀剱ノ鞘ノ如シ。

---

1 『産語』「楽施第二」からの引用。乳井の引用は正確ではない。「天雖能生。弗能産不樹之桑。地雖能養。弗能長不培之粱。」

2 名の聞こえた人、有名な人。

3 三霊とあるが、乳井の以下の説明では其一、其二の次の其三がない。魂と魄とを分けて、神、魂、魄を三霊と称したと思われる。

4 「知天之所為、知人之所為者、至矣。知天之所為者、天而生也、知人之所為者、以其知之所知、以養其知之所不知、終其天年而不中道夭者、是知之盛也。雖然、有患。夫知有所待而後當、其所待者特未定也。庸詎知吾所謂天之非人乎。所謂人之非天乎。且有真人、而後有真知。」『荘子』内篇、大宗師。

5 「有物混成、先天地生。寂兮寥兮、獨立不改、周行而不殆、可以為天下母。吾不知其名、字之曰道、強為之名曰大。大曰逝、逝曰遠、遠曰反。故道大、天大、地大、王亦大。域中有四大、而王居其一焉。人法地、地法天、天法道、道法自然。」『老子』第二五章。

6 「烏のひなが成長してから、親鳥に食物をくわえ与えて養育の恩に報いること。転じて、恩返しをすること。」『日本国語大辞典』。

7 「鳥の子は親鳥の止まっている枝から三枝下がって止まるということ。転じて、鳥さえも孝道をわきまえていることをいうたとえにいう。」『日本国語大辞典』。「烏有反哺之孝、鳩有三枝之礼。」『学友抄』。

8 「獺が魚をとって河岸に並べておくことを、先祖の祭をしていると見たてていう語。陰暦一月中旬をその季節とする。獺祭。かわおその祭。」『日本国語大辞典』。「東風解凍、蟄蟲始振、魚上冰、獺祭魚、鴻雁来。」『礼記』月令。

9 「生まれながら道理に通じ、安んじてこれを実行すること。」『日本国語大辞典』。「或生而知之、或学而知之、或困而知之、及其知之。」『中庸』。

10 「天下之達道五、所以行之者三、曰、君臣也、父子也、夫婦也、昆弟也、朋友之交也、五者天下之達道也。知仁勇三者、天下之達徳也、所以行之者一也。或生而知之、或学而知之、或困而知之、及其知之、一也。或安而行之、或利而行之、或勉強而行之、及其成功、一也。」『中庸』。

11 「孔子為魯司寇、攝行相事、有喜色。」『孔子家語』始誅。

12 九合のこと。九合とは、九たび会合する意で、一説には「九」は「糾」に通じ、あつめあわせること。「八年之中、九合諸侯。」『春秋左伝』襄公一一年。「子路曰、桓公殺公子糾、召忽死之、管仲不死。曰、未仁乎。子曰、桓公九合諸侯、不以兵車、管仲之力也。如其仁、如其仁。」『論語』憲問。「管仲既用、任政於齊、齊桓公以霸、九合諸侯、一匡天下、管仲之謀也。」『史記』管晏列傳。

13 「子貢曰、管仲非仁者與。桓公殺公子糾、不能死、又相之。子曰、管仲相桓公、霸諸侯、一匡天下、民到于今受其賜。微管仲、吾其被髪左衽矣。豈若匹夫匹婦之為諒也、自經於溝瀆、而莫之知也。」『論語』憲問。

14 『古文孝経』序。

15 「公曰、敢問何如斯謂之庸人。孔子曰、所謂庸人者、心不存慎終之規、口不吐訓格之言、不択賢以托其身、不力行以自定。見小闇大、不知所務。従物如流、不知其所執、此則庸人也。」『孔子家語』五儀解。

16　范蠡、春秋時代の越の功臣。越王勾践に仕え、呉王夫差を討って「会稽の恥」をそそがせた。後、商業・交通の中心地山東の陶へ行き陶朱公と自称し、巨万の富を築いたとされる。

17　「四年、王召范蠡而問焉、曰、先人就世、不穀即位。吾年既少、未有恒常、出則禽荒、入則酒荒。吾百姓之不圖、唯舟與車。上天降禍于越、委制于呉。呉人之那不穀、亦又甚焉。吾于與子謀之、其可興。対曰可、未可也。蠡聞之、上帝不考、時反是守、強索者不祥。得時不成、反受其殃。失徳滅名、流走死亡。有奪、有予、有不予、王無蚤圖。夫呉、君王之呉也、王若蚤圖之、其事又將未可知也。王曰、諾。」『国語』越語下。

18　「子曰、管仲之器小哉。或曰、管仲倹乎。曰、管氏有三帰、官事不攝、焉得倹。然則管仲知礼乎。邦君樹塞門、管氏亦樹塞門。邦君為両君之好、有反坫、管氏亦有反坫。管氏而知礼、孰不知礼。」『論語』八佾。

19　鮑叔(生没年不詳)は、中国春秋時代の斉の政治家。管仲と若いときから仲がよく、管仲を斉の桓公に推挙した。両者の友誼を語る「管鮑の交わり」の故事は『列子』力命、『史記』管晏列伝、『十八史略』等にみえる。

20　鄭の公続子皮は簡公からが相の位を任じられたが、自分より才能のある子産を宰相に推挙した。『春秋左氏伝』にみえる。

21　「子貢問孔子曰、今之人臣孰為賢乎。子曰、齊有鮑叔、鄭有子皮、則賢者矣。子貢曰、齊無管仲、鄭無子産乎。子曰、賜、汝徒知其一、未知其二也。汝聞用力為賢乎。進賢為賢乎。子貢曰、進賢賢哉。子曰、然、吾聞鮑叔達管仲、子皮達子産、未聞二子之達賢己之才者也。」『孔子家語』賢君。

22　「列子曰、色盛者驕、力盛者奮、未可以語道也。故不班白語道矣、而況行之乎。故自奮則人莫之告。人莫之告、則孤而無輔矣。賢者任人、故年老而不衰、智盡而不乱。故治国之難、在於知賢而不在自賢。」『列子』説符。

23　「子曰、藏文仲其竊位者與。知柳下惠之賢、而不與立也。」『論語』衛霊公。「竊位者」はその位に不相応な、価値のない人物のこと。

24　藏文仲(〜前六一七)。魯の大夫。孔子の藏文仲に対する評価は低い。「子曰、藏文仲其竊位者與。知柳下惠之賢、而不與立也。」『論語』公治長。

25 北条高時（一三〇三〜一三三三）。鎌倉幕府第一四代執権。貞時の子。一四歳で執権となったが、安達時顕・長崎高資が実権を握り、政治は乱れた。

26 新田義貞（一三〇一〜一三三八）。鎌倉末期・南北朝時代の武将。元弘三＝正慶二年（一三三三）鎌倉幕府を滅ぼし、建武政権から重用された。

27 足利尊氏（一三〇五〜一三五八）。室町幕府初代将軍。

28 後裔の間違い、もしくは子孫の後々の栄の意味合いか。

29 直接の引用箇所不明。正成の進言を受け入れられず後醍醐天皇から兵庫への下向を命じられた際、子の正行に遺言を述べた場面。「一旦の身命を資《たす》けんがために、多年の忠列を失ひて、降参不義の行迹を致す事あるべからず」（『太平記』）、「相構へて相構へて、君に対し奉り後ろめだき分野《ありさま》ゆめゆめ有るべからず」（『太平記秘伝理尽鈔』）という臣としての戒めは述べられてはいるが、「天下ヲ安治シ、上ヲ敬ヒ民ヲ定メ」るといった観点からの遺言はみられない。

30 湊川の戦いのこと。建武三年（一三三六）五月、摂津国兵庫（神戸市兵庫区）の湊川の付近で、九州から東上した足利尊氏・直義軍が、新田義貞・楠木正成らの軍を破った戦い。正成は敗れて弟正秀とともに自刃した。

31 「一旦の勝敗をば必ずしも御覧ずべからず。正成一人いまだ生きてありと聞こし食し候はば、聖運はつひに開くべしと思し召し候へ。」『太平記』。

32 「凡為君使者、已受命、君言不宿於家。君言至、則主人出拝君言之辱。使者帰、則必拝送于門外。若使人於君所、則必朝服而命之。使者反、則必下堂而受命。」『礼記』曲礼上。

33 「だいだいり（大内裏）」の略。

34 「賢夫不肖者、材也。為不為者、人也。遇不遇者、時也、死生者、命也。今有其人、不遇其時、雖賢、其能行乎、苟遇其時、何難之有。故君子博学深謀、修身端行、以俟其時。」『荀子』宥坐。

35 太宰春台（一六八〇〜一七四七）は『経済録』「総論」で「経済ヲ論ズル者、知ルベキコト四ツアリ」として、「時」「理」「勢」「人情」の四つを命題化して経世を論じている。乳井は春台の著作に親炙しており、「時ノ一字ヲ知ル」ことの重要性を強調するのは春台からの影響が窺える。

36 「不可以稱兵、稱兵必天殃。兵戎不起、不可従我始。毋變天之道、毋絶地之理、毋乱人之紀。孟春行夏令、則雨水不時、草木蚤落、国時有恐。行秋令則其民大疫、猋風暴雨總至、藜莠蓬蒿並興。行冬令則水潦為敗、雪霜大摯、首種不入。」『礼記』月令。

37 「復命曰常、知常曰明」『老子』第十六章。

38 『論語』衛霊公。傍丸は原文のママ。「則可巻而懐之」の部分、原文にレ点、一、二点がないので補った。

39 「巻、収也。懐、蔵也。」『論語集註』衛霊公。

40 「林氏」は林羅山を指す。乳井は道春点の『論語集注』を踏まえて記述している。当該箇所で、林羅山の子である林鵞峯も『論語諺解補』において朱熹にしたがっている。

41 『潜夫論』賢難。一人の虚言を多くの人が真実として伝えてしまうという喩え。

42 「長沮桀溺耦而耕、孔子過之、使子路問津焉。長沮曰、夫執輿者為誰。子路曰、為孔丘。曰、是魯孔丘与。曰、是也。曰、是知津矣。問於桀溺、桀溺曰、子為誰。曰、為仲由。曰、是魯孔丘之徒与。対曰、然。曰、滔滔者天下皆是也、而誰以易之。且而与其従辟人之士也、豈若従辟世之士哉。耰而不輟。子路行以告。夫子憮然曰、鳥獣不可与同群、吾非斯人之徒与而誰与。天下有道、丘不与易也。」『論語』微子。

43 「孟武伯問孝。子曰、父母唯其疾之憂。子游問孝。子曰、今之孝者、是謂能養。至於犬馬、皆能有養。不敬、何以別乎。」『論語』為政。

44 「子貢問於孔子曰、昔者斉君問政於夫子、夫子曰、政在節財。魯君問政於夫子、夫子曰、政在諭臣。葉公問政於夫子、夫子曰、政在悦近而来遠。三者之問一也、而夫子応之不同、然政在異端乎。孔子曰、各因其事也。」『孔子家語』弁政。

45 「子曰、管仲之器小哉。或曰、管仲倹乎。曰、管氏有三帰、官事不摂、焉得倹。然則管仲知礼乎。曰、邦君樹塞門、管氏亦樹塞門。邦君為両君之好、有反坫、管氏亦有反坫。管氏而知礼、孰不知礼。」『論語』八佾。

46 「子貢曰、管仲非仁者与。桓公殺公子糾、不能死、又相之。子曰、管仲相桓公、覇諸侯、一匡天下、民到于今受其賜。微管仲、吾其被髪左衽矣。豈若匹夫匹婦之為諒也、自経於溝瀆、而莫之知也。」『論語』憲問。

47 「子曰、直哉史魚。邦有道、如矢。邦無道、如矢。君子哉蘧伯玉。邦有道、則仕。邦無道、則可巻而懐之。」『論語』衛霊公。

48 「謂公冶長、可妻也。雖在縲絏之中、非其罪也。以其子妻之。」『論語』公冶長。「昵」は「なれしたしむ」の意。

49 「公曰、敢問何如斯謂之庸人。孔子曰、所謂庸人者、心不存慎終之規、口不吐訓格之言、不択賢以托其身、不力行以自定、見小闇大、不知所務、従物如流、不知其所執、此則庸人也。」『孔子家語』五儀解。

50 不明。「子曰、吾之於人也、誰毀誰譽。如有所譽者、其有所試矣。斯民也、三代之所以直道而行也。」(『論語』衛霊公)からの文言か。

51 「澹臺子羽有君子之容、而行不勝其貌。宰我有文雅之辭、而智不充其辯。孔子曰、里語云、相馬以輿、相士以居、弗可廢矣。以容取人、則失之子羽、以辭取人、則失之宰予。」『孔子家語』子路。

52 「国君進賢、如不得已、將使卑踰尊、疏踰戚、可不慎與。左右皆曰賢、未可也。諸大夫皆曰賢、未可也。国人皆曰賢、然後察之。見賢焉、然後用之。左右皆曰不可、勿聽。諸大夫皆曰不可、勿聽。国人皆曰不可、然後察之。見不可焉、然後去之。左右皆曰可殺、勿聽。諸大夫皆曰可殺、勿聽。国人皆曰可殺、然後察之。見可殺焉、然後殺之。故曰、国人殺之也。如此、然後可以為民父母。」『孟子』梁恵王下。

53 「去、上聲。左右近臣、其言固未可信。諸大夫之言、宜可信矣、然猶恐其蔽於私也。至於国人、則其論公矣、然猶必察之者、蓋人有同俗而為衆所悅者、亦有特立而為俗所憎者。故必自察之、而親見其賢否之實、然後従而用舍之。則於賢者知之深、任之重、而不才者不得以幸進矣。所謂進賢如不得已者如此。」『孟子集注』梁恵王下。

54 「他にたよったり、へつらったりしないで、自立していること。独立。」『日本国語大辞典』。

55 「儒有澡身而浴德、陳言而伏、靜而正之、上弗知也、粗而翹之、又不急為也、不臨深而為高、不加少而為多、世治不輕、世乱不沮、同弗與、異弗非也。其特立獨行有如此者。」『礼記』儒行。

56 「孔子為魯司寇、攝行相事、有喜色。仲由問曰、由聞君子禍至不懼、福至不喜。今夫子得位而喜、何也。孔子曰、然。有是言也。不曰樂以貴下人乎。於是朝政七日而誅乱政大夫少正卯、戮之於両觀之下、尸於朝三日。子貢進曰、夫少正卯、魯之聞人也。今夫子為政而始誅之、或者為失乎。」『孔子家語』始誅。

57 「孔子曰、居、吾語女以其故。天下有大惡者五、而竊盜不與焉。一曰心逆而險、二曰行辟而堅、三曰言偽而辯、四曰記醜而博、五曰順非而澤。此五者、有一於人、則不免君子之誅、而少正卯皆兼有之。其居處足以撮徒成黨、其談說足以飾褒瑩衆、其強禦足以返是獨立。此乃人之姦雄者也、不可以不除。夫殷湯誅尹諧、文王誅潘正、周公誅管蔡、太公誅華士、管仲誅付乙、子產誅史何、凡此七子皆異世而同誅者、以七子異世而同惡、故不可赦也。」『孔子家語』始誅。

58 「天下皆知美之為美、斯惡已。皆知善之為善、斯不善已。」『老子』第二章。

59 「人有嫁其子而教之曰、爾行矣。慎無為善。曰、不為善、將為不善邪。應之曰、善且由弗為、況不善乎。」『准南子』説山訓。

60 「しゅう。中国の古代神話に登場する神。『山海経』によると、蚩尤は風の神や雨の神を従えて冀州の野で黄帝と戦ったが、黄帝が下した日照りの神によって撃ち破られたという。」『日本大百科大全』。

61 こそう。帝舜の父。

62 たんしゅ。帝堯の子。

63 成王は一般には武王の子で周王朝の第二代の王を指すが、本文での成王は湯王のこと。成湯は殷の湯王の別称。

64 「中国、夏の末代の王。名は癸。暴虐無道の王で、殷の湯王に亡ぼされた。殷の紂王と並ぶ暴君の代表。」『日本国語大辞典』。

65 「中国、殷王朝最後の王。名は辛。紂は謚。夏の桀とならんで悪王の代表とされる。愛妃妲己におぼれ、酒池肉林による長夜の宴にふけり、良臣を殺し、民を苦しめたという。後に周の武王に討たれた。」『日本国語大辞典』。

66 周の王族、文王の息子にして、周公旦の弟の、管叔と蔡叔のこと。武王の死後、武庚とともに乱を起こしたが、周公に滅ぼされる。

67 「中国古代の大泥棒の名。春秋時代の魯の賢人柳下恵の弟とも、黄帝の頃の人とも、また秦代の人ともいう。数千人を率いて天下を横行し、暴虐の限りを尽くしたと伝えられる。」『日本国語大辞典』。

68 「不因聖教一切覔本善之性者異端也。」山鹿素行『聖教要録』性。

69 「措気質論性者、学者之差謬也、細乃細而、無益聖学。」『聖教要録』性。

70 師曠はわずかな鐘の旋律の狂いを聞き分け、離婁は遠く離れたところから毛先ほどのものを見分けた。離婁、師曠のようにいくら視覚聴覚の発達した人でも、定規・調節笛を使わなければ正しい方円・音律を得ることはできない。「孟子曰、離婁之明、公輸子之巧、不以規矩、不能成方員、師曠之聰、不以六律、不能正五音。」『孟子』離婁上。

71 「堯舜之道、不以仁政、不能平治天下。今有仁心仁聞而民不被其澤、不可法於後世者、不行先王之道也。故曰、徒善不足以為政、徒法不能以自行。」『孟子』離婁上。

72 「氏曰、齊宣王不忍一牛之死、以羊易之、可謂有仁心。梁武帝終日一食蔬素、宗廟以麺犠牲、斷死刑必為之涕泣、天下知其慈仁、可謂有仁聞。然而宣王之時、齊国不治、武帝之末、江南大乱。其故何哉、有仁心仁聞而不行先王之道故也。」『孟子集注』離婁章句上。

73 「子曰、聡明睿智、守之以愚、功被天下、守之以譲、勇力振世、守之以怯、富有四海、守之以謙、此所謂損之又損之之道也。」『孔子家語』三恕。

74 『孔子家語』六本からの要約。子夏が孔子に弟子の人となりを尋ねると、子路に関しては「由之勇賢於丘(子路の勇気は私よりも優れている。)」としながらも、「由能勇而不能怯(勇気に優れているが、恐れることをしない)」と評した。

75 「公曰、敢問君子何貴乎天道也。孔子対曰、貴其不已。如日月東西相従而不已也、是天道也。不閉其久、是天道也。無為而物成、是天道也。已成而明、是天道也。」『礼記』哀公問。

76 「天行健、君子以自強不息」。『易経』乾。

77 「有子曰、其為人也孝弟、而好犯上者、鮮矣。不好犯上、而好作乱者、未之有也。君子務本、本立而道生。孝弟也者、其為仁之本與。」『論語』学而。

78 「臣下竭力盡能以立功於国、君必報之以爵祿、故臣下皆務竭力盡能以立功、是以国安而君寧。」『礼記』燕義。

79 「曾子曰、不勞不費之謂明王、可得聞乎。孔子曰、昔者、帝舜左禹而右皋陶、不下席而天下治。夫如此、何上之勞乎。政之不中、君之患也。令之不行、臣之罪也。」『孔子家語』王言解。

80 「勇者不避難、仁者不窮約、智者不失時、義者不絶世。」『孔子家語』屈節解。

81 「淮陰屠中少年有侮信者、曰、若雖長大、好帯刀剣、中情怯耳。衆辱之曰、信能死、刺我、不能死、出我袴下。於是信孰視之、俛出袴下、蒲伏。一市人皆笑信、以為怯。」『史記』淮陰侯列伝。

82 「子路曰、桓公殺公子糾、召忽死之、管仲不死。曰、未仁乎。子曰、桓公九合諸侯、不以兵車、管仲之力也。如其仁。如其仁。」『論語』憲問。

83 滅ぼされた趙氏の遺児を守るため、替え玉の子供とともに杵臼が殺され、程嬰は遺児とともに生きながらえた。『史記』趙世家にみえる。

84 「趙氏先君遇子厚、子彊為其難者、吾為其易者、請先死。」(『史記』趙世家)を踏まえてのことか。直接の引用箇所は不明。

85 兄である武内宿禰が謀反を起こそうとしていると、甘美内宿禰が応神天皇に讒言し、応神天皇はそれを信じて武内宿禰を討とうとした。後に盟神探湯で武内宿禰が勝つ。

86 『日本書紀』応神天皇紀にみえる。

87 幕府高家の吉良上野介義央(一六四一～一七〇二)。

88 乳井の赤穂浪士批判は『志学幼弁』巻之九「雑問」でより詳細に展開されている。

「故所貴於勇敢者、貴其敢行礼義也。故勇敢強有力者、天下無事、則用之於礼義、天下有事、則用之於戦勝。用之於戦勝則無敵、用之於礼義則順治。外無敵、内順治、此之謂盛徳。故聖王之貴勇敢強有力如此也。勇敢強有力而不用之於礼義戦勝、而用之於争闘、則謂之乱人。刑罰行於国、所誅者乱人也。如此則民順治而国安也。」『礼記』聘義。

89 「子曰、由也、女聞六言六蔽矣乎。対曰、未也。居、吾語女。好仁不好学、其蔽也愚。好知不好学、其蔽也蕩。好信不好学、其蔽也賊。好直不好学、其蔽也絞。好勇不好学、其蔽也乱。好剛不好学、其蔽也狂。」『論語』陽貨。

90 「天行健、君子以自強不息。」『易経』乾。

91 「神以知来、知以蔵往、其孰能與此哉。古之聰明叡知神武而不殺者夫。」『易経』繋辞上。

92 貴田親豊(?～一七四七)。弘前藩の兵学師範。喜多村政方(津軽校尉)に兵学を学んだ。貴田親豊の著述には『武教日用職』(『青森県史』資料編近世4学芸関係に翻刻収録)があるが、『初学或問』は未見。

93 「子曰、譬如為山、未成一簣、止、吾止也。譬如平地、雖覆一簣、進、吾往也。」『論語』子罕。

94 同右。

95 「顔涿聚、梁父之大盗也、学於孔子。(中略)高何、縣子石、齊国之暴者也、指於郷曲、学於子墨子。(中略)此六人者、刑戮死辱之人也、今非徒免於刑戮死辱也。由此為天下名士顯人、以終其壽、王公大人従而礼之、此得之於学也。」『呂氏春秋』尊師。

96 碓井貞光(九五五～一〇二二)平安中期の武将で、源頼光の四天王の一人。

97 「千人に相当する価値があること。一人で千人に匹敵するほどの武勇を備えていること。また、一人で千人の敵に当たること。」『日本国語大辞典』。

98 「□悪、是何言也。昔者子貢、問於孔子曰、夫子聖矣乎。孔子曰、聖則吾不能、我学不厭而教不倦也。子貢曰、学不厭、智也。教不倦、仁也。仁且智、夫子既聖矣。夫聖、孔子不居、是何言也。」『孟子』公孫丑上。

99 朝比奈義秀。鎌倉前期の武将。和田義盛の子。母は巴御前といわれる。通称三郎。勇猛、かつ豪力無双と伝えられ、能、狂言のほか、戯曲、小説、舞踊の題材にされた。生没年未詳。『日本国語大辞典』。

100 土岐頼遠(?〜一三四二)。南北朝時代の武将。美濃守護。足利直義にしたがい美濃青野原の戦いなどで活躍。光厳上皇の牛車に矢を射かける乱暴をたらき、康永元年京都で処刑された。『日本人名大辞典』。

101 熊坂長範。平安末期の伝説的盗賊。美濃国青墓の長者の館(謡曲では赤坂の宿)で金売り吉次を襲い、牛若丸に討ちとられたという。生没年不詳。『日本国語大辞典』。

102 「智、仁、勇、三者、天下之達徳也。所以行之者一也。或生而知之、或学而知之、或困而知之、及其知之一也。或安而行之、或利而行之、或勉強而行之、及其成功一也。」『孔子家語』哀公問政。

103 「孟子大賢、亞聖之次也。」『孟子集注』孟子序説。

104 「孔子曰、善悪何也。夫陳蔡之間、丘之幸也。二三子従丘者、皆幸也。」『孔子家語』。

105 「孟子有些英気。纔有英気、便有圭角、英気甚害事。如顔子便渾厚不同、顔子去聖人只豪髪間。孟子大賢、亞聖之次也。」『孟子集注』孟子序説。

106 管叔鮮は文王の三男、蔡叔度は文王の五男。二人は周公旦に簒奪の企みがあるのを疑い反乱(三監の乱)を起こした。

107 「人性上不可添一物、堯舜所以為萬世法、亦是率性而已。所謂率性、循天理是也。外邊用計用数、假饒立得功業、只是人欲之私。與聖賢作處、天地懸隔。」『孟子集注』孟子序説。

108 「書者載古今之事蹟器也、読書者余力之所為也、措急務読書立課、以学為在読書也、学与日用扞格、是唯読書不致其道也。」『聖教要録』読書。

109 「子貢曰、管仲非仁者與。桓公殺公子糾、不能死、又相之。子曰、管仲相桓公、覇諸侯、一匡天下、民到于今受其賜。微管仲、吾其被髮左衽矣。豈若匹夫匹婦之為諒也、自經於溝瀆、而莫之知也。」『論語』憲問。

110 「孟子沒而後儒士之学、至宋三変、戦国法家縦横家、漢唐文字訓詁専門名家、宋理学心学也。自夫子沒至今、既向二千余歳三変来、周孔之道、陷意見、誣世惑民、口唱聖教、其所志顔子之楽処、曾点之気象也。習来世久、嗚呼命哉。」『聖教要録』道統。

111 乳井の太宰春台への評価は、「聖人ヲ知ル者、異朝ニハ孟子荘子ノ両氏ノミ。吾ガ朝ニハ素行子徂徠子太宰純ノ三子ノミ」(『志学幼弁』巻七「迷悟」)と高い。

112 太宰春台は『紫芝園漫筆』巻六で「程子云、孟子有些英気、纔有英気、便有圭角、英気甚害事。此言大非。余則曰、士不可以無英気、無英気非夫也。自古聖賢事業、孰非英気所為也」と述べており。乳井の見解はこれを踏まえている。

ただ春台は「孟子論」（『紫芝後稿』巻八所収）と題された一文で孟子を痛烈に譏っており、孟子に対する両者の評価には違いがある。春台によれば、「宋の程氏兄弟に至って孟子を尊ぶこと」が甚だしくなり、孟子を「大賢」として、「孔孟」と並称するようになったという。

志学幼弁　巻之四

金　気

凡物生成造分ノ初ヲ説クコト、支那《カラ》ハ水気ヨリ初ヲ云、日本ハ金気ヨリ初ヲ云。是亦人倫ノ始ヲ君ニ取リ父ニ取ルノ説ト同ジ。彼ノ伏羲ノ先天、文王ノ後天[1]ノ如シ。夫レ形ヲ結ブノ始ヲ云トキハ、誠ニ水ヲ以テ始リ、火ヲ以テ受ケ、木ヲ以テ長ジ、金ヲ以テ成シ、土ヲ以テ終ル。近ク人ノ生ズルヲ以テ見ツベシ。全ク然リ。

夫レ父ノ一滴水、母ノ一栄血ニ受ケ、毛髪ニ長ジ、骨骸ニ成リ、死シテ土ト成リ終ル。其皮肉ハ土ニ象ル。水火木金ノ栄長ニ随ヒ、相ヒ与《トモ》ニ結ビ生ジテ形ヲ造《ツク》ル。故ニ皮肉ノ土ハ洛書ニテ云ヘバ、天五土ヲ生ズルノ土ニシテ、生数ノ土ナリ。死シテ而シテ土ニ成ル者ハ所謂ル地十ヲ成スノ土ニシテ、成数ノ土也[2]。

凡ソ万物ノ形ヲ結ブ者、是ニ始終セズト云者ナシ。況ンヤ人ヲヤ。故ニ二五生成ノ数ヲ具足スル者、人ヲ以テ全シ。此故ニ古人、人ヲ以テ小天地トス。然レドモ其父ノ一水ヲ生ズルコト、無気無心ヨリ偶々《タマタマ》生ズベケンヤ。其萌《キザス》所有テ而シテ生ズ。其一気ノ勢是レ一物造立裁断ノ始ヲ為《ナス》者、是レヲ金気ト云。天一水ヲ生ズルモ亦豈偶然タランヤ。太極動テ両儀ヲ生ズト。其方《マサ》ニ動ク者ハ何者ゾヤ。衆理万物ノ含蓄ヲ裂《ツンザ》キ発生シテ分リ出ヅ。是レ所謂ル金気ノ大徳也。人ニ有テハ勇気ト称ス。又英気トス。天地此気ナケレバ無究ノ功ヲ成スコト能ハズ。人此気ナケレバ職業ノ功ヲ成スコト能ハズ。物此気ナケレバ用事ノ功ヲ成スコト能ハズ。

夫レ草木ノ種ヲ土中ニ埋ム。其芽《メザス》時ニ至テハ其売《カラ》（殻カ）ノ堅キヲ裂《ツンザ》キ土石ヲ割《ワリ》除ケ発生ス。其形甚ダ微ニ、甚ダ柔也トイヘドモ甲《カラ》ヲ割リ石ヲ上《アグ》ル。是レ其気ヲ以テ也。其気ノ至健、是レ乾気ノ徳ナリ。乾ヲ金トス。易ニ云、「乾為《ヲ》レ金《ト》」[3]、又曰、「乾《ハ》天下《ノ》之至健也《ナリ》。徳行恒《ニ》易《クシテ》以《テ》知《ル》レ険《ヲ》」[4]トハ是也。故ニ其健徳ノ功ヲ象リテ金気ト称ス。強《シイ》テ五行ノ序《ツイデ》ヲ以テ其名ヲ立ルニアラズ。然レドモ五行トイヘドモ金気ヲ備ズト云者ナシ。

夫レ凡ソ音《ヲン》ハ金是ヲ宰《ツカサ》ドル。故ニ形気相ヒ軋《キシル》トキハ土木水火皆声ヲ発生セズト云コトナシ。土踏ムトキハ鳴ル。木動クトキハ鳴ル。水流ルトキハ鳴ル。火然《モユ》ルトキハ鳴ル。況ヤ金ヲヤ。宋ノ張載ガ云ヘルコトアリ。「声《ハ》者、形気相軋《ヒキシリ》而《シテ》成《ル》。両気《トハ》者、谷《ノ》響《キ》雷《ノ》声《ノ》之類《ナリ》。両形《トハ》者、桴鼓叩撃《バチツツミタタキウツ》之《ノ》類《ナリ》。形軋《ルハ》気《ヲ》、羽扇敲矢《ノ》之類《ナリ》。気軋《ルハ》形《ヲ》、人声笙簧《ノ》之類《ナリ》。皆物感《ノ》之良能《ナリ》、人習《ヘドモ》而不《ズ》察《セ》」[5]ト云々。此故ニ宮商角徴羽ノ五音、悉ク商金ヨリ生ゼズト云コトナシ。青黄赤白黒ノ五色、皆清白ヨリ采《イロ》ドラズト云コトナシ。春夏秋冬土ノ五候、唯秋ヲ以テ百穀成熟ノ功ヲ遂グ。律歴志ニ「商《ハ》章《ナリ》也、物成熟《シテ》可《シ》章度《ス》也」[6]、又礼記ニ「白《ハ》受《ク》采《ヲ》」[7]ト。

又、魯論ニ「絵事後《ハル》素《ニ》」[8]ト云フ。然レバ白ヲ金トス。百彩皆白ニ依ラザレバ、其功ヲ成スコト能ハズ。秋ヲ金トス。百穀皆秋ニ依ラザレバ、其功ヲ成スコト能ハズ。商ヲ金トス。百音皆商ニ依ラザレバ其功ヲ成スコト能ハズ。人ノ声音肺ヨリ生ズ。肺ヲ金トス。膈上ニ係テ五臓六腑百骸営衛ノ気ヲ官《ツカサ》ドル。故ニ医籍ニ「肺《ハ》者、相伝《ノ》之官《ニシテ》、治節出《ヅ》焉《レヨリ》、乃《チ》気《ノ》之本《ナリ》、魄《ノ》之居《ナリ》也、蓋《シ》肺《ハ》与《ト》心《シン》皆居《テ》膈上《ニ》位高《ク》近《シ》君《ニ》、肺主《ハツカサドル》気《ヲ》、気調《ヘバ》則営衛蔵府無《シ》所不《ト云》治《セ》」[9]ト云フ。

夫レ文字ヲ造立シテ、是ニ音声ヲ載セ、書記シテ、以テ万世ニ伝ヘ、百千万年ノ古ヲ聴キ、和漢蛮夷ノ語、四方万里ノ言ヲ通ズルモ、唯是声音金徳ニアラズヤ。字アリトイヘドモ音《コエ》ナクンバ、何ヲ以テカ字ノ至宝ヲ云ハン。離婁[10]ガ目トイヘドモ、其明ヲ極ムル所、百歩ニ過ギズ。師曠[11]ガ耳トイヘドモ、声音ナクンバ何ヲ以テカ聴ン。聖人ノ楽《ガク》トイヘドモ、音声ナクンバ何ヲ以テカ為《ツク》ラン[12]。宜ベ哉、聖人、金ヲ以テ乾ニ象ドルコト。金気ノ徳亦大ナル哉。

学者其用ヲ謂テ未ダ其徳タルコトヲ深ク察セズ。唯其夷傷《ヤブリソコナフ》ヲノミ恐懼ス。故ニ孟子ノ英気アルヲ悪《ニク》ム[13]。然レドモ己レヲ利スルニ用ルコト勤テ、意ヲ尽シ労シテ心ヲ尽シ、官ニ進ミ禄ヲ設ルノ功ヲ立ツ、是レ金気行健ノ為《スル》所也。其志気最モ厚シ。君ヲ安ジ国民ヲ救フノ功毛厘モナシ。是レ不仁ナラズヤ。然レドモ自《ミヅカラ》其不仁ヲ知覚スルコトナク、程子ニ随テ其英気ヲ無《ナミ》シ、以テ温潤敦厚ノ徳ヲ勤タリト思フ。嗚呼《アア》、是レ何ノ義理ゾ。不仁ヲ以テ温潤敦厚ノ徳トスルコト、吾レ未ダ是レヲ聞カズ。是レハ是レ仁ヲ己レニ尽シ、義ヲ己レニ立ツルト云者也。

孔子ノ曰、「志士仁人ハ、無シ二求テレ生ヲ以テ害スルコトレ仁ヲ、有リ二殺シテレ身ヲ以テ成スコトレ仁ヲ」[14]ト曰ハズヤ。況ヤ政務ノ職ニ与《アヅカ》ル人ヲヤ。人、皆此義ヲ知ラザルニハアラズ。臣、皆忠ヲ志サザルニハアラズ。士、皆勇ナキニハアラズ。其向テ行フ所、唯己欲ノ利ニ本ヅク故也。其利ノ本トスル所、偏ニ名ヲ守ルニ在リ。故ニ気皆是レニ泥着シテ常ニ猶予多ク、果敢決断ニ迷フ也。是レ金気ヲ用ルコト仁義ニ行カズシテ、皆己レニ悖《モト》ル。斯ノ如クナレバ英気ヲ無《ナミ》ストイヘドモ、仁ヲ害シ義ヲ夷《ヤブ》ルコト一ナランヤ。

夫レ果敢決断ハ君子ノ貴ブ所也。果敢決断ナキトキハ、取舍ノ道ヲ善クスルコト能ハズ。取舍ノ道ヲ善クスルコト能ハザレバ、小事ノ為ニ大事ヲ捨ルコト多シ。故ニ一人ヲ害《ソコナ》フコトヲ哀ミテ、国家ノ不利主君ノ不益ヲ忍ブ誤リアリ。是レ誠アルニ似テ不仁ヲ積ム者アリ。

昔薩摩守忠度[15]ノ家臣ニ戸田宇右衛門時次ト云者アリ。廉直忠信也。其同輩ノ者ニ上ヲ掠メ下ヲ貪リ私欲ヲ事トスル者アリ。時次是ヲ哀ミ諫ヲ入ルルコト再三ニシテ、曽テ入レズ。却テ時次ヲシテ讒ヲ構ヘ流言ヲ伝ヘテ、衆ニ踈《ウト》マシメンコトヲ謀ル。時次爰ニ於テ具《ツブサ》ニ君ニ言上シテ曰、「吾ガ同職某ト云者、常ニ上ヲ欺キ下ヲ奪ヒ、専ラ私曲ヲ事トス。吾レ竊ニ是レヲ諫ルコト日アリトイヘドモ用ヒズ。剰ヘ近比ハ時次ヲ拒ミ、君ニ讒シ流言ヲ発シ、以テ衆情ヲ疑ハシメントス。悪行既ニ長ゼントス。是ヲ正シ善ニ赴カシムルコト、臣力《チカラ》ヲ尽シテ及バズ。請《カフ》、君威ヲ以テ彼レガ不善ヲ戒メ、善道ニ導キ玉ハバ、且ハ君ノ仁恵且ハ臣ガ志ヲ遂グ所也。然レドモ臣聞ク、君子ハ其罪ヲ悪ンデ其人ヲ悪マズト。君恐ラクハ若シ彼レガ罪ヲ以テ彼レガ身ヲモ罰セラルルニ於テハ、臣唯怨ヲ以テ人ノ悪ヲ顕ハシ人ヲ害スルノ罪名ヲ免レズ。爰ニ於テ臣モ共ニ死ヲ遂グベシ。臣ガ願フ所ノ者ハ、唯君ノ威徳ヲ以テ彼レガ不善ヲ去ランノミ。彼レ一タビ変セバ、亦忠義ヲ尽スコト人ニ過グベシ」ト告ゲシカバ、忠度《タダノリ》熟々《ツクヅク》時次ガ面ヲ守テ稍久シテ曰、「汝ハ誠ニ廉士也。必汝ガ意ニ随ハン。疑ヒ憂ルコトナカレ」ト云テ、其不善ノ者ヲ召シ、或ハ辱シメ、或ハ導キテ曰、「吾レ今汝ガ罪ヲ許シ官職ヲ移サズ一命ヲ助クルコト、時次ガ義ヲ立誠ヲ感ズルヲ以テ也。再ビ不善ヲ行ハバ、吾レ是ヲ誅スベシ。今ノ命《イノチ》ハ汝時次ニ受ケタル者也」ト曰ヘリ。彼ノ者大ニ恥ヂ大ニ恐レ善行ニ反リ、時次ヲ以テ君父ノ如ク敬セリ、ト伝ヘ聞ケリ。是レ所謂ル身ヲ殺シテ仁ヲ成シ、礼記ニ所謂ル「以レ徳《ヲ》報《トキハ》レ怨《ニ》、則寛身《ノ》之仁《ナリ》也」[16]トハ是等ノ事蹟ヲ云也。

然ルヲ国ノ為、君ノ為ニ不益ノ大事ヲ知リナガラ、一両人ノ不善人ヲ害フコトヲ哀ミ、知ラザル振リヲシテ日ヲ過グルヲ仁義ト覚ヘ行フコト、誤リニアラズシテ何ゾヤ。責テ誠ヲ守テ己レヲ尽シ諫ヲモ入レナバ仁ノ端トモ云ベシ。然モ其諫ヲモ加ヘズ、唯心ノ内ニ其不義ヲ宜シカラズトノミ知リ、逢フトキハ言ヲ飾リ能キヤウニ挨拶シ置キ、是ヲ君ニ告《マウ》サバ、彼レ立所ニ罰セラルベシ。然レバ是レ人ヲ讒スルノ不仁也。

又、彼レヲ諫ムルトキハ人ノ不善ヲ現ハシ人ヲ辱シムルト云者也。彼レガ気ニ逆《サカ》ハバ、彼レ却テ仇トナルベシ。然レバ是レ吾ガ身ニモ益ナク、彼レガ為ニモ害トナルベシ。如《シカ》ズ君子ハ其独ヲ慎ムニアリト云テ、竟ニ国ノ為、君ノ為、人ノ為ノ三ツノ仁ヲ捨テ、己レ一人ニ仁ヲ尽ス。是レ大ヲ捨テ小ヲ取ル也。

夫レ讒トハ人ノ善ヲ拒ミ悪ニスルヲ云也。彼ノ時次ガ如キハ悪ヲ挙ゲテ善ニ変ゼシム。是レ人ノ為ニ謀テ忠《マメ》ナル者ニシテ、[17]心誠《マコト》ヲ存シ、行ヒ義ヲ守リ、仁則人ニ及ビ、君ニ及ビ、国ニ及ブ。是レヲ己レニ克テ礼ニ復《カヘ》ルト云也。是レ人ノ世ニ生レ、人ノ世ニ交リ、人ノ人ニ尽ス道也。独リ此道ヲ失ハザルコトヲ慎ムヲ君子ハ其独ヲ慎トハ云也。独リ慎ミ独リ身ヲ修メ、他ハ不善悪道ヲ行ヒ積テ国家ノ乱ニ及ブトモ心ニ憂ヘデ見物シテ居ルヲ独ヲ慎ト云ニハアラズ。是ナレバ君子ノ徳イヅクニ用ル所アラン。其独ヲ慎ノ至誠ナルヲ以テ、孔孟乱世ノ危ニ居テ逃《タジロ》ガズ、天下国家ノ為ニ謀テ忠《マメ》也。勇《イサミ》アルニアラズヤ。孟子没シテヨリノ学者十ガ九、皆口《クチ》ニ聖教ヲ唱テ行ヒ皆老荘ガ虚無、長沮・桀溺[18]ガ異端ニ陥《ヲチイ》ル故ニ、経書ノ訓義悉ク彼ノ独ヲ慎ムノ意味巻テ懐《フトコロ》ニスルノ訓点ヲ取ルノ誤リ多シ。聖教要録ニ「聖人《ノ》之学大《ニ》変《ズ》。学者陽《ヲモテニシ》レ儒《ヲ》陰《カゲニス》二異端《ヲ》一也」[19]トハ是レヲ云也。

夫レ己レヲ以テ己レニ仁シテ人ニ構ハザルヲバ礼記ニ是レヲ「独リ其親ヲ親トシ、独其子ヲ子トス」[20]ト云テ、大乱ノ始ヲ成ス者也。学者ノ言行爰ニ流蕩シ来ル。其源ヲ案ズルニ、唯程子ノ英気ヲ忌テ温潤ノ玉ヲ貴ブ一言[21]ヨリ起レリ。

夫レ物独リ立テ其勢甚シキトキハ、其事ヲ害スルコト何ゾ唯英気ノミナランヤ。仁モ事ヲ害スベシ、智モ事ヲ害スベシ。智仁勇ノ用ニ渡リ、宜ク其節ニ中ル義理ヲ明ム、是ヲ学ト云ハズヤ。故ニ孔子ノ曰、「好《テ》レ仁《ヲ》不《レバ》レ好レ学《ヲ》、其蔽也愚《ナリ》。好《テ》レ知《ヲ》不《レバ》レ好レ学《ヲ》、其蔽也蕩《ナリ》」[22]ト。然レバ、其ノ仁、愚ニシテ、自他害ナカランヤ。其智、蕩ニシテ、自他害ナカランヤ。玉ハ仁ノ象也。然ルトキハ勇気ノ英《エイ》ナクバ、何ヲ以テ玉ノ行ヒヲ裁断シテ其義ニ中ラン。若シ玉ハ三徳含畜兼備スルヲ称シテノ云分《ヒン》ナラバ、何ゾ英気アルヲ忌ミ顔子ニ劣レリト云ヤ。

孟子ハ唯英気ノミ有テ、仁智ナシト云ベキヤ。孔孟皆乱世ニ生レテ、其行フ所、其志ス所、其憂ル所、一也。顔回ハ孔子ノ直教ヲ得テダニ独歩シテ孔子ヲ佐《タスク》ルコト能ハズ。然《シカ》モ十哲互ニ友ヲ救テ其行ヒ其半ヲ以テ乱世ニ立ツ。孟子ハ孔子ヲ離レテ独歩シ、以テ道ヲ開キ孔子ヲ佐ク。其功ト云ヒ剛操ト云ヒ能ク十哲ノ及ブ所ナランヤ。然ルヲ程子ハ唯其巻テ懐ニセズ、英気ヲ振ヒタル所ヲ忌ミ白《ニラム》眼。

夫レ道ヲ畳《タタミ》テ懐ニ蔵メ、丸キ玉ニ成リ、人ノ転《コロ》バシ次第ニナルコトハ、己レガ一人ノ為ノ利ニハ最モ良《ヨ》ケレドモ、天下国家ノ為ニハ硜々然タル小人也[23]。礼記ニ「仁ハ義ノ本也」[24]ト。然レバ仁ヲ行フニ義ヲ撰マズンバアルベカラズ。義ヲ撰ムコト智ニ依ラズンバアルベカラズ。智ヲ尽スコト学ニ依ラズンバアルベカラズ。学ヲ勤メ力《リキ》行スルコト英気ニアラズンバ、果スベカラズ。英気ヲ存スルコト其養ヒナクンバアルベカラズ。

此故ニ智仁アリトイヘドモ、金気ヲ以テ行ハザレバ、尽スベキ力《チカラ》ナク、唯綿ノ如ク蒟蒻《コンニャク》ノ如ク、義ヲ見テ勇ミナキ也。又果敢決断ナキ也。此故ニ礼記ニモ「聖人ハ勇敢強有力ヲ貴ブ」[25]ト云。況ヤ戦場ヲヤ。曽子ノ曰、「戦陳無《ニキハ》レ勇、非《ズ》レ孝《ニ》也」[26]ト。異国スラ猶斯ノ如シ。況ヤ日本ヲヤ。況ヤ武門ノ者ヲヤ。爰ヲ以テ吾ガ国ハ金気ヲ以テ天地万物造分ノ初トスル也。三軍利兵ノ勢モ一声ノ鯨波ニ折《クヂ》ク、是レ肺金ノ徳也。

夫レ雷百里ヲ驚ス。凡ソ声ノ大ナル者何者カ是ニ過ギン。是レ商金ノ徳也。岩石堅甲ヲ砕キ、宮城家屋ヲ削リ、田園溝洫ヲ穿チ、大樹良材ヲ伐リ、万物土中ニ発生シ、難行成功ノ勉強、仁義事理ノ決断、刀刄剣戟ノ剛鋭、皆是金気ノ大徳ニシテ、功業ノ始終ヲ成ス者、学者是ヲ去テ乾ノ道又外アランヤ。

法　令

夫レ法一タビ造立シテハ、堯舜ノ聖智トイヘドモ、改メ易ユルコト能ハズ、桀紂ノ暴逆トイヘドモ、亦改メ易ユルコト能ハザル、是レヲ法ト云。其改メ易ヘ安キハ法ニアラズ。皆時ニ随ヒ事ニ依リ、改メ易ヘテ其宜キニ応ズ、是ヲ令ト云。故ニ令ハ法ノ用也、法ハ令ノ体也。其体ヲ定ムルコト、天道ニ則リ地理ニ従ヒ、以テ人世国家ノ本ヲ定ム。故ニ堯舜ノ聖智、桀紂ノ暴逆モ改メ易ユルコト能ハズ。

夫レ規矩準縄ハ方円平直ヲ為《ヲサム》ルノ法也。此法一タビ造立シテ天下未ダ改メ易ユル者ヲ聞カズ。桀紂ノ暴是ヲ拒《コバミ》テ改メ棄ツレバ、只《ダ》今是レ方円平直ヲ得ルコト能ハズ。况ンヤ聖人ヲヤ。其長短小大ノ者ハ時ニ随ヒ器ニ依テ改メ易ユ。是レヲ令ト云。国家ノ法・令アルハ猶巧匠《ダイク》ノ規矩準縄ノ法有テ、長短小大ノ令ヲ行フガ如シ。学者爰ニ於テ法ト令トノ分定、明カナラザルヤ。然ルニ法ト云者ノ義理ヲ明弁通達セズシテ、世々時々ノ令格ヲ以テ大法也ト思ヒ、堅ク守テ時宜用応ノ可否ニモ構ハズ、新法ヲ発スハ聖人ノ罪人也トテ恐レ慎テ、君憂国究スレドモ改メ更ルコト能ハズ。是レ一笑スルニ堪ヘタリ。是レヲ柱《コトヂ》ニ膠スル[27]ニ譬フル也。

夫レ琴ハ国也。絃《イト》ハ政也。柱《コトヂ》ハ令也。律ハ法也。故ニ琴ハ広狭アリ、絃ハ屈伸アリ、柱ハ進退アリテ変化スレドモ、律独リ動クコトナシ。是レ天地ノ自然ニ法《ノット》レバ也。然ルヲ昨日ノ柱ヲ守リ其改メンコトヲ恐レ、膠ヲ以テ堅ク附ケ置カバ、今日ノ絃ノ屈伸《ノビチヂミ》何ヲ以テ是ヲ節シテ其律ニ称《カナ》ハシメ声音ノ和ヲ得ンヤ。礼之楽記ニ「宮《ヲ》為レ君《ト》、商《ヲ》為レ臣《ト》、角《ヲ》為レ民《ト》、徴《ヲ》為レ事《ト》、羽《ヲ》為レ物《ト》。五《ツノ》者《ノ》不《ルトキハ》レ乱《レ》、則無《シ》二怗懘《ノ》之音一矣。宮乱《ルルトキハ》則荒《スサム》、其君驕《ヲゴレバナリ》。商乱《ルルトキハ》則陂《カタムク》、其臣壊《ヤブルレバナリ》。角乱《ルルトキハ》則憂《フ》、其民怨《ウラメバナリ》。徴乱《ルルトキハ》則哀《ム》、其事勤《クルシメバナリ》。羽乱《ルルトキハ》則危《シ》、其財匱《トボシケレバナリ》。五《ツノ》者皆乱《レ》、迭《タガイニ》相陵《ヒグ》、謂《フ》二之《ヲ》慢《ト》一。如《クナレバ》レ此《ノ》、則国《ノ》之滅亡無《ケント》レ日矣」[28]。

是レ亦聖人音律ノ理ヲ以テ国家治乱ノ法味ヲ教ント欲ス。然レドモ琴アリテ将《マサ》ニ調《シラブ》ル様《ヤウ》ヲ知ラズ。君其柱《コトヂ》ノ職ヲ臣下ニ任ジテ調ベントスレバ、堯舜文武ノ柱ニ膠シ堅ク守リテ動カサズ。臣下是ヲ調ベントスレバ、君亦其絃ヲ止《ヤメ》テ布《シカ》ズ。其本ト律アルコトヲ知ラザル故也。故ニ天下国家ヲ一ニ統ル者ハ先ヅ法ヲ立ツルヲ大本トス。

孟子ノ曰、「離婁《ガ》之明、公輸子《ガ》之巧《モ》、不《レバ》レ以《テセ》二規矩《ヲ》一、不《ズ》レ能レ成《スコト》二方円《ヲ》一」[29]トハ、是レ天下国家ヲ治ルニ無法ヲ以テシテハ堯舜ノ智モ治ルコト能ハザルノ譬ヒナラズヤ。

故ニ法立テ国定ル。法ハ事物ヲ統約スル升《マス》也。升既ニ立テ民業ヲ勤ムルコト、其度《ド》ニ惑ハズ。而シテ是レヲ令スルニ徳ヲ以テ行フ。故ニ徳・法ハ国ヲ治ムル規矩也。閔子騫、政ヲ孔子ニ問フ。子ノ曰、「以《シ》レ徳《ヲ》以《ス》レ法《ヲ》。夫《レ》徳法者《ハ》、御《スルノ》レ民《ヲ》之具《ナリ》、猶《シ》三御《スルノ》レ馬《ヲ》之有《ルガ》二銜勒一也」[30]ト。是レ亦銜勒ヲ以テ馬ヲ使フニ譬ヒ、以テ其実ヲ諭《サト》サシメントス。其実ニ至テハ、学者ノ自得ニ在リテ、聖智モイカントモスルコト能ハズ。

今ノ学者唯ダ文字訓詁ノ解《ゲ》、言辞形名ノ意ノミヲ講ジ、曽テ其実ヲ探ラズ。是ヲ記問ノ学ト云。礼記ニ「記問《ノ》之学《ハ》、不《ズ》レ足三以為《テスルニ》二人《ノ》師《ト》一」[31]トハ是也。唯琴ノ名所、絃歌ノ作用、五音六律ノ道理、及ビ絃《イト》ノ屈伸、柱ノ進退アルマデ、詳ニ語リ委ク知ル。然レドモ是ヲ調ベ宮商角徴羽ノ音和ノ変ヲ治ムルコトハ自ラ知ルコト能ハズ。唯先王ノ柱ヲ係《カケ》置キ玉ヘル侭ヲ動《ウゴカ》サズ堅ク守リ詰メテ以為《ヲモヘ》ラク、若シヤ人目ニ柱少シモ昔ノ居所《スヘ》ニアラズト見ラレンカ、又ハ万一障リテ動クヤト膠ニ漆ヲ加ヘ、釘ヲ添ヒ毛末モ動カサヌ如クスルノミ。

故ニ己レガ形名ニ於テハ誤リノ名ナシトイヘドモ、律呂ノ音大イニ和セズ。和セズトイヘドモ、其音律ヲ聞キ知ルコト能ハズ。聞キ知ル所少シモ有ルトキハ是非《ゼヒ》トモニ柱ヲ進退セシムルコトヲ覚ユ。柱進退セシムルコトヲ覚ユルトキハ、亦絃ノ屈伸アル所モ知ルベシ。爰ニ於テ絃緩《イトユル》キトキハ張ラシムベシ。絃縮《シマ》ルトキハ其断《キレ》ンコトヲ恐レテ是ヲ寛《ユル》メ、而シテ絃ノ政ヲ調《トトノ》ヘ、柱ノ令ヲ進退セシメ、以テ律ニ合《ガッ》シ而シテ宮商角徴羽ノ和ヲ得《エ》、五倫ノ道其正シキニ反ル。是レ琴ノ一国、琴ノ天下ヲ調《シラ》ベ得ルト云者也。

然レバ、聖学ニ志シ先王ノ法ヲ尊ムハ、柱ノ進退絃ノ屈伸ノ形名ノミヲ貴ビ学ブコトニアラズ。善ク律呂ノ調子ヲ知リ、一琴ノ五音ヲ和シ治ルヲ知ランガ為也。然ルヲ唯琴一曲ノ名目ノミ明細ニ学ビ知ルバカリニテ、其調子ヲ合スルコトニ志ナキハ、是レ皆記問ノ学也。一身ニ於テモ、国家ニ於テモ、一毛ノ益ナシ一厘ノ功ナシト知ルベシ。故ニ人臣ノ職命ヲ任ゼラレテ、唯古今ノ令格ノミヲ守リ、其身ヲ安ジ、労シテ君ニ功ナキハ、柱ヲ法ト覚ユル故也。学者詳ニ弁別セズンバアルベカラズ。況ヤ政務ヲ兼ル人ヲヤ。

此故ニ政寛《ユル》キトキハ下ヨリ上ヲ害フニ至ル。政強キトキハ上ヨリ下ヲ害フニ至ル。寛強ノ中和ヲ執ルヲ善トス。是レ琴絃ノ寛強ヲ操シテ、其音和ノ中ヲ執ルコトハ、唯柱ノ令ヲ以テ平均スルノミ。家語ニ孔子ノ曰、「政寛トキハ則民慢ス、慢スルトキハ則糺シ二於猛一ニ。猛ナルトキハ則民残フ、民残フトキハ則施スニレ之ヲ以スレ寛ヲ、寛以テ済ヒレ猛ヲ、猛以テ済フレ寛ヲ、寛猛相済ヒ、政是以テ和ス」[32]ト云モ、亦是レ此心ナラズヤ。

孔子魯国ト云琴ヲ与《アヅカリ》、政ト云絃ヲ係《カ》ケ、令ト云柱ヲ操シ、法ト云律ニ合シ、以テ五倫ト云五音ヲ和シ玉ヘルヲ、斉国ノ大夫、是ヲ妬ミ拒ミ、謀ヲ以テ竟ニ其絃ヲ絶《タチ》柱ヲ乱ス。

又、魯国ノ士能ク懐《ナツ》キ従ヒ四方ニ名ノ聞《キコヘ》アル少正卯ヲ誅シ[33]、学者ノ為ニ不審ヲ得玉ヒ、又父ハ其子ヲ悪《ニク》ミ、子ハ其父ヲ悪ミ、父子争論シタル者ヲ獄ニ捕ヘシヲ、故モナク孔子是ヲ赦シ、季孫ガ為ニ怪《アヤシ》メラレテ曰、「夫レ国家ハ先ヅ孝ヲ以テ重シトスベシ。然ルニ今、子《コ》ノ身トシ父ノ悪ヲ訟ル者ヲ赦スコト古来是レナキ新法也。何ゾ正シク誅戮シテ衆人ノ見懲リニセンヤ」[34]ト、孔子其故ヲ門人等ニ説キ玉ヘバコソ後世其理ヲ明ラムニ足レリ。左モナクバ合点ノユカヌ聖人ト成リヌベシ。

夫レ国家未ダ法立《タタ》ズシテ何ヲ当所《アテド》ニ令ヲ行ハン。是レ皆形名ノミニテ、其実ナシ。孔子ノ少正卯ヲ誅シ、不孝ノ子不慈ノ父ヲ辜《ツミ》シ玉ハヌハ、其琴ノ調子ヲ合センガ為也。何ゾ定格ヲ重ンジ、調子ヲ捨玉ハンヤ。今ノ学者ハ唯絃歌琴柱律音ノ沙汰ノミニテ、調子ノ和不和ハ捨テ取ラズ。故ニ聖教有テ国家ニ益ナキハ此故也。是レ聖教ノ辜ニアラズ、学ブ者ノ愚也。然レドモ絃歌琴柱律音ノ沙汰ハ未ダ聖教ヲ離レズ。是レ責テ治国ノ便アリ。然ルヲ絃歌琴柱律音ノコトハ先ヅ措《サシヲ》キ、琴ヲ造《ツク》ル木ノ性、柱ヲ作ル器ノ性、絃ヲ為《ツク》ル糸ノ性、律音調和ノ理ヲ工夫スルヲ専ラ学ブ者アリ。是ヲ心上理学ト云。

又、琴柱ノ寸法、長短律音ノ高低大小ノ別ヲ専ラ学ブ者アリ。是レヲ字義訓詁ト云。是レ国家今日ノ急ニ於テ益ナシ。其委細ナルコトハ委細ナレドモ、聖学ニ於テ其用異端ノ学也。聖教要録ニ「聖人《ハ》不《ズ》レ分《ケ》二天命気質之《ノ》性《ヲ》一、若《シ》相《ヒ》分《ルトキハ》 則天人理気竟《ニ》間隔《ス》。此《ノ》性《ヤ》也、生《ナル》二理気交感之《ノ》間《ニ》一。天地人物皆然《リ》也。措《テ》二気質《ヲ》一論《ズルハ》レ性《ヲ》者学者之《ノ》差謬《ナリ》也。細《ナルコトハ》 乃細《ナレドモ》 而無《シ》レ益《ニ》二聖学《ニ》一」[35]トハ此是レヲ云也。

夫レ人世、今日ノ事務一ツトシテ急務ニアラズト云コトナシ。人生レ落ルト悉ク此急務ノ命ヲ蒙ムラズト云コトナシ。此急務タルコトヲ知ル者ヲ君子ノ智ト云。曽テ以テ急務タルコトヲ知ラザルヲ小人ノ愚ト云。故ニ此急務ヲ勤ムル者ハ、能ク事物ヲ治ム。知ラザル者ハ事物ニ治メラルル。然ルヲ聖教ヲ信ジ学ビナガラ、君子ノ勤ヲ知ラズ、事物ノ為ニ治メラレ、一生性理ノ工夫ヲ果サズ、竟ニ国家人物ノ為ニ益ナクシテ終ル者、孟子没シテヨリ此方幾千万人、未ダ性理ノ工夫ヲ遂ゲ得テ、而シテ国家治平ノ勤ヲシタル者ヲ聞カズ。

此故ニ聖教ヲ学テ治道ヲ知ラザル者ハ、琴ヲ学テ調子ヲ知ラザルニ似タリ。其執ル所ノ者ハ調子ニ在テ、琴ニアラズ。故ニ法立ズシテ令ヲ行フハ、譬ヘバ猶根ノ無キ草木ニ培《コヤシ》スルガ如シ。経ニ曰、「其本乱《ト》而《テ》末《ヘ》治《マル》者否《シ》矣」[36]云々。

夫レ法ハ四海ノ事物ヲ統ブ。故ニ人君居ナガラ万物ノ数ヲ知ル。戸ヲ出《イデ》ズシテ四境ノ動ヲ見ル。其簡易倹約ノ道ヲ行フコト法ナクシテ、何ヲ以テ国家ヲ富シ人民ヲ安ンゼン。故ニ古ノ聖法ハ皆天地ニ則《ノツト》ル。易《エキ》ノ繋辞ニ「乾《ハ》知《トル》二大始《ヲ》一、坤《ハ》作《ス》二成物《ヲ》一。乾《ハ》以《テ》レ易《ヲ》知《トリ》、坤《ハ》以《テ》レ簡《ヲ》能《クス》。易《ナレバ》則易《ヤスク》レ知《リ》、簡《ナレバ》則易《シ》レ従《ヒ》。易《トキハ》レ知《リ》則有《リ》レ親、易《トキハ》レ従《ヒ》則有《リ》レ功。有《トキハ》レ親則可《シ》レ久《シカル》、有《トキハ》レ功則可《シ》レ大《ナル》。可《キハ》レ久《シカル》則賢人之《ノ》徳、可《キハ》レ大《ナル》則賢人之業。易簡《ニシテ》、而天下之《ノ》理得《ル》矣」[37]ト云ヘリ。

夫レ天地ノ変化、万世極ムベカラズトイヘドモ、唯四時ヲ以テ一年ノ法トシ、二五[38]ヲ以テ令ヲ行フ、是ノミ。而シテ万世無究ノ定法トス。其簡易見ツベシ。天下国家ヲ統ルノ法、何ゾ是ニ法《ノット》ラザルヤ。多事多令ニシテ有司百官日々ニ足ラズ。事ニ著《ツキ》物ニ誘ハレ日夜末《スヘ》ヲ撰テ本ヲ立《タテ》ズ。故ニ志ハ治ヲ願トイヘドモ、事物散乱シテ統ラレズ。心ハ功ヲ思トイヘドモ、事物繁多ニシテ定ラズ。故ニ日用ノ事、唯当ルニ任セ捨《ヒロ》ヒ捨《ヒロ》ヒニ扱ヒ、其応変利害ノ遠慮度量モ構ハズ、先例ヲ便リニ今日ヲ済シ行フユヘ、其次序ヲ失ヒ、其括《クク》リヲ失フ。是レ其本ト立《タタ》ザレバ其道成ラズト云コトヲ聖経ニ常々見ル所ナレドモ、此聖語ヲ今日国家ノ事務ニ移シテ知覚スル思ヒヲ尽サズ。是レ何ンガ故ゾ。其習フ所ヲ誤レバ也。「子曰、性相近《ヒ》也《シ》、習《フコト》相遠《ヒ》也《シ》」[39]ト云、是レ也。然レドモ人ノ気禀同ジカラズ。故ニ智ニ清濁アリ。爰ヲ以テ又曰、「唯《ダ》上知与《トハ》二下愚一不《ズ》レ移」[40]ト。然ラバ況ヤ下愚ニシテ其習フ所遠フカラバ其誤リ知ル所イカガアラント思ハズヤ。然ルトキハ其師ヲ撰ビ其友ヲ撰ムコト最モ慎ムベキコト也。此故ニ礼ノ学記ニ曰、「師《ハ》也者、所二以《ンナリ》学《ブ》レ為《タルヲ》レ君也、是《ノ》故《ニ》択《ムコト》レ師《ヲ》不《ズ》レ可レ不《ズンバアル》レ慎《マ》也」[41]ト云ヘリ。

夫レ聖教ヲ学テ、君ノ為、国家ノ為、人ノ為ニ用ニ立《タタ》ヌトキハ、何ヲ以テ貴シトスベケンヤ。今日ノ匹夫下賤ノ者スラ道ヲ学テ、必ズ其功天下ニ及ブ也。況ンヤ士ヲヤ。況ンヤ政務ニ預ル人ヲヤ。聖教ヲ学テ是ヲ持《タモ》チ、其身政事ノ職ニ任セラレ、其道ヲ国家ニ弘メ、以テ風ヲ新《アラタ》ムルコト能ハザルハ、是即、学ブ所未ダ聖教ニ通ゼザル所也、ト自ラ顧テ、是マデノ是非《ゼヒ》発明ノ見《ケン》ヲ改メ易ヘ、学問ヲ仕直《シナヲ》スベシ。是レ勇敢決断ノ入ルベキ場ナリ。又、思ヒヲ君ニ尽シ、志ヲ国家ニ果シ、信ヲ聖学ニ守ルト云者也。学テ用ニ立《タタ》ザレドモ是レニ気モ付カズ、偏ニ其侭ヲ貴ムハ惑也。泥《ナヅミ》也。甚懦弱也。

或人ノ曰、学者各治道ニ志ナキニハアラズ。然レドモ下愚ニシテ其用ル所ヲ知ラズンバイカガセン。曰、其志アリトイヘドモ、其用ル所ヲ知ラザルハ思ヒヲ尽サザル故也。「視《ルコトハ》思《フ》レ明《ヲ》、聴《クコトハ》思《フ》レ聡《ヲ》」[42]トハ孔子九思ヲ曰《ノタマ》フ其二ツ也。又、書経ニ「思《ヲ》曰《フ》レ睿《ト》、睿《ハ》作《ル》レ聖《ト》」[43]ト云ハズヤ。又説文ニ「睿《ハ》深《クス》レ明《ヲ》」[44]ト云フ。故ニ周惇(敦)頤ガ云、「不《レバ》レ思《ハ》不《ズ》レ能《ハ》レ通《ズル》レ微《ニ》、通《ズルコトハ》レ微《ニ》生《ズ》二于思《フヨリ》一」[45]ト云ヘリ。此故ニ自ラ下愚ナルコトヲ知ルハ幸ノ至也。

又、自ラ其愚ヲ知ルハ是レ即明也。此明ヲ以テ君ヤ国家ヤ職ノ為ニ思ヲ尽スコト昼夜ヲ捨ズンバ、焉《イヅクン》ゾ一事ノ功ヲ奉ゼザルコトノアランヤ。然ルヲ朝《テフ》ニ在テハ唯今日ノ君用当ルニ任セ、格ニ委《ユダ》ネルマデニテ、家ニ帰リテハ今日ノ勤ムル所ヲモ顧ズ、或ハ好ム所ノ書ヲ読ミ、或ハ好ム所ノ酒ヲ飲ミ、或ハ碁会、或ハ遊猟ノ如キ者ニ日ヲ空シクシテ、是ヲ勤ノ余力ト覚ユ。而シテ勤ノ道ヲバ下愚也ト云テ年月ヲ徒《イタヅラ》ニス。是レ小人ハ必其過ヲ飾ル者ニシテ、是ヲ巧言令色[46]ト云フ也。是ナレバ衆俗ノ愛ヲ得、一己ノ利得ニ於テハ全シトイヘドモ、其学ビ貴ブ所ノ聖教ニ合《ガッ》セズ。且ツ君恩ノ義、国家ノ為、職事ノ任ニ於テハ忠臣ノ道ヲ尽ス精誠トハシガタシ。聖学ニ依テ道ハ一己ニ存ストイヘドモ、是レヲ万分ノ一モ弘メントスルノ思ヒナシ。論語ニ「子曰《ノ》人能《ク》弘《ム》レ道《ヲ》、非《ズ》二道弘《ムニ》一レ人《ヲ》」[47]ト云ハズヤ。人皆曰天地ノ化育ヲ佐《タスク》ルノ道ハ、愚ノ及ブ所ニアラズ、唯何事モ時々ノ自然ニ任スルニハ如《シカ》ズト。是レ学者ノ偽也。辞《コトバ》ヲナシテ飾リ以テ其難ヲ避ル也。

夫レ年々菊《キク》ヲ作ル人ヲ見ズヤ。其土ヲ錬ルコト最モ精《クハシ》ク、其培《コヤシ》ヲ施スコト頗ル厚クシ、其地理ヲ撰ミ其花壇ヲ正フシ、以テ其苗ヲ置キ、其苗ヲ植テヨリ以来《コノカタ》、是ヲ養フコト子《コ》ノ如クシ、是ニ事《ツカフ》ルコト父ノ如クシ、朝《アシタ》ニハ暁《アク》ルヲ待テ出テ虫ヲ拾ヒ、其心《シン》ヲ敬シ其芽《メ》ヲ留メ、日ヲ覆《ヲヒ》霜ヲ厭ヒ、雨ノ過不及ヲ試ミ露ノ程ヨキヲ与ヘ、其法ニ寄ラシメ、其意ヲ尽スコト春ヨリ秋ニ至ルマデ、一日ノ間一刻ノ中、間断ナシ。而シテ此労ヲ以テ反テ楽トシテ更ニ変ゼズ。故ニ其花大輪ニ発《ヒラキ》テ、衆目ヲ驚シ、其美ハ玉ヲ以テ恥《ハヂ》ズ。是レ其仁、草《クサ》ニ及ブニアラズヤ。

是ヲ唯天地ト時トノ自然ニ任セテ、人ノ力《チカラ》ヲ尽サザレバ、天ハ唯生ジ、地ハ唯養ヒ、時ハ唯花葉ヲ有ラシムマデニテ、其茎倒《クキタヲ》レ、散乱シテ虫ニ傷《ヤブ》ラレ、花甚ダ小輪ニ開キ、美モナク景モナク、実《マコト》ニ貧究ノ人ヲ見ルガ如シ。是レ人能ク天地ノ化育ヲ佐ルコト明カナラズヤ、然ラバ化育ヲ佐クルノ道、何ゾ知ラズト云ヤ。菊ノ化育ヲ佐クル道ヲ是ヲ国家ニ移シテ国ヲ以テ花壇トシ、財ヲ以テ培トシ、賊ヲ以テ虫トシ、仁ヲ以テ日覆トシ、義ヲ以テ耘リ、民ヲ以テ菊トシテ、是ガ為ニ心ヲ労スルヲ楽トシ昼夜ヲ捨ズンバ、民各大輪ニ栄花ヲ開カズンバアルベカラズ。

斯ノ如ク意ヲ尽シテ、君用ヒズンバ、是レ命也。是レ時也。然ルヲ己レ未ダ一向ニ意ヲモ尽サズ、事ヲモ務メズシテ、唯下愚也ト云ヒ、或ハ時也ト云ヒ、唯何ゴトモ天地ノ自然ニ従フガ良《ヨシ》ト云トキハ、聖教ヲ学ビタル所、何《ナニ》ヲ見、何ヲ信ジ、何ヲ解シタルヤ。是レ全ク聖教ヲ見誤リタル所、粲然トシテ明カ也。

夫レ菊ニ限ラズ天地万物ノ上《ウヘ》、能ク心ヲ潜《ヒソ》メ意ヲ砕《クダ》キ、是ヲ人道ニ移シナバ、悉ク聖人ノ教ニアラズト云コトナシ。礼記ニ孔子ノ曰、「天ニ有リ二四時一、春秋冬夏風雨霜露無シレ非ズト云コトレ教ニ也、地ニ載ス二神気ヲ一、神気ハ風霆、風霆ハ流シクレ形ヲ庶物露生ズ、無シレ非ズト云コトレ教ニ」[48]トハ、此是レヲ云ニ非ズヤ。故ニ古ノ聖人、人道ノ教、治道ノ法、天地ノ務メ、万物ノ動キニ法《ノット》ラズト云コトナシ。

易ノ繋辞ニ「古者包犠氏ノ之王タルヤ二天下ニ一也、仰テ則観二象ヲ於天ニ一、俯シテ則観二法ヲ於地ニ一、観三鳥獣ノ之文ト、与ヲ二地ノ之宜キ一、近クハ取リ二諸レヲ身ニ一、遠クハ取二諸レヲ物ニ一」[49]ト云ハズヤ。然ルトキハ学者何ゾ菊ヲ見テ人ノ化育ヲ佐クル道ヲ習ヒ、是レヲ人臣ノ勤メニ法《ノット》リ、君ノ仁恵ノ道路ヲ切リ開キ、周《アマネ》ク民ニ通ズルコトヲ務メズシテ、却テ己レガ学ブ所ノ聖教ヲモ閉ヂ、君ノ仁恵ノ道ヲモ塞ギ、一向己レヲ安ジ、身ヲ利スルノミヲ一トスルヤ。君ノ仁道ヲ切リ開キ民ニ通ズルコト、土石ヲ挙ゲ塵埃ヲ除キ、川ヲ開キ水ヲ大海ニ通ズルガ如シ。是レ人臣ノ職義也。

或人ノ曰、「菊ハ小事也。故ニ一人ヲ以テ是ヲ成ス。人、豈斯ノ如ク容易《タヤス》カランヤ。或ハ同職アリ、或ハ奉行アリ、或ハ格例アリ、或ハ他職アリテ、是レヲ支《ササユ》ルコトアラバ、吾レ欲スルトモ成ルベカラズ」。曰、兵家ニ云ヘルコトアリ。人ニ先ダツ者ハ人ヲ制シ、人ニ後ルル者ハ人ニ制セラルルト[50]。然レバ其見切ル所ノ明カナル者ハ必人ニ先ダツベシ。其見切ル所ノ明カナラザル者ハ往ク向覚束《サキヲボツカ》ナキ所アルユヘ、己レ危キ意《イ》ヲ以テ必人ノ後《シリヘ》ニ立ツコト是レ自然ノ勢也。故ニ人昧キ所ニ往ク灯ヲ持ツ者ハ、必人ニ先ダツコト、一僕ノ賤キモ主人ノ先ニモ立ツハ其明ヲ有《ユウ》スル故也。此故ニ人ニ先ダツコトヲ恐ルルハ敢テ謙退ノミナラズ、其事ノ本末始終明カナラズシテ、其執ル所ヲ曽テ知ラザレバ也。是レ勤ムル所ヲ知ラザルト云者也。孔子ノ所謂ル「其執ル所ヲ知ラズ、其務ムル所ヲ知ラザル、是レ庸人也」トハ是ヲ云ベシ。故ニ唯其動ク所、先格ニ委《ユダ》ネ、職命ヲ尽スノ実ナク勤虚也。故ニ一生一事ノ功ヲ報ズルコトナシ。

　夫レ辞譲謙退ノ礼ハ朋友ノ交接ニ在テ、皆朝外ノ事也。職命ノ行ヒハ皆任官ノ君命也。君命即天命ニ帰スル所也。天命ヲ辞退スルコトハ古今四海未ダ其例ヲ聞カズ。故ニ朝ニ在テハ官位ノ礼アリ。然ルヲ今ノ人臣、己レガ職事ノ上マデ常ニ辞譲謙退ノ礼ヲ行ヒ、以テ世ノ風ト成リ来レリ。是レ武臣ノ大義ヲ失フ、哀哉。

　夫レ一家一僕ノ主人タリトモ、主君ノ外ハ唯尊卑高下アルノミニテ、皆朋友ノ列也。故ニ辞譲謙退ノ礼ヲ以テ尊卑ニ応ジ、是レヲ行フベシ。彼ノ漢ノ蒯徹ガ漢帝ニ捕ハレ、朝敵ノ罪ヲ攻ラレシトキ、吾レ韓信アルコトヲ知テ漢帝アルコトヲ知ラズト答ヘシ[51]モ、君主ヨリ外皆朋輩タル義理ヲ知レバ也。

　夫レ一身以一国トスルトキハ、心ハ以テ君タルベシ。耳目鼻口ハ各官職ノ臣タリ。聴クトキハ耳ハ口ニ譲ルベキカ、言《イフ》トキハ口ハ目ニ辞スベキカ、或ハ右ノ耳左ノ耳ト相ヒ譲リ、左ノ目右ノ目ト功ヲ辞スベキカ。心一タビ聴クコトヲ命ズレバ、速カニ耳ノ職役是レヲ勤メ、心一タビ見ンコトヲ命ズレバ、目ノ職役速ニ是レヲ勤メ、耳目鼻口皆功ヲ心ニ報ゼズト云コトナク、以テ心ノ徳ヲ物ニ通ゼズト云コトナシ。故ニ孔子ノ曰、「君召ストキハ駕ヲ待ズシテ行ク」[52]ト。又云、「君ノ為ニ使フル者ハ已《ステ》ニ命ヲ受ケテハ君言家ニ宿サズ」[53]ト云ハズヤ。是レ君命一タビ受ケテハ、毛末モ私意ニ宿サズ速ニ君意ヲ開キ、徳音ヲ通ズルコトヲ要トシテ、曽テ私意ヲ加ヘズ以テ辞スベキノ義ナキコトヲ味フベシ。是レ至敬ノ道也。

　君ト吾レト智愚ヲ以テ職命ヲ固辞スルハ、君ヲシテ朋輩ニスル者ナリ。是レ義ノ理《スヂメ》ヲ知ラザレバ不敬ヲ以テ敬ト覚ユ。故ニ公卿大臣ノ尊命也トモ、吾ガ主君ノ外ハ皆吾ガ身ヲ愚ニシテ辞シ、吾ガ身ヲ賤シテ譲ル。是レ他ヲ敬スルノ礼也。然ルヲ、吾ガ耳目鼻口ハ吾ガ心ノ命ヲ辞譲謙退シテ、耳目鼻口互ニ功ヲ譲リ合ヒ、互ニ職ヲ辞シ合《アハ》バ、心ハ殆ンド外ニ成テ通ヲ失フ。是レ耳目鼻口等《ラ》、心ノ命令ヲ私宿セシメテ意見ニ陥《ヲチイ》ル也。君言家ニ宿サズトハ、是レ此謂ナリ。

夫レ智愚ヲ撰テ任ヲ命ズルハ、君ニ在テ臣ノ与《アヅカ》ル所ニアラズ。職ヲ勤メ命令ヲ通ジ君ノ仁道ヲ開キ国民ニ及ボス者ハ、臣ニ在テ君ノ務ムル所ニアラズ。君ハ体、臣ハ用也。然ルヲ臣自《ミヅカラ》職命ノ務ヲ愚ヲ以テ辞シ、智ヲ以テ隠《カク》シ、独ヲ慎ミ、格例ノ外動《ウゴキ》ヲ禁ズルハ、己レヘ忠アリト云者ニテ、君ニ忠ヲ尽スト云者ニアラズ。故ニ「令之《ノ》不《ルハ》レ行《ハレ》者臣之《ノ》罪也」[54]ト孔子ノ玉ヘリ。群臣職ヲ尽シテ、以テ君ノ道ヲ開キ、国ヲ富シ、君ヲ安ンジ、民ヲ楽《タノシ》マシメズシテ誰カ是レヲ勤メント思ヤ。国家乏シク民究シ、君憂ヒ百用備ハラザルハ、君ノ道ノ塞ガル故也。其塞グハ皆群臣職命ヲ私宿シテ、誤テ愚ヲ以テ智ヲ辞スル故也。

一人不義ヲ勤ムレバ群臣皆是レニ引レ、忠者モ義者モ已《ヤム》コトヲ得ズシテ同道シ、竟ニ俗ヲ為《ナ》シ常ト成ル。是レヲ乱軍ニハ友クヅレ[55]聞キ崩レト[56]云フ也。此時ニ当テ良将モ制シ止ムルコトイカントモスルコト能ハズ。爰ニ於テ一人、人ニ先ダチ踏ミ止テ、敵ノ勢ヲ折ク者ヲ忠義ノ功ト云ハズヤ。何ゾ唯戦場ノミナランヤ。治世ノ友クズレモ亦人ニ先ダチテ、君ノ為、国ノ為、此身ヲ殺シテ仁ノ道ヲ勤メ、以テ武門ノ天命ヲ守ザルヤ。然ルヲ況ヤ常ニ文武ノ道ヲ学ブ人ヲヤ。

夫レ一人ノ君子ニ笑レンヨリハ万人ノ俗ニ誉メラルルハ、其利是レヨリ大ナルハナシ。是レ小人ノ利トスル所也。武門ニ命ヲ受ケ、国家ヲ安定シ、主君ノ憂苦ヲ払ハント欲スル気象ナク、安閒ト聖経ニ眼ヲ晒シ、一生国家ニ功ナケレバ、聖経ヲ信ズルト云者ニアラズ。是レ一生聖経ヲ見物スルト云者ニテ、設令《タトヘ》バ浄《ジヤウ》琉璃《ルリ》本《ホン》ヲ読テ性情ヲ慰スルト同ジ。

夫レ軽卒《アシガル》ノ卑職ト云トモ、君命ヲ荷擔《ニナフ》コト大夫ト何ゾ軽重アラン。然ラバ弓鉄炮ノ一事トイヘドモ、志ヲ君ニ寄セテ昼夜ヲ捨ズンバ、其信何ゾ群ニ超ル功ナカランヤ。功ヲ奉ズレバ、君必是ヲ賞スルニ爵ヲ加ヘ、官ヲ進メ職ヲ転ズ。是レ君ノ大礼也。礼記ニ「臣下竭《シ》レ力《ヲ》尽《シ》レ能《ヲ》以《テ》立《ツ》二功《ヲ》於国《ニ》一、君必《ズ》報《ズルニ》レ之《ヲ》以《ス》二爵禄《ヲ》一」[57]ト云々。然レバ官ニ移ル毎《ゴト》ニ其功アラザルコトナクンバ、君何ゾ国家ノ委任ヲ免《ユル》サザルベキヤ。既ニ国家ノ委任ニ与《アヅカ》ラバ、何ゾ聖法ヲ布《シク》ニ足ラザルベキ。而シテ孔子政ヲ斉ニ破ラレ、張華[58]殺害セラルルノ類ニ遇フハ皆天也、命也。聖人モ救フべカラズ。大賢モ謀ルべカラズ。然ルヲ今ノ人臣ハ、孔子・張華ガ後ノ破レ後ノ害ヲ其始ヨリ用心ヲスル故ニ、職分ノ実ヲ尽スコト皆外トナリテ、偏ニ己レガ身ノ上ノミヲ勤メテ、其覚悟ニ遑アラズ。何ヲ以テ人ニ先ダツ故ヲ知ラン。君ニ向ヒ天ヲ貴ブコト誠忠ヲ守ラバ、軽卒職ノ卑キモ何ゾ竟ニ国家ノ委任ニ与《アヅカ》ラザルベキ。礼記ニ「子曰事《ツルコト》レ君《ニ》軍旅《ニハ》不《ズ》レ辟《ケ》レ難《ヲ》、朝廷《ニハ》不《ズ》レ辞《セ》レ賤《ヲ》、処《テ》二其位《ニ》一而不《レバ》レ履《フマ》二其事《ヲ》一則乱《ルルナリ》也」[59]ト云ハズヤ。国乏シク君安カラズ、民究シ兵堅カラズ、百工具《ソナ》ハラズ、山沢田園ノ産物他借ノ償《ツグノイ》ト成ルハ是レ乱ナラズヤ。何ゾ唯干戈ヲ揺《ウゴカ》スノミ乱ト云ベキヤ。

是レ臣下、此急ヲ救フハ武臣ノ天命、君命ノ荷《ニナフ》所ナラズヤ。何ゾ唯変難ノミ国家ノ急ト覚ユルヤ。常トスル所ノ者既ニ混乱シテ、豈能ク変難ヲ救フコトヲ得ベケンヤ。是レ国家ノ危キ姿《スガタ》ヲモ見知ラズ、治乱ノ姿ヲモ見知ラズ、其位ニ居テ其事ヲ履ムト云コトヲモ知ラズ、其職ヲ任ゼラレテ其務ムル所ヲモ知ラズ、事々物々ノ緩急及ビ其執リ行フ所ノ本末先後スルヲモ知ラズ、此五ツノ者皆知ラズシテ、朝夕聖経ヲ信ズルトキハ、其見ル所決定見誤リタル所ナクンバアルべカラズ。左モナクバ何ゾ国危ク君安カラズ民究スルヲ余所《ヨソ》ニ見テ、職命ヲ後《ウシロ》ニスベキ義理アランヤ。

或人ノ曰、「然ラバ愚ニシテ才ナク、其見切ル所明カナラズトモ、無二無三ニ水火ノ難ニ飛入リテ、其急ヲ救テ可ナランヤ」。曰、是レ相スル者ナクシテ盲人ノ河ヲ渡ルガ如シ。是レ暴虎馮河シ[60]死ストモ悔ナキ者也。焉《イヅクンゾ》ゾ功アラン。

惣《ソウ》ジテ才智ヲ便リ威勢ヲ頼ミニ事ヲ成ス者ハ君子ノセザル所也。若シ才智下愚ヲ以テ治道ノ成ル成ラザルヲ云ハバ、聖教ハ智者ノミ学テ愚者ハ学ザル者カ。忠功ハ智者ノミ有テ、愚者ハ皆不忠ノ者ニ極メンカ。故ニ武門ノ天命君命ノ職分ニ於テ、知愚尊卑ヲ以テ相ヒ譲ラザルノ礼ハ、是レコレヲ以テ也。然ルヲ今ノ人臣、皆愚ヲ以テ辞シ賤ヲ以テ譲ルヲ礼ト覚ユ。君命ニ対シテ甚不敬也。

夫レ槃特《ハントク》[61]ガ愚痴モ仏性ヲ得タルニ非ズヤ。其愚ヲ以テ勤仕ヲ辞シ、其賤ヲ以テ官位ヲ譲ラバ、群臣誰カ智ヲ以テ進ミ誰カ貴ヲ以テ居《ヲ》ラン。朝廷位階ノ職命殆ンド其用ナシ。群臣皆退クヲ礼トセバ、君道ヲ開キ仁ヲ国家ニ及ボス者、何者カ是ヲ勤メン。故ニ忠功ハ智愚ヲ以テセズ。或人ノ曰、「然レドモ愚ニシテ其見切ル所ヲ知ラズ、賤シテ其任ニ勝《タヘ》ズバイカガセン」。曰、「事ハ多端ニシテ極リナシ。物ハ万方ニシテ尽キズ。自得ハ己レニ在テ習ヒガタシ。一々言ヲ以テ尽スベケンヤ。然レドモ暫ク形容シテ是レヲ云ハン」。

夫レ色ヲ好テ恋慕ニ沈ム者ヲ見ズヤ。其心ヲ尽シ意《イ》ヲ砕クコト昼夜ヲ捨ズ、其逢遇《アイアフ》事ヲ強《ツトム》ルコト能ク時宜ヲ知リ、信ヲ守リ志ヲ変ゼズ艱苦ヲ厭ハズ、死生ヲ顧ズ、彼ノ尾生ガ女子ヲ待テ梁柱ヲ抱キ、水中ニ流死シ、[62] 深草ノ少将ハ小町ガ為ニ九十九夜ヲ務テ雪中ニ寒《コゴヘ》死スルノ類、[63] 世ニ於テ計《カゾフ》ルニ暇アラズ。盗ヲスル者ハ能ク人ノ室中ヲ慮リ、財宝ノ居所ヲ察シ、其執ル所ノ見切ヲ明カニシ、事ノ先後ヲ審ニシ、虚実奇正ヲ尽スコト、守ル者ノ能ク及ブ所ニアラズ。故ニ危キヲ凌テ得。若シ運尽クルトキハ、其死ヲ始メニ計《ハカ》ラズ。

博奕ヲ好ム者ハ昼夜眠ラザレドモ衰《ヲトロヘ》ズ。得ルトイヘドモ惜マズ、失フトイヘドモ已《ヤマ》ズ。家財ヲ顧ズ、妻子ヲ愛セズ。是レ禹王ノ水ヲ治テ周流シ九州ヲ定メ、三年吾ガ門前ヲ過グレドモ其妻子ヲ顧ザルノ思ヲ尽スト異ナルコトナクシテ、彼レハ己レガ利ニ至誠ヲ尽《ツクス》聖人也。是ハ天下ノ利ニ至誠ヲ尽ス聖人也。

然レバ色モ盗モ奕モ、是ヲ国家ニ尽セバ、忠也、義也、智也、仁也、勇也。而シテ智者モ愚者モ老者モ若者モ貴モ賤モ、皆得テ是ヲ尽スニアラズヤ。故ニ王道ハ才智ヲ以テ治メズ。亦明カナラズヤ。才智ヲ以テ論ズレバ、愚者ハ皆忠ナキ者ニ極ルベシ。群臣何ゾ徳ヲ好ムコト色ヲ好ムノ思ヲ尽サザルヤ。若シ然ラズンバ、鮑叔・子皮ガ行ヒ[64]ニ倣ヒ、賢ヲ進メテ是ヲ佐ケ、以テ功ヲ奉ラザルヤ。然ルニ賢ヲバ是ヲ拒ミ、己レハ辞シテ勤メヲ抧《ヒカヘ》(扣カ)君ヨリ禄位ヲ賜ハレバ辞セズシテ受ケ、而シテ昼夜学問ヲ貴ブ。聖教ニ一ツモ合《ガッ》セズ。合セズトイヘドモ自ラ善也トシテ改メズ。哀哉。

夫レ色ヲ好ミ、盗ヲ好ミ、奕ヲ好ム者ノ思ヲ以テ、国家ノ急ヲ思ヒ主君ノ命ヲ信ゼバ、焉《イヅクン》ゾ其務ムル所ヲ知ラザラン。其務ムル所ヲ知レバ、其執ル所ヲ知ル。其執ル所ヲ知レバ、其本末先後スル所ヲ知ル。爰ニ於テ事々物々其為《スル》所ノ道路ヲ得。故ニ其見切ル所明カ也。明ナレバ往キ易《ヤス》シ。往キ易スケレバ人ニ先ダツ。人ニ先(ダ)ツユヘニ人ヲ制シテ、任《ニン》自ラ己レニ有リ。任己レニ得テ古今未ダ功ナキ者ヲ聞カズ。然ルニ今ノ人臣ハ其人ニ先ダチ其功ヲ成スヲ以テ人道ノセザル如ク覚ユ。噫《アア》、武道ノ衰ヘタルコト、聖教ノ変ジタルコト。

夫レ古聖人在テ四海人道ノ法既ニ定ルトイヘドモ、天下各其域ヲ異ニス。故ニ聖人トイヘドモ、悉ク万国地理ノ性ヲ尽スコト能ハズ。其国ノ法ハ其国ノ人君ニ任ジテ唯其教ヲ示スノミ。易《エキ》ニ「俯《シテハ》則観㆓法《ヲ》於地《ニ》㆒、観《ル》㆘鳥獣《ノ》之文《ト》、与《ヲ》㆗地《ノ》之宜《キ》㆖」[65]ト云是也。此故ニ法ハ其地理ニ従テ定メ、令ハ其法ニ従テ行フ。然ルヲ国家未ダ其法ナクシテ妄リニ令ノミヲ行フ。百年ノ劬労ヲ積ムト云トモ、賢才ノ度慮ヲ用ユトイヘドモ、国弥乏シク、民益究シ、竟ニ其富栄ノ功ヲ得ルコト能ハズ。然レバ是レ聖経ニ意ヲ尽シ、何レノ文字、何レノ言句ヲ解シ得タルヤ。唯聖人ノ道ハ何レノ処、何レノ国、何レノ時ニ用テモ、用ヒラレズト云コトナシ。用ヒラレザルハ聖人ノ道ニアラズトバカリ覚テモ、其用ユベキ様ヲ知ラズト見ヘテ、国家未ダ聖教用ヒラレズ。故ニ国用乏シク、四民究ス。国家聖教ヲ用ヒザルニハアラズ。其本ヲ建《タテ》ザル故也。其本ト他ナシ、地ニ従テ法ヲ定ムルノミ。法定テ則チ国定マル。国定マラズシテ徳ノ行ハルルコトヲ聞カズ。徳・法ナクシテ国家何ヲ以テカ是レヲ建《タテ》ンヤ。是レ法ヲ知ラズ、群臣皆格令ヲ以テ法ト覚ユル故也。

武芸

夫レ軍旅ノ術ハ武門ノ大芸也。弓馬刀鎗ハ士身ノ大用也。太古ハ流派ノ別ナシ。治世ニ至リ漸ク流派ノ別有テ、兵家定リ、周ノ大(太)公望、斉ノ管仲、呉ノ孫武、魏ノ曹操、蜀ノ孔明、漢ノ張良ガ輩、皆書ヲ著シ道ヲ論ズ。吾ガ朝ニハ吉備公、大江匡房、義経、正成、北条、山本[66]、遠藤[67]、山鹿[68]ノ人々、往々書ヲ著ハシ、兵ノ学ヲ伝フ。况ンヤ弓馬刀鎗ノ流派、家々門々計ルニ遑アラズ。而シテ学術ノ善悪勝負ノ義理ハ流派ノ工拙ヲ以テ定ム。是レ勝負ノ実理用法ノ本原ニ昧ク、武道不穿鑿ニシテ、弓矢ノ正理ニ通ゼザル故也。何ゾ勝負ノ義理ハ流派ノ善悪ヲ以テ究マランヤ。

然レドモ事ハ教ニ依テ近ク、学ハ習ニ依テ遠ザカレバ、流派モ亦択マズンバアルベカラズ。師モ亦択マズンバアルベカラズ。万教ハ皆其格ヨリ教テ、其実ニ至ラシメ、其実ヨリシテ其格ヲ用ニ立《タテ》シムル也。其格法ハ或ハ古ヘ良将名士ノ用タル事蹟ヲ以テ形ヲ造リ、名ヲ附ケ、或ハ先哲ノ発明スル所ノ事蹟ヲ伝テ、教ノ則《ノリ》トスル也。然ルヲ唯其格法ノ名ト形トバカリヲ習ヒ極メ、是ヲ詳カニ伝授口訣シ、是ヲ手足身体ニ修練シタルバカリヲ以テ足レリトスルトキハ、為《スル》所ノ者無究ノ変化ニ応ゼズ。故ニ其学ブ所用ニ立《タタ》ズ。其実ニ通ジテ而シテ其格、万変ニ応ジ、其利ヲ得ズト云コトナシ。

其実ヲ得ルトキハ、千変万格皆己レヨリ涌出シテ、究リナキニ至ル。爰ニ於テ始メ習ヒ入ル所ノ格ハ悉ク糟粕[69]ト成リ、一毛モ用ニ立《タタ》ズ。用ニ立ザル所、即是レ其格ニアラズト云コトナシ。是ヲ格ヲ離レテ格ニ入ルト云也。其実ニ於テハ、師ノ能ク言ヲ以テ伝ル所ニアラズ。学者ノ自得ニ在ルノミ。其自得スルコト、其習ヒ極メタル格ヲ離レ師ヲ離レ、無師無教ニ帰テ、目ヲ塞ギ耳ヲ閉ヂ、教習ヲ破却シ別ニ修練ノ功ヲ積ムニアラザレバ得ルコト能ハズ。イツマデモ流派ノ格ヲ貴ビ、師ノ言ヲ信ズルノミヲ志ト覚ヘテハ、焉ンゾ其実ヲ得ベケンヤ。師モ亦其教ニ通ゼザルニヤ、其流格ヲ破却シ別ニ修練ノ工夫ヲ立ツル門人ヲバ、却テ志ナキトテ大ニ怒リ大ニ恐レ、其門ヲ除ク。師弟皆斯ノ如クシテ、唯流派ヲ貴ブト覚ユ。亦愚昧ナラズヤ。故ニ古ノ如ク其群ヲ超出スル者ノ次第ニナクナリ行クコトハ此故也。

夫レ流派ノミヲ尊信シテ其流派竟ニ用ニ立ザルト、其流派ノ糟粕ヲ捨テ其実用ヲ得ルト、是ヲ祖師ニ対《タイ》サバ何《イツ》レカ敬信ニ当ルベキヤ。祖師ノ霊魂亦何レヲカ悦バンヤ。此義理何《ナン》ゾ昧キコトノ甚キヤ。孔子ノ曰、「温テレ故ヲ而知リレ新ヲ、可シニ以テ為ルレ師矣」[70]ト云ヘリ。

夫レ師ハ一人ニシテ、学ブ者ハ百千人。故ニ師一人ノ誤リヲ以テ百千人ノ誤リヲ伝フ。豈慎マザランヤ。国君其師ヲ立テ、其師ノ量アラバ摂政ノ職ヲ待ズトモ、其国ヲ治ルニモ至リヌベシ。孔子ノ曰、「君子《ハ》不《ズ》レ器《ナラ》」[71]ト云トキハ、何ゾ唯一芸ノ小キノミヲ以テ師タランヤ。志、経済ニアラバ国家治平ノ功ヲ奉ルニ足ルベシ。然ルヲ何ゾ国家ニ師トシテ門人ノ内其一人ダニ上手名人ノ地ニ導クコト能ハズシテ、却テ門人ノ愚ニ罪ヲ帰シ、己レガ足ラザルコトヲ知ラザルヤ。

　或人ノ曰、「軍術ハ何ヲカ先トスベキ」。曰、備ヲ知ルヲ先トス。備ハ軍旅ノ体也。奇正虚実ハ備ノ用也。其体ナクシテ其用アルコト、天下未ダ是アラズ。備ナクシテ事ノ調フコト、亦天下未ダ是アラズ。故ニ書経ニ曰、「惟《ダ》事々、乃有《レ》レ備、有《レバ》レ備無《シ》レ患」[72]ト。又左伝ニ「備《ルハ》ニ予《メ》不《ニ》レ虞一、善《ノ》之大《ナリ》也」[73]ト云ヘリ。然ルニ人皆隊伍[74]ヲ分ケ、甲士旌旗弓鉾ヲ飾ルヲノミ備ト覚ヘ、曽テ万物常変ノ備アルコトヲ知ラズ。隊伍甲冑ノ備ハ備ノ末ヘニシテ、事ニ臨デノ小備也。

　夫レ

東照神君ノ武徳ニ依テ干戈ヲ袋ニスルコト一百五十余年、列国ノ間士既ニ乱ヲ忘ルル者多シ。故ニ国乏シク財用足ラズ。仁君アリテ究民ヲ救フコト能ハズ。一タビ凶年ニ遇《アフ》トキハ、野ニ餓殍[75]ヲ積ミ、城郭修スルニ及バズ。群士甲冑ナク、財金他邦ニ借リ、是ヲ償《ツグナフ》コト能ハズ。或ハ山林ノ良材悉ク売尽シ、山空シク田荒《スサ》レ薪足ラズ。一国ヲ尽シテ他邦ノ借《カシ》ニ足ラザルトキハ、是レ名ハ吾ガ国ニシテ、実ハ皆他邦ノ物ナラズヤ。国、先ヅ此備ナクシテ、三軍戦闘ノ備、何ヲ以テ其動《ウゴキ》ヲ操スルヤ。治世今日ノ備ヲ立ル法ヲ知ラズンバ、戦闘ノ備モ亦立ル法ヲ知ラザルコト粲然トシテ明カ也。

　夫レ主将能ク備ヲ立ルトイヘドモ、兵士ノ衆、忠気精一ナラザレバ勝ツコト能ハズ。人君今日国家ノ備ヲ立ントスレドモ、群臣忠気精一ナラザレバ、全キコト能ハズ。治乱其理一也。乱ハ常ニ於テ其治ヲ得ルヲ道トス。今、国家其備ナキヲ討ハ其勝ヲ得ルコト掌ヲ反スガ如クナルベシ。危哉。危シテ国家ヲ保ツ、是レ幸也。然ルヲ学者今日ノ備ヲ動カスコトヲ知ラズ。且ツ勤ムルコトヲ措テ、唯明日ノ小備ヲ動カスコトヲ喜ビ、自ラ以テ軍術ニ足レリトス。豈大笑スルニ足ランヤ。其本唯師ノ足ラザルト門人ノ格ニ泥ムヨリ起レリ。孔子ノ曰、「学《テ》而不レ思《トキハ》則《ハ》罔《クラシ》」[76]トハ是ヲ云也。学者、学テ能ク其実ヲ得ンコトヲ思ベシ。思ザルガ故ニ此理ニ通ゼズ。

夫レ家々門々ノ軍術ハ天下ノ士皆能ク学テ知ル所ナリ。各其知ル所ヲ合セテ戦ハバ、誰カ勝チ誰カ負ンヤ。然ラバ将ノ智愚ニ因テ勝ツベク負クベシ。然ラバ其格、用ルニ足ラズ。又、運ニ因ルト云ハバ、猶其格用ルニ足ラズ。学者未ダ此ノ故ヲ思ハズ、已レ一人覚ヘタル心持ニテ、天下ノ士ヲシテ皆死物ノ如クス。甚ダ危カランヤ。

爰ニ於テ古今未ダ見聞セザル格ヲ以テ無形ノ備ヲ立テ、勝ヲ謀ルベシ。是ヲ治世ノ常ニ覚悟シ、以テ変ヲ待ツベシ。是ヲ治ニ居テ乱ヲ忘レズト云。然ラザレバ昼夜ニ軍学ニ眼ヲ晒シ、一流ノ奥秘口訣伝受皆済スルトモ、一ツモ戦場ノ用ニ立ズト知ルベシ。イカントナレバ、世ノ師ヲ見ズヤ、国家今日ノ大備混乱シテ国ノ為君ノ為危シトイヘドモ、臣トシテ是ヲ知ラズ、治ト乱ト其動キ別也ト思ヘリ。明日ノ覚悟ヲ今日ニ備ズシテ明日ノ変ニ応ズベケンヤ。

然レドモ軍旅ハ軍旅ノ習ヒ也。今日ハ治世ノ法アリト覚ユ。是レ其格ニ泥着シテ一向ニ武門ノ道ニ昧シ。其道ニ昧シテ天下未ダ事ノ成リタルヲ聞カズ。是ヲ以テ是ヲ見レバ、其学ビ極ムル所ノ軍術ヲ以テ是レヲ真ノ戦場ニ用ルトキハ、即亦今日聖教ニ治道ヲ学テ一国ノ究民ヲ救ヒ国ヲ賑ハシ、君ヲ喜バシムルノ備ヲ動カスコトノナラヌト同ジト知ルベシ。

学者、今日聖教ニ治道ヲ講述教習シ、且《ソノウヘ》国政ノ任職ヲ蒙リ直《タダチ》ニ真ノ実事ノ時ニ当テ居ナガラ其聖教ノ道ヲ治ニ施スコト一事モナラズ。其ナラヌト云コト少シモ気ヲ付ケズ、学《ガク》ハ学《ガク》、日用ハ日用ト勤メヲ二ツニシテ別々ニスル也。是ヲ礼記ニ扞格ノ学[77]ト云テ、一生其学ブ所ヲ用ニ立ツルコト能ハズ。況ンヤ未ダ来ラザル前ニ於テ席上ニ学ビタル一端ノ古格ノミヲ以テ戦場ニ用ントスルヲヤ。其不覚先ヅ始ニ於テ是レ有リ。

夫レ格法ハ猶乳母《ウバ》ノ如シ。学者ハ猶嬰児ノ如シ。幼稚ノ内ハ教ヲ受ケ手ヲ引レヌベシ。父既ニ没シ、家業ヲ継ギ君ニ事《ツカヘ》朝廷ニ交ルニ至リ、真《シン》ノ事業ニ当ルトキハ乳母ニ習ヒタルバカリノ事ニテハ、臨機応変ニ万分ノ一ニモ足ラズ。皆自己ノ分別ヨリ涌出スルニアラザレバ用ヲ全クスベカラズ。然ルヲイツマデ乳母ヲ便リニスベケンヤ。格ノ用ニ立《タタ》ザルハ、齢四十五十ニ及マデ乳母ヲ守テ便ニスル故也。

夫レ格ヲ離レテ用ニ応ズ。是レ即格也。格ヲ離レズシテ用ニ立《タタ》ズ。是レ即格ニアラズ。此二ツノ間ヲ自得スル、是ヲ実ヲ知ルト云。或人ノ曰、「人ノ生質一同ナラズ。治道ヲ善クスル者アリ、軍道ニ得タル者アリ。今軍学ヲ以テ治世ニ在ル者、其治道ニ不得手ニテ軍術ニ得手ナル所、戦場ニアラズシテ何ゾ其功ヲ見ン」。曰、実《マコト》ニ然リ。然レドモ山鹿流ハ其名軍学ヲ専ラニシテ、其実、治乱兼学ヲ本トス。然レバ当世文武ノ学ヲ信ズル者、十ニシテ其半ヲ過グ。未ダ国家ニ功ヲ見ズ。国乏シク民衰ユレドモ、其備ヲ設ケズ、兵権堅カラズ、群士兵器ヲ失フ者十ニシテ其九ニ及ブ。何ゾ得ザル者ノ斯ノ如ク多キヤ。其師在テ是ヲ化スルコト能ハザルハ不忠也。師ハ君ト職ヲ同フス。執政ノ職モ近ク士民ヲ化スルコトハ師ニ及バズ。

故ニ礼記ニ「君子《ハ》知《テ》㆓至《ルノ》㆑学《ニ》之難易《ヲ》㆒、而知《ル》㆓其美悪《ヲ》㆒、然《シテ》後《ニ》能《ク》博喩《ス》、能《ク》博喩《シテ》然《シテ》後《ニ》能《ク》為《タリ》㆑師、能《ク》為《リテ》㆑師《ト》然《シテ》後《ニ》能《ク》為《ス》㆑長《ト》、能《ク》為《ナリテ》㆑長《ト》然《シテ》後《ニ》能《ク》為《タリ》㆑君、故《ニ》師《ハ》也者、所㆓以《ンナリ》学《ブ》㆑為《タルコトヲ》㆑君也。是《ノ》故《ニ》択《ブコト》㆑師《ヲ》不《ズ》㆑可㆑不《ンバアル》㆑慎《マ》也。記《ニ》曰、三王四代《ハ》唯其《レ》師《ナリトハ》、其《レ》此《レ》之《レヲ》謂《カ》乎」[78]ト云ハ、君ノ士民ヲ教化シテ上ニ奉ルトキハ、其職分君ト同ジキヲ以テ也。然レバ、師職ニ居テ門人独モ教化スルコト能ハザルトキハ、執政ノ官職ニ任ゼラレテモ、亦斯ノ如ク軍旅ニ在テモ亦斯ノ如キコト明白也。

夫レ軍《イクサ》ヲスルモ其治《チ》ヲ得ン為ナラズヤ。軍ヲ好テ待ツ義理ハ武道ニ於テハ決シテナキコト也。其未ダ戦ザル前、其治世ノ常ニ於テ備ヲ善ク立ツル、是レ治ニ居テ乱ヲ忘レザルノ謂也。是レヲ其微ニ通ズルト云。楊雄ガ曰、「六経《ノ》之治《ハ》、貴《ビ》㆓于未《ダ》《ザルヲ》乱《レ》㆒。兵家之《ノ》勝《ハ》、貴《ブ》㆓于未《ダ》《ザルヲ》戦《ハ》㆒。二説皆微然《トシテ》而大事之本《ナリ》也、不《ズ》㆑可㆑不《ンバ》㆑察《セ》」[79]ト云ヘリ。然ルヲ兵術ヲ学ンデ、是レヲ以テ功名ヲ得ント欲シ、軍有ランコトヲ待ツハ、是レ治ニ居テ乱ヲ好ムト云者ニテ、治ニ居テ乱ヲ忘レズト云ト、其意天地間隔ス。学者弓矢ノ正理ヲ知ラザル故也。故ニ今日ノ備ヲ動カスコトヲ知ラズ。今日ノ備ヲ立ツルコト能ハズシテ、焉ンゾ戦場ノ備ヲ知レリトスベケンヤ。今日ハ生《セイ》ナラズヤ、戦場ハ死《シ》ナラズヤ、「生ヲ知ラズシテ、焉ンゾ死ヲ知ン」[80]トハ、孔子ノ言ニシテ、亦是レ此謂也。

　然レバ茶ノ湯俳諧ノ師ト云トモ、経済ニ志アラバ士民ヲ教化シテ君ニ功ヲ奉ルベキニ、況ンヤ文武ノ師ヲスル人ヲヤ。今ノ師タル者ヲ見ルニ、多クハ耕舌[81]ノ為、或ハ名ヲ求ン為、或ハ其芸未ダ熟セズトイヘドモ名家ノ為ニ師ヲ張リ習フ者モ、亦爰ニ随テ学ブヲ以テ、曽テ君ノ為国家経済ノ為ニ志ヲ置ク者ナシ。故ニ武道ノ正義ニ真実ナシ。皆己利ノ学也。此故ニ近世ノ弓ヲ射ル者ヲ見ルニ、互ニ銭ヲ出シ名ハ迫リ合ヒト号スレドモ、慾ヲ引テ争ヒ怒ル。其実ハ博奕也。弓ヲ以テ博奕ノ器トスルコト邪僻ノ至リ、弓矢神ノ恐レヲ知ラズ、竟ニ武門ノ冥助ヲ汚スニ足レリ。然レドモ敢テ気モ付カズ、故ニ亦恥トモ思ハズ、俗ヲ成シ風ヲ移シ以テ常トナル。此故ニ上ヨリモ禁ゼズ、下ヨリモ咎メズ。哀ムベキノ至リナラズヤ。イカニ明王ノ代ヲ去ルコト遠ク治世ニ居ルコト久キトテ、斯ノ如クモ武威ノ衰ヘタルヲヤ。

　夫レ弓ハ三才[82]妙合ノ表器ニシテ、其伝説門流ノ秘トス。今白地《アカラサマ》ニ云ベカラズ。其門ニ依テ知ンヌベシ。故ニ吾ガ国神代ノ始メヨリ既ニ天《アマ》ノ鹿児《カコ》弓《ユミ》[83]有テ人代ニ及テ、二代綏靖帝[84]天下ニ勅シテ弓ノ制法ヲ定メ[85]、今日ニ至テ猶存スレバ、武門ニ戴ク所ノ最貴兵器ノ冠タリ。猶且ツ心ヲ正フシ、身ヲ直フシ、以テ己レヲ観ルノ徳ヲ備フ。神機妙用ノ器也。故ニ異国ニモ射義ノ礼有リ。礼記ニ曰、「内志正《ク》、外体直《クシテ》、然《シテ》後《ニ》持《トルコト》二弓矢《ヲ》一審固《ナリ》。持《ルコト》二弓矢《ヲ》一審固《ニシテ》、然《シテ》後《ニ》可《シ》二以《テ》言《フ》レ中《リヲ》、此《レ》可《シ》三以《テ》観《ツ》二徳行《ヲ》一矣」[86]。又曰、「射《ハ》者、仁之道《ノ》也《ナリ》。求《ム》二正《ヲ》諸己《レニ》一、己《レ》正《シテ》而《シテ》后《ニ》発《ス》、発《シテ》而不《ルトキハ》レ中《ラ》、則不《ズシテ》レ怨二勝《ツ》レ己《ニ》者《ヲ》一、反《テ》求《ル》二諸己《ニ》一而已矣《ノミ》」[87]ト云ヘリ。故ニ吾ガ国武門ノ号ヲ弓矢ノ家、弓矢ノ道ト云ハズヤ。

　夫レ鏡ハ形貌ノ美悪ヲ観ル明器タリトイヘドモ、身心無形ノ邪正ヲ観ルニ足ル者ハ、弓矢ノ徳ニ如《シカ》ズ。誠ニ武身ノ師範也。関尹子ガ曰、「善《クスル》レ弓《ヲ》者《ノハ》、師《トシテ》レ弓《ヲ》、不《ズ》レ師《トセ》レ羿《ヲ》」[88]ト云ハズヤ。是レ古ノ君子ハ皆弓矢ノ徳ヲ借テ己レガ徳ヲ養フ師範トス。然ルヲ己レガ正ヲ反シテ邪ニ改メ、廉直ヲ飜シテ奸曲ヲ養フ。博奕ノ道具ト成シ以テ樗蒲《カルタ》骰《サ》子《イ》ト同ク翫《モテアソブ》コト、是ヲモ忍ベクンバ何レヲカ忍ベカラザランヤ。

　夫レ吾ガ朝ニモ射義ノ礼アリテ、草鹿《クサジシ》[89]円物《マルモノ》[90]犬追物《イヌヲフモノ》[91]笠懸[92]ナドヲ以テ武門ノ遊トス。博奕ノ芸ト成リテヨリ以来《コノカタ》、其礼絶テ行フ者ナシ。亦哀シカラズヤ。

古へ陸奥守源《ノ》義家ハ弦昔三タビシテ、邪魅ヲ除キ、堀川院《ノ》ノ御悩平癒マシマシ、兵庫頭《ノ》源《ノ》頼政ハ雲中ノ怪鳥ヲ射テ、近衛帝ノ御不予ヲ除キ、隠岐ノ広有ハ御殿ノ妖鳥ヲ射テ醍醐帝ノ御不例ヲ除クノ属ヒ[93]、支那ニハ甘蠅弓ヲ引ケバ猛獣伏シ[94]、養由基弓引ケバ猿樹ヲ抱テ啼キ[95]、李広石磬ヲ射ヌキタル[96]属ヒ、是レ皆弓ヲ敬スルコト天ノ如ク、内志正シクシテ修練以テ神《シン》ニ通《ツウ》ジ、弓猶身ノ如ク、身猶弓ノ如ク、心気力一ニ合《ガッ》シ以テ武徳物ニ及ブ所ナラズヤ。

此理ヲ執テ以テ格ヲ立《タテ》、後世ニ伝へ、或ハ鳴弦[97]蟇目[98]、或ハ破魔[99]降伏[100]ノ法ヲ造立スルトイヘドモ、志武徳ヲ積ムニアラズシテ、唯格法ヲ行フノミヲ以テ焉ンゾ弓矢ノ正義ニ徹センヤ。正義ニ徹セズシテ焉ンゾ魔ヲ破リ妖ヲ退クルニ足ルベキ。

或人、昔、人ノ家ニ狐狸ノ妖ヲナシタルヲ聞キ、鳴弦ノ法ヲ行ヒシニ、其妖其弓ヲ奪ヒ半ヨリ是レヲ折リ、反テ大ニ害ヲ成シ、数日猶止《ヤマ》ザリシ。夜明《アケ》テ其弓ヲ見レバ、折レズシテ本ノ如ニ有リシト也。其士常ハ甚ダ正直ニシテ信有ル士也。予面《マノアタリ》ニ是レヲ見テ知レリ。是レ其法有テ何ゾ斯ノ如ク反テ狐狸ノ為ニ侮《アナド》ラレタルヤ。是レ他ナシ、射ル所ノ弓ハ常ニ博奕ニ用ヒタル器ニテ正弓ニアラズ、且ツ内空々然トシテ志気ナク勇徳ヲ積マズ、外唯格法ヲ真似《マネ》タルバカリナレバ也。

其正直信心ト称スルモ、世ノ所謂ル心善《ヨシ》ト云マデニテ、唯邪知ナク人ノ害ナキノミ。士武ノ実何ゾ斯ノ如クニテ物ニ功ヲ施シ其仁ヲ得ンヤ。其罪ハ皆師ニ有テ、其人ノ罪ニハアルベカラズ。其人モ是レ君ノ臣也。其師モ亦君ノ臣也。然レバ君ノ為ニ国家ニ衆臣ノ師ト成テ、武士一人ニ不覚ノ恥ヲ尽サセ、上ニ対シテ師ヲ張ラルベキヤ。何ゾ教ノ足ラザルヲ已レニ責メズシテ、門人ニ罪ヲ帰シ恥ヲ与フベキヤ。

人皆生知安行[101]ナラズ。師ニ依リ教ヲ受ケ以テ是ヲ信ズルトキハ、是レ始ヨリ師ノ導キノ罪ニアラズシテ何ゾヤ。適《タマタマ》是レヲ発明シテ独正義ヲ行フ門人アレバ、反テ流義ニ従ハズナドト云テ、是ヲ憎ミ退ク。是レ何ト云コトゾ。

又、近世ノ修行ニ遠矢ヲ専ラニシテ、京師ノ三十三間堂[102]ニ於テ諸士皆会ス。其争フ所、通シ矢ノ多少ヲ以テ勝ヲ定ム。近世一万五千矢ヲ射テ、通シ矢八千余矢ヲ得。

是ヲ上ト云フ。又強弓ヲ好ム者ハ一寸ヨリ乃至二寸ニ及ブヲ近年ノ名士ト云。又中リヲ以テ争フ者ハ百射五十ヲ下トシテ、百中ヲ極トス。又的ハ五分ヲ精中ノ限リナドト云テ世ニ鳴リ名誉ヲ得ルノ士多シ。是ラハ少シ武用ニ近ク、彼ノ博奕ノ道具ニ用ルヨリハ、未ダ弓矢ノ正名全タカラシムルニ足ル。

古ヘヲ以テ云ヘバ、盾人《ノ》宿禰ハ鉄ノ的ヲ射徹シ[103]、百合《ユリ》若丸ハ鉄ノ大弓ヲ射タル[104]ヲ、甲斐ノ射場《イバ》藤太夫ト云者是レヲ引折リタル[105]ト云。或ハ鎮西八郎為朝[106]能登守《ノ》則経[107]ノ属ヒ皆強弓ヲ以テ世ニ鳴ル。又、本間重氏ハ三百六十余間ノ向《サキ》ヲ射、賈堅ハ百歩ノ向ヲ射、上野《ノ》十郎朝村ハ籠中ヨリ脱《ヌケ》タル小鳥ヲ射留メテ殺サズ、無津留《ムツル》ノ兵衛ハ雕《ミサゴ》ヲ射テ殺サズ、后羿ハ雀ヲ射テ望ニ任セ、紀昌ハ虱ノ胸ヲ射通《イトウ》スノ属ヒ[108]、異国本朝計ルニ遑アラズ。

是レ皆遠矢・強弓・的中ニ妙処ヲ得タル古人也。今人亦未ダ爰ニ至ル者ヲ聞カズ。然トイヘドモ此等《コレラ》ノ巧手《ジャウズ》ニ至ルヲ待テ弓矢ノ正義トハ云ハズ。若シ此巧手ニ至ルヲ待テ而シテ弓矢正義ノ士ト定ムルトキハ、其未ダ至ザル者ハ武士ニアラズト云ベキカ。是レヲ以テ見ツベシ。武ニシテ武道ニ通ゼザルヲバ士武トセズト云ヘドモ、武芸ノ達人ニアラザルヲ士武トセズト云義ハナシ。然レドモ聖語ニ「芸ニ遊ブ」[109]ト云ヘバ、治世余力ノ隙ニハ常ニ強弓・的中・遠矢ノ事《ワザ》モ心ヲ尽シ巧手ノ妙ヲモ得ベシ。是亦芸ノ常ニ一徳ニテ、用ニ当タリ任ニ択バレ、一事ノ功ヲ成スベシ。唯巧手ノミヲ士武ノ正義ト覚テハ、弄丸《タマトリ》ノ芸ヲ以テ妻子ヲ養フモ同ジ。士武ノ大用何ゾ芸ノ上手下手ヲ以テ定ムベケンヤ。武道ヲ的トシ、仁ヲ弓トシ、義ヲ矢トシ、勇ヲ弦トシテ、而シテ百射百中ノ功ヲ積ンコトヲ宗トシ、而シテ弓矢ヲ執ルベシ。此大体《ダイタイ》ノ弓矢ヲ捨テ、唯芸能ノ上ヘノミヲ以テ士武ノ大用トスルトキハ、設令《タトヘ》紀昌ガ如ク虱ノ胸ヲ射ルホドノ必中[110]ニテモ、武道ノ的ヲ外《ハヅ》レテハ仁義ノ弓矢トハセズ。

夫レ弓矢ノ正義ハ賊ヲ退ケ、君道ヲ開キ、国ヲ豊《ユタカ》ニシ、君ヲ安ンジ、究民ヲ救ヒ、禍乱ヲ鎮メ、人ヲ殺サヌヲ以テ弓矢ノ正理トハ云也。是レ武門生レナガラノ職命也。官職ハ君命ノ分職ト云者ニテ、譬バ農人ノ弓矢ハ鋤鍬也。田畠耘耕ノ道ヲ尽シテ百物ヲ産ス、是レ農者ノ家ノ天命職也。然ルニ五穀ヲ産スル者アリ。桑麻ヲ産スル者アリ。或ハ五穀桑麻兼帯スル者アリ。是レヲ分職ト云。士人ノ某《ナニ》役、何官、アルガ如シ。其功ヲ以テ天下ノ大用ニ通計スルトキハ、分職ノ別ナク皆天命ニ帰シテ、一職一道也。

然ルニ農人ノ家ニ生レ、鋤鍬ノ扱ヒノミ上手ニテ田畠耘耕ノ治道ニ昧ク百穀ノ功ナクンバ、豈農人トスベキカ。工匠ノ家ニ生レ、鋸鑿ノ扱ヒノミ上手ニテ家屋器財ノ治道ニ昧ク造立ノ功ナクンバ、豈工人トスベキカ。商買《（賈カ）》ノ家ニ生レ、籌秤ノ扱ヒノミ上手ニテ、交易倍利ノ治道ニ昧ク運送ノ功ナクンバ、豈商人トスベキカ。故ニ士武ノ家ニ生レ、天下国家ノ治道ニ昧ク豊国安民ノ功ナク、唯弓射ノ手練ノミニテハ士人トセズ。

農工商ノ三民ハ天命ノ職ヲ尽シ年々功ヲ終《ヲヘ》テ天地ノ化育ヲ助ケ、農ハ百穀ヲ捧ゲ、上ハ天子ヨリ下ハ庶人ニ至ルマデ、耕サズシテ食ニ足リ以テ生命ヲ養フ。是レ農夫ノ大功ナラズヤ。工ハ家屋ヲ修シ器財ヲ造リ、上ハ天子ヨリ下ハ庶人ニ至ルマデ、織ラズシテ被《キ》、以テ寒暑ヲ凌ギ、作《ツク》ラズシテ器用ニ足ル。是レ工人ノ大功ナラズヤ。商ハ百物ヲ運送シ以テ列国ニ通ジ、千里ヲ遠シトセズ舟車和漢ニ運《メグ》ラシ、上ハ天子ヨリ下ハ庶人ニ至ルマデ、居ナガラ財ヲ弁ジ、歩《アユ》マズシテ用ヲ便ズ。是レ商人ノ大功也。此職命ノ功ヲ以テ其価ヲ得《エ》、父母妻子兄弟奴僕ヲ養フ。是ヲ古ヨリ天禄ト云ハズヤ。三民各天命ヲ勤メズト云コトナク、年々功ヲ捧ゲズト云コトナクシテ、以テ禄ヲ求ム。然ルニ士人独リ職命ノ功微塵モナクシテ、禄ヲ得テハ是レ民ヲ救ヒ君ヲ安ンゼズシテ、反テ君ニ安ンゼラレ民ニ養ハルルト云者也。爰ニ於テ士人ノ仁義イヅクニ有ルヤ。

夫レ朝廷ニ立テハ、唯先官勤格ノ跡ヲ勤メテ、己レガ意《イ》ヨリ出ルノ勤労繊毛モナク、悉ク先格ニ任セテ時宜ノ利害ヲモ察セズ。斯ノ如クナレバ唯君ニ目ト口《クチ》ト手足トヲ借シ奉ルマデニテ、意ヲ尽スノ忠功ナシ。唯目ト口ト手足ノミニテ身体ヲ労シ是レヲ勤トスレバ、何ゾ君其人才ヲ撰ムニ及ンヤ。五、六歳ノ童子ニテモ勤ムルニ足レリ。是レヲ勤メヲ知ラズト云。況ンヤ国乏シク君憂ヒ民究シ、盗賊起リ財用足ラズ、国家其備ヲ失フヲヤ。是レ此禍乱ヲ士人治メズシテ誰レカ是ヲ勤メ何職カ是ヲ司ルヤ。然トイヘドモ敢テ構ハズ、唯軍学弓馬刀鎗ノ秘術ヲ極メ巧手ト成リ、或ハ茶ノ湯・俳諧・香会及ビ小道具ノ目《メ》利《キキ》、乱舞・猿楽・碁槳《(将カ)》棊・博奕ノ射義ヲ尽シ、以テ武道ニ足レリトス。是レ形ハ士人ニシテ、実ハ遊民ナラズヤ。

夫レ三民皆功有テ禄ヲ得。人君皆士人ヲ禄シテ功ヲ待ツ。故ニ士人ハ君ト民トノ間ニ立テ、上ヲ安ンジ下ヲ治ムルノ功ナクシテ、禄ヲ保《タモツ》ハ是レ貪ル也。労功ナクシテ禄ヲ貪ルハ天ノ賊民ナラズヤ。其本ト弓矢ノ正理ニ通ゼザル故也。

夫レ士ハ三民ノ長ニ立テ禄ヲ君ニ受ケ、耕サズ織ラズ造ラズシテ衣食居ヲ安クシ、商《アキナ》ハズシテ利ヲ年々ニ能クス。三民ハ一日業ヲ怠ルトキハ功ナシ。功ナキトキハ其禄ヲ得ルコト能ハズ。故ニ功ヲ欲セズト云コトナキヲ以テ各善ク勤ノ道ヲ知ル。士ハ君ト三民トノ徳功ニ安ンジ、功ナケレドモ身ヲ養フニ足ル。故ニ勤ノ道ヲ知ラズ。勤ノ道ヲ知ル、即是レ弓矢ノ道也。弓矢ノ道ハ君道ヲ切リ開キ、君徳ヲ三民ニ蒙ラシメ、三民ノ功業ヲ安カラシメ、以テ国家ヲ富マシム。是レ士ノ君ニ事《ツカヘ》テ勤ノ的トスル所也。的ナケレバ体ナシ。体ナクシテ用ノミヲ専ラトスルトキハ功ナク、事物散乱ス。事物散乱スレバ、物アリト云ヘドモ乏シク、事物統括スレバ物ナシトイヘドモ財用足ル。此故ニ上ニ収斂ノ臣アリテ利ヲ欲シ、是レヲ以テ古ヨリ国家富ミ財用足リタルコト其例ナシ。其例ナキコトヲ人皆知ラズト云者ナクシテ、是ヲ行フコトイカナル故ゾ。是レ弓矢ノ正理ニ徹底セズ、武門天命ノ職ヲ失ヒタル故也。

夫レ形ニ刀鎗ヲ帯ビ弓矢ヲ挟ミ、強弓必中遠矢ノ上手ニ至ルマデヲ武道トスルトキハ、誰カ武道ヲ知ラザランヤ。善キ敵ノ一騎モ射落スカ、一矢放テ舟ノ一艘モ覆スカ、矢《ヤ》次早《ツギバヤ》ニ木戸口ノ防矢ヲ射ル属ヒマデニテ、唯一時ノ用一己ノ誉レノミニシテ、天下治平ノ用ニハ通ゼズ。弓矢ノ正理、士人ノ武徳、斯ノ如ク小サカラバ、大力ノ者ノ石礫《ツブテ》ニテモ高名ハ同ジカルベシ。

夫レ弓矢ノ正道ヲ修スル者ハ、何ゾ三十三間堂ヲ以テ遠キヲ極ムベキ。何ゾ鉄ノ弓ヲ強シトスベケンヤ。何ゾ虱ノ胸ヲ以テ中《アタリ》ヲ極ムベキカ。一矢ヲ放テ泰山ヲ射ヌキ、千里ノ遠キヲ極メズシテ其中ル所、目ニ見エヌ邪鬼ヲ殺シ、理既ニ己レニ明カニシテ事ハ弓射ニ及ビ、至誠爰ニ存シテ剛健以テ神ニ通ジ、事理合一ス。是レ正々ノ亦正ナル所也。是レヲ以テ天下四境ヲ威《イ》ス。此弓矢ヲ以テセバ、士武ノ者、何ゾ弓ノ強弱、矢ノ遠近、射ノ必中、芸ノ技功ヲ貴ブニ足ランヤ。是レヲ修スルコト及ベカラズトシテ捨ルトキハ、猶及ベカラズ。唯武門ノ天命ヲ敬信シテ正キヲ守テ居《ヲ》ルノミ。何ゾ甚ダ遠カランヤ。

然ルヲ銭ヲ出シ以テ慾ヲ争ヒ、弓矢ヲ以テ博奕ノ道具トスルコト、邪道不義ノ至極ト云ベシ。斯ノ如クノ士、何ゾ弓矢ノ正理ヲ知ラン。知ラザルガ故ニ君ニ事ル勤メヲ知ラズ。勤メヲ知ラザル故ニ下ト利ヲ争テ、収歛ヲ以テ公廩ヲ満《ミタ》シメント欲スルノミ。是レ武門ノ職、既ニ町家ノ業ニ陥溺ス。天命ニ反スル者也。故ニ国家ヲ利スルコト能ハズ。百年ノ労ヲ積ムトイヘドモ、弥乏シク益究ス。是レ弓矢ノ正理ヲ失ヘバ也。

或人ノ曰、「士武ノ馬術ハ唯鞍上達者ニシテ、馳走自在ニスルマデヲ要トスベシ」ト云フ。是レ一概ノ論也。夫レ馬ハ士武ノ労足ヲ輔ル者ナレバ吾ガ足也。而シテ生物也、動物也、有情也。故ニ吾レ無道ナレバ馬従ハズ。吾レ暴ナレバ馬邪曲ヲ成ス。吾ガ足既ニ従ハズ、吾ガ足既ニ邪曲ナラバ、豈能ク鞍上丈夫ニ馳走亦自在ナルベキカ。是レ桀紂暴ヲ以テ人ヲ従ハシムル也。然レバ馬ヲ害スルハ、即吾ガ足ヲ害スル也。馬トイヘドモ仁ヲ去テ騎《ノル》ベキ道ナシ。教化ヲ捨テテ従ハシムル道ナシ。故ニ武門ヲ称シテ亦弓馬ノ家トモ云也。此故ニ馬ヲ愛シ馬ヲ貯《タハフ》ハ軍馬ノ一法ニシテ、古ヘノ良士皆是ヲ善クス。故ニ神当流[112]ニ云ヘルコトアリ。馬ヲ仕《シ》込《コミ》テ仕《シ》立《タタ》ザルト、馬ヲ騎《ノリ》テ馬ノ曲《クセ》スルトハ、其罪ヲ己レニ責テ一毛モ馬ノ罪ヲ論ゼズト云。誠ニ馬ヲ騎ルノ道ヲ得タリト謂ツベシ。是レ舜ノ禹ニ謂《ノタマ》ヘル、「朕躬《ガミ》有《ラバ》レ罪、無《ケン》レ以《テスルコト》二万方《ヲ》一。万方有《ラバ》レ罪、罪在《リ》二朕躬《ガニ》一」[113]ト曰《ノ》ヘルト其意一也。故ニ馬ト人ト其性異ニシテ、教化ニ従ヒ仁ニ懐《ナツ》ク其情同ジ。此故ニ家語ニ孔子ノ曰、「万民ヲ以テ馬トシ、君ヲ以テ騎ル人トシ、役職ヲ以テ轡トシ、刑罰ヲ以テ策《ムチ》トシ、徳法ヲ以テ御《ギョ》ス」[114]ト謂《ノタマ》ヘルハ人情ヲ治ムルモ馬情ヲ治ムルモ其意同ジケレバ也。

故ニ馬術ヲ修スル者ハ爰ニ本ヅキテ其功ヲ積ムベシ。暴ヲ以テ修スルトキハ馬力尽ル。馬力尽クルトキハ其用ルコト久シカラズ。然レバ其遠キヲ追フコト、一里ニシテ吾ガ足ヲ労役スルト、十里ニシテ吾ガ足ヲ自在スルト、其損益イヅレカ勝レルヤ。故ニ亦顔回ガ曰、「舜《ハ》不《ズ》レ究《セ》二其民力《ヲ》一、造父《ハ》不《ズ》レ究《セ》二其馬力《ヲ》一。是《ヲ》以《テ》舜《ハ》無《シ》レ佚《スルコト》レ民《ヲ》、造父《ハ》無《シ》レ佚《スルコト》レ馬《ヲ》」[115]ト云ヘリ。聖賢ノ学ハ事物ノ上ニ於テ或ハ大ヲ小ニ移シ、小ヲ大ニ顧《カヘリミ》、其道ヲ得ルコト一ニテ、一ツノ隅ヲ挙ゲテ三ツノ隅ヲ覆スル也。今ノ学者ハ書ヲ学テモ治国ノ道ヲ知ルコト能ハズ。況ンヤ碁《ゴ》ヲ以テ兵ヲ使フ道ヲ知リ、馬ヲ治ムル道ヲ以テ人ヲ治ムル道ニ移ス属《タグヒ》ヲヤ。

夫レ一疋ノ馬ヲ以テ一生足ルベカラザレバ、戦場ニ於テ若干《ソコバク》ノ馬ニモ騎リ、或ハ敵身方[116]備合ヒニ於テ君ヨリ逸物ノ馬ナドヲ賜ハリ、晴レナル場ニ大事ノ物見ナドヲ勤ムルトキ、武者振ヲ飾ルモ武威一時ノ文ナレバ、此時馬ノ足ナミ馬ノ儀相《フリアヒ》馬上ノ結構見グルシク、且ツ馬ノ引キ廻シ自在ナラズバ、敵ノ前ニ笑ヲ得ベシ。一己ノ恥ハ少也。纔《ワヅカ》ノコトニテ身方気象ノ勢ヒヲ折《クヂ》クニ至ル。是レ勝敗ノ機《キ》ニ係《カカ》ル也。其機微ヲ貴ブコトハ兵道ノ肝要也。故ニ那須与《ノ》市(ママ)宗高扇ヲ射ラレタル[117]モ、若シ射損ゼバ馬上ニ於テ腸ヲ海中魚鼈ノ餌ニスルコトハ、一己ノ恥ヲ能クスルマデ也。主命ヲ辱シメ主人ニ怒ヲ捧ゲ三軍[118]ノ機ヲ損スルノ大事ヲバイカガセンヤ。此故ニ一身天地ニ迫ルヲ以テ日比ノ必中モ頼ムニ足ラズ。偏ニ心ハ武徳ノ真《シン》ニ帰リ、天地ヲ拝シ神明ニ祈リ、一毛ノ邪念ナク至正ニ立チ、以テ放ツ。是レ義家鳴弦ノ時[119]ト異ナルコトナカルベシ。是レ士武ノ意地也。

此故ニ馬芸ヲ修スルコト文華ノ騎《ノリ》方モ棄ツベカラズ。何ゾ唯丈夫《ジャウブ》達者ノミヲ一トセンヤ。況ンヤ暴ヲヤ。唯嚙付テモ落ザルヲ丈夫トスルヲバ古ヨリ猿芸ト云也。

然リトテ文花風流ノ騎リ方ノミヲ好ミテハ、騎戦追ヒ討チ山川険阻ノ駆ケ引キ自在ナラザレバ、武用ニ足ラズ。事ニ依リ時ニ隨テハ、馬ヲモ厭ハザルハ亦馬ノ武ナレバ、文武兼備ノ執行ヲスベシ。戦場平時其騎ルベキ作法ハ其家々ニ存スレバ、習フテ即知ルベシ。其修スル所ノ体用ヲ慎ベシ。

夫レ人気、馬ニ勝ツトキハ、馬勢《イキヲヒ》ヲ失シテ人無骨《ブコツ》ニ見ユル者也。馬気、人ニ勝ツトキハ、人勢《イキヲヒ》ヲ失シテ、馬放佚ナル者也。人ト馬ト其気均シクテ、而シテ其振リ見安スカルベシ。又余力アラバ馬ヲ教化スルコトヲモ知ルベシ。是ヲ仕込《シコミ》ト云。仕込ハ形ヲ以テ教ヘ、情ヲ以テ化ス。皆其節アリ、其度アリテ、是ヲ導クベシ。其節ナク其度ナケレバ、導クコト能ハズ。是ヲ教ト云。其化スルコトハ馬ノ気質ニ従ベシ。気質ハ即強弱美悪清濁軽重ノ類是也。此故ニ教ユルコトハ安ク、化スルコトハ最モ難シ。爰ヲ以テ名馬駿馬ノ生レ有レドモ化スルコト能ハズシテ、却テ曲悪不用ノ馬ニ成シテ棄ツルコト有リ。是レ他ナシ、教化ノ人、其馬ニ劣レバ也。是レ馬ノ情ニ通ヅルコト昧ク、気質ノ性ヲ明カニ知ラザル故也。然ルヲ其仕《シ》立《タタ》ザルトキハ罪ヲ馬ニ帰スル者多シ。教化ノ道明カナラバ、焉ンゾ仕《シ》立《タタ》ザル馬カアラン。

　夫レ江都ニ鼠ト猫トノ所作《ショサ》、或ハ猿ヲシテ人ノ如ク歌舞ヲナサシメ、或ハ数百ノ蛇《ヘビ》ヲシテ芸ヲ尽サシムルヲ見ル。是レ衆人ノ能ク見テ知ル所也。然レバ猿ト蛇トハ各一物ニシテ、教化モ易《ヤス》カルベキニ、猫ト鼠トハ其二物ヲ以テ其和ヲ得。固《モト》ヨリ鼠ハ猫ノ香味也。猫ハ鼠ノ怨敵ニシテ性モ異也。情モ異也。然ルヲ二物相ヒ和サシムルノミナラズ、各其所作ヲナサシムルコト、其教化ノ及ブ妙ヲ見ツベシ。然ルヲ況ンヤ人ヲ人ニシ、馬ヲ馬ニスル教化ヲヤ。彼ノ鼠猫ヲ教化スル者ハ其道ヲ誰ニカ習ハンヤ。是レ自《ミヅカラ》意ヲ尽シテ自知スルノミ。其本ヅク所、身《ミ》貧ニシテ生ヲ治ルニ由《ヨシ》ナク、金銭ニ乏シク、為《ナス》ベキ業ニ迫《セマ》リ其慾ニ志ヲ尽スコト精誠実一ナレバ也。士ハ禄ヲ君ニ得、織ラズ耕サズ造ラズシテ衣食居ニ足ル。故ニ貧ストイヘドモ、餓殍ノ究急ナシ。況ンヤ富貴権勢ノ人ヲヤ。此故ニ学テ其心ヲ尽ス所、真実ナシ。志ナクシテ身意安キニ居《ヲ》レバ也。爰ヲ以テ知ルコト能ハズ、至ルコト能ハズ。是レ学ノ倦《ウム》病根也。此病根悉ク国家ニ及ブ。夫レ哀シカラザランヤ。

　今ノ士ノ馬ヲ教化《シコミ》スル、唯教ノミ有テ化スル所ナシ。故ニ竟ニ馬ノ邪曲ヲ治ルコト能ハズシテ、是レヲ捨ツ。況ンヤ良馬ヲ化シテ其能《ノフ》ヲ尽サシムルヲヤ。人君ノ士ヲ教化シテ各其性ノ能《ノウ》ヲ尽サシムルコト能ハザルモ亦斯ノ如シ。故ニ誠ヲ思テ守ラザレバ、道ヲ見ルコト昧シ。万ヅノ道ノ通ゼザルハ誠ヲ守ルノ心ナケレバ也。中庸ニ曰、「自《リシテ》レ誠明《ナル》、謂《フ》二之《ヲ》性《ト》一。自《リシテ》レ明《ナル》誠《ナル》、謂《フ》二之《ヲ》教《ト》一」[120]ト、又曰「有《ルトキハ》レ誠則形《アラハル》、形《ルトキハ》則著《イチジルシ》、著《キトキハ》則明《ナリ》、明《ナルトキハ》則動《ク》、動《トキハ》則変《ズ》、変《ズルトキ》則化《ス》、唯《ダ》天下《ノ》至誠為《ス》二能《ク》化《ヲ》一」[121]ト云ハ是レ教化ノ道ヲ示ス者也。

或人ノ曰、「夫レ剣術ハ鍛練巧手ノ妙ニ至ラズンバ容易ニ勝ヲ全クスベカラズ。然レドモ古ヨリ四海独歩ノ妙手ヲ得タル士ヲ見ズ。然レバ今日ノ士ノ未熟ニテハ勝負ノ決断必勝ノ落着危カランヤ」。曰、是レ毛末モ武道ノ大本ニ適《カナフ》論ニアラズ。

夫レ士人常ニ軍学弓馬刀鎗ノ芸《ワザ》ニ身ヲ修スルコトハ、治ニ居テ乱ヲ忘レズ、筋骨手足ノ進退ヲ練リ、気力ヲ養フマデノコト也。然レドモ治世閑暇ニ遊ブノ士、其得タル所ヲ以テ慰《ナグサミ》ナガラ手小《テコ》才《サイ》[122]ノ修練ヲ尽シ、巧手ノ妙ヲモ得テ以テ生死ノ際ノ助力トモスルハ、其士ノ幸ナレバ芸ニ遊ブ序《ツイデ》ニ修テ見ルモ亦善ナリ。強《アナガチ》ニ知ラズシテ叶ハザルト云理曽テ以テナシ。唯生死ノ分ンヲ定メ勝負ノ義ヲ極ムレバ、唯今即必勝ヲ得ベシ。然ルヲ芸術修練ノ極ヲ以テ必勝トスル。是レ士武ノ大惑也。必竟武道ノ大本ヲ穿鑿セズシテ、芸ノミヲ重クスル故也。

夫レ芸ノ妙處ニ至ル所ハ、天ニ翔《カケ》リ地ヲ潜《クグ》リ、身ヲ隠シ、或ハ刀鎗ヲ取テ敵ニ向フト、敵乃《ソコデ》立竦《タチスクミ》縮ニナリテ木仏ノ如クナラシメ、或ハ動ニ応ズルコト影ノ形ニ添フガ如ク、或ハ其間《マ》ヲ得ルコト障子ヲ披テ日光ノ入ルガ如クノ類ヲ以テ上手ノ極トスルナラン。噫《アア》、天ニ仰テ大笑スルニ足レリ。

夫レ妙ノ至ル所、極ムベカラズ。其極ムベカザルヲ以テ勝負ヲ決スルナラバ、天下誰カ勝ツ者アラン。是レ彼ノ宋儒ノ所謂ル身ヲ修ムルヲ以テ本トスレバ、其身ノ修マル極ヲ待テ而シテ天下治平ノ事ニカカルベシト云ト其理同ジ。然ラバ人君人臣未ダ身修マラザル内ハ今日唯今究民ノ乱モ其侭《ママ》ニテ措《サシヲク》ベキカ。其芸ノ極所ニ至ラザル内ハ今日唯今敵ニ遇フトモ戦フベカラザルカ。且ツ又敵ニ其訣《ワケ》ヲ告《マツ》シ分ケ上手ノ極ヲ待テ而シテ戦フカ。是レ爰ヲ以テ見ツベシ、皆今日ノ事、一物モ急ニアラズト云コトナキコトヲ。

夫レ一国ニ君ト生レタルハ是レ命也。一君ニ臣ト生レタルモ亦是レ命ナリ。其賢不肖ノ生レモ亦是レ命ナレバ、君ハ君ノ位ニ居テ其分ンニ随ヒ国ヲ治メ、臣ハ臣ノ官ヲ守テ其分ニ随ヒ職ヲ尽シ、一日ノ間一刻ノ中、国事ニ意ヲ尽スコト己レヲ捨テ民ノ為ニ益ヲ成サント志ス。是レヲ致知格物ト名ヅク。而シテ行余力アルトキハ、其勤ムル所ノ跡ヲ聖経ニ鑑《カンガ》ミ、古今ノ事蹟ニ考ヘ合セ、天地ノ行ヒニ引キ合セ、以テ其義ヲ撰ビ、其勤メノ跡ヲ観、過チヲ察シ、若シ前ノ勤ニ過ツコトヲ知ラバ改メテ其過チヲ再ビスベカラザルガ如クス。是ヲ守ルト云。守ルハ慎也。慎即誠意也。誠意ナレバ漸ク正心也。是レ即、身ノ修リ往ク所以也。然レバ今日ヲ去テ致知格物ナシ。致知格物ヲ去テ誠意修身ノ種ナシ。其種ナクシテ誠意修身ヲ求ムル、是レヲ心上理学ト云フ。

　夫レ聖経ノ世ニ在ルハ譬バ猶女ノ鏡ヲ用ルガ如シ。髪ヲ結ビ化粧ヲスル鏡ヲ立テ結ブ。結テ而シテ又其跡ヲ照シ以テ其過失ヲ鑑ミ、悪キ所ヲバ是ヲ改メ、或ハ傍ノ人ニ問ヒ合セ、再ビ其過失ノナキコトヲ欲ス。爰ニ於テ漸ク上手ニ成テ、其過チ少キニ至ル也。是レ今日ノ事務ヲ本トシ、其事務ノ跡ヲ其鏡ニ照シ、以テ其善悪ヲ知ル也。

　然ルヲ宋儒ノ学ハ先ヅ聖経ノ鏡ヨリ極メ、櫛梳《ケツ》リ紅粉ヲ塗《ヌ》ラザル前ニ、其善悪過失ノ少シモナキ所ヲ工夫シ、而シテ後ニ櫛梳ラントス。是レ聖人ノ教ル所ト天地間隔ス。事ノ蹟《アト》、物ノ形ヲ見ズシテ何ヲ以テ善悪ヲ定ンヤ。聖人トイヘドモ其象ヲ観、其形ヲ観、其事跡ヲ察シ、以テ天地ヲ鏡トシ、其法《ノットリ》ヲ布《シ》キタマヘルニアラズヤ。

　混沌未分ノ時ニ当テ天地ノ象形ナク、人物ノ今日ナクバ、其義不義・其善悪・其過失何ニ依テカ論ゼン。是レ殆ンド空理也、空学也。其理詳カナルニ似テ、今日ノ事務ニ於テ厘毛モ用ナシ。用ナケレバ益モナシ。益ナケレバ功モナシ。功ナケレバ天地ノ外也、人事ノ外也。形ハ人世ニ連ルトイヘドモ、皆隠遁ノ行ヒニシテ、徒ニ民ノ労骨ヲ貪ルノミ。

　人君、身不肖也トテ何方ヘ迯ゲ去ルベキ。人臣、愚也トテ君命ヲ疎ニシテ徒ニ禄ヲ貪ルベキ義ナシ。不肖ニテモ愚ニテモ身修マラズトモ少シモ心ヲ付ル所ニアルベカラズ。唯君ハ民ヲ子ノ如ク思ヒ、臣ハ君ヲ神ノ如ク思テ、国家ノ為ニ身ヲ捨ツベシト思ヒヲ定メナバ、身ハ其即日ニ修ルベシ。而シテ勤ノ跡ヲ聖経ノ鏡ニ照シ見ナバ、其愚不肖其即日ニ賢ナルベシ。何ンゾ月日ヲ積テ身ノ修リヲ待ツニ遑アランヤ。

　士武ノ刀鎗モ亦斯ノ如ク、何ンゾ芸ノ妙手ニ至ルヲ待テ而シテ全勝トスルニ足ランヤ。今日刀鎗ヲ身ニ備ユルハ悉ク急ヲ兼ズト云コトナシ。唯今武道ノ正義ヲ自得セバ、唯今即全勝ヲ知ルベシ。故ニ凡ソ武門ニ生ルル者ハ全勝ノ命ヲ胎内ヨリ受ケ得テ生ルル也。此命ヲ失フ者ハ、設令天ヲ翅リ地ヲ潜リ形ヲ隠スノ妙ヲ得タル芸術鍛練ノ士ニテモ、勝ツコト決シテナラヌコト也。今ノ士ハ死ヌルヲ負トシ、生《イキ》ルヲ勝トシ、上手ヲ以テ勝チ下手《ヘタ》ヲ以テ負ル者ト定ム。是、武門天命ノ勝ヲ失フ者也。故ニ刀鎗ハ人ヲ殺ス器ト思ヘリ。

夫レ武道ニ於テ人ヲ殺スノ理決シテナキコト也。人ヲ殺スハ賊兵ニシテ武ニアラズ。兵家ニ五兵ノ名ヲ立テ曰、「救《ヒ》乱《ヲ》誅《ス》暴《ヲ》、謂《フ》之《ヲ》義兵《ト》、義者《ハ》王《ナリ》。兵敵加《ハリ》於己《レニ》、不《シテ》得已《ムコトヲ》而起《ル》者《ノ》、謂《フ》之《ヲ》応兵《ト》、応兵者《ハ》勝《ツ》。争恨小故、不《ズ》忍《ビ》憤怒《ニ》者、謂《フ》之《ヲ》忿兵《ト》、忿兵者《ハ》敗《ラル》。貪兵驕兵、此五《ツノ》者《ハ》、非《ズ》但《ダ》人事《ノミニ》、乃天道也《ナリ》」[123]ト云々。然レバ義兵応兵ハ武道ノ兵ニシテ、吾レヨリ人ヲ殺スノ道決シテナシ。彼レ自ラ悪ヲ携《タヅサ》ヒ来テ以テ刄ニ当ル。是レ自《ジ》殺也。

又、憤怒・争恨・貪欲・驕侈ノ兵ハ三軍ノ大トイヘドモ雑人ノ喧嘩ト同ジ。故ニ王兵ノ為ニ両征伐ヲ得テ其是《ゼ》非《ヒ》ヲ論ゼズ。然レバ是レ王兵人ヲ殺スノ理、イヅクヲ尋ネテアルヤ。士武タル者、心ヲ潜《ヒソ》メ目ヲ塞テ黙シテ見ヨ。明カニ見ルトキハ日本・唐土・天竺・夷狄、凡ソ天地ノ間、人ヲ殺スノ兵ナキコトヲ知ルベシ。是レヲ神武不殺ト云。神武不殺ハ兵ノ正義也。故ニ易ニ「古之《ノ》聴明睿知《ハ》神武《ニシテ》而不殺」[124]ト云。此故ニ私ニ人ヲ殺ス者ハ、設令一己十分ノ理アリト云トモ、其理非ヲ論ゼズ、其殺《コロ》セル者モ誅ニ伏セズト云コトナシ。私ニ人ヲ殺シテ衆トトモニ天ヲ戴ク者、天地闢ケテヨリ今日ニ至ルマデ未ダ是レアラズ。

近世赤穂《アカフ》侯ノ家臣大石内蔵介良雄、主君ノ欝憤ヲ継ギ、四十六士ヲ党シテ吉良子ヲ殺ス。[125]是レ其道ヲ論ズレバ、吉良子ハ悪ヲ以テ来テ討ルル。大石氏ハ怨ヲ以テ往テ討ツ。是レ喧嘩ノ式ヲ免レズ。故ニ大石主君ニ義ヲ守ルノ理ヲ存ストイヘドモ、其理果シテ理ナラズシテ、吉良大石与《トモ》ニ誅罰ヲ免レズ。礼記ニ云ク、「以《テ》怨《ヲ》報《フトキハ》徳《ニ》則刑戮《ノ》之民也《ナリ》」[126]ト云、是レ也。怨ヲ以テ天下ノ徳ニ報ヘバ也。然レバ大石ガ吉良ヲ討タレドモ、大石亦跡ニ討ルルトキハ双方是レ勝負更ニナシ。若シ君父ノ仇ナラバ、焉ンゾ其誅大石ニ当ランヤ。仇討《カタキウチ》ノ義ニ正当セズシテ、亦武道正理ニアラズ。喧嘩ノ列ニシテ怨ヲ以テ武徳ニ報フ故

二、刑戮ノ民トナル。然レドモ天下ノ俗、挙テ誉ム。諸士モ俗ノ声ニ従テ称シ、武道ノ鏡トスト云。弓矢ノ正理ニ昧シト云ベシ。吾レ聞ク、君辱シメラルルトキハ臣死スト。

夫レ赤穂侯ハ始メ台命ヲ蒙リ、天使ノ饗礼ヲ司ル。一朝ノ怒ニ其身ヲ忘レ民ヲ忘レ、朝憲ノ大礼ヲ乱シ、上ヲ驚シ天子ヲ不敬ス。罪《ツミ》誅ニ当ル。是レヲ已レニ責ズシテ又誰ヲ怨ン。其臣其怨ヲ相続シテ猶吉良子ノ不仁ヲ悪《ニク》ム。是レヲ人道ノ義ト称スルトキハ、天下万世一日モ乱ノ止ムトキナシ。其道ナラザルコトヲ察《ミ》ツベシ。孔子ノ曰、「人《トシテ》而不仁《ヲ》疾《ムノ》之已甚《キハ》乱《ナリ》也」[127]ト。

夫レ殷ノ紂王、天下ノ悪ヲ抱テ自ラ来テ武王ノ誅ニ伏ス。武王、臣トシテ其君ヲ殺ス。其罪名有テ、其徳今ニ於テ聖人ノ号アリ。楠正成、朝敵ノ為ニ竟ニ戦死ス。是レ朝敵ハ生《イキ》、忠誠ハ死ス。然レドモ楠ヲ以テ善トシ、朝敵ヲ以テ悪トシテ、天下今ニ於テ楠ヲ嘆美ス。是レヲ全勝ト云。武門天命ノ必勝是也。然ルヲ何ゾ死シタルトテ負トセン。生《イキ》タルトテ勝トセン。故ニ本武ノ勝負ハ死生ヲ以テ論ゼズ、武道ヲ以テ定ム。既ニ生死ヲ以テ勝負ヲ定メザルトキハ、彼ノ天ヲ翅ケリ地ヲ潜ルノ上手トイヘドモ、豈用ルニ足ランヤ。武道ニ適《カナフ》者ハ身死ストイヘドモ、姓名子孫永ク武名ノ勝ニ居《ヲ》ル。然ルトキハ剱術一向ニ下手也トイヘドモ、其用ヲ全クスルコト、天ヲ翅ケリ地ヲ潜ルノ上手ニ勝ツニ足ル。

楠正成ハ名将ニシテ軍術孔明ヲ恥ズトイヘドモ、運命ノ数足ラザレバ、一旦朝敵賊兵ノ為ニ戦死シテ、賊ハ生《イキ》楠ハ死ス。賊ハ利シ楠ハ害セラル。然レドモ朝敵悉ク滅亡シテ天下ノ憎ヲ受ケ、楠一人天下今日ニ至ルマデ称セズト云者ナク、水戸ノ黄門光國(ママ)卿摂州兵庫ニ石碑ヲ建《タテ》今ニ存シ、其武徳ヲ梓ニ鋟テ万世ニ寿《コトブク》トキハ、是レ武道ニ居《ヲ》ル者ハ死セドモ勝チ、武道ニ居ラザル者ハ生《イキ》テモ負クルニアラズヤ。其時運ノ数ヲ以テ云ヘバ、楠ガ智謀モ及バズ、鎌倉ノ無能モ利ス。是レ明カニ見ヨ、士武ノ勝負ハ死生ニアラズ、上手下手ニ依ラズ、唯武道ノ正義ヲ知ル者、能ク全勝ヲ得。是即刀鎗ノ必勝也。軍術ト剱術ト小大異也トイヘドモ、用法ノ道ハ一也。

夫レ賊ノ為ニ吾ガ君父昆弟ヲ殺害セラレ其仇《アダ》ヲ報ズル者ヲ見ズヤ。其仇ヲ討テ人ヲ殺ストイヘドモ、天下ノ誅ヲ受ルコトナシ。設令匹夫ノ身雑人ノ身ニシテ士人ノ者ヲ殺ストモ、君父ノ仇ナレバ人殺シノ罪ニアラザルヲ以テ天下ノ誅ナキハ、是レ何ノ故ト思フヤ。是レ人倫ノ大道ヲ以テスレバ也。無道ヲ以テ人ノ君父昆弟ヲ殺ス。一旦勝ツガ如シトイヘドモ、其子孫臣士ノ為ニ復《マタ》負ルコトヲ免レズ。若シ其子臣モ亦反リ討ニ其利ヲ失ヘバ、爰ニ於テハ其仇タル者天下ニ身ヲ隠ス所ナク、或ハ自ラ刄ニ死シ或ハ王刑ニ死ス。然レバ無道ニ人ニ勝ツ者ハ身ヲ大地ノ底ニ隠ストモ、其勝ヲ全ク持ツコト能ハズ。是レヲ天誅ト云。此故ニ道義ヲ捨テ私ニ兵ヲ用ルトキハ、三軍ノ大モ喧嘩也。一人ノ小モ亦喧嘩也。何ゾ武道ノ尊大ヲ盗テ喧嘩ノ利欲ニ用ンヤ。

夫レ士タル者弓矢ノ正義ニ通ゼザレバ必勝ヲ知ラズ。必勝ヲ知ラズシテ、徒ニ武芸ヲ学ビ唯上手ニ至ルヲ待テ勝ヲ全クセント欲ス。甚惑也。今試《ココロミ》ニ是レヲ論ゼン。

夫レ今日ノ用、其上手ニ至ルヲ待ツベキヤ。若シ唯今用ルコト有テ敵ハ上手也、吾レハ未ダ下手ナラバ、敵ノ為ニ動カズシテ討ルルヤ否《イナ》ヤ。又詫言《ワビゴト》シテ其場ヲ待テ貰《モラ》フヤ又否ヤ。又君命ヲ辞シテ他人ニ譲ルヤ否ヤ。又吾レ敵ニ及バズト云テ始ヨリ負ヲ極メ、勇操自《ミヅカラ》後《ヲク》レテ戦フヤ否ヤ。此四ツノ者ハ士ノ取ラザル所ニテ、三歳ノ嬰児モ能ク知ルニ足ルベシ。然ラバ印可《インカ》[128]許《ユルシ》上手明(名カ)人ニ未ダ至ラザル前ハ今日ノ変用ナキト云理ナシ。而シテ唯今今日用ルコトアラバ定メテ上手下手ニ拘《カカ》ハラズ、無二無三ニモ懸《カカ》ラズバナルマジ。是レ此分別ノ外ナカルベシ。以テ見ツベシ、上手明人ハ遥《ハルカ》枝葉ノ末《スヘ》ニシテ、今日ノ用ニ備ナキコトヲ。

夫レ今日ノ急ニ備ナケレバ、誠ニ至極隙ノ時ニ当テ修スベシ。故ニ上手下手ノ論ハ武門ニ於テ無クテモ有テモ事ノ欠クルコトナシ。唯武道ニ通ヅルヲ以テ今日ノ急トスベシ。彼ノ無二無三ニ懸ルトバカリ覚テモ、士ノ踏ミ所モナク死生ノ安ンズル所モナクテハ、乱心ノ狂《クル》ヒ死モ同前ニテ、敵ヲ殺セバ勝ト覚ヘ、吾レ死ハ負ト覚ヘ、偏ニ獣ノ噛合フガ如ク、勝負ノ全道ヲ知ラズ、生死ノ安堵ヲ知ラズ。是レ自ラ犬死《イヌジニ》トナル。更ニ士武、人間ノ勝負死生ニアラズ。然ルトキハ、勝負ノ正理ヲ覚悟スルコトハ刀鎗ノ師ヲ待ズシテ、刀鎗ヲ修セザル以前ニ於テ先ヅ知ルベキ所也。知テ而シテ其師ヲ撰ミ其門ニ入リ、常ニ筋骨ヲ狎《ナ》ラシメ気力ヲ養フノ助トスベシ。其上ニモ至極ノ大隙アラバ、巧手ノ妙ヲモ修シ得ベシ。是亦士武一時ノ慰ニテ、茶ノ湯俳諧能《ノフ》謡鼓《ツヅミ》笛ヲ以テ玩《モテアソ》ブニハ勝《マサ》ルベシ。

或ハ処士渡世ノ為ニ師ヲ張リ、門人ノ報謝ヲ以テ妻子ノ生命ヲ養ヒ、又ハ諸侯ノ聘問ヲ待テ禄ニ有リ付ク種ニモナルベケレバ、巧手モ亦棄ツベキニアラズ。然ルヲ君アリテ世禄ノ臣士タル者、何ゾ今日急務ノ必勝ヲ棄テ、始メヨリ浪人渡世ノ目当ヲ覚悟シ、隙ヲ費シ、上手名人ノ手小才ヲ修行スルヤ。故ニ近世士ノ風儀殆ンド野鄙ニ陥リ、下賤匹夫ノ交《マジハリ》トナル。

夫レ下賤匹夫ハ貪欲ヲ専ラトシ、礼儀正シカラズ、威儀厳ナラズ、言行踈ニシテ偽多ク権勢ノ人ニ諂ヒ得ルコトヲ巧ミ、参会昵《ムツマ》ジクシテ信ナク、散ジ安ク集リ安ク、雑言悪口戯言ヲ事トシ、大刀ヲ横《ヨコタ》ヘ臂ヲ怒ラシ目ヲ見張リ、死ヲ以テ人ヲ威シ、謀計ヲ以テ人ヲ害シ、以テ智トス。故ニ喧嘩口論時トシテ絶ユルコトナク、怨ミ妬ミ常ニ絶ヘズ。是レ所謂ル雑人ノ交也。近世、士タル者ノ喧嘩ニ死ヲ遂ルハ、多クハ雑人ノ交リヲ行フ故也。故ニ武芸ノ主トスル所、自然ト喧嘩ノ備ヘニ陥リ、一旦ノ勝ヲ専ラト修シ、武道ノ必勝ヲ知ラズ。

夫レ言行ヲ正シ威儀ヲ慎ミ、廉ヲ守リ信ヲ以テ交リ、礼儀ヲ以テ動キ、若シ吾レ誤ルコトアラバ、手ヲ拱《コマヌ》キ敬ヲ厚クシ謝スベシ。小微ノ誤リト云トモ踈ニスベカラズ。斯ノ如クナラバ、武士ノ交リニ於テ焉ンゾ喧嘩アランヤ。然レバ是レ刀鎗本ト喧嘩ノ備ニアラザルコト明也。吾レ正フシテ彼レ刀《カタナ》ヲ抜テ刄向フ者ハ、是レ乱心也。乱心ハ士法ニ任《ニン》ズベシ。乱心ニ刀ヲ合スルノ法ナシ。詳ニ其法ヲ弁ズベシ。人ニ雑言無礼ヲセラレ其侮リニ預ルノ禍アルハ、威儀言行ノ正シカラザル故也。又場ヲ知ラザル故也。皆是レ常ノ備ナキヨリ其不意ヲ得ル也。然ルヲ今ノ士、身体常ノ備ナクシテ、猥リニ進退動静ス。而シテ刀鎗ヲ修練シ以テ武用ヲ覚悟スト云。豈笑ハザランヤ。孔子ノ所謂ル「吾ガ徒ノ小子鼓ヲ鳴ラシテ、是レヲ責ヨ」[129]ト曰《ノタマ》ヘルモ是此類ナリ。常ニ備モナクシテ兵ヲ用ヒ、以テ喧嘩ノ用心スルハ、火ヲ防グニ硫黄《イワウ》ヲ以テスル者也。或人ノ曰、「言行ヲ以テ常ノ備正シク武道ノ兵ヲ能クスル者ハ決シテ身ノ禍乱ナキカ」。曰、時ノ不祥ニ遇フトキハ、聖人トイヘドモ身ノ禍乱ヲ免レズ。然レドモ是レ形名ノミ。其道ニ於テ吾レ全シ。道ニ全クシテ節ヲ易《カ》ヘズンバ、天地ニ記シテ君子是レヲ知ル。

夫レ孔子聖人ニシテ、孔子ヲ信ズル者唯三千、其内親ク道ヲ得ル者唯十人ノミ。

夫レ方万里《ハウバンリ》ノ域ニ於テ、上《カミ》天子ヨリ下庶人ニ至テ若干ノ人ナランヤ。然ルニ、三千ノ外皆孔子ヲ以テ或ハ疑ヒ、或ハ悪言シ、或ハ詰《ナジ》リ、或ハ拒ミ、或ハ殺サントス。是レ能ク学者ノ知ル所也。竟ニ天下ニ容《イレ》ラレズ。孔子ノ時ハ天下孔子ヲ以テ妖人ノ如ク思ヘリ。是レ孔子ノ道徳大也トイヘドモ、天下ノ人ヲ集メタル形ノ大ト孔子一人ノ形ノ小ト、豆ト泰山ノ如シ。山ヲ以テ豆ニ投《ナゲ》ウツ、是ヲ形勢ヲ以テ勝ツト云。即暴《バウ》也。暴勢ヲ以テ人ヲ殺ストキハ、高位高官ノ嬰児ハ能ク大力勇ノ士ヲ殺スコト、虫ヲ踏ミ殺スヨリ安シ。今ノ士ハ是ヲ以テ必勝ト覚ユルノミ。其大ヲ用ルコト道ニ依ラザレバ皆紂王ノ暴悪也。孔子ノ聖モ此暴勢ノ形ニハ勝ツコト能ハズ。然レドモ強《シイ》テ用ヒラレンガ為ニ節ヲ改メ道ヲ枉《マゲ》玉ハズ。故ニ百余歳ノ後、君子ノ人世ニ出テ孔子ノ道ヲ開キ、其徳ヲ伝ヘ、千余歳ノ後始テ文宣王ト称シテヨリ以来、四海王侯ノ師ト尊信シ、学ヲスル者孔子ヲ宗トセザルハナシ。嗚呼天ノ記セル所也。是レ形ハ四百余州ノ衆人ニ負タレドモ、千歳ノ後、勝ヲ四海ノ今ニ全フスル者也。

吾ガ朝ニハ菅家道真公ヲ始メ一旦形ヲ以テ負タル者、倭漢古今累々トシテ計ルニ遑《イトマ》アラズ。是レハコレ負ト云者ニアラズ、時ノ不祥ト云者也。故ニ明君上ニ在ルトキハ名士道ヲ遂ゲ、暗君上ニ在ルトキハ良士明カナラズ。聖人無道ノ世ヲ哀ムハ、道ヲ行フ士ノ明カナラザルヲ以テ也。明カナラズト云テ一旦ノ利ノ為万世ノ勝ヲ捨、其節ヲ改メ道ヲ枉ゲテ諂ハンヤ。或人ノ曰、「中興、鉄炮・打拳《ヤワラ》・居合ヒ・薙刀・棒・手裏剣・鎌・間法《シノビ》・軍馬・著具・丁見[130]ノ類出テ、諸士専ラ是レヲ修ス。是ヲモ学テ可ナランヤ」。曰、武門芸能ノ列《レツ》ニ備ハル者、学テ何ゾ不可ナルコトカアラン。然レドモ先ヅ学ベキ者アリ、後ニ学ベキ者アリ、余力ニ学ベキ者アリ、官職ニ学ベキ者アリ、其先後緩急ヲ正シク見テ学ベキコト也。唯己レガ意ニ任セテ学ブトキハ武ノ実用ヲ失フ也。

夫レ弩弓鉄炮ハ防戦ノ最器也。軍制ノ射打ハ別ニテ、常ノ射打ニアラズ。稽古ニモ及ベカラズ。近世觜銃《テツハウ》有テヨリ軍制モ古ヘト格別也。能ク軍旅ニ本ヅキテ其用ヲ実トシテ学ベシ。然ラザレバ学ニ蔽《ツイヘ》アリテ、無用ノ光陰ヲ空シクスベシ。或人ノ曰、「弓ト鉄炮ト其徳イカン」。曰、軍旅ノ用方ヲ云ヘバ、鉄炮ハ強ク弓ハ弱シ。其弓道ヲ以テ云ヘバ、鉄炮焉ンゾ比スルニ足ラン。弓ハ神妙ノ徳アリ。鉄炮ハ奇巧ノ芸《ワザ》也。猶君子ト小人ノ如シ。故ニ鉄炮ハ筒ノ大小硝薬ノ精粗多少ノ力《チカラ》ヲ借ラザレバ、遠キヲ行《ヤル》コト能ハズ。且ツ左右ノ手動テ筒向《サキ》一分ヲ傾ケバ、百歩ニシテ尺ヲ差フ。故ニ中リヲ精クスル者ハ呼吸《コキウ》ヲ練リテ其気ニ乗ジ以テ放ツ。弓ハ強弱大小ノ力《チカラ》ヲ借ラズシテ、千里ノ遠キヲ極メズ。放ツ時ニ左右ノ拳《コブシ》動カズト云コトナクシテ中リヲ得ルコト真也。皆其人ノ徳ニ乗ジテ神武ノ妙ヲ成ス。武徳正シカラザレバ、此妙ヲ射ルコト能ハズ。鉄炮ハ其士ノ邪正ニ拘ハラズ修練ノ者皆是レヲ善クス。故ニ孔子ノ曰、「射《ハ》有《リ》レ似二《ルコト》乎君子《ニ》一」[131]ト曰ヘリ。

和《ヤワラ》ハ敵ヲ以テ敵ニ勝《カタ》シム。厘毛モ吾ガ力ヲ用ルトキハ負ル。是レ争フ者ノ自然也。老子ノ曰、「人《ノ》之生《ハ》也柔弱《ナレバナリ》、其死《ハ》也堅強《ナレバナリ》。堅強《ナル》者《ノハ》死《ノ》之徒《ナリ》、柔弱《ナル》者《ノハ》生《ノ》之徒《ナリ》。是《ヲ》以《テ》兵強《ケレバ》則不《ズ》レ勝、木強《ケレバ》則共《ス》《ヲレル》。強大《ハ》処《ヲリ》レ下《ニ》、柔弱《ハ》処《ル》レ上《ニ》」[132]ト云、此意也。譬《タトヘ》バ楊柳ノ枝ニ雪ノ係《カカ》リ、雪己レガ力ノ重キヲ以テ自ラ下ニ落ツル如シ。是レ雪己レガ力ヲ以テ己レヲ投ウツ。是レ和術修練ノ目当也。故ニ皆敵ノ頼ム所ヲ奪テ吾レヲ無《ム》ニシテ、敵独《ヒトリ》ヲ狂《クル》ハシメ以テ疲《ツカ》ラス。其理ヲ論ズレバ千変万化ニシテ一言ニ尽スベカラズ。或人ノ曰、「和術トイヘドモ、吾ガ力ニ十倍セル者ハ勝ベカラズト云ハ信カ」。曰、是レ和法未ダ深ク察セザルノ謂也。何ゾ夫レ然ラン。吾レニ百倍セルホド勝安シ。其進退遅速、皆修練ノ上ニ自得スベシ。

又、居合ヒハ近世ノ発明ニシテ、古人未ダ発セザル所也。其用ヲ案ズルニ、夫レ刀鎗ノ術ハ皆鞘ヲ出テヨリノ事ノミ。居合ヒハ未ダ鞘ヲ出ザル以前ノ術ヲ論ジ、以テ常ノ覚悟トス。夫レ鞘ヲ出ルノ事アラバ、亦鞘ニ納《ヲサ》メアル時ノ法モナクンバアルベカラズ。是レ最モ規模ト云ベシ。

又、薙刀・鎌ハ古ヨリ是レアリテ、大将兵士皆用ヒ来ルコト久シ。今鎌・手裏剱ハ修スル者甚希也。其師ノ希ナル故カ。又、長刀ハ今諸侯ノ内ニモ常ニ持スルコト公許ノ格ニ依リテ持シムル也。皆高官高位又ハ其家ニ依テ是ヲ持ス。更ニ平人ハ持スルコトナラズ。是レ兵器ノ最貴トナルコト何ノ時ヨリ始レルヤ未ダ考ヘズ。但シ天和二年、天下ニ令命有テ、武ハ両刀、三民ハ一刀ヲ用ユベシト。[133] 若シ此時ニ平士ノ長刀ヲ持スルコトヲ禁止アルカ。然ラバ以後戦場モ是レニ準スベキカ。又医者出家女子ノ袖長ハ長刀ヲ持ツ。蓋シ是レ制外カ。然レドモ亦公用ヲ奉《ウケタマ》ハル町人其功アルトキハ、遠国往来ノ途中長刀免許アルト云ヘバ、亦是レ甚ダ卑賤ノ物トモ見ユ。但シ其制作ニ格別アルカ、遑《イトマ》ノ日詳ニ弁ズベキ也。

又、棒ハ軽卒捕手、或ハ農人町人ノ者多クハ是レヲ習フヲ見ル。歴々ノ武士ノ修スルヲ未ダ見ズ。是レ橡棒《ツクバウ》・刺扠《サスマタ》[134]ノ類ニシテ、門戸ニ張リテ非常ヲ警ムル具也。然レドモ棒ハ平士ノ家ニモ用レドモ、橡棒・刺扠ハ高貴ノ家ナラデハ是レヲ用ルコト斟酌スベシ。皆軽卒ノ扱フ器ニシテ、或ハ暴訐《アバレ》（漢カ）者・無法者、或ハ強盗乱心ノ類ヲ捕リ鎮ムニ用ユベシ。故ニ刄《ハ》ヲ付ケズ。是レ殺サヌヲ本トスレバ也。

惣ジテ君用ニ仍テ警衛スル者ハ乱人ヲ捕ルコト刀劒ヲ以テ切リ殺シ、刄疵ヲ付クルコト不覚也。生《イキ》捕リニスルヲ法トス。若シ手ニ余ルトキカ、或ハ彼レ刄物ヲ持ツトキハ、棒或ハ橡棒・刺扠ヲ以テ扣キ臥セテ捕ル。夫レニテモ手ニ余ルトキハ、一人吾ガ身ヲ捨テ組付キ、而シテ他ニ是ヲ捕ラスル如クスル、是レ本意也。殺シテモ捕レト云君命下《クダ》ラヌ内ハ、鎗刀弓鉄炮ヲ用ルコトヲセズ。如何《イカン》トナレバ設令《タトヘ》暴訐（漢カ）無法強盗乱心ニテモ他国ノ者ハ勿論、自国ノ者ニテモ実否其故《ユヘ》アルコトヲ慎メバ也。若シ故アルヲ糺明セザレバ、政ノ不覚ヲ君ニ帰スル故也。故ニ士臣身ヲ殺シテモ其者ヲ殺サヌ也。是レ武臣ノ理《スヂメ》ト極ムル所也。雑人スラ猶斯ノ如クスベシ。況ンヤ士人ヲ殺スヲヤ。

故ニ追手ノ役目ヲ蒙リ、或ハ籠《コモ》リ者ノ捕手ナドヲ奉《ウケタマハ》リ向トキハ、生捕リニスベキカ、切リ捕リニスベキカ、疵付ケテ捕ルベキカ、若シ手ニ余ラバ斯ノ如クスベキカヲ、始メニ是レヲ君ニ伺フテ其任ヲ蒙リ、而シテ吾ガ身ヲ死地ニ居ラシメ、心安然トシテ常ヲ以テ住クベシ。而シテ或ハ詭道ヲ尽シ、或ハ良謀ヲ回ラシ、士卒ヲ下知シテ、是レヲ捕ルベシ。

又、遊偵《シノビ》ノ術ハ或ハ形ヲ隠シ一時ニ千里ヲ往来スルナドト云。然ラバ是レ幼《（幻カ）》術ナラン。噫《アア》、イカニ兵ハ詭道也トテ、神武ヲ宗トスル家ニ於テ、幼《（幻カ）》術ヲ以テ天下ヲ治ムベキヤ。若シ忽然ト形ヲ隠シ、或ハ千里ヲ一時ニ往来スルノ術アラバ、古ヘヨリ何ゾ軍士身ヲ隠サズシテ戦テ死ヲ多クスルヤ。又何ゾ甲冑弓馬ヲ用ルニ足ランヤ。誠ニ妄説也。

夫レ間法[135]ハ正法也。其形ヲ隠スニ五隠ノ法アリ。又用法ノ器アリテ是レヲ行フ也。実ニ形ヲ隠スニアラズシテ、能ク人ノ目ヲ欺クノミ。其用法習フトキハ明カニ正法タルコトヲ知ルベシ。唯深ク秘密ヲスルヲ以テ遊偵ノ要本トスベシ。然レドモ治世ノ用ニ是レヲ行テ以テ政ノ助ケトスルハ、聖人ノ罪人也。軍旅ニ於テモ已ムコトヲ得ズシテ而シテ用ユベシ。此故ニ一国ノ内ニ遊偵ト名目ヲ立テ、其役義ヲ定メ、衆人ノ目ニ周《アマネク》知ラスル者ニアラズ。近習外様何役ニ限ラズ其人ヲ撰ミ、其法ヲ習ハシメ、主君タル人直《ジキ》ニ召使ハルル、是レ間諜《シノビ》ノ大法也。其法術全ク常道ニアラズ。主君ノ用ニアラズンバ学ベカラズ。其法既ニ書巻アリ。若シ是ヲ見テ知ルコトアラバ、速ニ火ニ焼テ棄ツベシ。喜テ有《タモツ》トキハ殆ンド人道ヲ失フベシ。危ヒ哉。唯国君ノ人、軍旅ノ備ニ立《タテ》置クベシ。然リトイヘドモ明将叡智ニアラザレバ、治《チ》ヲ乱シ軍《グン》ヲ敗ラルルニ至ルベシ。慎マズンバアルベカラズ。

凡テ暗政ノ世ハ多ク監察《メツケ》間者ヲ用テ智巧ノ便リトス。是レ自国ノ民ヲ敵ノ如ク疑ヒ以テ其是非ヲ窺ハントスル者也。最モ不直也。中庸ニ「君子之《ノ》道《ハ》本《ケテ》㆓諸身《ニ》㆒、徴《シルシトス》㆓諸庶民《ニ》㆒、考《テ》㆓諸三王《ニ》㆒而不《ズ》㆑繆《アヤマラ》、建《テ》㆓諸天地《ニ》㆒而不《ズ》㆑悖《モトラ》、質《シテ》㆓諸鬼神《ニ》㆒而無《シ》㆑疑《ヒ》、百世《ニシテ》以《テ》俟《テ》㆓聖人《ヲ》㆒而不《ズ》㆑惑《ハ》」[136]ト云ヘリ。希逸ガ曰、「天下雖《ドモ》㆑大《ナリト》、人情物理一而已《ノミ》矣、雖《ドモ》㆑不《ズト》㆑出《ヲ》㆑戸《ヲ》、亦《タ》可《シ》㆑知《ル》」[137]ト云々。

又、軍馬ノ法ハ騎方ノ外ニ別ニ戦場ノ用法ヲ記シテ、或ハ河渡シ、或ハ馬上ノ軍礼、或ハ柴繋[138]、或ハ刀鎗弓炮組討ノ属ヒ、或ハ用具ノ制法等ヲ詳ニス。是亦知ラズンバアルベカラズ。

又、丁見術ハ算法ヲ用ヒズシテ、制器ヲ以テ遠近高低浅深ノ数ヲ測量シ、地利ノ応変ヲ極ム。是亦戦場治世ノ武功ニ用アレバ、学テ知ルモ可也。

又、著具ノ伝ト云テ諸流アリ。小畠家ニハ鎧伝ヲ奥秘トス。其余ハ戦場用具ノ制法アリ。皆便利ノ事ヲ教トス。又、革具足ノ秘伝等有テ、軽クシテ其堅実ナルコト鉄ヨリ強ク矢玉徹《トフ》ラズ、刀鎗立《タタ》ズ、兵士ノ為、最モ重宝也。

惣ジテ働キヲ持ツ士小禄ノ士ハ強《アナガチ》ニ作銘ノ甲冑ヲ好ムベカラズ。作銘ノ甲冑ハ甚ダ重シ。力《リキ》量有ル士、又ハ主将タル人ハ格別也。然ルヲ近世ノ士、其名ノミヲ貴テ、己レガ分ンニ過タル重《ヲモ》具足ヲ求メ、名作也トテ悦ブコト無分別ト云ベシ。何ゾ矢玉ノ徹ル徹ラザルヲ以テ死ノ善悪勝負ノ是非ヲ定ムベケンヤ。

近世、志アル諸侯、国ニ死刑ニ極マル罪人ニ甲冑ヲ着サセ、諸士ニ命ジ、弓鉄炮ニテ是ヲ試サシムルニ、其胴ニ中リ脳ニ中レバ、矢玉徹ラザル者ハ脳割レ臓腑爛レテ死スト云ヘリ。是レ能ク其実ヲ尽スト云ベシ。今ノ士多クハ其名目伝来バカリヲ知リテ、其実用ヲ尽サズ。甲冑ノ著《チャク》シヤウモ何ゾ習フニ及バンヤ。治世久シケレバ、其古実作法ノ事ハ伝受口訣ニ及ベシ。著用ノ次弟ニ於テハ常ニ馴ルルヨリ善ナルハナシ。

惣ジテ刀鎗弓射ノ芸《ワザ》ハ常ニ俗《ナラハ》シ、甲冑ハ曽テ以テ常ニ俗《ナラハ》サズ。古ヘ戦国ノ時ハ、下々奴僕ノ属ヒマデモ具足ヲ著《キ》馴レ、身モ自在ニ着用ノ利不利モ自得スルハ、今ノ士ノ袴羽織ヲ被《キ》ルガ如クスレバ也。是レ其馴ルルヨリ斯ノ如シ。今モ甲冑ヲ常ニ側《カタハラ》ニ置キ、毎日怠ラズ袴羽織ノ如ク著シ、弓ヲ射、太刀ヲ振リ、鎗ヲ使ヒ、木馬ニ乗リ、組討ノ所作ヲナサバ、何ゾ戦国ノ時ノ士ト異ナランヤ。況ンヤ治世ニ其実ヲ忘ルルコトヲセンヤ。又、用具ノ制作モ古ヘニ泥ムベカラズ。能ク其実用ヲ試ミ工夫シ、己レガ利害ヲ察シ新ニモ制用スベシ。何ゾ伝授口訣ヲ待ツニ足ラン。

夫レ今治世ニ伝ヘ教習スル所ノ著具器物ハ皆古人ノ作為ニシテ、天ヨリモ降ラズ、地ヨリモ涌ズ。或ハ古人ノ用ヒタル宜キヲ撰ミ、或ハ志ノ士治世ノ久キニ実用ヲ試ミ、工夫ヲ懲シ新制ヲ増補損益シタルモ有リテ、皆是レ古キヲ学テ新キヲ成シ、新キヲ以テ又其新キヲ究理シタル者也。

夫レ古人何ン人ゾヤ。吾レ何ン人ゾヤ。古人モ人也。吾レモ人ナラズヤ。古人ノ心労ヲ以テ吾ガ用ヲ安ンズルハ無念ノ至リ、懦弱ノ甚キ也。此儒《(懦)》弱ヲ以テ焉ンゾ事ノ実用ヲ知ランヤ。唯習ヒ覚タルト云マデ也。是レヲ不覚油断ノ武士ト云。刀鎗ノ芸ハ習ハズ修セズトモ用ルニ及テハ必勝ヲ得ルニ足ルベシ。甲冑ハ常ニ著馴レズンバ、俄ノ働キハ成ルベカラズ。然ルニ深ク櫃ニ納テ顧《カヘリミ》ザルハ不覚ノ至リナラズヤ。況ンヤ甲冑ヲダニ持ヌ士ヲヤ。是レ皆治世ニ居ルノ久キヨリ悉ク文花ニ流蕩シテ、殆ンド乱ヲ忘レタル也。治ニ居テ乱ヲ忘レザルハ武門ノ常也。弓馬刀鎗兵学ヲ修スルノミヲ武ヲ忘レズトハ云ベカラズ。其実ヲ失フヲ武ヲ忘ルルト云也。

　彼ノ佐野ノ源左衛門常世[139]ガ如キハ、是レ善ク武ヲ忘レズ、其実ヲ失ハズト云ベシ。然ルヲ甲冑ダニ所持セズシテ兵法ヲ講ジ、勝負ノ正義ニ通ゼズシテ生死ヲ争ヒ、治道ノ法ヲモ知ラズシテ経書ヲ好ミ、以テ善ク文武ニ怠ラズト覚ユ。是レ唯名目ノミ、形状ノミ、其実厘毛モナシ。故ニ文臣武臣国ニ満レドモ、君道ヲ開キ国家ヲ豊《ユタカ》ニシ、兵権ヲ強クシ、備ヲ四境ニ全クスルコト能ハズシテ、学ブ所ノ文武一生国家ノ用ニ立ルコトナクシテ終ル。是レ其実ヲ知ラザル証拠也。文武ヲ学テ今日ノ国家ニ用ヒズシテ、イヅレノ時イヅレノ世ヲ待テ用ニ立ツルヤ。今日ノ急ヲ除テ何レノ急ニ備アルヤ。

　若シ唯一人修身ノ為ニスルトキハ是レ隠遁ノ学也。是ナレバ宦《(官カ)》職ヲ君ニ辞セザレバ臣ノ義ヲ失フ。然ラザレバ俸禄ヲ以テ子孫妻子ヲ養フ恩義ヲ徒《イタヅラ》ニスベシ。

　若シ又時風ニ随フト云ヘバ、是レ老荘ノ自然ヲ好《ヨミ》ンズル者ニシテ自《ミツカラ》譏ル所ノ異端也。皆言ト行ヒト相ヒ矛盾スル者也。故ニ先ヅ唯今今日弓矢ノ正理ヲ自得シ、身ヲ必勝ノ正キニ居《スヘ》テ生死ノ極《キヨク》ヲ明カニ定メ、而シテ後ニ武芸ヲ以テ常ニ筋骨ヲ練リ、気力ヲ養ヒ以テ其実ヲ覚悟スベシ。文武ノ万事、弓矢ノ正理ヲ以テ貫通セザレバ、皆其実ヲ得ベカラズ。其実ヲ知ラザレバ、学ブ所空理空学ニシテ、治世ニモ用ニ立《タタ》ズ、乱世ニモ用ニ立ズ。斯ノ如クナレバ文ニモアラズ、武ニモアラズ。

　文ノ実ヲ知レバ、必武ノ実ヲ知ルベシ。武ノ実ヲ知レバ、必文ノ実ヲ知ルベシ。其実ヲ知ラザレバ、百世ヲ待ツト云トモ、即今日ノ如ク国家ノ用ニ立ツルコト、其期ナシト知ルベシ。家語ニ孔子ノ曰、「有《ル》二文事一者《ノハ》必有《リ》二武備一、有《ル》二武事一者《ノハ》必有《リ》二文備一」[140]ト云々。然レバ、武ヲ学テ文ナキハ武ノ実ヲ知ラザル証拠也。文ヲ学テ武ナキハ文ノ実ヲ知ラザル証拠也。武、何ゾ戦場ノ用ノミナランヤ。文、何ゾ今日ノ治道ニ用ナカランヤ。

注

1 伏羲が画いたとされる八卦を「先天八卦」、文王が画いた八卦を「後天八卦」と呼ぶ。

2 生数と成数の違いは以下を参照。『わらんべ草』（一六六〇）「一から五ツまで、生数、六ツから、十までは成数也。」『日本国語大辞典』。

3 「乾為天、為圜、為君、為父、為玉、為金、為寒、為冰、為大赤、為良馬、為老馬、為瘠馬、為駁馬、為木果。」『易経』説卦。

4 「夫乾、天下之至健也、徳行恆易以知險。」『易経』繋辞下。

5 「聲者、氣形相軋而成。兩氣、風雷之類。兩形、桴鼓之類。氣軋形、如笙簧之類。形軋氣、如羽扇敲矢之類。是皆物感之良能、人習之而不察耳。」『朱子語類』張子書二。

6 「五聲和、八音諧、而樂成。商之為言章也、物成孰可章度也。角、觸也、物觸地而出、戴芒角也。宮、中也、居中央、暢四方、唱始施生、為四聲綱也。徵、祉也、物盛大而茇祉也。羽、宇也、物聚臧宇覆之也。」『漢書』律歴志。宮商角徴羽の五声においては宮が第一の音とされるが、『漢書』の当該部分では商、角、宮、徴、羽の順に説明がなされている。

7 「君子曰、甘受和、白受采。忠信之人、可以學禮。苟無忠信之人、則禮不虛道。是以得其人之為貴也。」『礼記』礼器。

8 「子夏問曰、巧笑倩兮、美目盼兮、素以為絢兮。何謂也。子曰、繪事後素。曰、禮後乎。子曰、起予者商也。始可與言詩已矣。」『論語』八佾。

9 「肺者、相傅之官、治節出焉」の箇所は『黄帝内経』（『素問』霊蘭秘典論）にみえる。

10 りろう。伝説上の人物で、百歩離れたところからでも、毛の先まで見ることができるほどの視力だったという。

11 しこう。春秋時代、晋に仕えた楽人。常人には判別できない音律の違いを聴き取ることができたという。

12 以上の例えは、『孟子』離婁上にある「離婁之明、公輸子之巧、不以規矩、不能成方員。師曠之聰、不以六律、不能正五音。堯舜之道、不以仁政、不能平治天下」に則ったもの。

13 巻之三「勇怯」で孟子の英気について詳細な議論が展開されている。乳井は孟子を「英気」ある人物として高く評価する。

14　「子曰、志士仁人、無求生以害仁、有殺身以成仁。」『論語』衛霊公。

15　平忠度（一一四四〜一一八四）、平安時代後期の武将。天養元年生まれ。平忠盛の子、平清盛の弟。源平の争乱で富士川の戦い、墨俣川の戦いなどの大将軍のひとり。寿永三年一ノ谷の戦いで源氏方の岡部忠澄に討たれた。

16　「子曰、以徳報怨、則寛身之仁也。以怨報徳、則刑戮之民也。」『礼記』表記。

17　「吾日三省吾身、為人謀而不忠乎、与朋友交而不信乎、伝不習乎。」『論語』学而。

18　『論語』微子に出てくる隠者。子路に隠遁することをすすめた。

19　「孔子没而聖人之統殆尽。曾子子思孟子亦不可企望。漢唐之間有欲当其任之徒、又於曾子子思孟子不可同口而談之。及宋周程張邵相続而起。聖人之学、至此大変。学者陽儒陰異端也。道統之伝、至宋竟泯没。況陸王之徒不足算。唯朱元晦大功聖経。」『聖教要録』道統。

20　「大道之行也、天下為公。選賢與能、講信修睦、故人不獨親其親、不獨子其子、使老有所終、壯有所用、幼有所長、矜寡孤獨廢疾者、皆有所養。」『礼記』礼運。

21　「又曰、孟子有些英氣。纔有英氣、便有圭角、英氣甚害事。如顏子便渾厚不同、顏子去聖人只豪髮間。孟子大賢、亞聖之次也。或曰、英氣見於甚處。曰、但以孔子之言比之、便可見。且如冰與水精非不光。比之玉、自是有溫潤含蓄氣象、無許多光耀也。」『孟子集注』孟子小序。

22　「子曰、由也、女聞六言六蔽矣乎。對曰、未也。居、吾語女。好仁不好學、其蔽也愚。好知不好學、其蔽也蕩。好信不好學、其蔽也賊。好直不好學、其蔽也絞。好勇不好學、其蔽也亂。好剛不好學、其蔽也狂。」『論語』陽貨。

23　「言必信、行必果、硜硜然小人哉。」『論語』子路。

24　「義者藝之分、仁之節也、協於藝、講於仁、得之者強。仁者、義之本也、順之體也、得之者尊。」『礼記』礼運。

25　「故勇敢強有力者、天下無事、則用之於禮義。天下有事、則用之於戰勝。用之於戰勝則無敵、用之於禮義則順治。外無敵、內順治、此之謂盛德。故聖王之貴勇敢強有力如此也。勇敢強有力而不用之於禮義戰勝、而用之於爭鬭、則謂之亂人。刑罰行於國、所誅者亂人也。如此則民順治而國安也。」『礼記』聘義。

26　「曾子曰、身也者、父母之遺體也。行父母之遺體、敢不敬乎。居處不莊、非孝也。事君不忠、非孝也。蒞官不敬、非孝也。朋友不信、非孝也。戰陳無勇、非孝也。五者不遂、災及於親、敢不敬乎。」『礼記』祭義。

27 規則にこだわって融通がきかないさま。「藺相如曰、王以名使括、若膠柱而鼓瑟耳。括徒能讀其父書傳、不知合變也。」『史記』廉頗藺相如列伝。

28 「聲音之道、與政通矣。宮為君、商為臣、角為民、徵為事、羽為物。五者不亂、則無怗懘之音矣。宮亂則荒、其君驕。商亂則陂、其官壞。角亂則憂、其民怨。徵亂則哀、其事勤。羽亂則危、其財匱。五者皆亂、迭相陵、謂之慢。如此、則國之滅亡無日矣。」『礼記』楽記。

29 「孟子曰、離婁之明、公輸子之巧、不以規矩、不能成方員。師曠之聰、不以六律、不能正五音。堯舜之道、不以仁政、不能平治天下。今有仁心仁聞而民不被其澤、不可法於後世者、不行先王之道也。」『孟子』離婁上。

30 「閔子騫為費宰、問政於孔子。子曰、以德以法。夫德法者、御民之具、猶御馬之有銜勒也。君者、人也。吏者、轡也。刑者、策也。夫人君之政、執其轡策而已。」『孔子家語』執轡。

31 「記問之學、不足以為人師。必也聽語乎、力不能問、然後語之。語之而不知、雖舍之可也。」『礼記』学記。

32 「政寛則民慢、慢則糺於猛。猛則民殘、民殘則施之以寛、寛以濟猛、猛以濟寛、寛猛相濟、政是以和。」『孔子家語』正論解。

33 「於是朝政七日而誅亂政大夫少正卯、戮之於兩觀之下、尸於朝三日。」『孔子家語』始誅。

34 「國家必先以孝。余今戮一不孝以教民孝、不亦可乎。而又赦、何哉。」『孔子家語』始誅。

35 「聖人不分天命気質之性。若相分則天人理気竟間隔。此性也、生理気交感之間。天地人物皆然也。措気質論性者学者之差謬也。細乃細而無益聖学。」『聖教要録』性。

36 「自天子以至於庶人、壹是皆以修身為本。其本亂而末治者否矣、其所厚者薄、而其所薄者厚、未之有也。此謂知本、此謂知之至也。」『大学』。

37 「乾知大始、坤作成物。乾以易知、坤以簡能。易則易知、簡則易從。易知則有親、易從則有功。有親則可久、有功則可大。可久則賢人之德、可大則賢人之業。易簡、而天下之理得矣。天下之理得、而成位乎其中矣。」『易経』繫辞上。

38 「二」は「陰」と「陽」の二つ、「五」は五行（木火土金水）のこと。

39 「子曰、性相近也、習相遠也。」『論語』陽貨。

40 「子曰、唯上知與下愚不移。」『論語』陽貨。

41 「君子知至學之難易、而知其美惡、然後能博喩。能博喩然後能為師。能為師然後能為長。能為長然後能為君。故師也者、所以學為君也。是故擇師不可不慎也。」『礼記』楽記。

42 「孔子曰、君子有九思。視思明、聽思聰、色思溫、貌思恭、言思忠、事思敬、疑思問、忿思難、見得思義。」『論語』季氏。

43 「二、五事。一曰貌、二曰言、三曰視、四曰聽、五曰思。貌曰恭、言曰從、視曰明、聽曰聰、思曰睿。恭作肅、從作乂、明作哲、聰作謀、睿作聖。」『書経』洪範。

44 「叡、深明也。通也。」『説文解字』口部。

45 「不思、則不能通微。不睿、則不能無不通。是則無不通生于通微、通微生于思。故思者、聖功之本、而吉凶之幾也。」『宋元学案』濂渓学案上。

46 「子曰、巧言令色、鮮矣仁。」『論語』学而。

47 「子曰、人能弘道、非道弘人。」『論語』衛霊公。

48 「天有四時、春秋冬夏、風雨霜露、無非教也。地載神氣、神氣風霆、風霆流形、庶物露生、無非教也。」『礼記』孔子閒居。

49 「古者包犧氏之王天下也、仰則觀象於天、俯則觀法於地、觀鳥獸之文、與地之宜、近取諸身、遠取諸物、於是始作八卦、以通神明之德、以類萬物之情。」『易経』繫辭下。

50 「吾聞先即制人、後則為人所制。」『史記』項羽本紀。

51 「對曰、秦之綱絶而維弛、山東大擾、異姓并起、英俊烏集。秦失其鹿、天下共逐之、於是高材疾足者先得焉。蹠之狗吠堯、堯非不仁、狗因吠非其主。當是時、臣唯獨知韓信、非知陛下也。且天下鋭精持鋒欲為陛下所為者甚衆、顧力不能耳。又可盡亨之邪。高帝曰、置之。乃釋通之罪。」『史記』淮陰侯列伝。

52 「君賜食、必正席先嘗之。君賜腥、必熟而薦之。君賜生、必畜之。侍食於君、君祭、先飯。疾、君視之、東首、加朝服、拖紳。君命召、不俟駕行矣。」『論語』郷党。

53 「凡為君使者、已受命、君言不宿於家。君言至、則主人出拜君言之辱。使者歸、則必拜送于門外。若使人於君所、則必朝服而命之。使者反、則必下堂而受命。」『礼記』曲礼上。

54 「孔子曰、昔者、帝舜左禹而右皋陶、不下席而天下治。夫如此、何上之勞乎？政之不中、君之患也。令之不行、臣之罪也。若乃十一而稅、用民之力、歲不過三日。入山澤以其時而無征、關譏市鄽皆不收賦。此則生財之路、而明王節之、何財之費乎。」『孔子家語』王言解。

55 「味方の各陣がともにくずれ敗れること。」『日本国語大辞典』。

56 「聞き怖《お》じして、陣立てがくずれること。」『日本国語大辞典』。

57 「臣下竭力盡能以立功於國、君必報之以爵祿、故臣下皆務竭力盡能以立功、是以國安而君寧。」『礼記』燕義。

58 中国、西晋の文人、政治家。魏の初めに太常博士となり、西晋に仕えて呉の討伐に功をたて、官は司空に至り、壮武郡公に封ぜられたが、趙王司馬倫の乱により一族とともに殺された。

59 「子曰、事君、軍旅不辟難、朝廷不辭賤。處其位而不履其事則亂也。故君使其臣得志、則愼慮而從之。否、則孰慮而從之。終事而退、臣之厚也。易曰、不事王侯、高尚其事。」『礼記』表記。

60 血気の勇にはやること。無謀の行為をすること。「子曰、暴虎馮河、死而無悔者、吾不與也。」『論語』述而。

61 釈迦の弟子の一人。弟子の中でも最も愚かだったと言われる。

62 「尾生與女子期於梁下、女子不來、水至不去、抱梁柱而死。」『荘子』盗跖。

63 「百夜通い」伝説。深草少将が「百夜私のもとに通ったら求愛を受け止める」と小野小町に告げられ通いつめたが、九十九夜目に凍死した。

64 鮑叔(生没年不詳)は、中国春秋時代の斉の政治家。巻之三「成敗」に既出。子皮は春秋時代の鄭の宰相。宰相となるも自分より又従兄弟の子である子産の方が才能のあることを認めて、その地位を譲った。

65 「古者包犧氏之王天下也、仰則觀象於天、俯則觀法於地、觀鳥獸之文、與地之宜、近取諸身、遠取諸物、於是始作八卦、以通神明之德、以類萬物之情。」『易経』繫辞下。

66 武田信玄に仕えた軍師、山本勘助のことか。

67 遠藤伊兵衛。楠流軍学の人物。弘前藩四代藩主津軽信政(一六四七〜一七一〇)によって弘前藩に兵学者として招聘された。『新編弘前市史通史編3近世2』参照。

68 山鹿素行。弘前藩は四代藩主津軽信政が叔父津軽信英の勧めによって素行に入門した。素行を津軽家に召し抱える話も出たが、素行の配流によって沙汰止みとなった。その後一六七五年、素行が赦面されると信政は素行の一族や門人を積極的に登用した。一六八一年には素行の『中朝事実』が弘前藩から刊行されている。以来、弘前藩と山鹿家との関係は深い。

69 滋味をとり去った不用物。かす。また、精神の抜けたもの、役にたたないもののたとえ。

70 「子曰、溫故而知新、可以為師矣。」『論語』為政。

71 「子曰、君子不器。」『論語』為政。

72 「惟事事、乃其有備、有備無患。」『書経』説命中。

73 「君子曰、恃陋而不備、罪之大者也、備豫不虞、善之大者也。」『春秋左氏伝』成公九年。

74 兵士の組織である隊と伍。兵士の組織された集団。また、隊を組んできちんと並んだ組。隊列の組。

75 飢えて死んだ人。

76 「子曰、學而不思則罔、思而不學則殆。」『論語』為政。

77 「大學之法、禁於未發之謂豫、當其可之謂時、不陵節而施之謂孫、相觀而善之謂摩。此四者、教之所由興也。發然後禁、則捍格而不勝。時過然後學、則勤苦而難成。雜施而不孫、則壞亂而不修。獨學而無友、則孤陋而寡聞。燕朋逆其師、燕辟廢其學。此六者、教之所由廢也。」『礼記』学記。

78 「君子知至學之難易、而知其美惡、然後能博喩、能博喩然後能為師、能為師然後能為長、能為長然後能為君。故師也者、所以學為君也。是故擇師不可不慎也。記曰、三王四代唯其師。此之謂乎。」『礼記』学記。

79 「臣聞六經之治、貴於未亂。兵家之勝、貴於未戰。二者皆微、然而大事之本、不可不察也。」『漢書』匈奴伝下。

80 「季路問事鬼神。子曰、未能事人、焉能事鬼。敢問死。曰、未知生、焉知死。」『論語』先進。

81 講談・演説・講義などの弁説によって生計をたてること。

82 天・地・人のこと。

83 天照大神が地上を治めるために天稚彦を派遣した際、持たせた弓。『古事記』では、「天之麻迦古弓」と表記される。

84 第二代とされる天皇。神武天皇の第三皇子。

85 『日本書紀』巻第四 綏靖天皇即位前紀 己卯年十一月条に綏靖天皇が弓部稚彦（ゆみべのわかひこ）に弓を作らせたとの記事がある。

86 「故射者、進退周還必中禮、內志正、外體直、然後持弓矢審固。持弓矢審固、然後可以言中、此可以觀德行矣。」『礼記』射義。

87 「射者、仁之道也。射求正諸己、己正然後發、發而不中、則不怨勝己者、反求諸己而已矣。孔子曰、君子無所爭、必也射乎。揖讓而升、下而飮、其爭也君子。」『礼記』射義。

88 「關尹子曰、善弓者、師弓、不師羿。善舟者、師舟、不師奡。善心者、師心、不師聖。」『関尹子』五鑑。

89 鹿の形に作った、弓の的。

90 直径五～八寸（約一五～二四センチメートル）の半球状の的。『日本国語大辞典』。

91 武士の騎射の練習のために行なわれた馬上の三物の一種。犬を追物射にすること。

92 馬上の三物の一種。馬上から遠距離の的を射る競技。もと射手の笠をかけて的としたところによる名称。

93 以上の話、『太平記』巻第十二「広有怪鳥を射る事」からの引用。元は『平家物語』巻第四に拠るもの。

94 「甘蠅、古之善射者、彀弓而獣伏鳥下。」『列子』湯問。

95 「楚王有白蝯、王自射之、則搏矢而熙。使養由基射之、始調弓矯矢、未發而蝯擁柱號矣、有先中中者也。」『淮南子』説山訓。

96 「復獵於冥山之陽、又見臥虎、射之、沒矢飲羽。進而視之、乃石也、其形類虎。退而射更、鏃破簳折而石不傷。」『西京雑記』第五。

97 「弓に矢をつがえず、張った弦を手で強く引き鳴らす作法で、弦打《つるうち》ともいう。入浴、病気、出産、雷鳴などの際に、その発する音によって妖怪、悪魔を驚かし、邪気、穢を祓うものである。」『日本大百科全書』。

98 ひきめ。「長さ四、五寸の卵形をした桐または朴の木塊を中空にし、その前面に数箇の孔をうがったもので、これを矢先につけ、射るものを傷つけないために用いた。これが飛翔するとき異様な音響を発し、それが蟇の鳴き声に似ているとされることから魔縁化生のものを退散させる効果があると信じられ、古代より宿直蟇目・産所蟇目・屋越蟇目・誕生蟇目などの式法が整備されてきた。」『日本大百科全書』。

99 「煩悩魔などの魔を滅ぼすこと。また、魔障を払い除くという神事。元来はハマとよぶ神占に起源のあることば。」『日本大百科全書』。

100 神仏の力や、またはその法力によって、悪魔、煩悩、怨敵などをとりしずめること。

101 生まれながら道理に通じ、安んじてこれを実行すること。

102 「諸国の弓術の名手が、三十三間堂で、遠矢を射て的中した矢数を競ったこと。普通、京都東山の蓮華王院で行なわれたが、寛永（一六二四〜四四）以後、江戸浅草松葉町、あるいは深川永代島の三十三間堂でも行なわれた。また、三十三間堂は二間を隔てて柱を立てたので実際の距離は六六間（約一一九メートル）。」『日本国語大辞典』。

103 高麗の使節の前で、誰も当てられなかった鉄の的を、盾人宿禰のみが射抜いたという。『日本書紀』仁徳天皇にみえる。

104 幸若舞曲、説経節、浄瑠璃などの「百合若物」の主人公。筑紫の国司となり命によって蒙古を攻め、凱旋の途中逆臣のため孤島におきざりにされる。のち神仏の加護で筑紫にかえることができ、鉄の大弓で復讐をとげる。

105 誰も引くことができないとされた百合若丸の大弓を、寛文年間中に備前国の射場藤太夫という人物が引き折って奉納したという。『和漢三才図会』巻第七十八にみえる。

106 源為朝（一一三九～一一七〇）。平安時代後期の武将。『保元物語』上「新院御所各門々固めの事」にてその強弓ぶりが描かれる。

107 平教経（一一六〇～一一八五）。平清盛の弟・門脇宰相教盛の子。『平家物語』巻十一「嗣信最期」にてその強弓ぶりが描かれる。

108 以上の話、全て『和漢三才図会』巻第二十一による。

109 「子曰、志於道、據於徳、依於仁、游於藝。」『論語』述而。

110 中国の故事の『蒙求』に見られる「紀昌貫虱」の故事を踏まえる。中島敦が『名人伝』で小説化。

111 先述の中国の故事の『蒙求』に見られる「紀昌貫虱」の故事を踏まえる。。

112 「近世馬術の一流派。流祖は神尾織部吉久で、もと松平陸奥守の家臣。この流儀は、実戦を基調とする乗御法のほか、癖馬・難馬の矯正・調教に重点を置いたので、悪馬新当流ともよばれて、漸次諸藩に広まった。」『日本大百科全書』。

113 「舜亦以命禹。曰、予小子履、敢用玄牡、敢昭告于皇皇后帝。有罪不敢赦。帝臣不蔽、簡在帝心。朕躬有罪、無以萬方。萬方有罪、罪在朕躬。」『論語』堯曰。

114 「孔子曰、古者天子以内史為左右手、以徳法為銜勒、以百官為轡、以刑罰為策、以萬民為馬、故御天下数百年而不失。」『孔子家語』執轡。

115 「昔者、帝舜巧於使民、造父巧於使馬。舜不窮其民力、造父不窮其馬力。是以舜無佚民、造父無佚馬。今東野畢之御也、升馬執轡、銜體正矣。歩驟馳騁、朝禮畢矣。歴険致遠、馬力盡矣。然而猶乃求馬不已。臣以此知之。」『孔子家語』顔回。

116 味方のこと。

117 『平家物語』巻十一「八島の戦い」。平家が立てた扇の的を、那須与一は見事射落とした。

118 「中国、周代の兵制で、諸侯が出した上軍、中軍、下軍それぞれ一万二千五百人、合計三万七千五百人の軍隊の総称。諸侯の軍。転じて大軍をいう。」『日本国語大辞典』。

119 源義家が鳴弦で妖魔を退散させた話。『平家物語』鵺の段。

120 「自誠明、謂之性。自明誠、謂之教。誠則明矣、明則誠矣。唯天下至誠、為能盡其性。能盡其性、則能盡人之性。能盡人之性、則能盡物之性。能盡物之性、則可以賛天地之化育。可以賛天地之化育、則可以與天地參矣。」『中庸』。

121 「其次致曲。曲能有誠、誠則形、形則著、著則明、明則動、動則變、變則化。唯天下至誠為能化。」『中庸』。

122 語義未詳。「事を処理するちょっとした能力の意か。一説に「てこ（梃子）」の強調語という。」『日本国語大辞典』。

123 「救亂誅暴、謂之義兵、兵義者王。敵加於己、不得已而起者、謂之應兵、兵應者勝。爭恨小故、不忍憤怒者、謂之忿兵、兵忿者敗。利人土地貨寶者、謂之貪兵、兵貪者破。恃國家之大、矜民人之眾、欲見威於敵者、謂之驕兵、兵驕者滅。此五者、非但人事、乃天道也。」『漢書』魏相丙吉伝。

124 「蓍之徳、圓而神卦之徳、方以知。六爻之義、易以貢。聖人以此洗心、退藏於密、吉凶與民同患。神以知來、知以藏往、其孰能與此哉。古之聰明叡知神武而不殺者夫。」『易経』繋辞上。

125 乳井の赤穂浪士批判については巻之九「雑問」を更に参照のこと。

126 「子曰、以徳報怨、則寛身之仁也。以怨報徳、則刑戮之民也。」『礼記』。

127 「子曰、好勇疾貧、亂也。人而不仁、疾之已甚、亂也。」『論語』泰伯。

128 いずれも、武道、芸道などにおいて、門弟がその奥義を身に付けたことを師匠が証明すること。また、その証明書、免許状。

129 「季氏富於周公、而求也為之聚斂而附益之。子曰、非吾徒也。小子鳴鼓而攻之、可也。」『論語』先進。

130 町見のことか。町見は西洋流の測量術が伝来する以前に、日本で行われた測量術のこと。

131 「子曰、射有似乎君子、失諸正鵠、反求諸其身。君子之道、辟如行遠必自邇、辟如登高必自卑。」『中庸』。

132 「人之生也柔弱、其死也堅強。萬物草木之生也柔脆、其死也枯槁。故堅強者死之徒、柔弱者生之徒。是以兵強則不勝、木強則共。強大處下、柔弱處上。」『老子』七十六章。

133 幕府は寛文八年（一六六八）、江戸御用町人以外の帯刀を禁止し、ついで天和三年（一六八三）に江戸町民全ての帯刀を禁止した。

134 突棒、袖搦、刺股。江戸時代犯罪人や乱暴者などを捕えるのに用いた武器、いわゆる三道具。

135 間諜の法の略。忍びの法。

136 「君子之道本諸身、徴諸庶民、考諸三王而不繆、建諸天地而不悖、質諸鬼神而無疑、百世以俟聖人而不惑。質諸鬼神而無疑、知天也。百世以俟聖人而不惑、知人也。是故君子動而世為天下道、行而世為天下法、言而世為天下則。遠之則有望、近之則不厭。」『中庸』。

137 『老子鬳齋口義』巻三第四十七章。

138 「立ち木のない芝地などで、馬の両足を手綱で絡め、動かないようにすること。」『日本国語大辞典』。

139 「鎌倉時代の武士。上野国（群馬県）佐野（高崎市）に住んだといい、最明寺入道北条時頼が諸国行脚の帰途、佐野で雪道に迷って常世の家に宿を借りたとき、秘蔵の鉢植の木を焚いてもてなし、鎌倉に事あるときは一番に馳せ参ずることを語り、後日時頼が兵を招集した際に一番に到着して本領を安堵され、所領を与えられたという。謡曲「鉢木」の主人公として名高い。」『日本国語大辞典』。

140 「臣聞有文事者必有武備、有武事者必有文備。古者諸侯竝出疆、必具官以従、請具左右司馬。」『孔子家語』相魯。

志学幼弁　巻之五

節　用

凡ソ天地ノ運、鬼神ノ化、万物ノ用ヲ成スコト節アラズト云コトナシ。易ニ曰、「天地節シテ而四時成。節《スルニ》以《テ》二制度《ヲ》一、不レ傷レ財《ヲ》不レ害レ民」[1]ト云ヘリ。此故ニ節制ハ自然ノ則《ノリ》ニシテ、是ヲ混ズルトキハ、天下ノ人物功用ノ全体ヲ失ヒ、天下財アリテ乏シク、物充《ミツ》レ共足ラズ、国家富ヲ度《ハカ》レ共、弥減《ヘル》耗ス。弥減耗シテ民益貧窮ス。民貧窮シテ未ダ国家ノ豊《ユタカ》ナルヲ聞カズ。国家豊ナラズシテ盗賊起ラザルコトヲ聞カズ。故ニ「以《テ》二制度《ヲ》一不レ傷レ財不《ス》レ害《セ》レ民《ヲ》」[2]ト云。唯国家乏シク財用足ラザルトキハ、物ヲ耗《ヘラ》シ用ヲ欠キ、以テ足ルヲ求メ盗賊起テ、而シテ是ヲ捕ヘ牢獄ニ罰シ、収斂ノ法ヲ立テ以テ民ト利ヲ争ヒ、是ヲ以テ制度節用ノ道、倹約質素ノ道トハセズ。是ニテハ暴慢悋嗇ノ術也。

夫レ聖教ノ節用ヲ察セズ俗間ニ倣《ナラ》フ時ハ、悋嗇ト倹約ト誤リ、奢侈ト礼儀ト誤ルコト多シ。其形状甚似テ、其実雲泥ノ差ヒ也。

夫レ倹ノ道ハ皆聖賢ノ貴ブ所ニシテ、礼節ニ従テ是ヲ行ヒ、節義ニ称《カナフ》テ行フ也。其節制ナクシテ倹ヲ行フトキハ皆悋嗇ト成リ暴慢ト成ガ故ニ、礼ハ以テ奢リニ変ジ、倹ハ以テ悋ト変ズ。

夫レ倹ハ物ヲ悋《ヲシ》ミテ利ヲ積ム所以ニアラズ。国用ヲ制節シテ費ヲ省キ、多事ヲ除キ国産ヲ有余シテ、人道常変ノ急節ニ備ヘ、以テ天地ノ化育ヲ輔ン為也。然ルヲ倹ノ道也トテ、節制法儀ノ本モナク妄リニ事物ヲ減去スルノミヲ専ラトスルトキハ、却テ国乏シク民貧スルニ至ルコトヲ知ラズ。百年ノ労ヲ積ム共、決シテ国富ム期ナシトト知ルベシ。イカントナレバ聖教ヲ棄テ事ヲ庸俗ニ倣バ也。

夫レ冠婚葬祭ハ人間ノ大礼也。矜寡孤独[3]ハ人世ノ窮民也。然ルヲ倹約也トテ冠婚葬祭ノ大礼ヲ禁略シ、時風也トテ矜寡孤独ノ施養ヲ減省シ、是ヲ以テ奢ヲ禁ズル道也ト悦ブ。是全ク愚俗悋慉ノ術ナリ。誠ニ自ラ貧ヲ行ヒ不祥ノ機ヲ招ク者也。

国家ヲ賑ハシ人民ヲ富マスハ人ノ喜処也。貧窮ニシテ野ニ餓殍アルハ人ノ憂ル所也。其憂ル所ヲ行ハシメ其喜ブ所ヲ禁ズルハ是何事ゾヤ。家語賢君ノ篇ニ孔子ノ曰、「政之《ノ》急者《ハ》、莫《シ》レ大《ナルハ》三 乎使《シムルヨリ》二 民《ヲシテ》 富《ニシ》 且寿《ツコトブカ》一 也。省《キ》二 力役《ヲ》一、薄《クシテ》二 賦斂《ヲ》一、則民富《ム》矣。敦《クシ》二 礼教《ヲ》一、遠《ケテ》二 罪戻《ヲ》一、則民寿《コトブク》 矣」[4]ト云ハズヤ。是聖人ノ教ハ財ヨリ先ヅ徳ヲ行フヲ本トスル也。故ニ経ニ曰、「徳者《ハ》本《ナリ》 也、財者末也、外《ニシ》レ本《ヲ》内《ニスルハ》レ末《ヲ》、争《ハシメ》レ民《ヲ》施《ス》レ奪《フヲ》。是故財聚《ムレバ》 則民散、財散《スレバ》 則民聚《ル》」[5]ト云フ。

然ルヲ人倫ノ礼教モ止メ、窮民ノ飢寒モ救ハズ、日夜財金ノ損耗ヲノミ憂ヒ、仁モ捨、恥モ構ハズ其利ヲ聚メントスル。是愚俗ノ為《スル》所ヲ見馴レ、是レヲ国家ノ政ニ移シ取リテ以テ富ヲ量《ハカ》ラントス。以ノ外ナルコトナラズヤ、設令《タトヘ》一旦幸ニ利ヲ得ルニモセヨ、悖《モトリ》テ得タル財宝豈久シカランヤ。経ニ曰、「貨悖《テ》而入《ル》者《ノ》亦悖《テ》而出《ヅ》」[6]ト云フ。

夫レ聖学ヲ信ズル人ダニ唯ダ差当リテ国用ノ足ラザル所ノミニ泥著[7]シ、殆ンド学ブ所ノ聖教ヲ忘レ、為《スル》コト成スコト悉ク庸俗ノ所作ニ倣ヒ馴ルル也。又哀シカラザランヤ。或ハ適《タマタマ》道ヲ行ハントスル有司[8]ハ、一旦軍旅計策ノ術ヲ借リテ、時風ヲ凌ギ隠密ニ民ニ有余ヲ施シ、至極人ノ目ヲ忍ビ、頗ル人ノ聞キヲ厭ヒ、是ヲ以テ陰徳ノ行ヒトス。是ラハ聖教ヲ一向ニ忘レタル人ヨリハ善ナルコトハ善ナレドモ、唯一己ノ徳ヲ行ヒ、君ノ徳ニアラズ。彼ノ子路ガ蒲邑ノ宰タルトキ、箪食壺漿ヲ施シ民ノ労苦ヲ恵ミシ仁ト其義相ヒ類ス。[9]何ゾ其志ス所ノ仁ヲ君ニ告テ君命ヲ以テセザルヤ。

凡ソ桀紂幽厲[10]ノ悪ダニナキ君ナラバ民ヲ恵ムノ言ヲ拒ムベキヤ。又何ゾ大道ヲ君ニモ衆ニモ隠シテ行フコトカアラン。誠ニ珍シキ治道ト云ベシ。斯ノ如ク軍旅ノ計策ヲ用ヒテモ道ヲ行フヲ善トスルナラバ、孔孟ノ睿智何ゾ天下晴レテ日中ニ大道ヲ携テ周流スベケンヤ。皆道ヲ直フシテ狂ルコトヲセザルニアラズヤ[11]。故ニ天下ニ容ラレズ。其容ラレン為ニ孔孟豈道ヲ狂ゲテ行フベキヤ。道ヲ直フシテ時風ニ遇ハズンバ身ハ去ラルベシ、殺サルベシ、辜《ツミ》セラルベシ。柳下恵ガ曰、「直《シテ》レ道《ヲ》而事《ヘバ》レ人《ニ》、焉《クニ》往《トシテ》而不《ン》三《タビ》黜《ラレ》、枉《テ》道《ヲ》而事《ヘバ》人《ニ》、何《ゾ》必去父母之《ノ》邦《ヲ》」[12]ト云ハズヤ。然ルヲ何ゾ時風ヲ凌ギ身ノ全キヲ謀リ是レガ為ニ道ヲ枉ゲテ己レガ徳ヲ強《シイ》テ行フヲヤ。是本ヲ建《タテ》国ヲ定メ君道ヲ開ク務ニアラズ。唯婦女ノ菓子ヲ与ヘテ嬰児ノ啼ヲ止ルガ如シ。

夫レ国君ハ民ノ父母也。然ラバ民ハ君ノ子ナラン。其父母トシテ其子ノ飢寒ヲ顧ズ、其子ノ利ヲ奪ヒ、其子ノ礼教ヲ止メ、其子ノ寿キヲ禁ジ、而シテ父母ノ道トスベケンヤ。詩経ニ「愷悌君子《ノ》、民之《ノ》父母《ナリ》、未《ダ》有《ラ》子富《テ》而父母之《ノ》貧《ナル》者《ノ》」[13]ト云ヘリ。此故ニ吾ガ国仁徳天皇ハ三年ノ税《ミツギ》ヲ勅免アリテ、猶是ヲ足ラズトシ玉ヒ、又七年ノ課役ヲ勅許アリ。[14]此為ニ御供ヲ撰バズ、宮牆雨露ニ朽レ共、修セズ。御衣蔽ルレ共、改メズ。悉ク上ヲ損シテ下ヲ益シ、天下大ニ富、民大ニ寿キ大ニ賑フ。爰ニ於テ天皇台ニ上リ天下ノ賑フコトヲ叡覧アリテ、即チ高キ屋ノ御製ヲ詠ジ玉ヒ、今ニ伝ヘテ徳堯舜ニ並ブ。人君、此徳ヲ行フコト甚難《カタ》カルマジ。人臣、此道ヲ開クコト何ゾ労スルニ及ン。民ヲ恵ミ国ヲ賑ハス。天下誰ヲカ恐レ天下何者カ是ヲ科《トガ》トセン。設令《タトヒ》科トスル者有テ此身ヲ国ノ為メ民ノ為ニ殺サルル共、身何ノ恥辱カアランヤ。然ルヲ世並《ヨナミ》ヲ憚リ、時風ヲ恐レ、自ラ道ヲ枉ゲ聖教ヲ後ニスルヤ。夫レ天皇ノ御宇ニ、上金銀財宝満アラバ、何ゾ税ヲ免ジ給フマデモナク有ル所ノ物ヲ以テ施シ給フベキニ、上ニ一粒ノ宝モ積集メ玉ハザルヲ以テ税ヲ免ジ施シ玉ヘリ。一粒ノ御収歛アラバ、何ゾ御衣ノ破レ宮殿ノ壊レヲ修シ玉ハザルベキ。然レバ是レ甚御艱難ノ時ト見ヘタリ。然レドモ先ヅ上ヲ富サント欲シテ税歛ヲ厚クシ利ヲ積ムコトヲナシ玉ハズ、却テ先ヅ税ヲ免ジ、上ハ損シ下ヲ益シ大ニ天下ヲ賑ハシ、民ヲ富マシメ玉フ。此故ニ天下ノ民其徳ニ報ハザルコトヲ恐ル。是天地ヲ感動スル者也。此故ニ天下妖災ナク、宝算[15]百余歳ニシテ崩御アル。誠ニ鬼神ノ寿《コトブ》ク所ナラズヤ。是レ後世政治ノ大法ナラズヤ。

然ルヲ聖倹ノ法ヲ改メ、私ノ新法ヲ設ケ、冠婚葬《サウ》祭聘問ノ礼儀ヲ禁略《リャク》シ、歳月賀祝ノ儀式ヲ省略シ、冠服衣裳ノ尊卑ヲ蔑《ナミ》シ、是レラヲ以テ奢リヲ警ム。倹ノ道ヲ誤ル。是皆愚俗ノ者ノ一家慳嗇ヲ用テ金銭ノ利ヲ設ケタルヲ顧テ聖倹也ト誤リタルカ。

　夫レ心富ニ奢ルトキハ国家ヲ亡ス。心倹ニ奢ルトキハ人倫ヲ乱ス。其二ツノ奢リヲ禁ズルコト、節用礼制ヲ去《ステ》テ何ヲ以テ倹道ヲ全クシテ、国家財用ノ足ルコトヲ得ンヤ。故ニ礼記ノ檀弓ニ「国奢《ルトキハ》、則示《スニ》レ之《ヲ》以《ス》レ倹《ヲ》。国倹《ナルトキハ》、則示《スニ》レ之《ヲ》以レ礼」[16]ト云ヘリ。然ルヲ聖教ヲ捨テ愚俗悋嗇ノ方便《テダテ》ヲ借リテハ、唯物ヲ惜ミ貯ルコト慊《アキタル》期ヲ知ルベカラズ。然ルトキハ人倫ノ礼儀ヲ滅スルコト月ニ増シ年ニ重リ、竟ニ婚ニ媒ナク、尸《シカバネ》ヲ野ニ哂シテ、神社ヲ朽ルニ任セ、宗廟ノ祭祀永ク絶ヘン。

　夫レ倹ヲ常ニ用ルコトハ人倫大節ノ礼ヲ闕《カカ》ザルガ為ニ用ル也。人倫大節ノ礼ヲ欠ク為ニ用ル倹約ニハアラズ。礼記ノ王制「喪祭《ノ》、用不《ルヲバ》レ足《ラ》曰レ暴《ト》、有《ルヲバ》レ余《リ》曰レ浩《ト》。祭《ハ》、豊年《ニモ》不《ズ》レ奢《ラ》、凶年《ニモ》不《ズ》レ倹《セ》」[17]ト云フ、以テ見ツベシ。喪祭ノ礼ハ年ノ豊凶ニ拘《カカ》ハラズ其備ヲ増減スルコトヲ禁ズルハ、蓋シ私法ヲ加ヘテ古法ヲ破リ其敬ヲ失フコトヲ慎メバ也。然ルヲ物入リ也、費也、奢也トテ、豊年ニモ減ジ凶年ニハ止《ヤ》ムルノ新法ヲ出ス。豈不敬ノ至リナランヤ。又婚儀ノ礼ニ云ク、「礼《ハ》始《マリ》二於冠《スルニ》一、本《ヅキ》二於婚《ニ》一、重《ク》二於喪祭《ニ》一、尊《ク》二於朝聘《ニ》一、和《グ》二於射御《ニ》一、此《レ》礼之《ノ》大体也《ナリ》」[18]ト云ハズヤ。然ルヲ是モ亦物入リ也、費也、奢也トテ禁止セバ、殆ンド倹ノ道ハ人道ヲ絶《タツ》ノ法ニシテ、夷狄禽獣ノ交リヲ行ハシムル也。此大礼ヲダニ省クトキハ況ヤ其余ノ小礼ヲヤ。

又

崇神天皇十二年ニ人民ノ調役ヲ令シテ十丁ノ田ヨリ一丁ノ稲ヲ奉リ、百人ノ民ヨリ一人ノ役ヲ奉ルコトヲ定メ玉フ。是レ夏殷周三代ノ貢役ト其制全ク同クシテ、皆十ノ内其一ツヲ年貢《ネング》トス。今ハ古法廃《スタレ》テ、十ノ内或ハ六或ハ五或ハ四トス。是近世ノ税法也。近比猶足ラズトシテ課役ヲ増シ士禄ヲ減ズ。然レドモ猶足ラズシテ山林ノ良材ヲ伐リ尽シテ、以テ他邦ノ貨財ニ代ユル。是レモ又足ラズシテ六礼ノ品等ヲ省クニ至ル。然レ共未ダ其有余ノ功ヲ見ズシテ年々ニ乏シク、月々ニ闃《サビシ》ク日々ニ衰フ。爰ニ於テ有司百官弥減略シ、益省耗ス。弥減略シ益省耗スルホド、弥衰ヒ益足ラザルト云コトヲ知ラズ。其本トハ是レ何ノ故ゾ。節用制度ノ相当ナク、且ツ心ヲ精微ニ尽スノ思ヒヲ務メズ、而シテ唯宝ヲ貴ビ利ヲ欲シ、収斂ノ為ニ逼迫シテ道ヲ顧ルコトヲ忘ルレバ也。礼記ニ孔子哀公ニ告テ曰、「今ノ君子《ハ》、好《テ》レ宝《ヲ》無《シ》レ厭《アクコト》、淫徳不《ズ》レ倦、荒怠傲慢《シテ》、固《カタク》民《ニ》是《ヲ》尽《シ》、忤《サカヒ》二其衆《ニ》一以伐《テツ》二有道《ヲ》一。求《テ》レ得《ンコトヲ》レ当《ニ》《ベキヲ》レ欲《ス》、不《ズ》レ以《セ》二其所《ミチヲ》一」[19]トハ謂フ也。

夫レ家一軒ヲ富マスコトヲ知テ其事理ニ移シ、一国ヲ富マスコトヲ知テ其事理ヲ天下ノ事理ニ移サントス。似タルコトハ似テ究理セザレバ大ニ誤ルベシ。家ト国ト、国ト天下ト、其道ヲ同クシテ其事理甚異也。

夫レ民家ノ富ヲ得ル者ハ事物ノ入目ヲ省略シテ、其出ルコトヲ禁ズ。是収斂ヲ以テ利潤ヲ得ル也。邦国ノ富ヲ得ル者ハ地理ノ相当ヲ節制シテ、四境ノ出入リヲ定メ、其数ヲ統ブルニ在リ。天下ノ富ヲ得ル者ハ財金ノ通路ヲ開クノ外、更ニ他ナシ。

凡ソ金銭ノ制造有ルコトハ其無キ物ニ代《カヘ》、其在ル物ト易《カハ》ル。以テ天下其有無ヲ平均セシメ、便用ニ安ズルノミ。故ニ人世ノ重宝何者カ是ニ如《シク》コトノアラン。此故ニ人、貴賤トナク是ヲ欲セズト云者ナクシテ、竟ニ米穀ヨリ尊ムニ至レリ。其欲甚シク惑フ者ハ君父ヲ顧ズ己レガ生命ニ易ユル者アリ。爰ヲ以テ是ヲ得ルトキハ、甚其失ンコトヲ恐ル。故ニ得ル者ハ深ク蔵《カク》シテ出スコトヲ慎ム。然レ共蔵スノミニシテ是ヲ出サザルトキハ、其利息ヲ得ルコト能ハズ。故ニ其半《ナカバ》ヲ通利シ、其半ハ常ニ貯ヒ蔵ス。天下ノ富家皆斯ノ如クナルトキハ、天下ノ金銭其五ツハ通ジテ、其五ツハ空シク伏シ蔵ル。是有レ共空シキガ如シ。爰ニ於テ天下自ラ天下ヲ以テ天下貧究スルニアラズヤ。是ヲ補足セントシテ年々巨万ノ金銭ヲ鋳サシメテ天下ニ散ズトイヘ共、亦悉ク伏蔵シテ乏クナル。是用ヲ節シテ人ヲ愛スト云ヘル孔子ノ一言[20]ヲ信ゼズ、孟子ノ所謂ル徒法ノ政ヲ用ユレバ也[21]。

昔、斉ノ管仲其通財ノ道ヲ開ンガタメニ、遊里ノ市ヲ置キ女ヲ集メテ淫ヲ売ラシム[22]。是人ノ大欲ヲ以テ又其大欲ヲ釣リ出シ、以テ伏蔵ノ財金ヲ散ゼシム。其法今ニ於テ倭漢是ヲ用ユ。天下ニ博奕ヲ禁ジテ而シテ博奕ノ器ヲ売ルコトヲ禁ゼザルモ亦昔鳥曹擲骰子《カルタ》ヲ作リ財ヲ通ジタルノ例ナルカ。然レドモ是一時ノ権謀ニシテ、其時ハ応ジ、此時ハ応ズベカラズ。素《モト》ヨリ王道ノ正制ニアラズ。唯上収斂ヲ去テ損ヲ以テ常トシ、誠ヲ守テ民ニ望メバ、即今日ノ貧、明日富トナルコト、是聖人後世ノ盟言ナレバ、豈天ニ照シテ偽ナケン。若シ此言ヲ用テ其功ナクンバ孔子ヲ以テ罪人トスベシ。

管仲其徳ヲ用ズシテ弁才ヲノミ尽シ、斉国ヲ富マシ一タビ周室ヲ匡ス。其善功ハ称スベシ。其徳功ハ称スルニ足ラズ。故ニ管仲ガ器小キ哉。管仲礼ヲ知ラバ誰カ礼ヲ知ラザルヲ以テ論ヲ定ム。[23]然ラバ天下ノ財金ヲ通ヅルコト何ゾ遊女ノ色ヲ借リ博奕ノ慾ヲ借リ、道ヲ枉ゲテ通財ヲ謀ルニ及ンヤ。

夫レ天下ノ富家其五ツヲ出シテ其利ヲ得ンヨリハ、十ヲ出シテ其利ヲ得ルコト固《モト》ヨリ望ム所ノ通情也。然レ共人ノ為ニ十皆失ンコトヲ疑ヒ恐ルレバ也。此疑何ガ故ゾ。人倫貪欲不直ニシテ、日夜争奪ヲ事トスレバ也。故ニ貸ス者ハ其償ヲ執ルコト能ハズシテ損スルコトアリ。借ルル者ハ返サズシテ貪ルコトアリ。爰ニ於テハ義士モ又相ヒ疑ヒ仁者モ又疑ハルルコトヲ免レズ。民家既ニ斯ノ如ク、諸侯モ又斯ノ如シ。

夫レ諸侯其国ノ君トシテ財金ヲ下民ニ借ルルコト、決シテナカルベキコト也。故ニ又下民ニ貸シテ利息ヲ執ルコト猶ナキ道也。況ヤ他邦ノ貸シ借レヲヤ。貸シ借レシテ便用通ヅルハ下民ノ業也。

夫レ国君ハ一国即一家ニシテ、山川田畑ヲ以テ倉廩トス。此倉廩ヨリ出ス所ノ者五穀塩魚木石布帛金銀銅鉄貰《モラ》ハズシテ年々ニ出、貸サズシテ歳々ニ利シ、執レ共尽キズ、用ユレドモ減ゼズ。是天下財宝金銭ノ大本ニシテ、国君天ニ受ケル所ノ禄也。善ク法制ヲ其地理ニ相当シ、四境ノ出入ヲ定メ其数ヲ統約シ、以テ用ヲ節シ人ヲ愛シ民恒ノ産業ヲ励《ハゲ》マス。国用何ノ足ラザルコト有テ是レヲ下民ニ借(ママ)レ他邦ニ求ンヤ。又何ゾ山川海陸田圃ノ倉廩ヲ思ハズシテ、別ニ倉廩造立シ下民ト家ヲ分ケ其財金ノ利ヲ争フコトセンヤ。此故ニ国乏シク財用足ラザルハ其本ヲ勤メズシテ節制ナケレバ也。故ニ経ニ君子本ヲ務ム。本立テ道成ルト云。[24]況ヤ天下ヲヤ。

夫レ国ハ其本ヲ立《タタ》ズシテ其末ヲ追フトキハ、国産悉ク他邦ニ帰シ、物皆消滅スルコトヲ免レズ。天下ハ然ラズ。其本立テズ其節制ナケレドモ、天下ノ有《ウ》消滅スルコトナシ。是何ガ故ゾ。物天地ノ外ニ出ル所ナケレバ也。唯ダ人ノ為ニ伏蔵セラレテ有テ空クナル故ニ列国貧ス。爰ヲ以テ通財ノ道ヲ開テ厘毛塞ガルコトナク、下民ノ貸シ借レ契帖《テガタ》証文印符ヲ用ヒズシテ其返還疑フコトナキハ、富家ノ金銭伏蔵セズ悉ク底ヲ払テ通用ス。爰ニ於テ民始テ金銭ヲ水火ノ足ルガ如ク軽ンズ。孟子ノ曰、「民非《レバ》二水火《ニ》一不《ズ》二生活《セ》一、昏暮叩《ニテ》二人之《ノ》門戸《ヲ》一、求《ルニ》二水火《ヲ》一、無《シ》二弗《ル》レ与者《ヘノ》一、至《テ》足《レバナリ》矣。聖人使《ハシムルコト》レ有《ラ》二菽粟《ヲ》一如《クシテ》二水火《ノ》一、而民焉《クンゾ》有《ン》二不仁者《ノ》一乎《ヤ》」[25]トハ又此謂ナラズヤ。

夫神仏ノ祭祀ヲ止《ヤ》メ、人世ノ六礼ヲ禁ジテ以テ金銭財物ヲ貴ムトキハ、是金銭財物ハ鬼神ヨリモ重シ。上既ニ斯ノ如クス。下豈是レニ習ハンヤ。

夫レ下ハ上ノ好ム所ヲ真似、上ノ欲スル所ヲ欲スルコト、古今皆然ラズヤ。故ニ礼ノ楽記ニ曰「為《タル》二人《ノ》君一者《ノハ》謹《ム》三其所《ヲ》二好悪《スルノミナリ》一而已矣。君好《トキハ》レ之《ヲ》、則臣為《ナス》レ之《ヲ》。上行《トキハ》レ之《ヲ》、則民従《フ》レ之《ニ》」[26]ト云フ。

此故ニ人君ノ一国ニ一人タルハ人身ノ一心アルガ如シ。百行ノ善悪皆一心好悪ノ謹ニ仍テ吾ガ風俗ヲ化スルニアラズヤ。故ニ礼記ニ曰、「民以《ハ》レ君《ヲ》為《ス》レ心《ト》、君以《ハ》レ民《ヲ》為レ体《ト》、心荘《ヲゴソカナルトキハ》則体舒《シヅカ》、心粛《ツツシメルトキハ》則容《カタチ》敬《ス》、心好《ンズレバ》レ之、身必安《ジ》レ之、君好《メバ》レ之《ヲ》、民必欲《ス》レ之《ヲ》、心以《ハ》レ体全《ク》、亦以レ体《ヲ》傷《ソコナフ》、君以《ハテ》レ民《ヲ》存《シ》、亦以レ民《ヲ》亡《ブ》」[27]ト云ヘリ。是一身ノ心体ヲ借リテ君ト民ノ治道ヲ教ユ。聖人ノ心ヲ治道ニ尽ス其深切ヲ見ツベシ。然ルヲ日比聖経ニ心ヲ委ネ聖人ノ道ヲ信ズルコト神ノ如クニシナガラ、其職ヲ蒙リ国家ノ政ニ与《アヅカル》ルトキハ、殆ンド其聖学ヲバ用ヒズシテ別ニ俗間ノ法ニ従ヒ、悉ク私智ヲ貴ブコトハ又イカナル故ゾ。国家ニ用ナキ聖学ハ天下古今未ダ是レヲ聞カズ。又イヅレノ書ニモ見ズ。論語ニ「仕《ヘテ》而優《ナルトキハ》則学《ブ》、学《テ》而優《ナルトキハ》則仕《フ》」[28]ト云ハズヤ。是、君事ノ今日ヲ余力ノ時ニ是ヲ聖学ニ鑑ミ、今日ノ聖学ヲ明日ニ用ヒ行フヲ云也。然レバ君事ト聖学ト別々ニ行フコトハ古今ナキコト也。

夫レ聖人ノ道ハ今朝聞テ今夕ニ益アリ、今日行フテ明日験ヲ見ル。其速《スミヤカ》ナルコト火ノ薪ニ付、水ノ器ニ従ガ如シ。故ニ云孔子ノ曰、「徳之《ノ》流行《スルコト》、速《カナリ》二於置郵《シテ》而伝《ルヨリ》レ命《ヲ》」[29]ト曰《ノタマ》フ。然ルヲ時ヲ見合セ成ル成ザルヲ考ヘ、光陰ヲ空クスルコト、是聖人ノ言ヲ疑フニ非ズヤ。其疑フコトハ是未ダ聖人ノ意ニ明カニ通ゼザル故也。此故ニ上、金銭財宝ノ利ヲ去テ税歛ヲ薄クシ、課役ヲ免ジ人情ニ逼迫ヲ来サズ、其気ヲ伸《ノベ》、其心ヲ局《カガメ》ズ世俗ヲ賑ハシテ、而シテ是ヲ節スルニ礼ヲ以テセバ、民俗何ゾ憂トスベキヤ。爰ニ於テ上ハ下民ノ金銭ヲ借ラズシテ国用忽然ト充満シ、倉廩蘧々然ト有余ス。是レ皆聖法ノ古例ニシテ古今用テ虚言ニアラズ。悉ク其験ヲ見ズト云者ナク、今日ノ学者皆知ル所ナラズヤ。皆尊ブ所ナラズヤ。其能ク知リ、能ク見、能聞キ、能尊ビナガラ此道ヲ用ヒズシテ、却テ験モ功モナキ愚俗ノ法ヲ国家ノ大事ニ用ヒ尊ブコトハ、抑何ノ故ゾ。蓋シ是レ俗ニ従テ壊《ヤブ》ラズト云ノコトカ。噫《アア》、俗ヲ破ラズトハ此謂ニハアラズ。是レハ俗ニ化セラルルト云者也。

但シ又孔子魯国ヲ治メ玉ヒシヲ、彼ノ正卯[30]・桓子[31]ガ為ニ政ヲ敗ラレ玉ヒタルヲ、前車ノ警メトスル慎カ。是ハコレ聖人トイヘ共、後日ノ破レヲ始ヨリ用心ヲ加ヘ玉ハズ。但シ又時宜合ヲ見計フテ年月ヲ空ク費スカ。嗚呼、是レ人生幾《イクバク》有ルゾヤ。古人云ヘルコトアリ。夫レ一刻ノ隙モ過グル者ハ百日ノ忠孝ヲ欠《カキ》、一刻ノ隙ヲ惜ム共、半刻ノ忠孝成ラズトイヘリ。然ルヲ官禄爵位ヲ高ウシ、偶然トシテ心ヲ尽スコトヲセズ、徒ニ光陰ヲ過グシ、暖ニ著、飽ニ食フハ、聖人ノ罪人、天ノ賊民ナラズヤ。

孔子ノ曰、「飽《テ》食《ヒ》終日《ス》、無《シ》レ所レ用《ル》レ心《ヲ》、難《イカナ》矣哉。不《ンヤ》レ有《ラ》二博奕《ト云》者一乎、為《スルハ》レ之《ヲ》猶賢《マサラン》二乎已《ヤムニ》一」[32]ト曰《ノタマ》フニアラズヤ。況ヤ君ニ事ヘテ政ニ預ル人ヲヤ。故ニ「日月逝《ユキヌ》矣、歳不《ズ》二我与《トトモナラ》一」[33]ト責ムレバ、陽貨ガ如キ悪人ノ言ニモ孔子諾《ダク》シテ「吾《レ》将《ニ》レ仕《ント》矣」ト曰ハズヤ。

夫レ博奕ダモ心意ヲ尽シテ、妙処ニ至リ其微ニ通ズルホドナラバ、何《ナニ》ゾノ用ニモ移サバ其功必仁ニモ及ベシ。彼ノ鶏《ニハトリ》ノ虚音《ソラネ》ニ鎖関ノ死ヲ免レ[34]、人ノ虚啼《ソラナキ》ニ鎌倉ノ敵ヲ謀リタル類和漢又多シ。然レバ彼ノ聖教ヲ学ビ、偶然トシテ心ヲ尽サズ、職ヲ空シクシ、君恩ヲ貪リ、徒ニ子孫ヲ肥《コヤ》シ、国家ノ為メニ日月ヲ惜ズ、歳ヲ捨、一生無功ニシテ人ノ労ニ身ヲ養ハン不義ヨリハ、心意ヲ尽シ其功ヲ以テ人ノ貨ヲ取ル博奕ハ賢《マサ》ルト云者也。

夫レ聖学ハ其名ハ善也トイヘ共、其功用ヲ勤メズシテ名ノミヲ以テ幸ヲ受ルハ、是レ人ノ物ヲ取也。其実ニ於テ孰カ罪ヲ重シトセン。博奕モ唯道理ノミヲ学テ、其尽ス所ノ功ヲ以テ取ラズニ唯取ルトキハ盗トナル也。聖教モ唯己ガ名ノミニ用ヒ、守リノミニ学ビ、繊毛ノ功ヲモ捧《ササ》ゲズ官禄ヲ得ルハ盗ムノ義ニ当ラズヤ。斯ノ如クナラバ、博奕ヲスルハ其已ムニハ賢《マサ》ルト謂ツベシ。礼記ニ孔子ノ曰、「事《ツカフルコト》レ君可《ニク》レ貴《カル》可《ク》レ賤《カル》、可《ク》レ富《ム》可《ク》レ貧《カル》、可《ク》レ生《ク》可《シテ》レ殺《ス》、而《シテ》不《ズ》レ可レ使《シム》レ為《ナ》レ乱《ヲ》」[35]ト云ハズヤ。

然ラバ己レガ生命栄枯得失ヲバ君ニ委ネ、世ニ任ジテ寸陰ヲ惜ムコト一命ヲ惜ムガ如クシ、以テ学ブ所ノ聖教ヲ尽サバ、何ゾ其功ナカランヤ。然レバ聖教ヲ用ヒズシテ、唯俗間ノ所為《シワザ》ヲ用ルコト本ト是レ用ヒザルニハアラザルベシ。己欲ニ引レ忠義ノ守リヲ失ヒタルナルベシ。忠義ノ守リヲ失テ而シテ聖教ヲ見ル故ニ治道ニ昧シ。昧キガ故ニ、奢リヲ云コト倹ト云コト、皆其実ニ通ゼズシテ、偏ニ多モ省キ少キモ減ジ、長キモ耗《ヘラ》シ短キモ略シ、以テ其有余ヲ得ント欲ス。此為ニ事ハ日々ニ繁ク、用ハ月々ニ多ク、有司百官猶足ラズシテ年々ニ益スニ至ル。

夫レ有司百官ノ足ラザルハ心意ヲ忠ニ尽スコトナクシテ、各其隙ヲ欲スルコトヲ要スレバ也。且ツ事多ク用繁ケレバ也。物ヲ減ズルコトノミニ心ヲ寄セテ事ノ増スコトヲ知ラズ。故ニ物一ツヲ減ズレバ、事ノ多ニ費ユルコト其二ツヲ出ズコトヲ知ラズ。焉ンゾ能ク減ジテ其有余ヲ得ンヤ。是レ用ヲ節スルノ道ニ昧シ。故ニ水ヲ器ニ貯ヒ入レント欲シテ、器ノ底ニ穴ノアルヲ知ラザル也。斯ノ如クナレバ幾々年ノ労ヲ積ムトモ決シテ有余ノ功ナシト知リテ、早ク改メ易《カヘ》ヨ。然ラザレバ国家危シ。故ニ聖人ノ倹ハ其多事ヲ省キ、其用ヲ約スル也。

夫レ一国ハ器也。用ハ底也。事ハ穴也。其穴大ナルモノハ人見テ是ヲ省クベシ。其穴微小ナル者ハ見ベカラズ。善ク心意ヲ尽スニアラズンバ、焉ンゾ其微小ノ穴ヲ省クコトヲ得ンヤ。省カズシテ水ヲ貯フトキハ有余保《タモツ》コト能ハズシテ費ヘ行クコトヲ知ルベカラズ。是ヲ節用制度ノ道ト云。故ニ先ヅ此道ヲ尽ストキハ物ヲ減ゼズシテ有余ヲ得ルコト其器ニ溢《アフ》ルベシ。

昔シ「衛《ノ》公孫克、子貢《ニ》問《テ》曰、何《ヲ》以為《テヲサメン》レ国《ヲ》、子貢《ガ》曰、足《ス》レ財《ヲ》、曰、何《ヲ》以《テ》足《サン》レ財《ヲ》、曰、節《ス》レ用《ヲ》、曰、何《ヲ》以節《セン》レ用《ヲ》、曰、省《ク》レ事《ヲ》、公孫克《ガ》曰、請問《フ》省《クコト》レ事《ヲ》如《ン》二之何《ヲ》一、子貢《ガ》曰、事《ノ》之在《ルハ》二国家《ニ》一猶《ヲ》二草之《ノ》滋《シゲリ》生《ズルガ》一《ゴトシ》也、不《レバ》レ芟《テ》二其蕃《シゲキヲ》一将《ニ》二蕪穢《ムダムダシキヲ》一《ス》不《ズト》レ可レ為《ヲサム》也、故《ニ》善《ク》治《ル》レ事《ヲ》者《ノハ》、務《メテ》時《ヨクヨク》省《ク》レ之《ヲ》、省《クコトハ》レ事者、陳《ネ》二衆事《ヲ》一而《シテ》視レ之《ヲ》、然《シテ》後《ニ》省《ク》二其冗《ヲ》一者《ナリ》也、五年《ニ》一《タビ》小省《シ》、十年《ニ》一《タビ》大省《スレバ》、則無《シ》二多事之《ノ》患一矣、公孫克《ガ》曰、敢《テ》問《フ》省《クヲ》二其小者《ヲ》一、謂《ヒ》二之小省《ト》一、省《クヲ》二其大《ヲ》一者謂《フカ》二之大省《ト》一乎、子貢《ガ》曰、否《イナ》、不《ズ》レ然《ラ》、凡省《クハ》レ事《ヲ》省《クコトナリ》二其冗《ヲ》一者、然《レドモ》事之《ノ》冗《ハ》者、亦有《リ》二顕微一焉、冗《アリテ》而《シテ》顕《ハルル》者《ノハ》、衆皆睹《ル》レ之《ヲ》、故《ニ》易《ナリ》レ除《キ》也、

至《テハ》二於而《シテアリテ》冗微《ナル》者《ノニ》一、唯《ヒトリ》智者知《ルノミ》レ之《ヲ》、衆人《ハ》不《ズ》レ能レ知《ルコト》也、故《ニ》難《シ》レ除《キ》也、所謂《ル》五年《ニ》一《タビ》小省《スルトキハ》者、除《ク》二其易《キヲ》レ除《キ》者《ナリ》也、十年《ニ》一《タビ》大省《スルトキハ》者、除《ク》二其難《キヲ》レ除《キ》者《ナリ》也、夫《レ》君子悪《ハム》二多事一、時《ニ》視《テ》而《シテ》省《ク》レ之《ヲ》、譬《ヘバ》如《シ》レ淘《スガ》レ沙《ヲ》[36]、譬《ヘバ》如《シ》レ棟（揀）《ルガ》レ菜《ヲ》、大《ナル》者《ヲバ》裁《テ》而小《クシ》レ之《ヲ》、多《キ》者《ヲバ》省《テ》而《シテ》寡《クス》レ之《ヲ》、非《ズヤ》二果断之《ノ》至《トスルニ》一乎[37]、是故《ニ》苟《モ》欲《シテ》レ節《セント》レ用而《テ》不《ルハ》レ省《カ》レ事《ヲ》、猶《ヲ》《ゴトシ》下欲《シテ》二湯滄《ヒヤシメント》一而加《ルガ》中之《レニ》薪《シテ》上、此《ヲ》謂《フ》レ不《ズト》レ知《ラ》レ本《ヲ》」[38]ト云ヘリ。

然ルヲ物ヲ減ジテ有余ヲ得ント欲シ、事ヲ多クシ用ヲ繁クシ、有司百官ヲ増シ国家穴峒《アナホラ》ニシ以テ倹ノ道ヲ悦ブ、又愚昧ナラザランヤ。是レ前ヲ守テ後《ウシロ》ヲ知ラザル也。

夫レ倹ノ道ハ国家ヲ統ル所以也。国家ヲ統ルコトハ事物ヲ約スルニアラザレバ統ラレズ。事物ヲ約スルコトハ節用ノ謂ヒ也。皆有土[39]ノ地利ヲ察シ、広狭産物ノ品等山川海陸ノ有無、運送駅路ノ遠近、交易出入ノ多少、是天ノ其君ニ賜ハル所ノ禄数ニシテ、万代耗《ヘリ》モセズ又増モセヌ者也。是ニ従テ其用ヲ節セザレバ、禄数皆散乱消滅シテ、国物悉ク他邦ノ有《ウ》ト成リ、国用既ニ貧究ス。然レバ国ノ富スルモ貧スルモ、皆人ノ尽スト尽サザルコトニ生ジテ、天ノ滅ズルニアラズ、天ノ増ニモアラズ。天ハ其君ニ与《アタ》ヘテ後、其君ノ化育ノ助ケデ待ツノミ。助ナケレバ天地ハ唯自然ニ行ハレテ、豊年凶年別ナク、徒ニ野ニ餓殍ヲ見、人民貧究スルノミ。其君ヲ助ル者ハ何者ゾヤ。臣士ニアラズシテ誰カ是レヲ為《スル》ヤ。

然ルヲ今ノ人臣ハ君ノ為ニ益ヲ謀ルニ、唯国中下民ノ金銭ヲ借リ尽セバ、又他方ニ是ヲ借テ、而シテ返スコトヲセズ、是レヲ以テ忠功ノ臣トス。是君ヲシテ信義ヲ失ハシメ、国ヲシテ貧究ナラシム。何ノ法ニ従テ是ヲ忠功ト称スルヤ、未ダ其出処ヲ知ラズ。先官ノ輩、誤テ自国他邦ニ金銭米穀ヲ借リテ返サズンバ、是レヲ払ヒ去テ自国ヲ富シ君威ヲ正シクシテ奉ルコソ忠功トハ云ベシ。是レ此義ヲ行フコトヲ知ラザルニハアラザルベシ。唯当然ノ乏シキニ心屈曲シテ、イカントモスルコトナクシテ止《ヤム》コトヲ得ズ、月日ヲ空シクスルト見ヘタリ。是他ナシ、世禄ヲ捨、妻子ヲ顧ズ心意ヲ尽スコト昼夜ヲ捨ズンバ、其為《スル》コトヲ知ルベシ。然ルニ此意ヲ尽スコトハ吾レ気根ナシト云テ、己レガ身ノ全キト名ノ正キヲ失ハザランコトヲ謀ルヲバ昼夜用心スルコト気根悋《ヲシ》シトセズ、以テ君ノ汚名ト我ガ正名ト易ユルコトヲ欲セズ。故ニ言行日比ト相ヒ違フトイヘドモ、恥トセズシテ猶聖教ヲ信ズルヲ以テ名ヲ欺カントス。

　夫レ甲斐ノ信玄ハ父ヲ追放[40]シタルヲ恥テ一生経書ヲ見ズトイヘリ。是不善ナルコトハ不善ナレドモ、流石《サスガ》名将ノ意地有テ、其恥ヲ知レル人也。聖学ニ一己ヲ利シテ一国一君ノ難ヲ救フノ功ナクンバ、聖教ヲ見ルコト一生恥トシテ見べカラザレバ、小《セメ》テノ義ハ立ツべシ。然ラズシテハ何《ナニ》ホド名ヲ欺キテモ君子ノ目ニハ清シトハスべカラズ。然レバ聖教ヲ学テ一己利ノミノ用ニ立テ国家ノ用ニタツルコトヲ知ラザレバ、其己レニ悦ビ居ル自得モ又聖教ニ違フテアルト知ルべシ。

　夫レ詩経三百篇、礼記三千三百説、易経三百八十辞、書経五十八篇、春秋二百四十二事、論語四百九十八章、孟子二百六十章、七経凡テ五千二十六、其大本大体大事大用、皆一人一己ノ意ヲ慰ムル浄瑠璃《リ》本ノ属ヒニアラズ。悉ク天下国家ノ治道ヲ授クル書也。是ヲ去テ用ヒザレバ、四海ノ内治道ノ術意ヲ鏡スべキ書ナシ。故ニ七経ヲ披テ一タビ是ヲ学べバ治道ノ故ヲ照シ得ルコト、太陽星ノ東ニ出ルガ如シ。是ヲ失フトキハ太陽星ノ西ニ入ルガ如シ。

然ルニ五千余章ノ聖教ヲ聞テモ未ダ政ノ故ニ達セズンバ又何ヲ以テ是ニ加フべキ。

　此故ニ孔子ノ曰、「誦《シテ》レ二詩三百《ヲ》一、授《クルニ》レ之《ヲ》以《スレドモ》レ政《ヲ》、不《ズ》レ達《セ》。使《ヒシテ》二於四方《ニ》一、不《ズンバ》レ能二専《ヒトリ》対《フルコト》一、雖《ドモ》レ多《ト》亦奚以《ナニヲモチテカ》為《ン》」[41]ト云々。性理大全[42]ニ雲峯胡氏ガ曰、「窮《テ》レ経《ヲ》而不《ズンバ》レ能レ致《スコト》レ用《ルコトヲ》、皆多《シテ》而無益《ナル》者也」[43]ト云ヘリ。

　聖教ニ眼ヲ晒シ而シテ其身ハ政ニ与ルノ職命ヲ蒙リナガラ、聖人ノ法ヲバ捨、悋嗇収斂ヲ用ヒ、衆ノ情ヲ逼迫セシメ、上、国用ノ足ラザルヲシテ弥乏シクセシメ、益減去シ、以テ自国他邦ノ財金ヲ借リ増シ、悉ク国家ヲ貧ナラシムルヲ以テ是レヲ忠臣トスべキカ。何ゾ早ク民ノ情ヲ舒シ国ヲ賑ハシテ其通財ノ富ヲ為《ナサ》ンヤ。

　論語ニ「子適《ク》レ衛《ニ》冉有僕《タリ》。子《ノ》曰、庶矣《モロモロアルカナ》哉、冉有《ガ》曰、既《ニ》庶《アリ》矣。又何《ヲカ》加《ヘン》焉、曰、富《サン》レ之《ヲ》、曰、既《ニ》富《メリ》矣、又何《ヲカ》加《ン》焉、曰《ク》、教《ン》レ之《ヲ》」[44]、又云ク、子ノ曰、「苟《モ》有《ラバ》二用《ル》レ我《ヲ》者《ノ》一、朞月而已《ノミニテ》可也《ナラン》、三年《ニシテ》有《ン》レ成《ルコト》」[45]トハ先王ノ治法ヲ用ヒ玉フナランヤ。家語ニ孔子曰、「昔《ハ》乃十一《ニシテ》而税《シ》、用《ルコト》二民《ノ》力《ヲ》一、歳《ニ》不レ過《ギ》二三日《ヲ》一。一《タビ》入《ルニ》二山沢《ニ》一以《テ》二其時《ヲ》一而無《シ》レ征《スルコト》、関市譏《ハ》鏖皆不《ズ》レ収《メ》レ賦《ヲ》。此《レ》則《チ》生《ズルコト》レ財《ヲ》之路《ニシテ》、而明王節《セリ》レ之《ヲ》」[46]

ト。又斉君ニ政ヲ謂テ曰、「政在《ハ》節《スルニ》財《ヲ》」[47]ト。然レバ節用ノ道ヲモ明メズシテ、唯ダ物ヲ減省スレバ有余ヲ得ル者ト覚ヘ、鄙俗ノ言ヲ固《カタ》ク信ジ、百年行ヒテ猶験ナケレドモ必是ヲ行ヒ果スコト、誠ニ硜々然トシテ小人ナル哉。論語ニ孔子ノ所謂「言必信《アリ》、行必果《ス》、硜々然《トシテ》小人哉《ナルカナ》」[48]トハ亦是此属ヒナルベシ。

数道

或人ノ曰、「天地万物芸々紛々トシテ其数極ムベカラズ。誰カ是ヲ統約シテ善ク治ムルコトヲ得ンヤ」。曰、聖人善ク是ヲ統約シテ治ムル也。

夫レ天地万物自ラ定数アリ。[49]然ルヲ人皆定数ナシト以為《ヲモヘ》リ。

夫天地万物定数ナクンバ、聖人トイヘドモ節制治道ノ規模何ニ依テカ造立スベケンヤ。故ニ天地ノ象形既ニ定ルトキハ其数又極マル。其数既ニ極マルトキハ万物是ニ法《ノット》ラズト云者ナシ。聖人其法象ヲ観察シ以テ人道ヲ定メ、天人ノ力ヲ統一シ、立教備リ治道明也。易ニ曰、「仰《テ》以観於天文《ニ》、俯《シテ》以察《ス》於地理《ニ》、是《ノ》故知《リ》幽明《ノ》之故《ヲ》。原《モトヅキ》始反《ニカヘス》終《ニ》」[50]ト云。若シ天地ノ動静定数ナク、万物ノ変化究ナクンバ、望洋トシテ見ツベキ者ナク、紛然トシテ則ルベキ者ナク、錯綜混乱シテ天地人物無道ニ立テ、三才竟ニ滅却スベシ。

夫レ天地ノ変化至大ニシテ究メ尽スベカラザルガ如シトイヘ共、其数ヲ極メテ始終スルコト、唯ダ一ヨリ九ノミ。其一ヲ以テ始リ、其九ヲ以テ終リ、十ヲ以テ成ス。其成ス所ノ十、復一ノ初ト為《ナリ》テ始ニ反ヘル。是終ハ始ニ原《モト》ヅキ、始ハ終ニ反復シテ、而シテ無究ヲ統約シ、乱滅スルコトヲ得ズ。故ニ万物悉ク此数ニ預ラザル者ナシ。故ニ聖人数道ノ微ニ通ジ以テ易ヲ作為シテ、常変ニ通ゼシメ、物ヲ開キ、務メヲ成シ、以テ四海人物ノ混乱ヲ一統セント欲ス。豈易ハ唯ダ吉凶ト筮ノ器ノミナランヤ。是治教ノ大本也。

故ニ易ノ繋辞ニ孔子曰、「夫易《レハ》、何為《ンノタメニスル》者《ゾ》也。夫易《ハ》、開《キ》レ物《ヲ》成《シ》レ務《ヲ》、冒《ヲホフ》二天下之《ノ》道《ヲ》一。如《キ》レ斯《ノ》而已者也《ノナリ》」[51]ト。此故ニ数ノ道ニ通ヅレバ順ノ微ヲ知ル也。事ヲ治ル者、其順ヲ知ラザレバ、物ヲ開キ務ヲ成スコト、本末先後混乱錯綜シテ、却テ得ルコトナクシテ、失コトヲ成ス者也。

天下国家人物錯乱ノ事ヲ一ニ統ブル、是レヲ治ムルト云也。天地ノ善ク覆載シテ万物ヲ漏《モラ》サザルハ一ニ統テ其順ヲ失ハザルヲ以テ也。故ニ万物芸々トシテ散乱スルガ如シトイヘ共、悉ク一道ニ統《スベ》ズト云者ナシ。説文ニ云、「道立《テ》二于一一、造二分《シ》天地《ヲ》一、化二成《ス》万物《ヲ》一」[52]ト云ヘリ。其化成変動ノ道、豈甚ダ多端ナランヤ。唯ダ一ニ始リ、九ニ終リ、十ニ成リ、成テハ始リ、始テハ終ルノミ。易ノ繋辞ニ「天一、地二、天三、地四、天五、地六、天七、地八、天九、地十。天数五、地数五。五位相《ヒ》得《テ》而各有《リ》レ合。天数二十有五、地数三十、凡《ソ》天地之《ノ》数五十有五。此《レ》所下以《ンナリ》成《シテ》二変化《ヲ》一而行《フ》中鬼神《ヲ》上也」[53]ト云ヘリ。然レバ天地至大無辺ニシテ変化無究也トイヘ共、始終節制ノ数ヲ定ムルコト、唯十箇ニシテ、万代不易ノ大用ヲ足ス。是ヲ分テ各五、天ニ在テハ五気タリ、地ニ在テハ五行タリ。是ヲ約シテ二トス。陰陽是也。天地ノ大ナル、万物ノ限ナキ、唯此二五ノミナラズヤ。是レ天帝ノ用也。

其体ヲ定ムルコトモ又三トス。天地人、是也。是レヲ三才ト云。人ハ万物ノ長故ニ、人ヲ云テ万物其中ニ統ブ。然レバ三体三用ハ動静ノ制本也。是ヲ一ニ総括シテ無窮ノ変ニ通ジ、以テ常変極マル。其動ヲ定ムルコト、三百六十五奇トス。是ヲ一歳ト云。一歳ノ変化万歳同ジ。故ニ太古[54]将来見ズシテ知リ、聞カズシテ覚ユル者ハ、其善ク一ニ統ルヲ以テ也。一歳ヲ分ケテ四トス。春夏秋冬、是也。是ヲ定ムルコト太陽ノ往来四十七トス。日月会合ヲ定メテ二十九奇トス。是ヲ一月ト云。一歳十二月、是ヲ分ケテ南北二至トス。一至各六月トス。猶一日昼夜子午アルガ如シ。昼夜各六辰合テ十二辰、是一歳ノ小分也。

夫レ辰ハ日ニ統テ一トシ、日ハ月ニ統テ一トシ、月ハ歳ニ統テ一トシ、以テ無究ヲ統テ一タリ。人ニ在テハ五倫トス。是ヲ分テ四トス。士農工商是也。各其主長有テ、是ヲ一ニス。故ニ一家ハ其主是ヲ一ニス。一郷ハ其長是ヲ一トス。一国ハ其君是ヲ一ニス。天下ハ其王是ヲ一ニス。而シテ天下ハ邦国ヲ統テ一タリ。邦国ハ郷里ヲ統テ一タリ。郷里ハ家屋ヲ統テ一タリ。家屋ハ親疏ヲ統テ一タリ。而シテ主長君王ハ一ニシテ、二タルコトヲ得ズ。故ニ天地万物一ニ統ラレズト云者ナク、一ヨリ動カズトイフモノナシ。易ニ曰、「天下之《ノ》動《ハ》、貞《ニシテ》夫一《ナル》者也《ナリ》」[55]トハ是ヲ云也。礼記ニ曰、「天《ニ》無《シ》二二《ノ》日一、土《クニニ》無二二《ノ》王一、国無二二《リノ》君一、家《ニ》無《トハ》二二尊一、以レ一治レ之也」[56]ト云々。此故ニ国家ノ多事多端ヲ治ムル者ハ、数道ニ昧クシテ、何ニ依テカ天地易簡ノ道[57]ニ法リテ国家相当ノ財用ヲ統ベ、監察《メツケ》横目ノ探リヲ求メズ、契帖契符ノ証《シルシ》ナクシテ、居ナガラ千里ノ計算ヲ知ルコトヲ得ベケンヤ。見聞ヲ用ヒズシテ天下ノ賾徳ヲ探索スルコト善ク掌ニスル。是ヲ国家ヲ統ルト云也。其統ルコト一ヲ以テス。故ニ数ヲ捨テ統ルノ法ナシ。

夫レ数ニアラザレバ聖人トイヘ共、易法ヲ造立スルコト何ニ依テカ是ヲ成スベキ。易ニ曰、「探《リ》レ賾《ヲ》索《シテ》レ隠《レタルヲ》、鉤《リ》レ深《キヲ》致《シテ》レ遠《ヲ》、以《テ》定《メ》二天下之《ノ》吉凶《ヲ》一、成《ス》二天下之《ノ》亹々《ヲ》一者《ノハ》、莫《シ》レ大《ナルハ》二乎蓍亀《ヨリ》一。是故《ニ》、天生《ズ》二神物《ヲ》一、聖人則《ル》レ之《ニ》」[58]ト云。是レ其蓍ト云ヘル神物ハ太衍ノ数[59]ナラズヤ。太衍ノ数ハ本ト是河洛ノ九ト十トヨリ積ンデ生ズル所ナラズヤ。易ニ曰、「河出《シ》レ図《ヲ》、洛出《ス》レ書《ヲ》、聖人則《ル》レ之《ニ》」[60]ト云フ、是也。劉歆ガ曰、「伏羲継《テ》レ天《ニ》而王《タリ》、受《ケ》二河図《ヲ》一、則《リテ》而画《ス》レ之、八卦是也《ナリ》」[61]ト云フ。又尚書顧命篇ニ「大玉夷玉天球河図、在《リ》二東序《ニ》一」[62]。注ニ「河図《ハ》八卦《ナリ》。伏羲王《タリ》二天下《ニ》一、龍馬出《ヅ》レ河《ニ》。遂《ニ》則《リテ》二其文《ニ》一以《テ》画《ス》二八卦《ヲ》一。謂《フ》二之《ヲ》河図及《ビ》典謨《ト》一、皆歴代伝《テ》宝《トス》レ之《ヲ》」[63]ト云フトキハ、八卦ハ九数ヨリ成テ、易ハ八卦ヲ以テ明也。故ニ蓍揲掛切ノ法[64]、皆数ヲ以テ法ヲ執ルニアラズヤ。数ヲ捨テ易法ナク、易法ナケレバ卦爻ヲ得ルコト能ハズ。卦爻ナクシテ何ヲ以テ吉凶ノ故ヲ知ルベキ。今ノ学者ハ数ヲ学バズシテ易ヲ論ズ。

夫レ何事ヲカ論ズルヤ。此故ニ数ヲ以テ易道明カニ定リ、変化吉凶是レヲ知ルコト鬼神ニ先ダチ、数ヲ以テ暦道明カニ定リ、耘耕農事時ニ後レズ、数ヲ以テ律道明カニ定リ、度量権衡規矩準縄ノ分数正シク、此三ツノ道ハ四海万代ノ通法ニシテ最モ大ナル者也。

夫レ見ベカラズ聞ベカラズシテ、是レヲ見是レヲ聞ク者ハ、易法是ナリ。其執ルベカラズ知ルベカラズシテ、是ヲ執リ是ヲ知ル者ハ、暦法是也。天運鬼神ノ幽明ヲ知ル者ハ易暦二ツノ道ニシテ、是ヲ知ルコト数道ヲ捨テ四海何者カ是ニ如《シク》者アラン。然ルトキハ数道ノ世ニ在ルコト又大ナル哉。故ニ理ヲ見ルコト数ヨリ明ナルハナシ。事ヲ約スルコト数ヨリ密ナルハナシ。此故ニ蓍亀ノ法、数ニ依テ卦爻ノ象ヲ見、其未ダ来ラザルヲ知リ、其既ニ往クニ密也。易ニ曰ク、「夫《レ》易《ハ》、彰《アキラカニシテ》レ往《ヲ》而《モ》察《ス》レ来《ルヲ》、而《シテ》微《ニシテ》レ顕闡《ニアキラカナリ》レ幽《ニ》」[65]ト云ハズヤ。

昔魯ノ商瞿ハ年四十ニシテ子《コ》ナシ。其母孔子ニ問フ。孔子乃《ソコデ》筮シテ告テ曰、「後必五丈夫ノ子アラン、五人ノ内一人ハ短命ナルベシ」[66]ト。後、果シテ孔子ノ言《コト》ノ如シトイヘリ。何ゾ唯孔子ノミナランヤ。筮シテ其験ヲ得ル者、古今勝テ計ベカラズ。皆天下ノ知ル所也。其筮ノ本ヲ発《ヲコ》スコト、数ヲ借ルルニアラズシテ、何ヲ以テ是レヲ得ンヤ。其数ヤ本ト定レル所ナクンバ、焉クンゾ能ク五子在テ其一人ノ短命ナルマデヲ定メ知ラルベキ。若変化ノ数定リナク、混乱シテ正順ノ道ナクバ、易ノ断リ皆違ハン。違ハバ何ゾ天地トスルニ足ラン。故ニ易ニ曰、「知《ルコト》二鬼神《ノ》之情状《ヲ》一。与二天地一相似《ヒタリ》、故《ニ》不《ズ》レ違《ハ》。知レ周《クシテ》二乎万物《ニ》一而道済《スクツ》二天下《ヲ》一」[67]ト云事也。然ルヲ学者皆以為《ヲモヘ》ラク、常変動静生々化々定数アラズト。

夫レ日月ノ蝕ハ暦道ノ眼目也。今日是ヲ記シテ百世ノ後ニ合《ガッ》スルコト、某《ナニ》ノ月、某ノ日、某ノ時、某ノ刻、其方所分秒ヲ違ヘズシテ天下ノ衆目ニ信アルモ、又其未ダ来ラザルヲ知ル者ナラズヤ。是又数ノ道ヲ借ラズシテ何ニ依テカ是ヲシラン。其数ヤ定数ニアラズンバ、焉ンゾ能密合ナラン。又律呂ノ声ヲ定メテ其和ヲ均シクスルコト、数ヲ借ラズシテ、又何ヲ以テカ管籥ノ長短ヲ定メン。

夫レ声音ハ本ト無形無色也。其無形無色ノ声音ヲシテ、其和均ヲ得サシムルコトモ、又未ダ聞カザル前《サキ》ニ於テ是ヲシルニアラズヤ。是数ノ妙用神ナル者ナリ。

夫レ孔孟ノ言トイヘ共、孟子没シテ後、宋ニ至テ聖道三変ス。其是非ヲ争フコト四海囂々トシテ、是非未ダ決セズ。然レ共、度量権衡規矩準縄ノ分段ヲ以テ是ヲ四海ニ問トキハ、桀紂ノ暴モ唯《イイ》ト対ヘ、堯舜ノ聖モ唯ト対ヘ、智者モ欺カズ愚者モ惑ハズ。故ニ礼記ニ曰ク、「衡誠《ニ》懸《テ》不《ズ》レ可三欺《クニ》以《ス》二軽重《ヲ》一、縄墨誠《ニ》陳《リテ》不《ズ》レ可三欺《クニ》以《ス》二曲直《ヲ》一、規矩誠《ニ》設《テ》不《ズ》レ可三欺《クニ》以《ス》二方円《ヲ》一」[68]ト云フ。

今夫レ論ズル所ノ者ハ唯易暦律度ノ一小事ノミ。人皆今日易中ニ在テ交リ、暦中ニ居テ化シ、数中ニ連リテ動クコトヲ知ラズ。

夫レ猶魚ノ水中ニ在テ其水ヲ知ラザルガ如シ。是、其甚大ニシテ甚近キヲ以テ也。故ニ知ラズ。易ニ曰ク、「一陰一陽之謂《ヲ》㆑道《ト》。継《グ》㆑之《ヲ》者《ノハ》善《ナリ》也、成《ス》㆑之《ヲ》者《ノハ》性《ナリ》也。仁者見《テ》㆑之《ヲ》謂《フ》㆓之《ヲ》仁《ト》㆒、知者《ハ》見《テ》㆑之《ヲ》謂《フ》㆓之《ヲ》知《ト》㆒、百姓日《ニ》用《テ》而不《ズ》㆑知。故《ニ》君子《ノ》之道鮮《シ》矣」[69]トイフ是也。此故数道ハ日月ヨリ明カ也。学者其理ノ明カナランコトヲ欲シテ、何ゾ数ヲ学ザルヤ。其数ヤ唯一ヨリ十ノミ。何ノ言ベキ者ナシ。百姓日々ニ用テ常トス。別ニ又知ルベキ者ナシ。知ル者ハ算術ヲ以テ至レリトス。是ノミ也トス。故ニ君子ノ数道甚鮮シ。

夫レ数ハ一ヲ知テ十ヲ明カニシ、十ヲ明カニシテ一ニ止マルノミ。而シテ天下ノ至動ヲ知ルベシ。至動ヲ知テ始メテ至順ノ微ニ通ズ。至順ノ微ニ通ジテ始テ事物ノ錯乱ヲ統ルコトヲ知ルベシ。故ニ順ハ義ノ道路也。易ニ、「言《テ》㆓天下《ノ》之至動《ヲ》㆒、而不《ズ》㆑可㆑乱《ル》也」[70]ト云是也。礼記ニ曰、「礼《ハ》極《ム》㆑順《ヲ》」[71]ト云。此故ニ易ニ「聖人有《テ》㆔以見《テルコト》㆓天下《ノ》之動《ヲ》㆒、而《シテ》観㆓其会通《ヲ》㆒、以《テ》行《フ》㆓典礼《ヲ》㆒」[72]ト云也。

夫レ天下ノ人物、日々ニ相ヒ会通シテ、動テ已ムコトヲ得ズ、生々究ムベカラズ。其已ムベカラズ究ムベカラザルニ従事スルトキハ、其一ヲ失テ百千万億兆ノ名ニ引レ、竟ニ帰スル所ヲ知ルベカラズ、万物ノ動キ其帰スル所ヲ失フ。是ヲ乱ト云。故ニ聖人ハ四海ヲ一ニ統テ其動ヲ究ム。而シテ生々無究ノ変ニ通ズ。是天地ノ道ニ則ル也。

夫レ天地ノ間ハ生々シテ尽クルコトナク、変化シテ究リナク、万物芸々紛々トシテ治マルガ如ク乱ルルガ如ク、常変定リナシトイヘ共、唯ダ一歳ニ極マルノミ。此故ニ一日ノ常変、一刻ノ至動ニ、其微ヲ知リ其理ヲ究ムルトキハ一歳ノ変動尽スニ足ラズシテ通ズ。然ルトキハ一日ヲ以テ天地ノ道ヲ究理変通セバ、即チ百億万歳ノ世ヲ統べ知ルニ足ル也。何ゾ百慮シテ多端多事ニ労センヤ。故ニ中庸ニ、「天地之道、可《シ》㆓一言《ニシテ》而尽《ス》㆒也」[73]ト云フ。是善ク其一ヲ知テ其不測ノ生々不(無カ)究ヲ見尽ス所以ナラズヤ。其一ヲ失テ讒《ワヅカ》ニ其二ニ従フトキハ、放心シテ統ル所ナク、性ニ帰ル道路ヲ失フニ至ル也。故ニ善ク一ノ一タル所以ヲ知テ以テ生々無究ノ芸々タル者ヲ統べ極ムルコト、唯一日ノ易《エキ》ニ億万歳ノ常変ニ通ズルヲ以テ一言ニシテ尽ストハ云フベシ。甚ダ天地ノ道ノ簡易ニシテ知リ易《ヤスキ》ノ謂ヒ也。易ニ曰、「乾《ハ》以《テ》レ易《ヲ》知、坤《ハ》以《テ》レ簡《ヲ》能《クス》。易《ナレバ》則易《ク》レ知《リ》、簡《ナレバ》則易《シ》レ従《ヒ》」[74]ト云、是也。又曰、「易簡《ニシテ》、而天下《ノ》之理得《タリ》矣」[75]ト云フ。此故ニ一ヨリ微ナルハナク、一ヨリ尊キハナシ。然ルヲ中庸ニ所謂「不《ル》レ二《ナラ》一」[76]ト云ヲ註ニ誠ト云ヒ、又一貫ノ一ヲ理也ト註ス。

　夫レ誠ト云ヒ、理ト云ヒ、或ハ道ト云トキハ、一ヲシテ分離セシムル也。一ト云ハ、性理・道徳・常変・太極皆含畜シテ、其微妙ノ云ベカラザル者有テノ謂ヒ也。然ルヲ却テ是ヲ分離スレバ、其覚悟スル所漸ク薄カラシムルニ至ル。故ニ経文ニ出ル所ノ聖言、或ハ「賦《スル》二於一《ニ》一謂《フ》二之《ヲ》性《ト》一」[77]、或ハ「吾道《ガ》一以《テ》貫《リ》レ之《ヲ》」[78]、或ハ「不《ルトキ》レ弐《ナラ》則其生《ルコト》レ物《ヲ》不《ズ》レ測《ラ》」、或ハ「礼《ハ》必本《ヅク》二于太一《ニ》一」、或ハ「政《ハ》以《テ》一《ニス》二其行《ヲ》一」、或ハ「楽《ハ》審《ニシテ》レ一《ヲ》以定《ム》レ和《ヲ》」[79]、或ハ「一致《ニシテ》而百慮《ナリ》」[80]、或ハ「以二天下《ヲ》一為二一家《ト》一以二中国一為二一人《ト》一」[81]ト云フノ類、又老子ニ曰、「天《ハ》得レ一以《テ》清《ク》、地《ハ》得《テ》レ一《ヲ》以寧《ヤスク》、神《ハ》得《テ》レ一《ヲ》以《テ》霊《ナリ》、谷《ハ》得《テ》レ一《ヲ》以《テ》盈《ミチ》、万物《ハ》得《テ》レ一《ヲ》以《テ》生《ナリ》、王侯《ハ》得《テ》レ一《ヲ》以《テ》為《リ》二天下《ノ》之貞《ト》一、其致《スコト》レ之《ヲ》一也《ナリ》」[82]、或《ハ》夫《レ》一果《シテ》何物也《ゾヤ》、「視《レドモ》レ之不《ズ》レ見《ヘ》、執《レドモ》レ之《ヲ》不《ルトキハ》レ得、則亦天地《ノ》之至微也《ナリ》」[83]ト云々。

然レバ何ゾ近ク是ヲ理以テ貫クト云ハズシテ遠ク一以テ貫クト云ベキ。一ハ即チ一ト云テ外ニ名ヲ付クベカラズ。讒ニ二名ニ亘レバ、是レ一ヲ去テ二トナルコトヲ知ラズ。二トナレバ又三ヲ云フニ至ル。三又四ヲ云ニ至テ、竟ニ百千万億兆ノ理ヲ追ヒ、一ヲ去ルコト遥ニ遠ク、復《マタ》一ニ帰ルコトヲ得ベカラズ。故ニ曽子ハ唯《イイ》ト云テ、他言ヲ容《イレ》ズ[84]。是一ノ一タル微ニ通ゼルヲ以テ也。

　然ルヲ一ハ理也、道也、徳也、本也、極也ト云。是レ未ダ一ヲ知ラザル也。諸子百家此一貫ヲ論ズルコト、其説一々性理大全ニ於テ学者ノ見ル所也。其本ヅク所ハ、皆一己身上心理ノ外、他ナクシテ、天下治道ニ由テ論ズル者一人モ見ヘズ。是一心ハ治道ノ本ニシテ、先ヅ心身修ラザレバ治道ノ故ヲ知覚スルコトナラヌト云ヲ以テノ故也。天下ノ学者此理ニ一言モ対ルコト能ハズシテ皆唯《イイ》ト云テ、竟ニ治道ヲ先ヅ措キ、修身正心ノ極ヲ待ツノ学トナレリ。

　夫レ天下ノ人ヲシテ老若男女嬰児貴賤悉クナク、修身正心ノ学ヲスルナラバ誠ニ天下治平ニシテ、政ノ沙汰ニモ及バズ。即チ是レ正心ハ治国平天下ノ本ト云ベシ。然レドモ聖学ヲスル者、和漢ヲ合テ億兆ノ一ニモ足ラズ。先王ノ時トイヘ共猶然リ。

又心上理学ノ道始リテヨリ以来、修身正心ノ至極ヲ得《エ》課《オオセ》テ而シテ今日ヨリ治国ノ勤ニ及ビタル人、未ダ一人モ聞カズ。固《モト》ヨリ明君ニテモ暗君ニテモ智臣モ愚臣モ、其修身正心ノ至極ノ場ニ未ダ及バザル内ニ、今日君ノ位ニ居リ唯今執政ノ職ヲ得レバ、吾レ未ダ身心ノ正ニ至ラズトテ、辞スル隙厘毛モナクシテ勤メズト云コト能ハズ。況ヤ農工商ノ族、一日ノ功業止ムトキハ二日ノ生命養フコト能ハザル人世ノ急ナレバ、是レヲ措キ先ヅ修身正心ノ至極ヲ待テ、而シテ家業ヲ治ムルト云隙ナシ。然レバ天地ト人ト唯コノ事業ヲ先トシテ、理其中ニ存ス。是レヲ真理ト云フ。真理ハ事ヲ離レテ得ベカラズ。事ヲ離レテ論ズル理ハ皆空理ニシテ、聖人ノ教ニ一毛モ益ナシ。然レバ聖教既ニ立チ、天下是ニ依テ動クトキハ、其正心ヲ得ルコト、今日唯今事務ノ間ニ上達スル也。是レヲ学ト云也。別ニ学ブノ学曽テナシ。然ルトキハ聖経ハ一言一句一字半点、治術ノ事ニアラズト云コトナシ。治術ヲ外ニシテ聖人ノ百言用ルニ足ラズ。

然レバ孔子ノ所謂ル吾ガ道一以テノ道、何ゾ今日ノ治道ヲ措キ一己心上ノ一理ノミヲ云ハン。其所謂一貫ハ天ノ暦数是ナラン。天ノ暦数ハ至順ニシテ乱レズ、一定シテ無究ノ変化ヲ統ブ。人君此道ニ則リ此治ニ従フトキハ、天下ヲ統ルコト一ノ如シ。是レ所謂ル「聖人《ハ》耐《ヨリ》以《テ》二天下《ヲ》一為《ス》二一家《ト》一、以《テ》二中国《ヲ》一為《ス》二一人《ト》一」[85]ト云ニ至ル。是一ナル故ニ乱レズ。一ナル故ニ知リ安シ。一ナル故ニ通ジ安シ。是レ易簡ノ至ニシテ天ニ準《ナゾラフ》也。易ニ曰、「乾《ハ》以《テ》レ易《ヲ》知《リ》、坤《ハ》以《テ》レ簡《ヲ》能《クス》。易《ナレバ》則易《ク》レ知《リ》、簡《ナレバ》則易《シ》レ従《ヒ》。易《キトキハ》レ知則有《リ》レ親、易《キトキハ》レ従《ヒ》則有《リ》レ功、有《ルトキハ》レ親則可《シ》レ久、有《ルトキハ》レ功則可《シ》レ大《ナル》。可《ベキハ》レ久《シカル》則賢人《ノ》之徳、可《キハ》レ大《ナル》則賢人《ノ》之業也《ナリ》」[86]ト云。此故ニ簡易至順ニシテ善ク一ニ統ル者ハ天ノ暦数也。交変至動ニシテ等シカラザル者ハ人ノ易数也。暦ト易ト其根ヲ同クシテ其枝ヲ異ニス。聖人治道ノ秘密ヲ伝ルノ至リニ及テハ唯ダ是ノミ。其一ト云者ノ至微比中ニ在テ、学者ノ自得ヲ待ツノミ。言ヲ以テ入ルル所ナラズ。此一ノ至尊ナル所以ニ通暁シテ始テ治術ノ大故ヲ知ルベシ。而シテ天人合一ノ道ヲ貫通スベシ。

彼ノ帝堯ノ大舜ニ治道ヲ伝授シ玉ヘルモ、又簡易至順ノ暦数ヲ以テシテ四海ヲ統一シ、天下ヲ以テ一家トシ中国ヲ以テ一人トスベキ道ヲ以テシテ曰、「咨《アア》爾《ヂ》舜、天《ノ》之暦数、在《リ》㆓爾《ガ》躬《ニ》㆒」[87]ト曰フモ、又是レ其身ハ命ヲ天ニ受ケ以テ四海ノ一ニ立テ万物ニ君タレバ、天下ノ動キヲ統べ治ルコト、天暦至順ノ道ニ随ヒ人ノ道ヲ善クスルコト、唯一君ノ躬ニ在テ衆人万物ノ治乱大舜ノ一身ニ預ルノミ。四海ノ万数ヲ統一スルコト、天ノ暦数ニ統べザレバ万物錯綜シテ乱ル。乱ルルトキハ天下通財ノ道路相ヒ塞リ、忽然トシテ貧究ス。是天ニ順ナラザレバ天ニ受クル所ノ四海ノ富ヲ失フ。故ニ又曰、「允《ニ》執《レ》㆓其中《ヲ》㆒。四海困究《セバ》、天《ノ》禄永《ク》終《ン》」[88]ト曰フ。然レバ天暦ハ治道ノ大体、執《ルハ》㆑中《ヲ》治道ノ大用也。此故ニ凡ソ人君タル者ノ恐レ慎ベキハ唯ダ天道也。

書ノ堯典ニ曰、「欽《ンデ》若《シタガヒ》㆓昊天《ノ》、暦象日月星辰《ニ》㆒、敬《シテ》授《ク》㆓人時《ヲ》㆒」[89]ト云フ。又易ノ革象ニ「君子《ハ》以《シテ》㆓治暦《ヲ》㆒明《ニス》㆑時《ヲ》」[90]ト云フ。是皆天ノ暦象ヲ統べ人事ヲ一ニ帰スル治道ノ大体也。故ニ経ニ春秋ノ事アリ。礼ニ月令ノ式アリテ、其変ヲ見、其常ヲ知ル。是聖人ノ天ニ従ヒ暦ヲ治ムル所ナラズヤ。然ルヲ堯曰《ギヤウイツ》篇ノ註解ニ暦数トハ「帝王相継《ヒグノ》之次第《ナリ》、猶《ヲ》《ゴトシ》㆓歳時気節《ノ》之先後《ノ》㆒也」[91]ト云フ。漢ヨリ以来ノ諸儒、十ガ八皆是ニ従フ。噫《アア》、天ニ仰テ大笑スルニ堪タリ。是聖人天下ヲ以テ一家トスルノ微言タルコトヲ知ラズ。

夫レ治道ノ故一ノ言タルコト微ナル哉。誰カ此一ノ一タル所以ンニ通ズベケン。月令ノ式《ノリ》一ニ定テ万世ノ常ヲ貫通シ、春秋ノ百事ヲ挙ゲテ、推シテ万世ノ変ヲ極メ、是ヲ統ルニ暦象ニ従ヒ、其至順ヲ得。是ヲ考ルニ、易象ヲ見テ其至動ヲ定ム、其本ヲ訂シ其微ヲ探ル、皆数ヲ借ラズト云コトナシ。其数ヤ唯ダ一是ノミ。動クトキハ二トナル。終ルトキハ九トナルノミ。一言ニシテ更ニ云フベキ理ナク、百姓日々ニ用テ常トス。其変ヲ尽シテ是ヲ観レバ、甚ダ微妙ニシテ三才ノ動キヲ察スルコト、日月ヲ提テ大山ヲ見ルヨリ明也。故ニ天地ノ至順ヲ知リ鬼神ノ情状ヲ見ル者ハ、数ヲ以テ明也。此故ニ聖人先ヅ河洛ニ則テ其九数ヲ挙グ。其九数ノ妙用云ヒガタシ。故ニ象ヲ立テ是ヲ示スニ、卦爻ヲ造リ法ヲ置テ是ヲ示スニ、著策ヲ以テ其変化ヲ自得セシメ、竟ニ八卦ノ名ヲ定メ、六十四卦ニ及ビ、三才ノ動静ヲ極ム。是レ其変ヲ追フトキハ、極リナシトイヘ共、是ヲ三才ノ始終ニ極ムルトキハ、天ハ一歳人ハ一生、以テ万歳不究ノ変化尽セリ。易ニ「六爻ノ之動ハ、三極ノ之道也《ナリ》」、[92]又云、「錯二綜シテ其ノ数ヲ一。通ジ二其変ニ一、遂ニ成シ二天地ノ之文ヲ一。極ム二其ノ数ヲ一、遂ニ定ム二天下ノ之象ヲ一」[93]ト云、是也。皆天地無究ノ変ヲ統ベ人物云為ノ動ヲ定メ、天人唯ダ一掌ニ治ム。故ニ能ク天下ヲ以テ一家トス。一家ヲ以テ一人トス。一人是何者ゾヤ。人君是也。故ニ人君ハ天ノ暦数人ノ易数一身ニ具《ソナヘ》ズト云コトナシ。是ヲ天ニ継テ極ヲ立ツルト云フ。極トハ何ゾ。天下ノ人物ヲ統一シテ乱サズ。功ヲ命ニ報ズルト云フ。其統一スルコト天地ニ鑑《カンガミ》ズシテ何ヲカ的トセン。天地ノ大順ヲ見、天地ノ至動ヲ見、天地ノ大統ヲ見ルコト、皆是レ数ニ顕ハルルニ非ズヤ。其数ヤ千変万化ニシテ計算スベカラズトイヘ共、却テ唯ダ九数ノミ。然ルトキハ河図洛書ノ象数誠ニ四海ノ大宝也。

然ルニ、学者是ヲ執ラズ棄テ顧ザル者ハ甚ダ少クシテ、言ヲ入ル所ナク、且ツ日用云フテ甚ダ近ク譬バ睫《マツゲ》ノ如シ。目ハ能ク百歩ノ向《サキ》ヲ見テ、自《ミヅカラ》睫ヲ見ルコト能ハザルハ、甚ダ近ケレバ也。独聖人其睫ヲ見得テ、而シテ河洛ノ象数ヲ記シ、以テ後世ニ示ス。然レドモ未ダ曽テ学ブ者ヲ見ズ。唯胡安国ガ曰、「象数者ハ、天理也。非ズ三人ノ所ニ二能為スル一也。天示シ二其度ヲ一、地産シ二其状ヲ一、物献ジ二其則ヲ一、身具ヘ二其符ヲ一、心自ラ冥応ス。未ダ三嘗テ求メ二其故ヲ一ザル耳。学者静ニ正セ焉。不ンヤレ合セ二遠近俯仰シテ互ニ観レバレ之ヲ、又何ゾ所ニレ徴《シルシトスル》也」[94]ト云トキハ誠ニ能ク自ラ睫ヲ見タリト云ベシ。然レ共唯ダ其理ヲ悦ブノミニテ曽テ治道ニ移シ天下国家ノ大用ニ法ルコトヲセズシテ一ツノ理ヲ得レバ皆心理ノ上ニ寄セ偏ニ一己ノ悦ヲ楽ミ労シテ以テ治国ニ及ボス思ヲ極メズ。故ニ経文ヲ解スコト間《ママ》拙キコト多シ。

此故ニ治道ノコト口《クチ》ニハ云ヘ共一向ニ其成スベキ為便《スベ》ヲ知ラズ一切ノ事唯ダ理ト心トノミニ任セテ心ダニ正シク身修マレバ、明徳ハ自然ニ天下ニ明ニ行キ届キ、民ハ悉ク新シクナルハ是天理ノ当然也トバカリ説キ得タリ。爰ニ於テ学者此至極ノ理ニ誤リ尤ト同心シテ面々一人毎ニ心上言行ノ外一毛モ顧ズ、名ニ従ヒ形ニ任セ事々皆心理ニ寄セズト云コトナク、竟ニ君道ヲ疎ニ勤メ片時モ家ニ在テ書ヲ楽ミ、心理ヲ練リ性善ノ工夫ヲ悦ビ、是ガ為ニ君道開ケズ、日ヲ積ミ年ヲ重ネ、国乏シク民荒《スサ》レ君憂ヒ物乱ルレドモ構ハズ、是ヲ時也ト覚ヘ曽テ吾ガ学問ノ誤リヨリ困究シ君憂ルニ至リタルト云コトヲ知ラズ。弥以テ独心上言行ヲ慎テ毛頭動クコトヲ恐ル。噫、愚ノ甚哉。是ナレバ一生竟ニ性ヲ知ラズ。其性ヲ知ラザレバ又天ヲモ知ラザルベシ。

夫レ聖教ヲ学テ性ト天トヲ知ラズ、聖経ヲ学テ君道ヲ開キ国家ヲ統ル為便《スベ》ニ通ゼズ、一生空理ヲ喜ビ死ニ至ル者、漢唐宋明幾千万人、噫、是何ト云コトゾヤ。儒ニ於テ既ニ斯ノ如クナレバ、又釈門ニ於テモ此理ニ落入リタリ。今日ノ衆生飢寒ノ中ニ苦シメドモ、是ヲ余所ニ見テ座禅ノ床ニ心頭ヲ清フシ、一己ノ心上ヲ安ゼンコトノミヲ工夫シ、曽テ治乱済度ノ為ニ己レヲ捨ル意地ナシ。身ハ法衣ヲ着シ妻帯ノ欲ヲ絶チ、形ハ釈尊ノ地ニ居レドモ、人一人ノ救フベキ方便ヲ知ラズ。況ヤ仏法ヲ以テ王法ニ併ベ、国ヲ豊ニシ衆生ノ苦患《クゲン》ヲ救フコトヲヤ。而シテ儒仏互ニ其勝劣是非ヲ争フ。学テ両道相ヒ与ニ国家ノ用ニ立ザルトキハ、豈二ツトモニ非ナラズヤ。

夫レ衆生ハ愚也。愚ナルガ故ニ惑フ。惑フガ故ニ苦シム。苦シムガ故ニ乱ルルニアラズヤ。其愚ヲ悉ク明ラカニスルコトハ天地スラ猶ナラズ。況ヤ一人ノ仏ヲヤ。仏心ハ天地ト其功徳《クドク》ヲ合スルノ理ハアレドモ、形ハ人ニシテ衆生合一ノ形勢ニハ及ベカラズ。然ラバ何ヲ以テカ衆生ノ大形ニ勝チ、而シテ是ヲ救フベキ。其善ク救フベキ為便《スベ》ヲ知ルニ在ルノミ。其善ク救フベキ為便ハ悉ク経文ニ残シ玉ヘタルニアラズヤ。故ニ経文ヲ披テ一字半句ヲ見ルトモ、唯治国済度ノ外ニ精切ヲ放心スベカラズ。文字訓詁心上理性ノコトハ已ムコトヲ得ザル至極ノ暇ノ時ニ玩ブベシ。

然ルトキハ衆生自ラ地獄ヲ作テ堕罪[95]スルハ是其本ト誰ガ罪ゾヤ。釈門ノ罪ナラズヤ。釈門既ニ有テ何ゾ愚ヲシテ地獄ヲ作ラシムルニ及ヤ。況ヤ既ニ堕罪シタルヲ見物スルヲヤ。何ゾ一人飛入テ二百七十二地獄[96]ノ罪ヲ一掌ニ抓ミ挙ゲ其苦患ヲ救フ志ヲ立ザルヤ。誠ニ儒弱至極ノ学者ト云ベシ。是座禅工夫ノ心学ニノミ流レ、竟ニ釈尊ノ意ニ通ゼズ、却テ提婆ガ悪ヲ修スルコトヲ知ラズ。

儒門又是先王ノ経済ヲ棄、国家ノ急ヲ救ハズ、日夜心上理学ニ修行ヲ委ヌルトキハ、桀紂ノ不仁ヲ学ブ者也。儒釈ノ徒ノ曰、「夫レ国ニ君アリ、政ニ職有、吾レ其任ニアラズ、焉ゾ能ク衆ニ及ン」。曰、「誠ニ経済ノ道ヲ知テ、志是ニ一ナラバ、匹夫モ能ク及ベシ。況ヤ儒仏ノ学ヲ信ズル歴々ヲヤ」。若執政ノ職ニアラザレバ及コト能ハズト云ハバ、何ゾ善ク執政賢才ノ人ヲ讒害シテ罪ニ落シ、或ハ流言ヲ放ジ、党ヲ成シ、衆情ヲ誑惑《タブラカ》シ、以テ政ヲ乱ス者古今少カラザルヤ。是、君ニアラズシテ能ク大人ヲ罰シ、政ニアヅカラズシテ能ク人ヲ動スニ足ルニアラズヤ。己レガ志ス所真実ナレバ、下ニ居テ其智上ヲ操スルニ足ル。然ルトキハ君ニアラズ職ニアラザレバ国家ヲ動、賢能ヲ用ルコトナラヌト云ハ昭然トシテ虚言ナラズヤ。若シ空言ナラザレバ志ナキ也。若志シ実ニシテ及ザルト云ヘバ、是全ク経書ノ見ル所通ゼザル所アレバ也。経書ノ宗ヲ得テ焉ンゾ国家ヲ定メカヌベキ、今ハ仏法モ儒道モ皆一己心上ノ学ヲ専ラトシテ、曽テ国家ノ治乱ヲ顧《カヘリミ》ズ。

　夫レ達磨ノ九年面壁何ノ益カアル。九年座禅ノ内、干戈振フテ人修羅ニ苦ミ原野ニ尸《シカバネ》ヲ積ムコト日々ニ百千、然ドモ其身仏法ヲ抱テ其法ヲ以テ世ヲ救フコト能ハズンバ価《アタイ》一文ノ土仏ト同ジカランヤ。釈尊ノ檀特山ニ入テ其隙ヲ費シ玉フハ、其大元ヲ建立セン為也。大元既ニ立テヨリ以後、何ノ工夫カ入ルベキ。其法トスル者ハ悉ク今日万物ノ動ク所ヲ見ル明鏡也。然レバ今日唯今ノ動キヲ棄テ、閑室ニ入テ心上ヲ工夫シ悟リヲ開キタルト云者、古今勝テ計ベカラズ。其悟ルト云者ハ是何者ゾ。有《ウ》カ無《ム》カ。有ト云モ名也。無ト云モ名也。有ト云モ有《ウ》也。無ト云モ有《ウ》也。有無共ニ有ニシテ、無ハ名ノ有《ウ》也。有ハ形ノ有也。真空モ又是有也。有《ウ》アラズンバ焉ンゾ人能ク真空ノ有ヲ知テ、是ニ名ヲ付ン。有ナルガ故ニ人知テ名ヲ付ルニアラズヤ。然レバ生テモ有ヲ離ルルコト能ハズ、死シテモ有ヲ離ルルコト能ハズ。是ヲ大有ト云。然ルニ有中ニ在テ有ヲ離レントスレバ、至愚ニシテ悟リニアラズ、却テ惑ニ入リタル也。故ニ釈尊ヲ以テ世ヲ捨タル人ト見誤ル。釈尊何ゾ世ヲ捨ンヤ。衆生愚ニシテ、吾ガ住ム世ヲ乱シ以テ地獄ニ作ルハ、是衆生自ラ世ヲ捨ルニアラズシテ何ゾヤ。衆生ノ捨ル世ヲ釈尊是ヲ拾《ヒロヒ》挙ゲント欲スルトキハ、是釈尊ハ世ヲ捨ズ、却テ衆生ハ世捨人ト云者也。故ニ釈尊ハ世ヲ捨タルニモアラズ、世ニ捨ラレタルニモアラズ、唯大有ノ中ニ立テ衆生ヲシテ世ヲ捨ザラシムルノ法ヲ建立スルノミ。

然ルヲ何レノ比ヨリシテ釈門ノ人ヲ世捨人ト名ヲ付タルヤ。其名ヲ得タルハ釈門自ラ招キタル名也。イカントナレバ日夜座禅シテ心上ヲ練リ、悟リ開キタルトテ生ナガラ穴ノ底ニ埋メラレ、是レヲ入定ト悦ブ。是俗家ノ所謂ル自害ト云者ニテ、皆乱心ノ徒也。且ツ今日衆生苛政ノ為ニ苦シミ、国家困究シ盗賊人家ヲ害スレドモ、救フベキコトヲ知ラズ、却テ衆生ノ布施恩顧ヲ得テ堂ヲ建《タテ》、寺ヲ造リ、窮民ニ養ハレ生命ヲ豊ニ過ギ、住居ヲ安ジ、功徳《クドク》ナクシテ徒ニ法体ノ為ニ尊敬セラレ、位階権勢ヲ争テ世ノ苦患ヲ顧ザルトキハ、誠ニ世ヲ捨タルト云ベシ。仏ノ道何ゾ斯ノ如ク不慈悲ノ至リナルベキ。今生ノ人、一人ダニ其罪消サスル為便《スベ》ヲ知ラズシテ、焉ンゾ能ク未《ミ》来ノ大衆ヲ罪滅サスルコトヲ得ンヤ。斯ノ如クナレバ、設令《タトヘ》高遠至妙ノ法也共、三世ヲ捨衆生ヲ構ハズ天地ノ内天地ノ外ニ用ナキ法ナラバ何レニ尊信スベキ所アリヤ。

夫レ三国ノ書数万巻吾レ其一端ヲモ見ズトイヘ共、然レ共一ノ隅ヲ挙ゲテ三ノ隅ノ隅ヲ挙グルヲ察セバ内典外典数万巻悉ク治道経済ノ法ノ外何ノ他法カアラン。然レバ仏法全ク世ヲ捨ルノ道ニアルベカラズ。己レヲ捨テ世ヲ救フノ道ナルベシ。然共己レヲ捨テ世ヲ救フトバカリ覚テモ、其法ヲ知ラザレバ己レモ捨タリ世モ捨タルベシ。其法ニ至テハ教外別伝不立文字ニシテ、イカナル仏智モ言ヲ以テ伝フルコトヲ得ベカラズ。唯ダ世間云為ヲ借リテ其形容ヲ論ジ而シテ喩《サト》サシメント欲スルノミ。

故ニ学問ノ為ニ書ヲ見ルナラバ唯経済ヲ的トシテ、正心修身ノ工夫ヲバ捨ツベキコト也。然ルヲ心ノ明ハ本ナル故ニ、先ヅ心ノ上ヲ見届ケ、而シテ是ヲ身ニ修メ、又其身ノ修ルヲ待テ而シテ天下国家ノ治道ヲ見ツベシトスルユヘニ、一生涯唯心上ニノミ拘ハリテ、竟ニ治道ノ故ヲ知ラズシテ終ル也。心、治道ニ赴ク、即チ是正心、盗賊ニ赴ク、即是邪心、何ゾ別ニ工夫ヲ設ルニ及ンヤ。身ハ事ニ従テ修マリ、心ハ物ニ従テ移ルナレバ、心ヲ本トスルナラバ経済ヲ的トスベシ。身ヲ修メントスルナラバ事務ヲ的トシ、而シテ死ストモ経済ノ志ヲ変ズベカラズ。学問爰ニ於テ治道ノ微ニ通ズベシ。其微トスル者甚ダ難カラズ、甚ダ易《ヤス》シ。甚多端ナラズ、唯一ノミ。故ニ微ト云フ。微ヲ知テ始テ無量無辺ノ変化ニ応ズルコトヲ成スニ足ル。微ナルガユヘニ云ヒガタク聞キガタク、伝ヘガタク知リガタシ。故ニ導キ知ラシムルニ万巻ノ書言ニ及ベリ。

夫レ多言衆説ナル者ハ必文飾美言ニシテ、言《イフ》テハ止マル所ナク、聴テハ悦ビズト云コトナシ。故ニ是ヲ追テ帰ルコトヲ忘ル。

夫レ文飾金言ハ書言ノ已ムコトヲ得ザル所ニシテ、又是ニアラザレバ導キテ帰シ喩《サト》サシムルコト能ハズ。然レドモ、百千万億兆ノ名ヲ計《カゾフ》ルトキハ其大ヲ成スコト天モ覆フコト能ハズ、地モ載スルコト能ハズ。其分厘毫絲ノ名ヲ追フトキハ其小ヲ成スコト神モ照スコト能ハズ、鬼モ窺フコト能ハズ。爰ニ於テ其名ヲ施スベキ者ナキニ至ル。故ニ天地ハ一ヲ以テ統ベ、変化ハ二九ヲ以テ始終シ、十ヲ以テ節スルノミ。此故ニ一ハ微ノ顕也。爰ヲ以テ一ハ風景ノ悦ベキナク、童子モ常ニ知ル所、愚者モ常ニ知ル所、故ニ是ヲ以テ天地ノ道尽セリト云ヘバ博識博覧ヲ事トスル者ハ手ヲ打テ大ニ笑フ。才智才覚ヲ事トスル者ハ唇ヲ労シテ大ニ譏ル。老聃ノ曰、「下士聞《ハテ》レ道《ヲ》、大《ニ》笑《フ》レ之《ヲ》。不レ笑《ンバ》不《ハズ》レ足《ラ》二以為《スルニ》一レ道《ト》」[97]トハ是ヲ云也。

夫レ釈迦ノ拈華《ネンゲ》シテ、迦葉《カセウ》即チ微笑ス。其微ニ通ズレバ也。爰ヲ以テ百万ノ経説ヲ廃棄シテ、正法眼蔵《セウバウゲンザウ》・涅槃《ネハン》妙心・実相無相・以《イ》心《シン》伝心・教外別伝・不立文字ヲ以テ法ヲ附属ス。是一切《サイ》ノ経論唯此一句ニ在テ、天地万物有無出没尽セリ至レリ。又微ナランヤ。孔子又「吾道一以貫《ク》レ之」[98]ヲ以テ曽子ニ附属シ、舜ハ「人心惟《レ》危《ク》、道心惟微《ナリ》。惟精惟《レ》一」[99]ヲ以テ禹ニ附属ス。皆是レ微言ニシテ、他言ヲ加ル所ナク、各通ジテ皆唯《イイ》ヲ以テ対ルニアラズヤ。此故ニ太昊夏后河図洛書ヲ以テ後世ニ附属シ、易ノ始ニ挙ゲ天地ノ至大至妙変化動静唯一寸紙ノ小圏ニ統ルノミ。故ニ尽シテ言ナシ。後世、孔子ノ聖有テ始テ辞ヲ繋ゲテ曰、「天地之数、五十有五、此《レ》所下以《ン》成《シテ》二変化一、而行《フ》中鬼神《ヲ》上也」[100]ト曰ヘリ。後世ノ学者曽テ執ル者ナシ。是至微ニシテ見ツベキ者ナケレバ也。且ツ嬰児ノ戯《タハムレ》ニ似タルヲ以テ也。若シ孔子ノ辞ヲ繋ゲ玉ハズンバ、誰カ是ヲ笑ハザランヤ。誰カ是ヲ聖人ノ伝ト云ベキ。唯孔子ノ一言ヲ以テ今日ニ伝テ易書ノ始ニ尽シ、以テ大宝ノ二字ヲ付ケ得タリ。然レドモ名ノミ大宝ト称シ名ノミ易ノ本ト云ヘ共、学者ノ河洛ヲ学ビタルヲ未ダ是レヲ聞カズ。唯ダ邵康節是ヲ学ビ得タリ。然ルヲ易ハ数ニ拘ルベカラズト云者有テ、却テ康節ヲ笑フ者宋明ノ間一両輩見ユ。

或人ノ曰、「数有テ而シテ天地アリヤ、天地有テ而シテ数アリヤ、数ト天地ト別アリヤ」。曰、本ト是数ナシ、数ハ象也。故ニ象数ト云。動カザルトキハ唯ダ一タリ。一ハ中真中正ニ立テ偏ナラズ、倚ナラズ。故ニ天地此一ニ貫通セラレテ相ヒ合フコトヲ得タリ。此故ニ万物地上ニ散動スレドモ何処ニ在リトシテ此一ニ外《ハヅル》ルコトナクシテ立ツ。爰ヲ以テ人物ノ動静ニ及ブマデ則《ノット》ラズト云者ナクシテ、皆此一ニ中《アタ》ルトキハ過不及ノ費ナシ。

夫レ天ノ能ク旋《メグリ》テ軋《キシル》コトナキハ中真ノ一ニ依レバ也。地ノ能ク空ニ係《カカリ》リテ落ザルハ又中正ノ一ニ依レバ也。故ニ太極モ一タル名ヲ免レズ、至道モ一タル名ヲ免レズシテ、理ヤ誠ヤ心ヤ徳ヤ皆一ヲ以テ名トシテ、二タルコト能ハズ。而シテ動カズト云コトナシ。動クトキハ象ヲ成ス。象ヲ成スコト限リアリ。是ヲ名付テ数ト云。此故ニ天地万物ノ至誠ヲ見ント欲セバ、数ヨリ微ナルハナシ。微ノ明ナルハ一ヨリ詳ナルハナシ。微ノ微タル所以ン学バズンバ、焉ンゾ通ズルコトヲ得ン。何ゾ言ヲ以テ伝ルニ足ラン。然レ共吾ガ所謂ル一ハ子莫ガ中ヲ執ル説[101]ニハアラズ。

---

1 「彖曰、節、亨。剛柔分而剛得中。苦節不可貞、其道窮也。説以行険、當位以節、中正以通。天地節而四時成。節以制度、不傷財不害民。」『易経』彖伝。

2 『易経』彖伝。

3 身寄りのない人々のこと。古くは『礼記』霊運にみられる。『孟子』梁恵王下では、矜・寡・孤・独を指して「此の四者は天下の窮民にして告ぐる無き者なり。文王政を発し仁を施すに、必ず斯の四者を先にせり」という。

4 「政之急者、莫大乎使民富且壽也。公曰、為之奈何。孔子曰、省力役、薄賦斂、則民富矣。敦礼教、遠罪疾、則民壽矣。」『孔子家語』賢君。

5 「徳者本也、財者末也、外本内末、争民施奪。是故財聚則民散、財散則民聚。」『大学』。

6 「是故言悖而出者、亦悖而入。貨悖而入者、亦悖而出。」『大学』。

7 『朱子語類』第五読書法下などに「凡讀書、須看上下文意是如何、不可泥著一字」とあるように、その一点にのみ執着すること。

8 役人。

9 「子路為蒲宰、為水備、與民脩溝洫。以民之勞煩苦也。人與之一簞食、一壺漿。」『孔子家語』致思。

10 桀王、紂王、幽王、厲王のこと。

11 「直錯諸枉、則民服。舉枉錯諸直、則民不服。」『論語』為政。

12 「直道而事人、焉往而不三黜。枉道而事人、何必去父母之邦。」『論語』微子。

13 『孔子家語』賢君、「詩云、愷悌君子、民之父母、未有子富而父母貧者也」、『詩経』大雅・洞酌にある「豈弟君子、民之父母」を踏まえる。

14 仁徳天皇が高台から人々の暮らしを見てみると竈からの煙が上がっていないのを見て民の貧窮を知り、課役を三年間除いた。その後さらに課役を免除し続けた。『日本書紀』仁徳天皇。

15 天子を敬って、その年齢をいう語。

16 「曽子曰、国無道、君子恥盈礼焉。国奢、則示之以儉。国儉、則示之以礼。」『礼記』檀弓。

17 「喪祭、用不足曰暴、有余曰浩。祭、豊年不奢、凶年不倹。」『礼記』王制。

18 「夫礼始於冠、本於昏、重於喪祭、尊於朝聘、和於射郷、此礼之大體也。」『礼記』婚儀。

19 「今之君子、好實無厭、淫徳不倦、荒怠傲慢、固民是盡、午其衆以伐有道。求得当欲、不以其所。」『礼記』哀公問。「實」を「賓」とするなど、乳井の引用には間違いがある。

20 「道千乘之国。敬事而信、節用而愛人、使民以時。」『論語』学而。

21 「孟子曰、離婁之明、公輸子之巧、不以規矩、不能成方員。師曠之聰、不以六律、不能正五音。堯舜之道、不以仁政、不能平治天下。今有仁心仁聞、而民不被其澤、不可法於後世者、不行先王之道也。故曰、徒善不足以為政、徒法不能以自行。詩云、不愆不忘、率由舊章。遵先王之法而過者、未之有也。聖人既竭目力焉、繼之以規矩準繩、以為方員平直、不可勝用也。既竭耳力焉、繼之以六律、正五音、不可勝用也。既竭心思焉、繼之以不忍人之政、而仁覆天下矣。」『孟子』離婁上。

22 管仲は斉の桓公に仕えた際に、「女閭」、つまり宮中の市に公営の妓楼を設けた。『戦国策』東周・周文君にみられる。

23 「子曰、管仲之器小哉。或曰、管仲儉乎。曰、管氏有三歸、官事不攝、焉得儉。然則管仲知禮乎。曰、邦君樹塞門、管氏亦樹塞門。邦君爲兩君之好、有反坫、管氏亦有反坫。管氏而知禮、孰不知禮。」『論語』八佾。

24 「有子曰、其為人也孝弟、而好犯上者、鮮矣。不好犯上、而好作亂者、未之有也。君子務本、本立而道生。孝弟也者、其為仁之本與。」『論語』学而。

25 「孟子曰、易其田疇、薄其税斂、民可使富也。食之以時、用之以禮、財不可勝用也。民非水火不生活、昏暮叩人之門戸、求水火、無弗与者、至足矣。聖人治天下、使有菽粟如水火。菽粟如水火、而民焉有不仁者乎。」『孟子』尽心上。

26 「為人君者謹其所好惡而已矣。君好之、則臣為之。上行之、則民従之。詩云、誘民孔易、此之謂也。」『礼記』楽記。

27 「子曰、民以君為心、君以民為體。心莊則體舒、心肅則容敬。心好之、身必安之。君好之、民必欲之。心以體全、亦以體傷。君以民存、亦以民亡。」『礼記』緇衣。

28 「子夏曰、仕而優則学、学而優則仕。」『論語』子張。

29 「孔子曰、徳之流行、速于置郵而伝命。当今之時、万乗之国行仁政、民之悦之、犹解倒悬也。故事半古之人、功必倍之、惟此時為然。」『孟子』公孫丑上。

30 春秋時代の大夫少正卯のこと。少正は官名、卯は名。魯の「大司寇」に就き宰相の職務を遂行することになった孔子に政を乱す者として誅殺されたという。孔子が少正卯を誅殺した話は『荀子』宥坐、『史記』孔子世家、『説苑』、『孔子家語』始誅等々に記載され、儒家の間で争点となった。『孔子家語』では湯王・文王・周公ら七人が姦雄を除かざるを得なかったことを、孔子が少正卯を誅殺したことになぞらえている。

31 春秋時代の魯の大夫季桓子。季孫氏の六代目で名は斯。

32 「飽食終日、無所用心、難矣哉。不有博弈者乎、為之猶賢乎已。」『論語』陽貨。

33 「陽貨欲見孔子、孔子不見、歸孔子豚。孔子時其亡也、而往拜之、遇諸塗。謂孔子曰、來。予與爾言。曰、懷其寶而迷其邦、可謂仁乎。曰、不可。好從事而亟失時、可謂知乎。曰、不可。日月逝矣、歲不我與。孔子曰、諾。吾將仕矣。」『論語』陽貨。

34 「函谷関の鶏鳴」として著名な故事。『史記』孟嘗君伝より。斉の孟嘗君が秦から逃れて函谷関まで来たとき、鶏鳴まで開かない規則の門を、鶏の鳴きまねがうまい者の働きによって開けさせて無事通過することができたという故事。

35 「子曰、事君可貴可賤、可富可貧、可生可殺、而不可使為乱。」『礼記』表記。

36 淘沙(とうさ)「砂金を取ること」『字通』。

37 「其熟能与於此」が抜け、「乎」になっている。

38 太宰春台の著と目される『産語』楽施第二からの引用。

39 領土の主である国君。『字通』。

40 天文十年（一五四一）、武田信玄は父信虎を駿河に国外追放した。

41 「子曰、誦詩三百、授之以政、不達。使於四方、不能専對。雖多、亦奚以為。」『論語』子路。

42 『性理大全』は宋代の性理学説を集めた書物。明の永楽帝の命によって胡広らが編纂。

43 なお『性理大全』には該当の記述は見当たらない。同じく永楽帝の命によって胡広らが編纂した『四書大全』論語集註大全巻十三には、「子曰、誦詩三百、授之以政、不達。使於四方、不能専對。雖多、亦奚以為」についての疏に「雲峯胡氏曰、習温柔敦厚之教者、必能為慈祥。豈弟之政、必能為。温厚和平之言要之三百篇、固多。易三百八十四爻、書五十八篇、禮三千三百、春秋二百四十二年之事、皆多也。窮経而不能致用、皆多而無益者也。挙詩以例其餘爾」とある。雲峯胡氏とは元代の学者、胡炳文のこと。

44 「子適衛、冉有僕。子曰、庶矣哉。冉有曰、既庶矣。又何加焉。曰、富之。曰、既富矣、又何加焉。曰、教之。苟有用我者。期月而已可也、三年有成。」『論語』子路。

45 同前。

46 「若乃十一而税、用民之力、歳不過三日入山澤以其時而無征、關譏市鄽皆不收賦。此則生財之路、而明王節之、何財之費乎。」『孔子家語』王言解。

47 「子貢問於孔子曰、昔者齊君問政於夫子、夫子曰、政在節財。魯君問政於夫子、夫子曰、政在諭臣。」『孔子家語』辯政。

48 「言必信、行必果、硜硜然小人哉。抑亦可以為次矣。」『論語』子路。

49 太宰春台『経済録』巻十「易道」に「一物一物ニ成ルト敗ルトニ皆定数アリ。（中略）是一物ノ上ニ具ハレル数ニテ、天地萬物自然の数也」とあり、乳井の『易経』を通しての「定数」概念には春台からの示唆が推定される。なお、乳井の「定数」については戦前にいち早く着目した統計学者小島勝治の先駆的研究がある。『日本統計文化史序説』（未来社、一九七二年）。

50 「仰以觀於天文、俯以察於地理、是故知幽明之故。原始反終、故知死生之說。精氣爲物、遊魂爲變、是故知鬼神之情狀。」『易経』繫辞上。

51 「子曰、夫易、何爲者也。夫易、開物成務、冒天下之道。如斯而已者也。是故聖人以通天下之志、以定天下之業、以斷天下之疑。」『易経』繫辞上。

52 「一。惟初太始、道立於一、造分天地、化成萬物。凡一之属皆従一。」『説文解字』。

53 「天一、地二、天三、地四、天五、地六、天七、地八、天九、地十。天數五、地數五。五位相得而各有合。天數二十有五、地數三十。凡天地之數五十有五。此所以成變化而行鬼神也。」『易経』繋辭上。

54 原文は「大」に作る。

55 「吉凶者、貞勝者也。天地之道、貞觀者也。日月之道、貞明者也。天下之動、貞夫一者也。」『易経』繋辭下。

56 「資於事父以事母而愛同。天無二日、土無二王、國無二君、家無二尊。以一治之也。故父在爲母齊衰期者、見無二尊也。」『礼記』喪服四制。

57 「易簡而天下之理得矣。」『易経』繋辭上。

58 「探賾索隱、鉤深致遠、以定天下之吉凶、成天下之亹亹者、莫大乎蓍龜。是故、天生神物、聖人則之。天地變化、聖人效之。天垂象見吉凶、聖人象之。」『易経』繋辭上。

59 一般的には「大衍」。『易経』繋辭上伝に「大衍之数五十、其用四十有九」とある。

60 「河出図、洛出書、聖人則之。易有四象、所以示也。繋辭焉、所以告也。定之以吉凶、所以斷也。」『易経』繋辭上。

61 「易曰、天垂象、見吉凶、聖人象之、河出圖、雒出書、聖人則之。劉歆以為虙羲氏繼天而王、受河圖、則而畫之、八卦是也。」『漢書』五行志上。

62 「漆・仍几。越玉五重陳寶、赤刀・大訓・弘璧・琬琰、在西序。大玉・夷玉・天球・河圖、在東序。允之舞衣・大貝・鼖鼓、在西房。兌之戈・和之弓・垂之竹矢、在東房。大輅在賓階、面。綴輅在阼階、面。先輅在左塾之前、次輅在右塾之前。」『書経』顧命。

63 「河圖八卦伏犧王、天下龍馬出河。遂則其文以畫八卦。謂之河圖。及典謨、皆歷代傳寶之。」『尚書正義』顧命。

64 蓍を分けて数えること。

65 「夫易、彰往而察來、而微顯闡幽。開而當名、辨物正言、斷辭則備矣。其稱名也小、其取類也大。其旨遠、其辭文。其言曲而中、其事肆而隱。因貳以濟民行、以明失得之報。」『易経』繋辭下。

66 「商瞿年長無子、其母為取室。孔子使之斉、瞿母請之。孔子曰、無憂、瞿年四十後当有五丈夫子。」『孔子家語』仲尼弟子。

「梁鱣、齊人、字叔魚。少孔子三十九歳、年三十、未有、、欲出其妻。商瞿謂曰、子未也。昔吾年三十八無子、吾母為吾更取室。夫子使吾之齊、母欲請留吾。夫子曰、無憂也。瞿過四十、當有五丈夫。今果然。吾恐子自晚生耳、未必妻之過。從之、二年而有子。」『孔子家語』七十二弟子解。

「景公畋于梧丘、夜猶早、公姑坐睡、而瞢有五丈夫北面韋廬、稱無罪焉。公覺、召晏子而告其所瞢。公曰、我其嘗殺不辜、誅無罪邪、晏子對曰、昔者先君靈公畋、五丈夫罟而駭獸、故殺之、斷其頭而葬之。命曰五丈夫之丘、此其地邪公令人掘而求之、則五頭同穴而存焉。公曰、嘻令吏葬之。國人不知其瞢也、曰、君憫白骨、而況於生者乎、不遺餘力矣、不釋餘知矣。故曰、君子之為善易矣。」『晏子春秋』雑下。

67 「仰以觀於天文、俯以察於地理、是故知幽明之故。原始反終、故知死生之說。精氣爲物、遊魂爲變、是故知鬼神之情狀。與天地相似、故不違。知周乎萬物而道濟天下、故不過。旁行而不流、樂天知命、故不憂。安土敦乎仁、故能愛。」『易経』繫辭上。

68 「禮之於正國也、猶衡之於輕重也、繩墨之於曲直也、規矩之於方圜也。故衡誠縣、不可欺以輕重。繩墨誠陳、不可欺以曲直。規矩誠設、不可欺以方圜。君子審禮、不可誣以姦詐。」『礼記』経解。

69 「一陰一陽之謂道。繼之者善也、成之者性也。仁者見之謂之仁、知者見之謂之知、百姓日用而不知。故君子之道鮮矣。」『易経』繫辭上。

70 「言天下之至賾而不可惡也。言天下之至動而不可亂也。擬之而後言、議之而後動、擬議以成其變化。」『易経』繫辭上。

71 「故樂也者、動於內者也。禮也者、動於外者也。樂極和、禮極順。內和而外順、則民瞻其顏色而不與爭也、望其容貌而衆不生慢易焉。故德輝動乎內、而民莫不承聽。理發乎外、而衆莫不承順。」『礼記』楽記、祭義。

72 「聖人有以見天下之動、而觀其會通、以行其典禮。繫辭焉、以斷其吉凶。是故謂之爻。」『易経』繫辭上。

73 「天地之道、可壹言而盡也。其爲物不貳、則其生物不測。天地之道、博也、厚也、高也、明也、悠也、久也。」『中庸』。

74 「乾以易知、坤以簡能。易則易知、簡則易從。易知則有親、易從則有功。有親則可久、有功則可大。可久則賢人之德、可大則賢人之業。易簡、而天下之理得矣、天下之理得而成位乎其中矣。」『易経』繫辭上。

75 前注参照。

76 「天地之道、可壹言而盡也。其為物不貳、則其生物不測。」『中庸』。

77 「魯哀公問於孔子曰、人之命與性何謂也、孔子對曰、分於道、謂之命。形於一、謂之性。化於陰陽、象形而發、謂之生。」『孔子家語』本命解。

78 「子曰、參乎、吾道一以貫之。曾子曰、唯。子出。門人問曰、何謂也。曾子曰、夫子之道、忠恕而已矣。」『論語』里仁。

79 「是故樂在宗廟之中、君臣上下同聽之則莫不和敬。在族長鄉里之中、長幼同聽之則莫不和順。在閨門之內、父子兄弟同聽之則莫不和親。故樂者審一以定和、比物以飾節。節奏合以成文。所以合和父子君臣、附親萬民也、是先王立樂之方也。」『礼記』楽記。

80 「易曰、憧憧往來、朋從爾思。子曰、天下何思何慮。天下同歸而殊塗、一致而百慮。天下何思何慮。」『易経』繫辞下。

81 「故用人之知、去其詐、用人之勇、去其怒、用人之仁、去其貪。故國有患、君死社稷、謂之義、大夫死宗廟、謂之變。故聖人耐以天下為一家、以中國為一人者、非意之也、必知其情、辟於其義、明於其利、達於其患、然後能爲之。」『礼記』礼運。

82 「昔之得一者。天得一以清、地得一以寧、神得一以靈、谷得一以盈、萬物得一以生、侯王得一以爲天下正。其致之一也。」『老子』第三九章。

83 「視之不見、名曰夷、聽之不聞、名曰希、搏之不得、名曰微」(『老子』第一四章)を踏まえる。

84 「子曰、参乎、吾道一以貫之、曾子曰、唯」(『論語』「里仁」)を踏まえるか。

85 「故用人之知、去其詐、用人之勇、去其怒、用人之仁、去其貪。故國有患、君死社稷、謂之義、大夫死宗廟、謂之變。故聖人耐以天下為一家、以中國為一人者、非意之也、必知其情、辟於其義、明於其利、達於其患、然後能爲之。」『礼記』礼運。

86 「乾以易知、坤以簡能。易則易知、簡則易從。易知則有親、易從則有功。有親則可久、有功則可大。可久則賢人之德、可大則賢人之業。易簡、而天下之理得矣、天下之理得而成位乎其中矣。」『易経』繫辞上。

87 「堯曰、咨爾舜、天之曆數、在爾躬。允執其中。四海困窮、天祿永終。舜亦以命禹。」『論語』堯曰。

88 前注参照。

89 「乃命羲和、欽若昊天、歷象日月星辰、敬授民時。」『尚書』堯典。

90 「象曰、澤中有火、革。君子以治歷明時。」『易経』革(澤火革)。

91 「此堯命舜、而禪以帝位之辭。咨、嗟歎聲。曆數、帝王相繼之次第、猶歲時氣節之先後也。允、信也。」『論語集注』堯曰。

92 「六爻之動、三極之道也。是故、君子所居而安者、易之序也。所樂而玩者、爻之辭也。」『易経』繫辞上。

93 「參伍以變、錯綜其數。通其變、遂成天下之文。極其數、遂定天下之象。非天下之至變、其孰能與於此。」『易経』繫辞上。

94 「胡康侯曰、象数者、天理也。非人之所能為也。天示其度、地産其状、物献其則、身具其符、心自冥応。但未学求其故耳。学者静正矣。不合俯仰远近而互観之、又何所徵哉。」方以智撰『物理小識』。

95 原文は随に作る。

96 八熱地獄、八寒地獄にそれぞれ一六の地獄があり、さらに八大地獄がある。合計で二七二。

97 「上士聞道、勤而行之、中士聞道、若存若亡、下士聞道、大而笑之。不笑不足以爲道。」『老子』。

98 「子曰、參乎、吾道一以貫之。曾子曰、唯。子出。門人問曰、何謂也。曾子曰、夫子之道、忠恕而已矣。」『論語』里仁。

99 「人心惟危、道心惟微。惟精惟一、允執厥中。無稽之言勿聽。弗詢之謀勿庸。可愛非君。可畏非民。衆非元后何戴。后非衆罔與守邦。」『書経』大禹謨。

100 「凡天地之數、五十有五、此所以成變化、而行鬼神也。」『易経』繫辞上。

101 「孟子曰、楊子取為我、拔一毛而利天下、不為也。墨子兼愛、摩頂放踵利天下、為之。子莫執中、執中為近之、執中無權、猶執一也。所惡執一者、為其賊道也、舉一而廢百也。」『孟子』盡心章句上。

志学幼弁　巻之六

常変

夫レ常ハ変ヲ積テ顕《アラハ》レ、変ハ微ヲ積テ通《トフ》ル。故ニ常モ変也、変モ常ニシテ、常変本ト両《フタツ》ヲ云ベカラズ。然レドモ、久シキヲ見テ是ヲ常ト名付ケ、久シカラザルヲ変ト名付クルノミ。設令《タトヘ》バ歳ハ立春ニ始リ、夏ニ易《カハ》リ、秋ニ移リ、冬ト変ズ。其暖暑冷寒ノ変際、誰カ是レヲ知ラン。唯毛髪ノ間ニ変ジテ暑ト易リ、冷ト移リ、寒ト変ジ、寒又暖ニ更《カワ》リ、人其辺(変カ)[1]際ヲ知ルコト能ハズ。人生レテ老ニ至ルモ亦斯ノ如シ。

吾ガ嬰児ノ容《カタチ》ヲ変ジテ、白髪枯槁ノ形トナル。誰カ其変際ヲ知ラン。然レバ春ノ冬ニ変ジ、赤子ノ黄老ニ変ズルコト、豈大変ニアラズヤ。然レドモ、人大ニ駭《ヲドロ》カザル者ハ其変ズルコト至微ニシテ久シケレバ也。

当年変ジテ来年ト代リ、父死シテ子ニ変ジ、天地万物刻々ニ変ジ、時々ニ易ハレドモ、曽テ以テ変トセザルハ、久シク其変ニ狎《ナ》ルルヲ以テ是レヲ常トス。又、能ク其微ヲ知ラザレバ也。故ニ小人ハ変ニ通ゼズシテ、今日唯今ノ事々物々火急ナルコトヲ知ラズ、甚ダ隙アルガ如ク覚ヘ、油断ヲ積テ大事ニ及ビ、始メテ大変ヲ恐ル。

夫レ天地ノ間、万物ノ上ヘ、時々刻々瞬息呼吸ノ中トイヘドモ、大変ニアラズト云コトナク、大急ニアラズト云コトナシ。其大変タル故ヲ知リ、其大急タル故ヲ知ル、是ヲ常ヲ知ルト云フ。[2] 是ヲ変ニ通ズルト云。常変是レ易道也。常変ヲ除テ外ニ易学ノ謂ナシ。故ニ常ヲ知リ変ニ通ジテ易ヲ知ルベシ。人皆易中ニ在テ、易ヲ知ラズ。今日ノ学者、易ヲ学テ易ヲ知ルト云。易ヲ知ラバ、何ゾ変ニ驚キ常ヲ失ニ至ルヤ。

夫レ天地ノ変、豈多端ニシテ限リナカランヤ。天地ノ変ハ雷震飄風暴雨旱魃、唯是ノミ。人身ニ在テハ病疾闘死乱心断姓、是ノミ。然レドモ是亦古今ノ通変ニシテ、豈驚クニ足ランヤ。唯ダ希ニ有ルト云マデ也。天地ノ久シキ人世ノ永キヨリ見レバ、是モ亦常トスベシ。然レドモ人其常ヲ失ヒ、政其正キヲ失フトキハ、妖災ノ変アラズト云コトナシ。漢ノ五行志ニ「人棄《ツ》レ常《ヲ》故《ニ》有《リ》レ妖」[3]ト云フ。誠ニ然リ。人心常ノ慎ヲ忘ルルトキハ、誠ヲ失フ。人誠ヲ失テ、未ダ正キ者ヲ聞カズ。

人正シカラズシテ、未ダ邪辟ナキ者ヲ聞カズ。人邪辟有テ未ダ妖変ナキ者ヲ聞カズ。況ンヤ国家ノ正キヲ失フヲヤ。然ルトキハ天人ノ大変妖災、国ヲ亡シ人ヲ害スルコト、本ト是レ人ノ感応ニ生ズ。一身其慎ヲ存セザルトキハ誠ヲ失フ。誠ヲ失テ心皆嗜欲ニ引ル。嗜欲ニ引レテ、未ダ疾病闘死乱心断姓ノ変ナキ者ヲ聞ズ。家主一人ノ邪辟ニ依テ、家人邪辟ナラズト云コトナシ。一家邪辟ノ気充《ミチ》テ妖変アラズト云コトナシ。郷長一人邪辟ニシテ一村邪辟ナラズト云コトナシ。一村邪辟ニシテ妖変アラズト云コトナシ。況ンヤ一国ノ民、邪辟天地ノ至誠ヲ穢スヲヤ。

人民ノ邪気天地ニ感動シ、以テ天変地妖人災物怪亟《シバシバ》現ズ。皆是レ人ヨリ変ヲ成シ、以テ自ラ苦ミヲ作為スル者也。礼記ノ礼運ニ「人者《ハ》天地之《ノ》心《ナリ》也」[4]ト云フ。然レバ人気不正ナラバ、天地ノ気不正ナルコト明カナラズヤ。天地ノ気不正ナラバ、豈妖変ナカルベキヤ。是レ誠ノ明ニシテ撿《ヲヲ》フベカラザルコト、人夫レ恐レ慎マザランヤ。中庸ニ曰、「至誠之《ノ》道《ハ》、可《シ》二以《テ》前知《ス》一。国家将《ニ》《スルトキハ》レ興《ラント》、必有《リ》二禎祥一、国家将《ニ》《スルトキハ》レ亡《ント》、必有《リ》二妖孼一。見《ハレ》二乎蓍亀《ニ》一、動《ク》二乎四体《ニ》一。禍福将《ニ》《スルトキハ》レ至《ント》、善必先《ヅ》知《リ》レ之《ヲ》、不善必先《ヅ》知《ル》レ之《ヲ》。故《ニ》至誠《ハ》如《シ》レ神《ノ》」[5]ト云ヘリ。

夫レ聖人ノ微言、唯ダ是ノミナランヤ。千言、経ニ記シテ説キ尽セドモ、学者唯ダ訓詁字義名分ノミヲ要トシテ、曽テ国家治道ノ大事ニ心ヲ一ニセザル故ニ、幾《キ》ノ微ヲ知テ慎ヲ其始メニ守ルコト能ハズ。己レガ利ノ為害ノ為ニノミ慎ミヲ加ヘ、天ヲ恐レ神ヲ敬スルノ慎ナシ。故ニ面《マノアタリ》天変地妖人災物怪ノ大変、示現スレドモ曽テ以テ恐レ慎ムコトナク、却テ戯言ヲ吐キ笑談シ、或ハ是レ陰陽切迫ノ気化也、或ハ五運六気[6]ノ過不及ニ生ズル所ニシテ人力ノ能ク防グ理ナシナドト謂テ、些《チツ》トモ慟セザルヲ以テ勇武トスルモ有リ。而シテ竟ニ国家滅亡ノ兆タルコトヲ知ラズ。左伝ニ「定公十五年、邾《チユノ》隠公来朝《ス》。子貢、観《ルニ》レ焉《レヲ》、邾子執《ルコト》レ玉高《ヲク》、其容《カタチ》仰《グ》、公受《ルニ》レ玉卑《ヲヒキク》、其容俯《ス》、子貢《ガ》曰、以《テ》レ礼《ヲ》、観《レバ》レ之《ヲ》二君《トモニ》者皆有《リト》二死亡一焉」[7]、是《ノ》年定公薨《ズ》。哀公七年魯伐《チ》レ邾《ヲ》、「以《テ》二邾子益《ヲ》一来《ル》」[8]ト云ヘリ。是レ古ヘノ君子ハ能ク其微機ヲ知ルコト斯ノ如シ。今ノ学者ハ四方衆人ノ耳目ニ余ルホドノ妖災大変アレドモ、曽テ国家ノ為ニ憂トセズ、天地鬼神ノ為ニ恐ルル色ナク、旬ヲ過グレバ遊興シテ顧ズ。況ンヤ微機ヲ知テ、未然ノ覚悟ヲ極ムルヲヤ。家語ニ云ク、「斉《ニ》有《テ》二一足之鳥《ノ》一[9]、飛《ビ》二集《リ》於公朝《ニ》一、舒《ノベテ》レ翅《サヲ》而跳《ル》、斉公恠《シミ》レ之《ヲ》、使《メ》二使《ヲシテ》聘《セ》一レ魯《ニ》、問《フ》二孔子《ニ》一、子《ノ》曰此《ノ》鳥《ヲ》名《ク》二商羊《ト》一、水祥《ナリ》也、昔《シ》童児屈《シテ》レ脚《ヲ》、振《リ》レ肩《ヲ》而跳《ル》[10]、且《ツ》謡《テ》曰天将《ニ》二大雨《アラント》一、商羊鼓舞《スト》。今斉《ニ》有《テ》レ之《レ》、其応至《レリ》矣。急《ニ》告《ルニ》レ民《ニ》趨《テ》治《メヨ》二溝渠《ヲ》一、修《セヨ》二隄防《ヲ》一、将《ニ》下有《テ》二大水一為《サント》レ災《ヲ》。頃之《シバラクシテ》大霖《ニ》雨《シテ》、水溢泛《ス》諸国、傷二害《スベシトスレドモ》人民《ヲ》一、唯《ダ》斉《ノミ》有《テ》レ備《ヒ》不《ズ》レ敗《レ》。景公《ノ》曰、聖人《ノ》之言信《ニシテ》而有《リ》レ徴《シルシ》矣」[11]ト云ヘリ。

又唐ノ太宗ノ時ニ、蝗蟲《イネクヒムシ》多ク生ジテ田畠ノ苗ヲ喰フ。百姓大ニ悲ム。太宗自ラ田野ニ出テ、蝗蟲ヲ捕テ曰、「百姓何ノ罪有テカ災ヲ成スヤ。罪朕《チン》ニ在リ、朕一人ヲ殺スベシト謂テ、即蝗蟲ヲ呑ミ玉ヘバ、蝗蟲悉ク消滅シテ、其災ヲ免レ、百姓大ニ徳ニ報フ」[12]ト云ヘリ。斯ノ如キノ類、古今多カラズトセズ。然レバ妖変其免ルベキモ免レマジキモ、其有モ無キモ、皆人ヨリ生ジテ人ヨリ招ク者也。其大変始メハ微ニシテ纔ニ其幾《キザシ》ヲ現ス。其幾ノ微ニ於テ慎ミ、天地ヲ恐レ、己レヲ責メ敬シテ誠ニ帰リ、予メ備ヲ設ケ、衆ヲ救ハバ、免ルベカラズト云トモ、豈衆民ノ憂ヲ得ルニ足ランヤ。

故ニ説文ニ備ハ慎也[13]ト註ス。誠ニ然リ。慎ハ備ノ大本ニシテ、備ハ治道ノ全善也。左伝ニ「備《フハ》二予《メ》不虞《ニ》一、善《ノ》之大也《ナルナリ》」[14]ト。又書経ノ説命篇ニ「事々、乃《チ》有《レ》レ備《ヒ》、有《レバ》レ備《ヒ》無《シ》レ患《ヒ》」[15]ト云々。皆是レ聖人常ノ備ニシテ以テ変ニ応ズ。然ルニ今ノ兵ヲ学ブ者ヲ見ルニ八陣[16]ノ備ヲ至レリトシ、備ハ軍旅ノ外ニハ無キ者ト覚ヘ、血盟ヲ以テ秘訣伝授ス。噫《アア》、武ノ廃レタル、何ゾ斯ノ如ク夫レ甚キヤ。

夫レ八陣九宮[17]ハ変極ヲ云ノミ。其形ヲ云トキハ、唯五ニシテ尽セリ。変ジテ其名ヲ立ツルトキハ尽クベカラズ。名ハ其形ヲ象ルベシ、何ゾ常ノ名アラン。将ノ心ニ任ジテ形ヲ設ケ意ニ任セテ名ヲ付クベシ。其動ニ至テハ、唯ダ微ノ幾ニ通ズルヲ以テ全キヲ成ス。其微ニ通ズルコトヲ知ラズシテ、徒ニ古戦一格ノ教ヲ以テ全シトス。危哉々々。允《マコト》ニ耕舌ノ学ニシテ愚ヲ欺クノミ。

夫レ兵ノ道ニ通ゼル者ハ孫子ノミ。兵ノ微ニ通ゼル者ハ孔明[18]ノミ。呂望[19]・子房[20]モ未ダ及バズ。吾ガ朝、未ダ是レ有ルコトヲ聞カズ。独、山鹿氏[21]其宗ヲ得タリ。兵ニ倚セテ吾ガ武ヲ明カニ発揮シ、治乱ヲ一括シテ、大星伝[22]ヲ附属ス。文武尽セリ。楠正成[23]・山本道鬼[24]モ未ダ是レニ及バズ。近世是ニ依テ兵ヲ学ブ者列国多シトイヘドモ、未ダ国家ニ用テ其功アル者ヲ聞ズ。唯ダ一己ノ利ニ功アル者多シ。聖教軍学仏学神学トモニ学テ、天下国家ノ用ニ立ルコトヲ知ラザレバ皆空学ノミ、利学ノミ。

夫レ君子ハ安キニ居テ危ヲ忘レズ、治ニ居テ乱ヲ忘レズ。是レ其微ニ備ヲ立ル所以ン也。易ノ下繫辞伝ニ曰、「君子安《ハンズレドモ》而不《ズ》レ忘《レ》レ危《ヲ》。存《スレトモ》而不《ズ》レ忘《レ》レ亡《ヲ》。治《ニシテ》而不《ズ》レ忘《レ》レ乱《ヲ》。是《ヲ》以《テ》、身安《シテ》而国家可《シ》レ保《ツ》也」、[25] 中庸ニ曰、「凡《ソ》事、予《アラカジメスルトキハ》則立《ツ》、不レ予《セ》《ルトキハ》則廃《ル》。言前《ニ》定《ルトキハ》則不《ズ》レ跲《ツマヅカ》、事前《ニ》定《ルトキハ》則不《ズ》レ困《クルシマ》、行前《ニ》定《ルトキハ》則不《ズ》レ疚《ワヅラハシカラ》、道前《ニ》定《ルトキハ》則不《ズ》レ窮《キウセ》」[26]ト云也。皆是レ常ニ居テ変ヲ兼ネ、変ニ通ジテ常ヲ守ルノ備ナラズヤ。

夫レ聖人ノ言ヲ尊信シテ心ヲ尽スコト精一ナラバ、事物ノ情ヲ知ルベシ。事物ヲ知テ而シテ微ニ通ズベシ。微ニ通ジテ而シテ常ヲ知ルベシ。常ヲ知テ而シテ変ヲ防グベシ。故ニ老子ニ曰、「知《ルヲ》レ常《ヲ》謂《フ》レ明《ト》」[27]ト云々。

夫レ人ヲ以テ天地ノ心トスルナラバ、衆人ヲ正シク居ラシムベシ。衆人正シカラバ、天地ノ心正シカルベシ。天地ノ心正シカラバ何レノ処ニカ妖怪アラン。故ニ政ハ正也[28]ト訓ズルニアラズヤ。然ラバ政正シカラバ以テ妖孽ノ災ハナカルベシ。雷震飄風暴雨旱魃ハ常ノ備ヲ以テ応ズベシ。

夫レ天下国家ノ大スラ猶常ヲ以テ変ニ応ズルニ足レリ。況ンヤ一人一身ノ変ヲ治ルヲヤ。故ニ変ニ応ゼズシテ災害ヲ受クル者ハ、皆常ヲ棄ルユヘ也。或人ノ曰、「君子常ノ備アリテ、事ノ微ニ通ジ以テ能ク災ヲ防グト云ハバ、孔子何ゾ政ヲ斉ニ敗ラレ、陳蔡ノ間ニ困究ヲ得タルヤ」。曰、孔子ノ時天下常ヲ失テ備ナシ。故ニ無道ノ代ト云也。然ルヲ天下ノ人、無道ノ中ニ立テ曽テ無道ナルコトヲ知ラズ。無道ノ災タルコトハ桀紂モ知ルニ足ル。幽厲モ是レヲ行フコトヲ去ント欲ス。此故ニ桀紂幽厲ニ向テ無道也ト諫レバ、大ニ怒ル。善道也ト称スレバ大ニ悦ブニアラズヤ。然レバ是レ無道ニ居テ、無道ヲ知ラズ。其知ラザル所ヲ知リ分クル、是レ聖明ノ微ヲ知ル所ニアラズヤ。今ノ学者モ亦然ラズヤ。

夫レ和漢経書ヲ披テ道ヲ学ブ者百千万、孔子ヲ尊ビズト云者ナシ。然レドモ其政ニ及ビ、其治ヲ執ルニ至テハ、曽テ孔子ノ言ヲ用ル者ナシ。而シテ自《ミヅカラ》窮困ヲ招テ其窮困ヲ悪ム也。窮困ヲ悪マバ何ゾ孔子ノ言ヲ用ヒズシテ流俗ノ行ヒニ従フヤ。然ルトキハ孔子魯国ヲ救ヘバ、定公自是ヲ棄、孔子天下ヲ救ント欲セバ、斉人是レヲ敗ル。此無道ノ勢、其形大火ノ如シ。一盞ノ水ノ能ク其形勢ニ適センヤ。其道ノ行ハルベカラザルコトハ吾ガ今ノ愚ニダニ明ニ知ルニ足レリ。況ヤ聖明ヲヤ。

然ルヲ一己ヲ全クセン為ニ唯一人ノ備ヲノミ尊テ、衆俗ノ愚ヲ行ヒ、国家ノ苦患ヲ見物スル君子ヤ有ルベキ。孔子一人道ヲ以テ天下ノ無道ニ立《タタ》バ、誰カ是ヲ異リトセザル者アラン。皆憎ミ、皆拒ムベシ。故ニ天下ニ容《イレ》ラレズシテ、亟《シバシバ》危難ニ遇ヒ玉ヘリ。此危難ヲ免ルルコトハ、聖智ヲ以テ何ノ難キコトカアランヤ。然ルヲ是ヲ防ギ玉ハザルハ、一己ノ為ニ其道離レザレバ也。此故ニ君子無道ノ代ニ立ツトキハ、道ノ為ニ此身ヲ損害スルコト、何ゾ唯ダ孔子ノミナランヤ。孟子ノ所謂ル「天下有《ルトキハ》レ道、以《テ》レ道《ヲ》殉《ヒ》レ身《ニ》、天下無《キハ》レ道、以《テ》レ身《ヲ》殉《フ》レ道《ニ》、未《ズダ》レ聞以レ道《ヲ》殉《フ》二乎人《ニ》一者《ノヲ》也」[29]トハ是レヲ謂ニアラズヤ。范氏[30]ガ云ク、「古之《ノ》聖賢《ハ》以《テ》レ道《ヲ》殉《フ》レ身《ニ》、伊尹周公是也、以《テ》レ身《ヲ》殉《フハ》レ道《ニ》、孔子孟子是也《ナリ》」[31]ト云々。

然ルトキハ国家道ナキトテ唯ダ一己ノ災害ヲノミ用心シテ、人ノ苦患世ノ窮困ヲ余所《ヨソ》ニ見捨ル聖学ヤアラン。況ンヤ政ニ預ル人臣ヲヤ。設令《タトヘ》水火ノ難ヲ先見スルトモ、一身ノ為ニ道ヲ離レ道ヲ枉グルコトヲセンヤ。荀卿ガ云ク、「良農不《ハズ》下為《メニ》二水旱《ノ》一不《ズンバ》上耕《サ》、良賈不《ハズ》下為《メニ》二折閲《ノ》一不《ズンバ》上市《セ》、士君子不《ハズ》下為《メニ》二貧窮《ノ》一怠《ルコトヲセ》中乎道《ヲ》上」[32]ト云フ。誠ニ当レリ。

古ノ聖賢一人トシテ道ノ為ニ災患ヲ得ズト云者ナシ。今ノ学者ハ、言《コト》ト行ヒト墨ト雪トノ如シ。聖経ヲ披テ其道ヲ講ズルトキハ悉ク聖人ノ言語ニ中《アタ》ラズト云コトナクシテ、其行ヒヲ見レバ君ノ為世ノ為ニ一毛ノ功ナク、一生無事安穏ヲ謀リ、禄ヲ重ネ官ヲ高フシ、流俗ノ愛ヲ貪リ、名ヲ宜クシ、以テ聖人ノ道也ト云。誠ニ大徳寛仁ノ君子ニ似タリ。是レヲ郷原ハ徳ノ賊也[33]ト、孔子モ深ク悪ミ玉フニアラズヤ。

郷原ノ学者ハ治ニ居テモ衆人ニ好《ヨミン》ゼラレ、乱ニ居テモ衆人ニ好《ヨミン》ゼラレ、上下貴賤皆此人ヲ愛ス。其言行誉ルニ余リ有テ、刺《ソシ》ルニ形ナシ。唯ダ一人ノ君子有テ、是ヲ悪ム。一人ニ悪ミヲ得テ万人ニ愛ヲ受ク。其一己ヲ利スルコト知ンヌベシ。故ニ漢唐宋明ノ聖学者、其郷原ヲ非《ソシ》ルコト孔孟ト口《クチ》ヲ同フシテ、其行ヒ十《トヲ》ガ八、九、郷原ナラズト云コトナシ。聖学爰ニ於テ国家ニ用ルコト能ハザルヲ知ンヌベシ。初学ノ惑ヒ入リ易キ所、最モ慎ベキコト也。一タビ郷原ニ入ル者ハ、聖人トイヘドモ反《カヘ》スコト決シテナラヌヲ以テ、狂狷ノ学者ヲバ孔子却テ是ヲ取リ玉ヘリ[34]。

夫レ狂者ハ過ギ、狷者ハ及ズ。其行ヒ皆世ニ殺《ソゲ》テ、聖教ニ外《ハツ》レタルガ如シトイヘドモ、世欲ナシ。故ニ聖人是ヲ導クニ、其用ル所アリ。是レ世欲ナキ者ハ道ニ容《イ》レ安シ。郷原ノ如キハ世欲ヲ以テ漆《ウルシ》ス。故ニ聖人ノ手ニ及バズ。此故ニ其悪ムコト甚シ。孔子ノ曰、「過《レドモ》二我《ガ》門《ヲ》一而不《ズ》レ入《ラ》二我《ガ》室《ニ》一、我《レ》不《ル》レ憾《ミ》レ焉《レヲ》者《ノハ》其《レ》惟《ダ》郷原《カ》乎」[35]。是レ殆ンド孔子ニ捨ラレタル也。

孟子ノ曰、郷原ハ「非《ソシルニ》レ之《ヲ》無《シ》レ挙《アグベキコト》也、刺《セムルニ》レ之《ヲ》無《シ》レ刺《ムベキコト》也、同《クシテ》二乎流俗《ニ》一、合《フ》二乎汚世《ニ》一。居《ルコト》レ之《ニ》似《タリ》二忠信《ニ》一、行《フコト》レ之《ヲ》似《タリ》二廉潔《ニ》一、衆皆悦《ブ》レ之《ヲ》、自以為《ラテス》レ是《ナリト》、而不《ズ》レ可三与《ニ》入《ル》二堯舜《ノ》之道《ニ》一。故《ニ》曰《フ》二徳《ノ》之賊《ナリト》一也」[36]ト云々。是レ孟子ハ亦孔子ヨリ悪ム。吾レハ亦孟子ヨリ悪ムベシ。

凡ソ経書ノ内、人ヲ悪ミ云コト郷原ヨリ甚キヲ見ズ。然レバ聖人ノ為メノ極悪人トハ、郷原ニ過グル者アルベカラズ。桀紂ノ悪モ及バズ。イカントナレバ、言行厘毛モ言《イフ》ベキ咎ナク、非《ソシ》ルベキ非《ヒ》ナク、衆俗ノ愛ヲ得テ世ト推シ移ル。其罰スベキ形ナケレバ也。而シテ其害、聖教ヲ無用ナラシムルニ至リ、衆ト党シテ一己ヲ貪リ、政ヲ虚《キヨ》ナラシム。故ニ悪ノ見ツベキ者ナクシテ、国家ヲ貧究ナラシメ、民苦シメ君憂ヘシム。其害ノ大ナル形ナクシテ爰ニ至ル。

桀紂ガ悪ノ如キハ其罪天下照然タリ。故ニ湯武是ヲ討テ其悪ヲ去ルニ足ル。又狂者狷者ハ衆ニ親ミナシ。却テ憎ミヲ得ルトキハ己レ一人ノ害アリテ、政ヲ虚ニスルノ大悪ナシ。固《モト》ヨリ悪ニハアラズ。唯ダ道ヲ見ルコト過不及アルノミ。然ラバ孔子、無道ノ代ノ危キヲ先見シテ郷原トナルベキヤ。

　夫レ国家ノ為メニ己レヲ存シ、国家ノ為メニ己レヲ忘レ、存亡皆義ヲ撰テ道ヲ枉ゲザルヲ性ヲ尽スト云ベシ。焉クンゾ己レガ為メニ国家ヲ忘レ、己レガ為ニ国家ヲ存シ、存亡皆己レガ為ニ義ヲ捨テ道ヲ枉グルコトヲセンヤ。此故ニ君子、一己ノ利ヲ好ムコト義ヲ収斂スルヲ貴ム。義ニ貧シク道ニ乏シキヲ災ノ至リトシテ、其災ヲ恐ルルコト甚シ。故ニ其独ヲ慎ムコト臆病者ノ如シ。義ニ富ミ道ニ敦クシテ、而シテ外ヨリ及ブ禍ハ其懼レザルコト、孟賁[37]ガ勇モ及バズ。礼記ノ儒行ニ「忠信《ヲ》以《テ》為《シ》二甲冑《ト》一、礼義《ヲ》以《テ》為二干櫓《ト》一、戴《テ》レ仁《ヲ》而行《キ》、抱《テ》レ義《ヲ》而処《リ》、雖《モ》レ有《ト》二暴政《ニ》一、不《ズ》レ更《カヘ》二其所《ヲ》一」[38]トハ是ヲ云也。故ニ孔子陳蔡ノ厄ニ七日火食シ玉ハネドモ、絃歌シテ止マズト云フ[39]。是レ内仁義ノ備ナキヲ恐テ、外禍災ノ攻《セメ》ヲ恐レズ、国家ノ為ニ其身ヲ忘レテ国家ノ為ニ其道ヲ忘レズ、而シテ其当《マリ》ニ免ルベキハ免レ、其当ニ免レマジキハ免レズ、皆其機ヲ見テ能ク謀テ成サント欲ス。其欲スル所、皆国家ヲ的トシテ、己利ヲ的トセズ。是ヲ常ヲ守テ変ニ応ズト云也。

　夫レ天ハ変ヲ以テ通リ、人ハ常ヲ以テ行フ。来ル者ヲ変ト云、往ク者ヲ常ト云。故ニ往クヲ以テ来ルヲ知リ、常ヲ以テ変ニ通ズ。爰ヲ以テ往クノ終リハ来ルノ初《ショ》、是ヲ幾《キ》ト云。幾ハ微ノ顕《ケン》、微ハ聞クベカラズ、見ベカラズ。此故ニ事ヲ微ニ為《スル》トキハ疾《ハヤキ》ノ至リニシテ、其備未ダ来ラザルニ設ク。故ニ能ク常ヲ失ハズ。是ヲ易《エキ》ニ通ズト云。此故ニ国家ヲ定ント欲スル者、常変ヲ察セズンバアルベカラズ。常変ヲ察《アキラカ》ニセントセバ、易ヲ学ビズンバアルベカラズ。

　易ハ務ヲ成スノ神ナル者也[40]。易ノ係(繫)辞ニ曰、「易《ハ》聖人《ノ》之所二以《ンナリ》極《テ》レ深《キヲ》而《シテ》研《アキラカニスル》レ幾《キヲ》也、唯《ダ》深《シ》也。故《ニ》能《ク》通《ズ》二天下《ノ》之志《ニ》一、唯《ダ》幾《ナリ》也。故《ニ》能《ク》成《ス》二天下之務《ヲ》一、唯《ダ》神《ナリ》也。故《ニ》不《シテ》レ疾《トカラ》而速《ハヤシ》也」[41]ト云、是也。唯ダ是レ聖人ノミ是レヲ善クシテ学テ善クスルコトヲ得ズンバ、六経ノ教ル所悉ク寓言ナリ。聖ハ生知也。故ニ見ルトキハ徹スベシ。見ズトイヘドモ亦知ルベシ。然ラバ六経、豈後世聖人ノ為ノミカ。然ルトキハ六経ハ小人ノ見ル物ニアラザルカ。学ブトキハ通ズルコトアルヲ以テ広ク教トハスルナラン。其学テ通ゼザルハ思ハザル故也[42]。故ニ云フ、「思ハ睿也、睿ハ聖ト成ル」[43]ト。

今日ノ学者聖人ヲ貴ブト云。皆偽也。偽ナラズンバ、学ブ所国家ノ用ニ立ツベキ筈也。国家ノ用ニ立ツルコト叶ハザルヲ見レバ、是レ学ブコト偽ナルコト明白也。聖人ヲ貴ブト云テ学ブコト偽ナラバ、是レ聖人ヲ侮ル也。是レ衆人ヲ欺ク也。此故ニ学テ思ヒヲ尽シ心ヲ尽スコト誠一ナラズ。故ニ常変ヲ知ラズ。常ヲモ知ラズ、変ヲモ知ラズシテ、一己ノ上ヘ国家ノ治二ツノ者何ヲ以テ為《セ》ントスルヤ。

或人ノ曰、「其思ヒヲ尽サザルコト何ヲ以テ知レリヤ」。曰、夫レ常変ノ往来、今日唯今悉ク火急ナラズト云コトナシ。然ルヲ学者曽テ火急タルコトヲ知ラズ。是レ常ト云者ヲ知ラズ、亦変ト云者モ知ラズ。故ニ光陰ヲ惜マザルコト土芥ヲ捨ルガ如シ。

夫レ人生幾許《イクバク》ゾヤ。人ノ一生豈久シキト思フヤ。光陰ノ過グルコト豈緩々タルト思フカ。

夫レ人生六十年、其内幼弱ニシテ君父国家ノ大事ニ与《アヅカ》ラザルコト十五年、老テ勤力ヲ退クコト五年、幼老前後年ヲ空クスルコト凡テ二十年、以テ六十年ノ内ヲ減ジテ余リ四十年、此内夜ノ休寝ヲ除キテ事ヲ為《ス》ル時唯ダ二十年、是ヲ昼夜ニ通ジテ纔《ワヅカ》ニ十年ノミ。此内一日飲食ノ隙アリ、両便ノ隙アリ、疾病道路往還ノ隙アリ、賓主応対ノ隙アリ、彼レ是レ合セテ一昼ノ内隙ヲ費ス所大率《ヲヲムネ》三辰[44]、昼夜ニ通ジテ十年ヲ積メバ五年也。是レヲ無用ノ用ト云フ。以テ十年ノ内ヲ減ズレバ、実《ジツ》ニ事ヲ務ル年六十年ノ間、唯ダ五年ノミ。是レ昼夜ヲ捨ザルノ日数ナリ。況ンヤ四辰五辰ノ隙ヲ過ス者ヲヤ。然レドモ無用ノ用ハ有用ノ用ノ為ナレバ、已ムコトヲ得ザルノ費也。故ニ其無用ノ用ヲスル間モ、心ヲ用ルコト誠一ノ守ヲ忘レズンバ、焉クンゾ聖意ノ微ニ通ゼザランヤ。

然ルニ今日ノ学者ヲ見ルニ、政ヲ預リ職事ヲ蒙リ朝《テウ》ニ立テ君用ヲ務ルコト一日一辰ニ過ギズ。且ツ事ニ心ヲ尽スノ思ヒナク、悉ク先格ニ委ネ、空々然トシテ家ニ帰リ、亦緩々然ト食ヲ安ンジ、而シテ碁ヲ討合ヒ、酒ヲ飲会ヒ、或ハ釣リニ遊ビ、或ハ沈睡シ、或ハ茶ノ湯俳諧歌乱舞ニ大事ヲ忘レ、国家ヲ顧ズ一己ノ情ヲ慰メ、光陰ヲ捨ルコト壊《ツチクレ》ノ如クス。

夫レ聖経ヲ見ズト云トモ、俯仰シテ天地ノ性ヲ尽スヲ看《ミ》ヨ。天地豈毛髪瞬息ノ隙ヲ盗ムコトヲセンヤ。恐ルベキノ至リナラズヤ。

夫レ聖人ヲ信ズルト云者スラ猶斯ノ如シ。況ンヤ聖人ヲ侮ル者ヲヤ。君ニ事《ツカフ》ル群臣、皆斯ノ如クニシテ何レノ世カ国ヲ定メ君ヲ安ンジ民ヲ豊《ユタカ》ニスル功ヲ献ズベキ。聖学ヲ尊テ以テ君ニ事ヘ、而シテ政ニ加ハリ、而シテ思ヒヲ尽サズ、而シテ一生寸分ノ功ナク、而シテ禄位ヲ重ネ、而シテ君ノ憂ヒ国ノ窮ヲ顧ズ、而シテ国家妖孽アレドモ天ヲ恐レズ、而シテ一己ノ隙ヲ設テ独楽ノ安キヲ成ス。是レ聖学ノ信カ。抑、忠臣カ。豈郷原ノ士ナラズシテ何ゾヤ。是レ禄位ヲ盗ムニアラズヤ。衆愚ヲ欺キテ名ヲ貪ルニアラズヤ。是天ヲ恐レザルニアラズヤ。然ラズンバ、経文ノ見解ヲ誤テ知ラズシテ異端ニ陥リタルカ。

夫レ六十年ノ間其事ヲ執ルコト唯ダ十年ノ昼夜ヲ尽シテ国家ヲ定ルコト容易《タヤス》カルベキヤ。然ルヲ況ンヤ隙ヲ好テ心ヲ用ヒズ寛々トシテ年月ヲ楽ムヲヤ。孟子ノ曰、「鶏鳴而《テシテ》起《テ》、孳々《トシテ》為《スル》レ善《ヲ》者《ノハ》、舜《ノ》之徒《ナリ》也。鶏鳴而《テシテ》起《テ》、孳々《トシテ》為《スル》レ利《ヲ》者《ノハ》、蹠《ガ》之徒《ナリ》也」[45]。論語ニ曰、「君子無《ハシ》二終《ルノ》レ食《ヲ》之間《モ》違《コト》レ仁《ニ》一、造次《ニモ》必《ズ》於《ス》レ是《ニ》、顛沛《ニモ》必《ズ》於《ス》レ是《ニ》」[46]ト云ハズヤ。

此故ニ子貢学ニ倦テ孔子ニ問テ曰、「賜倦《ミ》二於学一、困《ミタリ》二於道一矣、願《クハ》息《ヤスミテ》而《シテ》事《ン》レ君《ニ》。可《ナランヤ》乎。孔子《ノ》曰、詩《ニ》云《ク》、温恭《ニシテ》朝夕、執《テ》レ事《ヲ》有《リ》レ恪《ツツシム》。事《ルノ》レ君《ニ》之難《ナリ》也。焉《クンゾ》可《ケンヤ》レ以《ス》レ息《ヲ》哉。曰《ク》、然《ラバ》則賜願《クハ》息《テ》而《シテ》事《ン》レ親《ニ》。孔子《ノ》曰、詩《ニ》云《ク》、孝子不《ズ》レ匱《シ》、永《ク》錫《フ》二爾《ヂニ》類《ヲ》一。事《ルノ》レ親《ニ》之難《ナリ》也。焉《ンゾ》可《ンヤ》レ以《ス》レ息《ヲ》哉。曰《ク》、然《ラバ》則賜願《クハ》息《ン》二於妻子《ニ》一。孔子《ノ》曰、詩《ニ》云《ク》、刑《リテ》二于寡妻《ニ》一、至《リ》二于兄弟《ニ》一、以《テ》御《ス》二于家邦《ヲ》一。妻子《ノ》之難《ナリ》也。焉《ンゾ》可《ンヤ》レ以《ス》レ息《ヲ》哉。曰《ク》、然《ラバ》則賜願《クハ》息《ン》二於朋友《ニ》一。孔子《ノ》曰、詩《ニ》云《ク》、朋友《ノ》攸《ムル》レ摂、摂《ムルニ》以《ス》二威儀《ヲ》一。朋友《ノ》之難《ナリ》也。焉《ンゾ》可《ンヤ》レ以《ス》レ息《ヲ》哉。曰《ク》、然《ラバ》則賜願《クハ》息《ン》二於耕《ニ》一。孔子《ノ》曰、詩《ニ》云《ク》、昼《ハ》爾《ンヂ》干《シ》レ茅《ヲ》、宵《ハ》爾《ヂ》索《ヘ》レ綯《ヲ》。亟《ニ》其乗《レ》レ屋《ニ》、其《レ》始《テ》播《ン》二百穀《ヲ》一。耕《ノ》之難《ナリ》也。焉《ンゾ》可《ンヤ》レ以《ス》レ息《ヲ》哉。曰《ク》、然《ラバ》則賜将《ニスル》レ無《シト》レ所レ息《ム》歟《カ》。孔子曰、有《リ》レ焉《コレ》耳。望《ムトキハ》二其壙《クワウニ》一、則睪如《タリ》也。視《レバ》二其冢《ヲ》一、則塡如《タリ》也。察《レバ》二其従《ヲ》一、則鬲如《タリ》也。此《レ》所二以《ンナリ》息《ム》一也」[47]トノ玉フ。

然ルトキハ人ノミナラズ凡ソ形ヲ得ルホドノ者ニ於テ、此形ヲ以テ此形ノ用ニ労セズト云コトナシ。故ニ其死ヲ以テ真《シン》ノ休息ヲ得ベシ。夜寝テ息《イカフ》ハ真息ニアラズ。此故ニ人生レテ其日ヨリ事ノ為メ物ノ為メ心ヲ尽シ身ヲ労シ、以テ天下ノ用ニ通ゼズト云コトナクシテ、其帰スル所天地ノ大用ニアラズト云コトナシ。是レ天地ト人ト並ビ立テ、天ハ生ジ、地ハ養ヒ、人ハ其化育ヲ助ク。而シテ人ハ天地ト参タリ。是レ三才ノ大用至動也。其大用ノ至動ヲ為《ナ》サシムル者ハ何者ゾヤ。是レヲ命ト云。命ハ令《レイ》也。天即用ヲ為令《ナサシム》ル也。故ニ人君ノ士民ニ令スルヲ命ト云。其敬ヲ天ニ配スルヲ以テ也。易ノ姤象ニ「后以《テ》施《シテ》レ命《ヲ》告《グ》二四方《ニ》一」[48]、又書経ニ「文命《ヲ》敷《ク》二于四海《ニ》一」[49]ナドト云フ。是レ皆其令命ヲ下スノ謂也。故ニ左伝ニ劉康ガ曰、「民受《ルニ》二天地之《ノ》中《ニ》一以《ス》レ生《ヲ》、所謂《ル》命《ナリ》也。是《ヲ》以《テ》有《ルハ》二動作《スルニ》礼義威儀《ノ》之則《ノリ》一、所二以《ンナリ》定《ル》レ命《ヲ》也」[50]ト云フ。誠ニ然リ。

人々此一命ヲ分賦シテ、亦各其命ヲ尽スベキノ道ヲ蒙リ、以テ此身ニ存有スル、是ヲ性ト云フ。故ニ命ニ率《シタガヒ》テ此性ヲ尽シ以テ人道ヲ修ムルトキハ、三才正シク天地ト参タリ。此性ヲ尽シテ止《ヤ》マシメザル、是ヲ誠ト云フ。聖智ノ人有テ此道ヲ修メシメント欲ス。此《コレ》ヲ教ト云フ。故ニ中庸ニ「天命之《ヲ》謂《フ》レ性《ト》、率《フ》レ性《ニ》之《ヲ》謂《フ》レ道《ト》、修《ムル》レ道《ヲ》之《ヲ》謂《フ》レ教《ト》」[51]ト云々。

或人ノ曰、「然ルトキハ道モ命也、性モ命也、其命ト云ヒ道ト云ヒ性ト云ヒ、三ツノ名ヲ立ルコトハ何ゾ」。

曰、命ハ一ニ立テ其始メヲ賜ハル。道ハ其命ノ分《ブン》也。天道アリ、地道アリ、人道アリ。人道ニ分アリ。君道アリ、士道アリ、農道アリ、工道アリ、商道アルノ類、是也。各天命ニ受クル所ノ道々ヲ尽シ、尽シテ命ニ帰スル所ハ一也。此一ナル所以ノ者ヲ尽ス、是性也。形ニ賦シテハ千万タリ。道ニ分ケテハ品等タリ。故ニ教ノ為ニヲノヅカラ名分定マル。本ト是レ命ニアラズ(ト)云コトナシ。家語ニ「魯《ノ》哀公問《テ》二於孔子《ニ》一曰、人之《ノ》命与《ト》レ性《ハ》、何《ント》謂《コトゾ》也。孔子対《テ》曰、分《ツ》二於道《ニ》一謂《フ》二之《ヲ》命《ト》一也、賦《ヲサム》《ス》二於一《ニ》一、謂《フ》二之《ヲ》性《ト》一。化《シ》二於陰陽《ニ》一象形《シテ》而発《ス》、謂《フ》二之《ヲ》生《ト》一、化窮《リ》数尽《ル》、謂《フ》二之《ヲ》死《ト》一。故《ニ》命《ハ》者性《ノ》之始《メ》也。死《ハ》者生《ノ》之終《ナリ》也」[52]ト云フ、是レ也。

比故ニ此生ヲ以テ此心ヲ尽シ此身ヲ労スルコト、各其道ニ勤メテ其功用ヲ天ニ献ズルノミ。心ヲ爰ニ尽ス者ハ是レ性ヲ知ル者也。此性タル所以ンヲ知テ、是ヲ天地ノ尽ス所ニ鑑ミヨ、符節ヲ合スルガ如クナルベシ。故ニ性タル所以ンヲ知ル者ハ亦善ク天タル所以ンヲ知ル。此故ニ孟子ノ曰、「尽《ス》二其心《ヲ》一者《ノハ》、知《ル》二其性《ヲ》一也。知《ルトキハ》二其性《ヲ》一、則知《ル》レ天《ヲ》矣」[53]ト云、是也。既ニ性ノ性タル所以ンヲ知ラバ、益放心ヲ恐レテ弥其性ヲ長養スベシ。是レ皆天ニ事マツル所以ン也。故ニ又曰、「存《シテ》二其心《ヲ》一、養《フハ》二其性《ヲ》一、所《ニ》二以事《ル》レ天《ニ》一也」[54]ト云フ也。此故ニ万物生ジテ、有在スルコト皆天ニ事マツル大用也。故ニ天地ノ化育ヲ賛ル者ハ人也。天生ジ地養フトイヘドモ、人其化育ヲ賛ズンバ長ズルコト能ハズ。故ニ礼記ニ「天《ノ》之所《レ》生《ズル》、地《ノ》之所《レ》養《フ》、無《シ》二人《ヨリ》為《スハ》レ大《ヲ》」[55]ト云也。

一人誠ヲ守テ此性ヲ尽テスラ一物ノ化育ヲ賛ルニ至ル者ヲ、況ヤ人君此性ヲ天下ニ尽ス至誠ヲヤ。中庸ニ曰、「天下《ノ》至誠《ノミ》、為《ス》三能《ク》尽《スコトヲ》二其性《ヲ》一。能《ク》尽《ストキハ》二其性《ヲ》一、則能《ク》尽《ス》二人《ノ》之性《ヲ》一。能《ク》尽《ストキハ》二人之性《ヲ》一、則能《ク》尽《ス》二物《ノ》之性《ヲ》一。能《ク》尽《ストキハ》二物《ノ》之性《ヲ》一、則可《シ》三以賛《テク》二天地之化育《ヲ》一。可《キトキハ》三以賛《テク》二天地《ノ》之化育《ヲ》一、則可《シ》下以《テ》与二天地一参《タル》上矣」[56]ト云ヘリ。或人ノ曰、「朱子ハ性ヲ理也ト云、諸儒皆同心ス。然リヤ」。曰、性ハ理ナラバ、聖人何ゾ近ク理ト云ハズシテ遠ク性ト云ベキ。性ハ理ナラザルユヘ是ヲ性ト云也。馬ハ馬ニシテ、牛ナラザルヲ以テ馬ト云也。荷ヲ負《ヲフ》テ人ノ力ヲ助ルノ一理ヲ以テ馬モ牛モ荷也ト云テ可ナランヤ。聖人馬ト教ヘナバ馬ノコトニテ学ブベシ。聖人牛ト云ハバ牛ノコトニテ沙汰スベシ。然ルヲ何ゾ馬ヲ捕ヘテ牛ト云ヒ、牛ヲ指テ荷ト云ベキ。

朱子ハ天地モ道モ誠モ性モ、皆理ニ括《クク》リテ済《スマ》スノミ。其外ヲ云ハズ若干《ソコハク》ノ書ヲ著《アラハ》ス。其語意皆諸子百家ノ説ニ従テ、自己ノ発明一言モ見ズ。其云《イフ》所皆理ヲ以テ先トシ、理ヲ以テ貫カズト云コトナシ。其理ヲ云コト最モ多シ。其性ヲ理ト云者モ亦自己ノ発明ニアラズ、程子ノ言ニ従ヘリ。大学ノ親ノ字ヲ改メ新也トシ、性ヲ改メ理也トスルモ、全ク朱文公ノ発語ニアラズ。皆程子ノ発明也。

夫レ天人ノ道理ヲ窮ムレバ性命ノ理ヲ知ルベシ。然レバ理ト性トハ別ニシテ、性ヲ尽サザレバ理ニ適ハズ、理ヲ窮メザレバ性ノ故ヲ知ルベカラズ。然ルヲ何ゾ性ハ理也ト云ベキ。性ハ性也、理ハ理也。易ニ曰、「窮《メ》レ理《ヲ》尽《シ》レ性《ヲ》以《テ》至《ル》二於命《ニ》一」[57]、又曰、「将《ニ》以《テ》順《フ》二性命《ノ》之理《ニ》一」[58]ト云ハズヤ。若シ性ハ理ナラバ、何ゾ理ト性ト別ニ云ハン。即窮《メ》レ理《ヲ》尽《シ》レ理《ヲ》以《テ》至《ル》二於理《ニ》一ト云テ可ナラン。

夫レ朱子ハ博学多識ヲ以テ世ニ鳴リ、今三国ノ聞人也。故ニ初学ヨリシテ其名ニ信ヲ取テ、心竟ニ陥溺シ反ルコトヲ失フ。然レドモ聖人ノ微言ヲ三国ノ今ニ伝テ失ハザラシム。其聖門ニ大功アルコト、諸子百家亦企テ及ブ所ナラズ。此人ナカリセバ吾レ髪ヲ被リ袵ヲ左ニセン[59]。惜哉、其器ノ小キコトヲ。此故ニ其大恩ハ以テ報ズル物ナシ。貴ムベシ崇ムベシ。其学ヲ論ズルトキハ、治道ノ用ナシ。唯ダ用ナキノミナラズ、学者ヲシテ皆彼ノ郷原ノ徒ニ陥ラシムルニ足ル。

或人ノ曰、「孟子ノ性ハ善也ト云コト然ルヤ」[60]。曰、孟子ノ性善ハ孟子ノ発語ニシテ性ヲ見ルニ漸ク近シ。

夫レ性ニ逆フテ悪ヲナスハ云ニ及バズ、性ヲ尽シテ善ヲナストモ命ニ至ラザレバ、性ニ従フ所以ンニアラズ。性ニ従ハザレバ、其善義理ニ当ラズ。故ニ其善トスル者、不善ニナラズト云コトナシ。設令《タトヘ》バ人臣君命ヲ蒙リ此職ノ任ヲ得ルトイヘドモ、其勤功皆己レニ利スルコトノミヲ専ラ尽シテ命ニ帰スルノ誠ナケレバ、仮令《タトヘ》一生過失ナク其名ヲ全ク終フト云トモ、其善皆任ヲ不善ニシテ、道義ノ善ナラズ。然レバ君命ノ始メヨリ此任ヲ善クセヨ悪シクセヨト云ニ及バズトイヘドモ、臣タル者其任ヲ私スベキ義ナキコトハ、君命ヲ待ズシテ知レタルコト也。故ニ任ハ是レ善ヲ為《ナ》スベキ義、既ニ我ニ於テ窮マル所アリ。天命ニ在テハ性ト云ベシ、君命ニ在テハ任ト云ベシ。然レバ任ハ本ト善悪ノ名ヲ以テ立ツニアラズ。任ハ任ノ名ヲ以テ任タル所以ンノ者正シ。性亦斯ノ如シ。此故ニ或ハ性ハ善モナク悪モナシ、或ハ善悪混ズ、或ハ善也、或ハ悪也、或ハ理也ナドト説ヲ立ツ。皆是性ヲ知ラズ。

孟子ノ性善ハ其君命ノ任ヲ得テハ、此任ヲ不善ニ勤ムベキノ義ナキヲ以テ、任ヲ其善ニ的《マト》シテ喩《サト》サシメントノ謂ナルベシ。故ニ善ハ性也ト云ヒガタク、性ハ善也トハ云也。此生アレバ此性アリ。此職アレバ此任アリ。而シテ是ヲ尽スニ命ニ至ルヲ善トスベシ。命ニ至ラザルヲ不善トスベシ。善悪ハ己ニ在テ附属スベシ。性ノ名トハスベカラズ。而シテ君ハ命ヲ天ニ受ケ、臣ハ命ヲ君ニ受ケ、其性ヲ尽シ、其善ヲ君ニ帰シ、君亦諸臣ノ善ヲ集メテ是ヲ天ニ帰ス。故ニ礼記ニ曰、「天子受《ハケ》㆓命《ヲ》于天《ニ》㆒、士受《ハク》㆓命《ヲ》于君《ニ》㆒」[61]ト。又曰、「天子有《レバ》㆑善、譲《リ》㆓徳《ヲ》於天㆒、諸侯有《レバ》㆑善帰《シ》㆓諸《レヲ》天子《ニ》㆒、郷大夫有《レバ》㆑善、薦《メ》㆓於諸侯《ニ》㆒、士庶人有《レバ》㆑善、本《ヅケテ》㆓父母《ニ》㆒、存《ス》㆓諸《レヲ》長老《ニ》㆒、禄爵慶賞、成《スハ》㆓諸《レヲ》宗廟《ニ》㆒、所㆓以《ンナリ》示《ス》㆑順《ヲ》也㆒」[62]ト云也。

是レ性ニ従テ此身ヲ尽スコト、毛髪モ吾ガ為メノ利ニアラズ。皆是レ天ニ事マツル所以ンニシテ、是ヲ命ニ至ルト云。或人ノ曰、「四海ノ人民悉ク此性ヲ知ルベカラズ。其知ルベカラズトイヘドモ、唯ダ己レヲ尽シ勤功アラバ、性ニ叶ト云ベキカ」。曰、不可也。凡ソ血気アル者、人民禽獣蟲魚貴賤老若男女、誰カ此生ヲ治メ此生ヲ安ンゼント欲セザル者アランヤ。是ヲ欲スルニ及テハ、誰カ己レヲ尽サズ心ヲ用ヒズシテ、此生ヲ求ルコトヲ得ンヤ。故ニ国家既ニ貧究シ、民己レヲ尽シテ此生ヲ求ルコト能ハザル者ハ、盗賊ヲ為《ナ》シテ生ヲ治メントス。是レ生ヲ捨テ生ヲ求ルニ至ルハ己レヲ尽スノ究リナリ。己レヲ尽シ身ヲ労シ勉強シテ功ヲ欲スルコト、斯ノ如ク面々我《レ》々《レ》独々ナルハ大乱ノ始メ也。是ヲ天下ヲ家トスト云也。

礼記ニ「大道既《ニ》隠《レ》、天下《ヲ》為《ス》レ家《ト》。各親《トシ》二其親《ヲ》一、各子《トシ》二其子《ヲ》一、貨力為《メニス》レ己《レガ》」[63]トハ是ヲ云也。是レ其帰スル所ナク、上《カミ》ハ上《カミ》、下《シモ》ハ下ト、別々思《ヒ》々ニ成テ身ヲ養ヒ、表向ハ上ニ下知ヲ受クル如クナレドモ、心ハ皆吾《レ》々ノ営《イトナミ》ヲ専ラニ尽スヲ云也。是レ天下ヲ以テ一家トシ、中国ヲ以テ一人トスルノ大道ナラズ。一家ノ内、父子兄弟妻子奴僕、我《レ》々別々ニ稼《カセギ》ヲ為《ナ》シテ、其功其利ヲ得ンコトヲ欲スルナラバ、豈和熟シテ家ヲ其主ニ一統スベキヤ。是レ一家ノ内ヲ一人毎《ゴト》ニ家ヲ分ケテ争奪止マズ、乱ノ乱タル所以ン也。是レ身ヲ労シ己レヲ尽シ勤功アリテ独正シキトモ、性ニ従ヒ命ニ帰スルノ勤メナラネバ人道ナラズ。

或人ノ曰、「然ラバ天下ノ衆人一人モ残リナク性命ノ理ヲ知ラシメズンバアルベカラズ。何ヲ以テ是ヲ知ラシメンヤ」。曰、悉ク知ラシムル所以ンニアラズ。漢唐宋明ニ其名ヲ得タル儒士ダニ性ノ故ヲ知ラザル者十ニシテ其一、二ヲ得タリ。況ンヤ天下愚俗ノ徒ヲヤ。

或人ノ曰、「然ルトキハ、性ノコトハ空論ニシテ、治道ノ用ナキニ似タリ」。曰、民自ラ知ラズトモ、其性ニ従ハシムルコトハ唯ダ政ニ在ルノミ。人君自ラ其性ヲ知テ、天下ノ衆人皆是ニ依ル。故ニ政、聖教ニ倣《ナラ》フトキハ善ヲ天ニ奉ルニ足ル。此故ニ人君一人此性ヲ知ルトキハ能ク民ノ性ヲ尽サシメテ以テ天命ニ反《カヘ》ス。人臣一人此性ヲ知ル者ハ功ヲ君命ニ帰ス。

或人ノ曰、「道ハ猶大路ノ如シ[64]トハ聖賢ノ言也。四海唯ダ一道ニシテ道二ツアルベカラズ。二ツナキヲ以テ尊カルベシ。惑フベカラズ。然ルヲ道、品等アルトハイカン」。曰、四海ノ通路唯ダ一筋有テ山川海陸ノ通路ナクンバ、天下人民ノ大用何ヲ以テ達セン。江海ノ道ヲバ船ヲ以テ行《ヤ》リ、丘陵ノ道ヲバ馬ヲ以テ通ズルノ属ヒ、是レ道々ノ用異也トイヘドモ、其通路ハ一道也。天竺モ斯ノ如ク、支那モ斯ノ如ク、日本モ斯ノ如ク、其道ヲ通ヅルコト二ツナシ。是ヲ四海一道ト云。汝ガ如ク一路ナラバ、唯ダ南北一筋ニ道ヲ作リテ、東西ノ道ヲ塞ギ、山林江河ノ路ヲ禁ズベキカ。然レドモ隣ヘ往クニ門ヨリ出テ門ヨリ入ルヲ大道ヲ往クト云ベシ。垣ヲ穿テ出入スルハ小人ノ道トスベシ。然ルヲ門ヨリ出入スルモ、垣ヨリ出入スルモ、其用ヲ成スコトハ同一ニシテ、垣ヨリ出入スルハ却テ速也ト云テ、公道ヲ分ケテ私道ヲ作ル。是ヲ天下ヲ家トスト云。君ニ帰シ天ニ事ル道ナラズ。皆其常ヲ失ヒ自ラ変ヲ成スノ政ニシテ、小人是ヲ好ム。故ニ孟子ノ曰、「君子反《ハカヘル》レ経《ツネニ》而已《ノミ》矣。経正《ケレバ》、則庶民興《ル》。庶民興《レバ》、斯《レ》無《シ》二邪慝一矣」[65]ト云フ。

此故ニ大経ヲ知レ。大経ヲ知レバ変ナレドモ常ヲ失ハズ。故ニ君子ハ今日ノ急ヲ知テ、常ニ光陰ノ疾《ハヤ》キニ先ダチ、事ヲ前ニ定メ、物ヲ微ニ修ム。故ニ常ニ為《スル》（ママ）スコトナキ者ニ似タリ。故ニ慮リ安シ。安キガ故《ユヘ》ニ能ク静也。静ナルガ故ニ能ク定マル。定マルガユヘニ能ク常ノ正キニ止マル。是レ至善ナラズヤ。至善ニ止テ未ダ心ノ正シカラザル者ヲ聞ズ。心正クシテ未ダ意《ココロバセ》誠ナキ者ヲ聞ズ。身、斯ノ如クシテ未ダ修マラズト云ベキカ。然レバ常ヲ知ラズ、今日ヲ知ラズ、事務ヲ別ニシテ其道トスル者、イヅクニカアルヤ。此道ヲ尽スニ於テ、此道ヲ以テ、此身ヲ修メ行クニアラズヤ。故ニ中庸ニ「修《ルニ》レ身《ヲ》以《ス》レ道《ヲ》」[66]ト云フ。其道、今日事務ノ急ヲ捨テ外アランカ。然ルヲ今ノ学者心上ヲ別ニ錬リ来テ、事ノ外ニ理ヲ究メ、以テ身ヲ修ムルコトヲ工夫ス。笑ツ《（フカ）》ベシ。

夫レ常変ヲ知ラズシテ、焉ンゾ身ヲ修ムルコトヲ得ン。身ヲ修ムルコトヲ知ラズシテ、焉ンゾ国家ヲ治ルコトヲ知ラン。

夫レ雷鳴身ニ落テモ逃《タジロ》ガヌヲ心上ノ錬《ネリ》トスルハ、一人分ノ重宝ニシテ経済ノ用ニハ立《タタ》ズ。経済ノ用ニタタネバ、聖人ノ正心修身ノ謂《イヒ》ニアラズ。心ハ本ト正シ。事ニ触レ物ニ因テ邪正ニ入ル也。然ルヲ心ヲ以テ心ヲ工夫シ、正キヲ以テ正キヲ撰ハ、水ニ水ヲ入テ水ヲ分ケ、火ニ火ヲ入テ熱《ネツ》ヲ分ケントスルニ似タリ。事ヲ得テ悪事ト善事ト分ル者ハ心ノ明也。此明ヲ以テ其事ノ義不義ヲ知リ、義ニ依レバ心即正シ、不義ニ依レバ心即邪トナルベシ。而シテ其事ヲ尽シ以テ公ニ宜ク功成ルハ即チ理ノ全キ也。

理其始メニ工夫セズシテ義ニ叶フ。心其始メニ工夫セズシテ事正シ。此故ニ心学・理学・字学・文学ハ聖学ニアラズ。唯ダ日用ノ間、光陰ヲ惜ミ、士ハ君ニ事ヘテ君道ヲ開キ民ニ及ボシ、国ヲ富マシ君ヲ安ンゼンコトヲ慮リ、心ヲ尽スコト昼夜ヲ捨ツベカラズ。行余力アラバ、聖経ヲ閲シ治道ノ微言ヲ察シ、以テ務ノ道ヲ鑑ミベシ。是レ道ヲ以テ身ヲ修ムル所以ン也。学ヲ以テ勤ヲ助ケ、勤ヲ以テ学ヲ極ムル所以ン也。孔子ノ子貢ヲ責玉ヘル言ヲ尊用シテ、死ヲ待テ而シテ休息ノ時トスベシ。是レ所謂ル聖教ノ正心也、修身也、誠意也、心学也、理学也。

夫レ心ハ虚霊不昧神明ノ舎也。何ゾ今日ヲ捨テ工夫ヲ立ツルニ及バンヤ。事ト心ト本末スベカラズ。事ト理ト先後スベカラズ。聖人ノ教ヲ立ツルハ天ニ則リテ人事ノ規矩ヲ定ムルノミナラン。其規矩既ニ定リテ後ハ、唯ダ人ヲ策打テ怠ラザラシムルニ在ルノミ。其規矩ノ詳ナルハ周公ニ立テ、其説孔子ニ精ク、其論孟子ニ明也。然ルヲ堯舜伝授ノ道心人心ヲ本トシテ、宋儒始《ハジメ》テ心法心術心理ノ学ヲ立《タテ》、一切ノ聖語悉ク心上ニ引キ著《ツケ》テ工夫ノ一段トス。学爰ニ於テ始メテ治道ト扞格シテ、今日ト分離スルニ至ル。

夫レ堯舜ノ道心人心モ、事ニ怠リ今日ノ光陰ヲ空クスルコトヲ天地ニ恐テノ至誠ナルベシ。

夫レ人心ノ労ヲ厭ヒ骨ヲ惜ムニ至リ易キコト、水ノ低キニ著クヨリ甚シ。危キノ至リト云ベシ。然ラバ人君ノ戒メ唯ダ是ノミ。人君ノ慎唯ダ是ノミ。故ニ惟レ精惟レ一[67]ト云。心ヲ尽スノ至レリ尽セリ。何ゾ隙ヲ別ニシ心理工夫ノ伝授ナルベキ。今日ノ学者、聖経ヲ学テ国家ノ用ニ立《タテ》得ザルハ此故也。心ヲ勤ニ尽スベキヲ、心ヲ心ニ尽スコト、誠ニ惑也。達磨《ダルマ》ハ九年坐禅シ直指《ジキシ》人心見性成仏ト悟テ、梁ノ窮民一人モ済度スルコト能ハズシテ天竺ヘ走ル。是レ心ヲ以テ心ニ尽スコト九年、光陰ヲ費シテ仏法ヲ人ノ用ニ立ツルコト能ハズ。釈尊ノ檀特山ニ引籠タルハ帝位ヲ捨テ衆生済度ノ工夫也。是レ心ヲ以テ世ニ尽スニアラズヤ。然レバ仏法モ迦葉ヨリ以来《コノカタ》、済度ヲ止《ヤ》メテ一人ヅツ心理ノ学トハナリヌ。哀ムベキノ至リナラズヤ。

夫レ手足身体ノミ労スルハ小人也。心ヲ尽サザレバ君子ノ徒ナラズ。其勤ヲスルコト今日ノ光陰ヲ惜ベシ。孔子川ノ上《ホトリ》ニ立テ曰、「往ク者ハ斯ノ如キカ。夫レ昼夜ヲ捨ズ」[68]ト曰ヒ、或ハ「士ハ居安ンゼズ」[69]ト曰ヒ、或ハ「吾レニ数年ヲ加シテ以テ易ヲ学ビハ」[70]ト曰ヒ、礼記ニハ日月東西シテ已《ヤマ》ザルヲ君子ノ務ニ準《ナゾラ》ヘ[71]、易ニハ君子ハ天ノ行健ヲ以テ則《ノット》リ自ラ強《ツトメ》テ息《ヤマ》ズ[72]ト云フ。皆是レ光陰ヲ惜ミ、天地日月ノ休息ナキヲ恐レ、以テ人ノ勤ヲ進ムルニアラズヤ。何ノ暇有テ心理ノ学ヲスベキ。然ルヲ況ヤ碁ヲ打、酒ヲ飲ミ、終日心ヲ空クスル者ヲヤ。仰《アヲイ》デ天ヲ恐レ俯シテ君ヲ恐レンヤ。

今ノ学者口《クチ》ニハ聖人ヲ恐ルト云フ。豈偽ナラザランヤ。イカントナレバ、常ヲ舎《ステ》テ光陰ヲ惜マズ。是天道ヲ恐レズ碁ヲ打、酒ヲ飲ミ放心ス。是レ君ヲ忘レ国ヲ軽ンズル也。常ヲ捨ルニアラズヤ。此故ニ君子ハ常ヲ捨ズ。常ヲ捨ザルユヘニ能ク光陰ニ先ダツ。故ニ事ヲ其微ニ於テ修ム。或人ノ曰、「人ハ光陰ト与《トモ》ニ往クベシ。誰カ能ク光陰ニ先ダツ者アラン」。曰、聖人ハ万世ノ乱ニ先ダチテ万世ノ前ニ人道ヲ定ム。是レ万世ノ光陰ニ先ダツニアラズヤ。故ニ万世ノ後聖人ノ定法ヲ用ル者ハ其治ヲ得、聖人ノ定法ヲ用ザル者ハ乱ヲ得。亦常ヲ知ルコト明ナラズヤ。然ルトキハ六十年ノ齢《ヨワイ》ヲ以テ千万年ノ勤メヲスル者ハ聖人ナラズヤ。是レ何ノ故ゾ。常ヲ貴ブヲ以テ也。

応璩ガ詩ニ「細微《ヲバ》可《ケンヤ》レ不《ル》レ慎。隄《ドテノ》潰《ヤブルルハ》自《リス》二蟻穴一。腠《マヘ》理《カタ》《シテ》早《ク》従《ヘ》レ事《ニ》。安《クンゾ》復《タ》労《セン》二鍼石《ニ》一」[73]。又、孔融ガ詩ニ「言多《ケレバ》令《ム》二事《ヲシテ》敗《ラ》一。器《ノ》漏《ルハ》苦《ム》レ不《ルヨリ》レ密《ナラ》。河《ハ》潰《レ》二蟻孔《ノ》端《ヨリ》一。山《ハ》壊《ル》レ由《リ》二猿《ノ》穴一」[74]ト云ヘリ。此故ニ君子ハ事ヲ治ルコト、其細微ノ時ニ於テス。千丈ノ隄既ニ敗レテ是ヲ修スルハ小人ノ事《ワザ》也。故ニ民力ヲ尽シ財金ヲ費シ日月ヲ重ネ却テ其費ヲ恐ルル也。其費ヲ厭ハバ、何ゾ聖人ノ言ヲ侮リテ常ノ心ヲ失ヒ、酒ヲ飲ミ碁ヲ打、君ヲ忘レ国ヲ思フコト切ナラザルヤ。夕《ユウベ》ノ事ヲ朝ニ備ヘ、明日ノ事ヲ今日勤メナバ、必夕《ユフベ》安カルベシ。必明日穏《ヲダヤカ》ナルベシ。蟻穴ノ時ニ修シナバ、千丈ノ隄モ唯ダ一指頭ヲ以テ修理スベシ。何ゾ千金ヲ費シ民力ヲ労スベキヤ。明日ノ伸《ノビ》ヲ求ントスルナラバ、今日必屈スベシ。明日ノ事ヲ知ラントナラバ、昨日ヲ以テ今日ヲ推スベシ。昨日往ケバ今日来リ、今日往ケバ明日来リ、往来相ヒ推シテ常ヲ知ラバ、百世トイへドモ事ヲ定ムベシ。故ニ易ニ云ク、「日往《クトキハ》則月来《リ》、月往《クトキハ》則日来《リ》、日月相推《ヒシテ》而明生《ズ》焉。寒往《クトキハ》則暑来《リ》、暑往《クトキハ》則寒来《リ》、寒暑相推《ヒシテ》而歳成《ル》焉。往《ク》者《ノハ》、屈《シ》也。来《ル》者《ノハ》、信《ノブ》也。屈信相感《ヒジテ》而利生《ズ》焉。尺蠖《ノ》之屈《ムハ》、以《テナリ》レ求《ルヲ》レ信《ノビヲ》也」[75]ト云也。

夫レ今年ノ事ヲ昨年ノ隙ニ慮ラズシテ、今年五穀稔《ミノ》ラズ人民餓殍ス。小人ハ是ヲ大変トス。聖人ハ是ヲ常トス。夫レ何ノ故ゾ。是レ往クヲ以テ其来ヲ知ルユヘ也。故ニ千歳ノ前ニ其備ヲ定メテ、今年ノ飢民ヲシテ一人モ殺サシメズ。五穀登《ミノ》ラザレドモ民ニ菜色ナカラシム。故ニ人民常ヲ失ハズ。此故ニ礼記ノ王制ニ云ク、「国《ニ》無《キヲ》二九年《ノ》之蓄《タクハイ》一、曰二不足《ト》一、無《キヲ》二六年《ノ》之蓄《ヒ》一、曰レ急《ト》。無《キヲ》二三年《ノ》之蓄《ヒ》一、曰《ナリ》三国非《ズト》二其国《ニ》一也。三年耕《シテ》、必有《リ》二一年《ノ》之食一、九年耕《シテ》、必有《リ》二三年之食一。以《テ》二三十年《ノ》之通《ヲ》一、雖《ドモ》レ有《リト》二凶旱水溢一、民《ニ》無《シ》二菜色一。而《シテ》後《ニ》天子食《スルトキ》、日《ビニ》挙《グルニ》以《テスヲ》レ楽」[76]ト云ヘリ。

謹ンデ聖人節制ノ象《カタドリ》ヲ見ルニ、其数三、四ヲ以テ一ヲ取リ、九ヲ以テ終《ヲ》ヒ、十ヲ以テ成シ、以テ一節トス。其三ナル者ハ天ノ成数、四ナル者ハ地ノ成数、故ニ一歳ノ産穀是ヲ四分ニシテ、其一ヲ畜ヒ、其三ヲ国用ニ当テ以テ相応ヲ制ス。此故ニ三年ニシテ始テ一年ノ食ヲ耕シ得、六年ニシテ二年ノ食ヲ得、九年ニシテ三年ノ食ヲ得、通ジテ以テ三十年ニシテ十年ノ食ヲ蓄ヒ得テ、是ヲ一節トシテ以テ教ヲ立ツ。

今ノ学者君ニ事ヘ国政ヲ勤ルニ至テハ、曽テ聖教ヲバ用ヒズ、唯ダ収斂ヲ以テ法トス。故ニ国日々衰フ。衰フトイヘドモ学ブ所ノ聖法ヲ用ヒザルハ何ント云コトゾ。古ヘヨリ聖人ノ教ヲ捨テ国家ヲ富《トマ》シタルヲ見ズ。収斂ノ法ヲ用テ上下ノ富《トメ》ル者ヲ聞ズ。唯ダ富マザルノミナラズ、国家災害アリ。然レバ学ブ所千変万化ノ道理ヲ説キ、博識弁才字義訓詁言行敦厚ニシテ、以テ百万ノ学者ヲ悦バシムルニ足ルトモ、君ノ為国家ノ為メ政ニ用ヒガタキ聖学ナレバ、悉ク偽ナルコト明白也。

夫レ人臣齢三十ニシテ始テ国務ニ事ヘ、六十ニシテ老テ官ヲ辞スルトモ、其勤ムル所ノ年数三十年ノ間、能ク十年ノ蓄ヒ其功ヲ全クスベケンヤ。然ルヲ況ヤ四十五十ニシテ国務ニ事ヘ、猶且ツ五年七年ノ隙ヲ費スヲヤ。人ノ常ヲ知ラザルコト斯ノ如シ。人ノ急ヲ知ラザルコト斯ノ如シ。聖人ノ人ヲ策打コト、唯ダ此急ナル所以ンヲ以テ也。此急ヲ知ル者ハ能ク常ヲ失フベカラズ。常ヲ失ハザル、是ヲ変ニ通ズト云フ。変通常久ニシテ以テ急ヲ救フベシ。是レ光陰疾《ハヤ》シトイヘドモ人ノ力《チカラ》ニ先ダツコト能ハズ。学者一刻ノ間《ヒマ》ヲ空クスベケンヤ。

賞罰

或人ノ曰、「賞罰ハ勧善懲悪ノ為《タメ》也ト云、信カ」。曰、勧善懲悪ハ人君ノ礼義也。中興ヨリ訓義ヲ誤リ来ルコト久シ。学者今ニ於テ賞罰ノ義理ニ通ゼザル者多シ。

夫レ善アリ功アル者ハ是ヲ挙ゲ、悪アリ法ヲ犯ス者ハ是ヲ戒ムルコトハ、イカナル悪政ノ代トイヘドモ、一日モセズンバアルベカラズ。況ヤ善政ノ代ヲヤ。然ルヲ善アリ功アリトイヘドモ構ハズ、悪アリ害アリトイヘドモ構ハズンバ、治乱ノ世共ニ滅亡、日ナカルベシ。此故ニ賞罰ノ事ハ敢テ人君ノ世ヲ治ムルニノミ行フ所以ンニアラズ。父母ノ子ニ於ケル、兄長ノ弟ニ於ケル、朋友ノ交ニ於ケル、其理非ヲ訂ス。皆是レ賞罰ノミ。然レバ賞罰ハ人作ノ設ケニアラズ、天性自然ノ情也、誠也。然ルヲ人情ヲ引テ以テ善ヲ勧《ススム》ル所以ントス。懲ノ字ヲバ、窮困ヲ以テ懲《コリ》ヲ見セ、後悔悪ヲ改メ善ニ勧《ススム》ル所以ントス。是レ賞罰ヲシテ計策詭道ナラシム大ナル誤ナリ。

夫レ人ノ善ヲ争フコト勧《スス》メズトイヘドモ欲スルハ人ノ情ナラズヤ。人ノ悪ヲ成スコト懲《コラ》ストイヘドモ止《ヤマ》ザルハ人ノ慾ナラズヤ。是皆流俗ノ愚ニシテ其善トスル者ハ名ヲ得テ一己ノ利ヲ以テ善トス。故ニ其悪ヲ隠シテ善ヲ飾ルニ至ル。賞スルニ財禄ヲ以テスレバ、慾是レヲ得ンガ為ニ俗弥善ヲ争フ。此故ニ人ノ善ヲ拒ミ、竟ニ奸讒並ビ起テ、上ヲ掠メ人ヲ害ス。是レ何ンガ故ゾ。賞罰礼義ヲセズシテ強《アナガチ》ニ善ヲ勧ント欲スル故也。況ヤ吾ガ気ニ適《カナヒ》タル者ヲ善トシ、気ニ適ハザル者ヲ悪トシテ賞罰スル者ヲヤ。此故ニ君子ハ賞ストイヘドモ義ニ当ラザレバ受ケズ、罰ストイヘドモ義ニ当ラザレバ畏レズ。是レ何ンガ故ゾ。人ニ誉ラレ名利ヲ得ン為ニ其善ヲ成スニアラズ。罰ヲ恐レテ悪ヲセザル心ナク、讒ヲ厭フテ道ヲ枉《マゲ》ズ、進退存亡唯ダ礼義ニ依テ以テ動キ以テ動スベシ。学者是ヲ以テ是ヲ見ヨ、賞罰ハ徒ニ善ヲ勧メ争ハシムル所以ンニアラザルコトヲ。

故ニ昔青砥左衛門ト云者、相模守時頼ニ仕ヘテ忠義ノ名士タリ。或ル夜、時頼ノ夢ニ青砥ヲ賞スベシト八幡ノ神勅ヲ蒙リ、時頼大ニ恐レ、大荘八箇所ヲ以テ青砥ニ賜ハル。青砥大ニ驚キ、「臣今一事ノ報功モナクシテ大賞ヲ賜ハルコト何ノ故ゾ。君ニ於テ賜ハルベキノ理アリトモ臣ニ於テ受クベキノ義ナシ」ト云テ固辞シテ受ケズ。時頼「鶴岡八幡ノ霊夢也」ト云ヲ。青砥大ニ歎息シテ曰、「夫レ物ノ定相ナキヲ夢ト云フ。若シ某シガ首ヲ刎ヨト云夢ヲ見玉ハバ、罪ナクトモ殺シ玉ハンヤ」ト云テ、竟ニ受ケザリシト云々[77]。

又晋ノ張華ハ忠誠ニシテ、官司空トナリテ君道ヲ開キ、国家ヲ富マシ、民大ニ服セシニ、災ニ逢ベキ妖怪前表アリシヲ、少子韙《イ》ト云者其官ヲ辞シテ災ヲ除ケヨト諫ケレバ、張華答テ曰、「唯ダ徳ヲ修テ以テ応ズルノミ、不《ズ》レ如《シカ》、静ニシテ以テ天命ヲ待ツベシ」ト云テ、竟ニ趙王倫ガ讒ニ逢テ誅罰セラル[78]。唯ダ此二人ノミナランヤ。古ノ名士斯ノ如キノ類勝テ計フベカラズ。是皆賞義ニ当ラザレバ受ケズ、罰身ニナケレバ君ヲ後ニシテ、一己ヲ全クスルコトヲ謀ラズ、安危一己ノ為ニ心ヲ用ヒズ、君ト国トニ心ヲ用ユルノミ。此故ニ賞ハ業ヲ勤《ツトメ》シメ善ヲ挙グルノ義也。善ヲ進メ誣《シュ》ルノ義ニアラズ。罰ハ悪ヲ懲《イマシ》メ遠ザクルノ義也。教戒シテ人ヲ救フ所以ン也。善ヲ進メン為ニ其好ム所ヲ与《アタ》ヘ其欲スル物ヲ以テ施スハ、是レ慾ヲ引ク也。悪ヲ懲《コラ》サン為ニ其好ム所ヲ奪ヒ、其欲スル物ヲ取テ損スルトキハ、是レ怨ヲ引也。斯ノ如クナレバ賞罰トモニ皆悪ニ進マシムル所以ンニシテ、君子ニ用ユレバ背クベシ、小人ニ用ユレバ欺クベシ。

夫レ国家其本ト立《タタ》ズ法定ラズシテ時ノ風ニ随ヒ、君ノ好悪ニ任《マカ》セテ是ヲ賞シ是ヲ罰セバ、賢ハ隠レ奸ハ進ム。賢隠レ奸進テ未ダ君苦シマザルハナシ。然レバ賞罰ハ人君ノ礼義ニシテ、人ヲシテ善ニ居ラシメ、害ヲ除キ以テ天ニ事ル所以ン也。故ニ其善ヲ賞シ悪ヲ罰スルコト、妄リニ世俗ノ名声ヲ信ジテ其実ヲ味マスベキコトニ非ズ。此故ニ功ヲ以テ験トスベシ。唯ダ名声ノミヲ執テ功ヲ以テセザレバ、名ヲ謀リ行ヒヲ飾リ言ヲ偽ル者、日々ニ進テ出ヅ。

爰ニ於テ少正卯ヲ賞シテ、管夷吾[79]ヲ罰スルニ至ル。此故ニ中朝事実ニ曰、「欲《シ》人之《ノ》歓《ヨロコビヲ》、欲《シ》人之《ノ》畏《ヲソレヲ》、数《シバシバ》賞刑《シ》私《シ》一人之《ノ》喜怒《ヲ》、逞《タクマシクシ》一時之《ノ》好悪《ヲ》、不《ルトキハ》以《セ》天下之《ノ》公《ヲ》、則人狎《ナレ》之《ニ》軽《ンズ》之賞刑《ヲ》不《ズ》得勧懲之《ノ》実《ヲ》」[80]、又曰、「賞不《レバ》当《ラ》其功《ニ》、則礼不《ズ》明《ナラ》、無《シテ》功而有《レバ》賞、則小人進《テ》、而佞奸行《ハル》、故行《フコト》賞《ヲ》必在《リ》定《ルニ》其功《ヲ》」[81]ト云也。然ルトキハ四民恒ノ産有テ其職業ニ功アルヲ以テ賞スベシ。是其労骨ノ尽ス所ヲ賞スルトキハ言行ノ善ノミヲ以テ欺クコト能ハズ。民、名声ヲ争ヘバ飾ルニ安ク、設令ヘ実ニ善也トモ国家人世ニ於テ益ナシ。人ノ労功ヲ以テ己レガ骨ヲ安ンズ。是レ郷原ノ善ニシテ、称嘆スル者ニアラズ。斯ノ如キ人ハ必善人ノ気ニモ叶ヘ悪人ノ気ニモ叶フ者ナレバ、甚ダ賞ヲ惑フコト多シ。一職業ノ功ヲ立ツルコトハ偽リ飾テ欺クコト能ハズ。

夫レ功ハ骨ヲ労シ心ヲ尽シ身ヲ苦シメザレバ、成ラヌ故也。且ツ其真偽ヲ訂スニ、衆目ヲ以テ其実明カニ知リ安シ。設令ヘ偽ニモセヨ、其功ニ於テハ人世ノ益アルニアラズヤ。此故ニ聖人ノ賞ハ其功ヲ貴ブ。其功ヲ撰ムコト大小軽重浅深ヲ明ニシテ、其差等ヲ定ム。皆国家ニ功アルヲ最上トス。是ヲ賞スルコト唯ダ一生ノミナランヤ。金冊ニ記シテ永ク天地ト共ニ上ヨリ是ヲ祀《マツル》ニアラズヤ。礼記ニ曰、「夫《レ》聖王之制《スルコト》祭祀《ヲ》也。法《ヲ》施《シタルヲバ》於民《ニ》則《チ》祀《ル》之《ヲ》、以《テ》死《ヲ》勤《メタルヲバ》事《ヲ》則祀《ル》之《ヲ》、以《テ》労《ヲ》定《タルヲバ》国《ヲ》則《チ》祀《ル》之《ヲ》、能禦《クフセギタルヲバ》大菑《ワザハイ》《ヲ》則《チ》祀《ル》之《ヲ》、能捍《クフセギタルヲバ》大患《ヲ》則《チ》祀《ル》之《ヲ》」[82]ト云々。其功ヲ貴ブコト厚《イ》哉、大《イナル》哉。

夫レ功ハ天地ノ道ナラズヤ。天トシテ万物ヲ生ズルノ功ナク、日トシテ万物ヲ照スノ功ナク、地トシテ万物ヲ成スノ功ナクンバ、何ヲ以テ天地日月ノ誠ヲ徴《シルシ》トスルニ足ラン。天唯ダ覆テ運ルノミ、日唯ダ係テ旋ルノミ、地唯ダ載テ布クノミニテ、生成ノ功ナク、士君ニ使ヒシテ四方ニ徃来シ、日夜出仕シ手足ヲ労スルマデニシテ国ヲ定メ君ヲ安ンズルノ功ナクンバ、皆是レ聖人ノ徒ニアラズ。愚俗ト列ヲ同クスル硜《コウ》々[83]然タル小人[84]也。

夫レ君子ハ其心ヲ労シ、小人ハ其形ヲ労スト云ハズヤ。国家ノ為ニ心ヲ労セズ、世禄ノ為ニ形ヲ労スルハ、小人ナラズシテ何ゾヤ。是レ位ハ君子ノ居ヲ跡《フミ》テ、勤ハ是小人也。何ゾ大賞スルニ足ランヤ。

夫レ伏羲、神農、黄帝、堯、舜、禹、湯、文、武、周公、孔子、孟子、此九聖皆身ヲ危シテ国家ノ功ヲ立玉ヘタルニアラズヤ。然ルヲ今ノ君子ハ功ヲ立ツルコトヲ甚恐レ、深ク禁ジ決シテセズ。其故ヲ問ヘバ、答テ曰、「君子ハ厳牆ノ下ニ立ズ」ト。[85] 或ハ云、「君子ハ其独ヲ慎」ト。[86] 或ハ云、「吾レ未ダ聖人ニ至ラズ」ト。或ハ云、「古ヘヨリ功ヲ欲シ衆ニ先ダチタル者災ヒヲ得ズト云者ナシ、此身ハ父母ノ遺体也、[87] 世禄ハ先祖ノ恩賞也、慎テ此身ヲ全フシ、死ヲ待テ子孫ヲ長久ニ居ラシメ、其祭祀ヲ受ルハ孝也、人孝ナラズシテ焉ンゾ忠臣トスベキ」ト云テ、唯ダ安然トシテ居ヲ楽ムノミ。

夫レ天生ジ、地養ヒ、万物即チ自然ニ生養ス。其化育ヲ賛ル者人ヲ除テ誰カ是ヲ為ヤ。天地自然ノ生養ノミニシテ、其化育ヲ賛ケザレバ、物長ゼズ利セズ。物長ゼズ利セズシテ、国家始メテ乏シキニ至ル。然レバ国家ノ乏キハ天地ノ罪ニアラズ、人ノセザル也。人セザルトキハ天地ノ行ヒノミニテ、人ノ行ヒヲ尽ス所ナシ。是レ三才ノ道、合一セズシテ、唯ダ二才ノ道ノミ也。其当《マサ》ニ尽スベキ人ノ最上ハ誰ゾヤ。士臣ナラズヤ。士臣ヲ除テ外、誰カ是ヲ為《スル》人アリヤ。

夫レ農夫耘耕シ、工夫造為シ、商夫運送シテ労セザレバ、飢寒面《マノアタリ》ニ来ル。故ニ制セザレドモ是ヲ勤メ、教ザレドモ自ラ造《ツク》ル。然レドモ是ヲ頼トシテ打チ任セ政ニ由《ヨラ》シメザレバ、一己分ノ利得ノミヲ欲シテ、互ニ労セズシテ得ンコトヲ謀ル。此故ニ国ニ遊民多ク、百工減ジ、農ハ商ノ業ヲ以テ設ケヲ得、商ハ田地ヲ買ヒ求メ、士ハ工ヲ学ビ、工ハ兵ヲ習ヒ、産業定マラズ職掌乱ル。是天命ヲ私シ性ニ悖ル所以也。而シテ俗ヲ久クシ風ヲ堅クスルトキハ、是一朝一夕ノ能ク改マル所ナラズ、武威ヲ以テ推ストモ伏スベカラズ。

夫レ国ニ斿（遊カ）民多ク百工少キハ貧ノ本也。是レ他ナシ、独其親ヲ親トシ、独其子ヲ子トシ、天下ヲ家トスル故也。此故ニ民唯ダ骨ヲ惜ミ己レヲ安クシテ人ノ労ヲ貪ルコトヲ欲ス。是レ独庶民ノミナランヤ。君臣モ亦是ヲ欲ス。人ノ情慾是ヨリ入リ安キハナシ。宜《ムベ》ナル哉。吾ガ身労セズシテ利ヲ得ルコト多ケレバ也。

今ノ学者士臣ノ者、此道ヲ勤メズト云者ナシ。其功ナクシテ唯ダ常ノ言行ヲ以テ利ヲ得、是也。言行ノ実ハ職分ノ功ヲ以テ其信ヲ見ベシ。其功ヲ立ルコトハ心ヲ労シ身ヲ砕カズシテ何ヲ以テ成スベキ。忠信本ト名ノミニシテ、其形色ナシ。言行是レ飾リ安シ。以テ人ノ耳目ヲ欺クニ足レリ。然ラバ何ヲ以テ言行忠信ノ実心ヲ見ベキ。是レ功ノ立ツ所ヲ以テ証トスベシ。其功ヲ得ルコト士ハ官職ノ任ニ於テ功ヲ献ズベシ。農ハ耕作ノ業ニ於テ功ヲ献ズベシ。工ハ器財ノ業ニ於テ功ヲ献ズベシ。商ハ運送ノ業ニ於テ功ヲ献ズベシ。其功ノ衆ニ超出セルヲ以テ賞ヲ定メテ、下ヲ利シ国家ニ通ジテ上ヲ損スルナラバ、誰カ職業ノ労ヲ厭フ者アランヤ。

孟子ノ曰、「以《テ》二佚道《ヲ》一使《ヘバ》レ民《ヲ》、雖《ドモ》レ労《スト》不《ズ》レ怨《ミ》」[88]ト云ヘリ。又曰、「無《クシテ》二恒《ノ》産一而有《ル》二恒《ノ》心一者《ハ》、惟《ダ》士《ノミ》為《ス》レ能《クスルコトヲ》。若《キハ》レ民《ノ》、則無《ケレバ》二恒《ノ》産一、因《テ》無《シ》二恒《ノ》心一。苟《モ》無《ケレバ》二恒《ノ》心一、放辟、邪侈、無《キ》レ不《ズト云フ》レ為《ノミ》已。及《テ》レ陥《ルニ》二於罪《ニ》一、然《シテ》後《ニ》従《テ》而刑《スルハ》レ之《ヲ》、是罔《レアミスルナリ》レ民《ヲ》也」[89]ト云々。恒ノ産ナクシテ恒ノ心アル、士ト云フ。其心ハ何ヲ以テ心トスルヤ。一生唯ダ聖学ヲ信心シテ、無事安穏ノ心ヲ以テ心トスルヤ。

夫レ君子ノ功ハ君道ヲ開キ国家ヲ利スルヲ以テ功トスベシ。此心ナクシテ恒ノ心ヲ能クスルコトヲ為《ナス》トハ云ベカラズ。孟子ノ曰、「君子居《テ》二是《ノ》国《ニ》一也、其君用《ルトキハ》レ之《ヲ》、則安富尊栄、其子弟従《トキハ》レ之《ニ》、則孝弟忠信。不《ルコト》二素餐《セ》一兮、孰《レカ》大《ナラン》二於是《ヨリ》一」[90]ト云フ。註ニ「無《シテ》レ功而食《ム》レ禄《ヲ》、謂《フ》二之《ヲ》素餐《ト》一」[91]トスルトキハ、士タル者ノ、時ヲ得、君ヲ得、志ヲ得、官ヲ得テハ、功ナクシテ禄ヲ食ムコト恥ニアラズヤ。

夫レ志シ真《シン》ニ君ニ忠ヲ存シ国家ヲ思フ恒ノ心、偽ナラズバ、設令《タトヘ》一小給[92]ノ足軽タリトモ、一人ヲモ善道ニ導クハ君ノ為ニ謀テ忠ナラズヤ。国家ニ対シテ隠徳ノ功ナラズヤ。然ルヲ況ンヤ経ヲ披テ、道ヲ以テ君ノ群臣ニ師タル人ニ於テヲヤ。況ンヤ官職其政ニ与ル人ヲヤ。是レ其志ナキハ何ノ故ゾ。唯ダ面々各々ノ一身ノ安危ノミヲ懐《ヲモフ》故也。孔子曰、「士《トシテ》而懐《ハ》レ居《ヲ》、不レ足《ラ》二以為《テスルニ》レ士《ト》矣」[93]ト曰ハズヤ。湛若水[94]ガ註ニ「謂《フナリ》下私《シテ》二其身《ヲ》於一家《ニ》一而無《ヲ》中天下国家《ノ》之志上也」[95]ト云ヘリ。

夫レ今ノ学者殆ンド聖教ノ大旨ヲ捨テ、竟ニ郷原ノ学ニ陥溺シ、国家ヲ思ハズ、君ヲ後ニスルニ至ル。其大元ヲ求ムレバ、一朝一夕ノ誤ニアラズ。全ク程朱二子ノ柔弱心ヨリ起リ、心学理学ノ意見ヲ以テ竟ニ吾ガ国ノ大武ヲ折《クヂ》クニ及ブ。哀シムベキノ至リ也。程子、孟子ノ英気ヲ以テ聖賢ノ位付ケヲシタル一言ヲ信ジ、今ノ学者多クハ温潤敦厚ノ玉ノ形ヲ以テ常ノ言行ニ移シ、孟子ノ言ハ厳《キビシ》クシテ圭角アリナンドト侮リ、唯ダ論語ノミヲ見ル者アリ。是レ書ニ惑ヘル也。[96]

夫レ惑ハ書ニアルベカラズ。万巻ノ書ヲ見ルトモ其惑ヒ己ニアルベシ。己レ惑テ見ルナラバ、論語ノミヲ見ルトモ其惑所ヲ知覚スルコトヲ得ベケンヤ。

夫レ三皇五帝ノ始メ何ノ書カ有テ道ヲ知レリヤ。今、孔孟ノ書言ナシト云トモ、豈天地ナカランヤ。天地ヲ師トシテ人道ヲ観察セバ、孔孟何ゾ見ルニ足ラン。況ヤ外書ヲヤ。

夫レ士ハ上下ノ間ニ立テ、上ハ君道ヲ開キ、下ハ三民ヲ安ンズ。是士ノ本命也。心ヲ尽シ身ヲ労シ、寸隙怠ルコトナク、功成リ行ヒ勇健ニシテ、終ルコト天地ヲ以テ師トセバ、毛末ノ惑ヒヲ恐ルベカラズ。然レドモ聖人ノ気質ハ凡人ニ勝レテ、書引ヲ待ズシテ知ルニ足ル。其外ハ導カザレバ知ラズ。故ニ言ヲ立テ教ヲ成スノミ。其教ニ惑フ者ハ聖人トイヘドモイカガスベキ。

此故ニ其孔孟ノ言ヲ導ク師ヲ慎ベシ。其師トスル者ハ何人ヲカ師トスベキ。是レ天地也。孔孟ノ言ヲ見テ一言一句ノ解スル者アラバ、是ヲ天地万物ニ観察セヨ。而シテ天地ノ行ヒニ符合セバ、吾ガ解シタル意ト孔孟ノ意ト一也ト守ルベシ。若シ天地ノ行ヒト符合セズンバ、吾ガ解シタル意ト孔孟ノ意ト違フト知テ改メバ、天地即チ孔孟也、孔孟即天地也、吾レ即人ナルコトヲ知ルベシ。今ノ学ハ天地ヲ捨テ孔孟ヲ信ジ、孔孟ヲ捨テ程朱ヲ信ジ、程朱ヲ捨テ師ヲ信ジ、師ヲ捨テ文字訓詁ヲ信ジ、文字訓詁ヲ捨テ、竟ニ吾レヲ信ズルニ至ル。是レ人ヲ捨ル也。人ヲ捨ルユヘニ功ヲ忌ム所以ン也。天地ノ道ハ一歳ヲ以テ無究ヲ節シ、四時功ナキコトナシ。人何ゾ功ナクシテ生ヲ貪ルヤ。況ヤ人臣タル者ヲヤ。故ニ賞ハ功ヲ以テ標《シルシ》《ハシラ》トス。罰ハ政ヲ乱スヲ重トス。

今ノ学者ハ上下ノ間ニ立テ、上ハ其君道ヲ塞ギ、下ハ其民財ヲ収斂シテ、以テ忠功ノ賞ヲ受ケ、聖人ノ作法ヲ改メ、己レガ貧ヲ掩ハン為ニ聖人ノ倹名ニ託シテ、匹夫下郎ノ衣服ヲ被《キ》、上下貴賤ノ分礼ヲ乱ス。威儀ヲ慎マザルハ君子ニアラズ。且ツ官命ヲ賤ンズル也。衣服器械其分ヲ定ムル者ハ礼儀ヲ正ス所以ン也。礼儀ヲ正シクスルハ其富メルヲシテ奢ラシメズ、其倹ヲシテ嗇ナラシメザル所以ン也。

　礼儀ノ本ヲ乱シ、而シテ其奢ヲ罰シ其嗇ヲ悪《ニク》ムトキハ、民疑フ。其度《ノリ》ナケレバ也。是皆左道ヲ執テ自ラ政ヲ乱スニアラズシテ何ゾヤ。聖教ヲ信ズルトテ、政ニ左道ヲ勤メ、君ヲ穢シ国家ヲ定ムルコト能ハズ、功ヲ忌テ固《カタ》ク一ヲ守テ己レヲ信ズルハ、聖人ヲ信ズルト云者、偽ニアラズシテ何ゾヤ。偽ヲ以テ初学ヲ疑ハシム。是レ巫女ノ怪言也。然ルトキハ今ノ学者ハ古ヘノ聖人ノ誅ヲ免ルベカラズ。礼記ノ王制ニ曰、「折《キ》レ言《ヲ》破《リ》レ律《ヲ》、乱《シ》レ名《ヲ》改《メ》レ作《ヲ》、執《テ》ニ左道《ヲ》一以《テ》乱《スヲバ》レ政《ヲ》、殺《ス》。作《リテ》ニ淫声、畢（異）服、奇技、奇器《ヲ》一以《テ》疑《ハスヲバ》レ衆《ヲ》、殺《ス》。行《ラ》レ偽《ヲ》而堅《モク》、言《ヒ》レ偽《ヲ》而弁《シテジ》、学《テ》レ非《ヲ》而博《ク》、順《ヒ》レ非《ニ》而沢《シテ》、以《テ》疑《ハスヲバ》レ衆《ヲ》、殺《ス》。仮《リ》ニ於鬼神、時日、卜筮《ヲ》一以《テ》疑《ハスヲバ》レ衆《ヲ》、殺《ス》」[97]ト云ヘリ。

　此故ニ罰ノ至極ハ聖法ヲ改テ私法ヲ用ヒ、政ヲ無《ナミ》シテ国家ヲ貧究ナラシメ、君道ヲ塞ギ盗賊多カラシムルヨリ大ナルハナシ。今聖学ヲ信ジテ以テ君ニ事ヘ、国家政務ニ官職ヲ蒙ムルノ士臣トシテ其学ブ所ノ道ヲ用ヒザルハ、是レ罪ニアラズト云テ可ナランカ、罪ト云テ可ナランヤ。

　学者明ニ己レガ学ベル六経ノ言句ニ顧《カヘリミ》問ベシ。孟子ノ曰、「有《リ》ニ天爵《ノ》者一、有《リ》ニ人爵《ノ》者一。仁義忠信《ニシテ》、楽《ミ》レ善《ヲ》不《ルハ》レ倦《マ》、此《レ》天爵也《ナリ》。公卿大夫《ハ》、此《レ》人爵也《ナリ》。古之《ノ》人修《テ》ニ其天爵《ヲ》一、而《シテ》人爵従《フ》レ之《ニ》、今之《ノ》人《ハ》修《メ》ニ其天爵《ヲ》一、以《テ》要《モトム》ニ人爵《ヲ》一。既《ニ》得《テハ》ニ人爵《ヲ》一、而棄《ルハ》ニ天爵《ヲ》一、則惑之《ノ》甚《キ》者也《ノナリ》」[98]トハ此コトナラズヤ。人世ニ用ナキ聖学ニシテ唯ダ一己ノ得用ノミナレバ、是レ楊朱ガ為我ノ見《ケン》ナラズヤ。一己ノ心上言行ヲ見ルニ暇ナク、竟ニ君ト国家ト武ト今日ト急ト齢ト光陰ト七ツノ者ヲ忘ルルニ至ル。是レ心上理学ノ費ニアラズシテ何ゾヤ。是等ノ学者、聖人ノ誅罰ヲ免レタル、誠ニ時ノ大幸也。

　夫レ士民ヲ賞罰スル者ハ人君、是也。人君ヲ賞罰スル者ハ天道、是也。故ニ君不仁ニシテ政正シカラザレバ、人民困究シ、国家貧乏シ、大風・淫雨・火災・霜雹・傷禾・旱蝗・饑饉・地震・山壊・河決・水溢・寇盗・乱賊・歐歌[99]・流言・怪談・妖孽有テ、国民事物相ヒ害シ憂ヒ、其君ニ帰スル者ハ是レ天ノ罰スル也。人君此時ニ当テ天地ヲ畏レ慎テ、其政ヲ観察シ、私智ノ新法ヲ改メ、聖君ノ古法ニ反《カヘ》サザレバ必性（姓）氏断滅シ、一身死亡ス。是レ上帝ノ誅罰也。古ノ桀紂是也。故ニ書経ノ泰誓ニ曰、「崇二信《シ》姦回《ヲ》一、放二黜《シ》師保《ヲ》一、屏二棄《シ》典刑《ヲ》一、囚《シウ》二奴《シ》正士《ヲ》一、郊社《ヲ》不《ズ》レ修《メ》、宗廟《ヲ》不《ズ》レ享《ラ》、作《シ》二奇技淫巧《ヲ》一以《テ》悦《バシム》二婦人《ヲ》一。上帝不《ズ》レ順《ハ》、祝《ノツトシテ》降《ス》二時喪《ヲ》一。爾《ヂ》其《レ》孜々《トシテ》、奉《テ》二予《ガ》一人《ニ》一、恭《ンデ》行《ヘ》二天罰《ヲ》一」[100]ト云ヘリ。是レ紂王私智ノ新法ヲ立テ、先王ノ天ニ則ル古法ヲ廃シ、其天誅ヲ蒙ムルノ謂ナラズヤ。又、禹謨ニ曰、「反《ソムキ》レ道《ニ》敗《リ》レ徳《ヲ》、君子在《リ》レ野《ニ》、小人在《リ》レ位《ニ》、民《ヲ》棄《テ》不《レバ》レ保《ヤスンゼ》、天降《ス》二之《ニ》咎《ヲ》一」[101]ト云、是ナラズヤ。故ニ伊訓ニ曰、「上帝不《ズ》レ常《ナラ》、作《ナセバ》レ善《ヲ》降《シ》二之《ニ》百祥《ヲ》一、作《セバ》二不善《ヲ》一降《ス》二之《ニ》百殃《ヲ》一」[102]ト云フ。故ニ人君私智ノ法制ヲ改メ聖人ノ王法ヲ用ルトキハ、天地感和シテ祥瑞亟《シバシバ》現ズ。是レ天帝ノ賞スル也。礼記ノ礼運ニ曰、「天降《シ》二膏露《ヲ》一、地出《シ》二醴泉《ヲ》一、山出《シ》二器車《ヲ》一、河出《シ》二馬図《ヲ》一、鳳皇麒麟皆在《リ》二郊掫《ニ》一、亀龍在《リ》二宮沼《ニ》一、其余鳥獣《ノ》之卵胎、皆可《シ》二俯《シテ》而闚《ウカガフ》一也。是《レ》無《ケンヤ》レ故《ヘ》、先王能《ク》修《メ》レ礼《ヲ》以《テ》達《シ》レ義《ニ》、休《ジ》レ信《ニ》以《テ》達《スル》レ順《ニ》故《ナリ》」[103]ト云フ。是レ上帝ノ其善功ニ賞スル祥瑞ニアラズヤ。書経ノ仲虺之誥ニ曰、「徳《ノ》懋《サカンナルヲバ》懋《ンニン》レ官《ヲ》、功《ノ》懋《ナルヲバ》懋《ンニス》レ賞《ヲ》」[104]ト云、是也。然ルトキハ唯ダ人君ノ一身ヲ以テ天ノ暦象ヲ治乱セシムルニ至ルコト、斯ノ如ク夫レ明也。誠ニ堯ノ舜ニ天ノ暦数汝ガ身ニ在リト戒メ玉ヘルコト中《アタ》レル哉。大ナル哉。暦数錯乱シテ天下妖災有テ四海困究セバ、桀紂断滅シ竟ニ天ノ禄ヲ亡ス。然ルヲ何ゾ唯ダ暦数ヲ云テ王統歴代ノ数ノミヲ云ベキ。

天下ノ学者今ニ程朱ノ註解ヲ重ク信ジ、堯聖ノ治道大伝ヲバ軽ンズ。是レ他ナシ、治道ニ志ナク、唯ダ一己心上ノ理学ニ深クシテ、聖意治道ノ学ヲ浅クスル故也。此故ニ天妖地殃人災物怪ノ如キ天祥地瑞人福物著[105]ノ如キアレドモ、曽テ恐レズ曽テ崇《タツト》ビズ。是レ皆陰陽五行ノ常理也トテ象ヲ作リ理ヲ弁ジ、是ヲ恐レ是レヲ崇ブ者ヲバ童女愚嫗ノ昧キ也ト大ニ笑ヒテ、優々寛々トシテ唯ダ日夜心理ヲ玩フノミ。

夫レ六経ヲ披テ一々聖言ヲ訂《テイ》《ハカル》シ見ヨ。何レノ所ニ心理ノ学ヲ貴ビタル教アリヤ。其心ノ字、其理ノ字アル所ニ於テ、是ヲ誣《シユ》ルトキハ何者カ理ニアラズト云者アラン、何者カ心ニアラズト云者アラン。其理ニ順ヒ其心ヲ用ルモ、皆是レ治道ノ外ナク、其治道天地ニ則リ天帝ヲ慎ミ恐ルノ外ナシ。是レ此外ノ心ヲ求メ、此外ノ理ヲ求メテ何カセン。是ヲ求ンガ為ニ一生ノ隙ヲ費シ、竟ニ求メ得ズシテ死スル学者幾千万人、吾レ未ダ求メ課《ヲヲ》セテ国家ニ功ヲ立タル者ヲ聞ズ。六経ノ記ス所、悉ク中人以上ノ者ニ勤ヲ進メ、天下国家ヲ治メシメ、以テ天ニ事ルノ外、心上理学ノ指南一字モ見ヘズ。然レバ是レ今ノ学者ハ程朱ヲ信ジテ孔孟ヲ用ヒズ。用ヒザル故ニ聖学ヲ以テ国家ヲ改メ、君ヲシテ堯舜タラシメタル臣下一人モ聞ズ。皆一己心上ノミ。誤ナラズシテ何ゾヤ。迷ヒニアラズシテ何ゾヤ。

　先王ノ吉凶禍福ヲ天ニ恐レ人ニ慎ミ玉ヘタルヲ、今ハ陰陽五行変化ノ理ニ推シ、古今ノ常也トシテ些《チツ》トモ慟(働カ)セズ、是ヲ理ヲ究メ心ヲ得ルト悦ブ。哀シムベキノ至リ也。理ヲ究ムルトハ是ヲ云ベカラズ。心ヲ尽ストハ是ヲ云ベカラズ。

　夫レ君ヲシテ悪政ヲ行ハシメ罪ヲ天ニ蒙ラシムルハ、誰レガ所為ゾヤ。群臣一同シテ君ヲ守リ、国家法儀ノ本立テ、進退動作是ニ依テ正シカラバ、君一人誰レニ荷担《カタン》シテ悪ヲ成スベキヤ。是レ君ノ悪ハ群臣誠ヲ勤ザルヨリ起ル也。群臣理学心学ヲスル内ニ、君悪ニ赴キ国貧ニ至ル也。理学心学ヲ捨テ早ク聖人ノ法一両句ヲ見バ一両句ヲ用ヨ。両三句ヲ得タラバ両三句ヲ用ヨ。国ノ為ニ験アラズト云コトナシ。書経ノ咸有ニ曰、「吉凶《ノ》不《ルコト》レ僭《タガハ》在《リ》レ人《ニ》、天降《スコト》二災祥《ヲ》一在《リ》レ徳《ニ》」[106]ト云々。又胤征ニ曰、「先王克《ク》謹《ミ》二天戒《ヲ》一、臣人克《ク》有《リ》二常憲《ノノリ》一、百官修《メ》輔《ケテ》、厥后《ソノキミ》惟《レ》明々《ナリ》」[107]トハ是ヲ云ニアラズヤ。然ルトキハ群臣ノ力《チカラ》ニ依テ君正ク、群臣ノ勤ザルニ依テ君其正キヲ失フ也。一タビ其正キヲ失ヘバ、国即チ定ラズ。国定ラザレバ暦象即チ乱ル。暦象乱テ天ノ禄永ク亡ブ。天下ノ治乱ハ君ニモアラズ、民ニモアラズ、唯ダ士臣ノ意地ニ在テ究マル。学者心ヲ潜《ヒソメ》、古今ノ機ヲ察セヨ。桀紂幽厲ノ悪モ群臣一ナラズ、踏ム所心理ノ小ニ依テ、天地ノ大ヲ踏ザル故也。君既ニ悪ニ長ジ、而シテ王子比干ガ忠モ及バズ、孔子ノ千言用ルニ足ラズ、悪人賞ヲ受ケ善人罰ヲ蒙ルニアラズヤ。然レバ人臣君ヲ立ツルノ義ヲ知ラズ、国ヲ定ムルノ道ヲ知ラズ。故ニ桀紂幽厲ヲ長ズル也。此故ニ其微ヲ勤ムベシ。微ハ去年ニアラズ、来年ニアラズ、今日唯今、是レ微ノ有ル所ナラズヤ。今日唯今ヲ隙也トシテ勤ヲ怠ルコト甚ク、孔子ノ教也トテ別ニ心理ノ工夫ヲ講ジ、面々一人毎ニ一見ノ行ヒヲ定メ、勤メヲ油断シ、君ヲ忘レ国ヲ顧ズ、天ヲ知ラズ、竟ニ微ヲ積テ大ニ及ベバ、群臣無功ノ罪ヲ君ニ帰シ、是ヲ譏リ是ヲ嘆クハ何ゾヤ。是レ勤ヲバ互ニ別心ニシテ、罪ヲバ群臣一致シテ君ニ帰スル者也。無功ノ罪ヲ一ニシテ奉ランヨリ有功ノ忠ヲ一ニシテ奉ルハ人臣ノ本道ニアラズヤ。然レバ臣ノ勤ニ依テ君ノ存亡ヲ成スコト明白也。家語ニ「君者《ハ》、舟也《ナリ》。庶人者《ハ》、水也《ナリ》。水所二以《ニシテ》載《スル》レ舟《ヲ》、亦所二以《ナリクツガヘス》覆《》レ舟《ヲ》」[108]トハ孔子此事ヲ謂《ノタマ》ヘルニアラズヤ。

然ラバ士臣ハ上下ノ間ニ立テ、舟ト水トヲ善クスル楫《カヂ》ナラズヤ。然ルヲ風波起レドモ顧ズ、舟覆《クツガヘ》レドモ構ハズ、唯ダ一己ヲ慎ミ、危キ時ハ陸ニ上リ、安キ時ハ游興シテハ、何ゾ是ヲ孔子ノ教ト云ベキ。若シ孔子ノ教ト云ハバ吾ガ日本ノ武士ノ執リ行フ所ニアラズ。孟子ノ所謂ル五覇ハ先王ノ罪人也。今ノ大夫ハ五覇ノ罪人也トハ是也。孟子没後ノ学者、是ヲ聞テ大ニ恐懼シ、是レ英気ノ大言ニシテ賢人ノ病也、後学其徳ナクシテ此真似《マネ》ヲスベカラズ、唯ダ孔子ノ遜譲穏当ヲ学ベシナンド云テ、相ヒ伝ヘ相ヒ習ヒ、弥懦弱ニ、益柔弱ノ地ニ入ル。噫、孟子ハ大聖也。豈孔子ノ十哲ト其言行日ヲ同クシテ論ズベカラズ。

夫レ大言ヲ以テ聖人ト云ハズンバ、孔子ノ春秋ヲ作レル大言ノ至極ナラズヤ。夫レヨリ遥ニ下テ当時ノ士ヲ謂テ曰、「斗升ノ人量ルニ足ラズ」、或ハ曰、「臧文仲ハ位イ盗人也」、或ハ曰、「穿窬ノ盗人也」、或ハ曰、「勇ニシテ義ナケレバ盗ミヲスル」、或ハ曰、「人トシテ礼ナケレバ鳥獣ト同ジ」ト謂ヘル属ヒ、豈是レ悪口ナラズト云ベキヤ。是レ其人ヲ悪ムニアラズ。其悪行ヲ罰スル也。君、其悪人ヲ罰スルニ、無言ニシテ罰スベキカ。其悪行ヲ計《カゾヘ》言テ而シテ是ヲ罰スルニアラズヤ。隙ノ時学者同志ト言行ヲ論ズルニ、人ノ善悪ヲ挙ゲ批判賞罰スルコト全ク憚ルベカラズ。是レ言ヲ直フスルトキハ、鳥獣ノ行ヒハ畜生ニ類スベシ。盗賊ノ行ヒハ盗人ト云ハズシテハ、其悪ヲ退ケ其罰ヲ授クルコト厳重ナラズ。武士ノ意地斯ノ如クナラザレバ、清廉ヲ失フ者也。然レドモ、他人ニ対シ事モナキニ大言ヲ常トシ、朝庭（ママ）礼儀ノ座ニ於テモ人ノ善悪白地《アカラサマ》ニ披露スルハ、是レ直言ニアラズ全ク狂気ト云ベシ、言ヲナスニ時アリ、言ヲ発スニ人アリ。慎ニ泥ミテ言ベキ人ニ云ハザレバ其人ヲ失フベシ。直言ニ泥ミテ言フマジキ人ニ言フトキハ、其言ヲ失フ者也。言ヲモ失ハズ人ヲモ失ハザルヲ全シト云ベシ。人ノ善悪ヲ賞罰スルコトヲセザルハ君子ノ学ニハアルベカラズ。孔子ノ曰、「可《シテ》㆓与《ニ》言《フ》㆒、而不《レバ》㆓与《ニ》之《ヲ》言《ハ》㆒、失《フ》㆑人《ヲ》。不《シテ》㆑可《ラ》㆓与《ニ》言《フ》㆒、而与《ニ》之《ヲ》言《ヘバ》、失《フ》㆑言《ヲ》。知者不《ハズ》㆑失《ハ》㆑人《ヲモ》。亦不《ズ》㆑失《ハ》㆑言《フモ》」[109]ト云、是也。況ヤ聖人天下ニ対シテ善悪ヲ賞罰スルニ於テヲヤ。故ニ天子王侯ヲモ憚ラズ、以テ春秋ヲ作ル。況ヤ斗升[110]ノ士ヲ云ヲヤ。

夫レ今ノ学者、程朱ノ一言ニ下知ヲ受ケ、仰テ聖人ノ道徳ヲ見ズシテ、偏ニ聖人ヲノミヲ貴ブハ、其誤最モ甚シ。

夫レ聖人ハ生レナガラ道徳ヲ知ル人也。其人ノ言ヲ聞テ始メテ人ニ道徳アルコトヲ知ル。知テ而シテ後ニハ貴キコト吾レニコソ有ルベケレ。何ゾ死シタル孔孟ヲ貴ブニ足ラン。生《イキ》テ有ル吾レヲ貴ビズシテ、死シタル孔子孟子ヲ貴ビテ、国家何ノ益カアル。天下ノ学者未ダ爰ニ通ゼズシテ、日夜孔孟ノ名ト六経ノ言トヲ以テ貴シトス。愚ニシテ移ラズト云ベシ。

夫レ道徳ハ独孔子ノ物ト思ヘルカ。独孟子ノ作リタル物ト知ルヤ。孔孟没スレドモ、天地万物ニ存スルニアラズヤ。但シ孔孟ナケレバ道徳ナキカ。千万歳ノ唯今ニ存シテ亡ビザルヲ以、千歳ノ先キノ孔孟是ヲ伝言シテ教ヘ玉ヘルニアラズヤ。是レ後世ノ大幸也。然ルヲ伝言ト孔孟トノミヲ貴ビ、今日ト吾レトヲ棄テ、国家ニ用ヒザルハ何ゴトゾヤ。今日ノ吾レヲ以テ孔孟ノ伝言ヲ国家ニ用テコソ、誠ニ孔子孟子ヲ貴ビ用ルト云者也。孔子没シテ千余歳ニシテ、唐ノ玄宗始テ其聖徳ヲ貴ビ文宣王トス。是ヨリ今、日本ニモ聖堂ヲ安置シ、林氏侯是ヲ預リ奉リ、歳祀今日ニ怠ラズ。然レドモ玄宗楊貴妃ガ色ヲ愛シ政ヲ乱シ、安禄山ガ為ニ害セラルルトキハ、是レ孔子ヲ貴ブ所唯ダ名ノミ。

設令《タトヘ》孔子ヲ以テ匹夫下郎ト号ストモ、孔子ノ伝言ヲ以テ政先王ノ徳化ニ帰ラバ、孔子ノ霊魂何レヲ悦ビ玉フベキ。但シ孔子名ヲ崇《タツト》ビラルルヲ要トシ玉フカ、道ヲ崇《タツト》ビラルルヲ悦ビ玉フベキカ、学者二ツノ者明カニ分別セヨ。然ルニ今ノ学者ハ皆玄宗ノ貴ビニ従ヒ、孔子ノ伝言ヲバ曽テ国家ノ為ニ用ルコトヲセズ。国家ト聖教ト別々ニ学ビ、日夜貴ビニ貴ビヲ重ルノミ。

夫レ小人ノ人ヲ用ルコト能ハザルコト斯ノ如ク、皆死シタル人ヲ貴ビ、生キタル人ヲ用ヒズ、悉ク死シテノ後ニ用ル也。君子ハ皆生キタルトキニ用テ、其功国家ニ及ブトキハ死シテモ諡シ、以テ後世ニ是ヲ祀ル。人ノ生死ヲ全ク用テ棄玉ハズ。其道ヲ貴ビ天ニ事ルノ篤敬ヲ見ツベシ。是レヲ能ク万物ヲ賞スルノ道ト云。

然レバ賞ハ善ヲ誣ル為ニアラズ。善ヲ撰テ悪ヲ退クル天地人世ノ礼柄ナリ。然ルヲ其則《ノリ》モナク、其礼モナク、其道モナク、其義モナク、時ノ喜怒ニ任セ、一旦ノ好悪ニ任セ、或ハ善悪ノ名ニ任セ、或ハ威勢ニ任セ、或ハ財物ヲ与ヘテ善ヲ進メントト謀ル。是レヲ賞罰ト覚ルモ、亦其実ヲ明カニ察セズ、唯ダ善者《ヨキ》ヲバ賞《ホメ》、悪キ者ヲバ罰《ツミ》スル者ト世ノ仕方《シカタ》ニ習ヒ、古ノ云ヒ伝ヘニ任セテ貴ブノミ。若シ夫レ賞果シテ善ヲ勧メ、罰果シテ悪ヲ消スル為ノ謀略ナラバ、和漢尭舜ノ代ヨリ賞罰ヲ行テ今ニ盗賊強殺ノ悪人絶ヘザルハ何ゾヤ。賞罰礼義ニ中ラズ政正シカラザレバ、賞スレバ賞スルホド人善ヲ巧ミ色ヲ令スルニ至リ、邪欲ニ入ル。罰スレバ罰スルホド人悪ヲ深クシ怨ヲ懐《イダ》クニ至ル。然レバ是賞罰ヲ以テ却テ悪ヲ勧《スス》ムル也。

夫レ人世ノ利害善悪ハ猶死生昼夜ノ如シ。尭舜ノ代トイヘドモ悪人ナキコトヲ得ンヤ。剛アレバ柔アリ。山アレバ谷アリ。長アレバ短アリ。善アレバ悪アリ。制シテ其用ヲ宜シクスル者ハ人ニ在リ。是ヲ善ヲ尽スト云フ。故ニ賞罰ハ礼義ヲ以テ明也。礼記ノ檀弓ニ孔子ノ曰、「殺《スノ》レ人《ヲ》之中《ニモ》又有《リ》レ礼」[111]ト云々。孟子ノ曰、「以《テ》二生道《ヲ》一殺《セバ》レ民《ヲ》、雖《ドモ》レ死《スト》不《ズ》レ怨《ミ》二殺《ス》者《ノヲ》一」[112]ト云、是也。然ルヲ財金ヲ与ヘテ其欲ヲ引キ以テ其善ヲ誣ヒ他人ニ見セシメ、又其羨《ウラヤ》ミヲ引キ、以テ善ヲ勧マシムルヲ賞ノ道也ト覚ヘ、人ヲ憎ミ悪《ニク》ンデ戒メ教ズ、苦痛ヲ与ヘ以テ悪ヲ改メ善ニ帰ラシメントシ、是ヲ衆目ニ見セシメテ此悪ヲナカラシメントス。是ヲ罰ノ道ナリト覚ルハ以テノ外ト云ベシ。

夫レ賞罰ハ天ノ道也。何ゾ唯ダ人ノミナラン。鳥獣器財草木金石物トシテナキコト能ハズ。天ノ道ニ順ヒ人ノ制ニ依テ、等シク其功用ヲ執ルハ賞罰ノ道也。故ニ賞罰礼義ニ当ラザレバ、徒ニ不仁ヲ行フ也。家語ニ孔子ノ曰[113]、「聖人《ノ》之設《クルハ》レ防《ヲ》、貴《ブナリ》二其不《ルヲ》レ犯《サ》一也。制《シテ》二五刑《ヲ》一而《シテ》不《ルハ》レ用《ヒ》、所二以《ンナリ》至治《タル》一也。凡《ソ》夫《レ》人《ノ》之為《ス》二奸[114]邪・竊盗・靡法・妄行《ヲ》一者《ノハ》、生《ズ》二於不足《ヨリ》一、不足生《ハズ》二於無《キヨリ》レ度」。「是《ヲ》以《テ》上有《ルトキハ》二制度一、則民知《ル》レ所《ヲ》レ止《ル》、民知《レバ》レ所《ヲ》レ止《ル》、則不《ズ》レ犯。故《ニ》雖《ドモ》レ有《ト》二姦邪・賊盗・靡法・妄行《ノ》之獄一、而無《シ》二陥刑《ノ》之民一。不孝者《ハ》生《ズ》二於不仁《ヨリ》一」。「喪祭《ノ》之礼《ハ》、所三以《ンナリ》教《ル》二仁愛《ヲ》一也」。「喪祭《ノ》之礼明《ナレバ》、則民孝《ナリ》矣。故《ニ》雖《ドモ》レ有《ト》二不孝《ノ》之獄一、而無《シ》二陥刑《ノ》之民一。弑《スルハ》レ上《ヲ》[115]者、生《ズ》二於不義《ヨリ》一」。「朝聘《ノ》之礼者《ハ》、所二以《ンナリ》明《ス》レ義《ヲ》也。義必明《ナレバ》、則民不《ズ》レ犯《サ》。故《ニ》雖《ドモ》レ有《ト》二弑《スルノ》レ上《ヲ》[116]之獄一、而無《シ》二陥刑《ノ》之民一。闘変者《ハ》、生《ズ》二於相《ヒ》陵《グヨリ》一。相《ヒ》陵《グハ》、生《ズ》三於長幼無《シテ》レ序、而遺《ルルヨリ》二敬譲《ヲ》一。郷飲酒《ノ》之礼者《ハ》、所下以《ンナリ》明《ニシテ》二長幼《ノ》之序《ヲ》一、而崇《ブ》中敬譲《ヲ》上也。故《ニ》雖《ドモ》レ有《ト》二闘変《ノ》之獄一、而無《シ》二陥刑《ノ》之民一。淫乱者《ハ》、生《ズ》二於男女無《ヨリ》レ別。男女無《ケレバ》レ別、則夫婦失《フ》レ義《ヲ》。婚礼聘享者《ハ》、所下以《ンナリ》別《ニシ》二男女《ヲ》一明《ス》中夫婦《ノ》之義《ヲ》上也」。「故《ニ》雖《ドモ》レ有《ト》二淫乱《ノ》之獄一、而無《シ》二陥刑《ノ》之民一。此五《ツノ》者《ノハ》、刑罰《ノ》之所《ノ》二従《テ》生《ズル》一、名《ニシテ》有《リ》レ源焉。不《シテ》三予《メ》塞《ガ》二其源《ヲ》一、而輙二繩《シテ》之《ヲ》一以刑。是《ヲ》謂《フ》二民《ニ》設《テ》レ穽《ヲトシアナヲ》而陥《ヲトシイルト》レ之《ニ》」[117]ト云々。是レ制度礼義ノ本モ立《タテ》ズ、教戒政事ノ設ケモナク、聞クニ任セ、見ルニ従ヒ、功無功ノ弁別善不善虚実モナク、時々ノ意ニ任セ、且ツ監察《メツケ》諜《シノビ》門ノ探リヲ以テ民間ノ善悪ヲ拾《ヒロ》ヒ、是ヲ以テ賞罰ヲ明カニスル者ト覚テハ、神明ノ賞罰スル所ト雲泥万里ノ差《タガ》ヒナルベシ。家語ニ孔子ノ曰、「上失《テ》二其道《ヲ》一、而殺《スハ》二其下《ヲ》一非《ズ》レ理《ニ》也。不《シテ》二教《ルニ》以《セ》レ孝《ヲ》、而職《（聴）クハ》二其獄《ヲ》一、是《レ》殺《スナリ》レ不《ヲ》レ辜《ツミアラ》」。[118]又曰、「今《ノ》世《ハ》則、乱《シテ》二其教《ヲ》一、繁《クシ》二其刑《ヲ》一、使《ム》二民迷惑《セシメテ》一而陥《シテヲチイラ》レ焉《レニ》、又《タ》従《テ》而制《ス》レ之《ヲ》。故《ニ》刑弥《々》繁《クシテ》、而盗不《ズ》レ勝《タヘ》也」[119]ト云ヘリ、然ルヲ唯ダ善悪ヲ分ケルマデヲ賞罰也ト覚ヘ、善ヲ勧《スス》メン為トノミ覚テハ賞罰ハ、是レ世ヲ乱スノ為也。深ク察シ篤ク思ハズンバアルベカラズ。故ニ賞ハ財ヲ先キニシテ慾ヲ引キ、情ヲ勧《ススメ》善ヲ誣《シュ》ル為ト思フハ、大ニ誤也。礼記ニ曰、「先《キニシテ》レ財《ヲ》而後《ニスレバ》レ礼《ヲ》、則民利《ムサボル》、無《シテ》レ辞而行《ヘバ》レ情《ヲ》、則民争《フ》」[120]ト云、是也。

---

1 「辺際」でも意味がとれなくはないが、二行目前、三行目後には変際となっている。

2 「復命曰常、知常曰明。」『老子』帰根十六。

3 「人之所忌、其氣炎以取之、妖由人興也。人亡釁焉、妖不自作。人棄常、故有妖。」『漢書』五行志。

4 「故人者天地之心也、五行之端也、食味別聲、被色而生者也。」『礼記』礼運。

5 「至誠之道、可以前知。国家將興、必有禎祥、国家將亡、必有妖孽。見乎蓍亀、動乎四體。禍福將至、善必先知之。」

故至誠如神。」『中庸』。

6 木・火・土・金・水の五行の運行(五運)と風・暑・湿・火・燥・寒の気候(六気)で人体の生理現象を説明する運気論。

7 「十五年、春、邾隠公来朝。子貢、観焉。邾子執玉高、其容仰。公受玉卑、其容俯。子貢曰、以礼、死生存亡之礼也。」『春秋左氏伝』定公十五年。

8 「秋、公伐邾、八月、己酉、入邾、以邾子益來。」『春秋左氏伝』哀公七年。

9 『孔子家語』原文では「鳥」に作る。

10 『孔子家語』原文では「振訊兩眉而跳」に作る。

11 「齊有一足之鳥。飛習於公朝、下止於殿前、舒翅而跳。齊侯大怪之、使使聘魯問孔子。孔子曰、此鳥名曰商羊。水祥也。昔童兒有屈其一脚、振訊兩眉而跳、且謠曰、天將大雨、商羊鼓儛。今齊有之、其應至矣。急告民、趨治溝渠、脩隄防。將有大水為災。頃之大霖雨、水溢泛諸國、傷害民人。唯齊有備不敗。景公曰、聖人之言、信而有徵矣。」『孔子家語』巻三、弁政。

12 「貞觀二年、京師旱、蝗蟲大起。太宗入苑視禾、見蝗、掇數枚而呪曰、人以穀為命。而汝食之。是害于百姓。百姓有過、在予一人。爾其有靈、但當蝕我。無害百姓。将呑之、左右遽諫曰、恐成疾。不可。太宗曰、所冀移災朕躬。何疾之避。遂呑之。因是蝗不復為災。」『貞観政要』巻八。

13 「備、慎也。」『説文解字』巻九。

14 「君子曰、恃陋而不備、罪之大者也。備予不虞、善之大者也。」『春秋左氏伝』成公九年。

15 「惟事事、乃其有備、有備無患。」『書経』説命。

16 中国の兵学における用語で、「魚鱗」「鶴翼」「長蛇」「偃月」「鋒矢」「方円」「衡軛」「雁行」の八種の陣立て。山鹿素行の『武教全書』に詳説。

17 「九宮八卦陣」のこと。「九宮」は「九星」ともいい、九星によって吉凶を判断した。

18 三国時代の諸葛亮孔明(一八一〜二三四)。

19 周の文王・武王を補佐して周王朝建国に尽力した功臣呂尚。太公望は号。武経七書の一つ『六韜』は太公望呂尚が文王・武王に兵学を指南する設定で構成されている。

20 張良(紀元前二五一〜紀元前一八六)のこと。秦末期から前漢初期の政治家・軍師。子房は字。劉邦の覇業に大きく貢献した。

21 山鹿素行(一六二二〜一六八五)。素行の『武教全書』は江戸時代に広く読まれた。

22 北条流兵学、山鹿流兵学で説かれる秘伝。弘前藩四代藩主津軽信政は素行に師事し、山鹿流兵法の奥伝大星伝を許された。また素行の娘婿岡八郎左衛門を召し抱え、その子孫は津軽山鹿家をなした。

23 『太平記評判秘伝理尽鈔』などの江戸時代の兵学書において軍法や兵法の英雄として描かれた。

24 山本勘介（一四九三／一五〇〇～一五六一）。甲斐の武田信玄の軍師として知られる。

25 「子曰、危者、安其位者也。亡者、保其存者也。乱者、有其治者也。是故、君子安而不忘危。存而不忘亡。治而不忘乱。是以、身安而国家可保也。易曰、其亡其亡、繋于苞桑。」『易経』繋辞伝。

26 「凡事豫則立。不豫則廢。言前定則不跲。事前定則不困。行前定則不疚。道前定則不窮。」『中庸』。

27 「復命曰常、知常曰明。」『老子』帰根十六。

28 「政者、正也。子帥以正、孰敢不正。」『論語』顔淵。

29 「天下有道、以道殉身、天下無道、以身殉道、未聞以道殉乎人者也。」『孟子』尽心上。

30 范祖禹、字は淳夫。司馬光に従い『通鑑』を修し、また『唐鑑通鑑』十二巻を著す。

31 「古之聖賢以道殉身、伊周是也、以身殉道、孔孟是也。」『四書近指』巻二十。

32 「良農不為水旱不耕、良賈不為折閲不市、士君子不為貧窮怠乎道。」『荀子』修身。

33 「子曰、郷原徳之賊也。」『論語』陽貨。「郷原」とは善良を装い、郷中から好評を得ようとつとめる小人。偽善者。

34 「不得中行而與之、必也狂狷乎。狂者進取、狷者有所不為也。」『論語』子路。

35 「孔子曰、過我門而不入我室、我不憾焉者、其惟郷原乎。郷原、徳之賊也。」『孟子』尽心下。

36 「曰、非之無挙也。刺之無刺也。同乎流俗、合乎汙世。居之似忠信、行之似廉潔。衆皆悦之、自以為是、而不可與入堯舜之道。故曰徳之賊也。」『孟子』尽心下。

37 孟賁（もうほん　紀元前三〇七没）、中国戦国時代の衛または斉の国の出身で、秦の武王の招きに応じて秦に行き、武王に仕えた。生きた雄牛の角を引き抜くほどの猛者だったとの伝承がある。『孟子』公孫丑上、『説苑』、『呂氏春秋』などにその名が見える。非常な勇気があることを「孟賁之勇」という。

38 「儒有忠信以為甲冑、禮義以為干櫓、戴仁而行、抱義而處、雖有暴政、不更其所。其自立有如此者。」『礼記』儒行。

39 「孔子不得行、絶糧七日、外無所通、黎羹不充、従者皆病、孔子愈慷慨講誦、絃歌不衰。」『孔子家語』在厄。

40 「故能成天下之務、唯神也。」『易経』繫辞上。

41 「夫易、聖人所以極深而研幾也。唯深也。故能通天下之志。唯幾也。故能成天下之務。唯神也。故不疾而速、不行而至。子曰、易有聖人之道四焉者、此之謂也。」『易経』繫辞伝上。

42 「学而不思罔、思而不学則殆。」『論語』為政。

43 「思曰睿、睿作聖。」『聖教要録』知至。

44 「一辰」は約二時間に相当。

45 「雞鳴而起、孳孳為善者、舜之徒也。雞鳴而起、孳孳為利者、蹠之徒也。欲知舜與蹠之分、無他、利與善之閒也。」『孟子』尽心上。

46 「君子無終食之間違仁、造次必於是、顛沛必於是。」『論語』里仁。

47 「子貢問於孔子曰、賜倦於學、困於道矣。願息而事君。可乎。孔子曰、詩云、溫恭朝夕、執事有恪。事君之難也。焉可以息哉。曰、然則賜願息而事親。孔子曰、詩云、孝子不匱、永錫爾類。事親之難也。焉可以息哉。曰、然賜請願息於妻子。孔子曰、詩云、刑于寡妻、至于兄弟、以御于家邦。妻子之難也。焉可以息哉。曰、然賜願息於朋友。孔子曰、詩云、朋友攸攝、攝以威儀。朋友之難也。焉可以息哉。曰、然則賜願息於耕矣。孔子曰、詩云、晝爾于茅、宵爾索綯。亟其乘屋、其始播百穀。耕之難也。焉可以息哉。曰、然則賜將無所息者也。孔子曰、有焉耳。望其壙、則睪如也。視其高、則塡如也。察其從、則隔如也。此其所以息也矣。」『孔子家語』困誓。文中の「晝爾于茅」（晝は爾《なんじゅ》于きて茅《かやか》れ）を乳井は「晝爾干茅」としている。乳井は昼は茅を干《ほ》しと訓読したのであろう。

48 「天下有風、姤。后以施命誥四方。」『易経』象伝（姤）。

49 「曰文命、敷於四海、祗承于帝。」『書経』大禹謨。

50 「民受天地之中以生。所謂命也。是以有動作禮義威儀之則、以定命也。」『春秋左氏伝』成公十三年。

51 「天命之謂性、率性之謂道、修道之謂教。」『中庸』。

52 「魯哀公問於孔子曰、人之命與性、何謂也。孔子對曰、分於道謂之命、形於一、謂之性。化於陰陽、象形而發、謂之生、化窮數盡、謂之死。故命者性之始也。死者生之終也。」『孔子家語』本命。

53 「孟子曰、盡其心者、知其性也。知其性、則知天矣。存其心、養其性、所以事天也。殀壽不貳、修身以俟之、所以立命也。」『孟子』尽心上。

54 「存其心、養其性、所以事天也。」『孟子』尽心上。

55 「曰、天之所生、地之所養、無人為大。」『礼記』祭義。

56 「唯天下至誠、為能盡其性。能盡其性、則能盡人之性。

能盡人之性、則能盡物之性。能盡物之性、則可以贊天地之化育。可以贊天地之化育、則可以與天地參矣。」『中庸』。

57 「和順於道徳而理於義、窮理盡性以至於命。」『易経』説卦。

58 「昔者聖人之作易也、将以順性命之理。」『易経』説卦。

59 『論語』憲問。

60 『孟子』の「性善説」を指す。

61 「子曰、唯天子受命于天。士受命于君。故君命順、則臣有順命。君命逆、則臣有逆命。詩曰、鵲之姜美、鶉之賁賁。人之無良、我以為君。」『礼記』表記。

62 「天子有善、讓徳於天、諸侯有善、歸諸天子、卿大夫有善、薦於諸侯、士庶人有善、本諸父母、存諸長老、禄爵慶賞、成諸宗宗廟。所以示順也。」『礼記』祭義。

63 「大道既隠、天下為家。各親其親、各子其子、貨力為己。」『礼記』礼運。

64 「夫道若大路然。豈難知哉。人病不求耳。子歸而求之、有餘師。」『孟子』告子下。

65 「君子反經而已矣。經正、則庶民興。庶民興、斯無邪慝矣。」『孟子』尽心下。

66 「人道敏政、地道敏樹。夫政也者、蒲盧也。故為在人。取人以身、修身以道、修道以仁。」『中庸』。

67 「人心惟危、道心惟微、惟精惟一、允執厥中。」『書経』大禹謨。

68 「子在川上曰、逝者如斯夫。不舍晝夜。」『論語』子罕。

69 「士而懷居、不足以為士矣。」『論語』憲問。

70 「子曰、加我數年、五十以學、易可以無大過矣。」『論語』述而。

71 「孔子對曰、貴其不已。如日月東西相従而不已也、是天道也。不閉其久、是天道也。無為而物成、是天道也。已成而明。是天道也。」『礼記』哀公問。

72 「天行、健。君子以自強不息。」『易経』象伝(乾)。

73 「細微可不慎。堤潰自蟻穴。腠理早従事。安復労鍼石。」『百一詩』四。応璩(一〇九〜二五二)は中国三国時代の魏の武将・文人。

74 「言多令事敗。器漏苦不密。河潰蟻孔端。山壊由猿穴。涓涓江漢流。天窓通冥室。讒邪害公正。浮雲翳白日。靡辭無忠誠。華繁竟不實。人有両三心。安能合為一。三人成市虎。浸漬解膠漆。生存多所慮。長寝萬事畢。」『臨終詩』。孔融(一五三〜二〇五)は孔子の子孫にあたり、後漢末の武将・文人。曹操を批判し憎まれ、処刑された。

75 「日往則月来、月往則日来、日月相推而明生焉。寒往則暑来、暑往則寒来、寒暑相推而歳成焉。往者、屈也。来者、信也。屈信相感而利生焉。尺蠖之屈、以求信也。」『易経』繋辞伝下。

76 「国無九年蓄曰不足、無六年之蓄、曰急。無三年之蓄、曰国非其国也。三年耕、必有一年之食、九年耕、必有三年之食。以三十年之通、雖有凶旱水溢、民無菜色。然後天子食、日挙以楽。」『礼記』王制。

77 『太平記』巻三十八、「青砥左衛門賢政の事」。

78 『晋書』巻三十六、列伝第六。

79 春秋時代の斉の政治家。一般には管仲として知られている。

80 山鹿素行『中朝事実』賞罰。

81 山鹿素行『中朝事実』賞罰。

82 「夫聖王之制祭祀也。法施於民則祀之、以死勤事則祀之、以労定國則祀之、能御大菑則祀之、能捍大患則祀之。」『礼記』祭法。

83 頭注に朱で「硜々トハ堅勁《カタクツヨシ》皃」とあり。

84 「言必信、行必果、硜硜然小人哉。」『論語』子路。

85 「孟子曰、莫非命也、順受其正。是故知命者、不立乎巌牆之下。盡其道而死者、正命也。桎梏死者、非正命也。」『孟子』尽心上。

86 「所謂誠其意者、毋自欺也、如悪悪臭、如好好色、此之謂自謙、故君子必慎其獨也。」『大学』。

87 「曾子曰、身也者、父母之遺體也。行父母之遺體、敢不敬乎。」『礼記』祭義。

88 「孟子曰、以佚道使民、雖労不怨。以生道殺民、雖死不怨殺者。」『孟子』尽心上。

89 「無恆産而有恆心者、惟士為能。若民、則無恆産、因無恆心。苟無恆心、放辟、邪侈、無不為已。及陥於罪、然後従而刑之、是罔民也。」『孟子』梁恵王上。

90 「孟子曰、君子居是國也、其君用之、則安富尊榮、其子弟従之、則孝弟忠信。不素餐兮、孰大於是。」『孟子』尽心上。

91 「餐、七丹反。詩魏國風伐檀之篇。素、空也。無功而食祿、謂之素餐、此與告陳相、彭更之意同。」朱熹『孟子集注』尽心章句上。

92 少給とも。俸給の少ないこと。

93 「子曰、士而懷居、不足以為士矣。」『論語』憲問。

94 湛若水（一四六六—一五六〇）。中国、明代中期の思想家。字は元明、号は甘泉。王陽明（守仁）と邂逅して終生の友情を温め、ともに朱子学を離れて心学路線を歩んだ。著作に『格物通』、『心性図説』がある。

95 未詳。

96 「又曰、孟子有些英氣。纔有英氣、便有圭角、英氣甚害事。如顏子便渾厚不同、顏子去聖人只豪髮間。孟子大賢、亞聖之次也。」『孟子集注』序説。

97 「析言破律、亂名改作、執左道以亂政、殺。作淫聲、異服、奇技、奇器以疑衆、殺。行偽而堅、言偽而辯、學非而博、順非而澤、以疑衆、殺。假於鬼神、時日、卜筮以疑衆、殺。此四誅者、不以聽。」『礼記』王制。

98 「孟子曰、有天爵者、有人爵者。仁義忠信、樂善不倦、此天爵也。公卿大夫、此人爵也。古之人修其天爵、而人爵從之。今之人修其天爵、以要人爵。既得人爵、而棄其天爵、則惑之甚者也、終亦必亡而已矣。」『孟子』告子上。

99 正しくは「謳歌」。ここでは、噂することの意。

100 「時厥明、王乃大巡六師、明誓衆士。王曰、嗚呼、我西土君子。天有顯道、厥類惟彰。今商王受、狎侮五常、荒怠弗敬。自絕于天、結怨于民。斫朝涉之脛、剖賢人之心、作威殺戮、毒痛四海。崇信奸回、放黜師保、屏棄典刑、囚奴正士、郊社不修、宗廟不享、作奇技淫巧以悅婦人。上帝弗順、祝降時喪。爾其孜孜、奉予一人、恭行天罰。」『書経』泰誓下。

101 「禹乃會群后、誓于師曰、濟濟有衆、咸聽朕命。蠢茲有苗、昏迷不恭、侮慢自賢、反道敗徳、君子在野、小人在位、民棄不保、天降之咎、肆予以爾衆士、奉辭伐罪。爾尚一乃心力、其克有勳。」『書経』大禹謨。

102 「惟上帝不常、作善降之百祥、作不善降之百殃。爾惟徳罔小、萬邦惟慶。爾惟不徳罔大、墜厥宗。」『書経』伊訓。

103 「故聖王所以順、山者不使居川、不使渚者居中原、而弗敝也。用水火金木、飲食必時。合男女、頒爵位、必當年徳。用民必順。故無水旱昆蟲之災、民無凶饑妖孽之疾。故天不愛其道、地不愛其寶、人不愛其情。故天降膏露、地出醴泉、山出器車、河出馬圖、鳳凰麒麟皆在郊棷、龜龍在宮沼、其餘鳥獸之卵胎、皆可俯而窺也。則是無故、先王能修禮以達義、體信以達順、故此順之實也。」『礼記』礼運。

104 「徳懋懋官、功懋懋賞。用人惟己、改過不吝。克寬克仁、彰信兆民。」『書経』仲虺之誥。

105 著は着。物着星の意。物着星とは、「爪にできる白い斑点。婦人や子どもなどは衣服を得る前兆として喜ぶ。また、立身出世をするしるしともいう。」『日本国語大辞典』。

106 「惟吉凶不僭在人、惟天降災祥在徳。」『書経』咸有一徳。

107 「告于衆、嗟予有衆、聖有謨訓、明徵定保、先王克謹天戒、臣人克有常憲、百官修輔、厥后惟明明、毎歲孟春、遒人以木鐸徇于路、官師相規、工執藝事以諫、其或不恭、邦有常刑。」『書経』胤征。

108 「夫君者、舟也。庶人者、水也。水所以載舟、亦所以覆舟、君以此思危、則危可知矣。」『孔子家語』五儀解。

109 「子曰、可與言、而不與之言、失人。不可與言、而與之言、失言。知者不失人。亦不失言。」『論語』衛霊公。

110 「斗筲」と同じ意味か。斗筲は度量が狭いことの意。

111 「孔子曰、殺人之中又有禮焉。」『礼記』檀弓下。

112 「孟子曰、以佚道使民、雖勞不怨。以生道殺民、雖死不怨殺者。」『孟子』尽心章句上。

113 以下の『孔子家語』の引用では、省略されている箇所をカギカッコで分けた。

114 正しくは「姦」に作る。

115 正しくは「殺」に作る。

116 正しくは「殺」に作る。

117 「冉有問於孔子曰、古者、三皇五帝、不用五刑、信乎。孔子曰、聖人之設防、貴其不犯也。制五刑而不用、所以為至治也。凡民之為姦邪・竊盜・靡法・妄行者、生於不足、不足生於無度。無度、則小者偷惰、大者侈靡。各不知節。是以上有制度、則民知所止、民知所止、則不犯。故雖有姦邪・賊盜・靡法・妄行之獄、而無陷刑之民。不孝者生於不仁、不仁者生於喪祭之禮不明喪祭之禮、所以教仁愛也。能致仁愛、則服喪思慕、祭祀不解。人子饋養之道。喪祭之禮明、則民孝矣。故雖有不孝之獄、而無陷刑之民。殺上者、生於不義。義所以別貴賤明尊卑也。貴賤有別、尊卑有序、則民莫不尊上而敬長。朝聘之禮者、所以明義也。義必明、則民不犯。故雖有殺上之獄、而無陷刑之民鬭變者、生於相陵。相陵者、生於長幼無序、而遺敬讓。鄉飲酒之禮者、所以明長幼之序而崇敬讓也。長幼必序、民懷敬讓。故雖有變鬭之獄、而無陷刑之民。淫亂者、生於男女無別。男女無別、則夫婦失義。婚礼聘享者、所以別男女、明夫婦之義也。男女既別、夫婦既明。故雖有淫亂之獄、而無陷刑之民。此五者、刑罰之所從生、各有源焉。不豫塞其源、而輒繩之以刑。是謂為民設穽而陷之也。」『孔子家語』五刑解。

118 「孔子喟然歎曰、嗚呼、上失其道、而殺其下非理也。不教以孝、而聽其獄、是殺不辜。」『孔子家語』始誅。

119 「是以威厲而不試、刑錯而不用。今世則不然。亂其教、繁其刑、使民迷惑而陷焉、又從而制之。故刑彌繁、而盜不勝也。」『孔子家語』始誅。

120 「子云、禮之先幣帛也、欲民之先事而後祿也。先財而後禮、則民利、無辭而行情、則民爭。」『礼記』坊記。

志学幼弁　巻之七

迷悟

夫レ人トシテ誰カ迷ヒヲ恐レザル者アランヤ。然レドモ人皆迷ノ中ニ在ラズト云コトナシ。此故ニ君子ハ其迷ヒヲ去ル所以ンヲ欲セズ、其迷ノ中ノ迷ヒヲ勤ムルコトヲ知ル。是ヲ悟リト云ベシ。イカントナレバ、聖人ノ教ヲ学ブ者、古今千万人、然ルニ一教一道一理一致ヲ見解《ケンゲ》スルコト皆別也。其別ヲ以テ互ニ迷悟ノ是非ヲ争フ。然レドモ誰カ是、誰カ非、未ダ極マラズ。是レヲ極メントスルトキハ、直ニ孔子ニ問ハズンバ万世極マルベカラズ。極マラザレバ、面々各々ノ悟リニシテ、対スルトキハ又面々各々ノ迷ヒヲ争ノミ。是レ何ノ故ゾ。唯ダ一人ノ孔子ヲ宗トシテ、千万人ノ気稟ニ学ブユヘナラズヤ。故ニ孔子在《イマス》トキハ迷ヲ解クニ足ル。孔子没スレバ面々ノ意見ヲ以テ言《モノイフ》コトノナキ孔子ニ摺リ付ケテ、自ラ是《ぜ》ト極ムルノミ。況ンヤ後世ノ学者一己ノ発見モナク、古人先儒ノ意見ヲ以テ直ニ己レガ是《ぜ》ト極ムル人ヲヤ。是レ夢ノ中ニ夢ナルコトヲ知ラザルト同ジカラズヤ。故ニ人ハ迷ヒノ中ニ居テ迷ヒヲ知ラザルハ、夢ノ中ニ居テ夢ヲ知ラザルガ如シ。

夫レ人々吾レ迷ヒ也ト知ルナラバ、誰カ迷フ者アラン。吾レハ明カ也ト云テ、迷ヒ行ク也。古歌ニ曰、「まよふぞと　知りなば誰か　迷ふべき　まよわぬ道と　迷ひ行くかな」ト云フ、誠ニ然リ。此故ニ君子ハ其夢ノ中ノ夢ヲ知ルコトヲバ工夫セズ、唯ダ夢ニ在テモ君ノ為国家ノ為、覚《サメ》テ在テモ君ノ為国家ノ為ノミ。君ト国家ノ急務ヲ捨テ、先ヅ夢中ノ夢ヲ知ラントト、心上ノ学ヲ立ルハ迷ノ中ノ又迷ヒナルベシ。[1]

夫レ迷ヒハ慾ヨリ生ズ。[2]欲ニ深キ者ハ迷ヒニアラズト云コトナク、迷ハズト云コト能ハズ。此故ニ堯ハ吾ガ子ヲ棄テ舜ニ譲ル。是レ治平ヲ求ムルノ大欲ナラズヤ。舜、又瞽嫂(瞍)ガ悪ヲ知ラズ、生命ノ危キヲ思ハザルハ、是レ孝ヲ求ムル大欲ナラズヤ。文王羑里ノ獄ニ七年囚ハレ、吾ガ子ヲ醢ニセラレシハ、是レ徳ヲ求ル大欲ナラズヤ。湯武ハ桀紂ヲ弑虐シ、大禹ハ父ヲ殺サレ胼胝[3]シテ万川ヲ治メ、九州ヲ定メタルハ、救民ヲ思フ大欲ナラズヤ。王子比干・関龍逢・伍子胥ハ君ヲ諌テ刑戮セラル。忠義ヲ思フ大欲ナラズヤ。伯夷・叔斉孤竹ヲ辞シ武王ヲ諌テ首陽ニ餓死スルハ、是レ清廉ヲ求ムル大欲ナラズヤ。孔尊亟《シバシバ》危厄ヲ得レドモ難シトセズ、無道ノ天下ヲ周流シテ竟ニ用ヒラレザルハ、道ヲ求ムル大欲ナラズヤ。釈尊ハ色欲ヲ去リ肉欲ヲ去リ物欲ヲ去リ、王位ヲ捨、人間ノ大欲悉ク捨タルハ、四海ヲ救フ大欲ナラズヤ。是レ皆君子ノ欲中ニ迷フニアラズシテ何ゾヤ。

此故ニ巣父・許由・老聃・荘周・長沮・桀溺ガ類ハ、有道ヲ以テ無道ニ当ル者ハ、苦患ヲ免レズ、其身ヲ危シテ其身ヲ安ンズルコトヲ得ズ。是レ惑也ト云テ或ハ山林ニ隠レ、或ハ官位ヲ辞シ世ヲ遁レテ身ヲ楽ム。是レ虚無ヲ求ムルノ大欲ニアラズヤ。或ハ薬ヲ服シテ仙家ニ入リ、雲ニ乗リ霧ヲ吸ヒ、飛行シテ欲ヲ離レ、世塵ヲ捨ツ。豈是レ欲スルニアラズヤ。

或ハ真人ト云者有テ、慾モナク情モナク吾ガ身ノ有ヲ知ラズ。故ニ熱キモ寒キモ知ラズ、患モ覚ヘズ喜ビモ覚ヘズト云。是レ死人ノ妖ナル者也。然レドモ其身ヲ置ク所自《ミヅカラ》居ルニアラズヤ。居《ヲル》所天地人世ノ外ナラズバ、無心也トイヘドモ、形其居ヲ欲セズンバ、身イヅクニカ置ン。

草木ハ水ヲ欲シテ水ニ腐ル。真人ハ無心ヲ欲シテ無心ニ死ス。凡ソ形アル者、此欲ナクシテ此欲ノ為ニ動カザル者アランヤ。此故ニ世ヲ遁レ世ヲ捨ルト云フ者、イヅレヲ世ノ捨所トスルヤ。豈林幽・山谷世ノ外ナランヤ。独リ楽ム者トイヘドモ食アリ衣アリ居アリテ、是ガ為メニ欲セズンバアラズ。況ンヤ小人ノ財宝利得ノ慾ニ迷フ者ヲヤ。

故ニ聖賢・神仙・凡俗・草木、悉ク欲中ニ迷ハズト云者ナシ。而シテ君子ハ其欲スベキヲ欲シ、其迷フベキニ迷フ所以ンヲ知ル。是ヲ悟リト云ベシ。孟子ニ「無《ク》レ為《スルコト》二其所《ヲ》レ不《ル》レ為《セ》、無《シ》レ欲《スルコト》二其所《ヲ》レ不《ル》レ欲《セ》、如《キ》レ此而已《ノミナリ》矣」[4]ト云、是也。慾ノ人ヲ揺《ウゴ》カスコト、人ノ慾ニ動クコト、日夜片時已ムコトナキハ、君子小人別ナクシテ、死セザレバ已《ヤマ》ズ。故ニ君子欲ヲ動カシ欲ニ動クニ、必的ヲ立テ以テ動キ以テ揺《ウゴカ》ス。此故ニ其的財宝ナレバ、財宝ノ為ニ此身ヲ忘レ、其的此身ヲ以テスレバ、此身ノ為ニ恥ヲ忘レ、其的君父国家ニスレバ、君父国家ノ為ニ此身ヲ忘レ、災難ニ遇フ。其行ヒ異ニシテ其欲ニ一方ヲ忘ルルコト一也。是其欲スル所ニ随テ外ヲ忘ルル。皆迷フニアラズシテ何ゾヤ。

夫レ桀紂ハ淫楽ヲ欲シテ天下ヲ忘レ、湯武ハ天下ヲ欲シテ其君ヲ忘ル。伯夷・叔斉ハ其君ヲ忘ルルコトヲ諫メ、其身ヲ忘レテ餓死ス。子路勇ヲ欲シ、一生聖教ニ化セズ竟ニ衛ノ東門ニ死ス。巣父・許由・長沮・桀溺ガ類ハ是ヲ聞テ大ニ笑ヒ、独リ身ノ安穏ヲ欲シ人倫ヲ忘レ、竟ニ畜生道ニ迷ヒ入ル。今ノ学者ハ心上理学ニ此身ヲ欲シテ、君ノ憂ヒ国家ノ窮ヲ忘レ、竟ニ聖教ニ迷フ。

夫レ欲ハ誠ノ発動也。故ニ喜怒哀楽仁義礼智、皆欲ヨリ発動ス。[5] 生々育々ハ天地ノ欲也。至誠ヨリ動テ止《ヤ》マズ。至公ニ向テ私ヲ忘ル。故ニ桀紂ハ寿シ、顔回ハ夭シ、[6] 孔子ハ位ヲ得ザル属ヒ多シ。[7] 是レ其数《スウ》、私ノ好悪ニ改メズ以テ世ノ利害ヲ忘レ、其難天地ニ及ベドモ知ラズ、唯ダ至公ニ尽シテ、天地ニシテ天地タルコトヲ忘ルル。是レ天地ノ至公ニ迷フ也。故ニ明也。明ナル故ニ人世利害ノ迷ヒヲ恐レズ。或ハ饑饉、或ハ戦闘、或ハ疫厲、或ハ寿夭、或ハ盛衰、或ハ得失、或ハ富貧、或ハ吉凶、皆其仁ヲ私セズ。唯ダ上帝ノ命分ヲ尽シ勤メテ其迷ヲ恐レズ。故ニ惑ハズ。君子是レニ則《ノットリ》テ天下経済ノ為ニ此身ノ吉凶禍福ヲ忘レ、其惑ヲ弁ゼズ。今ノ学者ハ先ヅ目前ノ国家治平ノ事務ヲ措キ、心上理学ヲ明《アキ》ラメ、一毛モ迷ヒノ為ニ過失ノナカランコトヲ欲シ、是ヲ身ヲ修メ心ヲ正フシ意ヲ誠ニスルノ大学トシ、而シテ後其身ノ修マリ極マルトキハ、明徳自然ニ天下ニ明ニシテ、民皆新シク成リ、至善ニ止ル也、ト惑フ也。[8] 宜《ムベ》ナルカナ、初学ノ心上理学ヲ信ジ安キコト。

夫レ心上ノ学ハ身ヲ労スルコトナク、骨ヲ折ルコトナク、席上ニ安坐シテ、冬ハ火炭ニ身ヲ暖メ、夏ハ水辺ニ身ヲ涼《スズシ》メ、春ハ花ノ前、秋ハ月ノ下《モト》ニ静居シ、耕サズ織ラズ造《ツク》ラズ求メズシテ禄ヲ利シ、四書六経ノ聖語ハ己レガ理ノ見ルニ随テ、是レヲ聖語ニ附会シ、自ラ是《ゼ》ヲ極ムレドモ孔子没シテ居玉ハズ。故ニ答ヒナケレバ、其当否ヲ待ズシテ己レガ心任セニ極マリ、或ハ諸儒ノ意見ノ如ク一切ノ説皆天理ニ落シテ極メ、以テ身ノ修マリヲ待ツトキハ、是ヲ天下国家ニ行ヒ用ル期ナク、故ニ一生身ノ苦患利害ノ難ナク功ナクシテ人ニ称セラレ、聖語皆吾ガ理ニ叶ハシメテ以テ是ニ随フ。是ナレバ吾レ聖教ニ随フ所以ンニアラズシテ、孔子ヲ面々ニ随ハシムルト云者也。

　夫レ孔子ハ辞ノミ残テ今ハ居玉ハネバ、先ヅ一旦孔子ノ語ヲ見、而シテ是ヲ天地ノ勤ニ鑑ミ、而シテ人事万物ノ動キニ観察シ、三ツノ者相ヒ分別シ相ヒ合一シテ、其義ノ順ヲ訂スベキコト也。是レ事ヲ以テ心ヲ見、事ヲ以テ理ヲ得ル。是ヲ学ト云也。其古実ノ事跡文辞ノ知レ難キ者等ハ諸子ノ古論ヲ拾《ヒロ》フテ知ルベシ。然レドモ諸子ノ註解悉ク非也ト云テ、捨ルニハアラズ。程子ノ礼ノコトヲ註シタル内ニ、誠ニ礼ノ理ニ適等シタルコトモアレバ、心ヲ尽スベキコト也。唯ダ漢唐宋明ノ諸儒其大体トスル所、皆心上理学文字訓詁ヲ大本トシテ、治道ヲ以テ次トス。故ニ初学其功業ノ労ナク、安座シテ理屈ノ面白キニ流レ入ル也。

　夫レ天地ノ尽ス所、豈斯ノ如クナランヤ。君子是ニ則《ノット》ル故ニ人ノ道今日急ノミ。

　夫レ人ハ導カズシテ安キニ入リ安《(易)》ク、進メズシテ安キヲ好ムハ通情ナラズヤ。然ルヲ何ゾ安閑無事ノ心学ヨリ進ムルヤ。人君人臣農工商、皆功業ヲ怱《ユルガセ》ニシ、骨ヲ盗ミ[9]安穏ヲ好マバ、天下イカガアラント思フゾヤ。今ノ士ノ聖学ヲ国家ニ用ヒズ、唯ダ一己修身ノ為ニノミスルハ、是レ誰レカ罪ゾヤ。皆心上理学ノ罪也。故ニ孔子ヲ信ズル者、天下半ヲ過ギテ未ダ聖法ヲ用テ天下国家ヲ定メタル学者ヲ見ズ。

　夫レ論語ノ如キハ其語悉ク信ズルニ足ラズ。イカントナレバ其出所ヲ尋ルニ、斉・魯・古ノ三論[10]有テ、或ハ合セ、或ハ離レ、或ハ脱字、或ハ累字ノ穿鑿、記誦弁説ノ間、諸儒相伝受授ノ際、区々トシテ明カニ決セズ。況ンヤ二千余歳ノ太古、且ツ秦火ノ失[11]ニ遇フトキハ、古今ノ間事ヲ好ムノ族託言ナクンバアラズ。差語ナクンバアラズ。是レ吾ガ疑ナキコト能ハザル所以ン也。然レバ孔子ノ言ト記シ有ルトモ、其名ニ恐レテ信ヲ誤ルベカラズ。

彼ノ咸丘蒙ガ斉東野人ノ語ヲ以テ孔子ノ語ト信ジ、孟子是レヲ孔子ノ語ニアラザルコトヲ明《アカス》[12]ノ類多カルベシ。若シ孟子是レヲ弁ゼズンバ、後世程朱ノ儒、必亦斉東野人ノ語ニ無量ノ深理ヲ説キ、天理ニ附会シ、竟ニ孔子ノ語ト尊信シテ敬スルコト決セリ。是レ理学ノ害也。

夫レ陽貨[13]ハ悪人也。然レドモ日月逝《ユキ》ヌ。歳、吾ト与ニセズト云ヲ以テ、孔子ニ禦《アタ》ル[14]。孔子、理ニ伏セルヲ以テ諾シ玉ヘルヲバ、孔子一旦ノ遁言也ト註ス[15]。是レ悪人ノ語ナレバ、是非《ゼヒ》トモニ直言ヲ枉ゲ、孔子ヲ利シ陽貨ヲ害セント欲ス。是レ孔子ヲ尊敬シテ其道ヲ信ズル所以ンニアラズ。唯ダ孔子ヲ贔屓スルト云者ニテ、愚姥ノ木仏ヲ信心スルガ如シ。懦弱ノ至極ト云ベシ。

吾ガ武門ノ徒、全ク此心ヲ穢スベカラズ。仮令ヒ怨敵ノ言也トモ其義正直ナラバ、信ジテ枉グベカラズ。仮令ヒ堯舜ノ言也トモ吾ガ節義ニ当ラズンバ、用ベカラズ。今、陽貨ガ言ヲ非ニ枉ゲントシテ孔子ノ諾ヲ遁言トスルハ、吾ガ国ノ武道ニ於テハ甚ダ恥トスル所也。イカントナレバ其不直ヲ忌メバ也。又、其懦弱ヲ恥レバ也。

夫レ人ノ言、唯ダ聖人ノミ金言妙句アルベキヤ。小人ノ言ハ皆捨ルニモアルベカラズ。能ク其執ルベキ所ヲ執リ、能ク其聴クベキ所ヲ聴カバ、仮令ヒ乞丐[16]非人ノ賤キモ道理ニ称《カナフ》一言ナキコト能ハズ。仮令貴人高位ノ一言ニモ、誤リナクンバアルベカラズ。能ク言ヲ信ズル者ハ、尊卑徳不徳ニ拘ハラズ心ヲ潜メテ、疏《ヲロソカ》ニ聴クコトヲセズ。今ノ士ハ貴人高位ノ言ヲバ其是非ヲ弁ゼズ、唯《イイ》トシテ信ジ敬シテ弘ム。下賤匹夫ノ言ヲバ其是非ヲ弁ゼズ、阿《アア》トシテ侮リ笑テ譏ル。是レ皆宋儒ノ孔子ヲ信ズルト異ナルコトナク、悉ク名ト形ノミヲ信ジテ、其執ル所ヲ知ラズ。

昔シ、俊成卿千載集[17]ヲ撰ム時、貴賤尊卑其人ノ善悪ヲ嫌ハザリシカバ、或人俊成卿ニ問テ曰、「何ゾ賤ク且ツ不善人ノ詠歌ヲ入レ玉フヤ」ト。俊成卿答テ曰、「吾レ聞ク、君子ハ人ヲ以テ言ヲ廃《ステ》ズト。何ゾ倭歌ヲ撰ムニ人ノ行ヒヲ取ン」ト曰ヘリ[18]。是レ言ヲ知リ言ヲ信ズルノ誠一ナル者也。

舜ハ八歳ノ蒲衣子ヲ師トシ、禹ハ五歳ノ睪子ヲ佐トシ玉フモ[19]、其言ヲ信ジテ其童子ヲ侮ラズ。然レバ論語ハ孔門ノ弟子及ビ当時ノ人ノ一事一偏ノ褒貶ノ語ヲ集録シタル者ニシテ、出所明カナラズ混乱シテ、悉ク孔子ノ語ニモアルベカラズ。庸人ノ語ヲ以テ託シテ孔子ノ曰トスルモアルベケレバ、後世其言ヲ分ツコトヲ得ズ。竟ニ天理ニ引キ付ケ、意味深長ノ聖語トナルモアルベシ。故ニ唯ダ言ノミ理ノミヲ以テ云トキハ聖人庸人毛末ノ別ナキコトヲ知ルベシ。況ンヤ千歳ノ向《サキ》ヲヤ。況ンヤ死セル人ノ言ニ吾ガ理ヲ与ヘテ答ヘナキヲ幸ニ自ラ其答否ヲ極ムルヲヤ。是レ惑ヒニアラズシテ何ゾヤ。

此故ニ論語ノ言ヲ見ルナラバ、孔子弟子凡俗ニ拘ハラズ、事ヲ以テ本トシ、事ハ治道ヲ以テ功業トシ、功業ハ天地日月ノ動キヲ以テ自得シ、万物自然ノ儀則ニ鑑ミ、心ヲ尽シ身ヲ尽シ、難行苦行ハ三王・五帝・周公・孔子・孟子ヲ以テ実トシ、君ヲ的トシテ向ヒ、性命ヲ踏テ守トシ、而シテ其言ヲ解《ゲ》スベシ。

初学必シモ宋儒ノ意見ニ惑ベカラズ。宋儒ノ意見ニ惑ヘバ、殆ンド楊朱[20]ガ為我ノ行ヒニ陥リ、一生君ヲ後ニシ国家ヲ忘レ、唯ダ一己全ク利シテ終リ、聖法竟ニ天下ノ為ニ用ルコトヲセズ。恐ルベシ慎ベシ。

昔シ趙普[21]、論語ノミヲ見テ曽テ外書ヲ見ズ。宋ノ太宗、其故ヲ問。趙普対テ曰、「臣、昔シ其半ヲ以テ太祖ヲ輔ケ天下ヲ定メリ。今亦其半ヲ以テ君ヲ輔テ太平ヲ致サンガ為也。臣ガ相業、固ニ論語ヲ愧ルコトナキコト能ハズ」[22]ト云ヘリ。是レ論語ノミヲ見ルトイヘドモ、能ク聖学ノ実ヲ知ル。学者ハ天下ノ為ニ用テ其功ヲ現ハス。亦朱子ノ曰、「某少《シワカカリシ》時《ヨリ》読《ム》二論語《ヲ》一、便《チ》知《レリ》レ愛《スルコトヲ》レ之《ヲ》、自後求《ルニ》二一書似《モタル》レ此者《ニヲ》一、卒《ニ》無《シ》レ有《ルコト》矣」[23]ト云ヘリ。是ハ是レ事《ツカ》ヘテ以テ一毛モ国家ニ用ヒズ、一生一己ノ名ニ用ヒ、安然トシテ文公[24]ノ諡ヲ蒙リ今三国ノ聞人タリ。此二人ノ者一人ノ孔子ヲ以テ一道ノ学ヲ両断ニ用ユ。誰カ迷ヒ誰カ悟リシヤ、未ダ決セズ。此分ンヲ問ハント欲スレドモ、孔子ハ死シテ在《イマ》サズ。諸子百家ノ説ニ依レバ、区々トシテ弥迷ハンコトヲ恐ル。理ヲ以テ推サントスレバ、理ハ是レ高遠無量ニシテ吾ガ智ニ隨フ故ニ、去年ノ見ル所ト今年ノ見ル所ト差ヒ、登ルコト限ナシ、降ルコト底《ソコ》ナシ。誠ニ四十九年ノ是《ゼ》ハ五十年ノ非也[25]、ト古人ノ嘆《ナゲ》キタルモ宜《ムベ》也。然ラバ誰ニ問ヒ、何ニ依テカ、此迷悟ヲ決セン。然レドモ暫ク其言行ヲ以テ是ヲ試ムレバ、趙普ハ論語ノミヲ見テ恥テ、是ヲ天下ニ用ユ。是レ諸聖ト其功労ヲ同クシ、其言ト行ヒト一也。朱子ハ論語ノミヲ読テ唯ダ一己ノ為ニ用ヒ事《ツカ》ユレドモ、天下ニ用ル功労ヲ恐ル。是レ行ヒハ吾ガ為ニシテ楊朱ガ為我也。言ハ諸聖ト一也。是ハ是レ言ト行ト二也。礼記ノ緇衣ニ孔子ノ曰、「言従《テ》而行《トキハ》レ之《ヲ》、則言不《ズ》レ可レ飾《ル》也。行《ヒ》従《テ》而言《フトキハ》、則行《ヒ》不《ズ》レ可レ飾《ル》也」[26]ト曰ヘルヲ以テ見レバ、朱子ハ言ハ行ヒニ従ハズ、行ヒハ言ニ従ハズ。蓋シ是レ言行飾ナランカ。

孟子ノ曰、「古之《ノ》人《ハ》、得《テハ》レ志《ヲ》、沢《ヲ》加《フ》二於民《ニ》一。不《レバ》レ得レ志《ヲ》、修《テ》レ身《ニ》見《ハル》二於世《ニ》一。窮《スルトキハ》則独善《クス》二其身《ヲ》一、達《スルトキハ》則兼《テ》善《クス》二天下《ヲ》一」[27]ト云ヘリ。朱子ハ志ヲ得テ未ダ窮スルコトヲ聞ズ、達シテ未ダ志ヲ得ザルコトヲ聞ズ。然レバ朱子ハ治道ニ志ナキコト明白也。一己ノ名聞ヲ得ルヲ志トシ、一身ノ安穏ヲ志トシ、国家ノ為ニ危難ヲ遁ント欲スルハ小人ノ道ニシテ大人ノ恥也。小人ノ道ハ入リ易《ヤス》ク、大人ノ道ハ入リ難シ。故ニ古ヨリ朱学ニ入ル者千万人、聖学ニ入ル者孔子没シ玉ヒテヨリ三千年ニ近フシテ、未ダ片手ノ指ヲ起スニ足ラズ。

夫レ善人ハ少ク、不善人ハ多ク、君子ハ希ニ、小人ハ常也。故ニ朱学ハ千万人、聖学ハ指ヲ起サズ。其入リ難キハ労ヲ厭ヘバ也。其入リ易キハ利ヲ以テ也。恥ベキノ至リナラズヤ。然レドモ今ノ学者ハ其多ニ就テ恥トセズ。故ニ恥ノ恥タル所以ンヲ知ラズ。然レバ恥モ亦知リ難シ。

夫レ君子ハ小人ノ恥ヲ恥トセズ。小人ハ君子ノ恥ヲ恥トセズ。故ニ恥ヲ知ラザル者ハ多クシテ恥トセズ。恥ヲ知ル者ハ少クシテ能ク恥ヲ恥トス。人トシテ恥ヲ知ラズ、恥ヲ恥トセズンバ、何ヲ以テ人ト云ベキ。孟子ノ曰、「不《ンバ》レ恥レ不《ルヲ》レ若《シカ》レ人《ニ》、何《ゾ》若《シクコト》レ人《ニ》有《ン》」[28]ト云ヘリ。

夫レ聖学ヲ信ジテ一己ノ利害ヲ固ク守リ、志天下国家ノ治道ニ尽サザレバ、聖学ニハアラズ。民ノ労骨ヲ以テ身ヲ安穏ニ楽ムハ人ニアラズ。

夫レ此身ハ人ニシテ人ノ世ニ人ト成リテ、人ノ事ニ人ヲ尽スヲ仁ト云フ。家語ニ孔子ノ曰、「仁者《ハ》人也《ナリ》」[29]。孟子モ亦曰、「仁《ハ》也者人也《ナリ》」[30]トハ、此道ヲ云ベシ。人此仁ヲ体シテ、人ノ為ニ此人ヲ宜ク尽スヲ大義トハスル也。故ニ又曰ク、「義者宜《ギ》也《ナリ》」[31]ト云々。故ニ礼記ノ礼運ニ「仁《ハ》者、義《ノ》之本也《ナリ》、順《ノ》之体也《ナリ》、得《ル》レ之《ヲ》者《ノハ》尊《シ》」[32]ト云フ。然レバ人ハ是レ天下也、国家也。此故ニ君子ノ学ハ天下国家ニ身ヲ尽シ心ヲ尽スハ、吾ガ此人ヲ以テ天下ノ人ニ尽ス也。

然ルヲ朱学者ハ天下ノ人ノ尽ス所ヲ執テ吾ガ身ノ為ノ楽トス。是レ吾レヲ仁スル也。吾レヲ義スルナリ。然レバ人ヲ以テ人ヲ列《ツラナ》ルトイヘドモ、行ヒノ実ハ人ヲ遁ルル所以ンニシテ、長沮・桀溺ト何ヲ以テ異ナランヤ。異ナラズトイヘドモ、自ラ其異ナル所以ンヲ知ラズ。是レ夢中ニ夢ヲ弁ズルコト能ハザルノ迷ヒ也。其迷ヒニ迷ヲ重ヌル所以ンヲ尋ヌレバ唯ダ心理ノ学ヲ貴ブ故也。

其心理ノ学ノ起ル源ヲ考ルニ、顔淵・曽点[33]ガ気風ヲ望ムヨリ起レルナラン。是レ何ノ故ゾ。孔子顔淵ヲ称シ玉フコト、諸弟子ニ超ヘタル[34]故也。孔子顔淵ヲ深ク称シ玉フコト、吾レニ於テ未ダ其聖慮ヲ註釈スルコトヲ知ラズ。然ルニ孔孟モ未ダ顔淵ニ聖ノ一字ヲ許サザルヲ程子始メテ聖ノ字ヲ附属ス[35]。然シテ以来皆是ニ従フ。是レ万犬声ニ随フ者也。顔淵ハ篤行ニシテ能ク孔子ノ言ニ通ズルコト、諸弟子ヨリ深シ。故ニ学ノ大本ヲ勤メ言ヘルヲ以テ、其称美諸弟子ニ一タルカ。然レドモ、是ノミヲ以テ聖人ト其治徳ヲ並ンヤ。孔子ノ是レヲ惜ミ玉ヘルハ必積学ノ待ツ所有テナルベシ。然レドモ竟ニ夭死シテ遂ゲズ。死セザル前ノ顔子ヲ以テ聖人ニ近キコト毫髪ノ間也ト云ハバ、程子朱子ノ渾厚ハ即是聖人也。何ゾ渾厚一ツヲ以テ孔子孟子ニ比スベキヤ。是レ心学理学ノ起ル所、全ク顔子ノ渾厚ヨリナルベシ。故ニ聖教要録ニ「周孔之道、陥《リ》二意見《ニ》一、誣《ヒ》レ世《ヲ》惑《ハシ》レ民《ヲ》、口唱《ヒ》二聖教《ヲ》一、其所《ハ》レ志顔子之《ガ》楽処、曽点之《ガ》気象也《ナリ》」[36]ト云ハ此事ヲ云也。

夫レ子路・冉有・公西赤・曽点、四人ノ者ノ志ヲ謂《イフ》ニ至テ由・求・赤ノ三人ハ皆治国ヲ以テ孔子ニ告《マフ》ス。皙独[37]リ其楽ム所ヲ以テ告グ[38]。孔子其四志ヲ撰ムニ、曽皙ヲ以テ嘆美シ玉フハ其徳風ヲ称シ玉フナルベシ。三子ノ治道ハ固《モトヨリ》云ニ及ザル所也。其治道ヲ謂《イフ》コト孔聖ノ心ヨリ見ルナラバ、唯ダ小大アルノミナラン。其実ヲ云トキハ三子ヲ以テ良志トスベシ。曽点何ゾ取ルニ足ラン。然ルヲ程子ノ論意ヲ見レバ、曽点ハ聖人ノ志ト同ク、即是レ堯舜ノ気象也[39]ト。諸儒皆是ニ一統シテ悦コト性理大全[40]ニ見ヘタリ。是レ皆道ヲ求ル学実ニアラズ。唯ダ志孔子ニ追従スルト云者ニテ、軽薄ノ甚キ也。何ゾ孔子ヲ信ズルコト斯ノ如ク夫レ猥《ミダリ》ナルヤ。若シ孔子誠ニ曽皙ガ志ト同ジカラバ、吾レハ孔子ヲ貴ブベカラズ。堯舜若シ曽皙ガ気象ト同ジカラバ、吾レハ堯舜ヲ崇《アガ》ムベカラズ。孔子曽点ニ従フノ辞アリトイヘドモ、卒爾ニ惑フコトニアラズ。其三才ノ大事ヲ云ニ及テハ由・求・赤ノ三子ヲ以テ聖人ノ踏《フム》所トスベシ。

夫レ人ノ心ヲ看ヨ。顔子ガ無事渾厚ノ地ニハ居《ヲ》リ難クシテ入リ安ク、曽点ガ無為徳風ノ地ニハ及ビ難クシテ移リ安シ。若シ流蕩スルトキハ天下ヲ覆《クツガヘ》シ国家ヲ亡スニ至ルベシ。

夫レ人間ノ云為、国家ノ動静ヲ担《ニナイ》テ君トナリ臣トナリ一日モ勤苦ノ思ヒヲ厭フトキハ、国家危キニ反《カヘ》ルベシ。心ヲ玩ビ理ヲ悦ブノ暇ヲ費スハ天地ノ道ニアラズ。今ヤ孔孟没シテ教ヲ問フベキ人ナシトイヘドモ、纔ニ聖語ヲ経ニ存ス。若シ君事勤苦ノ暇アラバ黙シテ天地ヲ観察シ、是レヲ経文ニ鑑《ン》ミ、治道ヲ以テ大本トセヨ。必シモ宋儒ノ意見ヲ宗《ムネ》トスベカラズ。聖教要録ニ「天地是《レ》師也《ナリ》、事物是《レ》師也《ナリ》」[41]ト云フ。礼記ニ云ク、「天有《ニリ》二四時一。春秋冬夏、風雨霜露、無《シ》レ非《ズト云コト》レ教《ニ》也。地《ニ》載《ス》二神気《ヲ》一、神気《ハ》風霆、流《シキ》レ形《ヲ》、庶物露生《ス》、無《シ》レ非《ズト云コト》レ教《ニ》也」[42]、又云ク、「天道《ハ》至教《ナリ》、聖人《ハ》至徳《ナリ》」[43]ト云ヘリ。

此故ニ俯仰シテ天地ノ勤メヲ観ヨ。即人間治道ノ故ヲ知ルベシ。然ルヲ近世ノ学問ハ皆治道ヲ捨テ、心理ノ学ニ落《ヲチ》ズト云者ナシ。仏学ト云トモ亦然リ。古ヘ行基[44]大僧正ハ
聖武天皇ノ政ヲ輔ケ、日本周流シテ農功《（ママ）》ヲ教ヘ、強暴ノ民ヲ和ゲ、山林渓谷ノ道路ヲ開キ、橋ヲ造《ツク》ラシメ、舟ヲ置《ヲカ》シメ、駅車ヲ通ゼシメ、田畠ノ径界ヲ定メ、地ノ位ヲ察シ、五穀ノ産数ヲ極メ、天下人民・牛馬・家屋・貢税ヲ統約シ、其税法今ニ於テ規範トス。誠ニ大禹[45]ノ功労ニ比スベシ。故ニ行基迁《（遷）》化[46]シテ後、大菩薩ノ号ヲ勅シ賜ハルモ天下ニ大功有ルヲ以テノ大賞也。本ト泉州高石氏ノ男也。具《ツブサ》ニ続日本紀ニ見ヘタリ。[47]釈尊ノ難行勤苦、亦斯ノ如キノ類ナランヤ。又南光坊[48]ハ
東照神君ニ従テ、大坂御軍旅ニ死ヲ共ニシ奉リ、吉凶ヲト筮シ、御聖運ヲ明カニシテ、竟ニ天下ヲ定メ玉ヘル功労アリ。故ニ慈眼大師ト諡ヲ賜ハル。是レ等《ラ》ノ人アリトイヘドモ是ヲ捨テ今ノ仏法ハ達磨ノ九年面壁ノ隙ヲ費セルヲ貴シトシ、日夜心頭ヲ座禅ノ床ニ懲シ、法性《ホッシャウ》ヲ悟リタリト悦ブコト、儒仏神ノ三学悉ク心理ノ学ニ趣カズト云コトナシ。故ニ世乱レ民窮スレドモ、一人志ヲ経済

ニ嘆ク学者ナシ。哀ムベキノ至也。

夫レ聖人ノ道トスル所、行ヒトスル所、天地ノ道トスル所、行ヒトスル所、豈斯ノ如ク民ノ骨ヲ食テ吾ガ此身ヲ安楽スベキヤ。況ンヤ吾ガ武門ノ族ヲヤ。学者殆ンド眠リテ未ダ醒メズ、夢中ニ居テ未ダ夢ヲ知ラズ。吾レ大言ヲ発シテ大音声ヲ以テ是ヲ驚スコト年《（モカ）》アレドモ、或ハ怒リ、或ハ恐レ、或ハ譏リ、或ハ笑ヒ、未ダ曽テ覚《サム》ル者ナシ。却テ吾レヲ以テ迷ヘリト云フ。噫《アア》、惑ヲ弁ズレバ、聖人モ惑ト云ベシ。悟リト云ヘバ、天下惑ル者アルベカラズ。迷悟ノ間、更ニ弁ズベキ者ナシ。故ニ吾レハ強《シイ》テ其迷悟ヲ別タンコトヲ工夫セズ。

古ヘノ聖人骨ヲ尽シ身ヲ砕キ、人ノ世ニ人ヲ以テ人ニ勤苦セルヲ的トシ、其疑ヲ明ニスルニ、天地ノ止《ヤマ》ザルヲ以テ定メ、君ヲ安ンジ国家ヲ定メ事ノ急務ヲ知ルコトヲ貴ブ。吾レハ此迷ヲ勤ント欲スルノミ。若シ孔子再来シテ是ヲ道ニアラズト曰《ノタマ》フトモ変ゼズ易《カヘ》ズ。死(ス)トモ此行ヲ改ズ。孔子ノ言トイヘドモ奉《ウケ》ズ。是レ吾ガ武門ノ心学也、理学也。

国家ノ難ヲ見、主君ノ憂ヲ聞キ、兵権弱ク武備危キヲ知リナガラ其職ヲ蒙リ其任ニ預リ、是ヲ救フノ志ナク、唯ダ己レヲ全クシテ禄ヲ得ルヲ悟也ト云トモ、吾レハ従ハズ。吾レハ是レヲ以テ迷ヒトス。恐ラクハ是レ世ノ大盗ナラン。財ヲ盗ミ貨ヲ貪ル小盗ノ類ニアルベカラズ。小人ハ以テ道トスルカ。君子ハ必恥トスベシ。

夫レ人ノ世ヲ人是ヲ治メズシテ、誰カ是ヲ治ムベキ。其治ムル人ハ誰ゾヤ。君臣ナラズヤ。其君ハ一人、臣ハ多シ。故ニ臣ハ君ヲ輔ケ、君ハ臣ヲ使ヒ、以テ人物ヲ治ムルニアラズヤ。然ルニ今ノ学者ハ心学理学ノ工夫ニ暇ナク、君ニ事《ツカヘ》テ勤ル所ヲ知ラズ。国家ノ事ハ先ヅ措キ、唯ダ心理ノ妙用ヲ甘ンジテ身ノ修マル極ヲ待ツ。是ヲ悟リト云ト。

夫レ心理ノ妙用ハ限リアルベカラズ。智是ニ順ハバ、天地ノ尽ル期アリトモ、心理ノ妙用ハ求メ極ムベカラズ。而シテ人ノ生ハ限リアルニアラズヤ。其限アル生ニ限リナキ心理ノ学ヲ尽サント欲スルトキハ、天地ノアラン限リ世ノ為君ノ為ニ勤ル臣下四海アルコトナシ。君ハ君ヲ尽サズ、臣ハ臣ヲ尽サズ、君臣別々ニ一己バカリノ学ヲ貴ビ、世ハ当リ任セニ事ヲ取ラバ、国家ノ滅亡日ヲ計《カゾヘ》テ待ベシ。「人心惟レ危シ、道心惟レ微也」[49]トハ是ヲ戒ムルノ謂ナラズヤ。

然ルヲ人心道心ノ伝授ヲ心術工夫ノ学ト伝ヘタルハ、今ノ学者ノ不幸也。礼記ニ曰、「君者《ハ》所《ナリ》レ明《ノットラルル》也、非《ズ》二明《ノットル》レ人《ニ》者《ニハ》一也、君《ハ》所《ナリ》レ養《ハルル》也、非《ズ》二養《フ》レ人《ヲ》者《ニハ》一也、君者《ハ》所《ナリ》レ事《ツカハルル》也、非《ズ》二事《フ》レ人《ヲ》者《ニハ》一也、故《ニ》君明《ノットルトキハ》レ人《ヲ》則有《リ》レ過《チ》、養《フトキハ》レ人《ヲ》則不《ズ》レ足《ラ》、事《フトキハ》レ人《ヲ》則失《フ》レ位《ヲ》、故《ニ》百姓《ハ》則《リテ》レ君《ニ》以《テ》自《ラ》治《ム》也、養《テ》レ君《ヲ》以《テ》自《ラ》安《ジ》也、事《テ》レ君《ニ》以《テ》自《ラ》顕《ハルルナリ》也」[50]ト云フ。是レ人君自ラ天ニ則リテ、心力ヲ民ノ為ニ尽ス至誠ヲ云ニアラズヤ。

夫レ君ハ天ニ則リ民ハ君ニ則ルトキハ、民自ラ治マル。君ハ天ニ則ラズシテ、俗間利欲ノ業ヲ則ルトキハ、民モ亦君ニ則リテ自ラ乱ル。故ニ君ノ勤ハ天ニ則リテ人ニ則ラズト云フ。

夫レ財ヲ集メテ以テ民ヲ養ハント欲スレバ、吾ガ国中ノ財ヲ收斂セズンバ足ルベカラズ。国中ノ財ハ定数アリ。君威ヲ以テ定数ノ財ヲ収斂シ尽サバ、民皆乏シク、国即空虚ナラン。是レ財、上ニ聚マレバ民散ズ。民散ズレバ産業足ラズ。産数[51]足ラザレバ国中定数ノ財、弥減ズ。定数足ラザルトキハ竟ニ他邦ノ富家ニ借レ（ママ）ヲ求メテ、其不足ヲ補ハントス。他邦ニ借ルルトキハ是ヲ返スニ息子《リソク》ヲ増シ、十ヲ借リテ十二、三ヲ以テ償《ツグナ》フ。故ニ国中ノ有《ウ》、益《マスマス》耗《ヘリ》弥減ジ、年ヲ積テ国中ノ山川・海陸・田畠・丘林、悉ク吾ガ有《ウ》ニアラズシテ、他邦富家ノ質トナル。是レ財ヲ以テ人ヲ養ハント欲シテ徳ヲ捨ル故也。

徳ハ上ヲ損ジテ下ヲ益ス。財ヲ散ジテ上《カミ》利ヲ捨ル。財散ズルトキハ民集マル。民集マルトキハ国産増ス。国産増シ民《タミ》業ヲ厲ミテ未ダ国乏キヲ聞ズ。国富テ未ダ君貧ナル者ヲ聞ズ。易ノ彖伝ニ「益《ハ》損《ジテ》レ上《ヲ》益《スナリ》レ下《ヲ》、民悦《ブコト》无《シ》レ彊《カギリ》、自《リシテ》レ上《ミ》下《ス》レ下《ニ》、其道大《ニ》光《アキラカナリ》、利《アリトハ》有《ルニ》レ攸レ往《ク》、中正《ニシテ》有《レバナリ》レ慶《ビ》、利《アリトハ》レ渉《ルニ》二大川《ニ》一水道乃《チ》行《ハルレバナリ》、益《ハ》動《テ》而巽《モシタガヒ》日進《ムコト》无《シ》レ彊《リ》、天施《シ》地生《ス》其益《スコト》无《シ》レ方」[52]ト云ヘリ。是レ天ノ道也。人君此道ヲ行ヘバ、民自ラ治テ君自ラ養ハル。故ニ君《キミ》、徳ヲ以テスレバ民ト君ト相ヒ養フ。君《キミ》、徳ヲ以テスレバ民来テ事ハルル。文王ハ民力ヲ使フコトヲセズ。故ニ民、労ヲ怨ズシテ事《ツカ》フ。民ノ為ニ君ノ身ヲ労役ス。故ニ君ハ民ニ養ハルル所以ンヲ勤ベシ。其養ハルル為ニ徳ヲ以テ民ニ報フ也。是レ君ヲ捨《ステ》テ君タル道ヲ尽ス。故ニ捨ラレズ。能ク利ヲ捨テテ損ズ。故ニ益ス。此故ニ吾レハ君也ト云テ自ラ君威ヲ以テ畏レシメ、以テ政ヲ執ルコトヲセズ。威ヲ載スルニ礼ヲ以テス。

然ルニ心学理学ノ人臣、今君ニ事ルニ、或ハ財ヲ民ニ借レ（ママ）、或ハ収歛貪利ヲ以テ公廩ヲ満《ミタ》シメンコトヲ謀リ、国中ヲ空シクシ、人君ヲ他邦ニ恥《ハヅカ》シメ、是ヲ忠功トス。是レ心学カ、抑《ソモソモ》理学カ。但シ彼ノ「君ハ人ヲ養者ニ非ズ、人ニ養ハルル所也」[53]ト云礼記ノ文言ヲ訓《ヨミ》誤テ、乃《ソコデ》民ノ財ヲ借リ集メ以テ民ニ君ヲ養ハセル道ト心得タルカ。

夫レ金銭貨財ノ利ヲ取テ以テ身ヲ養フハ民俗ノ業也。人君是ニ則ルハ過失也。是レ天ニ則ラズシテ人民ノ愚ニ則ル也。故ニ則《ルトキハ》レ人《ニ》則有《リ》レ過ト云フ也。人君ハ天ニ則リテ徳ヲ以テ民ニ望ミ、民ヲ以テ身ヲ養フヲ云也。故ニ国ヲ富マシ、人民安カラシメントナラバ、何ゾ聖人ノ迷ヲ務メテ、朱程ノ悟リヲ捨ザルヤ。朱程ノ学ハ一己修身ノ為、一日片時ノ間暇ナケレバ、主君ノ憂ヒ国家ノ危キヲ顧《カヘリミ》ルコト能ハズ。心上ノ悟リヲ開キ天理ノ妙ヲ見ル内ニ日月待ズ。此生限リ有レバ、竟ニ君臣ノ務ムベキ道ヲ尽サズシテ、群臣皆君ヲ捨、国家ヲ投テ死スルノミ。天下ノ人臣、此行ヒヲ以テ固ク一己ヲ守テ是ヲ顔淵篤行ノ風也トスルトキハ、治道ハ殆ンド止《ヤミ》ヌ。既ニ治道ヲ務ル臣下ナクンバ、天下何ヲ以テ立タン。天下立タズンバ君父竟ニ亡ン。是レ顔子ノ風、朱程ノ学ハ君父ヲ弑シ天下ヲ乱スノ道ナラズヤ。楊子・墨翟ガ道ハ此禍アルヲ以テ、孟子深ク是ヲ悪ミ、以テ弁ヲ成スニアラズヤ。

此故ニ今ノ人臣ハ務メヲ知ラズ。務メヲ知ラザルユヘニ心ハ忠ヲ思ヘドモ、見ナガラ国家ノ困究ヲ救コト能ハズ。知リナガラ君ノ憂苦ヲ安ンズルコト能ハズ。家語ニ孔子ノ曰、「見小闇大《ニシテ》而不《ズ》レ知《ラ》レ所《ヲ》レ務《ル》」[54]ト云フ。孟子モ亦曰、「放飯流歠《シテ》而問《フ》レ無《キヲ》二歯決《スルコト》一 是《レ》之《ヲ》謂《フ》レ不《ト》レ知レ務《ヲ》」[55]ト云々。豊氏ガ註ニ「智不《レバ》レ急《ナラ》二於先務《ニ》一雖《ドモ》下偏《アマネク》知《リ》二人之所《ノ》一レ知《ヲ》、偏《ク》能《スト》中人之所《ノ》レ能《クスル》、徒《ニ》敝（敝）《ツイヤシテ》二精神《ヲ》一而無《シ》レ益《ニ》二於天下之治《ニ》一」[56]ト云。誠ニ其宗ヲ得タリ。

然レバ国家ノ窮乱ニ及ブハ群臣ノ務メヲ知ラザルユヘ也。己レ務ヲ知ラズシテ国家既ニ窮乱ニ及ブ時、其罪ヲ君ノ不明ニ帰ス。而シテ国家ノ窮乱ヲ見物シテ己レ一人ヲ全フシ、是ヲ君子ノ道也ト思フ。是レ迷ヒノ甚ニアラズヤ。

其迷ノ源、皆心上理学ヲ貴ビ、天下国家治道ノ学ニ志ナキ故也。然レドモ自ラ決シテ迷ヒニアラズトス。亦哀シカラズヤ。或人ノ曰、「孟子ニ曰、仲尼《ハ》不《ル》レ為《セ》二已甚《ハナハダシキコトヲ》一者《ヒトナリ》[57]、又曰、言《ハバ》二人之不善《ヲ》一当《ニ》如《イカン》二後《ノ》患《ヒヲ》一何[58]、又孔子ノ曰、悪《ム》下称《スル》二人之悪《ヲ》一者《ノヲ》上悪《ム》下居《テ》二下流《ニ》一而訕《ソシル》レ上者《ヲ》上[59]、詩経ニ曰、白圭之玷《カケタルハ》尚《ヲ》可《シ》レ磨《ク》也、斯《ノ》言《ノ》之玷《タルハ》不《ズ》レ可レ為《ヲサム》也ト云ヘリ。子《ナンヂ》、今人ヲ責ルコト甚過言ナラズヤ。孔子曰《ノタマ》ハズヤ、躬自厚《ラシテ》而薄責《クルトキハ》二於人《ヲ》一、則遠《カル》レ怨《ミニ》矣[60]ト。夫レ聖人ハ温和ニシテ、深ク言ヲ慎ムニ在リ。汝ガ言ヲ以テ猥リニ人ニ当ル、皆弁佞也」。曰、吾レ人ヲ悪ムニアラズ。其誤リヲ論ジテ幼学ヲシテ不忠ノ道ニ迷ヒ入ラシメザランコトヲ志テ也。若シ吾ガ言ヲ以テ甚シト言ハバ、湯武桀紂ヲ弑虐シ孔子春秋ヲ作ル甚キコト是ヨリ大ナルハナシ。凡ソ世ヲ乱シ君父ヲ苦シムル罪、是ヨリ大ナルハナシ。今ノ人臣、聖教ヲ学テ以テ君ニ事ヘ、国政ノ職ヲ得、時ヲ得、勢ヲ得、任ヲ得、位ヲ得、禄ヲ得、官ヲ得テ、而シテ国家ノ究困君主ノ憂苦ヲ救ハズ、唯ダ一己ノ難厄ヲノミ恐レ、国亡ヲモ思ハザルハ、是レ人ノスベキ道ニアラズ。匹夫ダモ猶恥ヅベシ。況ンヤ武門ノ者ヲヤ。是ヲ猶恥トセズシテ其学ブ所ノ聖法ヲ用ヒズ、反テ以テ収斂ノ法ヲ専ラトシ、以テ忠名ノ功トセントス。是ヲモ議ラズンバ、何レヲカ議ルベキ。

故ニ論語ニ「季氏富《メリ》二於周公《ヨリ》一、而《ルヲ》求《キウヤ》也為《メニ》レ之《ガ》聚斂《シテ》而附二益《ス》之《ヲ》一。子《ノ》曰、非《ズ》二吾《ガ》徒《トニ》一也。小子鳴《シテ》レ鼓《ヲ》而攻《メテ》レ之《ヲ》、可《ナリ》也」[61]ト云ハズヤ。然レバ名ハ聖学ヲ以テ称セラレ、勤メハ聖門ノ徒ニアラズ。孔子、門人ヲ引テ鼓ヲ鳴シテ是ヲ攻ムベシト曰《ノタマ》フ。上《ウヘ》ハ、吾レ二千余歳ノ末ニ在リトイヘドモ、孔子ノ徒ヲ漏《モレ》ンコトヲ恥ヂ、孔子ノ下知ニ随ヒ、是ヲ攻ル者也。妄リニ私言ヲ発スルニアラズ。即チ孔子ノ下知也。或人ノ曰、「可ナルコトハ可ナレドモ、不才ニシテ能ハズンバイカガセンヤ」。曰、吾レ其不才ヲ攻ルニアラズ。吾レ其人ヲ悪ムニアラズ。其不義ニ恥ザルト其罪ノ大ナルトヲ攻ル也。

夫レ自ラ不才ニシテ務ルコト能ハズンバ、何ゾ官ヲ辞スルノ義ヲ行ハザルヤ。何ゾ賢ヲ君ニ進テ子皮・鮑叔[62]ニ効《ナラ》ハンヤ。己レ及バズシテ官ヲ辞セズ、賢ヲモ進メズ、官勢ヲ以テ幸トシ、独リ栄ヲ貪ルハ、何ノ義ゾ。是ヲ位ヲ盗ミ世ヲ盗ムト云也。子《ノ》曰、「蔵文仲其窃《ハレム》レ位《ヲ》者《ノナリ》、与知《テ》柳下恵之《ガ》賢《ヲ》而不《ズ》与《ニ》立《タ》也」[63]ト云ハズヤ。大学ニ曰、「与《ヨリハ》其有《ン》聚斂之《ノ》臣、寧《ロ》有《レ》盗臣」[64]ト云フハ、其聚斂ヲ勤ムルコト盗ミヨリ不義ノ重キヲ云ニアラズヤ。此聖語ヲ常ニ見テ君事ニ用ザルコトハ何ゾ才不才ノ入ル所ナランヤ。

夫レ書ヲ読テ唯ダ辞ニ追従スルノミニテ、事ノ実ニ配スルコトヲ知ラザル者ハ、皆聖人ト云名ニ恐レ阿《ヲモネリ》媚《コビ》ル心トナル者也。斯ノ如クナレバ、聖人ヲ尊信スルト云者ニアラズ。是レ軽薄ノ至也。実《ジツ》ニ聖人ノ言語ヲ尊信スルナラバ、一言一句モ事実ニ配当シテ、天下国家ノ大用ニ応ジ、以テ天地ノ化育ヲ賛クベシ。是レ聖人ヲ尊信スルノ重厚ト云ベシ。故ニ聖人ノ言ト云トモ、用ユベカラザル者アリ。或人大ニ予ヲ恐テ云ク、「夫レ四海ノ内、聖人ノ言ヲ行ハザル者アランヤ。汝ハ誠ノ狂人也」ト。予、答テ曰、夫レ狂狷ハ未ダ孔子ノ門ヲ追ヒ出サレズ。郷原ノ徒ハ孔子自ラ門ヲ追ヒ出シタマハズヤ。

夫レ今ノ学者、聖人ノ言ヲ聞テ、誰カ是ヲ治国ノ用ニ行フ者アランヤ。今ノ学者、皆云ク聖人ノ言ハ行ハズンバアルベカラズト。然レドモ、唯ダ一己名利ノ二ツニ用テ、曽テ国家ノ為ニ用ナシ。吾ガ所謂ル聖言用ユベカラザル者アリトハ、万物ノ性分ヲ以テ云也。

夫レ孟子ニ「桃応問《テ》曰、舜為《タリ》天子、皐陶為《リ》士、瞽瞍殺《サバ》人《ヲ》、則如《イカ》之《ヲ》何《ン》、孟子《ノ》曰、執《トラヘン》之《ヲノミ》而已矣。然《ルトキハ》則舜不《ン》禁《ゼ》与《カ》。曰、夫《レ》舜悪《イヅクンゾ》得《テ》而禁《ゼン》之《ヲ》、夫有《レ》所《レバナリ》受《ル》之《ヲ》也、然《ルトキハ》則舜如《イカ》之《ヲ》何《ン》、曰、舜視《ルコト》棄《ルヲ》天下《ヲ》猶《ゴトシ》棄《ツルガ》敝（敝）蹝《ヲ》也、竊《カニ》負《ヲフテ》而逃《レ》、遵《シタガツテ》海浜《ニ》而処《リ》、終《ルマデ》身《ヲ》訢然《トシテ》、楽《テ》而忘《ン》天下《ヲ》」[65]ト云フ。是レ此一章ニ於テハ聖人ノ言ト云トモ、吾ガ国ニテ用ユベカラズ。既ニ天子ト成テハ四海ノ父母ト成ル。天命ノ公ヲ忘レテ一人ノ父ニ私スルハ舜ノ大智モ至孝ノ情ニ惑フ。支那《カラ》ハ是レ此惑ヒヲ以テ悟リトス。吾ガ国ハ是レ此悟リヲ以テ迷ヒトス。迷悟ノ行ヒ二ツニシテ、其道《ミチ》性ニ順フコト一也。

又、湯ハ桀ヲ放チ、武ハ紂ヲ誅ス。是レ天ニ代リテ其罪ヲ罰スト云フ。聖人ノ言トイヘドモ用ユベカラズ。吾ガ国ニ於テハ臣ヨリ君ヲ罰スルヲバ逆トス。支那ニハ是ヲ順トス。

又、孔子魯ノ大司冦ト成リ相事ヲ摂《カネ》行フ。政ヲ妨ゲラルルニ及テ、冠ヲ脱《ヌガ》ズシテ魯国ヲ去ルト云。聖人ノ行ヒトイヘドモ、用ユベカラズ。吾ガ国ニ於テハ臣ヨリ君ヲ捨ルヲバ不義トス。

又、帝堯大舜ヲ挙ゲ、天下ヲ譲リ、天子トス。聖人ノ教トイヘドモ、用ユベカラズ。吾ガ国ニ於テハ、仮令ヒ大徳ノ君子ト云トモ賤夫ヲ以テ王姓ヲ改メ天下ヲ譲ルヲバ不敬トス。支那ニハ是ヲ敬トス。斯ノ如キノ類、四書五経ニ載スル所、間《ママ》有テ直《タダチ》ニ日本ノ教ニ中《アタ》ラズ。

此故ニ幼学ノ者善ク其師ヲ撰テ学ブベシ。名利一偏ニシテ渡世ノ師ヲ信ジナバ、其習フニ因テ性ニ遠ザカルベシ。其狎《ナル》ルコト久キトキハ竟ニ不義ニ化シテ、一生本義ノ性ニ復《カヘ》ルコトヲ得ズ。不義ヲ以テ義ニ誤ルノ迷ヒヲ知ルベカラズ。家語ニ曰、「与《トモニ》二人《ノ》善《ト》一居《ルコト》如《シ》レ入《ルガ》二芝蘭《ノ》之室《ニ》一、久《シテ》而不《ルコトハ》レ聞《カ》二其香《ヲ》一即与《トモニ》レ之《ト》化《セバナリ》矣、与《ニ》二不善人《ト》一居《ルコト》如《シ》レ入《ルガ》二鮑魚《ノ》之肆《イチクラニ》一久《シテ》而不《ルコトハ》レ聞《カ》二其臭《クサキヲ》一亦《タ》与《ニ》レ之《ト》化《セバナリ》矣、舟《ノ》之所《ノ》レ蔵《ヲサムル》者《ノハ》赤《ク》漆《ノ》之所《ノ》レ蔵《ル》者《ノハ》黒《シ》、是以《ヲテ》君子《ハ》必慎《ム》下其所《ノ》二与《トモニ》処《ヲル》一者《ヲ》上焉」[66]トハ此謂也。

吾ガ国武門ノ士、漢唐ノ訓詁・宋明ノ理学ヲ信ジ、其学ビ来ルコト凡ソ四百年ニ尚《ナンナン》トシテ、竟ニ性ヲ漢唐ニ移シ、心上ヲ宋明ニ染ム。故ニ聖学治道ノ用ヲ一己利得ノ宝トス。是レ聖人ヲシテ小人ノ罪ニ沈メシムル者也。故ニ聖教要録ニ曰、「漢唐《ノ》之訓詁、宋明《ノ》之理学、各利口饒舌《ニシテ》、而欲《シテ》レ弁《ゼント》レ惑《ヲ》惑《ヒ》、愈〳〵深《ク》、令《ム》三聖人《ヲシテツミセ》坐二於塗炭《ニ》一、最《モ》可《キナリ》レ畏《ル》也」[67]ト云也。

夫レ何ヲ以テ聖人ヲシテ塗炭ノ坐《ツミ》ニ入ラシムト云フ。曰、今ノ学者、君ニ事ヘテ官位・執政・時宜・職任・君寵皆与《アヅカリ》テ、而シテ家国ノ困窮、主君ノ患憂、兵権ノ危殆、財用ノ不足、皆是ヲ余所《ヨソ》ニ見テ救フベキ急ヲ務メズ、唯ダ日夜碁ヲ打、酒ヲ飲ミ、年月ヲ草芥ノ如ク捨、心上修身理学正心ノ君子也トシ、一己無事安穏ヲ以テ聖人ノ教ト思ヘリ。聖人ノ教、豈国家主君ノ難ヲ見捨テ、唯ダ一己ヲ無難ニセヨト云ベキヤ。然ルヲ治道ヲ捨テ一己ヲ利スルノ聖学ハ是レ国賊ノ教也。故ニ聖人ヲ坐《ツミ》セシムト云フ也。

夫レ舜、竊ニ瞽瞍ヲ負テ海浜ニ逃レ[68]、以テ天下ヲ忘ルルコト敞(敝)レタル蹝ノ如ク思ハ其至孝ニ順ニシ、天子ノ尊キ天下ノ富ニ毛末モ心ナキヲ云ナルベシ。吾ガ国ニ於テハ其父ノ罪ヲ救ハントテ、天下国家ヲ捨テ其父ヲ竊ニ負ヒ出奔スルコト、神代ヨリ未ダ是レアルコトヲ聞カズ。

一国ノ人君スラ猶是ヲセズ。況ンヤ天子ヲヤ。若シ是レヲ以テ教トスルトキハ、民皆其憎《ニク》ム人ヲ其父ニ殺サシメテ而シテ其子其父ヲ負テ出奔シ、以テ其罪ヲ免ルルトキハ、天下人ヲ殺テ皆其罪ヲ得ル者ナカルベシ。上ミ是ヲ行テ、下是ヲ効《ナラ》フ。何ヲ以テ是ヲ禁ゼン。

故ニ吾ガ国ハ人ヲ殺シテ出奔スルトモ、天下ヲ求テ是ヲ殺ス。是ハコレ吾ガ国ノ道トスル所、彼ハ是レ支那ノ道トスル所。此国ニ居テ彼ノ道ヲ信ズルハ迷也。然レドモ彼ノ国ノ道ヲ聞テ吾ガ国ニ学ブニハ、夫レ人ノ臣タル者、君ヲ以テ瞽瞍トシ、吾レヲ以テ舜トシ、官禄ヲ以テ天下トシ、是ニ心ナキコト敝(敝)レタル蹝ヲ棄ルヲ視ルガ如クセヨ。吾ガ国ノ人臣君ニ事ルコト、舜ノ瞽瞍ヲ思フ如ク官禄富貴ヲ敝(敝)蹝草芥ヲ捨ルヲ視ルガ如ク勤メナバ、争《イカデ》カ君ヲ安ンジ国家ヲ定ムルノ大功ナカランヤ。是ヲ其執ル所ヲ知リ、其務ル所ヲ知ルト云也。家語ニ「不《ズ》レ知《ラ》レ所《ヲ》レ務《ル》、不《ズ》レ知《ラ》二其所《ヲ》レ執《ル》、此《レ》則《チ》庸人也《ナリ》」[69]ト云ヘリ。其執ル所ヲ知リ其務ル所ヲ知レバ、是レ聖人ノ言行ハ三国ニ用テ、用ヒラレズト云コトナシ。其執ル所ヲ知ラズ、其務ル所ヲ知ラザレバ、聖人ノ言行トイヘドモ、爰ニ用テ彼所《カシコ》ニ用ヒラレズ。爰ニ用テ彼所ニ用ヒラレザルハ小人ノ言行ナリ。

然ルヲ異国ノ道ヲ吾ガ国ニ説キ弘メ、直《タダチ》ニ用ヒシメントスルハ愚也、迷ヒ也。始メヨリ己レ迷テ居テ論語ノミヲ見テ、其惑ハザランコトヲ守ルハ、笑フニ堪《タヘ》ザランヤ。此故ニ日本ノ人臣タル者ハ主君ノ務メニ迷フコト、舜ノ瞽瞍ニ迷フテ天子天下ノ富貴ヲ忘ルルコト敝(敝)蹝ノ如クスルニ迷フベシ。今ノ学者ノ悟リハ一己ヲ利スルヲ学ブ。古ノ君子ハ国家ヲ利スルニ迷フ。其悟テ不仁ナランヨリハ如ズ、迷テ国家ニ仁アランニハ。故ニ古人云ヘルコトアリ。良将トナルコトヲ得ズンバ良医トナレト。是レ仁ヲ好ムノ謂ナラズヤ。

吾レ今、言《コト》孫辞[70]ヲ憚ラズ大言ヲ発シ、今ノ学者ノ己利不義ノ悟リヲ以テ面皮敦厚ノ恥ヲ攻ムルコト、既ニ甚キニ及トイヘドモ、好悪ノ為ナラズ。吾レ此為ニ天下ノ罪人ト成リ、三族誅ヲ得ルトモ恥ズ。厭ハズ書記シテ是レヲ学者ニ見セシメ、一夫モ聖人ノ実学ニ帰リ、君ノ為、国ノ為、己レヲ捨テ国家ヲ利スルノ志ヲ得バ、死ストモ猶生《イケ》ルガ如シ。若シ不幸ニシテ其人ヲ得ズンバ、百世ノ後必此君子ナキコトヲ得ンヤ。必吾ガ言ニ従ハン。

夫レ吾ガ言ヲ以テ甚キノ至トス。夫レ今ノ学者ノ不仁ノ甚キニ比スレバ、万分ノ一ニ足ラズ。今ノ学者ノ不仁ヲ見ズヤ。君憂ヘ民窮スレドモ、其身ノ官ヲ以テ救ハズ、日夜聚斂ヲ以テ君用ヲ便利シ、以テ忠功ノ賞ニ預リ、君道ヲ閉《トヂ》テ、君ヲ他邦ノ君子ニ辱《ハヅカ》シメ、己レハ聖賢ノ学名ヲ借リテ、俗間ノ誉名ヲ掠《カス》メ、以テ悟リトス。豈甚キノ大ナラズヤ。然ルヲ吾レヲ以テ甚シトシテ、彼《カレ》ヲ以テ甚シカラズトスルハ何ゾヤ。孔子春秋ヲ作リ自ラ其甚キヲ顧テ曰、「我レヲ罪スル者ハ夫レ春秋カ」[71]ト。斯ノ如ク甚シカラズンバ、焉クンゾ万世王侯ノ夢ヲ覚《サマ》スニ足ランヤ。故ニ又曰、「吾レヲ知ル者ハ夫レ春秋カ」ト。孔子、下流ニ在《イマ》シテ二百余年、王侯ノ不行跡ヲ書キ記シ、当時ノ王侯ヨリ下万世ノ王侯ニ禦《アテ》テ以テ其恥ヲ知ラシメ、善政ヲナサシメント欲ス。

夫レ湯武、桀紂ヲ罰スルノ甚キモ、未ダ孔子ノ甚キニ及バズ。斯ノ如ク甚キヲ以テスルトイヘドモ、未ダ王侯、孔子ノ春秋ヲ恥テ政ヲ王道ニ帰セルヲ聞カズ。秦ノ始皇ハ是ヲ焼テ用ヒズ。唐ノ玄宗ハ孔子ヲ崇《アガメ》テ春秋ヲ取ラズ。独リ明《ミン》ノ太宗春秋ヲ信ジテ仁政ヲ行ヒ、民大ニ化ス。外国朝貢シテ麒麟出ヅト云フ。[72]

夫レ春秋甚シトイヘドモ、孔子没シタマヒテヨリ二千余歳ノ王侯、孔子ヲ用ル者、明ノ太宗天下ノ一人ノミ。況ンヤ甚シカラズンバ万世ヲ尽ストモ一人モ得ベカラズ。仁ヲ好ム者ノ国家ヲ憂フコト、斯ノ如シ。又言《コト》ノ不孫不辞ヲ以テ云ハバ、「子《ノ》曰苟《クモ》有《ラバ》二用《ル》レ我《ヲ》者《ノ》一期月而已《ノミニシテ》可《ヨカラン》也、三年《ニシテ》有《ン》レ成《ルコト》」[73]ト。亦孟子曰、「欲《セバ》レ平二治《セント》天下《ヲ》一、当《テ》二今《ノ》之世《ニ》一、舎《ステテ》レ我《ヲ》其誰《レゾヤ》也」[74]ト云々。是レ自ラ亢《タカブ》ルノ言《コト》ニアラズヤ。但シ聖人ハイカホド亢リテ、イカホド不孫ノ言ヲ云テモ構ヒナキカ。其道ヲ以テ論ズレバ、聖人小人其公私差別アルベキカ。況ンヤ教ヲ立ル其宗タル人ヲヤ。

聖人独リ不孫不譲ヲ行テ、其余ノ人ヲ戒ムルハ何ゴトゾヤ。蓋シ是レ世ヲ憂ルノ余言ナラズヤ。然ルヲ今ノ学者謂テ曰、「是レハ聖人ノ曰《ノタマ》ヘルコトニテ、吾レラ如キノ云フベキコトナラズ」ト覚ユ。此故ニ孫譲ダニ固《カタ》ク守レバ善キコトトバカリ覚テ、君憂ヘ国危キヲ見ルトイヘドモ、進ミ出テ是ヲ救ハント厲ム心モナク、世ヲ憂ベキノ志モナク、危キ所ヲバ人ニ譲リ、難キ所ヲバ事ヲ辞シ、若シ君命ヲ官職ニ与《アヅカ》レバ不肖愚昧ヲ云テ何ゴトモ人ノ後ヘニ従ヒ、唯ダ己レ一身ヲ大事トシテ、曽テ国家ノ危亡ヲ大事トセズ。是《コレ》ヲ以テ聖教孫譲ノ至ト慎ム。其慎ミ積テ君ト国トノ大難ニ及ブコトヲ弁《ワキマヘ》ズ。以テ見ツベシ、朱程ノ心法聖学ヲ害シ国ヲ亡シ天下ヲ乱スニ至ルコトヲ。孫譲ノ義理斯ノ如ク悟リテハ、日本ノ臣道ハ勿論、異朝ト云トモ、人倫ノ道ナルベカラズ。然レドモ私家ニ在テ四書六経ヲ講述スルヲ聞ケバ、其義理分明ナルガ如ク説クトイヘドモ、其説ク所ヲ以テ一毛モ君ト国トニ及バズ、亦且ツ務ムルコトヲセズ。

吾レ苟《イヤシク》モ性[75]ヲ日本ノ域ニ受ケ人ノ臣ト生《ウマ》ル。信ジテ用ル者アラバ、天ニ誓テ必国家ヲ定メ君ヲ安ンジ民ヲ富《トマ》スベシ。何ゾ孔孟ノ聖ヲ恐レ自ラ縊《クビル》ル思ヒヲ成サンヤ。其縊ルル思ヒヲ成サザルニ至ルコト、是レ全ク孔孟教化ノ大恩也。若シ吾レ執政ノ任ヲ得テ、此言ノ如ク行ヒ功ナクンバ、何ノ顔《カンバセ》ヲ以テ今ノ学者ニ対スベキ。大路ニ引キ出サレ土俗ノ足下ニ踏ルルトモ、一毛モ怨ル所アルベキヤ。是《コレ》ヲ以テ見ツベシ、今ノ学者ノ聖教ヲ信ズルト云コト照々トシテ偽ナルコトヲ。偽ナル故ニ十年ヲ勤テ一毛モ功《イサヲシ》ナク、十年ヲ積テ益国家ノ貧ニ至ル。然レドモ曽テ其故ヲ察スルコトヲセズ、弥聚斂ヲ厳《キビシ》クシ、弥国家乏クス。迷ヒニアラズシテ何ゾヤ。

神祇ノ大祭ヲ減ジ、人倫ノ礼報ヲ禁ジ、年歳ノ賀祥ヲ省キ、民間ノ賑ヒヲ禁ジ、是《コレ》ヲ以テ質素倹約ノ道ニ誤リ、自《ミヅカラ》不祥ノ機ヲ招キ国家妖変ノ憂ヘアレバ、俄ニ鬼神ニ祈ル。鬼神何ゾ不仁非礼ヲ受クベケンヤ。是レ惑也。民ノ盗ム所ヲ疑ヒ患テ、監察《メツケ》ヲ以テ細ニ是レヲ探ル。民弥悪慝長ジテ其盗ム所、耳目ニ及ブベカラズ。監察ヲ与《トモ》ニシテ是レヲ竊ムヲ知ラズ。是レ迷ヒ也。其迷フ所ヲ算《カゾフ》レバ、計《カゾヘ》尽スベカラズ。是レ仏家ニ所謂ル衆生《シュジャウ》自ラ地獄ヲ造《ツクリ》テ自ラ堕在（罪カ）スト云、是ナラズヤ。

人、皆富ヲ欲セズト云コトナシ。而シテ常ニ貧ノ事ノミヲ以テ倹約也トス。故ニ富ムコト能ハズシテ日々ニ貧ヲ招ク。人、皆吉ヲ欲シテ凶ヲ忌ム。而シテ常ニ賀祝《イワイゴト》ヲ減ジ、以テ倹約也トス。賀祝ヲ止ムルハ不吉也。是レ自ラ不吉ヲ招キ以テ凶ヲ恐ル也。

人、皆生ヲ欲シテ死ヲ悪《ニク》ム。然ルニ飲食度ナク、淫楽恣《ホシイママ》也。是レ自ラ死ニ近ヅク也。且ツ一日ヲ過グレバ一日死ニ近ク、一年過グレバ一年ノ生ヲ去ル。然ルヲ父母ノ子ニ迷フヲ見ズヤ。人ノ欲《ヨク》ニ迷フヲ聞ズヤ。吾ガ子ノ成長ヲ急グ。是レ老ヲ急テ死ヲ待ニアラズヤ。或ハ寒苦ヲ悪《ニク》ンデ春ヲ急ギ、暑ヲ苦ミテハ秋ヲ急ギ、今日ヲ忘テ明日ノ悦ビヲ急ギ、花ヲ待チ月ヲ急ギ、月過グレバ亦花ヲ急ギ、事物ノ欲スル所ニ従テ皆今日ヲ捨テ明日ヲ待ツ。是レ老ヲ急テ死ニ近ヅクコトヲ知ラズ。然ルトキハ常ニ生ヲ欲シテ亦死ヲ欲スル也。

夫レ光陰ハ一人ノ為ニ私シテ、或ハ速《ハヤ》ク来リ、或ハ遅ク来ルベキヤ。待タズトイヘドモ来リ、急グトイヘドモ来ラズ。人皆是ヲ知ラザルニハアラズ。知テ而シテ常ニ物ヲ待ツノ心相ヒ已《ヤ》ムトキナシ。是ヲ放心ト云。迷ヒニアラズシテ何ゾヤ。此故ニ子張惑ヲ孔子ニ問。子ノ曰、「愛《スルニ》之《ヲ》欲《シ》其生《イキンコトヲ》、悪《ムニ》之《ヲ》欲《シ》其死《ンコトヲ》。既《ニ》欲《シ》其生《イキンコトヲ》、又欲《スルハ》其死《ンコトヲ》、是《レ》惑也《ナリ》」[76]トハ是ヲ云也。其語意ノ一ツヲ以テ人常ニ万ヅニ惑ヒ居ル所ヲ子細ニ推スベシ。

夫レ人心皆欲《ヨク》ニ引レズト云コトナシ。其欲ヤ悉ク物ニ引レズト云コトナシ。其物ヤ財宝ニ如《シク》者ナシ。人ノ大欲ハ飲食男女ヨリ大ナルハナシ。人ノ好悪ハ生死貧富ヨリ厚キハナシ。礼記ニ曰、「飲食男女《ハ》、人《ノ》之大欲存《セリ》焉。死亡貧苦《ハ》、人《ノ》之大悪《ヲ》存《セリ》焉」[77]ト云ヘリ。此故ニ飲食男女生死貧富ノ八ツノ者ハ大欲ノ根ニシテ、金銀財宝ハ大欲ノ枝葉也。故ニ其根ノ為ニ常ニ其枝葉ヲ欲シテ、亦竟ニ其枝葉ノ為ニ其根ヲ忘ル。故ニ人欲ヲ引テ惑ヲ深カラシムル者ハ金銀財宝ヨリ大ナルハナシ。是ヲ得テハ其失ハンコトヲ恐レテ恩義ヲ捨、礼儀ヲ忘レ、又《マタ》是ヲ多クセント欲シテ恩愛ヲ捨、仁恕ヲ忘レテ以テ悋ム。是レ飲食妻妾ノ為ニ欲シ得テ、而シテ亦金銀財宝ヲ以テ飲食妻妾ヲ忘レ、富ヲ得テ亦常ニ貧ニ居ル。惑ヘルニアラズヤ。是ヲ失テハ亦是ヲ得ンコトヲ欲シ、人ヲ欺キ道ヲ背キ、度量権衡ヲ掠メ牆ヲ越ヘ、庫《クラ》ヲ穿チ罪ヲ得テ生ヲ失ヒ死ニ及ブ。是レ生ヲ欲スルガ為ニシテ亦其死ヲ欲ス。惑フニアラズヤ。然レバ富ヲ欲スルニ貧ヲ以テ常ニ苦ミ、生ヲ養フニ死ヲ以テ常ニ居リ、吉ヲ求ムルニ凶ヲ以テ常ニ行ヒ、国用ノ足ランコトヲ欲シテ不足ヲ以テ常ニ務ム。皆聖人ノ教ニアラズ。

夫レ人ノ財宝ヤ是レ吾ガ有《ウ》ト思フヤ、亦人ノ有《ウ》ト思ヤ、能ク其本元ヲ観念セヨ。

夫レ貴キコト天子タリ。富四海ヲ保《タモ》ツ人ノ富貴ヲ云者、天子ニ如《シク》者アランヤ。然レドモ死生命アリ。天子トイヘドモ死スルトキハ土ト成ルノミ。生《イケ》ルトキノ金玉財宝冥途ニ持《モチ》去テ吾ガ有《ウ》トスルコト能ハズ。悉ク人世ニ残シ去ル。秦ノ始皇帝生《イケ》ルトキノ財宝ヲ惜テ、死セルトキ悉ク棺槨ニ蔵《ヲサ》メ、廟中ニ埋メシメタレドモ、項羽ガ為ニ発《アバ》カレテ悉ク奪ハル。[78] 天子ノ富貴スラ吾ガ有《ウ》トスルコト能ハズ。況ンヤ其余ノ人ヲヤ。

吾ガ生命既ニ吾ガ有《ウ》ニアラズシテ数尽キ死ニ及ブトキハ、自ラ生《イキ》ントスレドモ生《イキ》ルコト能ハズ。吾ガ身スラ是レ吾ガ物ニアラズ。況ンヤ天下ノ通物ヲヤ。此故ニ吾ガ物ニモアラズ、亦他ノ物ニモアラズ。天地ノ中ニ盈《ミチ》、四海回転通用シテ、時有テ吾レニ集リ、時有テ吾レヲ散ズ。得失貧富一人ニ極マラズ。盛衰盈虚一人ニ定ラズ。故ニ物ノ吾レニ有ルコト暫ク与《アヅカル》ノミ。吾レ死スルトキハ他ニ移リ、他死スルトキハ亦外ニ往ク。

其先祖貧賤ニシテ其子孫富貴ナルアリ。其先祖富貴ニシ其子孫貧賤ナルアリ。或ハ賢ニシテ貧賤アリ。愚ニシテ富貴アリ。或ハ賢ニシテ富ミ愚ニシテ貧アルコト、人々古今面《マノアタリ》ニ見ナガラ曽テ心ヲ潜《ヒソメ》テ自覚スルコト能ハズ。是レ天此人ヲシテ均《ヒトシ》ク相ヒ譲《ユヅ》ラシメテ、貧富得失一人ヲ以テ極メズ。天命亦明《アキラカ》ナラズヤ。故ニ明王ノ民生ヲ養フコト天ニ則ル。然ルヲ得ルトキハ吾ガ物也ト悦ビ、万代不易ノ思ヒヲ極メ、猶且ツ是ヲ増サンコトヲ願ヒ、其亦失ハザランコトヲ苦ム。一生道ニ安ンズルコト能ハズシテ、唯ダ財宝ノ為ニ此心ヲ役セラル。惑ニアラズシテ何ゾヤ。故ニ君子ハ財ヲ貯フコトヲセズ、財ヲ通ヅルコトヲ貴ブ。財ヲ聚ムルコトヲセズ、財ヲ散ズルコトヲ要ス。財ヲ惜ムコトヲセズ、財ヲ節スルコトヲ重ンズ。大学ニ曰、「楚国無《ハ》レ以《シ》二為《ヲモフコト》宝《ヲ》一、惟《ダ》善以《ヲヲモフ》二為宝《ト》一。舅犯《ガ》曰、亡人無《ハ》レ以《シ》二為《ヲモフコト》宝《ヲ》一、仁親以《ヲ》二為《ヲモフ》宝《ト》一」[79] ト云ヘリ。

夫レ物ヲ以テ宝トセバ、水・火・木・金・土是也。国ヲ以テ宝トセバ、山林・河海・丘陵・田畠是也。人ヲ以テ宝トセバ、明君賢臣是也。此大宝ヲ善クスルコトヲ措《サシヲキ》テ金銭器財ヲ宝トシ、人ニ易《カヘ》恥ニ易テ聚斂ス。豈惑ナラザランヤ。亦、小智笑フニ堪《タヘ》ザランヤ。亦、愚ナラザランヤ。

夫レ金銭ハ本ト穀ト物ト相ヒ交易スル便利ノ為ニ制セ

ル者也。故ニ大古ハ貝《カイ》ヲ以テ交易セリ。其損傷シ安キヲ以テ銅鉄ヲ以テ小ク印簡ヲ鑄《イ》サシメ名ヅケテ銭トス。此銭モ亦多分ヲ以テ遠ク通ジ安スカラヌユヘ、金銀ヲ以テ亦印簡ヲ造リ、以テ銭ノ多分ヲ統約シタル者也。

　夫レ君ハ国土ヲ領シ、臣ハ禄ヲ受ケ、農ハ田畠ヲ分配シ以テ米穀ヲ産スルトキハ、穀産ヲ得テ食ヲ有《タモツ》者ハ唯ダ君臣農ノ三人ノミ。其余ノ百工ハ唯ダ居宅ノ地ノミ有テ穀産ナシ。穀産ナケレバ生食ヲ得ルコト能ハズ。故ニ器財ヲ造リ国用ヲ備ヒ、士農ノ足ラザル物ヲ出シテ、是ヲ以テ米穀ニ易《カヘ》、以テ食ヲ求ル者也。百工ノ作ル所ノ物ヲ受ケ此国ニ無キ物ヲバ彼ノ国ヨリ受ケ来リ、彼ノ国ニ無キ物ヲバ此国ヨリ運《ハコ》ビ、諸国徧通シテ賤《ヤス》ク求メテ貴《タカ》ク売リ、弁ヲ飾リ時ニ乗テ一ツヲ以テ三ヲ得ル。是ヲ利息ト云。此利息ヲ以テ士農ノ穀禄ニ易ヘ、而シテ食ヲ求ル者是ヲ商ト云フ。故ニ国君利権ヲ失フトキハ、利権商家ニ在リ。利権商家ニ在ルトキハ、龍ノ雲ヲ得タルガ如ク、士農工三民ハ云ニ足ラズ、山林海陸ノ有物・財宝悉ク商家ニ利セラレ、君ハ国用足ラズ、士ハ禄食乏シク、農ハ田畠ヲ質セラレ、君士農工手ヲ束テ金銭・米穀ヲ商家ニ恩借スルニ至ル。是レ国家ノ憂也。

　其爰ニ至ルノ災ハ何ヲ以テノ故ゾ。其大本ヲ忘テ金銭財宝ヲ貴ブノ甚キ故也。故ニ君ハ山海、士ハ食禄、農ハ田畠、工ハ器財、悉ク本ヲ商家ニ帰セラレ、却テ吾ガ本ヲ彼《カレ》ガ恩ニ受ルトキハ、士農工皆商家ノ扶持人トナル。豈恥ナラザランヤ。

　此故ニ武門ノ者ハ軍器ノ外日用ノ器足ルニ任セ、財宝珠玉悉ク泥中ニ投《ナゲ》ウチ捨ツベキコト也。况ンヤ人君ヲヤ。金銭ハ唯ダ交易便利ノ捷径《チカミチ》ニ作リタルマデニテ、天下今是ナキトテモ人ノ生命飢渇ニ至ラズ。唯ダ交易不便利ナルマデノコト也。

　米穀布帛一日モナキトキハ天下ノ人民尊卑貴賤何ヲ以テ饑寒ノ死亡ヲ救ンヤ。然ルヲ今ヤ金銭ヲ貴テ米穀ヲ賤ンズ。是レ其本ヲ忘レタル也。而シテ亦珠玉ハ金銭ヨリ貴シ。是ヲ損失スル有司ハ首ヲ刎ラル。是惑ニアラズシテ何ゾヤ。国家ノ政務本トヲ爰ニ惑テ、而シテ国ノ富ヲ求ント欲ス。百世ノ労ヲ積ムトモ得ベカラズ。早ク聖法ノ古キニ反リ聚斂ノ新法ヲ改メヨ。宝ヲ積ムハ国貧ノ本也。

昔シ晋ノ平公ノ時、宝蔵ニ火係《カカ》リテ焼ケタリ。[80]士大夫有司色ヲ変ジ足ヲ空《ソラ》ニシテ是ヲ防ゲドモ、竟ニ防ギ得ズシテ百万ノ財宝悉ク灰燼トナル。平公大ニ憂ヒ悔ユ。公子晏独リ束帛シテ賀《イワイ》テ曰、「甚ダ善也」ト、平公大ニ怒テ曰、「吾ガ巨万ノ宝ヲ焼亡シ、百官有司吾ガ為ニ哀シム。汝独リ何ゾ是ヲ賀スルヤ。若シ説《セツ》アラバ生《イケ》ン。説ナクンバ殺サン」。公子晏ノ曰、「臣是ヲ聞ケリ。王者ハ天下ヲ蔵《クラ》トシ、諸侯ハ山海ヲ蔵トシ、商人ハ篋匱ヲ蔵トス。今、国民裋褐[81]形ヲ蔽《ヲヲフ》コト能ハズ、糟糠口ニ充《ミタ》ズ、国士禄ヲ減ゼラレ、賦斂已ム時ナク、君其大半ヲ収《オサ》ム故ニ天是ヲ火災ス。夫レ桀ハ四海ヲ残賊シテ聚斂度ナシ。万民困究ヲ唱テ皆上ヲ譏ル。此故ニ湯是ヲ誅シ天下ノ戮トナル。今唯ダ天災ヲ宝蔵ニ降シテ君ヲ戒メ教ユ。君未ダ天寵ニ捨ラレズ。是レ君ノ大福ナラズヤ。故ニ臣今是ヲ祝ス。若シ君、鬼神災変ヲ示スコトヲ悟ラズ、弥邪政ヲ行ハバ、竟ニ天下ノ戮トナランコトヲ恐ル」。平公ノ曰、「善イ哉。今ヨリ後、山川ヲ以テ蔵トシ、百姓ヲ以テ宝トセン」ト云ヘリ。

又、慎子ガ曰、「有《リ》レ客鑿《テ》レ井《ヲ》以《テ》求《ム》レ水《ヲ》、不《シテ》レ得レ水《ヲ》而得レ金《ヲ》、客以《テ》為レ祥《ト》。慎子《ガ》曰、是《レ》不祥之《ノ》獲《エモノナリ》也。客《ノ》曰、天地之《ノ》間、金《ハ》少《ク》水《ハ》多《シ》。故《ニ》人之《ノ》求《ルコト》レ之《ヲ》也。水《ハ》尤《モ》易《クシテ》レ得、而金《ハ》尤《モ》難《シ》レ得。是《ヲ》以《テ》金甚《ダ》貴《クシテ》、而水甚《ダ》賤《シ》。金之《ノ》為《タルコト》レ宝也、尚《シ》矣。夫《レ》水《ハ》能《ク》養《フ》レ人《ヲ》、金能《ク》養《ハンヤ》レ人《ヲ》乎。是《ノ》故《ニ》人家無《クシテ》レ金、未《ダ》《ズ》レ害《アラ》二於生道《ニ》一也。鑿《テ》レ井《ヲ》獲《ル》レ金《ヲ》、何《ヲ》以《テ》為《スルヤ》二不祥《ト》一。慎子《ガ》曰、不《ズ》レ然《ラ》。一日《モ》無《キトキハ》レ水、則不《ズ》レ能レ保《ツコト》レ生《ヲ》。是《レ》水之《ノ》為《タルコト》レ宝、顧《テ》不《ズヤ》レ重《カラ》乎。夫《レ》人之《ノ》所《ハ》レ患《ル》、莫《シ》レ大《ナルハ》二於饑渇《ヨリ》一、是《ノ》故《ニ》食《ハ》以《テ》療《シ》レ饑《ヲ》、飲《ハ》以《テ》救《フ》レ渇《ヲ》、所二以《ン》為《タル》一レ智也。耕《スハ》レ田《ヲ》、以《テ》謀《ルナリ》レ食《ヲ》也。鑿《ルハ》レ井《ヲ》、以《テ》謀《ルナリ》レ飲《ヲ》也。設令《タトヘバ》天下之《ノ》田不《ズシテ》レ生《ゼ》レ禾《ヲ》、而生《ジ》レ宝《ヲ》、天下之《ノ》井不《ズシテ》レ出《サ》レ水《ヲ》、而出《スナラバ》レ金《ヲ》、則是死《レコロスナリ》二天下之《ノ》人《ヲ》一也。不祥孰《イヅレカ》大《ナル》焉」[82]ト云ヘリ。是レ人皆其本ヲ忘レ其末ヘヲ追ヒ、多キヲ欲シテ少キニ就キ、始ヲ忘レテ終リヲ求メ、物ニ誘《サソハ》レ放心スルコト常ニシテ、以テ自ラ迷ヒナラズト思フ。老子ニ曰、「不《ズ》レ忘《レ》レ始《ヲ》不《ズト》レ求《メ》レ終《ヲ》」[83]、是ヲ云也。

山川海陸ノ宝ヲ除テ国家ナシ。今日唯今、国家ノ事也。今日唯今、国家ノ治也。国家ノ治ハ聖学也。聖学ヲ別ニシテ今日唯今ノ治道ナシ。今日唯今ヲ外ニシテ聖学ナシ。聖学、今日也。今日、聖学也。聖学、今日、併ビ行テ、其治ヲ成シ、其治以テ人ニ及ビ、其人以テ国家ニ至リ、国家ニ至テ天地・鬼神・山川・海陸ノ本ニ帰ル。其事務一時トシテ急務ニアラズト云コトナシ。何ノ暇アリテ心上理学ノ工夫ヲスルニ足ラン。聖学ノ用ハ田ヲ耕シ穀ヲ収《オサ》メ井ヲ鑿リ水ヲ求ルガ如キノ事務也。心上理学ハ今日金銭便利ノ重宝ナルガ如シ。庸俗ハ、田ヲ耕スモ井ヲ鑿ルモ食モ衣モ生モ居モ治モ乱モ此金銭ナクシテ何ヲ以テ是ヲ調ンヤ、金銭ハ治道ノ大本也ト思フ。誠ニ今ノ世ノ云為ヲ以テ是レヲ見レバ、誰カ是ニ従ハザル者アランヤ。其大用ノ本ヲ忘レテ金銭ノ理学ヲ大本ト誤ルコト、最モ至極ト云ベシ。

　夫レ米粟ト器財ト交易スルトキハ、遠近舟車ノ大用小用其持チ歩《ハコ》ビニ不自由ナル故ニ、古ヘノ賢者小ク通ジ安キヲ慮リ印簡ヲ作リ、是ヲ以テ通ジテ万物ト交易《カヘガヘ》ナサシメタルマデノコト也。故ニ今金銭ヲ止メ紙板ニ印シテ用ルトモ亦可也。然レバ其貴ム本ハ金銭ニハアラズ、米穀布帛ニ在ルト云コトヲ知ラズ。竟ニ便利重宝ニ引レ迷ヒ、其本ヲ賤シ其末ヲ貴ビ、武威ヲ枉テ金銭ノ為ニ商家ニ阿《ヲモネリ》媚ビ、士農ヲ賤ンジ百工衰フ。百千ノ美、皆商家ニ帰ス。是レ仁ノ均《ヒトシ》カラズ、窶《アサマシキ》コトナラズヤ。

　然リトテ今金銭ノ通用ヲ得テ捨ツベキニアラズ。其本ヨリシテ其末ヲ動《ウゴカ》スベシ。其本ヲ忘レテ其末ヲ追フハ皆流俗ノ愚也。故ニ政、流俗ニ倣《ナラ》フトキハ聖治ニ悖《モト》ル。聖学ニ悖テ未ダ国家ノ正キコトヲ聞カズ。「文侯問フ二治ムルコトヲレ生ヲ於李悝ニ一。[84] 李悝ガ曰、夫レ布ノ価アタイハ貴ク二於粟ヨリ一、帛ノ価ヒハ貴ク二於布ヨリ一、金ノ価ヒハ貴ク二於帛ヨリ一、玉ノ価ヒハ貴シ二於金ヨリ一。故ニ以テレ価ヲ言ヘバレ之ヲ、則金玉ト与二布帛一、与二粟米一、其貴賤不ズレ敵アタラ。固ニ非ズレ可ニ二同シテレ日ヲ而論ズ一也。是ヲ以テ天下ノ人知ル二金玉ノ之為スルコトヲレ貴シトノ而已ミ一。夫レ人ノ之患ハ莫シレ急ナルハ二於饑寒ヨリ一。饑ノ之於ケルレ食ニ不ズレ待タ二甘旨ヲ一、寒ノ之於ケルレ衣ニ不ズレ待タ二軽暖ヲ一。[85] 饑寒ノ至ルレ身ニ不ズレ顧ミ二廉恥ヲ一。人一日不レバ二再食セ一、則饑ヘ、終歳不レバレ為セレ衣ヲ、則寒ココユ。夫饑ヘテ不ズレ得レ食ヲ、寒ヘテ不レバレ得レ衣ヲ、則雖ドモ二慈母ト一、不ズレ能レ保ンズルコト二其子ヲ一。君安イヅクンゾ能ク以テタモタンヤ有二其民ヲ一哉。夫レ金玉ハ者、饑ヘテ不ズレ可レ食ス。寒ココヘテ不ズレ可レ衣キ。為メニレ物ノ雖ドモレ貴シト、無シレ用ニ二於饑寒ニ一。是レ何ンゾ足ランヤレ貴ムニ哉。然レドモ而衆貴ブコトハレ之ヲ者、以ノ二上ノ之人好ンデ用ルヲ一之故ナリ也」[86]ト云ヘリ。

　是レ治道ヲ知ル人ハ能ク其取捨ノ本末ヲ明ニ悟テ、今日ノ急タルコトヲ務ム。今日ノ急ヲ悟ルコト甚ダ微ニシテ知安スカラズ。国家金銭ノ不足ヲ患テ是ヲ多カラシメントナラバ、何ゾ其本ヲ務ザルヤ。今日其本ヲ務ムレバ、明日金銭道路ニ積ンデ民盗ムコトヲ欲スベカラズ。是レ惑ヘルノ甚シキ者ナランヤ。論語ニ曰、「君子《ハ》務《ム》レ本《ヲ》」[87]ト。大学ニ曰、「其本乱《レテ》而末治《マル》者《ノハ》否《アラズ》矣」[88]。又曰、「物有《リ》二本末一事有二終始一。知《ルトキハ》レ所《ヲ》二先後《スル》一則近《シ》レ道《ニ》矣」[89]。論語ニ曰、「季康子患《テ》レ盗《人ヲ》問《フ》二於孔子《ニ》一。孔子対《テ》曰、苟《モ》子《ガ》之不《ズンバ》レ欲《セ》雖《ドモ》レ賞《スト》レ之《ヲ》不《ズ》レ竊《マ》」[90]ト云ハズヤ。其本始ヲ務メズ、日夜聚斂ヲ欲シ、而シテ富マンコトヲ謀リ、而シテ盗ヲ患フ、豈迷ニアラズヤ。今、朱学ノ士、始メヨリ此迷ニ居テ、而シテ其迷ハザランコトヲ慎ミ、論語ノ外ヲ見ズト云フ。天ニ仰テ一笑スルニ堪タリ。其惑フ所、何ゾ書ニ依ランヤ。其迷ハザランコトヲ欲スルナラバ、古ヘ賢聖ノ骨ヲ粉ニシ身ヲ砕キ、危難ノ中ニ立テ己レヲ捨テ、成功ヲ立テタルヲ的ニシ、以テ今日天ノ動キ物ノ儀則ニ考ヘ、而シテ書ノ言辞ヲ見、以テ学《ガク》トセバ、何ノ惑コトヲ恐レンヤ。若シ是ヲモ惑ハンカト恐ルルナラバ是レイカガセンヤ。

夫レ臣士タラン者ハ君ノ為国家ノ為ニ迷ハズシテ誰レガ為ニカ迷ベキ。爰ニ於テ男子ノ義タリ、人臣ノ義タリ。是非《ゼヒ》ノ争フ所ナラズ全ク決断スル、是ヲ悟ト云ベシ。其惑ンコトヲ恐レテ、其惑ザランコトヲ追フ、是ヲ迷ト云。今日ノ急ヲ見、君ノ大患ヲ知リナガラ、一己ノ迷悟ニ頓著シ、星霜ノ吾ガ身ニ足ラザルコトヲ忘レ、目前ノ大事ヲ務メズ、誰ヲ待チ、誰ニ譲ルベキ。誠ニ懦弱ノ至極ト云ベシ。学問ヲシテ行ヒ斯ノ如キ者アリ。斯ノ如キノ学者、焉ンゾ聖教ノ意地ヲ知テ、治道ノ故ニ通ヅベキ。論語ニ「士《ハ》不《ズ》レ可三以《テ》不《ズンバアル》二弘毅《ナラ》一。任重《シテ》而道遠《シ》。仁以《テ》為《ス》二己《ガ》任《ト》一、不《ズヤ》二亦《タ》重《カラ》一乎。死《シテ》而《シテ》後《ニ》已《ム》、不《ズヤ》二亦《タ》遠《カラ》一乎」[91]、孟子ニ「待《テ》二文王《ヲ》一而《シテ》後《ニ》興《ル》者《ノハ》凡民也《ナリ》。若《シ》夫《レ》豪傑《ノ》之士《ハ》、雖《ドモ》レ無《シト》二文王一猶《ヲ》興《ラン》」[92]ト云ハズヤ。牛車重キヲ負《ヲフ》テ己レガ任トス。日々ニ十里ヲ往ク。生涯十万里ノ遠キヲ尽スコト、死セザレバ已《ヤマ》ズ。豈弘毅ナラズンバ、焉ンゾ人ノ為ニ牛車ノ天ヲ勤ルコトヲ得ンヤ。況ンヤ人ヲヤ。況ンヤ人臣ノ武ヲヤ。今ノ士ノ道ヲ尽スコト牛車ノ弘毅ニ劣レリ。亦辱《ハヅ》カシカラザランヤ。

夫レ孔孟モ亦人ナラズヤ。吾レモ人ナラズヤ。道ハ天地ニ考ヘ、法ハ万物ニ見ル。何ゾ常ノ師アランヤ。然ルヲ況ンヤ幸ニ経籍有テ聖賢ノ佐《タスケ》アルヲヤ。聖人トイヘドモ天地人物ナクンバ、何ニ依テカ道ヲ知ルベキ。此故ニ宋儒ノ意見ハ信ズルニ足ラズ。迷ニ入ルコト最モ深シ。

若シ名分字音ノ如キハ異国ト吾ガ　朝ノ別アレバ、其説ヲ借テ知ルニ足ルベシ。其治道ヲ知リ其聖人ヲ知ルニ及テハ、厘毛モ取ルニ足ラズ。皆死物ノ論説ニシテ、聖人ヲ尊敬スルコト愚婦ノ弥陀《ミダ》如来《ニヨライ》ヲ礼拝《ライハイ》スルガ如ク、言皆徒《イタヅラ》ニ追従軽薄ノミ。註釈スル所ノ書面ヲ見レバ、甚ダ利口重々《ヲモヲモ》シクシテ、大ニ面白シ。故ニ幼学泥ミ入リ安シ。

熟々《ツラツラ》先聖没後三千余歳ノ間ヲ観ルニ、聖人ヲ知ル者、異朝ニハ孟子荘子ノ両子ノミ。吾ガ　朝ニハ、素行子[93]・徂徠子[94]・太宰純[95]ノ三子ノミ。先王没シ玉ヒテ後五百年ノ間、孔聖一人ノミ。孔子ノ門ニ学ブ者三千ニシテ道ニ通ゼル者少《ワヅカ》ニ十子[96]ノミ。然レドモ是ハ聖人ノ直教ニ与《アヅカ》リテ面《マノアタリ》ニ聖人ノ言行ヲ見ルニ足レリ。彼ノ孟子ヨリ此方五子ニ於テハ、聖人ヲ去ルコト稍遠クシテ、独リ聖人ヲ知ルトキハ、此五子ハ亦十哲ヨリ超出セルト云ベシ。誠ニ是レ文王ナクシテ勃興セル者也[97]。其余ノ儒学百万人、皆孔子ヲ捨テ程朱ノ異端ヲ信ズルノミ。而シテ己レ異端ニシテ却テ荘子ヲ以テ異端也ト云フ。是レ其執ル所ヲ知ラズシテ、徒ニ言ヲ聞テ同異ヲ別ツ也。亦愚ナラズヤ。

孟子ト荘子ハ同時ニシテ、孟子未ダ荘子ヲ譏ラズ。荘子未ダ孟子ヲ譏ラズ。孔子ト老子ト同時ニシテ、孔子未ダ老子ヲ譏ラズ。老子未ダ孔子ヲ譏ラズ。其詞大ニ異ニシテ聖人ヲ論ズルコト、孔老孟荘、一也。然レドモ幼学ハ其詞ノ異ニ惑フ。故ニ同ジ道ナラバ言《コト》ノ直ニ正キヲ以テ、論孟ヲ常ニシテ老荘ヲ取ラザルノミ。然ルヲ諸儒往《ワウ》々《ワウ》ニ老荘ヲ憎ムノ語アリ。石梁[98]ガ如キハ孔子礼ヲ老子ニ問フト云コトヲ忌テ、此老子ハ五千言ヲ作ル老子ニアラズト云ヒ、或ハ云ク老聃トハ古ヘノ老人ノ称也ナドト誣テ、孔子ニ近ヅケ親《シタシメ》ザルコトヲ云フ。是レ全ク四、五歳ノ童子、物ヲ相ヒ拒ム思ヒヲ成ス。孔子ノ老子ニ礼ニ学ビ玉ヒタルハ何ホドノ恥辱タルゾヤ。宜《ムベ》ナル哉。此末《ミ》熟《ヂク》儒弱ノ女《ヲンナ》心ヲ以テ聖人ノ大道ヲ学ントス。誠ニ任ニ勝ザル也。

其意趣遺恨ノ源ヲ考ルニ、蓋シ老子ノ曰、「絶《チ》レ聖《ヲ》棄《テ》レ智《ヲ》、民《ノ》利百倍《ス》。絶《チ》レ仁《ヲ》棄《テ》レ義《ヲ》、民復《カヘル》二孝慈《ニ》一」[99]。或ハ云、「礼《ハ》者、忠信《ノ》之薄《キニシテ》、而乱《ノ》之首《ハジメナリ》也」[100]ト云ヒ、亦荘子ノ曰、「聖人《ノ》之利《スルコトハ》二天下《ヲ》一也少《クシテ》而害《スルコト》二天下《ヲ》一也多《シ》」[101]。或ハ云、「聖人不《ズンバ》レ死《ナ》、大盗不《ズ》レ止《マ》」[102]。又云、「湯武《ヨリ》以来《タ》、皆乱人《ノ》之徒《ナリ》也」[103]ナドト謂フヲ以テ彼レ等《ラ》怒テ以為《ヲモヘ》ラク、吾レ等《ラ》ガ方ノ聖人ヲ悪口雑言ヲ云フ甚ダ無念至極ナドト、女《ンナ》童《ワランベ》ナドノ相ヒ妬ミ相ヒ奪ヒ合フガ如ク思ヘルナラン。

　夫レ吾ガ孔子也、彼レガ孔子也ト、何ゾ吾ガ物トセンコトヲ争フヤ。孔子ノ道ハ漢唐宋明ノ儒者ノミニ預レトハ、イヅクヨリノ命アルゾヤ。然ルヲ道統ノ伝授ナドト云テ、吾レ勝チニ其任ヲ望ム。偏ヘニ弓馬刀鎗ナドノ相伝秘授ノ如ク覚ユ。豈掌ヲ打テ笑ハザランヤ。

　夫レ道ハ大地万物ニ存シテ、聖賢上ニ位スレバ盛ニ行ハレ、小人上ニ位スレバ道相ヒ背クノミ。何ゾ一人ノ道トスルコトヲ云ハン。

　夫レ荘子ガ所謂ル「聖人ハ天下ヲ利スルコト少ク、天下ヲ害スルコト多シ」[104]トハ、即チ漢唐宋明ノ儒者ノ云フ聖人ヲ指テ云也。是ヲ寓言トモ詭言トモ云ハズヤ。

　夫レ面《マノアタリ》君憂ヘ国究スレドモ、其臣トシテ禄ヲ受ケ官ヲ蒙リ、職ヲ与リ任ヲ得、命ヲ戴キナガラ是ヲ救ハンコトヲ務メズ、仁義礼智ヲ己レニ尽シテ君ニ尽スノ思ヒナキ、斯ノ如キノ聖人ノ教ハ是レ天下ヲ利スルコト少クシテ天下ヲ害スルコト多キトハ豈虚言ナランカ。剰《アマツサ》ヘ吾ガ　朝ノ臣道マデ其英武ヲ折《クヂ》クニ至ラシム。天下ノ迷ヒ唯ダ一己心理ノ学ヨリ甚キハナシ。幼学ノ士、少シモ迷ベキニアラズ。一タビ迷ニ入レバ、君ヲ忘レ国家ヲ害シ、人倫永ク乱レン。恐ルベシ、慎ムベシ。

　必孔子ノ魯ヲ再ビ逐ハレ、[105]跡ヲ衛ニ削ラレ、[106]樹ヲ宋ニ伐ラレ、[107]商周ニ窮シ、[108]陳蔡ニ囲マレ玉ヘタル如キノ危難ヲ恐レ、[109]孟子ノ宣王ニ退ケラレ、[110]恵王ニ迂遠也トテ笑ハレタル[111]如キ恥辱ヲ思ヒ、老荘ノ用ヒラレヌ流浪ヲ哀ミ、素行子[112]・徂徠子[113]ノ配流ノ罪ニ処セラレタルヲ懼レ、太宰純ハ是ヲ患テ経済録[114]ヲ著ハシ、時政ニ遇ハズシテ是モ亦浪々ノ身ト朽果タルヲ見テ、朱学ノ一己ヲ世ニ愛セラレ福禄ヲ利シ安然トシテ、智愚[115]ノ世ト時ヲ得ズト云コトナキヲ人道ト迷ベカラズ。

　固《モト》ヨリ吾ガ　朝武臣ノ道ハ、一君ノ外二君ニ事ヘザレバ、異国ノ如ク其事ヘ難キヲ知テ其君ヲ去リ、其国ヲ退キ、君ノ善悪ヲ撰ミ、自ラ進退存亡ヲ極ムルコトヲセヌ国性ニテ、君ノ用ルトキハ事ルニ妻子ヲ顧ズシテ国ヲ定メ民ヲ富マシ、以テ君ヲ安ンジ奉ルコト、思ヒ尽シテ、此外ヲ思フコト毫髪モ胸中ニ加ヘ交ユベカラズ。行、余力アラバ経ヲ披テ聖人ノ佐ヲ求メ、以テ其務メヲ知ルコトヲ要スベシ。若シ君以テ己ヲ用ルコトナクトモ、亦己レヲ尽シ職ヲ守ルノ外加フベカラズ。若シ君以テ己レヲ捨ルトモ、其国ヲ去ルコトヲセズ、政ニ従ヒ人ヲ教ヘテ君ヲ忘レズ国ヲ後《ウシロ》ニセズ、是レ進退存亡皆君ニ任ジテ此身ヲ以テ私ニセズ、其用ルト用ヒラレザルト挙グルト捨ルトニ依テ臣道ヲ変ゼザル。是レ吾ガ　朝臣道ノ性トスル所、異国ト少シ差等アリ。

彼ノ楠正成父兄弟三人、両帝ニ事ヘ奉リ良謀ヲ献ジテ諫レドモ　帝用ヒ玉ハズ。用ヒ玉ハズトイヘドモ心ヲ尽シ身ヲ殺シ、父子三代　両帝ニ良諫ヲ奏スルコト再三ニシテ已《ヤマ》ズ。正成勅答ノ始メニ曰、「一旦ノ勝敗ハ必叡慮ニ係ラルベカラズ。正成生《イキ》テダニ有ルト思召サバ必　御聖運ヲ開カセ奉ルベシ」[116]ト。噫《アア》、此一言タルヤ誠ニ人臣ノ亀鑑也。

今ノ朱学者、是ヲバ不孫不譲ノ一言ニシテ、君ニ対シテ甚非礼トシ、且ツ英気事ヲ害スルトテ大ニ恐テ曰、「夫レ時ノ運不運変化吉凶ノ道ハ聖ニシテ知ルベカラザル、是ヲ神ト云フ。若シ正成ガ言ノ如クナラズンバ、其身ノ罪後日ノ難何ヲ以テ免レン。恐ルベシ慎ムベシ。顔回ノ渾厚ハ玉ノ如ク人ヲ先ダテ其身ヲ後ニ置キ、孫辞礼譲ヲ以テ人ニ当ル故ニ、君死シ国亡ブトモ、此身ニ罪名ヲ受クルコトナシ。此《コレ》道徳ヲ以テ身ヲ保《タモチ》、安ンズルヲ君子ト云。即巌牆ノ下《モト》ニタタズ[117]ト、是ヲ云也。孔子ノ苟モ吾レヲ用ル者アラバ三月ニシテ可ナル[118]ト曰ヒ、孟子ノ今ノ世ニ当テ吾レヲ捨テ誰ゾヤ[119]ト曰ヘタルハ、是レ聖明ノ智ニシテ我レ等《ラ》如キノ及ブ所ニアラズ。吾レ楠ナラバ不肖愚材ノ身、何ヲ以テ明君聖慮ノ勅ニ応ズベキ、余人明オノ士ニ命ゼラルベシト云ベキ義也。設令ヒ吾ガ心ニ覚ヘノ智アルトモ斯ノ如ク辞スルハ人ノ道也。礼也、義也。斯ノ如クシテ強《シイ》テ君命アラバ先ヅ受テ、而シテ其半ヲ務ムベシ。是レ後ノ罪ヲ免ルル君子ノ覚悟也ト覚ユ」。

是レ朱学ノ見《ケン》也。故ニ此道ニ入ル者千ニシテ九百九十九人、皆福禄ヲ重ネ時愛ヲ得、労セズシテ寵ヲ蒙リ、功ナクシテ賞ヲ受ケ、一生安穏、子孫繁昌ス。人間ノ悦ビ何カ是ニ加ン。人身ノ利何カ是ニ増スベキ。是レヲ証拠トシテ以テ道ノ徳タルコトヲ勧《スス》ムルユヘ、学ブ者弥多クシテ竟ニ吾ガ　朝ノ君臣ヲシテ異国ノ風ニ移スニ及ベリ。吾レ独リ洟《ナンダ》[120]累々トシテ天ニ仰ギ地ニ俯シテ是レヲ嘆クニ余アリ。

夫レ臣タル者、君前ニ任ヲ蒙ルトキハ、先ヅ一言ニ尽シテ君慮ヲ安堵ナサシメ奉ルヲ礼トスル也。君命即天命也。万物天命ナラズト云コトナシ。況ンヤ人ヲヤ。然ルヲ吾ガ愚ヲ以テ誰カ天命ヲ辞退スルノ義アランヤ。聖モ愚モ賢モ不肖モ天命ヲ辞スルノ礼ナシ。辞譲謙退ハ朋輩ノ礼也。孔子ノ曰、「天子受《ハク》㆓命《ヲ》於天《ニ》㆒、士受《ハク》㆓命《ヲ》於君《ニ》㆒」[121]ト云フ。此故ニ君命ハ臣ノ天命也。人何ゾ吾ガ智愚ヲ以テ天ト相ヒ辞退シテ天命ヲ免レ、後日ノ難ヲ慮ルベキヤ。天即チ其君ニ命ジテ、人物ヲ御セシム。君、其臣ニ天ノ命ヲ伝フ。臣即チ務ム。是レ順ノ道、順ノ体也。其体ヲ定メ其順ヲ受ルヲ礼ト云也。故ニ礼記ニ「礼也者《ハ》、猶《ヲ ゴトシ》㆑体《ノ》」。[122] 又云、「礼《ハ》極《ム》㆑順《ヲ》」[123]ト云フ。以テ其順ヲ見ツベシ。

天命君ニ降リ、君命臣ニ降リ、臣命民ニ降ルコトヲ是ヲ公儀ト云。公儀ノコトハ私ヲ云テ辞スルノ義、決シテナシ。私ヲ云テ辞スルハ皆非礼也。公儀ノコトハ敬シテ辞セザルヲ礼トス。若シ君言正シカラズ民ニ及テ害アルコトハ、顧テ是ヲ諫ルハ亦是臣ノ敬也。楠、今

後醍醐天皇ノ命ヲ蒙ムルハ朝敵退治天下治平ノコト也。勅命ナクトモ武臣ノ職也。況ンヤ　天子ノ命ヲ蒙ムルニ於テ、何ゾ後日ヲ用心シテ不肖ヲ以テ譲ルベキヤ。[124] 皆是レ君臣ノ道ヲ明ニセズ、武門ノ故ニ昧ク、偏ヘニ朱学ノ己利ニ惑故也。幼学ノ士、必シモ慎テ程朱心理ノ学ニ迷ベカラズ。迷ハザル、是レ悟リ也。若シ迷悟ノ分ン未ダ知ルコト能ハズンバ、唯ダ君ノ為、国ノ為ニ迷テ、此身ヲ八大地獄ニ陥《ヲトシイ》ルベシ。是レ吾ガ迷悟ノ決断也。

---

1 以下、乳井の意見が開陳される。君子は、迷っていようが夢のなかにいようが、国家のために尽力するのであって、仏教的な迷いから解き放たれようとするのではない。夢の中で夢の中にいることを把握しようとするのは、「心上ノ学」なのである。

2 乳井にあっては、欲は必ずしも悪いものではない。以下、乳井は歴史上の人物を例に挙げて、彼らが「大欲」のために大きな業績をあげたことを論じる。

3 胼胝（べんち）、手足にできるタコのこと。禹は手足にタコを作ってという意。『荀子』子道、『荘子』譲王に「手足胼胝」という用例がある。

4 「孟子曰、無為其所不為、無欲其所不欲、如此而已矣。」

『孟子』尽心上。

5 以下、「欲ハ誠ノ発動」との、「欲」理解の特異な言説が展開される。

6 「寿」字は長命であることを意味し、この時「ヒサし」(=久し)や「イノチナガし」(命長し)と読む。「寿、久也。」『説文解字』巻第八・老。『論語』雍也や『詩経』小雅・天保に、用例が見える。逆に、「夭」字は早死にすることを意味し、「ワカジニす」(=若死にす)と読む。「少壮而死、曰夭。」『釈名』釈喪制。「寿」字と「夭」字は互いに対となり、『孟子』尽心上には、「夭寿不二、修身以俟之、所以立命也」といった表現も伝わる。

7 この「属」字は、「タグひ」と読む。「類なり」『支那文を読む為の漢字典』属字。

8 乳井が大学八条目間の連関を論理的な関係でなく、時間的な前後関係で捉えている点が注目される。

9 「骨ヲ盗ミ」、労を惜しんでの意。

10 漢代三論語とも言われる、『論語』の異本。「斉論」は、斉地方に伝わった論語。「魯論」は、魯の学者が伝えていた論語で、現行本である。「古論」は古文で書かれ、孔子の旧宅の壁中から発見されたもの。

11 中国、秦の始皇帝が前二一三～二一二年に、国中の儒書および諸子百家の書籍を集めて焼き捨てたこと。焚書坑儒。

12 「咸丘蒙問曰語云、盛徳之士、君不得而臣、父不得而子。舜南面而立、堯帥諸侯北面而朝之、瞽瞍亦北面而朝之。舜見瞽瞍、其容有蹙。孔子曰、於斯時也、天下殆哉、岌岌乎。不識此語誠然乎哉。孟子曰、否。此非君子之言、斉東野人之語也。堯老而舜攝也。」『孟子』万章上。

13 中国春秋時代の魯の政治家。別名、陽虎。主君である季平子が死んで季桓子が立つと、反対派を弾圧し、季氏・魯国の実権を掌握した。孔子と容姿が似ていたため、孔子は陽虎をうらむ人々に陽貨と見間違えられ、危難に遭った。

14 「陽貨欲見孔子、孔子不見、帰孔子豚。孔子時其亡也、而往拝之、遇諸塗。謂孔子曰、來、予与爾言。曰、懐其宝而迷其邦、可謂仁乎。曰、不可。好従事而亟失時、可謂知乎。曰、不可。日月逝矣、歳不我与。孔子曰、諾。吾将仕矣。」『論語』陽貨。

15 誰の註か未詳。

16 物乞いのこと。

17 平安時代末期の勅撰和歌集。後白河院の命により藤原俊成が撰進。一一八八年成立。

18 「千載集は、また愚なる心ひとつに撰びけるほどに、歌をのみ思ひて、人を忘れにけるに侍るめり。」『古来風躰抄』。「俊成卿の千載集撰ばれし時、「われは人をば見ず、たゞ歌をのみ見る」と仰られしも是なり。」松永貞徳『戴恩記』。

19 この話は巻二に既出。「蒲衣子者、舜時賢人也、年八歳而舜師之。」皇甫謐著『高士傳』巻上。「蒲公　名蒲衣子、八歳而為舜師。睪子、五歳而為禹佐。伯益、五歳而掌火。項橐、七歳而為孔子師。是古之聖賢生而神霊也。」『和漢三才図会』巻七・人倫。『和漢三才図会』は医者の寺島良安（一六五四～没年不詳）が編纂した類書。類書とは、天象類、時候類、人倫類といった事項別の分類を採用した百科事典。『和漢三才図会』の編纂にあたり、寺島良安は明代の類書『三才図会』を模範としたという。

20 楊朱、中国戦国時代の思想家。墨子の「兼愛」説に対して「為我」説（徹底した利己主義）を主張。

21 趙普（九二二～九九二）、北宋の政治家。下級役人に過ぎなかったが、北宋の太祖趙匡胤の知遇を得、趙匡胤を擁立して北宋を建国した。

22 趙普が論語の半分で太祖（趙匡胤）に天下をとらせ、また後の半分で大宗（太祖の弟趙匡義）の治世に太平をもたらしたとの逸話は南宋の羅大経『鶴林玉露』巻七に採取。

23 「朱文公曰、某少時読論語、知愛、自後求一書似此者卒無有。」『鶴林玉露』巻七。

24 朱熹の諡。

25 「一生の終わり近くになって反省してみると、過ちだらけであることに気がつく。」『日本国語大辞典』。元は『淮南子』にある言葉。

26 「子曰、言従而行之、則言不可飾也。行従而言之、則行不可飾也。故君子寡言、而行以成其信、則民不得大其美而小其悪。」『礼記』緇衣。

27 「尊徳楽義、則可以囂囂矣。故士窮不失義、達不離道。窮不失義、故士得己焉。達不離道、故民不失望焉。古之人、得志、沢加於民。不得志、修身見於世。窮則独善其身、達則兼善天下。」『孟子』尽心上。

28 「孟子曰、恥之於人大矣。為機変之巧者、無所用恥焉。不恥不若人、何若人有。」『孟子』尽心上。

29 「夫政者、猶蒲盧也、待化以成。故為政在於得人。取人以身、修道以仁。仁者、人也、親親為大。」『孔子家語』哀公問。

30 「孟子曰、仁也者、人也。合而言之、道也。」『孟子』尽心下。

31 「義者、宜也、尊賢為大。」『孔子家語』哀公問。

32 「故礼之於人也、猶酒之有蘖也、君子以厚、小人以薄。」

故聖王修義之柄、礼之序、以治人情。故人情者、聖王之田也。修礼以耕之、陳義以種之、講學以耨之、本仁以聚之、播楽以安之。故礼也者、義之実也。協諸義而協、則礼雖先王未之有、可以義起也。義者藝之分、仁之節也、協於藝、講於仁、得之者強。仁者、義之本也、順之体也、得之者尊。」『礼記』礼運。

33 孔子晩年の弟子である曽参の父。字は皙。

34 「哀公問弟子孰為好学。孔子対曰、有顔回者好学、不遷怒、不貳過。不幸短命死矣。今也則亡、未聞好学者也。」『論語』雍也など、論語には顔淵を賞する箇所がいくつもみられる。

35 朱熹は、「如顔子亞聖、猶不能無違於三月之後」、「顔子幾於聖人」『論語集注』とあるように、顔淵を聖人に次ぐものとして評価している。

36 『聖教要録』道統。

37 原文では以下も全て哲になっているが、皙の誤り。

38 「暮春者、春服既成。冠者五六人、童子六七人、浴乎沂、風乎舞雩、詠而帰。」『論語』先進。

39 「孔子与点、蓋与聖人之志同、便是堯、舜気象也。」『論語集注』先進。

40 性理学(朱子学)の大全集。全七〇巻。明の成祖(永楽帝)の命を受け、胡広らが『五経大全』『四書大全』とともに編纂したもの。

41 『聖教要録』師道。

42 『礼記』孔子閒居。

43 同上、礼器。

44 「奈良時代の僧。姓は高志氏。百済王の子孫という。諸国を行脚して説法した。道路の修理、堤防の築造、橋梁の架設、貯水池の設置などに努め、多くの寺院を建立。東大寺大仏造立の際には、勅命をうけて民衆の協力を求める。」『日本国語大辞典』。

45 中国古代の伝説上の聖王。夏王朝の始祖。治水に功を立て、舜から帝位を譲られ天下を治めた。『日本国語大辞典』。

46 「迂」は「迁」の間違い。迁は遷の俗字。遷化。

47 「天平勝宝元年二月丁酉条」『続日本紀』。

48 南光坊天海(生年不詳~一六四三)。安土桃山~江戸初期の天台宗の僧。徳川三代の政治顧問。南光坊は号。諸宗の学問を修め、川越の喜多院に住したが、徳川家康の帰依を受けて政務に携わり、のち比叡山の南光坊に移って宮中にも法を説いた。『日本国語大辞典』。

49 「人心惟危、道心惟微、惟精惟一、允執厥中。」『書経』大禹謨。

50 『礼記』礼運。

51 ママ。産業か。

52 「益、損上益下、民説无疆、自上下下、其道大光。利有攸往、中正有慶。利渉大川、木道乃行。益動而巽、日進无疆。天施地生、其益无方。凡益之道、與時偕行。」『易経』彖伝。

53 「故君者所明也、非明人者也。君者所養也、非養人者也。君者所事也、非事人者也。故君明人則有過、養人則不足、事人則失位。故百姓則君以自治也、養君以自安也、事君以自顕也。故礼達而分定、人皆愛其死而患其生。」『礼記』礼運。

54 「公曰、敢問何如斯謂之庸人。孔子曰、所謂庸人者、心不存慎終之規、口不吐訓格之言、不択賢以托其身、不力行以自定。見小闇大、不知所務。従物如流、不知其所執、此則庸人也。」『孔子家語』五儀解。

55 「孟子曰、知者無不知也、当務之為急。仁者無不愛也、急親賢之為務。堯舜之知而不遍物、急先務也。堯舜之仁不遍愛人、急親賢也。不能三年之喪、而緦小功之察。放飯流歠、而問無歯決、是之謂不知務。」『孟子』尽心上。

56 「豊氏曰、智不急於先務、雖遍知人之所知、遍能人之所能、徒弊精神、而無益於天下之治矣。仁不急於親賢、雖有仁民愛物之心、小人在位、無由下達、聡明日蔽於上、而悪政日加於下、此孟子所謂不知務也。」『孟子集注』盡心章句上。

57 「孟子曰、仲尼不為已甚者。」『孟子』離婁下。

58 「孟子曰、言人之不善、当如後患何。」『孟子』離婁下。

59 「子貢曰、君子亦有悪乎。子曰、有悪、悪称人之悪者、悪居下流而訕上者、悪勇而無礼者、悪果敢而窒者。曰、賜也亦有悪乎。悪徼以為知者、悪不孫以為勇者、悪訐以為直者。」『論語』陽貨。

60 「子曰、躬自厚而薄責於人、則遠怨矣。」『論語』衛霊公。

61 「季氏富於周公、而求也為之聚斂而附益之。子曰、非吾徒也。小子鳴鼓而攻之、可也。」『論語』先進。

62 「子貢問於孔子曰、今之人臣孰為賢。子曰、吾未識也。往者斉有鮑叔、鄭有子皮、則賢者矣。子貢曰、斉無管仲、鄭無子産。子曰、賜、汝徒知其一、未知其二也。汝聞用力為賢乎、進賢為賢乎。子貢曰、進賢賢哉。子曰、然。吾聞鮑叔達管仲、子皮達子産、未聞二子之達賢己之才者也。」『孔子家語』賢君。

63 「子曰、臧文仲其竊位者与。知柳下恵之賢、而不与立也。」『論語』衛霊公。

64 「孟献子曰、畜馬乗、不察於鶏豚。伐冰之家、不畜牛羊。

百乘之家、不畜聚斂之臣。与其有聚斂之臣、寧有盗臣。此謂国不以利為利、以義為利也。長国家而務財用者、必自小人矣。彼為善之、小人之使為国家、災害并至。雖有善者、亦無如之何矣。此謂国不以利為利、以義為利也。」『大学』。

65 「桃応問曰、舜為天子、皐陶為士、瞽瞍殺人、則如之何。孟子曰、執之而已矣。然則舜不禁与。曰、夫舜悪得而禁之。夫有所受之也。然則舜如之何。曰、舜視棄天下、猶棄敝蹝也。竊負而逃、遵海濱而處、終身訢然、樂而忘天下。」『孟子』尽心上。

66 「孔子曰、吾死之後、則商也日益、賜也日損。曾子曰、何謂也。子曰、商也好与賢己者處、賜也好説不若己者。不知其子、視其父。不知其人、視其友。不知其君、視其所使。不知其地、視其草木。故曰、与善人居、如入芝蘭之室、久而不聞其香、即与之化矣。与不善人居、如入鮑魚之肆、久而不聞其臭、亦与之化矣。丹之所蔵者赤、漆之所蔵者黒。是以君子必慎其所与處者焉。」『孔子家語』六本。

67 『聖教要録』小序。

68 「桃応問曰、舜為天子、皐陶為士、瞽瞍殺人、則如之何。孟子曰、執之而已矣。然則舜不禁与。曰、夫舜悪得而禁之。夫有所受之也。然則舜如之何。曰、舜視棄天下、猶棄敝蹝也。竊負而逃、遵海浜而處、終身訢然、楽而忘天下。」『孟子』尽心章句上。

69 「公曰、敢問何如斯謂之庸人。孔子曰、所謂庸人者、心不存慎終之規、口不吐訓格之言、不択賢以托其身、不力行以自定。見小闇大、不知所務。従物如流、不知其所執、此則庸人也。」『孔子家語』五儀解。

70 「孫」は「遜」に通ず。『字通』。以下、孫辞は遜辞、不孫は不遜、孫譲は遜譲に同じ。

71 「世衰道微、邪説暴行有作、臣弑其君者有之、子弑其父者有之。孔子懼、作春秋。春秋、天子之事也。是故孔子曰、知我者其惟春秋乎。罪我者其惟春秋乎。」『孟子』滕文公下。

72 明の太宗（永楽帝）の治世下の永楽十二年（一四一四）に榜葛剌の使節が「麒麟」を献上したとの記載がある。『明史成祖本紀』。

73 「子曰、苟有用我者。期月而已可也、三年有成。」『論語』子路。

74 「孟子去斉。充虞路問曰、夫子若有不豫色然。前日虞聞諸夫子曰、君子不怨天、不尤人。曰、彼一時、此一時也。五百年必有王者興、其間必有名世者。由周而來、七百有余歳矣。以其数則過矣、以其時考之則可矣。夫天、未欲平治天下也。如欲平治天下、当今之世、舍我其誰也。吾何為不豫哉。」『孟子』公孫丑章句下。

75 「生」か。

76 「子張問崇徳、弁惑。子曰、主忠信、徙義、崇徳也。愛之欲其生、悪之欲其死。既欲其生、又欲其死、是惑也。誠不以当、亦祇以異。」『論語』顔淵。

77 「飲食男女、人之大欲存焉。死亡貧苦、人之大悪存焉。故欲悪者、心之大端也。人蔵其心、不可測度也。美悪皆在其心、不見其色也、欲一以窮之、舍礼何以哉。」『礼記』礼運。

78 「懐王約入秦無暴掠、項羽焼秦宮室、掘始皇帝冢、私收其財物、罪四。」『史記』高祖本紀。

79 「康誥曰、惟命不于常。道善則得之、不善則失之矣。楚書曰、楚国無以為宝、惟善以為宝。舅犯曰、亡人無以為宝、仁親以為宝。」『大学』。

80 以下は太宰春台の著述と目される『産語』「良卜」からの国字抄訳。「晋平公之時、蔵宝之台焼、士大夫聞、皆趨車馳馬救火、三日三夜乃勝之。公子晏子独束帛而賀曰、甚善。平公勃然作色、曰、金玉之所蔵也。国之重宝也。而天火之、士大夫皆趨車走馬而救之。子独束帛而賀。何也。有説則生、無説則死。公子晏曰、何敢無説。臣聞之、王者蔵于天下。諸侯蔵于百姓。商賈蔵於篋匱。今百姓裋褐不蔽形、糟糠不充口、虚耗而賦斂無已、君收大半、而蔵諸台、是以天火之。且臣聞之、昔者桀残賊海内、賦歛無度、萬民甚苦、是故湯誅之。為天下戮。今天降災於蔵台。是君之福也。而不自知変悟。臣亦恐君之為鄰国笑矣。平公曰、善。自今已往、請蔵於百姓之間。」

81 破れた短い衣服。賤しい者が着る衣服。

82 太宰春台の著作と目される『産語』有人第五より引用。

83 「古之真人、不知説生、不知悪死。其出不訢、其入不距。翛然而往、翛然而来而已矣。不忘其所始、不求其所終。受而喜之、忘而復之。」『荘子』大宗師。『老子』には該当箇所なし。

84 戦国時代、魏の文侯に仕えた。穀物価格を統制し、飢饉に備えるための制度を考案した。

85 『産語』本文では「寒之於衣不待軽煗、饑之於食不持甘旨」と逆になっている。

86 『産語』文侯問第十より。「李悝曰」からが直接の引用箇所。

87 「有子曰、其為人也孝弟、而好犯上者、鮮矣。不好犯上、而好作乱者、未之有也。君子務本、本立而道生。孝弟也者、其為仁之本与。」『論語』学而。

88 「自天子以至於庶人、壹是皆以修身為本。其本乱而末治者否矣、其所厚者薄、而其所薄者厚、未之有也。此謂知本、此謂知之至也。」『大学』。

89 「大学之道、在明明徳、在親民、在止於至善。知止而后有定、定而后能静、静而后能安、安而后能慮、慮而后能得。物有本末、事有終始、知所先後、則近道矣。」『大学』。

90 「季康子患盗、問於孔子。孔子対曰、苟子之不欲、雖賞之不竊。」『論語』顔淵。

91 「曽子曰、士不可以不弘毅、任重而道遠。仁以為己任、不亦重乎。死而後已、不亦遠乎。」『論語』泰伯。

92 「孟子曰、待文王而後興者、凡民也。若夫豪傑之士、雖無文王猶興。」『孟子』尽心上。

93 山鹿素行(一六二二〜一六八五)。江戸前期の儒者・兵学者。儒学を林羅山に、兵学を小幡景憲・北条氏長に学び、赤穂藩江戸屋敷に仕えて朱子学を奉じたが、後に朱子学を批判した『聖教要録』によって赤穂に配流された。乳井は『聖教要録』から多くを引いている。

94 荻生徂徠(一六六六〜一七二八)。江戸中期の儒学者。中国古代の言語や文章の実証的研究を進めるとともに、この方法を経学の解釈学に適用して、古文辞学という新しい学風を樹立し、江戸の思想界に革新をもたらした。

95 太宰春台(一六八〇〜一七四七)。江戸中期の儒者で荻生徂徠の弟子。服部南郭が徂徠学の私的側面を継承し詩文派の中心となったのに対して、春台は徂徠学の公的側面を継承し経世論に秀でた。乳井は春台の著作とされる『産語』から多くを引いている。

96 孔門十哲、四科(徳行・言語・政治・文学)十哲ともいわれる孔子の高弟十人のこと。「子曰、従我於陳・蔡者、皆不及門也。徳行、顔淵・閔子騫・冉伯牛・仲弓。言語、宰我・子貢。政事、冉有・季路。文學、子游・子夏。」『論語』先進。

97 「孟子曰、待文王而後興者、凡民也。若夫豪傑之士、雖無文王猶興。」『孟子』尽心上。

98 道春点『老子鬳斎口義』に『礼記集説』からの引用として、紹介される説。「陳晧礼記集説云、石梁王氏曰、此老聃非作五千言」『老子鬳斎口義』。『老子鬳斎口義』は林希逸の著作であり、道春点『老子鬳斎口義』は頭書で注釈を加えて出版したもの。林希逸は福建出身であり、朱子の存在を意識しながら『老子』『荘子』『列子』の口義を著した。

99 「絶聖棄智、民利百倍。絶仁棄義、民復孝慈。絶巧棄利、盗賊無有。此三者以為文不足。故令有所属、見素抱樸、少私寡欲。」『老子』。

100 「夫礼者、忠信之薄、而乱之首。前識者、道之華、而愚之始。是以大丈夫處其厚、不居其薄。處其実、不居其華。

故去彼取此。」『老子』。

101 「善人不得聖人之道不立、跖不得聖人之道不行。天下之善人少而不善人多、則聖人之利天下也少而害天下也多。」『荘子』胠篋。

102 「聖人已死、則大盗不起、天下平而無故矣。聖人不死、大盗不止。雖重聖人而治天下、則是重利盗跖也。」『荘子』胠篋。

103 「堯、舜作、立群臣、湯放其主、武王殺紂。自是之後、以強陵弱、以衆暴寡。湯、武以來、皆乱人之徒也。」『荘子』盗跖。

104 「善人不得聖人之道不立、跖不得聖人之道不行。天下之善人少而不善人多、則聖人之利天下也少而害天下也多。」『荘子』胠篋。

105 孔子が魯の大司寇（司法長官）の任にあったとき、斉が孔子の力を恐れ、魯の政治を腐敗させるために美女を八十人送った。その結果、魯の権臣である李桓子が政治を怠ったため、孔子は魯を去って衛へ向かったとされる。『論語』微子、『史記』孔子世家。

106 魯を去った後、衛の霊公に迎えられるが、孔子を警戒するものから忠言され、霊公は孔子を監視するようになる。そのため、孔子は衛を去った。「或譖孔子於衛霊公。霊公使公孫余仮一出一入。孔子恐獲罪焉、居十月、去衛。」『史記』孔子世家。

107 宋に滞在している間、大きな樹の下で礼法を実践していたところ、宋の司馬の桓魋が孔子を殺そうとした。「孔子去曹適宋、與弟子習礼大樹下。宋司馬桓魋欲殺孔子、抜其樹。孔子去。弟子曰、可以速矣。孔子曰、天生徳於予、桓魋其如予何。」『史記』孔子世家。

108 「故伐樹於宋、削迹於衛、窮於商周。」『荘子』天運第十四。

109 「孔子遷于蔡三歳、呉伐陳。楚救陳、軍于城父。聞孔子在陳蔡之間、楚使人聘孔子。孔子将往拝礼、陳蔡大夫謀曰、孔子賢者、所刺譏皆中諸侯之疾。今者久留陳蔡之間、諸大夫所設行皆非仲尼之意。今楚、大国也、来聘孔子。孔子用於楚、則陳蔡用事大夫危矣。於是乃相与発徒役圍孔子於野。不得行、絶糧。従者病、莫能興。孔子講誦弦歌不衰。子路慍見曰、君子亦有窮乎。孔子曰、君子固窮、小人窮斯濫矣。」『史記』孔子世家。

110 「孟軻、騶人也。受業子思之門人。道既通、游事斉宣王、宣王不能用。適梁、梁恵王不果所言、則見以為迂遠而闊於事情。」『史記』孟子荀卿列伝。

111 同右。

112 山鹿素行は、朱子学を批判した『聖教要録』によって一六六六年播磨赤穂に配流された。

113 徂徠は寛文六年(一六六六)に江戸で生まれたが、十四歳のとき、綱吉の侍医であった方庵(一六二六～一七〇六)が江戸から追放され、一家は母の郷里である上総国長柄郡本納村(現、千葉県茂原市)に移った。

114 『経済録』は、太宰春台の著。享保十四年(一七二九)序刊。

115 知遇か。

116 「一旦の勝敗をば必ずしも御覧ずべからず。正成一人いまだ生きてありと聞こし食し候はば、聖運はつひに開くべしと思し召し候へ。」『太平記』巻三「先帝笠置臨幸の事」。

117 天命を知るものは、むやみに危険を犯したりしないことの譬え。「巌牆」は、崩れかかった石垣。「孟子曰、莫非命也、順受其正。是故知命者、不立乎巖牆之下。尽其道而死者、正命也。桎梏死者、非正命也。」『孟子』尽心上。

118 「子曰、苟有用我者。期月而已可也、三年有成。」『論語』子路。

119 「孟子去斉。充虞路問曰、夫子若有不豫色然。前日虞聞諸夫子曰、君子不怨天、不尤人。曰、彼一時、此一時也。五百年必有王者興、其間必有名世者。由周而來、七百有余歳矣。以其数則過矣、以其時考之則可矣。夫天、未欲平治天下也。如欲平治天下、当今之世、舍我其誰也。吾何為不豫哉。」『孟子』公孫丑下。

120 「涙」の意か。「なんだ」は涙の音が変化したもの。古くは日本書紀に「即ち眼涙《ナンダ》流りて帝の面に落つ」という表現がある(『日本国語大辞典』)。また、青森県三戸郡には橡涙(とちなんだ／橡の実のような大粒の涙)という表現が残る(『日本方言大辞典』)。

121 「子曰、唯天子受命于天、士受命于君。故君命順則臣有順命。君命逆則臣有逆命。詩曰、鵲之姜姜、鶉之賁賁。人之無良、我以為君。」『礼記』表記。

122 「礼也者、猶体也。体不備、君子謂之不成人。」『礼記』礼器。

123 「楽也者、動於内者也、礼也者、動於外者也。楽極和、礼極順。内和而外順、則民瞻其顔色而不与争也。」『礼記』祭義。

124 楠木正成の進言が聞き入れられず、朝廷が兵庫下向を命じたのに対して、楠が逆らわずに従ったことを念頭に置いているか。

志学幼弁　巻之八

治道

夫レ国家ノ乱ルルハ欲ヲ以テ乱レ、亦欲ヲ以テ治マル。故ニ乏シキトキハ欲スルコト已《ヤマ》ズ。已ザルトキハ争奪起ル。富メルトキハ欲スル所足ル。足ルトキハ争奪止ム。故ニ聖人ハ国ヲ富シ、民ヲ賑《ニギハ》シ、寿《コトブキ》悦バシムルヲ先トス。家語ニ孔子ノ曰、「政《ノ》之急《ハ》者莫《シ》レ大《ナルハ》三乎使《シムルヨリ》二民《ヲシテ》富《ミ》且《ツ》寿二」[1]ト云。孟子ノ曰、「聖人治《ルニ》二天下《ヲ》一、使《シム》レ有《ラ》三菽粟《ヲシテ》如《ク》二水火《ノ》一。菽粟如《ニシテ》二水火《ノ》一、而民焉《クンゾ》有《ンヤ》二不仁者《ノ》一乎」[2]ト云ヘリ。管仲ガ曰、「凡《ソ》治《ルノ》レ国《ヲ》之道《ハ》、必先《ヅ》富《マス》レ民《ヲ》、民富《ムトキハ》則易《シ》レ治《メ》也。民貧《ナルトキハ》則難《シ》レ治《メ》也。奚《ナニヲ》以《テ》知《ルヤ》二其然《ルコトヲ》一也。民富《ムトキハ》則安《ンジ》レ郷《ヲ》重《ンズ》レ家《ヲ》、安《ンジ》レ郷《ヲ》重《ンズルトキハ》レ家《ヲ》、則敬《シ》レ上《ヲ》畏《ル》レ罪《ヲ》。敬《シ》レ上《ヲ》畏《ルトキハ》レ罪《ヲ》、則易《シ》レ治《メ》也。民貧《ナルトキハ》則危《クシ》レ郷《ヲ》軽《ンズ》レ家《ヲ》、危《シ》レ郷《ヲ》軽《ズルトキハ》レ家《ヲ》、則敢《テ》陵《ギ》レ上《ヲ》犯《ス》レ禁《ヲ》。陵《ギ》レ上《ヲ》犯《ストキハ》レ禁《ヲ》、則難《シ》レ治《メ》也。故治国《ハ》常《ニ》富《ミ》、乱国《ハ》常《ニ》貧《ス》。是《ヲ》以《テ》善《クタメニスル》為《ヲサム》レ国《ノ》者《ハ》、必先《ヅ》富《マシテ》レ民《ヲ》、然《シテ》後治《ム》レ之《ヲ》」[3]ト云々。孟子ノ曰、「易《ヲサメ》二其田疇《ヲ》一、薄《スレバ》二其税斂《ヲ》一、民可《シ》レ使《シメツ》レ富《マ》也」[4]ト云フ。是レ聖賢ノ国家ヲ治ム、皆国ヲ賑ハシ民ヲ富マスヲ以テ先トス。

然レドモ民富テ度ナキトキハ、民流蕩シテ奢ニ走ル。奢ルトキハ亦乱ニシテ貧ヲ待ニ日ナケン。[5]故ニ論語ニ曰、「子適《ク》レ衛《ニ》。冉有僕《タリ》。子《ノ》曰、庶矣《モロモロアルカナ》哉。冉有《ガ》曰、既庶《ニアリ》矣。又何《ヲカ》加《ヘン》焉。曰、富《マサン》レ之《ヲ》。曰既富《マバ》矣。又何《ヲカ》加《ン》焉。曰、教《ン》レ之《ヲ》」[6]ト云フ。礼記ニ云ク、「子《ノ》曰、小人貧《スレバ》斯《レ》約《セバセバシ》、富《ナレバ》斯《レ》驕《ヲゴル》。約《セバセバシケレバ》斯《レ》盗《ミス》、驕《レバ》斯《レ》乱《ナリ》。礼《ハ》者、因《テ》二人《ノ》之情《ニ》一而為《ナシ》二之《レガ》節文《ヲ》一、以《テ》為《ナス》二民《ノ》之妨《フセギヲ》一者《ノナリ》也。故《ニ》聖人《ノ》之制《スルコト》二富貴《ヲ》一也使《シム》乙民《ヲシテトマセテ》富不《ズ》レ足《ラ》二以《テ》驕《ルニ》一。貧《シケレドモ》不《ズ》レ至《ラ》二於約《ニ》一、貴《ケレドモ》不《ラ》甲レ慊《アキタラ》二於上《カミニ》一。故《ニ》乱益《マスマス》亡《ブ》」[7]ト云ヘリ。

夫レ古ヨリ今ニ至ルマデ、倭漢ノ天子諸侯大夫士農工商、凡ソ人ト名ヲ得ル者、誰カ貧ヲ欲シテ飢寒ヲ好ミ、富ヲ悪ミ栄昌ヲ忌ム者アランヤ。唯ダ人ノミナランヤ、鳥獣飢ルトキハ餌ヲ争奪シテ死ヲ知ラズ、飽《アク》トキハ俯シテ眠ルナラズヤ。然ルヲ況ヤ人ヲヤ。

諸侯大夫、是ヲ知テ皆国家ヲ富シ財用足ランコトヲ務メズ、弥国ヲ貧ナラシメ、益聖人ノ教ヲ捨、日々私智ヲ施シ、或ハ冠婚喪祭ノ礼ヲ省キ、人家行事ノ賀祝ヲ禁ジ、物ヲ減ジ事ヲ略シ、以テ財用ノ足ランコトヲ謀リ、是レヲ務ルコト聖人没シテ既ニ三千年、今以テ富ヲ得ル者一人モ聞カズ、却テ国ヲ失ヒ極窮ノ乱ヲ得ル者多シ。然レドモ世々伝テ今ニ於テ、聖人ノ教ヲ用ヒズシテ私法弥貴ブハ、豈愚痴ノ至極ナラズヤ。愚痴ヲ以テ天下国家ヲ治メテ太平ヲ得タルコト、未ダ曽テ是ヲ聞ズ。是レ何ト云コトゾ。私智ヲ用ヒ聖法ヲ捨、百年務テ其験《シルシ》ナクンバ、是レ何故也ト顧《カヘリミ》心付クベキコト也。曽テ顧心付キ其故ヲ察スル学者一人モナシ。況ンヤ三千年以来《タ》、和漢聚斂ヲ以テ富ヲ国ニ得タル者ノナキヲヤ。

故ニ今ノ学ハ治道ヲ捨テ、唯ダ一己言行ノ上《ウヘ》ノミヲ専ニスルコト明カナラズヤ。故ニ今ノ聖学ハ国家ヲ乱ス聖学ニテ、厘毛モ人道ニ益ナキコトヲ知ルベシ。唯ダ益ナキノミナラズ、学テ至極ノ愚痴ナラシムル者也。

夫レ舜ハ畎畝ノ中ヨリ出、傅説ハ版築ノ間ヨリ挙ゲラレ、膠鬲ハ魚塩ノ中ヨリ挙ゲラレ、管仲ハ士ヨリ挙ゲラレ、孫叔敖ハ海ヨリ挙ゲラレ、百里奚ハ市ヨリ挙ゲラレ、[8] 皆身ニ修ル学ヲ以テ是ヲ天下国家ノ用ニ立タルニアラズヤ。右ノ六子ハ治道ニ大功有レドモ、今ハ却テ朱子程子ヨリ其名低《ヒキ》シ。是レ何ノ故ゾ。聖学ヲ以テ一己言行ノ慎ノミニ学ビ、曽テ治道ヲ志サザル故也。故ニ今ノ学者謂テ曰、「吾レラ政務ニ預レル身ナラネバ治道ヲ知テ何ノ益ナシ」ト。又、政務ニ預ル人ノ曰、「四書五経ハ幼年ノ時ニ読ミ習フ物ノ如ク覚ヘ、齢二十ニ及テハ長気《ヲトナゲ》ナク恥ラシク思フ。況ンヤ大人ヲヤ」ト云フ。

夫レ曽子ハ七十ニシテ詩ヲ学ビ、荀郷（卿）ハ五十ニシテ礼ヲ学ビ、公孫弘ハ四十ニシテ書ヲ学ビ、朱雲モ亦四十ニシテ論語ヲ読ミタル類モアルニアラズヤ。[9] 然ラバ四十、五十マデ書ヲ見ズシテ今国家ノ任ニ与《アヅカ》リタラバ、今日ヨリ四書五経ヲ読ミ、其善ク知リタル者アラバ仮令イ乞食非人ノ賤キヲモ捨ズ審ニ問ヒ学ビ、以テ国家ノ治ニ施スベキ義也。是レ君ヲ思フノ篤キニアラズヤ。国ヲ思フノ誠ニアラズヤ。衆ヲ愛スルノ仁ナラズヤ。学ヲ信ズルノ弘キニアラズヤ。聖ヲ尊ブノ至ナラズヤ。

志、斯ノ如クシテ国家ノ治ヲ得ズト云コトナシ。然ルヲ況ンヤ日比身ニ修メ置キタル学者ヲヤ。此故ニ聖学ヲスルナラバ、治道ノ故ヲ知ルコトヲ専ラトスベシ。善ク治道ヲ身ニ修メ以テ其任ヲ待チ時ヲ待テ、而シテ是ヲ国家ニ施シ天下ニ及ボスベシ。若シ其任ヲ待テ時ヲ得ズンバ、是ヲ身ニ修メ志ヲ筆記シテ、以テ後世死後ニ遺シ、吾レ此世ニ生レ前聖ニ道ヲ学ビ、仁ヲ求メテ仁ニ違ハザルコトヲ断リ、以テ百世ノ後ノ孔子ニ告グベシ。

夫レ人死シテ言遺《ノコ》ラザレバ、其人ヲ知ルコト能ハズ。孔孟死シテ言ナクンバ、誰カ其孔孟タル所以ヲ知ラン。[10]今、吾レ言ヲ記シテ其志ヲ天下ノ学者ニ対スルコト、誉レヲ得ン為ニアラズ。亦訕《ソシリ》ヲ恐ルルヲ思ハズ、天下ノ学者飽《アクマデ》博識ニシテ以テ国家ノ任ニ与リ、其治国家ニ及バズ、面《マノアタリ》窮国ヲ顧《カヘリミ》ズ、一己官禄ニ富《トミ》、以テ聖人ノ道也ト貴ブ、其大謬ヲ責メ、而シテ吾レ是《シ》カ彼レ非カ[11]ヲ後ノ孔孟ニ問ハン為也。

若シ彼レ非ニシテ吾レ是ト云ハバ、吾ガ学遂ゲタリ。若シ吾レ非ニシテ彼レ是也ト云ハバ、亦吾レ其非ナル所ヲ知ルトキハ其益今ニ倍セン。何ゾ一人ヲ以テ一世ノ中ニ其是非ヲ極メ、仁ヲシテ自ラ是《コレ》ヲ小サカラシメン。素行子ノ曰、「聖人之《ノ》道者《ハ》非《ズ》二一人之《ノ》所《ニ》レ私《スル》也。如《モシ》可《クシテ》レ施《ス》二一人《ニ》一而不レ可《レバ》レ拡《ム》二天下《ニ》一、則非レ道《ニ》。必示《シテ》二之《ヲ》於天下《ニ》一、待《ツ》二後之《ノ》君子《ヲ》一」[12]ト曰ヘリ。

夫レ治道ヲ学ブハ衆ヲ救フノ道ナラズヤ。衆ヲ救フハ仁ナラズヤ。治道ヲ捨ルハ衆ヲ捨ルニアラズヤ。衆ヲ捨ルハ人ヲ捨ルニアラズヤ。人ヲ捨テ一己ヲ愛スルハ不仁ナラズヤ。是レヲ以テ之レヲ見ツベシ、今ノ学者ハ聖学ヲシテ不仁ノ道ニ説キ弘メシムルコトヲ。故ニ国政ヲ与ルトモ治ヲ成スコト能ハザルハ是レ治道ヲ学ザル故也。

聖人何ゾ治道ヲ捨テ、唯ダ一己ノ言行ノミヲ一トスベキヤ。言行ヲ云モ治道ニ係ル故也。唯ダ一己ノミヲ云テ一生ヲ安穏ニ過グルマデノ学術ナラバ、何ゾ悉ク聖教ヲ学ブニ足ランヤ。衆ニ愛セラレントナラバ郷原ノ行ヒヲスベシ。[13]郷原ノ行ヒハ聖人モ罰スルコト能ハズ。況ンヤ小人ニ於テヲヤ。

亦、今ノ世ノ善人ト云レントスルナラバ、吾レヨリ言ヲ発スルコト勿レ。言多ケレバ咎アリ。人ノ言ヲ待テ応ズベシ。危難ヲ見テハ人ニ先立ツコト勿レ。是レ言行ノミナレバ、唯ダ此一言ヲ以テ言、全ク行ヒ、全ク一生安穏云ヒ尽スベシ。世俗ノ知ル所、世俗ノ行フ所ニシテ、聖教ヲ待テ学ブニ足ラズ。今ノ博識ノ学者モ亦行ヒ此外ニ善ヲ増スコトヲ見ズ。

夫レ治道ノ術、一言ニ尽スベカラズ。故ニ孔子春秋ノ過言[14]アリ、孟子英気ノ咎メヲ得テ、千変万化ノ言ニ及ベリ。或人ノ曰、「言行正シカラズンバ何ゾ治道ヲ善クセン。其言行ハ心上正シカラズンバ何ゾ言行ヲ善クセン。其心上ノ正シキヲ観ルコト、理上ニ在ルノミ。其理上ノ正シキ、天理ヲ本トセズシテ何ヲ以テ是ヲ正サン。故ニ理学ヲ本トス。而シテ心上ニ得、而シテ言行ニ及ボシ、而シテ治道ニ施シ、而シテ復《マタ》天理ニ合《ガッ》ス。然ルトキハ天理ハ大本ニシテ治道ハ遥ノ末也。何ゾ理学ヲ捨テ、心上ヲ捨テ、言行ヲ捨テ、汝独リ治道ヲ急本トスルヤ」。曰、学者ノ云所、一々免ルベカラズ。此言ヲ以テ孔孟ニ対シテ云トモ、孔孟モ其答ニ詰ル所也。故ニ彼ノ佞者ヲ悪ムト是ヲ云也。彼ノ子路ガ曰、「民人有リ社稷有リ。何ゾ書ヲ読テ而シテ後ニ学トセント」[15]云ヒシカバ、孔子殆ンド当然ノ理ニ非ヲ言《イフ》コトナク、此故ニ夫《カノ》佞者ヲ悪ト云テ、其一ヲ取テ百ヲ廃《スツ》ルノ固《カタ》キコトヲ曰《ノタマ》ヘリ。[16]

吾レ今言ヲ立ツルコト不言行ニテモ治道ヲ善クセヨト云ニハアラズ。学者固ク一ヲ執テ[17]道ヲ弘クスルコト能ハザルヲ責ルノミ。学テ用ニタタザルハ固ク一ヲ執ルヨリスル所也。故ニ孔子ノ曰、「非《ズ》二敢為《テスルニハ》レ佞《ヲ》也、疾《ニクンデナリ》レ固《カタキヲ》也」[18]、註ニ「固《ハ》執《テ》レ一《ヲ》而《シテ》不《ルナリ》レ通《ゼ》也」[19]ト。孟子曰、「所《ハ》レ悪《ム》レ執《ルヲ》レ一《ヲ》者、為《メナリ》二其賊《ソコナフヲ》一レ道《ヲ》也。挙《ゲテ》レ一《ヲ》而《シテ》廃《スツルナリ》レ百《ヲ》也」[20]ト云ヘルハ彼ノ子路ノ民人社稷ノ謂也。

夫レ今日ノ動作、唯今ノ事務、悉ク民人社稷ノ為ナラズト云コトナシ。立教ノ千言、皆是レ今日唯今ノ外ナクシテ、急務ナラズト云コトナシ。然ルヲ今日唯今ノ急務ヲ措キ、先ヅ書ヲ読ミ尽シ、理ヲ覚ヘ極メ、而シテ事務ニ就《ツカ》ントスル義ナシ。此理ヲ以テ聖人ニ云ハバ聖人ト云ヘドモ不善トハ云ヒガタシ。全ク子路ガ言ノ如シ。然レドモ固ク一ヲ執ルト云ハ、仮令バ酒ハ酔ヲ以テ興トシ、食ハ飢ヲ救フヲ要トスルトキハ、何ゾ肴ヲ待チ塩ヲ甜《ナメ》ルニ及ント云ハ、是レ子路ガ理屈ニシテ、酒アリ食アリ何ゾ肴ヲ喰ヒ塩ヲ甜テ而シテ後ニ酒食ノ酔飽トセント云ガ如シ。是レ子路ハ唯ダ其興ト飽クトヲ以テ今日ノ急トス。

夫レ興シテ飽クナラバ、是レ酒食ノ用足テ事遂ゲタリト云ベシ。然レバ肴塩ノ用、此一言ニ因テ廃スルニ至レリ。然レドモ肴有テ酒ヲ飲ムト塩ヲ甜テ食スルト其味ニ於ケル孰《イヅレ》カ勧《スス》マン。是ヲ以テ治道ノ故ヲ味フベシ。然レバ酒食ハ今日ノ急務也。肴塩ハ今日ノ学教也。酒食ト肴塩ト離ルベカラズ。然ルヲ子路ハ其実理ニ過グ。今ノ学者ハ肴塩ノ味ニ過ギテ空理ニ流ルル故ニ、佳肴珍菜ノ味ヲ喰ヒ極メ而シテ後ニ酒食ニ及ント誤レリ。佳肴珍菜ハ心上理学、酒食興飽ハ理ノ屈也。聖人ノ抑揚教化ニアラズンバ焉ンゾ其中ヲ務ルコトヲ得ン。今ノ学者空理ヲ味フコト既ニ三千年、殆ンド其佳肴珍菜ヲ断ツベシト責メテ、未ダ其十ノ二ヲモ棄ツベカラズ。

夫レ道微ニシテ世衰ヘ、民人貧究ニ及ビタルハ、誰ガ不仁ゾヤ。三千年国家ヲ措キ先ヅ心上理学ノ極マルヲ待ツ中ニ斯《カク》衰タルト知ラズヤ。

夫レ国ヲ治ルノ始ハ物《コト》ヲ格《イタ》スニ在リト云ハ大学ノ言ナラズヤ。[21] 其物《コト》ハ何ゾヤ。今日唯今ノ事物也。其事物ハ何ノ為ゾ。人民社稷ノ外ナシ。人世ノ有ン限リ天地ト与ニ片時モ已ムコトヲ得ズ。是ヲ当リ任セニスルトキハ乱ル。是ヲ条理ヲ訂シテスレバ治マル。其治乱ノ因ル所ヲ知識スルヲ知《チ》ヲ致ストハ云ナリ。是レ治道ノ大端ナラズヤ。然レバ肴ヨ、治道ハ心理工夫ノ先ニシテ、其治道ニ先ダツ所ハ今日唯今ノ事物ニ在ルコトヲ。故ニ知致格物ハ治国平天下ノ根タリ。其根ハ今日唯今ノ事物ニ在テ別ニ求ルニ物ナシ。

然ルヲ今ノ学者ハ其知致格物ヲ外ニシテ、先ヅ心上ヲ根トス。是レ大学ノ次第ヲ改メ、知致格物ヲ誠意正心ノ次ニ置ク。豈大誤ナラズヤ。然ラバ「欲《スル》下致《シ》二其知《ヲ》一格《サント》中其物《ヲ》上者《ノハ》、先《ヅ》誠《ニシテ》二其意《ヲ》一。欲《スル》レ誠《ニセント》二其意《ヲ》一者《ノハ》、先《ヅ》正《クス》二其心《ヲ》一、心正《クシテ》而《シテ》后《ニ》意誠《ナリ》、意誠《ニシテ》而《シテ》后《ニ》物格《リ》知致《ス》」[22]ト書シテ可ナランヤ。

夫レ万事万物心ヨリ発セズト云コトナキヲ以テ心上ヲ本トスルナルベシ。是ヲ固ク一ヲ執テ道ヲ賊《ソコナフ》ト云也。

夫レ知致格物モ心ナクンバ何ヲ以テセント云トキハ、是レ孔子モ答ル所ナシ。全ク然リ。此故ニ夫《カノ》佞者ヲ悪ムト云ヨリ外ナカルベシ。

夫レ教学ノ次第ヲ起ストキハ、今日ノ事務ヲ急トシテ、而シテ其事務善悪アリ。心博奕ノ慾ニ走レバ其知ヲ致スコト皆悪ニ至リ、心忠孝ノ慾ニ走レバ其知ヲ致スコト皆善ニ至ルベシ。故ニ心ハ事ニ因テ善悪ニ走ル。其事ノ善悪ヲ分チ知ラシム、是ヲ教ト云フ。此故ニ立教ヲ以テ其名ヲ序ヅル[23]トキハ、事務ヲ先トシテ心ノ走ル所ヲ其次トス。其走ル所誠ナレバ、即心正キニ定ル也。心正キニ定ルトキハ聖教ノ善ヲ以テ身ニ修ムルコト弥篤シ。是レヲ身ヲ修ムルト云フ。是レハ是レ立教ノ名分也。

然ルヲ而后ノ二字ヲ置クヲ見テ、修行ヲ段切《ダンキリ》シテ行ク者ニ誤ル。本ト是レ修身正心誠意知致格物、別々ニ離シ一段二段トスル謂ニアラズ。八条目是レヲ統レバ唯ダ格物即平天下也。以テ見ツベシ、修身正心誠意知致別々ニ求メズシテ、今日唯今事務ヲ尽スノ間ニ在ルコトヲ。[24] 仮令バ千里ノ向《サキ》ニ往ントスル者ハ足《アシ》ヲ労シ歩ミヲ尽シ、其行クニ従テ駅舎山川ノ別ヲ見ルニアラズヤ。然ルヲ今ノ学者ハ未ダ一足ノ歩ミモ尽サズシテ、先ヅ其往ク所ノ駅舎山川ノ名分変化ノ理ヲ一毛モ遺漏ナク究メ尽シテ、而シテ足ヲ挙ゲントス。甚ク迷フ者ハ足ヲ歩マズシテ理ヲ以テ千里ノ向《サキ》ニ至ルト思ヘリ。一足ノ踏ム所怠ルコトナクンバ、千里ノ行程・駅舎・山川・険阻・景色・常変・難易皆其実ヲ得ベシ。是レヲ物《コト》格ルト云ベシ。故ニ今日唯今ノ足《アシ》ヲ格《イタス》ニ在リ。其一足ノ始メ東西ノ方ヲ定ルコトヲ致スベシ。東ニ行ベキヲ西ノ千里ニ向ハバ悔ルトモ益ナシ。是ヲ知《チ》ヲ致スト云ベシ。

故ニ幼学ノ始メ師ヲ撰ムコト、最モ慎ムベキコト也。師ヲ撰ムノ慎ハ礼記ニ既ニ出タリ。[25] 然ルトキハ千里ノ行程・駅舎・山川・険阻・景色・常変・難易ノ名分事実、悉ク一足ノ挙ル所ニ兼有シテ、日々尽ス所ヨリ識得スルニアラズヤ。此故ニ今日唯今ノ事ハ是レ大平治国ノ根タリ。今日唯今ノ一足ヲ捨テ、外ニ千里ノ足ヲ求ルハ学者ノ費也。故ニ今ノ学者ノ理トスル所ハ、仮令バ物ヲ水ニ投ズルトキハ其軽キハ浮《ウカ》ミ其重キハ沈ムト云ノ聖語[26]ヲ聞ケバ、是レ天理ノ自然万代不易ノ格言也ト尊信シテ、天下ノ物皆軽キハ浮ミ重キハ沈ムニ決定シ、全ク外ヲ云コトヲ恐ル。

夫レ針ト大木トハ孰レカ軽ク孰レカ重キゾ。針ハ大木ヨリ軽ケレドモ沈ミ、大木ハ針ヨリ重ケレドモ浮ム。然レバ浮沈ハ物ニ在テ軽重ニアラズ。是レ名ノミヲ信ズル誤也。

亦、学者ノ曰、木ハ其性陽軽也。故ニ大也トイヘドモ能ク浮ム。金ハ其性陰重也。故ニ小也トイヘドモ能ク沈ム。是レ天理ノ自然聖人ノ格言万代不易変ズベカラズト尊信シテ、天下ノ金木皆亦金ハ沈ミ、木ハ浮ムニ決定シ、全ク外ヲ云コトヲ慎ム。

夫レ金ヲ伸《ノベ》テ空《ウツロ》ニ張リ瓢《ヒサゴ》ノ如クシテ水ニ入ルルトキハ浮ム。瓢中水満《ミツ》ルトキハ浮クコト能ハズシテ沈ム。然レバ浮沈ハ亦用ニ在テ、物ヲ以テ必トシ難シ。是レ形ノミヲ信ズル誤也。此故ニ今ノ学ハ名ト形ノミヲ信用シテ、其実ヲ察スルコトヲセズ。故ニ学ブトイヘドモ今国家ニ用ルニ及テハ一向ニ用ニ立タズシテ、務ル所ハ皆庸俗ノ所為《シワザ》ヲ取リ、財金聚斂ノ法・悋嗇利得ノ務メヲ借リ、以テ治道也、古法也ト信ジ、学ブ所ノ聖法ヲバ人世ノ別段トスルノ大誤ヲ生ズ。是レ皆聖人ヲ敬スルニ過ル故也。故ニ固ク一ヲ執テ十ニ通ズルコト能ハズ。是ヲ信果ノ人ト云テ道ヲ賊《ソコナフ》也。此故ニ聖人是ヲ悪《ニク》ム也。孔子ノ曰、「言《コト》必《ズ》信《ジ》、行《ヒ》必《ズ》果《ス》、硜々《タル》小人《ナリ》哉」。[27] 孟子ノ曰、「大人者《ハ》、言《コト》不《ズ》二必《ズ》信《ゼ》一、行《ヒ》不《ズ》二必《ズ》果《サ》一、惟《ダ》義《ノ》所《ノママニス》レ在《ル》」[28]ト云フ。況ンヤ固一[29]信果ノ行ヒヲ以テ治道ノ故何ゾ能ク是ヲ知ラン。

夫レ天下ハ人物ノ入レ物也。[30] 物ハ人ニ従テ動キ、人ハ動物ノ長也。[31] 其是レヲ動ス者ハ君臣ノ外天下是ニ与《アヅカ》ル者ナシ。故ニ治乱・盛衰・吉凶・得失・君臣ノ善悪ヨリ起ル。察セズンバアルベカラズ。

夫レ国家ノ困窮ハ猶ヲ人身ノ病苦スルガ如シ。人民、悪慝邪慾ヲ挟ンデ奸謀ヲ行ヒ利ヲ専ラトスルハ是レ国ノ大病也。人身病ムトキハ医ヲ請フテ速ニ治センコトヲ欲ス。医、其病根ヲ察シ薬ヲ服サシメ、以テ五臓ノ邪気ヲ散ジ癒ルトキハ、乃チ人身常ニ復リテ安シ。人、病ムトキハ速ニ治ヲ求ム。其近クシテ見安ク小ニシテ知リ安ケレバ也。国病ムトキハ速ニ良医ヲ求メテ治ヲ求ル者ナシ。蓋シ是レ其遠クシテ見難ク大ニシテ知リ難ケレバ也。

夫レ古語ニ良医ハ国ヲ医ス[32]ト云ハズヤ。是レ其治道ノ術、相ヒ属スルヲ以テ也。

夫レ医家ニハ心《シン》ヲ以テ君主ノ位ニ象リ、肺金ヲ以テ五臓[33]ノ総官トス。心《シン》ト併テ胸膈ノ最上ニ位シ三臓之令ヲ統ブ。臓腑ノ間邪気充塞スルトキハ心《シン》ニ上《ノボリ》テ攻ム。故ニ心安カラズ。其苦ミ憂ルコトヲ覚フ。

夫レ一国亦然ランヤ。君ヲ心火トス。明正ヲ以テ四境ヲ照ス。是レ君主ノ徳也。臣ヲ肺金トス。君ニ親《チカク》シテ万事ヲ制令ス。是レ金気ノ徳也。農ヲ脾土トス。田畝ヲ耕テ百穀ヲ産ジ天下ノ食ヲ蔵《ヲサ》ム。工ヲ肝木トス。家屋器財ヲ作リ天下ノ用物ヲ産ズ。商ヲ腎水トス。通利ヲ業トシ天下ノ府蔵ヲ栄ス。是レ国ノ五臓ノ気、虚実過不及ナク均ク行ハルル、是ヲ国家平均スト云フ。是レ無病ノ国也。一臓邪気実スルトキハ余臓皆正気虚ス。

夫レ国ノ毒ハ利欲ヨリ大ナルハナシ。利欲ハ邪気ノ根也。五臓皆此邪毒ニ当テ其気以テ実スルトキハ国ノ正気皆虚ス。是レ国ノ大病ナリ。邪気天機ニ感ジ、変症亟《シバシバ》現ズ。国斯ノ如クニシテ、死亡、日ヲ待ツベシ。良医トイヘドモ治スルコト能ハザルノ病症也。此故ニ家語ニハ御馬ニ譬《タトヘ》テ治法ノ故ヲ示シ、[34]礼記ニハ耘耕ニ譬テ治法ニ故ヲ喩《サトラ》シメントス。[35]皆孔子ノ医法也。故ニ聖賢ハ国病ヲ治スルノ良医也。此故ニ病ヲ平常スルヲモ治ト云。

昔シ、衛君謂《テ》文摯《ニ》曰、「寡人病《ム》貧《ヲ》嘗《テ》訪《ヘドモ》群臣《ニ》、莫《シ》之《ヲ》能《クスル》為者《ノ》也、子《ハ》良医《ナリ》也、治《センヤ》之《ヲ》乎、文摯《ガ》曰、摯《ハ》賤《ヘタ》工也《ナリ》、知《ル》治《スルコトヲ》病《ヲ》而已《ノミ》。何《ンゾ》能《ク》治《セン》貧《ヲ》。雖《ドモ》然《ト》、以《テ》臣《ガ》事《ヲ》観《レバ》之《ヲ》、治《スルモ》貧《ヲ》亦《タ》猶《ゴトク》治《スルガ》病《ヲ》、無《キ》以《テ》異《ナルコトノミ》耳。医法《ニ》虚《ナル》者《ノハ》補《ヒ》其母《ヲ》、実《スル》者《ノハ》瀉《ス》其子《ヲ》。虚《トハ》者、正気《ノ》虚《ナリ》也。実《トハ》者、邪気《ノ》実《スルナリ》也。人身邪気実《スルトキハ》、則正気為《メニ》之《レガ》虚《ス》。医者《ハ》瀉《シ》其実《ヲ》、補《ヘバ》其虚《ヲ》邪気去《リ》、正気復《ヘル》。其人乃《チ》安《ジ》、此《レ》臣《ガ》所《ナリ》聞《ク》於師《ニ》也。今夫《レ》食《ハ》者、民《ノ》之所《ナリ》天《トスル》也。穀粟貨財《ハ》者、国《ノ》之正気《ナリ》也。穀粟貨財匱《トボシキハ》于国《ニ》、是《レ》正気《ノ》虚《ナリ》也。穀粟貨財《ノ》之所以《ンハ》匱《キ》于国《ニ》者、其君縦欲《ニシテ》、而諛臣済《ヘバナリ》之《ヲ》也。夫《レ》君縦《ホシイママニシテ》欲《ヲ》、而諛臣済《フ》之《ヲ》、是《レ》国《ノ》之邪気既《ニ》実《スルナリ》也」[36]ト云ヘリ。是レ文摯国病ノ見立《ミタテ》ニシテ、病心肺ヨリ生ズトス。心ハ君トシ、肺ハ臣トスレバ也。文摯又曰、「屏《シリゾクルハ》其諛臣《ヲ》、是《レ》為《スルナリ》瀉《スルコトヲ》其子《ヲ》。賑《ニギハスハ》貧窮《ヲ》是《レ》為《ルナリ》補《フコトヲ》其母《ヲ》也。人身有《リ》元気、国家亦《モ》有《リ》元気、能《ク》保《ツトキハ》其元気《ヲ》、所以《ンナリ》長久《タル》也。臣竊《カニ》謂《ハ》治《スルコトヲ》国家《ヲ》、猶《ゴトシ》治《スルガ》人身《ヲ》也。所治《スル》小大之異《アルノミ》耳。故《ニ》曰《フ》上医《ハ》医《スト》国《ヲ》、豈虚語《ナランヤ》也哉」[37]ト云々。是レ文摯国病治法ノ謂也。然レドモ其治法唯ダ是ノミナランヤ。其病ノ起ル所、或ハ内傷アリ、或ハ外邪アリ、或ハ心ニ起リ、或ハ肺ニ発シ、或ハ脾ニ生ジ、或ハ肝ニ始リ、或ハ腎ニ出ヅル者アリ。其起発ノ源ヲ詳ニ察シ、虚実・浅深・軽重・強弱ニ応ジ、以テ君臣農工商ノ五臓ヲ治スベシ。

夫レ人身ノ脈ハ気ノ相《サウ》ニシテ、五臓衛栄ノ動気也。気ハ見ベカラズ、聞クベカラズ。故ニ動気ヲ窺テ以テ其相ヲ考ヘ、而シテ見ザル所ノ臓腑ノ邪慝ヲ知ル。国家亦脈ナカランヤ。時勢ハ人気ノ動キ也。其動ク所ヲ窺フトキハ気相見ルニ足ル。其邪気ノ伏蔵スル所ヲ知ルベシ。是レ国家ノ脈也。故ニ聖人ハ其微賾ヲ探ル。易ニ曰、「聖人有《テ》三以《テ》見《ルコト》二天下《ノ》之賾《ヲ》一、而《シテ》擬《ハカリ》二諸其形容《ヲ》一、象《ル》二其物宜《ニ》一、聖人有《テ》三以《テ》見《ルコト》二天下《ノ》之動《ヲ》一、而《シテ》観二其会通《ヲ》一、以《テ》行《フ》二其典礼《ヲ》一。繋《テ》レ辞《ヲ》焉、以《テ》断《ハル》二其吉凶《ヲ》二」[38]ト云フ。是レ其動気ヲ窺テ以テ時勢ノ容了《ヤウス》ヲ知リ、以テ吉凶ヲ知リ、典礼ノ薬ヲ用ルニアラズヤ。

此故ニ古ヘノ明君ハ国家ヲ病シメザランガ為メ、良医ヲ求メ、常ニ国家ヲシテ保養ヲ怠タラザラシム。故ニ堯ノ良医ハ舜ヲ頼ミ、舜ノ良医ハ皐陶ヲ頼ミ、禹ノ良医ハ伯益ヲ頼ミ、湯ノ良医ハ伊尹ヲ頼ミ、武ノ良医ハ呂望ヲ頼ミ、越ハ范蠡ヲ頼ミ、鄭ハ子産ヲ頼ミ、斉ハ管仲ヲ頼ミ、漢ハ張良ヲ頼ミ、玄徳ハ孔明ヲ頼ムノ属ヒ、勝《アゲ》テ計ヘガタシ。皆其医ノ言ヲ疑ハズシテ任ジタル者ハ、国家ヲ無病ナラシム。用ルトイヘドモ半《ナカバ》ニシテ疑ヒ、其任ヲ奪フ者ハ或ハ亡ビ或ハ衰フ。皆目前今日ニ見ル所也。故ニ桀・紂・幽・厲・呉王・項羽ノ属ヒ是レナラズヤ。

魯ノ定公、孔子ヲ用テ魯病大ニ平癒セシヲ斉ノ外邪ニ犯サレ、病後嗜欲ノ飲食ヲ慎ムコトナク、魯病再発シテ苦ム[39]。梁ノ恵王ハ孟子ヲ頼ミ、下工《ヘタ》也トテ信ジ用ヒズ。誠ニ国家常ニ不養生ニシテ、自ラ其病ニ苦ム。亦、愚昧ナラズヤ。家語ニ「富《ムトキハ》則天下無《ク》二宛財一、施《ストキハ》則天下不《ズ》レ病《マ》レ貧《ヲ》」[40]トハ孔子賢者ノ施薬ヲ云ナラズヤ。

夫レ今ノ学者ハ治乱ノ相《サウ》ヲ知ラズ、唯ダ兵革戦闘ノミヲ乱ト覚ユ。兵革戦闘ノ乱ハ乱ノ極ニシテ、復治ノ初也。兵革ノ乱ハ小乱ノ積ム所也。国家、今日ノ不養生ヨリ起ルヲ知ラズ。然ルヲ兵革ダニナケレバ其余ハ皆治世也ト覚ユ。故ニ乱治ノ相ヲ知ラズ。士トシテ乱治ノ相ヲ知ラザルハ医トシテ脈ヲ知ラザルガ如シ。

夫レ良医ハ音声ヲ聞テ其病ノ有ル所ヲ知リ、色相ヲ見テ其邪ノ伏ス所ヲ知リ、而シテ脈ヲ窺ヒ、而シテ其言ヲ聞キ、而シテ陰陽虚実ヲ弁ジ、機ニ依テ応ヲ求メ、病ヲ其微ニ治ム。是ヲ治乱ヲ知ルト云。医ニシテハ良医也。上ニシテハ賢臣也。然ルヲ何ゾ人身既ニ病苦ニ倒《タヲ》レテ、漸ク薬ノ及ベカラザルニ至テ、俄ニ良医ヲ求メ、国家既ニ大病ニ及ビ、俄ニ良臣ノ無キヲ憂フ。是レ孟子ノ所謂ル「今之《ノ》欲《スル》レ王《タラント》者《ノハ》、猶《ヲ》《ゴトシ》三七年之《ノ》病《ニ》求《ルガ》二三年之《ノ》艾《モグサヲ》一」[41]トハ此謂也。聖人ハ此病ノ有ンコトヲ常ニ病ム。故ニ病国家ニ及バズ。老子ノ曰、「聖人《ハ》不《ズ》レ病《マ》、以《テ》二其病《ムヲ》レ病《ヲ》、是《ヲ》以《テ》不《ズ》レ病《マ》」[42]ト云。豈虚言ナランヤ。

夫レ刑政ハ国家ノ針灸也。礼楽ハ国家ノ調理[43]也。礼楽刑政ノ用ヲ以テ常ニ国家ノ養生ヲ慎ムハ、賢君良臣ノ事《ワザ》也。礼記ニ曰、「礼楽刑政四達《シテ》而不《ルトキハ》レ悖《ミダレ》則王道備《ハル》矣」[44]ト云々。

夫レ無病ノ人トイヘドモ、常ニ病ナクンバアラズ。堯舜ノ治世トイヘドモ、豈悪人ナキコト能ハズ。悪人アルヲ以テ乱トハ云ハズ。干戈動カズトテ治トハ云ハズ。常ニ針灸調理シテ国家ヲ病シメズ、四維安カラシムルヲ治トハ云也。是ニ反《ハン》スルヲ乱ト云也。故ニ明世ニハ能ク悪人現ハレ安ク、暗世ニハ善悪混雑シテ明ナラズ。是乱也。礼記ニ「好悪著《アキラカナレバ》　則賢《ト》不肖《ト》別《ル》矣。刑禁《ジ》レ暴《ヲ》爵挙《レバ》レ賢《ヲ》、則政均《シ》矣。仁《ヲ》以《テ》愛《シ》レ之《ヲ》義《ヲ》以《テ》正《ス》レ之《ヲ》、如《クナレバ》レ此《ノ》則民治行《ハル》矣」[45]ト云ハ、善ク其病シムル者ヲ明ニスルノ治療也。然ルヲ今ノ学者ハ堯舜ノ代ニハ天下ノ人民皆聖賢ニ化シテ一人モ悪人ナキト覚へ、天下ノ至動ヲ死物ノ相《サウ》トス。故ニ乱中ニ住テ乱ヲ知ラズ、治中ニ住テ治ヲ知ラザルハ、皆是流俗也。学者ニシテ流俗ト心ヲ同クス。何ヲ以テ学ビタリトセン。

夫レ舜工共[46]ヲ幽州ニ流シ驩兜ヲ崇山ニ放チ、三苗ヲ三危ニ殺シ、鯀ヲ羽山ニ殛スハ豈一朝一夕ノ間ナランヤ。万章ハ是ヲ不仁ト思フ[47]。

夫レ黄帝ハ蚩尤ヲ誅シ、殷湯ハ伊諧ヲ誅シ、文王ハ潘正ヲ誅シ、周公ハ管・蔡ヲ誅シ、大公ハ華士ヲ誅シ、管仲ハ付乙ヲ誅シ、子産ハ史何ヲ誅シ、孔子ハ正卯ヲ誅シ、漢王ハ韓信ヲ誅シタルノ類、本朝異朝ノ聖賢良将勝《アゲ》テ計へガタシ[48]。今此九誅ハ皆世ノ聞人ノミ[49]。况ンヤ一世ノ間、名ノ知レザル凶人、其誅罰今ノ世ノ知ル所ニアラズ。何ゾ聖代也トテ一人ノ凶人無シト云べキ。唯ダ凶人ヲ明ニ撰テ天下其害ナカラシムルハ是レ国家養生ノ常也。暗君ハ善悪ヲ知ラズ。故ニ誅賞皆誤リ、忠ヲ罰シ賢ヲ疑ヒ、讒ヲ信ジ佞ヲ悦ブ。是レ下工ノ医ノ薬差ヒト同ジ。豈国病ニ応ズベケンヤ。却テ病ヲシテ重カラシムルニ至ル也。

夫レ国中ニ凶人ノ多ク生ズルハ人身腹中ニ蟲ヲ生ズルガ如シ。蟲ハ心肺脾肝腎ノ邪気ニ化生ス。五臓各害蟲アリ。是レ五臓ヨリ出テ、五臓ヲ害シ、竟ニ一身死病ニ及ブ。国賊ハ国中ノ蟲也。君臣農工商ノ五臓ヨリ出テ、五臓ヲ害ス、其理一也。皆邪気実シテ正気ノ虚ヨリ生化ス。正気実シテ邪気虚スレバ害蟲伏ス。故ニ医家ニ気ハ百病ノ長タリト。元方[50]病源[51]ニ曰、「伏蟲長《サ》四寸群蟲ノ主《ナリ》。蚘蟲長《サ》五六寸《ヨリ》至《ル》二一尺《ニ》一。発《スルトキハ》則心腹作《ナス》レ痛《ヲ》。白蟲長《サ》一寸色白頭小《ク》、令《ム》二人《ヲシテ》腰疼《イタマ》一。肉蟲状《ハ》似《タリ》二爛杏《ニ》一。令《ム》二人《ヲシテ》煩悶《セ》一。膈蟲状《ハ》如《シ》二瓜弁《ノ》一。令《ム》二人《ヲシテ》多噬《セ》一。赤蟲状《ハ》如《シ》二生肉《ノ》一。動作《テナス》二腹鳴《ルコトヲ》一。肺蟲状《ハ》如《ク》レ蠶《ノ》令《ム》二人《ヲシテ》咳嗽《セ》一。胃蟲状《ハ》如《ク》レ蟇《ノ》令《ム》二人《ヲシテ》嘔逆《セ》一。蟯蟲《ハ》至微《ニシテ》形如《ク》二菜蟲《ノ》一、居《テ》二腸中《ニ》一令《ム》下人《ヲシテ》生《セ》中癰疽疥䘌《セ》上。諸皆依《テ》二腸胃《ノ》間《ニ》一、正気実《スルトキハ》則不《ズ》レ為レ害《ヲ》、虚《スルトキハ》則変《ジテ》生《ズ》二諸疾《ヲ》一也」[52]ト云フ。是レ人身ノ腹中常ニ九蟲伏蔵シテ、飲食ノ嗜欲ニ生ジ気ノ虚実ニ発シ治マルトキハ、無キガ如シトイヘドモ、乱ルルトキハ忽然ト発生シテ四体ヲ脳ス[53]。国中亦然ラズヤ。

政令正シク刑罰応ズルトキハ人気正シ。人気正キトキハ正気[54]国中ニ実ス。正気国中ニ実スルトキハ暴虐・聚斂・讒奸・隠慝・殺伐・詐偽・悖逆・佞姦・盗賊ノ九蟲ヲ生ゼズ。九蟲ハ人ヨリ出テ人ヲ害ス。是レ逆気争闘シテ、国既ニ病象ヲ成ス。礼記ニ所謂ル「姦声感《ジテ》レ人《ヲ》。而逆気応《ズ》レ之《ニ》。逆気成《シテ》レ象《ヲ》。而《シテ》淫楽興《ル》焉」[55]ト云、是也。人各利欲ヲ恣ニシテ、情其気ヲ乱ス。故ニ利欲ハ国中ノ伏蟲也。医家ニハ伏蟲ヲ以テ群蟲ノ主トス。国家ハ利欲ヲ以テ群悪ノ主トス。

夫レ政令ハ苦薬ノ如シ。刑罰ハ針灸ノ如シ。苦薬ハ常ニ怠ルベカラズ。少ク病ムトキハ針灸ヲ加テ其治ヲ求ムベシ。大ニ病テ邪気深ク入リ、財金虚シテ通ゼズ。米穀不足シテ食セズ。国既ニ痿《ナヘ》テ元気衰ヘナバ、速ニ政令ノ苦薬ヲ改メ、刑罰ノ針灸ヲ強クスベキコト也。人既ニ病テ其邪気薬力ニ勝チ、勢イ適セザルトキハ、附子《ブシ》[56]大戟《タイゲキ》[57]ノ毒薬ヲ以テ攻メ、陳皮[58]紫蘇[59]ノ平薬用ルニ足ラズ。

夫レ医ノ病者ヲ療治スルヲ見ズヤ。病者ノ嗜キ好ム者ヲバ禁ジテ食ハシメズ、口《クチ》ニ好ザル者ヲ食ハシメ、身ノ欲スル所ヲ制止シテ其欲セザル所ヲ強《ツトメ》シメ、其痛ム所ニ針ヲ致シ、其憂ル所ニ灸ヲ居《ス》ユ[60]。是レ病苦ノ上ヘニ又其苦ヲ重ネシム。豈不仁也ト云テ可ナランヤ。此不仁ヲ行フヲ以テ其人ヲ安キニ復《カヘ》ラシムル者也。

然ルヲ今ノ学者堯舜ノ仁政ヲ以為《ヲモヘラク》、夫レ仮令バ父母ノ其子ヲ愛スルガ如シ。唯ダ其子ノ好ム所ニ従ヒ常ニ砂糖ノ甘キヲ多ク食ハシメ、以テ其悦ヲ極メ、針灸ノ苦ミ辛薬ノ忌ム所ヲ以テ不便《フビン》也トテ厭ヒ、是ヲ民ノ父母也ト思フ。是レ吾ガ子ヲ殺ス也。家語ニ孔子ノ曰、「良薬苦《クシテ》レ口《ニ》而利《アリ》二於病《ニ》一」[61]ト云々。詩経ニ「凱弟君子《ノ》民《ハノ》之父母《ナリ》」[62]ト云ヘリ。礼記ニ「凱《ハ》以《テ》レ強《ヲ》教《ヘ》レ之《ヲ》、弟《ハ》以《テ》レ説《ヨロコビヲ》安《ンズ》レ之《ヲ》」[63]ト云、是也。

夫レ父ハ尊クシテ親《シタシ》カラズ、母ハ親クシテ尊カラズ、以テ其子ヲ教育スベシ。尊カラザレバ教ラレズ、親シカラザレバ育《ソダテ》ラレズ。二ツノ者ヲ一身ニ操シテ、以テ民ヲ治ム。是ヲ民ノ父母ト云フ。故ニ礼記ニ「父之親《ムコト》レ子《ヲ》也、親《ミ》レ賢《ヲ》下《ス》二無能《ヲ》一。母之親《ムコト》レ子《ヲ》也、賢《ナレバ》則親《ミ》レ之《ヲ》、無能《ナレバ》則憐《ム》レ之《ヲ》。母《ハ》、親《クシテ》而不《ズ》レ尊《カラ》。父《ハ》、尊《シテ》而不《ズ》レ親《カラ》」[64]ト云、是也。政令刑罰ハ父ノ仁也。親愛慈悲ハ母ノ仁也。以テ聖人ノ民ノ父母ト教ル故ヲ味ベシ。然ルヲ何ゾ唯ダ民ノ嗜キ好ムニ任セ、利欲ノ砂糖ノミヲ与ヘ、其悦ビヲ求ルヲ仁政トスベキヤ。

今ノ学者ハ治道ヲ捨テ論ゼズ。唯ダ一己ノ心上ノミ。故ニ治乱ノ実形ヲ知ラズ。徒ニ堯舜桀紂ノ代ヲ指テ治乱ト覚ヘ、干戈袋ニ納レバ治世也トシ、干戈袋ヲ出レバ乱世ト定メ、其外ハ皆治世ト極メテ、一向ニ治乱ノ形ヲ察セズ。

夫レ堯舜桀紂ノ治乱ハ唯ダ聞テ其形ヲ見ズ。且ツ一両句ノ伝ヲ以テ今日纔ニ聞クノミ。然ルヲ何ゾ遠ク古ヘ無形ノ治世乱世ヲ謂テ空ク日ヲ費サンヨリ、近ク今日実形ノ上ヘニ就テ治乱ヲ知ルコトヲ要セザルヤ。今ノ学者ハ皆遠ク空ヲ論ジテ、曽テ今日実形ヲバ耳目ニ係《カケ》ズ。故ニ聖学ヲ以テ一向今日ニ施スコトヲ知ラズ。以テ聖学ノ廃《スタ》レルヲ見ツベシ。一人モ治道ニ志ス学者ヲ見ズ。甚ダ嘆《ナゲ》カシカラズヤ。

諫　言

夫レ諫ハ皆其人ノ是《ゼ》トスル所ヲ禁ジ、其人ノ好ム所ヲ制シ、其人ノ欲スル所ヲ止《トド》メ、其人ノ娯《タノシ》ム所ヲ非トスルヲ以テ、言悉ク逆《サカ》ハズト云フコトナシ。故ニ諫ハ人ノ大事也。兄弟朋友奴僕スラ猶難シ。况ンヤ君父ノ尊キヲヤ。

凡ソ人臣タル者、君ノ非ヲ見テ諫ルコト忠也、義也。然レドモ己レガ見式[65]ヲ以テスル者ハ道ニアラズ。見式ヲ以テ君ノ非ヲ計《カゾフ》ルトキハ、君ニ於テ一事モ善ナカルベシ。イカントナレバ見式ハ好悪ニ属セバ也。好悪ノ見《ケン》ハ群臣面々各々ニシテ、万人赴キ皆異也。故ニ吾ガ是《ゼ》ト思フ所ハ彼ガ非トスル所也。彼ガ是トスル所ハ吾ガ非ト思所也。此故ニ君ニ向テ吾ガ是《ゼ》トスル所ヲ諫レバ、一人ノ臣亦是レヲ非ナルベシト云テ、己レガ是《ゼ》ヲ以テ之レヲ諫ム。外ノ臣亦之ヲ非也ト謂テ、己レガ是《ゼ》ヲ以テ諫ム。群臣皆斯ノ如ク、衆俗ノ見ル所モ亦別々格々ナルトキハ、君ヲシテ惑シムルニ至ルベシ。

一人ノ君ヲシテ千万人ノ見《ケン》ニ依ラシメント欲ス。豈得ベケンヤ。然レバ千万人ノ好悪ニ依レバ、君ハ一事ノ善ナシト云ベシ。当世ノ人、其君ノ善ヲ願フコト斯ノ如シ。是レ忠義ノ心ニアラズ。皆是レ君ヲ己レガ意ニ叶ハシメント思フノミ。誠ニ乱ノ始ナリ。故ニ古ハ諫議ノ職[66]、補佐ノ臣[67]ヲ置テ、妄リニ君ノ善非ヲ計ラズ。君窮シテ一タビ変ズルトキハ、其非百倍ス。此故ニ諫ヲ以テ大事ヲ傷《ヤブ》ルコト、倭漢古今勝テ計ベカラズ。

夫レ諫ニ寛急・小大・時宜・用捨ノ等アルベシ。古ヨリ君ヲ諫テ死セル者ヲ見ルニ、悉ク一己ノ忠名ヲ挙グルノミニテ、君ニ於テ毫髪モ益ナキ者多シ。唯ダ范蠡、越王ヲ諫メテ呉王ヲ亡シ会稽ノ恥ヲ雪《キヨメ》シハ、善ク諫テ君ト国トニ益アリト云ベシ。[68]又、家語ニ「衛蘧《ノ》伯玉賢《ニシテ》而霊公不《ズ》レ用。弥子瑕不肖《ニシテ》、反《テ》任《ズ》レ之《ヲ》。史魚驟諫《ムレドモ》不《ズ》レ従《ハ》。史魚病《テ》将《ニ》《スルトキ》レ卒《ソッセント》、命《ジテ》二其子《ニ》一曰、吾在《レテ》二衛朝《ニ》一、不《ズ》レ能《ハ》下進《メ》二蘧伯玉《ヲ》、退《ルコト》弥子瑕《ヲ》、是《レ》吾為《レナリテ》臣不《トズ》能《ハ》正《スコト》其君《ヲ》也。生《イキテ》而不《ルトキハ》能《ハ》正《スコト》其君《ヲ》、則死無《シ》以《テ》成《スコト》礼《ヲ》。我《レ》死《ナバ》、汝置《ケ》屍《シカバネヲ》牖下《ニ》、於《テ》我《ニ》畢《レリ》矣。其子従《フ》之《ニ》。霊公弔《トフ》焉《レヲ》、其子以《テ》其父《ノ》言《ヲ》告《マフス》公《ニ》。公《ノ》曰、是《レ》寡人《ガ》之過《ナリ》也。於《テ》是《ニ》命《ジテ》之《ヲ》殯《カリモガリシ》於客位《ニ》、進《テ》蘧伯玉《ヲ》而《シテ》用《ヒ》之《ヲ》、退《テ》弥子瑕《ヲ》而《シテ》遠《ク》之《ヲ》。孔子聞《テ》之《ヲ》、曰、古《ノ》之諫者《ハ》、死《シテ》則《チ》已《ム》矣、未《ダズ》有《ラ》如《ク》史魚《ガ》死《シテ》而《シテ》屍《ヲ以》諫《ルコト》、忠感《ゼシムル》其君《ヲ》者《ノナリ》也。可《ケン》謂《ツ》不《ズト》直《カラ》乎《ヤ》」[69]ト云々。是レ皆己レヲ捨テ心ヲ尽シ、而シテ其君ヲ建《タツ》ル者也。諫ノ道ハ是ヲ以テ主トスベシ。故ニ「孔子《ノ》曰、忠臣《ノ》之諫《ルコト》君《ヲ》、有《リ》五義焉。一ニ曰譎諫《ケツカン》、[70]二ニ曰戇諫《タウカン》、[71]三ニ曰降諫、四ニ曰直諫、五ニ曰諷諫《ナリ》。[72]唯《ダ》度《ハカリテ》主《ヲ》以《テ》行《ヘ》之《ヲ》、吾《レハ》従《ハン》其諷諫《ニ》」[73]トノ玉ヘリ。

夫レ諫ハ皆水ヲ以テ火ヲ消スガ如シ。君父ノ大火焔々烈々タルニ一盞ノ小水ヲ以テ消サンコトヲ欲ス。其勢イ誠ニ難キノ至極ナラズヤ。或ハ従ヒ或ハ欺《アザム》キ諫メ得ズシテ、遺書ヲ認《トドメ》、死ヲ以テ君ヲ正シタルハ、彼ノ平手政《マサ》秀《ヒデ》ガ信長ヲ諫シ[74]ハ是レ所謂ル譎諫ノ類也。

彼ノ秀次ノ一旦秀吉ノ不興ヲ受ケ伏見ノ城ニ往テ言ヲ開ントセシ懦弱ノ行ヒヲ見テ、吉田修理ガ諫シ類ハ是レ所謂ル戇諫《タウカン》也。[75]

彼ノ正成ガ如ク礼敬孫辞[76]ヲ尽シ身ヲ卑《イヤシ》フシ、亟《シバシバ》君ヲ諫メ不《ル》及《バ》トキハ、子孫ニ戒教シテ軍中ニ戦死ヲ極メ、君ノ為天下ノ為ニ其行ヒヲ改ズ。[77]是レ所謂ル降諫ノ類也。[78]彼ノ公連ガ将門ヲ諫ルニ、道ヲ直フシテ言ヲ枉ゲズ、君臣親族ノ理ヲ尽シ、目前ノ死ヲ果ス。[79]是レ所謂直諫ノ類ナリ。四義ノ諫ヲ兼備シテ遠ク謀リ近ク喩《サト》シ、己レヲ全フシ、君ヲシテ其非、国家ニ及バザラシメ、緩急・小大・時節・用捨ヲ察ス。是レ所謂ル諷諫ノ道也。然ルヲ君父ノ非ハ諫ル者也ト、偏僻ノ理屈ヲ以テ一途ニ思ヒ入リ、或ハ名誉ノ欲ニ引レ、或ハ恩義、或ハ賞美ヲ心当ニシテハ、是レ皆誠ヲ守ル所以ンニ非ズ。

夫レ古ヨリ諫ヲ行テ死スル者、多クハ名利ノ為ニ君ノ非ヲ種ニシ、己レ一人ノ名誉ヲ得ルノミ。故ニ己レ生《イキ》テモ君ニ益ナク、己レ死シテモ君ニ益ナク、唯ダ一人万世ニ忠名ヲ伝フ。彼ノ万《マ》里《デ》ノ小路中納言藤房卿ノ後醍醐天皇ヲ諫テ容レラレズ、君父ヲ捨テ山林幽谷ニ遁世シ、薙髪染衣ノ身トナルモ、亦一己万世ノ誉名ノミ残テ、世ノ為君ノ為ニ毛頭ノ益ヲ成サズ。[80]且ツ、猶《ヲ》父母ニ取テハ異朝ノ道ニ当ラズ、君臣ニ取テハ吾ガ　朝ノ道ニ当ラズ。[81]論語ニ「子《ノ》曰、事《ツルニ》二父母《ニ》一幾諫《クム》。見《テハ》二志不《ルヲ》レ従《ハ》、又敬《シテ》不《ズ》レ違《ハ》、労《シテ》而不《ズ》レ怨《ミ》」[82]ト云々。礼記ニ「人臣《ノ》之礼《ハ》、不《ズ》レ顕《アラハサ》レ諫《ヲ》。三《ビ》諫《テ》而不《ルトキハ》レ聴、則逃《サル》レ之《ヲ》。人子《ノ》之事《ツルハ》レ親《ニ》、三《ビ》諫《テ》而不《ルトキハ》レ聴、則号泣《シテ》随《フ》レ之《ニ》」[83]ト云ヘリ。異国ハ此身ヲ以テ父母ノ遺体トス。然ルトキハ異国ノ孝道ハ吾ガ　朝ハ此身ヲ以テ君ノ股肱トス。然ルトキハ異国ノ孝道ハ吾ガ　朝ノ忠道ニ当ル。今、藤房卿ノ行ヒハ主君ヲモ去リ父母ヲモ去ル。学者弁ゼズンバアルベカラズ。

夫レ父母ヲ諫テ聴ズトイヘドモ、其非、国家ニ及ブコト遠シ。唯ダ一家ノ失也。君一人ノ非ハ国家ニ及コト近シ。士臣ノ者、君ヲ守テ衆ヲ制スルハ武門ノ天性ナレバ、君ヲ諫ルコト其国家人民社稷ヲ重ンズル故也。父母ヲ諫ルト其義大ニ異ニシテ、其心ヲ尽スコト一也。然レバ君ヲモ捨ズ、父ヲモ捨ズ、捨ベキ者ハ吾ガ身ナルベシ。吾ガ身ヲ捨ルトハ遁世隠居ヲ云ニアラズ。遁世隠居ハ君父ヲ捨、人間ヲ捨、唯ダ吾ガ身ヲ全フスルト云者也。何ゾ身ヲ捨ルノ義ニ当ランヤ。吾ガ身ヲ捨ルト云ハ、君父ノ為已ムコトヲ得ズンバ四海ノ大難・大凶・悪名・罪名、厘毛モ心ニ厭ハズ一身ニ引受ルヲ身ヲ捨ルトハ云也。大難・大凶・悪名・罪名、一身ニ受ケ、遠ク謀リ近ク喩シテ、而シテ及ズ。亦已ムコト能ハズンバ以テ死ニ至ルベシ。故ニ死ハ人ノ大難也トイヘドモ、苦患ノ大難身ニ迫リヌレバ、女童モ安ク死スルコト古今目前ニ見ル所也。大難・大凶・悪名・罪名ヲ事トモセズ、生ヲ全フシテ君ヲ正シ国家ヲ定ムルコトハ誠ニ難クシテ安カラズ。程嬰、杵臼ニ謂テ曰、「生死孰レカ難キ」。杵臼ガ曰、「患難褒貶ノ間ニ立テ智ヲ尽シ事ヲ遂ルトキハ、生ハ甚ダ難シ。義ニ迫リ利ニ切ナルトキハ、一旦ニシテ赴ク死ハ難シテ安シ」[84]ト云ヘリ。此故ニ古ヨリ今ニ至テ、君ノ為、国ノ為ニ此生ヲ以テ此死ヲ尽セルコトヲ守ルノ士、最モ希也。皆此死ヲ以テ此生ヲ貪ル士ノミ多シ。焉クンゾ君ヲ正シ国ヲ定ムル道ヲ知ラン。

夫レ今武道ヲ論ズル者ノ曰、「士ハ名ヲ貴ブ」ト。農道ヲ論ズル者ノ曰、「田ヲ貴ブ」ト。工道ヲ論ズル者ノ曰、「巧ヲ貴ブ」ト。商道ヲ論ズル者ノ曰、「利ヲ貴ブ」ト。是レ古今天下ノ通論也。[85]其名ヤ田ヤ巧ヤ利ヤ、本ト是レ何ノ為ニシテ其帰スル所イヅレノ所ゾヤ。是レ天下人世ノ為ニ尽シテ、其帰スル所天ニ帰ス。是ヲ性命ニ従フト云フ。心爰ヲ守テ今日ノ事業ヲ尽スヲ君子ト云フ。誤テ一己ノ利ニ本トヅク者ヲ衆俗ト云フ。然ルトキハ士ハ一己ノ名ヲ利セズ、君ヲ安ジ、国ヲ定ムルノ功アルトキハ、聖人是ヲ誉ムル。農ハ一己ノ耕ヲ利セズ、地理ヲ察シ五土ヲ開キ、産税ヲ多クシテ天下ノ食ヲ安カラシムルトキハ、聖人是ヲ誉ムル。工ハ一己ノ巧ヲ利セズ、詐偽ヲ以テ其真《シン》ヲ乱サズ、奇器ヲ作ラズ人ノ為ニ造《ツク》ルトキハ、日刻ヲ貪ラズ、二日ノ作ル所ヲ以テ一日ニ是ヲ作リ、人ノ利ヲ倍シテ吾レ少クスルトキハ、聖人是ヲ誉ムル。商ハ一己ノ利ヲ欲セズ、天下ノ海陸舟車ヲ通ジ、自他ノ国用相ヒ交易シテ積ミ蓄《タクハヒ》、以テ凶年ノ民ヲ救ヒ貧苦ノ家ヲ補ヒ、以テ国君ノ憂ヲ助ルトキハ、聖人是ヲ誉ムル。

　夫レ四民ノ勤ムル所、斯ノ如クナル者ハ皆君子ト称スベシ。唯ダ貴賤職業ノ分ン有ルノミ。其性ヲ失ハザル所ハ一也。故ニ此性ヲ知テ其性ニ率フ者、是ヲ有道ノ君子ト誉ムルハ唯ダ聖人一人ノミ。小人ハ是ニ反ス。反スルガ故ニ是ヲ非《ソシ》ル也。此故ニ聖賢ノ名ヲ聞クトキハ尊ビ、聖賢ノ実ヲ見ルトキハ非《ソシ》ル。是レ小人也。聖人ハ千歳ニシテ一人、猶希也。小人ハ古今生々シテ、今日天下充満シテ絶ヘズ。故ニ今古ノ士、其名ヲ貴ブコト誤テ、衆ニ就キ聖人ノ誉ムル名ヲ取ラザルハ此故也。然ルトキハ今ノ士ノ名トスル所ハ衆人ノ誉ル所ニシテ、聖人ノ非ル所ナルコト明ナラズヤ。但シ聖人ノ在ル時ハ聖人ニ就キ、聖人在《イマ》サザルトキハ衆ニ従フ者ナルカ。聖教要録ニ曰、「人有《ルハ》二一行一善之《ノ》可《キ》レ称《ス》一曲之《ノ》士也《ナリ》、千鐘之《ノ》禄《モ》可《シ》レ辞《ツ》、北斗之《ノ》金《モ》可《シ》レ抛《ツ》、忠孝原愨《ニシテ》不《ルノナサ》レ為二非義《ヲ》一之士、及《ビ》隠士・逸人・名節・雄知、有《ル》レ聞《キコヘ》二当世《ニ》一者《ノ》、不《ズ》レ乏《シカラ》レ世《ニ》、一行一善《ニシテ》於《テハ》二聖人之《ノ》道《ニ》一、無《シ》二繊毫之《ノ》相似《ヒタル》一」[86]ト云ヘリ。士タル者、此語意ヲ深ク味ヘバ君子ノ務ル所ヲ知ルベシ。

　昔、閻奚恤ト云者アリ。彭城ノ大富人ニシテ究貧ノ者アレバ銭ヲ与テ是ヲ救ヒ、銭ヲ借ルル者ニハ其多少ヲ問ハズシテ是ヲ貸シ、其返ストキ利足ヲ添ユルモノモ是ヲ納メ、利足ヲ添ヘザル者モ敢テ責ズ。其返ザル者モ敢テ問ハズ、返サズシテ亦借リヲ乞ヘバ亦貸サズト云コトナク、敢テ券《テガタ》ヲ以テ取ルコトヲセズ。或人、閻奚恤ニ問テ曰、「凡ソ世ノ金銭ヲ貸ス者ハ必其利息ヲ求テ是ヲ万倍センガ為也。今子《シ》ガ如クスル者ナラバ、若干《ソコバク》ノ金銭皆損滅シテ尽キントスベシ。然ルヲ何ゾ子《シ》此ノ如クスルヤ」。

閻奚恤ガ曰、「然ラズ。吾ガ利スル所ハ世俗ノ利ニ則《ノット》ラズ。天地ノ利スル所ニ則ル也。夫レ天ノ物ヲ生ズルコト、或ハ余リ有リ、或ハ不足アリ。天ハ余リ有ルヲシテ不足ヲ補ハシムル也。人何ゾ然ラザランヤ。人ノ生ヲナス所以ンモ、亦必有余ヲ以テ不足ヲ補フ也。是レ天ニ則ル所以ン也。我レ独リ何ゾ然ラザランヤ。今吾レ幸ニシテ余リ有リ。以テ人ノ不足ヲ補ハズンバアルベカラズ。故ニ人我レニ依テ銭ヲ借リントセバ、吾レ是ヲ貸ス。借ルル者利息ヲ添テ返セバ辞セズシテ是ヲ収《ヲサ》ム。若シ貧ニシテ利息ヲ添ユルコト能ハズンバ、吾レ何ゾ是ヲ取ラン。其返スニ能クシテ返サザル者ハ是レ人ニ非ズ。人ニ非ル者ハ何ゾ是ヲ責ンヤ。若シ返スコト能ハザル者ハ日夜是レヲ責テ我レニ於テ何ノ益カアラン。唯ダ益ナキノミナラズ、怨ヲ樹《ウユ》ル也」[87]ト云ヘリ。是レ商家ノ大道也。

夫レ町人ニシテ斯ノ如キ者アラバ、其位卑クシテ其務ル所是レ君子也。然ルニ士ハ其位君子ノ名有テ、其務ル所一己ノ利名ヲ本トスルトキハ、金銭ヲ利スル町人ノ俗ト其道何ヲ以テ異ナランヤ。是レ士ハ名ヲ以テ利トスレバ、豊（農）ハ耕ヲ以テ利トス。士ハ名ヲ以テ利トスレバ、工ハ巧ヲ以テ利トス。士ハ名ヲ以テ利トスレバ、商ハ財ヲ以テ利トシ、其利各別ニシテ貴ブ所ハ一也。四民此利ヲ貴ビズンバアルベカラズ。其貴ブ所以ンノ者ヲ知ラザルノミ。知ラザルヲ以テ流俗タリ。知ルヲ以テ君子タリ。故ニ君子ハ少ク、流俗ハ多シ。多キヲ以テ常トシテ、少キヲ以テ変トス。此故ニ常ノ狎《ナ》ルルヲ以テ希《マレ》ノ変ヲ非《ソシ》ルニ至ル。是レ愚俗四海ノ通情也。故ニ彼ノ閻奚恤ガ如キノ借シ貸レヲ見ルナラバ、今ノ衆俗大ニ奇《アヤ》シトシテ、或ハ悾洞《タワケ》也ト非リ、或ハ狂人也ト笑ヒ、或ハ異人也ト驚キ、或ハ狂気也ト恐レ、或ハ妬ミ、或ハ憎ミ、或ハ疑ヒ、或ハ咹《アキレ》ン。梟《フクロフ》ノ昼出テ烏ノ為ニ笑ヒ怪《アヤシ》マルルガ如シ。故ニ今ノ学者、四書五経ノ文言ヲ読テ孔孟ノ虚名ヲ貴ビ、其事実ヲ見ザル者ハ、仮令バ孔孟今再来シテ国事ヲ執ラバ、烏ノ梟ヲ見ルガ如ク大ニ奇怪トスルコト必定也。何ヲ以テ是ヲ知ルヤ。古ヲ以テ是ヲ知レリ。古猶今ノ如シト云ヘリ。

夫レ孔子ノ時トイヘドモ誰カ先王ノ徳ヲ称セザランヤ。

然ルニ孔子、先王ノ道ヲ行ハントシ玉ヘドモ、皆不快ニシテ天下用ル者ナク、害セントスル者十ガ一、非《ソシ》ル者百ニシテ九十九。孟子モ亦然リ。孟子、孔子ノ時ヲ去ルコト纔ニ百四十年ニシテ、孔子ノ周公ヲ去ルヨリ三百余年近ク、而シテ聖人ノ名ヲ聞クコト聖人ノ行ヒヲ知ルコト猶目前ノ如キスラ、孟子ノ言行ヲ不快トシテ用ヒズ。況ンヤ今聖人ヲ去ルコト三千年ニシテ、纔ニ言ヲ六経ニ存シタルマデ也。其言モ亦諸子百家ノ区説ニ乱レテ紛々芸々タリ[88]。然レバ其言モ亦失ヘリ。況ンヤ聖賢ノ事実ヲヤ。況ンヤ聖賢ノ意地、日用ノ形象ヲヤ。

故ニ今ノ学者ノ尊信スル所ノ聖賢ハ、唯ダ名ノミニシテ、聖賢日用ノ事実ヲ知ラズ。名ノミニシテ事実ヲ知ラザレバ、今日孔孟ト併テ同居スルトモ、何ヲ以テ孔孟タルコトヲ見知ルベキ。同ク亦魯ノ定公、斉ノ宣王タルコトヲ免レズ[89]。武王崩ジテ成王幼主タリ。周公摂政ス。周公ハ聖人也。然レドモ群臣疑テ成王是ニ従ヒ、亦周公ヲ疑フ[90]。先王ノ政治ヲバ孔子ノ時モ猶人慕《シタフ》。而シテ面《マノアタリ》生《イキ》タル先王アレドモ、却テ害セントシテ天下ニ容《イ》レズ。孟子ノ時モ人皆聖人ヲバ貴ブコトヲ知ル。而シテ目前ニ聖人アレドモ、迂遠也トテ天下ニ容レズ。

唐ノ玄宗、千歳向《サキ》ノ孔子ヲ尊信シテ、文宣王ト謚スレドモ、政ニハ用ヒズ[91]。却テ楊貴妃ヲ用テ国ヲ乱ス[92]。是皆名ノミヲ信ジテ、聖賢ノ日用事実ヲ知ルコト能ハズ。吾レ是《コレ》ヲ以テ今日孔孟ト同居シテ今日ノ孔孟ヲ知ラザルコトヲ知レリ。宜ナル哉。孔子政ヲ摂テ七日ニシテ正卯ヲ誅ス。正卯ハ能ク衆ヲ懐《ナツケ》テ才智人ニ超ヘ、其名魯国ニ聞《キコ》ユ。故ニ、誅スル日ニ当リ衆皆疑テ怪シトス。子貢スラ猶ヲ知ラズシテ問ヒヲ発《ヲコ》スニ足レリ[93]。

又、父子相ヒ争テ訟ル者アリシヲ、孔子是ヲ不慈不孝ノ罪ニアラズトシテ、父子トモニ是ヲ赦ス。是亦堯舜ノ代ニモ未ダ先格アルコトヲ聞ズ。先格ナケレバ是レ新法也。故ニ季孫亦怪政也トス。再《(冉)》有、通ゼズシテ問ヒヲ発ス[94]。

夫レ政ノ間、何ゾ唯此二事ノミナラン。久シク小人ノ執リ設ケタル不正ノ格ヲ改ムルニ及テハ、衆ノ見ザル聞ザルコトノアランコト多カルベシ。

夫レ小人ハ唯ダ久シク狎《ナレ》タル所ヲ以テ善シト思ヒ常ト悦ブ。故ニ今ノ困《クルミ》ヨリ安キニ至ルコトニテモ狎《ナレ》ザルコトヲ施セバ、却テ忌《イヤ》ガル者也。是レ其常トスル所ヲ改メラレテ窮屈ナレバ也。是レ皆衆俗ノ通情也。

　夫レ試ニ是レヲ論ゼン。古ヘ先王ノ政ノ時ニ当テ今ノ世ノ政ニ改メナバ、衆俗大ニ哀ミ困ムベシ。然ルヲ先王ノ善政世々ニ廃リ来テ既ニ今ノ世ノ政ニ変ジタレドモ、衆俗敢テ変ジタリトモ思ハズ。是レ漸々ニ移リ来テ民常トスレバ也。故ニ窮困ノ中ニ居テ古ヲ以テ今ヲ怨ルノ思ヒヲ知ラズ。然ルヲ今亦先王ノ政ニ改ムルトキハ衆俗大ニ疑テ怪シトシ、必今ノ困究ヲ改メラルルヲ不同心ニ思コト、皆愚ノ通情也。

　仮令バ土民ノ衣服ヲ改メ錦繍ノ装束ヲ被《キ》セ、妨嫌《イブセキ》[95]茅屋ノ住居ヲ改メ金殿鏤閣ノ中ニ置キナバ、豈心ヨシトスベケンヤ。然レドモ土民モ此富貴ヲ願フ心ナキコト能ハズシテ、常ニ語テ是ヲ欲スル也。欲スルユヘニ是ヲ与フレバ、亦錦繍ノ暖ナルモ虱ノ付タル布子《ヌノコ》ヨリハ究屈ニシテ安カラズトス。是レ不善究困也トイヘドモ、其久シク狎《ナレ》テ常トスレバ也。今ノ学者モ此土民ノ如シ。心ニハ錦繍ノ聖賢ヲ願フコト実也トイヘドモ、今日実ノ聖賢出テ政ヲ改ルヲ見ルニ至テハ、其云為ニ魔《ヲビヘ》却テ危キ思ヒヲ成スベシ。是レ聖人ナキトキハ慕ヒ、有ルトキハ忌ム。皆魯ノ定公、斉ノ宣王ト成ル也。此故ニ世ヲ改メ風ヲ易《カヘ》、俗ヲ移スコト、豈一朝一夕ノ能クスル所ナランヤ。易ニ曰、「湯武革《アラタムルニ》㆑命《ヲ》、順《ヒ》㆓乎天《ニ》㆒而応《ズ》㆓乎人《ニ》㆒、革之《ノ》時大哉《ナルカナト》」[96]。然ルヲ今ノ学者ハ聖人ノ政ハ俗ニ従ヒ俗ヲ安ンズトノミ覚テ、何ゴトモ俗ニ異ナルコトナク、何ヲ為《ス》ルコトナケレドモ、自然ト徳化ヲ待テ世即改マル、是レ天地ニ則ル者也ト覚ユ。噫《アア》、理ハ天ニ順ヒ、事ハ人ヲ以テスベシ。是レ天ヲ知テ人ヲ知ラザル也。天下ノ動物皆死物ナラシムルノ謂ヒ也。是レ一向ニ事実ニ通ゼズ。

　夫レ天下ハ動物也。動テ止《ヤマ》ズ。動テ相ヒ当ル。当ルニ剛柔アリ、尊卑アリ、七情アリ。七情合《アフ》コトアリ、合ハザルコトアリ、好悪同キアリ、同ジカラザルアリ。易ニ曰、「吉凶悔吝者《ハ》、生《ズル》㆓乎動《ニ》㆒者也《ノナリ》」[97]ト云是也。故ニ又曰、「剛柔相《ヒ》推《シテ》、変在《リ》㆓其中《ニ》㆒矣。繋《テ》㆑辞《ヲ》焉而命《ジテ》㆑之《ニ》、動《キ》在《リ》㆓其中《ニ》㆒矣」[98]ト云フ。卦爻ノ動キ、皆是レ万物変動ノ象ヲ示シタル者ナラズヤ。然ルヲ今ハ易ノ教モ一己一人ノ吉凶ヲ占テ後日ノ災難ヲ免ルルマデノ術ト成リ、誰レカ治道ノ為ニ心ヲ潜メテ見ル者ナシ。亦哀シカランヤ。

此故ニ人世ノ事実ニ通ゼズシテ、唯ダ四書五経ノ格言ヲ以テ人ノ臣タル者ハ君ノ非ヲ諫ル者トバカリ覚ヘ、或ハ先人ノ諫ヲ定格ニ定メ、或ハ己レガ好悪ニ任セ、或ハ名聞ノ為ニ諫ルコトヲスル者ハ、必人ニ害アリ。政ニ害アルコトヲ免ルベカラズ。

夫レ諫ノ道ハ其本ヅク所ヲ明ニシテ、己レヲ捨テ心ヲ尽シ、事ヲ借テ全ク謀ルヲ上トスベシ。君ノ非ヲ己レニ受ケテ、諫ヲ顕《アラハ》サヌヲ以テ忠諫トス。古今ノ諫皆然ラズ。唯ダ一己ノ名誉後世ニ伝ヘ、以テ子孫又是ヲ世ニ風《フイ》聴《テウ》シテ顔《カンバセ》トス。斯ノ如クスルホド君ノ非一倍シテ、己レガ名誉倍ス。其不敬無礼ノ甚キコト、幼学是ヲ慎テ、スベカラズ。

1　「哀公問政於孔子、孔子対曰、政之急者、莫大乎使民富且寿也。公曰、為之奈何。孔子曰、省力役、薄賦歛、則民富矣。敦礼教、遠罪疾、則民寿矣。公曰、寡人欲行夫子之言、恐吾国貧矣。孔子曰、詩云、愷悌君子、民之父母。未有子富而父母貧者也。」『孔子家語』賢君。当該箇所で乳井は、国を富ませ民を豊かにする役目を果たせない為政者の不甲斐なさを糾弾する。

2　「孟子曰、易其田疇、薄其税斂、民可使富也。食之以時、用之以礼、財不可勝用也。民非水火不生活。昏暮叩人之門戸、求水火、無弗与者。至足矣。聖人治天下、使有菽粟如水火。菽粟如水火、而民焉有不仁者乎。」『孟子』尽心上。「菽」は、豆類の総称。「粟」は、いくつか種類があるものの、春に芽を出し、秋に実る穀物の謂い。よって、「菽粟」は食物を指す。

3　「凡治国之道、必先富民、民富則易治也、民貧則難治也。奚以知其然也。民富則安郷重家、安郷重家、則敬上畏罪、敬上畏罪、則易治也。民貧則危郷軽家。危郷軽家、則敢陵上犯禁。陵上犯禁、則難治也。故治国常富、而乱国常貧。是以善為国者、必先富民、然後治之。」『管子』治国。国を富裕にする前提として、まず民を富裕にすべきである旨を説く文言である。

4　『孟子』尽心上。前掲注2を参照。

5　ここで、『孔子家語』や『孟子』さらに『管子』の記述を引いたうえで、自説を展開する点に着目。民が豊かになった後の奢侈を警戒。

6　「子適衛。冉有僕。子曰、庶矣哉。冉有曰、既庶矣。又何加焉。曰、富之。曰、既富矣。又何加焉。曰、教之。」

『論語』子路。これは、民を富ませることに留まらぬ側面を持つが故の引用である。

7 「子云、小人貧斯約、富斯驕。約斯盜、驕斯乱。礼者、因人之情而為之節文、以為民坊者也。故聖人之制富貴也使民富不足以驕、貧不至於約、貴不慊於上、故乱益亡。」『礼記』坊記。当該箇所は、聖人は富める余りの驕慢と、貧しき余りの萎縮を防ぐ為に礼をもって人を導いたとの意。

8 「孟子曰、舜発於畎畝之中、傅説挙於版築之間、膠鬲挙於魚鹽之中、管夷吾挙於士、孫叔敖挙於海、百里奚挙於市。故天将降大任於是人也、必先苦其心志、労其筋骨、餓其体膚、空乏其身、行払乱其所為、所以動心忍性、曽益其所不能。人恒過、然後能改。困於心、衡於慮、而後作。徴於色、発於声、而後喩。入則無法家払士、出則無敵国外患者、国恒亡。然後知生於憂患而死於安楽也。」『孟子』告子下。「耕歴山、三十登庸。説築傅巌、武丁挙之。膠鬲遭乱、鬻販魚鹽、文王挙之。管仲囚於士官、桓公挙以相国。孫叔敖隠處海浜、楚荘王挙之為令尹。百里奚事、見前篇。」『孟子集注』。「百里奚、虞之賢臣。人言其自賣於秦養牲者之家、得五羊之皮、而為之食牛、因以干秦穆公也。」『孟子集注』万章上。「舜耕歴山、三十徴庸。傅説築傅巌、武丁挙以為相。膠鬲殷之賢臣、遭紂之乱、隠遁為商、文王於鬻販魚鹽之中、得其人挙之、以為臣也。士、獄官也。管仲自魯囚執於士官、桓公挙以為相国。孫叔敖隠處、耕於海浜、楚荘王挙之、以為令尹。百里奚亡虞適秦隠於都市、穆公挙之於市、而以為相也。」『孟子』孫奭疏。

9 「曽子七十乃学詩、荀卿五十始学礼、公孫弘四十方読書、朱雲亦四十始学易・論語、皇甫謐二十始授孝経、而皆成大儒。早慧者、莫敢望焉。」謝肇淛『五雑俎』巻八・人部四。『顔氏家訓』を踏まえた、『五雑俎』の表現を参照しているか。というのも、両書（『顔氏家訓』、『五雑俎』）のあいだには、人物の名称に出入があり、乳井の表現に近いのは『五雑俎』だからである。

10 「孔孟死不作、千載無明師。」方夔『富山遺稿』。方夔は宋末元初の人であるが、生没年不詳。『宋元学案』に名をのこす。

11 「儻所謂天道、是邪非邪。」『史記』伯夷列伝。

12 「聖人之道者非一人之所私也。如可施一人而不可拡天下、則非道。必示之於天下、待後之君子。」『聖教要録』小序。

13 「子曰郷原徳之賊也。」『論語』陽貨。「一曰、郷、向也。古字同謂、人不能剛毅而見人、輙原其趣嚮、容媚而合之。言此所以賊徳也。」何晏『論語集解』陽貨。乳井には、人の顔色を窺ってばかりいる軟弱な武家の姿が、『論語』に言う「郷原」と重なって見えるのであろう。

14 「世衰道微、邪説暴行有作、臣弑其君者有之、子弑其父者有之。孔子懼、作春秋。春秋、天子之事也。是故孔子曰、知我者其惟春秋乎。罪我者其惟春秋乎。」『孟子』滕文公下。『春秋』編纂は、本来「天子之事」すなわち天子の職分であるが、それでも孔丘が敢えてしたことに、乳井は価値を認めるのであろう。

15 「子路使子羔為費宰。子曰、賊夫人之子。子路曰、有民人焉、有社稷焉。何必讀書、然後為學。子曰、是故悪夫佞者。」『論語』先進。

16 「孟子曰、楊子取為我、抜一毛而利天下、不為也。墨子兼愛、摩頂放踵利天下、為之。子莫執中、執中為近之、執中無權、猶執一也。所悪執一者、為其賊道也、擧一而廢百也。」『孟子』尽心上。

17 「誠者、天之道也。誠之者、人之道也。誠者不勉而中、不思而得、従容中道、聖人也。誠之者、択善而固執之者也。」『中庸』。

18 「微生畝謂孔子曰、丘何為是栖栖者與。無乃為佞乎。孔子曰、非敢為佞也、疾固也。」『論語』憲問。

19 「固、執一而不通也。」『論語集注』憲問。「固、執一而不通也。」『論語古義』憲問。「包曰、疾世固陋、欲行道以化之。」何晏『論語集解』憲問。「凡固字、（中略）皆以学問言之。後儒不知之、為一切之解。乃謂、孔子欲行道以化固陋。非矣。」『論語徴』憲問。乳井は、この箇所については、新注や仁斎の説を踏襲するようである。

20 「孟子曰、楊子取為我、抜一毛而利天下、不為也。墨子兼愛、摩頂放踵利天下、為之。子莫執中、執中為近之、執中無権、猶執一也。所悪執一者、為其賊道也、挙一而廃百也。」『孟子』尽心上。

21 「惟致知則在格物而已。格得一分物、則致得一分知。格得十分物、則致得十分知。無復先後之可言矣。然既如此、則只言致知、或格物足矣。」『四書蒙引』巻第一。「格」字に「致知」の「致」字の読みを当て、「格物」と「致知」の切っても切れない関係を強調する、『四書蒙引』の説を踏襲した「格」字の読みが「イタス」（＝致す）である。

22 「古之欲明明徳於天下者、先治其国。欲治其国者、先斉其家。欲斉其家者、先修其身。欲修其身者、先正其心。欲正其心者、先誠其意。欲誠其意者、先致其知。致知在格物。物格而后知至、知至而后意誠、意誠而后心正、心正而后身修、身修而后家斉、家斉而后国治、国治而后天下平。」『大学』。『大学』においては、「格物」から始まり「平天下」に終わる。しかし、乳井は、順序を逆にすることで、「今ノ学者」の誤りを指摘する。

23　この「序」字は、「ツイヅル」と読み、順序良く並べることを意味する。この「序」字を動詞「ついづ（ず）」として読む例には、空海『文鏡秘府論』の保延点がある。そこでは、「須序秋之事情」の「序」字を「ついづべし」と読んでいる。

24　つまり、格物・致知・誠意・正心・修身・斉家・治国・平天下の大学八条目に、時間的先後関係を認めず、一瞬一瞬について、乳井の言葉を借りれば「今日唯今」、八条目すべての兼備を要すると説いているわけである。

25　「君子知至学之難易、而知其美悪、然後能博喩。能博喩然後能為師、能為師然後能為長、能為長然後能為君。故師也者、所以学為君也。是故択師不可不慎也。記曰、三王四代唯其師。此之謂乎。」『礼記』学記。『礼記』学記には、「師」字に関する言葉が散見する。

26　聖語の出典は不明。ただ汪昂『本草備要』薬性総義に以下の記述がある。「凡薬軽虚者、浮而升、重実者、沈而降。」『本草備要』は、上下二巻の手ごろな本草書であり、和刻本も伝存する。伝本は多く、日本国内でも流布していたであろうことが察せられるが、現在確認できる最も古い伝本は康熙二十二年（一六八三）序刊本である。さらに、この『本草備要』は、のちに李文来によって、やはり汪昂の作である『医方集解』と合本の上、『李氏医鑑』十巻および『続補』二巻として、刊行される。現在、この『李氏医鑑』の康熙三十五年（一六九六）刻本が、『四庫全書』に収録されている。

27　「子貢問曰、何如斯可謂之士矣。子曰、行己有恥、使於四方、不辱君命、可謂士矣。曰、敢問其次。曰、宗族称孝焉、郷党称弟焉。曰、敢問其次。曰、言必信、行必果、硜硜然小人哉。抑亦可以為次矣。曰、今之従政者何如。子曰、噫、斗筲之人、何足算也。」『論語』子路。「硜、小石之堅確者。小人、言其識量之淺狭也。此其本末皆無足観、然亦不害其為自守也、故聖人猶有取焉、下此則市井之人、不復可為士矣。」『論語集注』子路。士たる者の要件を説く。信にして果なる者とは、つまり考えが浅く頑固な君子たり得ぬ者なのである。

28　「孟子曰、大人者、言不必信、行不必果、惟義所在。」『孟子』離婁下。前の引用とあわせて見ると、孔孟の言が符合すると分かる引用である。『孟子』の孫奭の疏には、『論語』子路の句が引かれており、両者の関係が以前より指摘されていることも確認できる。

29　数行前の「固ク一ヲ執テ」を指す。

30 「天下惟器而已矣。道者器之道、器者不可謂之道之器也。」王夫之『周易外伝』巻第五。王夫之（一六一九～一六九二）、船山と号す。明朝の遺臣であり、生涯辮髪しなかった。明末清初の人物の通例として、その学風は朱子学や陽明学といった区分では割り切れぬものである。

31 「惟十有三年春、大会于孟津。王曰、嗟、我友邦冢君越我御事庶士、明聴誓。惟天地万物父母、惟人万物之霊。但聡明、作元后、元后作民父母。」『書経』泰誓上。

32 「文子曰、医及国家乎。対曰、上医医国、其次疾人、固医官也。」『国語』晋語八。文子とは、中行文子のことか。

33 五臓は心・肺・脾・腎・肝のこと。

34 「夫徳法者、御民之具、猶御馬之有銜勒也。君者人也。吏轡也。刑者策。夫人君之政、執其轡策而已。」『孔子家語』執轡。

35 「故人情者、聖王之田也。脩禮以耕之、陳義以種之、講學以耨、本仁以聚之、播樂以安之。」『礼記』礼運。

36 太宰春台の著作とされる『産語』有人第五からの引用。

37 太宰春台の著作とされる『産語』有人第五からの引用。但し中略がある。

38 「聖人有以見天下之賾、而擬諸其形容、象其物宜、是故謂之象。聖人有以見天下之動、而観其会通、以行其典礼。繋辞焉、以断其吉凶、是故謂之爻。言天下之至賾、而不可悪也。言天下之至動、而不可乱也。擬之而後言、議之而後動、擬議以成其変化。」『易経』繋辞伝上。

39 「其後定公以孔子為中都宰、一年、四方皆則之。由中都宰為司空、由司空為大司寇。（中略）定公十四年、孔子年五十六、由大司寇行摂相事、有喜色。門人曰、聞君子禍至不懼、福至不喜。孔子曰、有是言也。不曰楽其以貴下人乎。於是誅魯大夫乱政者少正卯。与聞国政三月、粥羔豚者弗飾賈、男女行者別於塗、塗不拾遺、四方之客至乎邑者不求有司、皆予之以帰。斉人聞而懼、曰、孔子為政必覇、覇則吾地近焉、我之為先并矣。盍致地焉。黎鉏曰、請先嘗沮之、沮之而不可則致地、庸遅乎。於是選斉国中女子好者八十人、皆衣文衣而舞康楽、文馬三十駟、遺魯君。陳女楽文馬於魯城南高門外、季桓子微服往観再三、将受、乃語魯君為周道游、往観終日、怠於政事。」『史記』孔子世家。「十年、定公与斉景公会於夾谷、孔子行相事。斉欲襲魯君、孔子以礼歴階、誅斉淫楽、斉侯懼、乃止、帰魯侵地而謝過。十二年、使仲由毀三桓城、収其甲兵。孟氏不肯堕城、伐之、不克而止。季桓子受斉女楽、孔子去。」『史記』魯周公世家。

40 「公曰、何謂賢人。孔子曰、所謂賢人者、徳不踰閑、行中規縄、言足以法於天下、而不傷於身。道足以化於百姓、

而不傷於本。富則天下無宛財、施則天下不病貧、此賢者。」『孔子家語』五儀解。公は、魯定公の子の哀公を指す。如何なる者を賢人と呼ぶか、という問いに孔丘が答える場面からの引用である。

41 「今之欲王者、猶七年之病求三年之艾也。苟為不畜、終身不得。苟不志於仁、終身憂辱、以陥於死亡。」『孟子』離婁上。病状が悪化してから、良薬を求めるのは、愚かなことである。「艾」字は草の名であり、まま灸に用いられる。治療に用いる以前に乾燥させる年月が長いほど、効能が高まるという。

42 「知不知上、不知知病。夫唯病病、是以不病。聖人不病、以其病病、是以不病。」『老子』第七十一章。

43 「帝曰、女殆其然哉。(中略)夫至楽者、先応之以人事、順之以天理、行之以五徳、応之以自然、然後調理四時、太和万物。四時迭起、万物循生。一盛一衰、文武倫経。一清一濁、陰陽調和、流光其声。」『荘子』天運。調理は、ものごとを上手く処理してととのえることや、養生の意で用いられる語である。したがって、直前の「国家ノ針灸」を受けて、ここで「国家ノ調理」と表記することは不思議ではなく、さらに後に「国家ノ養生」と続くのも当然である。

44 「是故先王之制礼楽、人為之節。衰麻哭泣、所以節喪紀也。鐘鼓干戚、所以和安楽也。昏姻冠笄、所以別男女也。射郷食饗、所以正交接也。礼節民心、楽和民声、政以行之、刑以防之、礼楽刑政、四達而不悖、則王道備矣。」『礼記』楽記。

45 「楽者為同、礼者為異。同則相親、異則相敬、楽勝則流、礼勝則離。合情飾貌者礼楽之事也。礼義立、則貴賤等矣。楽文同、則上下和矣。好悪著、則賢不肖別矣。刑禁暴、爵挙賢、則政均矣。仁以愛之、義以正之、如此則民治行矣。」『礼記』楽記。『史記』楽書に引かれる。

46 正しくは共工。誤記か。

47 「万章問曰、象日以殺舜為事、立為天子、則放之、何也。孟子曰、封之也、或曰放焉。万章曰、舜流共工于幽州、放驩兜于崇山、殺三苗于三危、殛鯀于羽山、四罪而天下咸服、誅不仁也。象至不仁、封之有庳。有庳之人奚罪焉。仁人固如是乎。在他人則誅之、在弟則封之。曰、仁人之於弟也、不蔵怒焉、不宿怨焉、親愛之而已矣。親之欲其貴也、愛之欲其富也。封之有庳、富貴之也。身為天子、弟為匹夫、可謂親愛之乎。」『孟子』万章上。万章は、孟子の高弟。舜のような偉大な王の時代にも、悪人はいたことを例証している。

48 「夫殷湯誅尹諧、文王誅潘正、周公誅管蔡、太公誅華士、

管仲誅付乙、子産誅史何、凡此七子皆異世而同誅者、以七子異世而同悪、故不可赦也。詩云、憂心悄悄、慍于群小。小人成群、斯足憂矣。」『孔子家語』始誅。七子の中には、少正卯を誅した孔子も含まれる。乳井が、蚩尤を誅した黄帝と韓信を誅した劉邦を付け加えるのは、拠るところあってのことであろう。

49 「子貢進曰、夫少正卯、魯之聞人也。今夫子為政而始誅之、或者為失乎。」『孔子家語』始誅。孔丘の高弟端木賜が、孔子に少正卯誅殺の是非を問う箇所である。「聞人」は名声ある者の謂い。

50 元方とは、隋唐の医者巣元方(生没年不詳)のことである。彼は、『諸病源候論』の撰者の一人とされている。

51 病源とは、『諸病源候論』のことである。『諸病源候論』は、大業六(六一〇)年、当時太医博士であった巣元方らによって献上された医書である。病の原因や症状あるいは原理について書かれた、東洋医学において重要な古典である。

52 「巣元方病源、伏虫長四寸、群虫之主。蚘虫、長五六寸、至一尺。発則心腹作痛。白虫、長一寸、色白頭小。令人腰疼。肉虫、状似爛杏。令人煩悶。肺虫、状如蠶。令人咳嗽。胃虫、状如蟇。令人嘔逆。弱虫亦名膈虫、状如瓜瓣。令人多唾。赤虫、状如生肉。動作腹鳴。蟯虫、至微、形如菜。虫居腸中、令人生癰疽疥諸虫皆依腸胃間、気実則不為害、虚則変生諸疾也。」『格致鏡原』巻第百、昆虫類五。当該箇所の引用元である、『諸病源候論』巻第十八・九虫候のテキストと、乳井が引用しているテキストは全く異なる。文字の出入が確認できるのみならず、明らかに記述が整理されている。したがって、ここでは乳井が独自に整理した可能性と共に、他の書籍から孫引きした可能性が想定される。後者の場合、いずれの書籍から孫引きしたのか。『外台秘要』・『本草綱目』・『格致鏡原』を試みに並べると、『格致鏡原』がもっとも類似したテキストであった。

53 「脳」字と「悩」字の音は、同じく「nǎo」である。したがって、ここでは「悩」字に作り、「なやます」と読ませるつもりで「脳」字と表記し、文字を借りた形か。

54 「正気者、正風也、従一方来、非実風、又非虚風也。」『霊枢』病伝。「天地有正気」(文天祥「正気歌」)正気・逆気も、東洋医学上の用語として存在する。

55 「凡姦声感人。而逆気応之。逆気成象。而淫楽興焉。正声感人。而順気応之。順気成象。而和楽興焉。倡和有応。回邪曲直。」『礼記』楽記。

56 「其母名烏頭。時珍曰、初種為烏頭、象烏之頭也(中略)弘景曰、烏頭与附子同根。附子八月採、八角者良。烏頭四

月採。（中略）辛、温、有大毒。」『本草綱目』草之六、附子。附子はキンポウゲ科トリカブトの根であり、猛毒を有するが、薬として用いられることもある。茎からそのまま繋がっている母根がトリカブトであり、母根のわきに生えている子根が、附子となる。

57 「時珍曰、其根辛苦、戟人咽喉、故名。（中略）好古曰、大戟与甘遂同為泄水之薬、湿勝者苦燥除之也。」『本草綱目』草之六、大戟。アカネ科やトウダイグサ科の根を乾燥させた薬である。大戟には利尿作用があるとされる。その名は、人の喉につよい刺激を与えるが故のものであるという。

58 「紅皮。陳皮。（中略）時珍曰、橘皮、苦能泄能燥、辛能散、温能和。其治百病、總是取其理気燥湿之功。」『本草綱目』果之四、黄橘皮。陳皮は、みかんの皮を乾燥させたもので、橘皮ともいう。

59 「時珍曰、紫蘇・白蘇、皆以二三月下種、或宿子在地自生。（中略）辛、温、無毒。（中略）。解魚蟹毒、治蛇犬傷。（中略）時珍曰、紫蘇、近世要薬也。」『本草綱目』草之三、蘇。

60 「居ゆ」は、ワ行下二段活用の動詞「すえる」がヤ行下二段活用の動詞「すゆ」に音転した形である。「すえる」や「すゆ」に「据」字を当てるのは近代以降の用法であり、それ以前には「居」字を当てるのが一般的であった。

61 「孔子曰、薬酒苦於口而利於病、忠言逆於耳而利於行。」『孔子家語』六本。「孔子曰、良薬苦於口、利於病、忠言逆於耳、利於行。」『説苑』正諫。『孔子家語』は、「良薬」ではなく「薬酒」に作る。「良薬」に作る古い文献としては、『説苑』がある。

62 「子言之、君子之所謂仁者其難乎。詩云、凱弟君子、民之父母。」『礼記』表記。「洞酌彼行潦、挹彼注茲、可以餴饎。豈弟君子、民之父母。」『詩経』大雅・洞酌。

63 「凱以強教之、弟以説安之。楽而毋荒、有礼而親、威荘而安、孝慈而敬。使民有父之尊、有母之親。如此而後可以為民父母矣、非至徳其孰能如此乎。」『礼記』表記。

64 「今父之親子也、親賢而下無能。母之親子也、賢則親之、無能則憐之。母、親而不尊。父、尊而不親。水之於民也、親而不尊。火、尊而不親。土之於民也、親而不尊。天、尊而不親。命之於民也、親而不尊。鬼、尊而不親。」『礼記』表記。

65 見識か。以下同じ。

66 「秦置諌大夫、後漢光武増為諌議大夫、歴代不改。唐龍朔中、属中書、開元後帰門下。正元四年五月、分左右、以

左隷門下、以右隷中書。」『事物紀元』三省綱轄部、諫議。君主を諫めるという仕事に、制度的裏付けが与えられたのは、秦代のことである。

67 補佐の臣とは、三公（太師・太傅・太保）のことであろう。『周礼』周官や『礼記』王制、『書経』周官や『老子』、また『通典』職官典などによれば、周代において、三公は天子の補佐を職務としていたという。ただし、『漢書』百官公卿表などは、司馬・司徒・司空の三つをもって三公とする。その後、漢代に丞相・大司馬・御史大夫をもって三公とするなど、名称という点で変遷がある。さらに、唐代以降、三公の職は形骸化した。

68 「范蠡既雪会稽之恥、乃喟然而嘆曰、計然之策七、越用其五而得意。既已施於国、吾欲用之家。乃乗扁舟浮於江湖、変名易姓、適斉為鴟夷子皮、之陶為朱公。朱公以為陶天下之中、諸侯四通、貨物所交易也。」『史記』貨殖列伝。范蠡は越の名臣であり、越王と呉王は、それぞれ勾践と夫差のことである。「会稽ノ恥」は、勾践が一旦は夫差に臣従したことを指す。

69 「衛蘧伯玉賢、而霊公不用。弥子瑕不肖、反任之。史魚驟諫而不從。史魚病将卒、命其子曰、吾在衛朝、不能進蘧伯玉、退弥子瑕、是吾為臣不能正君也。生而不能正君、則死無以成礼。我死、汝置屍牖下、於我畢矣。其子従之。霊公弔焉、怪而問焉。其子以其父言告公。公愕然失容、曰、是寡人之過也。於是命之殯於客位、進蘧伯玉而用之、退弥子瑕而遠之。孔子聞之、曰、古之列諫之者、死則已矣、未有若史魚死而屍諫、忠感其君者也。可不謂直乎。」『孔子家語』困誓。蘧伯玉は、衛の大夫である。当該箇所では、蘧伯玉が姫元（衛霊公）に重用されぬことを悔いた史魚という忠臣が、遺言に託して諫言を行ったことを、孔子がほめている。

70 鼇頭に「譎《ケツ》 イツワル」という注記あり。

71 鼇頭に「戇 ヲロカ也」という注記あり。

72 鼇頭に「諷《フウ》 ヨハ タトヘ サトス ソシル」という注記あり。

73 「孔子曰、忠臣之諫君、有五義焉。一曰譎諫、二曰戇諫、三曰降諫、四曰直諫、五曰風諫。唯度主而行之、吾従其諷諫乎。」『孔子家語』弁政。

74 平出政秀（一四九二〜一五五三）は、織田信長の傅役である。織田信長の行いが収まらないのを諫めるために自刃したとされる。小瀬甫庵『信長記』は、忠臣による諫死として、美々しき粉飾を行い、多くの紙数を割く。乳井の評価は、小瀬甫庵のそれに近いか。

75 吉田修理は、吉田好寛（生年不詳～一六一五）のこと。戇諫とは愚直をもって諫めること。豊臣秀次は、豊臣秀吉の甥にあたるが、養子となり、秀吉の厚遇のもと関白となる。しかし、秀吉に嫡男秀頼が生まれると、やがて関係が悪化して、最終的に秀次は自殺した。秀次が、秀吉から謀反を疑われ悩んでいるのを、吉田好寛はあらぬ疑いであるならば、いっそのこと兵を起こして抗議すべしと諫めた。小瀬甫庵『太閤記』巻第十七や林羅山『豊臣秀吉譜』下に類似した記述がある。林羅山は小瀬甫庵に『信長記』の序を乞われたこともあり、面識もあった。『豊臣秀吉譜』を始めとする「将軍家譜」四部編纂の折には参照したが、多くの異同もある。林鵞峯は、小瀬甫庵の仕事は漏脱多く、「将軍家譜」編纂の折に板倉重宗や松平忠房の協力を経て聞き取り調査や資料収集をしたと言う。

76 「孫」字は「遜」字に通じる。よって、本文の「孫辞」という表記は誤りではない。『字通』。

77 「去春、将軍・下御所御両所、兵庫より九州へ御下向のよし京都へ聞えて、叡慮快かりしかば、諸卿一同に今は何事かあるべきとて悦び申されける。時に正成奏聞して云ふ、義貞を誅伐せられて尊氏卿を召しかへされて、君臣和睦候へかし。御使においては正成仕らんと申し上げたりければ、不思議のことを申したりとてさまざま嘲哢ども有りける。」『梅松論』「楠木正成のこと」。

78 「降諫」の「降」字は、「伏」字の謂いである。「伏」字は、「服従」を意味する。主への絶対的な服従のもと、諫めるべきを諫めることであろう。

79 『将門記』。

80 万里小路藤房（一二九六～没年不詳）は、万里小路宣房（一二五八～没年不詳）の長男である。宣房は、後醍醐天皇を支えた、いわゆる後の三房（北畠親房・万里小路宣房・吉田定房）の一人である。

81 出家を人倫に反するものと見なすのは、儒者によくある意見である。「父母ニ取テハ異朝ノ道ニ当ラズ」とは、藤房の人倫を廃した出処進退を言うか。「異朝ノ道」と「吾ガ朝ノ道」は、それぞれ孝を重んじる道と忠を重んじる道、であろう。

82 「子曰、事父母幾諫。見志不従、又敬不違、労而不怨。」『論語』里仁。

83 「為人臣之礼、不顕諫。三諫而不聴、則逃之。子之事親也、三諫而不聴、則号泣而隨之。」『礼記』曲礼下。

84 「爰に程嬰・杵臼二人は、智伯が孤を隠さんとするに趙盾是を聞付て、討んとする事頻也。程嬰是を恐れて、杵臼に向て申けるは、旧君三歳の孤を以て、此二人の臣に託たり。されば死て敵を欺かんと、暫く命を生て孤を取立んと、何れか難かるべき。杵臼が云く、死は一心の義に向ふ処に定り、生は百慮の智を尽す中に全し。然ば吾生を以て難しとす、と。程嬰、さらば吾は難きに付て命を全すべし。御辺は易きに付て討死せらるべし、と云に、杵臼悦で許諾す。さらば謀を回すべし、とて、杵臼我子の三歳に成けるを旧主の孤なりと披露して、是を抱きかゝへ、程嬰は主の孤三になるを我子なりと云て、朝夕是を養育しける。」『太平記』瓜生判官老母事付程嬰杵臼事。

85　以下の「士農工商」は山鹿素行の士道論からの影響が見られる。

86　『聖教要録』聖人。

87　太宰春台の著作とされる『産語』第八馮驩からの大意をとっての引用。「閻奚恤曰、天之生物也、或有余、或不足、天則俾有余者補不足、人何不然、人之所以為生、亦必以有余補不足、所以則天也、我独何不然、今我幸而有余、不可以不補人之不足。故人就我仮者、吾即貸之、夫能還夫息、則吾固収之、若夫貧不能還息者、吾而敢索之、是不矜人窮也、烏在其以有余補不足也。且貧而仮銭、豈人之所欲哉、仮而不還、亦豈人之所安哉、其所能還而弗還者、匪人也、苟匪人者、吾何責焉、其不能還者、雖守而責之、終弗能還耳、於我何益之有焉、非徒無益、所以樹怨也。」

88　「致虚極、守静篤。万物並作、吾以観復。夫物芸芸、各復帰其根。」『老子』。芸芸(ウンウン)は、物が多い様をいう。乳井が生きていた時代は、聖人の去ること遠く、聖人の言葉が記された六経にも、諸子百家の説が混雑している。したがって、乳井は、究極的には、経書すら信じるに足りぬとする。

89　魯定公は孔子を挙用した人物であり、斉宣王は孟子の策を用いた人物である。

90　「成王少、周初定天下、周公恐諸侯畔周、公乃摂行政当国。管叔・蔡叔群弟疑周公、与武庚作乱、畔周。周公奉成王命、伐誅武庚・管叔、放蔡叔。」『史記』周本紀。

91　「二十七年八月、制、夫子追贈謚為文宣王、宜令三公持節冊命、並撰儀注。」『通典』孔子祀。玄宗(六八五〜七六二)は、唐代の君主。その治世の当初は開元の治と称される素晴らしいものであったが、晩年には乱れ、安史の乱(七五五〜七六三)を引き起こした。玄宗が孔子に追謚したのは、開元二七(七三九)年のことである。

92　楊貴妃の逸話については、後世の脚色も多い。しかし、玄宗から寵愛されたことは『旧唐書』楊貴妃伝から分かる。

93 「子貢進曰、夫少正卯、魯之聞人也。今夫子為政而始誅之、或者為失乎。」『孔子家語』始誅。この逸話もまた、前章で引かれている。

94 「孔子為魯大司寇。有父子訟者、夫子同狴執之、三月不別、其父請止、夫子赦之焉。季孫聞之、不説、曰、司寇欺余、曩告余曰、國家必先以孝。余今戮一不孝以教民孝、不亦可乎。而又赦、何哉。冉有以告孔子、孔子喟然歎曰、嗚呼。上失其道而殺其下、非理也。」『孔子家語』始誅。

95 「いぶせき」はク活用の形容詞「いぶせし」の連体形である。汚らしい、むさくるしい様を表す。

96 「湯武革命、順乎天而応乎人、革之時大矣哉。」『易経』彖伝。

97 「八卦成列、象在其中矣。因而重之、爻在其中矣。剛柔相推、変在其中矣。繫辞焉而命之、動在其中矣。吉凶悔吝者、生乎動者也。」『易経』係辞伝下。

98 右に同じ。

志学幼弁　巻之九

曲直

曲直ハ方円ノ象也。方円ハ曲直ノ至レル者也。曲ノ至レル者ハ円也。円ノ至レル者ハ天体ニ如《シク》者ナシ。直ノ至レル者ハ方也。方ノ正シキ者ハ地体ニ如《シク》者ナシ。正字通[1]ニ云ク、「円《ナル》者《ノハ》至《テ》二天円《ニ》一而止《ル》」[2]ト云々。又云ク、「方《ハ》正《ナリ》」ト云フ。故ニ天地ハ方円ノ至レル者ニシテ、併ビ立テ、其神妙行ハル。人、俯仰シテ今日目前ニ知ルニ安シ。易ノ繋辞ニ云ク、「蓍《ノ》之徳《ハ》、円《ニシテ》而神《ナリ》。卦《ノ》之徳《ハ》、方《ニシテ》以《テ》知《ル》」[3]ト云々。又、呂氏春秋ニ云ク、「天道《ハ》円《ナリ》、地道《ハ》方《ナリ》、聖王法《ノットル》レ之《ニ》」[4]ト云へリ。此故ニ天地ニ在テハ円方ト云、事物ニ在テハ曲直ト云フ。爰ヲ以テ万物ノ象形千異万別也トイヘドモ、円方合体ヲ以テセズト云者ナシ。

夫レ天地ノ至徳トイヘドモ、天独リ立ツベカラズ、地独リ立ツベカラズ。其象形ヲ観レバ方ヲ内ニシテ円ヲ外トス。円ヲ以テ動キ、方ヲ以テ守ル。人事ノ行ヒ是ニ法《ノット》ル。是ヲ真《シン》ノ正直《シヤウジキ》ト云也。故ニ正直ハ天地神明ノ道徳也。此故ニ吾ガ　朝ノ神教ハ曲玉《マガタマ》ノ徳ヲ以テ神明正直ノ道ヲ形容シテ人世ノ行ヒヲ示ス。然ルヲ幼学ノ者、正直ノ行ヒヲ誤テ、曲ルヲ一偏ニ邪道也ト廃シ、或ハ曲玉《マガタマ》ヲ誤テ、一偏ニ心ヲ人ニ任セ、或ハ曲直兼備ヲ誤テ、外ヲ直ニシ内ニ曲ヲ守ル。此三人ハ皆天地ニ法ル所以ンニアラズ。

或人ノ曰、「何ヲカ天地ニ法ル曲直ト云ヤ」。曰、天地ノ道ハ内ヲ直《ナヲ》フシテ外ヲ曲ル。故ニ内ヲ曲テ外ヲ直フスルハ逆也。逆ナレバ邪道也。彼ノ怨ヲ匿《カクシ》テ其人ヲ友トス。或ハ酢《ス》ヲ隣ニ乞テ是ニ与フ[5]。是レ内ヲ曲ゲテ外ヲ直フスル行ヒ也。故ニ孔子是ヲ直シトシ玉ハズ。

又、呂氏春秋ニ云、「楚《ニ》有《リ》二直《ナヲフスル》レ躬《ミヲ》者《ノ》一、其父竊《ヌスム》レ羊《ヲ》而《ルヲ》謁《ス》二之《ヲ》上《ニ》一、上執《テ》而《シテ》将《ニ》《スルトキ》レ誅《セント》レ之《ヲ》。直《フスル》レ躬《ヲ》者《ノ》請《フ》レ代《カハランコトヲ》レ之《ニ》。将《ニ》《スルトキ》レ誅《セント》矣、告《テ》レ吏《ヤクニンニ》曰、父竊《ム》(羊)而《ルヲ》謁《スルハ》レ之《ヲ》、不《ズヤ》二亦《タ》信《ナラ》一乎。父誅《セラルルトキ》而《モ》代《ハルハ》レ之《ニ》、不《ズヤ》二亦《タ》孝《ナラ》一乎。信《ニシテ》且《ツ》孝《アリ》而《ルヲ》誅《スルナラバ》レ之《ヲ》、国《ニ》将《ベキヤ》レ有《ル》二不《ル》レ誅《セ》者《ノ》一乎。荊主聞《テ》レ之《ヲ》、不レ誅《セ》レ之《ヲ》」[6]ト云ヘリ。是レ直ノミニシテ曲ノ道一向ナシ。故ニ孔子直シトシ玉ハズシテ曰、「父ハ子《コ》ノ為ニ隠シ、子ハ父ノ為ニ隠ス」[7]ト曰ヘリ。

又、衛ノ州吁、桓公ヲ弑セントスルトキ石碏ガ子《コ》是ニ従フ。石碏、吾ガ子ノ悪ヲ証《アラハ》シテ殺サシム。[8]是ハ亦父ハ子ノ為ニ隠サズシテ忠直ノ名アリ。是レ皆臣子ノ礼義ニ称《カナヘ》テ以テ外ヲ曲ゲ、内ヲ直フスル者也。此二人ノ説、諸子百家或ハ君臣ノ軽重ヲ以テ論ジ、或ハ父子ノ情ヲ以テ論ジ、或ハ天理ノ公ヲ論ズ。皆当ラズ。朱子独リ礼義ヲ以テ其直キヲ執ル。誠ニ正説タリ。吾レハ必朱子ノ説ニ従フ。

礼記ニ曰、「門内《ノ》之治《ハ》、恩揜《ヲヲフ》レ義《ヲ》。門外《ノ》之治《ハ》、義断《タツ》レ恩《ヲ》」[9]ト云ヘリ。此故ニ子《コ》ハ父ノ為ニ隠スコト、是レ門内ノ治也。故ニ内《ウチ》父ノ親《シン》ヲ直フシテ恩義ヲ重ンジ、外ハ義ヲ曲《マゲ》テ揜ヒ隠ス。是レ礼也。其父ハ子ノ為ニ顕《アラハ》スコト、是レ門外ノ治ナリ。故ニ内《ウチ》ハ忠義ヲ直フシテ恩義ヲ捨、外ハ父子ノ親愛ヲ曲テ是ヲ顕《アラハ》ス。是レ礼也。故ニ能ク義ヲ明ニ撰テ以テ事ニ即《ツク》ベシ。

夫レ礼トイヘドモ、礼別ニナシ。義ニ順テ而シテ是ヲ礼ト云。礼記ニ曰、「為《スルコト》レ礼《ヲ》不《レバ》レ本《ヅカ》二於義《ニ》一、猶《ヲゴトシ》二耕《シテ》而不レ種《ルガウヘ》一也」[10]ト云ヘリ。又云ク、「道徳仁義《モ》非《レバ》レ礼《ニ》不《ズ》レ成《ラ》」[11]ト云々。然ルトキハ人トシテ人ノ世ニ動ク者ハ、唯ダ正直ノミヲ是《ゼ》ト覚ヘ、枉曲ノ道アルコトヲ知ラザルハ、猶鞘ノナキ白刃ヲ用ルガ如シ。白刃鞘ナクシテ交ハラバ、誰カ是ヲ愛センヤ。

家語ニ孔子ノ曰、「水至清《ナルトキハ》則無《シ》レ魚、人至察《ナルトキハ》則無《シ》レ徒。枉《マゲテ》而直《ナヲフス》レ之《ヲ》」[12]トハ此是レヲ云也。老子ノ曰、「曲《ルトキハ》則全《シ》、枉《グルトキハ》則直《シ》」[13]ト云々。此故ニ大路曲ラザレバ、千里ノ歩ヲ直フスルコト能ハズ。百川曲ラザレバ、水ヲ直フ通スルコト能ハズ。山曲ラザレバ、直立スルコト能ハズ。谷曲ラザレバ、直流スルコト能ハズ。城郭曲ラザレバ、方直ナラズ。器物曲ラザレバ、入ルルコト能ハズ。臂曲ザレバ、執ルコト能ハズ。膝曲ラザレバ、行クコト能ハズ。此故ニ矩尺《マガリガネ》ノ曲ルハ其直キヲ求ルガ為也。矩尺曲ラザレバ、何ヲ以テカ其直キヲ正サンヤ。左伝ニ「正曲《ニシテ》為《リ》レ直」[14]ト云フ。老子ノ曰、「大直若《シ》レ曲《ルガ》」[15]、

「大方《ハ》無《シ》レ隅《スミ》」[16]ト云々。

是レ聖賢ノ言皆一也。宜ナル哉。曲直相ヒ和合シテ形ヲ立《タテ》、以テ事業ヲ行フハ天地ノ象形ナレバ也。人ノ行ヒ是ニ則ルトキハ道ヲ得、是ニ則ラザルトキハ道ヲ失フ。故ニ内直フシテ外ヲ曲ルハ正直ノ道也。内ヲ曲ゲテ外ヲ直フスルハ邪曲也、私曲也。此故ニ心ハ内ニシテ直ク、身ハ外ニシテ事物ノ動キニ順フハ、是レ正曲ノ道也。身ト世ト並ブトキハ、吾ガ身ヲ内トス、世ヲ外トス。故ニ内ノ吾ガ身ヲ直フシテ、外ハ世ニ順テ曲ル。是ヲ正直ヲ守ルト云。是レ聖人ノ所謂ル正直也。

今ノ正直ト云ハ然ラズ。礼ヲモ知ラズ、義ヲモ弁ヘズ、人ノ害ヲモ構ハズ、己レガ身ヲモ顧ズ、一見ノ是《ゼ》ヲ行ヒ果サントスルヲ廉直トシ、或ハ善ヲモ知ラズ悪ヲモ知ラズ、人ノ益ニモナラズ、己レガ身ノ徳ニモナラズ、人ノ言ニ順テ転《コロブ》コト玉ノ如クスルヲモ亦正直ト称ス。是レ度ナシ、節ナシ。世ノ謳歌[17]ニ曰、「余リ円《マロ》キハ転《コロ》ビ安ク、廉《カド》ノアルノハ気ニ入ラヌ」ト云フ。是レ即詩経ノ風教也。俗間ノ鄙歌俚言[18]モ斯ノ如キノ金言アレバ、天地ハ云ニ及バズ、イカナル鄙俗ノ謳歌ヲモ認《トドメ》テ吾ガ身ニ鑑《カンガミ》ルコト、皆是レ詩ヲ学ブノ道也。何ゾ唯ダ詩経ノ教ノミナラン。此謳歌ヲ以テ曲直和合ノ用ヲ暁《サト》スベシ。

此故ニ武門ノ刀剣ハ英勇清直ノ表器ニシテ、人ヲ殺シ物ヲ裂《ツンザ》ク器ニアラズ、鞘ニ納メテ常トス。国賊来テ触ルルトキハ、彼レ自ラ白刃ニ当テ死ス。是レ武ノ刀剣ヲ尊ブハ正直ノ道也。納メテ用ルコトヲセザルハ正曲ノ道ナリ。常ニ俗《ナラ》ハスハ治ニ居テ乱ヲ守ルノ道也。故ニ刀剣ハ吾レヨリ徃テ伐ル者ハ皆賊也。此故ニ武ハ刀剣ヲ抜テ人ヲ殺スノ道、天地ノアラン内ハ曽テナキコト也。武ハ唯ダ神武不殺ノミ。故ニ神武ハ正直ノ道、不殺ハ正曲ノ道也。

無為

孔子ノ曰、「無為《ニシテ》而治《ムル》者《ノハ》、其舜《レカ》也与」[19]ト。老子ノ曰、

「無為《ニシテ》而無《シ》レ不《ズト云コト》レ為《セ》」[20]ト。又云ク、「為《ナストキハ》二無為《ヲ》一、則無《シ》レ不《ズト云コト》レ治《ラ》」[21]ト云フ。聖人ノ無為ヲ貴ブコト斯ノ如クニシテ、其無為ノ道ヲ註釈スルコト希声[22]・朱子・林子[23]・焦漪園[24]・尤西川[25]・蘇紫渓[26]・饒氏[27]・陳氏[28]ガ徒、往々ニ論ズル所ヲ見ルニ皆通ゼズ。悉ク死物ノ説ヲ成ス。甚キ者ノ曰、「聖人上ニ位スレバ、常ニ何モ為《セ》ザレドモ、其徳自然ト天下隅々《スミズミ》マデ感動シテ、人物皆化セズト云者ナシ」ナドト塗轍《トテツ》モナキコトヲ云ヘリ。大抵、皆偶然トシテ生《イケ》ルガ如ク死ヌル如キ心持チヲ無為ト思ヘリ。一笑スルニ堪ザランヤ。

　大全ニ「或《人》問《フ》、恭《クシテ》レ己《レヲ》為《ス》二聖人敬徳之《ノ》容《ト》一。以《テ》二書伝《ヲ》一考《レバ》レ之《ヲ》、舜之《ノ》為《ナスコト》レ治《ヲ》、朝観巡狩封《ジ》レ山《ヲ》濬《シ》レ川《ヲ》挙《ゲ》二元凱《ヲ》一誅《ス》二四凶《ヲ》一。非《ズヤ》レ無《キニ》レ事也。此《レヲ》其曰《フ》二無《クシテスルコト》レ為而治《ムルト》一者《ノハ》何耶《ゾヤ》。朱子《ノ》曰、即《ツキテ》レ書《ニ》而考《レバ》レ之《ヲ》、則舜之《ノ》所二以《ンノスル》為レ治《ヲ》之迹、皆在《リ》二摂政二十八載之《ノ》間《ニ》一、及《テハ》三其践《ムニ》二天子之《ノ》位《ヲ》一、則書之《ノ》所レ載《スル》不《ル》レ過《ギ》レ命《ズルニ》二九官十二牧《ニ》一而已《ノミ》。其後無《シ》二他事一也。雖《ドモ》二書之《ノ》所《ノ》レ記《ス》簡古稀濶《ナリト》一、然亦《モ》足《タルナリ》三以見《テルニ》二当時之《ノ》無《キヲ》レ事也」[29]ト云々。是レ朱子、或説ヲ設ケテ、強《シイ》テ以テ孔子ノ所謂ル無為ニ迫従セント欲ス。

　夫レ博学多識ノ名ヲ以テ今三国学者ノ的トスル朱文公スラ、猶未ダ無為ノ言《コト》タルコトヲ知ラズ。況ンヤ幼学ノ者ヲヤ。

　夫レ朱子ノ言ノ如クナラバ、事ヲ為《スル》ハ皆聖人ニアラズト云フニ似タリ。然ラバ摂政二十八年ノ間ハ舜未ダ聖人ニ成ラザル時ト云ベキカ。亦既ニ位ニ即《ツイ》テ後ハ九官十二牧ニ打任セテ、其身ハ無心無行ニシテ、在ルガ如ク無キガ如ク、生《イケ》ルガ如ク死セルガ如クシテ、以テ視聴耳目殆ンド天下ノ用事ヲ捨タルカ。斯ノ如クナレバ、聖人ノ無為ト云ハ全ク死人ヲ指テ云ナラン。乃《ソコデ》今天下ノ学者以為《ヲモヘラク》、吾ガ心ダニ正シクシテ身修リ極マレバ、穴ノ内ニ在テ何ノ為《スル》コトナクトモ、忽チ天下ノ民新シク成リ、衆人残リナク明徳明カニナル者ト覚ユ。是ヲ易ノ「寂然不動《シテ》、感《ジテ》而遂通《ズ》二天下之《ノ》故《ニ》一」[30]ト心得ル学者多シ。皆、是レ無《キ》レ為《スルコト》ノ二字訓詁、心理ニ泥著シテ、一向ニ四方ヲ見ルノ眼ヲ忘ル。嗚呼《アア》、漢土大国ノ英才、吾　朝ニ比セバ若干《ソコバク》多少ゾヤ。

　然レドモ無為ノ二字ヲ通暁セル人未ダ見ズ。其未ダ通暁セザル所以ンノ者ハ天人当日ノ大事ヲ見ル目ヲ失ヒ、当日此身ノ心上ヲ見得タル故也。心ハ万事動静ノ大本タル故ヲ以テ殆ンド衆人同心ノ至極トナル。是レ浸潤ノ譖、膚受ノ愬[31]、明《アキラ》メガタキノ至極ナルベシ。然レドモ唯ダ明ムベキ者一アリ。

夫レ今、倭漢、儒ヲ講ジ聖学ヲ信ズル者、国家乏シカラズ。而シテ官職ノ任、政務ニ与《アヅカ》レドモ其学ブ所ヲ以テ国家ニ及ボスコトナクシテ、弥以テ一己ノ心上ヲ慎ミ、君ノ憂ヒ国ノ窮困ヲ救フコトヲセズ、己レガ君、己レガ国ヲ見ルコト有ルガ如ク無キガ如クス。

或ハ己レ国家ノ職ヲ任官ナキ以前ハ、執柄ノ人ヲ非《ソシ》リ、国政ノ不善ヲ哀ム。誠ニ忠言ニ似タリ。而シテ其学者ヲシテ幸ニ政務ニ任ズレバ、亦同ク己レガ学ブ所ヲ以テ以前ノ悲言ヲ民ニ施スコト能ハズシテ、益一己ノ心上ヲ慎ミ、竟ニ一事ノ功ヲモ献ゼズ、全ク老テ死スルノミ。斯ノ如クシテ心上ノ定マルヲ待、天理ノ暁《サトリ》ヲ待、修身ノ極ヲ待ツ内ニ、其身既ニ老ニ及デ死スル学者、三千年ノ今日マデ幾億万人、未ダ正心究理修身ノ極ニ至リ、而シテ国家ヲ聖法ニ改メ小人ノ新法ヲ禁ジタル人ヲ聞カズ。吾レ是ヲ以テ心上理学ハ聖学ニアラズシテ、異端ノ道タルコトヲ知リ、始テ浸潤ノ譖、膚受ノ愬、行ハザルノ明《メイ》ヲ知レリ。斯《カク》明カニ験アルヲ以テ今ノ学者ヲ攻メ責ムレドモ、未ダ曽テ顧《カヘリミ》ルコト能ハズシテ、亦正心究理修身ヲ待ツ内ハ、君憂ヒ国究スルトモ毛厘モ構ハズ唯ダ小人ノ勤迹ヲ信ジ、俗間ノ格ヲ守リ、是レニ身ヲ動《ウゴカ》シテ月日ヲ暮スヲ務メナリト思ヒ定ムルノミ。是ヲ聖学ト覚ユルユヘ無為ノ訓義ヲ深ク誤リ、死人ノ如クスルヲ無為ト思ヘリ。

夫レ無為トハ至誠ノ動キ、有為ノ精極ヲ云也。学者、孔子ノ言ニ就テ遠ク舜ノ無為ヲ見ンヨリ何ゾ近ク天地ノ無為ヲ目前ニ見ザルヤ。

夫レ天地、一年四時ノ大功ヲ成スコト、天地是ヲ待テスベキカ。冬至微陽ヲ生ジテヨリ以降《コノカタ》、亦次ノ冬至ニ及ブマデ、至誠息《ヤマ》ズ。其微ヲ尽スコト、積テ以テ其大功発見、人ノ目ニ見ルニ足レリ。故ニ人、其為《スル》所ヲ見ルコト能ハズ。此故ニ聖人、天地ノ無息底ノ至誠精極ノ大徳ヲ称美ノ余リ、是ヲ無為ト云也。故ニ無為ニシテ為《セ》ズト云コトナシ、ト云ハ此謂ヒ也。聖人ハ天地ト徳ヲ合ス[32]ト云モ、亦是レ此謂也。

天地ハ上帝ノ命ヲ戴《イタダ》キ、覆テ外ナキハ天ノ官也。生ジテ厭ハザルハ天ノ職也。載《ノセ》テ洩《モラサ》ザルハ地ノ官也。育テ厭ハザルハ地ノ職也。天ハ位ヲ上ニ受ケ、地ハ位ヲ下ニ受ケ、各官ト職ト位ト三ツノ者備テ、其位ヲ守リ其職ヲ務メ其官ヲ統ブ。是ヲ尽スノ外、天地夫レ何ノ為《スル》コトヲカ思ハン。其是レヲ為《スル》コト毛髪瞬息ノ間隙ナシ。是レ天地上帝ノ命ヲ尽スコト、更《サラ》ニ外ヲ思ヒ事ヲ待ツノ心ナシ。天地ノ性タリ任タリ。此性此任ノ外為《スル》コトナクシテ已《ヤマ》ザル者ハ、唯ダ至誠ノ動キ甚ダ精ニ最モ微ニシテ、人目人耳ノ窺ヒ知リガタキ故《ユヘ》ニ為《スル》コトナキガ如シ。然レドモ黙然トシテ動クコトナク、偶然トシテ人形《ニンギヤウ》ノ如ク無心ニシテ、死人ノ如ク是レヲ以テ為《スル》コトナクンバ、何ヲ以テ四時行ハレ百物生《ナル》ノ成功ヲ得ベキヤ。故ニ無為ニシテ、為《セ》ズト云コトナシト云フ。

夫レ木偶《ニンギヤウ》ハ為《スル》コトナシ。人ノ動《ウゴカ》シシダイニ動キ、人ノ使ヒシダイニ使ハルルヲ、無心無為ノ自然ニ任ズト覚テハ以テノ外ト云ベシ。木偶ハ内誠ナシ。誠ナキユヘ自《ミツカラ》動クコトヲセズ。今ノ臣タル者ハ是レ木偶ノ如ク、内誠ナシ。故ニ自ラ動クコトナク、君ノ使フニ任セ、俗ノ動キニ従ヒ、是ヲ自然ノ道、天地ノ無心、聖人徳教ノ容《カタチ》従容タル姿《スガタ》ト覚ユ。是レ性ノ故ヲ知ラザルヲ以テ誤ルコト斯ノ如シ。

夫レ天地、上帝ニ命ヲ受ケ、此命ヲ此職任ニ尽スヲ性トハ云也。此性ヲ以テ此任ヲ動カシムル者ヲ誠トハ云也。故ニ此誠ナケレバ此性動クコト能ハズ。此性ハ天ノ命也。己レニ任タル所以ン之者ニシテ、己レヨリ動カザレバ性命ヲ尽ス所以ンニアラズ。然ルヲ何ゾ己レガ任ヲ人ヨリ揺《ウゴ》カサルルコトヲ待ツベキヤ。己レガ性ヲ人ニ揺《ウゴ》カサルルハ是レ木偶《ニンギヤウ》ノ動キ也。

夫レ内誠有ルトキハ、必自己ヨリ動カヌト云コトナキハ、天ノ道也。故ニ孟子ノ曰、「誠者《ハ》、天之《ノ》道也《ナリ》。思《フハ》レ誠《ヲ》者、人之《ノ》道也《ナリ》。至誠《ニシテ》而不《ル》レ動者《ノハ》、未《ダ》二之《レ》有《ラ》一也。不《ズシテ》レ誠《アラ》、未《ダ》レ有二能《ク》動《ク》者《ノ》一也」[33]ト云ヘリ。又中庸ニ云ク、「唯《ダ》天下之《ノ》至誠、為《スル》三能《ク》尽《スコトヲ》二其性《ヲ》一」[34]ト云フ。又云ク「誠者《ハ》非《ズ》二自《ラ》成《ス》レ己《ヲノ》而已《ミ》一也、所二以《ンナリ》成《ス》レ物《ヲ》也。成《スハ》レ己《ヲ》、仁也《ナリ》。成《スハ》レ物《ヲ》、知《ナリ》也。性之《ノ》徳也《ナリ》」[35]ト云々。

夫レ天地ハ官職ヲ上帝ノ命ニ務ルコト誠ノ外心ナシ。此誠ヨリ動テ官職ノ外為《スル》コトナシ。其任ヲ尽スコト今日唯今微塵毛末ノ間更ニ息《ヤム》コトナシ。人ハ命ヲ天ニ受ケ君ト成リ臣ト成リ、君ハ臣ニ命ジ其官其職其位ヲ受ケシム。臣以テ己レガ任トシ、天ノ性命ニ載《ノセ》テ誠ヲ守ルコト、君ニ向テ己レガ官職ノ任ヲ務ルノ外、毛末モ外事ヲ思フコトナク、今日唯今ノ外、更ニ為《スル》コトナクンバ、何ゾ天道無心無為ノ動キニ異ナルコトアラン。

然ルヲ今ノ人臣ハ君ニ向フ所、誠ヲ守ラズ。故ニ官職ニ心ナクシテ、己レガ身ノ上ニ心ヲ置ク。是レ私欲ノ有心也。而シテ事務ニ怠テ息《ヤ》ム。此故ニ油断ノ微ヲ積テ、事ノ大《ダイ》ニ成リ、智ノ及バザル時ニ至テ、是ヲ為《ナ》サントス。是レ小人ノ有為也。

仮令バ韓子ガ所謂ル千丈ノ堤《ツツミ》モ蟻穴ヨリ壊《クヅ》ルルト[36]云フガ如シ。小人ハ曰、蟻穴ノ微、何ゾ尽スニ足ラン。猶且ツ一銭ノ財ヲ費スヲ惜ミ、一日ヲ過シ、一月ヲ失シ、千丈ノ堤皆敗レ、田ヲ害シ畠ヲ賊《ソコナイ》事強大ニ及テ、千万ノ人力ヲ役《エキ》シ、巨万ノ財金ヲ費シ、而シテ是《コレ》ヲ成ス。其功既ニ成ルトキハ是ヲ功臣也ト賞嘆ス。是《コレ》ヲ以テ名ヲ己レニ求ン為ニ、皆事ヲ好ミ動キヲ待テ、今日唯今ノ微ヲ尽スノ誠ヲ捨ルニ至ル。

聖人ノ尽ス所ハ然ラズ。蟻穴ノ時ヲ過《スゴ》サズ、一指頭ヲ以テ是ヲ修ス。故ニ人其為《スル》所ヲ見ルコトナシ。是レ為《スル》コトナキト云ベシ。亦其蟻穴ノ時ニ為《スル》ハ費ナシト云フ心モナシ。唯ダ日用ノ務ル所、至誠ヨリ動テ息《ヤマ》ザル故也。是レ天地ノ尽ス所ニシテ、是ヲ無心無為ノ務メトハ云也。

舜ノ天下治道ニ此性ヲ尽ス、唯ダ是レノミ。

夫レ舜何ヲカ為《スル》ヤ。此動キヲ以テ己レヲ恭クシテ、正ク南面スルノミ。[37] 孔子ノ曰、「天何《ヲカ》言《フヤ》哉。四時行《ハレ》焉、百物生《ナル》焉」[38]トハ、是レ亦至誠無為ノ道ニシテ、千理万行ノ善悪ヲ極メ待ニ及バズ。

夫レ唯ダ其命ヲ務ルノ外、今日唯今ノ心ナク、今日唯今ノ外、亦待ベキノ務メナシ。今日唯今ノ外、亦言《イフ》ベキ務メアランヤ。仰俯シテ天地ノ務ヲ観バ[39]、聖人ノ言行ヲ見聞セズシテ一目ニシテ見ルニ足ルベシ。此性ヲ尽シテ息《ヤマ》ザルノ外、天亦何ヲカ言ヒ、何ヲ行ハン。聖人亦何ヲカ言ヒ、何ヲカ行ハン。若シ言ヲ以テ云ヒ言ヲ以テ聞ントセバ、唯ダ一言ニシテ尽スベシ。亦何ヲカ云ハン。中庸ニ曰、「天地之《ノ》道《ハ》、可《シ》二一言《ニシテ》而尽《ツ》一也。其為《スルコト》レ物《コトヲ》不《レバ》レ弐《フタツナラ》、則其生《ナスコト》レ物《ノヲ》不《ズ》レ測《ラ》」[40]ト云ヘリ。人モ亦然リ。君命ヲ天ノ性命ニ載テ、官事職義ノ外此身ノ求メヲ顧ズ、此心ヲ一ニシテ務ヲ尽サバ至誠息《ヤム》ベカラズ。息《ヤマ》ズンバ久クシテ必勤功ノ徴《シルシ》、測量《ハカリハカル》ベカラズ。明智ヲ待ズシテ自ラ事ノ章明ヲ知ルベシ。為《ナサ》ント欲セズシテ変化ノ応ニ従フベシ。務メント思コトナクシテ、事皆成功ヲ得ベシ。其本ト悉ク誠ヲ思ノ外、毫髪ノ他念ヲ存セザルヨリ出ヅ。故ニ息ムコトナシ。是レ天ノ尽ス所也。故ニ中庸ニ曰、「至誠無《ハシ》レ息《ムコト》。不《レバ》レ息《マ》則久《シ》、久《ケレバ》則徴《シルシアリ》」[41]ト云フ。又曰、「自《リシテ》レ誠《アル》明《カニナル》、謂《フ》二之《ヲ》性《ト》一。自《リシテ》レ明《ナル》誠《アリ》」[42]ト。又曰、「不《ズシテ》レ見而章《アキラカナリ》、不《ズシテ》レ動而変《ジ》、無《クシテスルコト》レ為而成《ル》」[43]ト云ハ、皆誠ノ至リヲ以テ教テ、人ノ務ムル所ヲ勧《スス》ムル者也。

　夫レ天地ハ聖人ノ師也。聖人ハ庸人ノ師也。故ニ天地ノ誠ハ固《モト》ヨリ誠也。聖人ノ及ブ所ニアラズ。故ニ聖人ノ誠ハ存シテ誠也。庸人ノ及ブ所ニアラズ。庸人ハ教ニ依ラザレバ、誠ヲ失ヒ私ニ走ル。故ニ庸人ノ誠ハ思テ誠ヲ守ル。是レ人ト天ト異ニシテ、誠ヲ尽スニ於テハ通ジテ一也。故ニ曰、「誠者《ハ》、天之《ノ》道《ナリ》也。誠《ニスル》レ之《ヲ》者《ノハ》、人之《ノ》道《ナリ》也」[44]ト云。孟子モ亦曰、「誠者《ハ》、天之《ノ》道《ナリ》也。思《フ》レ誠《ヲ》者《ノハ》、人之《ノ》道《ナリ》也」[45]ト。

　夫レ天ハ固ヨリ誠ニシテ、自ラ知ラズ。是レヲ至誠ト云。聖人ハ誠ヲ知ル。是レ天ノ至誠ニ及バザル所以ン也。知ラズンバ何ゾ言ヲ立テ人ニ示スニ誠ノ所以ンヲ云ベキ。然レドモ聖人ハ気質固ヨリ清明ニシテ、自ラ天地不言ノ教ヲ知ル。而シテ自ラ亦聖人タルコトヲ知ラズ。天ノ自ラ誠ヲ知ラザルト、聖人ノ自ラ聖ヲ知ラザルト、其知ラズシテ自ラ尽ス所ノ誠ニ至テハ、亦是レ天ト聖ト其徳同ジ。此故ニ聖人ノ教ヲ誠トシ、此誠ヲ思テ厚ク守ルトキハ、其尽ス所ニ於テ竟ニ亦自ラ誠ヨリ出ルノ誠ヲ知ルベカラザルニ至ル。其知ルベカラザルノ誠ニ至テハ、天道聖人庸人皆一也。故ニ中庸ニ曰、「有《リ》レ弗《ザルコト》レ学《バ》、学《テ》レ之《ヲ》弗《ズンバ》レ能《クセ》弗《ズ》レ措《サシヲカ》也。有《リ》レ弗《ルコト》レ問《ハ》、問《テ》レ之《ヲ》弗《ズンバ》レ知《ラ》弗《ズ》レ措《カ》也。有《リ》レ弗《ルコト》レ思《ハ》、思《テ》レ之《ヲ》弗《ズンバ》レ得弗《ズ》レ措《カ》也。有《リ》レ弗《ルコト》レ弁《ゼ》、弁《ジテ》レ之《ヲ》弗《ズンバ》レ明《カナラ》弗《ズ》レ措《カ》也。有《リ》レ弗《ルコト》レ行《ハ》、行《テ》レ之《ヲ》弗《ズンバ》レ篤《アツカラ》弗《ズ》レ措《カ》也。人一《タビシテ》能《クスルナラバ》レ之《ヲ》己《レ》百《タビセヨ》レ之《ヲ》、人十《タビシテ》能《クスルナラバ》レ之《ヲ》己《レ》千《タビセヨ》レ之《ヲ》。果《シテ》能《クスルトキハ》二此《ノ》道《ヲ》一矣、雖《ドモ》レ愚《ナリト》必《ズ》明《カナラン》、雖《ドモ》レ柔《ナリト》必《ズ》強《ツヨカラン》」[46]ト云ヘリ。

　是レ誠ヲ守リ、誠ヲ思ヒ、誠ヲ尽スノ教ヲ云フニ在リ。舜ノ何ヲ為《スル》、己レヲ恭クシテ正ク南面スルモ、唯ダ是レノミ。己レ聖人ニナラントシテ是ヲ務ムルニモアラズ。己レ善悪ヲ明カニセン為ニ為《スル》ニモアラズ。愚ヲ智ニ求ント欲スルニモアラズ。唯ダ天下ニ向テ天ノ命ヲ務ントスルノ外、無為無心無分別ノミ。是レ天ノ尽ス所ヲ以テスル所以ンニシテ、是ヲ至誠ト云ベシ。此至誠ヲ尽ス所ニ於テ智愚善悪雄才不肖ノ別ナシ。何ゾ吾ガ愚ヲ憂テ事ヲ辞スルニ至ランヤ。

然ルヲ中庸ノ註解スル所ヲ見レバ、忽チ心上ニ本トヅケテ理非ヲ己レニ知ルノ文義トス。呂氏ガ曰、「君子《ノ》所二以《ンノ》学《ブ》一者《ハ》、為《メ》三能《ク》変二化《センガ》気質《ヲ》一而已《ノミ》」[47]ト云フ。是ナレバ先ヅ今日ノ事ハ措テ、気質ノ変化スルヲ待ズンバナルベカラズ。此気質ノ変化ト云ハ、定メテ聖人ノ地ニ至ルヲ云ナルベシ。

夫レ聖人ニシテ自ラ聖人タルコトヲ知ラザルヲ以テ聖人タリ。此故ニ堯ノ聖ハ舜是ヲ知リ、舜ノ聖ハ堯是レヲ知ル。孟子ニ公孫丑、孟子ニ謂テ曰、「夫子《ハ》既《ニ》聖《ナラン》矣乎。曰《ク》、悪《アア》。是何《レント》言《フコトゾ》也。昔者《ムカシ》子貢、問《テ》二於孔子《ニ》一曰、夫子《ハ》聖《カ》矣乎。孔子《ノ》曰、聖《ハ》則吾《レ》不《ズ》レ能《ハ》、我《レハ》学《テ》不《ズ》レ厭《ハ》而教《テ》不《ズ》レ倦《マ》也。子貢《ガ》曰、学《テ》不《ルハ》レ厭《ハ》、智《ナリ》也。教《テ》不《ルハ》レ倦《マ》、仁《ナリ》也。仁《ニシテ》且《ツ》智《ナラバ》、夫子《ハ》既《ニ》聖《ナリ》矣。夫《レ》聖《ハ》、孔子《ダモ》不《ズ》レ居《ラ》、是何《レント》言《フコトゾ》也」[48]ト云ヘリ。

夫レ聖人ハ人ノ至尊也。設令《タトヘ》自ラ聖タルコトヲ知レルニモセヨ、吾レハ聖人也ト自ラ名乗ルベキヤ。仁義道徳、千歳ヲ尽シテモ足ラズト思フハ至誠ノ知リ極ムベカラザル所也。然ルヲ吾ガ気質ノ聖地ニ変ジ極リタルト云所、自ラ何ヲ以テ知ルベキヤ。設令、賢者有テ吾レヲ名付ルトモ、自心ニ極メラルベキヤ。其聖地ニ至ルヲ待ツ内ハ、国家イカナルコトアリトモ構ハザルカ。是レ今日ヲ外ニシテ学ヲ別ニスルノ謂也。書ヲ見テ聖言ヲ聞クモ、目前ノ事務国家ノ為ニスルニアラズヤ。是ヲ誠ニスルヨリ論ゼバ、何ゾ一己ノ善非ヲ撰ムニ心アランヤ。今ノ学者ハ今日ヲバ外ニシ学問ヲ別ニ極メントス。故ニ父母ヲ左右ニシ、君ヲ後《ウシロ》ニシ、己レヲ前ニス。以テ日夜心上ヲ考ヘ、己レガ善悪ヲ修センコトヲ学ビ、而シテ君子ノ地ニ登ランコトヲ誠ヲ尽スト覚ヘリ。故ニ性ヲ捕《トラヘ》テ天理也ト云ヒ、善也悪也ナドト惑ヘリ。是レ孟子性善ノ一言ニ泥ミ、殆ンド一己修身ノ善ニ取ル。

夫レ一己修身ノ善悪ニ、一生ガ間、唯ダ性ヲ楽ミノ玩物《モテアソビ》ニスルノミ。此故ニ君ニ事ヘ政ニ与《アヅカ》レドモ、其善悪ノ過《アヤマチ》ヲ恐レ誠ヲ失テ、皆己レヲ前ニシ、君ヲ後ロニシテ終ル。是レ性善カ。

夫レ堯舜ノ至誠無為ハ天下ニ向テ是レヲ尽シ、己レヲ後ロニス。命ヲ勤ムルコト、斯ノ如クニシテ其善治ヲ得ル。得ルトイヘドモ未ダ其足ラザルコトヲ恐ル。是ヲ性ニ率《シタガフ》ト云ベシ。性ニ率フトキハ善ヲ得ル也。性ニ逆フハ性ヲ捨ルト云者也。桀紂ハ性ヲ捨ル。爰ヲ以テ凶悪ヲ得ル也。善悪ヲ以テ性トスル此誤也。孟子ノ所謂ル性善ハ堯舜性ヲ尽クスノ跡ヲ借リ、以テ示教ノ為ニ始メテ言《コト》ヲ為《ナス》ナルベシ。直《タダチ》ニ性ハ善ト云ニハアラズ。若シ然ラズンバ、孟子トイヘドモ誤也。気質ノ性ヲ措《サシヲキ》テ本然ノ性ヲノミ論ズル、是レ即心学理学ノ費也。此故ニ学テ気質ヲ変ズルト云コトヲモ庸人ハ聖人ニ変ズル者ト誤ル也。

夫レ気質ヲ変ズルト云ハ、教ニ依リ誠ニ反《カヘッ》テ、此性ヲ尽スヲ云也。庸人ハ教ニ依ラザレバ己レガ気質ノ足ラザルニ引レ、情意ニ流ルルユヘ、性命ニ逆フテ弥小人ニ陥ル。故ニ教テ以テ誠ニ反ラシメ、此性ニ率《シタガ》ハシム。此誠ニ反リ此性ニ率ヘバ、是レ其務メ尽ス所ノ実《ジツ》ニ於テハ聖愚別ナク、皆天命ニ帰スルヲ以テ是レヲ気質ヲ変ズルト云也。然レバ此教此習ヒ此学、今日唯今君臣父子夫婦兄弟朋友事物ノ間、其尽ス所ヲ措キ、閑窓ニ心ヲ安ンジ、別段ニ修湅（練）工夫シ、月ヲ重ネ年ヲ歴テ、以テ聖人君子ニ変ジタルカ変ゼザルカヲ待ツコトニハアラズ。

夫レ金銀銅鉄錫鉛、凡テ是ヲ金《カネ》ト云。聖賢知愚凡テ是レヲ人ト云。金《カネ》ハ金ノ用ヲ尽シ、人ハ人ノ用ヲ尽ス。皆天命ナラズト云コトナシ。譬《タトヘ》バ天地人物大空ノ中ニ体形ヲ生ズルコト、各其用アラズト云者ナシ。其至用ヲ天地トス。其大用ハ人倫タリ。物ハ人ニ依テ用アリ。其用一刻瞬息ノ間息《ヤム》トキナクシテ、古今将来皆是ヲ以テ尽シ尽ス。是レヲ尽シテ、物ノ功用ハ人ニ帰シ、人ノ功用ハ天ニ帰シ、天ノ功用ハ上帝一元ノ命ニ帰ス。是ヲ性ト云也。故ニ此性ニ率フトキハ君子小人金銅銀鉄別ナシ。

然レドモ其性ヲ尽スニ於テハ、金《キン》ノ気質アリ、銀ノ気質アリ、銅ノ気質アリ、鉄ノ気質アリ。聖人ハ人ノ金《キン》ナル者也。賢人ハ人ノ銀ナル者也。銅鉄錫鉛ハ人ノ小人ナルガ如シ。其気質ヲ変ズルト云テ、鉛《ナマリ》ヲ金《キン》ニ変ゼシムルコトハナラヌコト也。[49] 各其気質ノ分賦アル、是ヲ性分ト云。其性分ヲ尽シテ息《ヤマ》ザルヲ誠ト云。此誠ヲ守ルニ的アリ。

夫レ何ヲカ的トスベキ。夫レ人ノ君タル者ハ天ノ命ヲ首《カウベ》ニ戴キテ忘レズ、顚沛造次[50]ニモ尊キコトヲ思ヒ、吾ガ身ノ尊キヲ忘レテ国家人民ノ憂ヲ忘ルベカラズ。国家ノ富ヲ吾ガ身ノ有《ウ》トスルコトヲ恐レ入リテ、人民ヲ恵ミテ足ラザルコトヲ思ヒ、此為ニ飲食ノ味ヲ忘レ、起居ノ安キヲ求ムベカラズ。

臣タル者ハ君命ヲ首ベニ戴キ、尊キコト神ノ如ク敬シ、職事ノ為ニ寝食ヲ忘レ、昼夜ヲ捨ズ身ノ為ニ君恩ノ辱《カタヂケナキ》ヲ忘レヨ。恩義ノ為ニ此身ヲ尽スハ私欲ノ的也。性ノ為ニ此身ヲ尽スハ道ナリ。君ニ従フニ恩義ヲ以テスルハ小人也。恩義ノ為ニ忠ヲ尽スユヘニ、得ルトキハ喜ビ、失フトキハ憂ヒ、栄ズルトキハ務ヲ軽ンジ、辱《ハヅカシ》メラルルトキハ君ヲ怨ルノ情ニ引ルル也。得失栄辱ハ人臣ノ常ニシテ、古今ノ通例也。君ニ事ヘテ誠ヲ守ラントナラバ、恩義ヲ忘レヨ。是レヲ忘ルレバ得失栄辱ヲ忘ルベシ。身ヲ尽スコト、或ハ貴カルベク、或ハ賤シカルベク、或ハ生《イク》ベク、或ハ死スベクシテ、善悪毀誉ヲ忘ルベシ。斯ノ如クシテ誠ヲ存有セズト云コトナシ。斯ノ如クシテ善ナラズト云コトナシ。是レ誠ヲ守ルノ的也。

然ルヲ此唯今動ク所ノ誠ヲ守ルコトヲ末《スエ》ニシ、先ヅ以為《ヲモヘラク》斯ノ如クスルハ善ナルベキカ、不善ナルベキカ、亦斯《カク》務メナバ人ニ笑ハレンカ、誉メラレンカ、或ハ失ハンカ、或ハ過《アヤマチ》アランヤト務メヌ前ニ善ヲ極メ、而シテ其善ニ随フヲ性ト覚ヘ誠ト思フ。是レ性ヨリシテ其善ヲ見ズ、善ヨリシテ其性ヲ見ントス。是レ性善ノ説、前後也。斯ノ如クナレバ、仮令バ食セザル前ニ腹ノ満ルヲ知リ定メテ、而シテ食セントスルニ似テ、何ノ益ナシ。先ズ食シテ而シテ腹ノ飽《アク》ヲ知ランニ如《シカ》ズ。

夫レ飢ルトキハ甘旨ヲ待ズ。誠ナルトキハ善悪ヲ待ズ。性ヲ尽スヨリ出ザル善ハ皆好悪ノ善也。好悪ノ善ハ善モ果シテ善ナラズ、悪モ果シテ悪ナラズ。悉ク形名ニ属シテ其実ナシ。然ルヲ善ヲ撰テ而シテ是ヲ性トスルハ最モ昧シ。

夫レ君ハ国ニ向ヒ、臣ハ君ニ向ヒ、君ノ足ラザル所ヲバ臣是ヲ補ヒ、臣ノ及バザル所ヲバ君是ヲ教ヘ、君臣相ヒ救ヒ相ヒ佐《タス》ケ、以テ国家ニ施ス。是ヲ善ヲ撰ムト云也。

善ヲ撰テ而シテ後ニ事ニ及バント欲スルハ惑也、誤也。今ノ人臣ハ誠ヲ失ヘリ。故ニ日夜唯ダ一己ノ善悪ヨリ撰ミ尽サントシテ、君ヲ後《ウシロ》ニシ勤ヲ忘レ恩義ヲ重ンズ。是レ性ニ遠ザカル也。全ク習フニ依テ遠ザカレリ。群臣性ニ遠ザカルユヘニ国家究困ス。是レ性ヲ尽サザレバ、凶悪ヲ得、性ヲ尽セバ善福ヲ得。其性ヲ尽スコト誠ヨリス。其誠ヲ思フコト、君ハ国ニ向ヒ、臣ハ君ニ向ヒ、己レヲ忘レテ命ヲ忘レザルノミ。此誠ヨリシテ明也。明ナレバ善悪爰ニ分ル也。善悪ヨリシテ明《メイ》ヲ求ムルハ逆也。誠アラズシテ何ゾ明カナラン。明ナラズシテ何ゾ善悪ヲ分タンヤ。故ニ中庸ニ「誠《ナルトキハ》則明《ナリ》矣、明《ナルトキハ》則誠《アリ》矣」[51]ト云フ。然ルヲ註ニ曰、「先《ヅ》明《ニシテ》二乎善《ヲ》一、而《シテ》後《ニ》能《ク》実《ニスル》二其善《ヲ》一者《ノハ》、賢人之学《ナリ》」[52]ト云フ。是レ何ゴトゾヤ。是レ唯ダ善悪ノ名ニ染込《シミコミ》テ一向ニ至誠ノ微タル所ニ通ゼザルカ、亦誤テ註セルカ。

夫レ誠ヲ存スルニ於テ、聖賢智愚別ナシ。唯ダ習フテ知ルト生レナガラ存スルトノ別アルノミ。安ク行フト困シミテ行フトノ差ヒアルノミ。其各気質ノ功用命ニ帰スルニ至テハ、亦聖賢智愚皆聖人也。其本皆誠ヨリ出ヅ。明ナラズシテ何ヲ以テ先ヅ其善ヲ明ニスベキ。誠ヨリ尽ス所ノ善ハ求ズシテ得、思ハズシテ中《アタ》ル。中庸ニ「誠者《ハ》、不《ズシテ》レ勉《メ》而中《リ》、不《ズシテ》レ思《ハ》而得《ル》」[53]ト云フ是也。

夫レ事ノ為ニ纔《ワヅカ》ニ振向《フリムキ》テ先ヅ善悪ヲ思フトキハ、是レ他念ヲ生ジ、此他念ノ為ニ亦瞬息ノ間モ其事ヲ息《ヤメ》ズンバアルベカラズ。天地ノ尽ス所、微毛ノ間ヲ息《イカフ》ベケンヤ。此故ニ為《スル》コトノ至リ至レル者ハ天地也。故ニ聖人ハ為《スル》コトノ天地ニ及バザルコトヲ恐レ、慎テ息ムコトナシ。然ルヲ何ゾ舜ノ無為ヲ方《カタフド》ニ取リ、席上ニ安座シテ何ノ為《スル》コトモナク事ノ善悪バカリヲ工夫シ、今日ノ務メヲバ百官有司ニ打任セルヲ無為ノ道トスベケンヤ。至誠ノ為《スル》所、是ヲ無為ト云。此故ニ天地ノ為《スル》所、聖人ノ為所ハ仮令バ川水ノ流レテ息《ヤマ》ザルガ如シ。川水ノ流レ、豈昼夜ヲ捨ンヤ。其源ヲ尋ネ上《ノボ》ルトキハ山渓一滴ノ微ヨリ尽シテ竟ニ息《ヤマ》ズ、遠キヲ極メ深キヲ成シ、蒼海ノ大水ニ及ブ。是レ一滴ノ至誠ヨリ蒼海ノ大事ヲ成スコト、流ルルノ息《ヤム》コトナケレバ也。

故ニ其為《スル》コト息ザルヲ感ジテ曰、「子在《リテ》二川上《ノホトリニ》一曰、逝《ク》者《ノハ》如《シ》レ斯《ノ》。夫《レ》不《ズ》レ舎二昼夜《ヲ》一」[54]ト。中庸ニ曰、「詩《ニ》云《ク》、維《コレ》天《ノ》之命、於《アア》穆《トシテ》不《ズトハ》レ已《マ》。蓋《シ》曰《フ》三天《ノ》之所《ニ》二以《シヲ》為《タル》レ天也。於《アア》乎不《ランヤアラハレ》レ顕。文王《ノ》之徳《ノ》之純。《モッパラナルトハ》蓋《シ》曰《フ》三文王《ノ》之所《ニ》二以《シヲ》為《ル》レ文也、純《ニシテ》亦不《ズ》レ已《マ》」[55]ト云ヘリ。論語ニ「禹《ヲバ》、吾無《レシ》二間然《スルコト》一矣。菲《ウスフシテ》二飲食《ヲ》一、而致《シ》二孝乎鬼神《ニ》一。悪《フシテ》二衣服《ヲ》一、而致《シ》二美乎黻冕《ニ》一。卑《フシテ》二宮室《ヲ》一、而尽《ス》二力乎溝洫《ニ》一。禹《ヲバ》、無《シ》二間然《スルコト》一矣」[56]ト云フ。家語ニ孔子黄帝ヲ謂テ曰、「治《メ》二五気《ヲ》一、設《ケ》二五量《ヲ》一、撫《デ》二万民《ヲ》一、度《シ》二百姓《ヲ》一、服《シ》レ牛《ヲ》乗《リ》レ馬《ヲ》、擾二馴《シテ》猛獣《ヲ》一、以与《テ》二炎帝《ト》一戦《ヒ》二于阪泉《ノ》之野《ニ》一、三戦《シテ》而《シテ》後克《チ》レ之《ニ》。始《テ》垂《レ》二衣裳《ヲ》一、作《シ》二為黼黻《ヲ》一、治《ルニ》レ民《ヲ》、順《フ》二天地《ノ》之紀《ニ》一」[57]。亦曰、「労《シ》二耳目《ヲ》一、勤《クルシメ》二心力《ヲ》一、用《テ》二水火財物《ヲ》一以生《テヤシナフ》レ民《ヲ》」[58]ト。又、顓頊ヲ謂テ曰、「養《テ》レ財《ヲ》以《テ》任《シ》レ地《ニ》、履レ時《ヲ》以《テ》象《リ》レ天《ニ》、依《テ》二鬼神《ニ》一而制《シ》レ義《ヲ》、治《テ》二気性《ヲ》一以《テ》教《ヘ》レ衆《ヲ》、潔誠《シテ》以《テ》祭祀《シ》、巡《テ》二四海《ヲ》一以《テ》寧《ンズ》レ民《ヲ》」[59]ト。又、帝嚳ヲ謂テ曰、「明《ハ》以《テ》察《シ》レ微《ヲ》、仁《ニシテ》而威《アリ》、恵《ニシテ》而信《アリ》、順《ヒ》二天地《ノ》之義《ニ》一、知《リ》二民《ノ》所《ヲ》レ急《トスル》、修《テ》レ身《ニ》而天下服《シ》、取《テ》二地《ノ》之財《ヲ》一而節《シ》レ用《ヲ》焉、撫二教《シ》万民《ヲ》一而《シテ》誨《ス》二利之《ヲ》一」[60]ト。又、帝堯ヲ謂テ曰、「其仁如《シ》レ天《ノ》、其知如《シ》レ神《ノ》、就《クコト》レ之《ニ》如《シ》レ日《ノ》、望《ムコト》レ之《ニ》如《ク》レ雲《ノ》、富《テ》而不《ズ》レ驕《ラ》、貴《シテ》而能降《クリ》。伯夷典《シ》レ礼《ヲ》、夔龍典《シ》レ楽《ヲ》。流《シ》二四凶《ヲ》一而《シテ》天下服《ス》。其言不《ズ》レ忒《タガハ》、其徳不《シテ》レ回《ラ》二四海《ノ》之内《ヲ》一、舟車《ノ》所《ル》レ至、莫《シ》レ不《ズト云コト》二夷悦《セ》一」[61]ト云々。

湯武文周孔孟トイヘドモ亦斯ノ如ク天地ヲ師トシテ、至誠尽サズト云者ナシ。為《スル》コトナシト云者ナシ。皆耳目ヲ労シ心力ヲ勤《クルシ》メ死シテ以テ休息ス。是皆今日ノ天地ヲ恐ルルノ至リナラズヤ。孔子孟子是ヲ以テ人ヲ策《ムチ》打チ攻メ殺サント欲スルノ外他事ナシ。噫《アア》、学者此策ニ従テ此身ヲ殺サレナバ、天下国家太平安穏ナラズト云コトナシ。君臣此策ニ殺サレザル者ハ、天下国家貧窮混乱シテ永ク天禄ヲ失フコト日ヲ算テ待ツベシ。

夫レ父子夫婦兄弟朋友、仁義道徳賢才良智ノ撰ミハ遥ノ末《スヘ》也。況ンヤ是非善悪敬慎褒貶ノ拙キ論ニ隙ヲ費スヲヤ。唯ダ君臣国家有ルコトヲ知テ、此為ニ己レヲ捨ヨ。仁義道徳賢才良智ヲ求ムベカラズ。是非善悪敬慎褒貶ヲ顧《カヘリミ》ベカラズ。是レ之ヲ至誠ト云フ。故ニ天地ハ仁義道徳ヨリシテ求メントセズ、至誠ヨリシテ仁義道徳明カ也。至誠ヨリシテ敬慎善行ヲ存ス。万善万法皆誠ヨリ出テ、万善万法ヨリ誠ハ出デズ。誠ハ根《ネ》ニシテ内也。万善万法ハ条《エダ》ニシテ外也。枝葉花実ハ根ヨリシテ顕《アラハ》ルベシ。枝葉花実ヨリ根ヲ生ズルコト能ハズ。其根ヲ深シ其根ヲ養テ、其枝葉花実弥明カニ、益盛ンニ行ハレン。故ニ云ク、誠ヨリ明也。明ナルヨリ誠アリト。

然ルヲ今ノ学ハ唯ダ花葉ノミヲ愛シテ、其根ヲ務ルコトヲセズ。斯ノ如クナレバ、譬ヘバ猶花ヲ瓶ニ生《イケ》テ水ヲ湛《タタヘ》テ以テ保《タモ》ツガゴトシ。水渇セバ花即枯槁シテ、息《ヤマ》ザルノ久キヲ保チ、花葉明カニ枝条盛ンナルコトヲ成スベカラズ。亦危カラズヤ。其根《ネ》ハ常ニ土中ニ深ク隠レテ、見所ナク聞キ所ナク、人ノ誉ムベキモナク、人ノ愛スベキモナク、唯ダ日刻ノ間、尽スコト息《ヤマ》ズシテ枝葉生長ス。是レヲ無為ノ為ト云《イ》。即天地ノ務メ也。聖人ノ尽ス所也。是レ人ノ至教ナリ。中庸ニ「詩云、予《ワレ》懐《フ》二明徳《ヲ》一、不《ズ》レ大《ニセ》二声《ト》以《トヲ》レ色。子《ノ》曰、声色《ノ》之於《ケルハ》二以《テ》化《スルニ》レ民《ヲ》、末《ヘ》也《ナリ》。詩《ニ》曰、徳《ノ》輶《カロキコト》如《シ》レ毛《ノ》、毛《ハ》猶《ヲ》有《リ》レ比《タグイ》、上天《ノ》之載《コトハ》、無《ク》レ声《モ》無《シ》レ臭《モ》、至《レルカナ》矣」[62]トハ是レ之ヲ謂《イフ》也。

敬慎仁義礼楽孝弟忠信ノ名声形色ヲ立テ、民人ヲ教化スルコト亦大也トイヘドモ、唯ダ明徳無形ノ微ヲ以テ治化センニ於テハ、声色ノ立教ハ徳ノ末ヘ也。末ナラバ其末ヲ捨テ、明徳ノ大本ヲ思フベシ。明徳ノ微モ亦耳目ニ比等スルニ足レリ。一毛軽微ノ至徳モ比《タグイ》アレバ外ヲ見ルニ足ル。纔ニ外ヲ思フトキハ精一至誠ヲ離ル。離ルルトキハ明ヲ失フ。明ヲ失フハ迷ヒノ端也。然レバ明徳ノ至微モ亦是レ末也。末ナラバ捨テ、無為寂然不動ノ至誠ヲ務メヨ。即チ是レ上天ノ載《コト》ニシテ、至微至極ノ真《シン》、声モナク、臭モナシ。無究ノ大功万物ノ広大千変万化唯ダ是ヨリ顕ハル。

仮令バ児童遊戯ノ器ニ独楽《コマ》ト云者アリ。糸ヲ巻テ是レヲ引キ放ツトキハ周旋シテ能ク立ツ。其至テ居《スハ》ルニ及テハ唯ダ動《ウゴカ》ザルガ如シ。是レ動キノ至レル者也。此時ニ当テ軸心ノ真中《シンチウ》ヲ看《ミ》ヨ。豈動クト云ベキヤ。亦動《ウゴカ》ズト云テ可ナランヤ。動《ウゴカ》ズト云ハバ旋《メグ》ルベカラズ。動クト云ハバ立チ居《スハ》ルコトヲ得ベカラズ。敢テ動クニモアラズ、敢テ動カヌニモアラズ、唯ダ軸心、中真ノ息ムコトナキノ微ヲ尽スノ極致ヨリ斯ノ如シ。是レ精一ニシテ二ツナラズ。即寂然不動ノ象声モナク臭モナク至誠極致ノ形容也。

人臣此誠ヲ以テ君ニ事ヘ国家ヲ務メナバ、何ゾ微《シルシ》ナキコトアランヤ。然ルヲ吾レハ愚也、気根ナシ、ナドト云ハ何ゾヤ。是レ人一タビスルナラバ是レヲ十タビシ、人十タビスルナラバ己レ百タビスルノ誠ヲ思ハバ、人ノ器量賢才何ゾ待ツニ足ルベキヤ。然レバ愚ト云テ、勤労ヲ外ニスルハ誠ナキ也。誠ナクシテ君ニ事フハ君ヲ欺クニアラズヤ。君ヲ欺クハ天ヲ掠《カスム》ル也。豈恐レヲ知ラズト云ベシ。君ヲ欺キ天ヲ掠メテ以テ禄ヲ重フシ官ヲ高フス、是レ盗ニアラズト云ベキヤ。

　生レナガラ武名ノ門ニ命ヲ受ケ、盗ヲ以テ妻子ヲ栄ジ、何ノ面ヲ以テ君子ノ門ヲ過グベキ。然レドモ朱程ガ心上理学ニ惑ハサレ、自ラ盗人タル義ヲ分ツコトヲ知ラズ。哀ヒ哉。故ニ無為ヲ誤テ、何モセズニ居ルヲ無為ノ至徳ト覚ユ。何モセヌヲ無為也ト貴ビナバ、孔子何ゾ何モセヌヨリハ博奕ニテモセヨト[63]ハ曰《ノ玉》フベキ。漢唐宋明ノ学者ノ如ク目前国家混乱究民ノ云為《アリサマ》ヲバ構ハズ、心ノ上ヘ字ノ訓ニ三千年ノ日月ヲ空クスルコト、豈何ノ益カアル。

　夫レ論語ノ文言ハ皆門人教訓ノ言ナルベシ。然レバ一座一時ノ褒貶ニシテ、余力ノ時ノ談論也。此故ニ其人ニ応ジ、其事ニ対シテ、問答ニ虚実アルベシ。又、後人ノ詫言寓言モアルベシ。然レバ子ノ曰トアリテモ、真偽ヲ正スベキ者ナシ。仮令ヘ悪人ノ言也トモ金言妙句ナラバ論語ニ記シ、後世ノ教学ニ便リテ可也。是レ其人無クシテ唯ダ言ノミ遺リ、言ノミ信ズレバ也。然ルヲ子ノ曰トダニアレバ追従シ、其余ノ言ヲバ是非トモニ劣レリト云モ、是愚ノ至リト云ベシ。生《イキ》タル孔子ハ一人ノ外ナシ。言《コトバ》ノ孔子ハ三人四人トナルヲ知ラズヤ。然ラバ言《コトバ》ノ孔子ヲ執ルニハ孰レノ孔子ヲ信ズベキ。何ヲカ言ノ孔子ト云フゾ。曰、「彼ノ季文子ガ言ヲ聞ズヤ。三《ビ》思《テ》而《シテ》後《ニ》行《フ》。子聞《テ》レ之《ヲ》、曰、再《ビシテ》、斯《レ》可《ナリ》矣」[64]ト云フヲ。諸儒ノ註解異説多キ中ニ、程子ハ以テ思フコト三タビスレバ私意起テ反テ惑フ故ニ、夫子是ヲ譏ルト云。[65]又、張子ハ以テ是ヲ美《ホム》ルノ詞也トス。[66]イカントナレバ、外ノ者ハ皆思フコト踈ニシテ、一タビ再ビシテ可也トスルニ、季文子ハ三タビ思テ而シテ後ニ行フト、其思フコトノ篤キヲ美《ホメ》玉フ言也ト云フ。是レ実ノ孔子ハ一人ニテ、言ノ孔子ハ二人トナル也。而シテ程子ノ孔子ハ実ノ孔子カ、張子ガ孔子ハ実ノ孔子カ、誰レカ是ヲ正サン。生《イキ》タル孔子ニ問ハザレバ、決スルコト能ハズ。

　然レバ中庸ニハ之レヲ思テ得ザルトキハ措ズ。人一タビスルナラバ己レ百タビセヨト云ヒ、曾子ハ日《ヒビ》ニ吾ガ身ヲ三タビ省ル[67]ト云ヒ、南容ハ三タビ白圭ヲ復ス[68]ト云ヒ、或ハ君子ニ九ツノ思ヒアリナド[69]ト云フトキハ、張子ガ説ハ当レリト云ベシ。

然レドモ無用ノ思ヒニ時ヲ移シ急ヲ捨ル。彼ノ愚俗ノ諺ニ馬鹿《バカ》念ヲ入ルルト云ガ如キハ、千タビ思フトモ思フホド害アル如キヲ以テ云ヘバ、程子ガ説ヲ善トスベシ。其執ル所ヲ知リ其務ル所ヲ知ルナラバ、言ハ皆糟粕ト成ルノミ。爰ニ於テハ、孔子モ程子モ張子モ勝劣更ニアルベカラズ。其人ヲ以テ云トキハ、孔子程子張子皆勝劣アルコトヲ免ルベカラズ。然ルトキハ四書五経ハ其人ナクシテ其言ノミ也。然ルヲ其執ル所、其務ル所ヲバ打捨、唯ダ子ノ曰トダニ云ヘバ、皆天ノ如ク神ノ如ク信ジ、其余ノ人ノ云ヘル言ヲバ是《ぜ》ヲ非ニ枉ゲテ賤ンズルハ、何ゴトゾヤ。是レ全ク追従軽薄ノ意ニシテ、敬スルノ実ヲ知ラズ。

子ノ曰ヲ貴ビテ其執リ務ル所ヲ捨ツルハ、是レ人ヲ以テ言ヲ挙グルト云者也。人ヲ以テ言ヲ挙グルナラバ、桀紂ノ言也ト云ハバ、金言也ト云トモ必非ヲ付テ捨ルコト明カ也。余人ノ曰ト云ヲ賤ンジ、其執リ務ル所ヲ捨ツルハ、是レ人ヲ以テ言ヲ廃《スツ》ル也。故ニ云ク、「君子《ハ》不《ズ》二以《テ》レ言《ヲ》挙《ゲ》レ人《ヲ》、不《ズ》二以《テ》レ人《ヲ》廃《ステ》レ言《ヲ》」[70]ト云々。是レ等《ラ》ノコトヲ日夜工夫分別シテ、其善悪ヲ求メントスルコト、一ツモ国家ニ益ナシ。苟《マコト》ニ日月ノ費也。此有為ノ繁多ヲ捨テ、君タル者ハ国家ニ向テ己レヲ顧ベカラズ。臣タル者ハ君ニ向テ己レヲ忘レヨ。無為ヨリ出ル善ナラネバ事ノ用ニ立ツコト能ハズ。有為ヨリ出ル善ハ悉ク国家ノ害ニナラズト云コトナシ。目前以テ証拠トスベシ。天地以テ師トスベシ。万物以テ則《ノリ》トスベシ。鬼神ヲ以テ其見ル所ヲ恐レナバ、何ゾ先王ノ政ヲ恐ルルニ足ラン。何ゾ孔孟ノ言語ヲ待タンヤ。父子夫婦兄弟朋友ノ正キモ、礼楽万法ノ治平モ、唯ダ君臣精一無為ノ務メニ定マルノミ。瞬息他念ニ亘《ワタ》レバ、瞬息天地ヲ捨ル也。瞬息務ヲ思ハザレバ、瞬息君ヲ後《ウシロ》ニス。是レ皆今日唯今ノ外ヲ出《イデ》ズ。何ノ暇アリテカ心理ノ有為ニ日ヲ費シ、一生君ヲ後ロニスルノ不敬ノ学ヲ信ゼンヤ。

雑問

一　或人ノ曰、「太閤秀吉公ハ布衣ヨリ興《ヲコッ》テ武威四海ヲ鎮メ、官位人臣ノ富貴ヲ極メ、且ツ朝鮮ヲ討チ、明朝ヲ亡シ、以テ日本ニ合セント謀ル。其器ノ大量、武徳、倭漢独歩ノ良将ニシテ、古今日ヲ同シテ語ル者未ダ是ヲ聞カズ。誠ニ武門万世ノ大鑑也トス。此言信ナルカ」。曰、是レ人ノ幸甚ナル者也。何ゾ武道正義ヲ以テ論ズルニ足ランヤ。今ノ士タル者モ太閤ヲ称シ奉リテ大器量ノ武将トス。何ゾ其器ノ小大ヲ論ズルニ足ラン。荀子曰、「君子大心《ナルトキハ》則天《ニシテ》而道《ナリ》、小心《ナルトキハ》則畏《テ》レ義《ヲ》而節《ス》。小人則《ハ》不《ズ》レ然。大心《ナルトキハ》則慢《シテ》而暴《ス》、小心《ナルトキハ》則淫《シテ》而傾《ク》」[71]。

夫レ太閤ハ武道ヲ恥玉ハズ。且ツ其器少《スコ》シモナシト云ベシ。唯ダ生質ノ気象、大気才智ナル人ナルベシ。而シテ幸ニ勢ヒヲ得タルマデノコト也。

或人ノ曰、「太閤何ヲ以テ武道ノ正義ニ恥ズ」ト云ヤ。曰、夫レ武道ノ正義ハ人ヲ教テ罪ナキヲ殺サズ、威儀白刃ノ如クシテ物ヲ傷《ヤブ》ラズ、万物ヲ制節シテ治テ以テ天地ノ化育ヲ賛ケ、鬼神ヲ敬シテ天ニ事フル者也。凡ソ士武ノ万事千行、皆是ヨリ序《ツイデ》テ其道ヲ訂《タダ》シ其義ヲ見ベシ。然ルニ朝鮮大明、吾ガ　朝ニ対シ、何ノ罪有テ武ノ征伐[72]ヲ加ンヤ。

夫レ死罪ニ極マル匹夫スラ天子三宥シテ、是レヲ誅スルハ、已ムコトヲ得ザルノ制礼也。一人ノ罪人ダニ人ヲ殺スヲ天下ノ大事トスルハ天民ヲ恐ルル故也。然ルヲ況ンヤ罪ナキ異域ノ人幾千万ヲ殺シ、土地ヲ奪テ吾ガ富トセンコト、無道ノ至ナラズヤ。

夫レ民家ニ押シ入テ、妻子家僕ヲ劫《ヲビヤカ》シ、財宝ヲ乱奪スルヲバ、是ヲ強盗《ゴウトウ》ト云テ、武家是レヲ征伐シ、其罪ヲ罰スルニアラズヤ。太閤ハ異国ニ押シ入リ、人ノ妻子家僕ヲ暴殺シ、家国ヲ乱奪シテ、吾ガ有《ウ》トセントス。小大異ニシテ、実ハ盗賊ノ業也。大臣武将ノ尊キヲ以テ異国ニ対シ吾ガ　神国ヲ盗賊国トセントス。豈恥ヲ知リ玉フト云ベキヤ。

此故ニ浅野弾正長政[73]其不義ヲ諫テ曰、「秀吉公ニハ狐ノ付タルカ、何ノ思《ヲボシメ》召スコト有テ故ナク異国ヲ征伐シ、日本半分余ノ人命ヲ尽シ、且ツ良将名将悉ク日本ヲ払テ異国ニ殺シ、剰《アマツサヘ》今亦自身ニ往テ戦ハントシ玉フ、是レ何ト云コトゾ。夫レ今、日本武家、空虚トナラバ、其虚ニ乗ジ乱賊起ランコト必定也。此時誰レカ　禁庭ヲ守護シ奉ラン。異国征伐ノコトハ遮テ止リ玉フベシ」ト諫ム[74]。

太閤大ニ怒リ刀ヲ抜テ長政ヲ伐ラントスルヲ、利家、氏郷抱キ止メ奉リ、長政ヲシテ強《シイ》テ退去セシムト云ヘリ。是レ胸中狭クシテ大道ヲ容《イ》ルルコト能ハズ。何ゾ器量大也ト云ベキ。一タビ干戈ヲ袋ニシ兵革ヲ鎮メ、以テ叡慮ヲ安ンジ奉リ、人臣ノ忠貞大功尽セリ。然ルヲ亦再ビ干戈ヲ揮《フル》ハンコト、不仁ノ至也。

夫レ孔子、斉ノ管仲ヲ謂テ曰、「管仲、桓公ヲ相《タスケ》諸侯ニ覇タラシメ一タビ天下ヲ匡《タダ》シ、民今ニ至ルマデ其賜ヲ受ク。管仲ナカリセバ吾レ其髪ヲ被《カム》リ、衽ヲ左リニセン」[75]ト。亦曰、「桓公諸侯ヲ九《タダ》シ合スルニ、兵車ヲ用ヒザルハ管仲ガ力也。其仁ニ如《シカ》ンヤ」[76]ト曰《ノタマ》ヘリ。其功聖人ノ大賞ニ預ルスラ其道ヲ論ズルニ及テハ、其器小キナル哉[77]、ト曰ヘリ。是レヲ以テ是レヲ観レバ、太閤ハ其器其量小《スコ》シモナキ人也。唯ダ気象大ニシテ、勢ヒ幸ヲ得。故ニ其形気ノ勢ヒヲ見テ、俗間皆器量ニ誤リ見ルノミ。道モナク、又器モナキ人也。唯ダ世ノ幸臣也。

秦ノ始皇、漢ノ韓信[78]ガ類、皆此気象アリ。器量ト云ニハアラズ。文王ハ方百里ニシテ王タランヤ[79]。然ルヲ今ノ士タル者ハ太閤ノ気風ヲ望テ武道ノ意気地ト貴ブ。噫《アア》、哀ヒ哉。民家ノ押シ込ミ乱奪ノ盗人ヲバ罪トスルノ義理ヲ知テ、邦国ニ押シ込ミ乱奪スルヲバ盗人トセズシテ却テ武道ノ誉レトス。其形ノ小キヲバ見知リ安ク、其形ノ大ナルヲバ見知ルコト能ハズ。其器量ノ小キコト知ンヌベシ。

夫レ一銭ヲ奪テ吾ガ物ニスルヲバ盗トシ、大国ヲ奪テ吾ガ物ニシ、或ハ忠功ナクシテ官禄ヲ高フシ、聚斂ヲ以テ国ニ君タルヲバ盗トセズト云コトハ、倭漢ノ書ヲ尽シ見ズトイヘドモ、其定メ決シテ有ルベカラズ。論語ニハ臧文仲ハ位ヲ竊《ヌス》メル人也[80]ト、孔子是ヲ譏リ玉フ。位ハ物ニ非《アラザ》ルスラ是ヲ盗ト云フ。況ンヤ財宝ヲヤ。況ンヤ国家ヲヤ。

然レドモ国ヲ盗ミ、位ヲ盗ミ、禄ヲ盗ミ、官ヲ盗ミ、名ヲ盗ムヲバ天下ノ人是ヲ許シテ、却テ大賞シ、一銭ヲ盗ム者ハ誅罰セラル。荘周ガ曰、「大盗ハ賞セラレ、小盗ハ罰セラル」[81]ト笑ヒシモ是レヲ云ハズヤ。此故ニ君子ノ恥トスル所ヲバ俗皆誉レトシ、君子ノ誉レトスル所ヲバ俗皆恥トス。其君子ハ一人、其俗ハ万人、故ニ道心以テ人心ニ微《カク》ルル。吾レ是レヲ以テ語レバ、人却テ怒リ吾レヲ殺害セント欲ス。武道正義ノ廃レタルコト心アル人嘆《ナゲカ》ザランヤ。

一　或人ノ曰、「近世赤穂《アカホ》ノ家臣四十七士、亡君ノ仇《アダ》ヲ報ジ、武名天下ニ塞ル忠義ノ士ト謂ツベシヤ」。曰、是レ不祥ノ臣也。俗間ノ見ル所ヲ以テ従ヘバ、忠義ト許スモ亦可也。何ヲ以テ衆俗ノ口《クチ》ヲ禁ズベキ。衆俗ハ四十七士ノ哀情ヲ感ジテ、是ヲ忠義ト云フノミ。武道正義ノ実ヲ察スルニ足ラズ。猶且ツ大勢ヲ結テ大家ヲ討ツ。故ニ衆目ノ驚キニ乗ジテ、而シテ其名モ亦大也。一人ヲ以テ一人ヲ討ツ者、世ニ亦古今多シ。且ツ其忠義モ亦四十七士ニ勝レル者アリトイヘドモ、其形ノ小キヲ以テ衆情ヲ驚スニ足ラズ。故ニ其名モ亦大ナラズ。是俗ノ通情也。苟モ弓矢ノ正理ヲ家トスル者、何ゾ衆俗ノ情ニ囃《ハヤ》サレ、群党シテ其実義ヲ失ハンヤ。

或人曰、「然ラバ四十七士ハ武道ノ正義ニ非ズヤ」。曰、然リ。

或人曰、「何ヲ以テ正義ニ非ズ」ト云フ。曰、四十七士ハ天下ノ罪人也。故ニ天下ノ誅ヲ免レズ。是レ人ヲ殺シタルヲ以テ也。其大義、亡君ノ仇ヲ以テ世ノ所謂ル敵討《カタキウチ》ノ義理、厘毛モナシ。兄弟朋友ノ敵《カタキ》スラ其仇ヲ討テ人殺シノ罪ニナラズ、以テ生ヲ全フスルニ足レリ。況ンヤ君父ノ仇ヲ報ズルニ於テヲヤ。然ルニ唯ダ君ノ欝憤忿怒ヲ継テ咎ナキ大人ノ家ニ乱殺シ、主君ノ罪ヲ十倍スルニアラズヤ。吉良子ノ悪《アク》ヲ悪《ニク》ムコトハ衆人一同也。故ニ衆情皆四十七士ヲ以テ恵ム。是レハコレ私也。君子ノ従フ所ニアラズ。故ニ君子ノ誅ヲ免レズ。君子ノ誅ヲ免レザル者ヲ忠義ノ名ヲ許シテ可ナランヤ。故ニ不祥ノ臣ト云フ。衆俗ハ其正義ヲ執ルコトナク、唯ダ惜ムニ堪ズシテ、縦《ホシイママ》ニ名ヲ付ケ書ヲ著シ文ヲ飾リ、以テ相ヒ伝テ止《ヤ》マズ。

夫レ赤穂侯ハ

天使ノ饗礼ヲ司リ、吉良子ノ悪言ヲ憎ミ、是レガ為ニ天使ノ大礼ヲ乱シ、刄傷ニ及ブ。其罪最モ重シ。其罪ヲ以テ誅ニ伏ス。吉良子ハ刀ヲ抜合セズシテ退ク。故ニ喧嘩ノ式ヲ免ル。故ニ罪ナシ。悪言ハ私ノコト也。此故ニ君子其私ヲ執ラズ。亦誰レヲカ仇トシ、誰レヲカ怨ミン。天下ノ公法ニ任セテ可也。

若シ吉良子刀ヲ抜合セバ、両家誅ニ伏スベシ。若シ吉良子ヨリ赤穂侯ヲ伐リ殺シ、吉良子仮令存《ナガラフ》ルトモ、亦誅ヲ免ルベカラズ。赤穂侯ヨリシテ吉良子ヲ伐リ殺シ、仮令存《ナガラフ》ルトモ、亦誅ヲ免ルベカラズ。皆、是レ死ヲ私ニスル者ハ存生シテ一人立ツコト能ハザルハ倭漢ノ公法也。然ルニ今吉良子刀ヲ抜合セズシテ忍ブ。此故ニ罪ナシ。其罪ナキ者ヲ伐リ殺スハ、豈武道ノ正義ナランヤ。是レ女ノ妬ヲ報ズルト其情同ジ。君臣ノ道ニ昧キ故也。主君ノ災ヒヲ以テ己レガ名ヲ第一ニシ勤メタルニ似タリ。幼学ノ士、最モ明《アキラ》メガタク迷ヒ安キ所也。

或人ノ曰、「然ルトキハ吉良子ヲ討《ウタ》ズシテ、主君ノ廟前ニ於テ各死シテ恩義ヲ報ジ、以テ義トスベキカ」。曰、是レ殉死ノ例也。殉死ハ不仁也。不仁ハ人道ニアラズ。恩義ヲ報ズルニ、唯ダ死ノミカ。今ノ武士ハ唯ダ死ヌルヨリ外大ナル高名ナシト思フ。

夫レ臣ノ君ニ事テ或ハ死シ、或ハ生《イキ》、或ハ難ヲ受ケ、或ハ親ニ別レ、或ハ妻子ヲ殺シテ己レヲ忘レ、忠貞ニ心ヲ尽スヲバ、今ノ士臣何ノ為ニスルト思ヤ。徒ニ先祖ノ譲リヲ重ンジ、妻子ヲ養フ恩ノ為ト思フカ。

夫レ君臣ノ重キ所以ンノ者ハ国家人民社稷[82]ノ勤メヲ以テ天命ノ大順ヲ尽ス所以ンナリ。然ルヲ忠誠ヲ尽ス其義ヲ誤リ、君臣ノ間ヲ骨肉分身恩愛ノ情ヲ以テスル者ト覚ヘ、或ハ先祖代々子孫末裔ノ禄ニ養ハル君恩ノ為ニ務ル者ト思フ故ニ、今ノ士臣皆執ル所ヲ知ラズ、其務ル所ヲ知ラズ。

夫レ父子ノ情ハ人ノミナランヤ。父母ヲ慕《シタ》ヒ子ヲ悲ムノ恩愛ヲ尽スコト、鳥獣蟲魚其情一ニシテ、天性自然ノ依ル所ナリ。全ク他ニ尽スコト能ハザル所以ン也。然ルヲ誣《シイ》勉メテ君ニ事ルニ、父子ノ情ヲ尽スベシトス。是レ自然ヲ悖《モト》キ偽リ作ル也。偽リ作ルハ天命ヲ欺ク也。

夫レ己レガ一命ヲ君ニ捨、親ニ別レ子ニ離レ、患難艱苦ノ中ニ立テ、世ノ褒貶毀誉ヲモ顧ズ、己レヲ尽ス所以ンノ者ハ、皆是レ天命ヲ君ニ体シ、国家人民社稷ノ為ニ其誠ヲ守ル也。是レ武門臣道ノ正義タリ。万事千行ノ義ヲ撰ムコト是ヨリ別《ワカレ》ザレバ、皆非義ノ義ヲ義ト誤ルベシ。孟子ノ所謂ル非義《ノ》之義[83]往々《ニシテ》而有《リ》ト云ニ至ル也。

又、匹夫奴僕ノ者スラ禄ヲ与ヘテ是ヲ使フベシ。況ンヤ武士ヲヤ。禄ヲ与ヘズ禄ヲ受ケズシテ君臣タル者、古今未ダ是レアラズ。然レバ禄恩ノ為ニ君ニ務ルハ是レ乞《コツ》丐《ガイ》日《ヒ》傭《ヤトイ》ノ務ナルベシ。其禄ヲ与ヘ禄ヲ受ケ官位ヲ授ケ職ヲ蒙ムルモ、亦是レ国家人民社稷ノ為也。卿大夫ヨリ以下軽卒ニ至ルマデ、皆此為ニ動カヌト云者ナシ。故ニ国家人民社稷ヲ捨テ、君臣何ノ用ベキ所ナク、六経聖教何ノ習フベキ所ナシ。此故ニ国家人民社稷ヲ治ル道ヲ知ラズシテ、君ハ上ニ尊ク民ノ耕シヲ食ヒ、民ノ織ルヲ衣《キ》、民ノ造《ツク》ルニ安ンジ、臣ハ君ノ用ヲ足シ、禄ニ妻子ヲ養フマデナレバ、是レ君ハ三民ノ業ヲ見物スル国家ノ番人ノ如ク、臣ハ乞丐日傭ノ恩ヲ辱《カタジケナフ》スルマデノコト也。

然レバ今赤穂士ハ君モナク、国モナク、民モナク、社モ稷モナシ。何ヲ務メ何ヲ尽サン。天命既ニ改マリヌ。父子兄弟夫婦ノ恩愛ヲ務メ、飢寒ノ憂ナカラシメ、生ヲ養ヒ孝弟ノ道ヲ務メ、人倫ノ大義ヲ尽シ、以テ其死ヲ全スベキコト也。大倫ノ道、何ゾ唯ダ君ニノミ極リ尽クベキヤ。イカニ愚俗ノ為ニ名誉ヲ思トテ、父母昆弟妻子ヲ土芥ノ如ク捨ルコト、鳥獣ノ道スラセヌコト也。其父母昆弟妻子ヲ土芥ノ如ク捨ツベキノ時ヲ弁ヘ場ヲ知リ其義ニ順フヲ以テ鳥獣ト人ト異也。

然ルヲ今四十七士ノ死ハ、死シテ君ノ為、国ノ為、民ノ為、社稷ノ為、一ツモナク、且ツ讎ヲ報ジテ天ヲ戴カザルノ義ニモ当ラズ。唯ダ憎ミノ為ニ義英(央)ヲ乱殺シ、徒ニ天下犯法ノ罪名ヲ得テ、誅戮ノ民トナル。何ヲ以テ弓矢正理ノ忠臣、武道正義ノ義士ト称嘆スベキヤ。愚俗ハ唯ダ其父母ニ別レ、昆弟ヲ捨、妻子ヲ離レ、二年ノ難苦ヲ忍ビ、良策智ヲ尽シ、君ノ残念ヲ継ギ、憎キ義英(央)ヲ伐リ殺シタル大勢ノ志ト其哀《アハ》レトヲ以テ其忠ヲ称シ、曽テ大義ノ故ヲ弁ゼズ。大義ニ本トヅカズトイヘドモ、是ヲ称スルハ是レ皆婦女ノ尽シ方也。

是、不仁ヲ憎ムノ甚キハ乱ナル者也。然レドモ先祖代々君ト成リ臣トナリ、数世親ミノ情已ムコト能ハズ、君臣三世ノ契ヲ結バンナドト、頻ニ婦女ノ夫《ヲット》ヲ恋ヒ慕フ心息《ヤマ》ズ、是非《ゼヒ》トモニ死セント極ムルナラバ、赤穂城没収ノ時、各城中ニ於テ枕ヲ並テ生害ヲ遂ゲ君命ナクシテ城ヲ渡サザルノ義ヲ立テ可也。各死シタル跡ニ城ヲ取ラレタルトテ明渡《アケ》シタルト云者ニアラズ。亦、受取リタルト云者ニアラズ。捨タル城ヲ拾ヒタルト云者ナレバ小《セメ》テノ義名タルベキ也。然ルヲ君命ナキ主君ノ居城ヲバ睜《ヲメヲメ》ト渡シ、却テ其身ハ刑罰ニ行ハレ、君子ノ義ヲ捨テ、小人ノ誉レヲ欲ス。是レ不祥ノ臣也。

今此非義タル所以ンノ者ヲ論ズルハ、四十七ノ士誉レヲ妬ミ拒ムニ誤ルベカラズ。武門ニ天命ヲ戴ク者、世俗ノ声ニ従ヒ其正義ヲ忘レ、一犬吠《ホヘ》テ万犬ノ声ヲ同クスルコト最モ恥ヅベキ也。故ニ後世道義ニ志ス幼学ノ士、其惑ンコトヲ恐レ、以テ是レヲ弁ズ。全ク佞ヲ以テ口給ヲ事トスルニ非ズ。無事ノ時ニ義ヲ明メ置ザレバ、事ニ臨テ非義ノ義ヲ以テ義トスルコト多シ。

夫レ武ノ名ヲ惜ムコト捨ツベカラズ。然レドモ其名ヲ利スルコト二ツアリ。誉名ヲ惜ムト、義名ヲ惜ムト、是也。義名ヲ惜ムハ君子ノ名トスル所、誉名ヲ惜ムハ小人ノ名トスル所也。古今ノ士多クハ皆誉名ヲ利シテ、義名ヲ明弁セズ。故ニ大閤秀吉公ヲ大量ノ良将ト称シ、四十七士ヲ忠義ノ言行ト仰グノ大誤アリ。此二ツノ者ハ世ノ誤リノ最モ大ナル者也。故ニ是ヲ論ジテ後ノ君子ヲ待ツ。

1　明の張自烈によって編纂された字書。『康熙字典』の基礎となった。

2　「物之円者至天円、而止匠氏規尺能象之以見天会意。」『正字通』巻十、見部、規。

3　「蓍之徳、円而神。卦之徳、方以知。」『易経』繫辞上伝。

4　「天道円、地道方、聖王法之、所以立上下。」『呂氏春秋』季春紀、円道。

5　「子曰、孰謂微生高直。或乞醯焉、乞諸其鄰而與之。」『論語』公冶長。

6　「楚有直躬者、其父竊羊而謁之上、上執而將誅之。直躬者請代之。將誅矣、告吏曰、父竊羊而謁之、不亦信乎。父誅而代之、不亦孝乎。信且孝而誅之、国将有不誅者乎。荊王聞之、乃不誅也。孔子聞之曰、異哉直躬之為信也。一父而載取名焉。故直躬之信、不若無信。」『呂氏春秋』仲冬紀、当務。

7　「葉公語孔子曰、吾黨有直躬者、其父攘羊、而子證之。孔子曰、吾黨之直者異於是。父爲子隱、子為父隱、直在其中矢。」『論語』子路。

8 衛の州吁は石厚と共謀し桓公を殺して衛の国王となった。しかし後に裁かれ、石厚の父、石碏は私情を挟まず石厚を断罪した。このことから「大義親を滅ぼす」という故事成語が生まれた。『春秋左氏伝』隠公四年にみられる。

9 「門内之治、恩掩義。門外之治、義断恩。」『礼記』喪服四制。

10 「為禮不本於義、猶耕而弗種也。」『礼記』礼運。

11 「道徳仁義、非禮不成、教訓正俗、非禮不備。」『礼記』曲礼上。

12 「水至清即無魚、人至察則無徒。枉而直之、使自得之。優而柔之、使自求之。揆而度之、使自索之。」『孔子家語』入官。

13 「曲則全、枉則直、窪則盈、弊則新、少則得、多則惑。」『老子』第二十二章。

14 「恤民為徳、正直為正、正曲為直、參和為仁。如是則神聴之、介福降之、立之。」『春秋左氏伝』襄公七年。

15 「大直若屈、大巧若拙、大辯若訥。」『老子』第四十五章。

16 「大方無隅、大器晩成、大音希聲、大象無形。」『老子』第四十一章。

17 俗歌のこと。

18 田舎歌と俗語、俗諺のこと。

19 「子曰、無為而治者、其舜也与。夫何為哉、恭己正南面而已矣。」『論語』衛霊公。

20 「為學日益、為道日損。損之又損、以至於無為。無為而無不為。取天下常以無事、及其有事、不足以取天下。」『老子』第四十八章。

21 「不尚賢、使民不争。不貴難得之貨、使民不為盜。不見可欲、使心不亂。是以聖人之治、虚其心、實其腹。弱其志、強其骨。常使民無知無欲。使夫知者不敢為也。為無為、則無不治。」『老子』第三章。

22 陸希声。唐代の人。『道徳真経伝』を著した。

23 林希逸。南宋の人。『老子鬳齋口義』『荘子鬳齋口義』『列子鬳齋口義』は日本にも大きな影響を与えた。

24 焦竑。明代の学者。号は漪園、澹園。李贄とも交流があった。『老子翼』『荘子翼』『澹園集』で知られる。

25 尤時熙（一五〇三～一五八〇）。明代の学者。『四書講義困勉録』に多く引用される。

26 蘇濬（一五四二～一五九九）。明代の学者。易経の研究で知られ、『四書講義困勉録』に多く引用される。明蘇濬撰。濬字君禹。号は紫溪。晋江の人。

27 饒魯（一一九三～一二六四）。南宋の学者、号は雙峰。

『四書大全』では『論語』衛霊公「無為而治者其舜也与」に対して雙峰饒氏、新安陳氏の注が引用されている。

28 陳白沙のことか。

29 「或問、恭己為聖人敬徳之容、以書伝考之、舜之為治、朝観巡狩封山濬川挙元凱誅四凶。非無事也。此其曰無為而治者何耶。朱子曰、即書而考之、則舜之所以為治之迹、皆在摂政二十八載之間、及其践天子之位、則書之所載不過命九官十二牧而已。其後無他事也。雖書之所記簡古稀濶、然亦足以見当時之無事也。」『四書大全』論語集註大全、巻十五。

30 「寂然不動、感而遂通天下之故。」『易経』繋辞上伝。

31 ともに人を少しずつ陥れていくこと。「子張問明。子曰、浸潤之譖、膚受之愬、不行焉。可謂明也已矣。浸潤之譖膚受之愬不行焉、可謂遠也已矣。」『論語』顔淵。

32 「夫大人者、与天地合其徳、与日月合其明、与四時合其序、与鬼神合其吉凶、先天而天弗違、後天而奉天時。天且弗違、而況於人乎、況於鬼神乎。」『易経』乾、文言。

33 「孟子曰、居下位而不獲於上、民不可得而治也。獲於上有道、不信於友、弗獲於上矣。信於友有道、事親弗悦、弗信於友矣。悦親有道、反身不誠、不悦於親矣。誠身有道、不明乎善、不誠其身矣。是故誠者、天之道也。思誠者、人之道也。至誠而不動者、未之有也。不誠、未有能動者也。」『孟子』離婁上。

34 「唯天下至誠、為能盡其性。能盡其性、則能盡人之性。能盡人之性、則能盡物之性。能盡物之性、則可以贊天地之化育。可以贊天地之化育、則可以与天地参矣。」『中庸』。

35 「誠者非自成己而已也、所以成物也。成己、仁也。成物、知也。性之徳也、合外内之道也、故時措之宜也。」『中庸』。

36 「千丈之堤以螻蟻之穴潰、百尺之室以突隙之煙焚。」『韓非子』喩老。

37 「子曰、無為而治者、其舜也与。夫何為哉、恭己正南面而已矣。」『論語』衛霊公。

38 「子曰、天何言哉。四時行焉、百物生焉、天何言哉。」『論語』陽貨。

39 「仰以観於天文、俯以察於地理、是故知幽明之故。」『易経』繋辞上。

40 「天地之道、可一言而盡也。其為物不貳、則其生物不測。」『中庸』。

41 「故至誠無息。不息則久、久則徴。」『中庸』。

42 「自誠明、謂之性。自明誠、謂之教。誠則明矣、明則誠矣。」『中庸』。

43 「如此者、不見而章、不動而変、無為而成。」『中庸』。

44 「誠者、天之道也。誠之者、人之道也。誠者不勉而中、不思而得、従容中道、聖人也。誠之者、擇善而固執之者也。」『中庸』。

45 「孟子曰、居下位而不獲於上、民不可得而治也。獲於上有道。不信於友、弗獲於上矣。信於友有道。事親弗悦、弗信於友矣。悦親有道。反身不誠、不悦於親矣。誠身有道。不明乎善、不誠其身矣。是故誠者、天之道也。思誠者、人之道也。至誠而不動者、未之有也。不誠、未有能動者也。」『孟子』離婁上。

46 「有弗学、学之弗能弗措也。有弗問、問之弗知弗措也。有弗思、思之弗得弗措也。有弗辨、辨之弗明弗措也。有弗行、行之弗篤弗措也。人一能之己百之、人十能之己千之。果能此道矣、雖愚必明、雖柔必強。」『中庸』。

47 『中庸』「果能此道矣、雖愚必明、雖柔必強」に対する朱子註に、「呂氏曰、君子所以学者、為能変化気質而已」とある。

48 「宰我、子貢善為説辞、冉牛、閔子、顔淵善言徳行。孔子兼之、曰、我於辞命則不能也。然則夫子既聖矣乎。曰、悪。是何言也。昔者子貢、問於孔子曰、夫子聖矣乎。孔子曰、聖則吾不能、我学不厭而教不倦也。子貢曰、学不厭、智也。教不倦、仁也。仁且智、夫子既聖矣。夫聖、孔子不居、是何言也。」『孟子』離婁上。

49 気質不変化に関するこの辺りの議論は荻生徂徠の『徂徠先生答問書』でのそれを想起させる。

50 「君子無終食之間違仁、造次必於是、顚沛必於是」(『論語』里仁)より、咄嗟の出来事と躓いて倒れる時の事をさす。わずかな時間のたとえとして使われる。

51 「自誠明、謂之性。自明誠、謂之教。誠則明矣、明則誠矣。」『中庸』。

52 「自、由也。徳無不實而明無不照者、聖人之徳。所性而有者也、天道也。先明乎善、而後能實其善者、賢人之学。由教而入者也、人道也。誠則無不明矣、明則可以至於誠矣。」『中庸章句』朱熹註。

53 「誠者、天之道也。誠之者、人之道也。誠者不勉而中、不思而得、従容中道、聖人也。誠之者、擇善而固執之者也。」『中庸』。

54 「子在川上。曰、逝者如斯夫。不舍昼夜。」『論語』子罕。乳井はここでは「夫」を文末において疑問を表す助字とみないで、「夫レ」と語気を示す言葉として訓読している。

55 「詩云、維天之命、於穆不已。蓋曰天之所以為天也。於乎不顯。文王之徳之純。蓋曰文王之所以為文也、純亦不已。」『中庸』。

56 「子曰、禹、吾無間然矣。菲飲食、而致孝乎鬼神。悪衣服、而致美乎黻冕。卑宮室、而盡力乎溝洫。禹、吾無間然矣。」『論語』泰伯。

57 「孔子曰、可也。吾略聞其説。黄帝者少典之子。曰軒轅。生而神霊、弱而能言、哲睿齊荘、敦敏誠信。長聡明、治五気、設五量、撫萬民、度四方、服牛乘馬、擾馴猛獣、以與炎帝戦于阪泉之野、三戦而後剋之。始垂衣裳、作為黼黻、治民以順天地之紀、知幽明之故、達死生存亡之説。播時百穀、嘗味草木、仁厚及於鳥獣昆蟲、考日月星辰、勞耳目勤心力、用水火財物以生民。民頼其利百年而死。民畏其神百年而亡、民用其教、百年而移。故曰、黄帝三百年。」『孔子家語』五帝徳。

58 同前。

59 「孔子曰、顓頊、黄帝之孫、昌意之子。曰高陽。淵而有謀、疏通以知遠、養財以任地、履時以象天、依鬼神而制義、治気性以教衆、潔誠以祭祀。巡四海以寧民、北至幽陵、南暨交趾、西抵流沙、東極蟠木。動静之類、小大之物、日月所照、莫不底屬。」『孔子家語』五帝徳。

60 「孔子曰、玄枵之孫、喬極之子。曰高辛。生而神異、自言其名。博施厚利、不於其身。聰以知遠、明以察微、仁而威、惠而信、以順天地之義、知民所急、脩身而天下服、取地之財而節用之、撫教萬民而誨利之。歴日月之生朔而迎送之、明鬼神而敬事之。其色也和、其徳也重、其動也時、其服也衷。春夏秋冬、育護天下、日月所照、風雨所至、莫不從化。」『孔子家語』五帝徳。

61 「孔子曰、高辛氏之子。曰陶唐。其仁如天、其智如神、就之如日、望之如雲。富而不驕、貴而能降。伯夷典禮、龍夔典樂。舜時而仕、趨視四時、務先民始之、流四凶而天下服。其言不忒、其徳不回、四海之內、舟轝所及、莫不夷説。」『孔子家語』五帝徳。

62 「詩云、予懐明徳、不大声以色。子曰、声色之於以化民、末也。詩曰、徳輶如毛、毛猶有倫。上天之載、無声無臭、至矣。」『中庸』。

63 『論語』陽貨に「子曰、飽食終日、無所用心、難矣哉。不有博弈者乎、為之猶賢乎已」と、何もせずにいるより、博奕でもした方がましだという孔子の言葉がある。

64 「季文子三思而後行。子聞之、曰、再、斯可矣。」『論語』公冶長。

65 「程子曰、為悪之人、未嘗知有思、有思則為善矣。然至於再則已審、三則私意起而反惑矣、故夫子譏之。」『論語集註』朱子註。

66 『論語徴』丙、公冶長第五に徂徠の詳細な議論がある。

67 「曾子曰、吾日三省吾身。為人謀而不忠乎。與朋友交而不信乎。傳不習乎。」『論語』学而。

68 「南容三復白圭、孔子以其兄之子妻之。」『論語』先進。

69 「孔子曰、君子有九思。視思明、聴思聰、色思溫、貌思恭、言思忠、事思敬、疑思問、忿思難、見得思義。」『論語』季氏。

70 「子曰、君子不以言挙人、不以撤廃言。」『論語』衛霊公。

71 「君子小人之反也。君子大心則敬天而道、小心則畏義而節。知則明通而類、愚則端愨而法。見由則恭而止、見閉則敬而齊。喜則和而理、憂則静而理。通則文而明、窮則約而詳。小人則不然。大心則慢而暴、小心則流淫而傾。知則攫盗而漸、愚則毒賊而乱。見由則兌而倨、見閉則怨而険、喜則軽而翾、憂則挫而懾、通則驕而偏、窮則棄而儑。傳曰、君子両進、小人両廃。此之謂也。」『荀子』不苟。

72 文禄二年（一五九二）、慶長二年（一五九七）の二度にわたる豊臣秀吉の朝鮮侵攻。

73 浅野長政（一五四七〜一六一一）、戦国時代から江戸時代初期にかけての武将・大名。はじめ織田信長に仕え、のち豊臣秀吉に重用され、豊臣政権下の五奉行筆頭となる。関ヶ原の戦いでは徳川方に属した。

74 湯浅常山『常山紀談』巻之十に同様の話がある。

75 「子貢曰、管仲非仁者與。桓公殺公子糾、不能死、又相之。子曰、管仲相桓公、覇諸侯、一匡天下、民到于今受其賜。微管仲、吾其被髪左衽矣。豈若匹夫匹婦之為諒也、自經於溝瀆、而莫之知也。」『論語』憲問。

76 「子路曰、桓公殺公子糾、召忽死之、管仲不死。曰、未仁乎。子曰、桓公九合諸侯、不以兵車、管仲之力也。如其仁。如其仁。」『論語』憲問。

77 「子曰、管仲之器小哉。或曰、管仲倹乎。曰、管氏有三歸、官事不攝、焉得倹乎。曰、然則管仲知禮乎。曰、邦君樹塞門、管氏亦樹塞門。邦君為両君之好、有反坫、管氏亦有反坫。管氏而知禮、孰不知禮。」『論語』八佾。

78 韓信は前漢の武将。秦末の戦乱のとき、はじめ項羽についたが重用されず、劉邦の陣営に移り大将となって漢の統一に貢献した。

79 文王は周の初代王。聖王として崇められる。孟子には「然而文王猶方百里起」（『孟子』公孫丑上）というように文王が百里四方の土地から始めたという表現がある。また、孟子は梁恵王に「孟子対曰、地方百里而可以王、王如施仁政於民、省刑罰、薄税斂、深耕易耨。壮者以暇日、脩其孝悌忠信、入以事其父兄、出以事其長上、可使制梃以撻秦楚之堅甲利兵矣。彼奪其民時、使不得耕耨以養其父母、父母凍餓、兄弟妻子離散。彼陥溺其民、王往而征之、夫誰與王敵、故曰、仁者無敵、王請勿疑」(『孟子梁恵王上』)と百里四方の土地でも仁政を施せば無敵であるといった。

80 「子曰、藏文仲其竊位者與。知柳下惠之賢、而不與立也。」『論語』衛霊公。

81 「子張曰、昔者桀、紂貴為天子、富有天下、今謂藏聚曰、汝行如桀、紂、則有怍色、有不服之心者、小人所賤也。仲尼、墨翟、窮為匹夫、今謂宰相曰、子行如仲尼、墨翟、則變容易色稱不足者、士誠貴也。故勢為天子、未必貴也。窮為匹夫、未必賤也。貴賤之分、在行之美悪。滿苟得曰、小盗者拘、大盗者為諸侯、諸侯之門、義士存焉。昔者桓公小白殺兄入嫂而管仲為臣、田成子常殺君竊国而孔子受幣。論則賤之、行則下之、則是言行之情悖戰於胸中也、不亦拂乎。故書曰、孰悪孰美。成者為首、不成者為尾。」『荘子』雑篇、盗跖。

82 「社」は土地の神、「稷」は穀物の神。

83 「孟子曰、非禮之禮、非義之義、大人弗為。」『孟子』離婁下。

志学幼弁　巻之十

礼　楽

一　礼ハ天地万物ノ正順ニシテ、自《ヲノヅカラ》乱ルベカラザルノ序也。聖人是ニ順テ人物ノ動キヲ定メ、其体ヲ正ス。是ヲ礼ト名ヅク。人物正順ナラズ、動キ定ラズ、体正シカラズ、其序乱ルルトキハ、人物其処ヲ得ズ。人物処ヲ得ザルトキハ、争奪シテ相ヒ害ス。故ニ人物正順ナルトキハ相ヒ和ス。相ヒ和ストキハ喜ブ。喜ブトキハ娯《タノシ》ム。是ヲ楽ト云フ。故ニ礼記ニ曰、「楽者《ハ》、天地之《ノ》和也《ナリ》、礼《ハ》者、天地之《ノ》序也《ナリ》」[1]ト云々。

一　礼ヲ知ラザル者ハ国家ヲ定ムルコト能ハズ。唯ダ仁義ノ故《ユヘ》ニ通ジ、治術ノ旨ニ詳カニ、才能管仲ヲ恥ズ、智謀范蠡[2]ヲ欺クトモ、礼ノ礼タル故ニ通ゼズ、楽ノ楽タル旨ニ達セザレバ、天下ノ動ヲ順ニシ、天下ノ物ヲ統ベテ、人君掌握ノ中ニ在ラシメ、戸ヲ出デズシテ居ナガラ千里ノ賾[3]ヲ明カニスルコトヲ得ベカラズ。

　漢唐宋明ノ諸儒ヨリ今ノ学者ニ至ルマデ、心理精密ノ論ニ流蕩シ来テ、殆ンド聖教ノ大事ヲ忘レ、君臣一生学問ニ日ヲ暮シテ死ニ及ベドモ、国家治マルヤ否ヤノ相ヲ知ルコト能ハズ。書ヲ信ジ聖人ヲ尊ブノ甚シト云ベシ。孟子ノ所謂ル悉ク書ヲ信ゼバ書ナキニハ如《シカ》ズ[4]トハ、是ヲ云ベシ。聖人ヲ尊ビ過ギルハ礼敬ニアラズ。書言ヲ信ジ過ギルハ和楽ニアラズ。学問ニ流レ過グルハ慎ミニアラズ。

　夫レ慎ハ守テ忘レザルヲ云フ。然ルヲ学問ノ慎ニ目前国家ノ守リヲ忘テ尽サズ、唯ダ堅固ニ一己ヲ慎ムノミ。豈仁ノ道ト云ベキカ。

　夫レ人臣心ヲ国君ニ尽シ、人子心ヲ父母ニ尽ス。是レヲ以テ敬ノ一字尽セリ。此敬ヲ尽スノ形ヲ制節シテ、其宜シキニ居ラシメ、其順ノ道ヲ尽サシム、是ヲ礼ト云。礼儀立テ、敬、即道ニ統ラル、是ヲ楽ト云フ。是レ天地ノ道也。此故ニ礼ハ百体百別ノ分定也。楽ハ百体一統ノ和合也。礼記ニ曰、「楽者《ハ》為《ナス》レ同《ヲ》、礼者《ハ》為《ス》レ異《ヲ》、同《キトキハ》則相《ヒ》親《シム》、異《ナルトキ》則相《ヒ》敬《ス》」[5]ト云フ。故ニ敬ハ礼ヲ主トスベシ。和ハ楽ヲ主トスベシ。然ルヲ朱子ハ礼ハ敬ヲ主トシ、楽ハ和ヲ主トスト云。[6]是レ逆也。是レ大元ヨリ説キ来ラズシテ、一人一己心上ヨリ説キ及ボシ、以テ一人一己ノ形ニ至ル。故ニ説ク所、仁義礼楽道徳刑政、皆一人一己心上ニ本ヅカズト云コトナク、統ル所皆天理トスルノミ。甚ダ尤ノ如ク聞ヘテ、聖教治国ノ用ニ於テ少モ益ナシ。苟《マコト》ニ生涯ノ空学タリ。

夫レ礼記ニ既ニ云ハズヤ。「礼義立《ツトキハ》則貴賤等《アリ》矣、楽文同《キトキハ》則上下和《ス》矣」[7]ト。是レ礼義立テ尊卑ノ敬分ル。楽文同クシテ上下ノ和行ハル。皆礼ヲ以テ敬ノ主トシ、楽ヲ以テ和ノ主トス。故ニ聖人ハ礼楽ヲ以テ人情ヲ治メ、万物千事ヲ統テ、敬和ノ道ヲ正シクス。是レ天地ノ礼楽ニ順ヒ、人情ノ敬和ヲ得ルノミ。天地ノ礼楽ヲ主トセズシテ、何ニ依テカ人事ノ礼楽ヲ制シテ人情ノ敬和正シカラシメンヤ。治国ノ礼楽ヲ措テ、先ヅ一人一己心上ノ礼敬ノミナラバ、面々各々ノ心任セニ礼敬ヲ制作シテ可也。

凡テ朱学ノ人ハ四海ノ民老弱男女童男童女智者愚者悉ク聖賢ニスル為ノ聖学ト覚ユル故ニ、一人ヅツノ心上ニ寄セ合テ云也。焉クンゾ世界ノ人ノ悉ク聖賢トナル期ヲ待テ、而シテ太平ノ至極ト云ベキ。斯ノ如クスルコトハ聖人モナラヌヲ以テ、人君人臣聖法ヲ学ビ以テ衆俗ヲ教化シ、其情ヲ治メテ国家ヲ定ムル也。其ノ情、物ヲ定メ治ムルニハ、礼ヨリ明ナルハナシ。礼記ニ曰、「治《ムルノ》レ人之道《ハ》莫《シ》レ急《ナルハ》二於礼《ヨリ》一」[8]ト云々。

一　天地万物各一ツ一ツ其処ヲ得ズト云コトナシ。其処ヲ得テハ、其位ヲ得ズト云コトナシ。其所ヲ得《エ》、其位ヲ定メ、其体ヲ列《ツラ》ヌ、是レ礼ノ妙也。幼学ノ者目ヲ閉ヂ、心ヲ潜メ、物ノ妙処ヲ看ヨ。礼ノ自然タル所ヲ知ルベシ。何ヲカ天地万物一ツ一ツ其位ヲ定メ体ヲ列ヌト云。

夫レ天ハ上ニ位シ、地ハ下ニ位シ、天地各一ツ立テ、其処ヲ同クスルコト能ハズ。故ニ物ノ体ヲ列ヌルコト並トキハ、必左右有テ位ヲ定メ、立ツトキハ必前後有テ位ヲ定メ、重ナルトキハ必上下有テ位ヲ定メ、序ヅルトキハ南北有テ位ヲ定メ、随フトキハ東西有テ位ヲ定メ、動静進退其処ヲ同クシ其位ヲ一ニスルコト能ハザル者ハ、誠ニ自然ニシテ、人智ノ然ラシムルコト能ハザル者也。物スラ猶斯ノ如ク乱レヲ成サズ。況ンヤ人ヲヤ。是ヲ至順ノ道ト云。至順ノ道ハ天地ノ礼也。故ニ礼記ニ「天《ハ》高《ク》地《ハ》下《ヒキク》、万物散殊《シテ》、而礼制行《ハル》矣、流《シテ》而不《ズ》息《マ》、合同《シテ》而化《シテ》而、楽興《ル》焉」[9]ト云フ。此故ニ人物処ヲ一ニシ、位ヲ乱シ、其順序ヲ失フトキハ、争奪ノ情起テ人物相ヒ害ス。人物一ツ一ツ所ヲ得テ其位ニ居《ヲ》ルコト正シキトキハ、治ラズト云コトナシ。治マルトキハ安シ。安キトキハ楽ム。楽ムトキハ和ス。和ストキハ千殊万別一タリ。是レヲ礼楽ノ道ト云。故ニ礼記ニ「楽　楽《ガクハタノシミ》其所《ヲ》自《テ》生《ズル》、礼《ハ》反《ル》其所《ニ》自《テ》始《マル》」[10]ト云ハ是ヲ云也。又曰、「楽《ガク》者楽《ラクナリ》《タノシム》也」[11]ト云、「礼《ハ》也者物《ノ》之致《イタリナリ》也」[12]ト云。

一　糸纏《モツルル》トキハ相ヒ結ンデ一トナル。是レ百体百別一ツ一ツナラズ、其所ヲ得ズ。其位ヲ失ヘバ也。是ヲ乱ト云。糸ノ情相ヒ争奪シ相ヒ害スルハ其順序ヲ失ヘバ也。爰ニ於テ糸ノ情豈楽シマンヤ。人情ノ乱ルルコト斯ノ如クニシテ、甚キ時ハ干戊[13]ニ及ビ兵革ニ至ル。綸《イトスヂ》ノ纏《モツレ》結ブコト至リ極マラバ、聖人トイヘドモ兵刄ヲ以テ剪リ正サズンバ、解《トク》コトナルベカラス。武王ノ殷紂ヲ討ツ、是也。故ニ甚ダ紛《ミダレ》ザル時ニ其緒《イトグチ》ヲ訂《タダ》シ得テ、其順序ヲ正クシ、是ヲ解《ホド》キ、一々其体ヲ理《ヲサ》メ、其処ヲ得セシメ、其位ヲ正クシ、以テ経《タテ》ヲ並べ緯《ヌキ》ヲ通シ、経緯始テ其正シキニ反リ、綸乱レズシテ以テ是レヲ織ルトキハ、即チ布帛一段一匹ノ経《ツネ》ニ帰ス。此故ニ其字義ニ通ジテ世ヲ治ムルヲ経綸スト云フ。

　糸ハ千綸《スヂ》千別ニシテ其処ヲ同セズ、其位ヲ一ニスルコト能ハズ、是レヲ礼ト云。而シテ経緯相ヒ通理シ、一段一匹ノ和ヲ成ス者ヲ楽ト云。礼楽ヲ織ル者ハ人也。故ニ孔子ノ曰、「制度在《リ》礼《ニ》、文為在《リ》礼《ニ》、行《フコト》之《ヲ》其在《レリ》人《ニ》」[14]ト云々。此故ニ国家ノ経綸一日怠ルトキハ、糸当《マサ》ニ紊《ミダレ》ントス。危哉。此任ニ与《アヅカル》者ハ何者ゾヤ。君臣ヲ除テ天下何者カ是ヲ理《ヲサメ》ンヤ。天下国家、人物ヲ以テ人君ニ命ジ、人臣君ヲ輔佐シテ是ヲ務ムルハ、亦命也、性也。然ルヲ、何ゾ人君ハ美色ヲ娯《タノシミ》飲食ヲ安ンジ、以テ国家ヲ忘レ、人臣ハ一己ノ無事ヲ修メテ務ノ道ヲ忘レ、天命ヲ捨テ私ヲ楽ミ、民人ノ苦患ヲ顧ザルハ、是レ恐レヲ知ラズ敬ヲ思ハザルノ甚キニアラズヤ。

　然レドモ今ノ学者ハ反テ是ヲ聖人ノ教ト守リ、一人宛《ヅツ》離レテ心頭ヲ修メ理ヲ極メントシ、国家ヲ空虚トス。誠ヲ守テ天命ヲ尽シ、君ニ事ヘテ上帝ニ報ズルノ外、何ゾ別ニ心ノ正キコトカアラン。誠ヲ守テ国ト君トニ尽スノ外、何ゾ理ノ求ムベキコトカアラン。今日ノ事ヲ離レテ理ヲ明ニセント云、其理ハ何ンノ理ゾヤ。天命ヲ怠ラザルハ誠也。誠ヨリシテ事ヲ務メ、事ヨリシテ其理ヲ知ルベシ。

夫レ理ハ脉《スヂメ》理也。条《モクメ》理也。其事ナクシテ、其脉理条理何ヲ以テ極メ尽サンヤ。

夫レ医ヲ業トスル者ハ、始メ病疾ノ名、薬石ノ方ヲ学ビ、而シテ其実理ヲ得《エ》、其明医ニ至ル者ハ其事ヲ務ルコト百千万ノ病人ニ当テ其理ヲ得ルニアラズヤ。木匠《ダイク》ノ巧手《ジヤウズ》ニ至ルモ亦然ラズヤ。其道ヲ聞テ而シテ百千万ノ家屋ヲ作ルニ当テ其実理ヲ得ル也。然ルヲ朱学ノ者ハ百千万ノ病人、百千万ノ家屋ニ当ラヌ前ニ、無究ノ理ヲ究メ尽セバ、即チ明医ト成リ、良工ト成リ、一理ニ通ジテ無究ノ変ニ応ゼズト云コトナキトス。故ニ自ラ其究ルヲ待テ、其究マラヌ内ハ君臣治国ノ実事ハ先ヅ措テ敢テ執ラズ。是レ異端至極ノ学也。故ニ朱子ノ語ニ云、「事変無レ窮《リ》、幾《ク》会《カ》易《シ》レ失《ヒ》。酬酢《ノ》之間、有《リ》下未《ダ》レ及《バ》二省察《スルニ》一、而謬《ル》二以《テ》千里《ヲ》一者《ノ》上。故《ニ》君子《ハ》貴《ブ》レ明《ムルコトヲ》レ理《ヲ》。理明《ナルトキハ》、則異端不《ズ》レ能《ハ》レ惑《ハスコト》二流俗《ヲ》一、不《シテ》レ能《ハ》レ乱《ルコト》、而徳可《シ》レ大《ナル》、業可《シ》レ久《カル》」[15]ト云々。是レ過失ノアランコトヲ恐レテ、此為ニ一己ノミヲ考へ、身ヲ終ルマデ国家ヲ忘レシムルノ教也。

夫レ君子ハ誠ヨリシテ事ヲ尽シ以テ息《ヤ》マズ。誠ヨリ務ヲ尽サバ、何ゾ其理ヲ明ラムルコトヲ云フニ及ベキ。誠ヨリ務メヲ尽ス君子、何ゾ無理非道アルベキ。故ニ誠ヨリシテ其行ヲ尽スベシト云トキハ、朴《スナヲ》ニシテ其窮理、教ヘズ云ハズシテ明カナルコト決定也。故ニ亦宋ノ過源ガ語ニ云、「人終《ルマデ》レ身《ヲ》只《ダ》窮《ムルノミニシテ》レ理《ヲ》、不《ズ》レ分《タ》レ知《ルコトヲ》レ行《ヲ》、行《フノ》レ之《ヲ》至《ハ》、知《ノ》之極《ナリ》也」[16]ト云々。噫《アア》、過源ハ其宗ヲ得タリト云ベシ。朱子ハ皆一己心上ヲ説ク故ニ、礼ハ敬ヨリ生ズト覚へ、楽ハ和ヨリ起ルトス。皆逆徳也。此故ニ朱学ヲスル者ハ国家ヲ治ムルコトヲセズ、唯ダ一己ヲ以テ全シトス。焉ンゾ礼ヲ知ラン。

一　人ハ皆進退揖譲玉帛ノミヲ礼ト覚へ、歌舞琴瑟鍾鼓管絃ノミヲ楽ト覚ユ。進退揖譲玉帛ハ礼ノ象《カタドリ》也。歌舞琴瑟鍾鼓管絃ハ楽ノ象リ也。天地礼楽ノ道ナクンバ、聖人何ニ由テカ人世ノ礼楽ヲ象リ行ハン。

夫レ生々体ヲ列ネ、其順序ノ明カナル、是ヲ礼ト名ヅク。故ニ礼ハ体《タイ》也。[17] 体ハ第《ダイ ツイヅル》也[18]ト云。比故ニ礼ハ人ノミヲ以テ行フ者ニアラズ。物皆礼楽ヲ備ヘズト云コトナシ。礼楽ニアラザレバ全体ヲ成スコト能ハズ。故ニ論語ニ曰、「子《ノ》曰、礼《ト》云《ヒ》、礼《ト》云《フ》、玉帛《ノミヲ》云《ハンヤ》乎哉、楽《ト》云《ヒ》、楽《ト》云《フ》、鐘鼓《ノミヲ》云《ハンヤ》乎哉」[19]ト云。礼記ニ曰、「楽者《ハ》、非《ズ》レ謂《ニ》二黄鐘・大呂・絃歌・干揚《ヲ》一也、楽《ノ》之末節《ナリ》也。故《ニ》童者舞《ヒ》レ之《ヲ》、鋪《キ》二筵席《ヲ》一、陳《ツラネ》二尊俎《ヲ》一、列《シ》二籩豆《ヲ》一、以《テ》升降《シテナス》為レ礼《ヲ》者《ノモ》、礼《ノ》之末節《ナリ》也。」[20]ト云ハ、皆是レ礼楽ノ人作ニ出ザルコトヲ云ハン為也。

礼楽ハ天道地理ノ自然ニ在テ、一物トシテ此礼楽ヲ捨テ立ベキ道ナシ。故ニ程子ノ云ク、「礼《ハ》只是《レ》一箇《ノ》序、楽《ハ》只是《レ》一箇《ノ》和、只此《ノ》両字、含《二》蓄《ス》多少《ノ》義理《ヲ》一。天下無《シ》三一物《トシテ》無《キコト》二礼楽一」[21]ト云トキハ、程子ハ誠ニ礼楽ニ通ゼル人也。故ニ又云ク、「如《キハ》二盗賊《ノ》一至《テ》為《ス》二無道《ヲ》一、然《レドモ》亦有《リ》二礼楽一。蓋《シ》必有《レバ》二総属一、必相《ヒ》聴順《シテ》、乃能《ク》為《ス》レ盗《ヲ》。不《レバ》レ然《ラ》則叛乱《シテ》無《ク》レ統《ルコト》、不《ズ》レ能《ハ》二一日相《モ》聚《ヒ》而《テ》為《スコトヲ》レ盗也。礼楽《ハ》無《シ》二処《トシテ》一無《キコト》レ之。学者要須《ベシ》二識得《ス》一」[22]ト云フ。是レ事理相ヒ兼備シテ、能ク孔子ノ玉帛鍾鼓ノミヲ云ハンヤノ大意ニ通ジテ、註解ヲナセリト云ベシ。

荘周ガ所謂ル「跖《ガ》之徒問《テ》二於跖《ニ》一曰、盗《人モ》亦有《リヤ》レ道乎。跖《ガ》曰、何《イヅクニユクトシテ》適而無《ランヤ》レ有《ルコト》レ道邪。夫妄《レリニハカルハ》意《ニ》二室中之蔵《ノヲ》一聖《ナリ》也、入《ルニ》先《ダツハ》勇《ナリ》也、出《ルニヲクルルハ》後義《ナリ》也、知《ルハ》二可否《ヲ》一知《ナリ》也、分《ツニ》均《シキハ》仁《ナリ》也。五《ツノ》者不《ズシテ》レ備《ハラ》、而能成《クス》二大盗《ヲ》一者《ノハ》、天下未《ダ》レ有《ラ》レ之《レ》也」[23]ト云フ亦是レ此意也。是レ盗ハ悪事ナレドモ、其務メヲ尽スハ動キ也。其動ク所ハ天地ノ道ニ則《ノット》ラザレバ成スコト決シテ能ハズ。況ンヤ国家治平ノ事ヲヤ。

然ルヲ今ノ人臣ハ、皆一己ノ身ノミニ天地ノ道ヲ則《ノット》リ、是ヲ行フ。故ニ名誉全ク、官位危カラズ、爵禄進ミ、子孫栄シ、君寵重シ。而シテ君ハ安カラズ、民ハ究シ、国ハ定ラズ、四境固カラズ、兵権弱ク財用足ラズ。是レガ為ニ吾ガ国ノ山林良材ヲ伐尽シ、田畠穀産ヲ聚斂シ、是ヲ他邦ノ商家ニ送リ金銭ヲ借リ集メ、返スコトヲセズ、是レヲ以テ猶足ラズトシテ士禄ノ内ヲ減去シ、民家ノ富ヲ虐《セタゲ》取テ、是亦返スコトヲセズ。是レ臣ノ務メヲ知ラズ、君ノ仁ヲ塞ギ、君ノ信ヲ失ハシメ、君ノ名ヲ辱《ハヅカ》シメ、君ノ位ヲ危フス。然リトイヘドモ一己ニ於テ天下ノ罪ヲ得ベキノ名、毛厘モナキハ、一己ニ天地ノ道ヲ行フ故也。是レ天地ノ道ヲ一己ニ盗テ天下ノ利ヲ得ルニアラズヤ。

夫レ今一己ヲ全フシテ国家ヲ空虚ナラシメ、国民ヲ貧究ナラシメ、君ノ仁ヲ塞ギ、君ノ名ヲ他邦ニ辱シメ、宗廟社稷ヲ穢ス。豈是レ人臣ノ忠カ。抑《ソモソモ》義カ、亦礼カ、敬カ。斯ノ如クナレバ、聖教ハ天下国家ヲ利スル所以ンニアラズシテ、天下国家ヲ害スル所以ン也。此故ニ荘子聖教ノ塗炭ノ罪ニ陥リタルヲ哀シミ、天下ノ学者真ノ孔子ヲ見失ヒ、盗賊ヲ道スル者ヲ孔子ト信ズルコトヲ深ク憤リ、古ノ孔子ヲ以テ今ノ孔子ヲ非謗シ、古ノ仁義礼楽ヲ以テ今ノ仁義礼楽ヲ破却シ、以テ衆学己レヲ利シテ君ヲ困《クルシ》メ国ヲ乱スノ学者ヲシテ、其眠リヲ驚カサシメント欲ス。

故ニ曰、「聖人死ヌトキハ則大盗不ズレ起ラ。天下大平ニシテ而無ケンレ故ヘ矣。聖人不ズンバレ死ナ大盗不ズレ止マ。雖ドモ下重テ二聖人ヲ一而治ムト中天下ヲ上、則是レ重テ利スルナリ二盗跖ヲ一也」[24]ト云。其聖人ト呼ブ者ハ誰ヲカ指ス。是レ今ノ学者、君ト国トノ利害ヲ務メズ、天ノ命ヲ私シ、天地ノ道ヲ孔子ニ習ヒ、一己ニ行テ、一己ヲ利ス。是レ盗人ノ業也。此聖人死ヌルトキハ、明カニ君安ク国豊《ユタカ》ナルコト疑ナシト云コト也。然ルヲ荘子ヲ以テ却テ異端也ト恐レ、己レガ国賊ヲバ聖人ノ道也ト貴ブ。

夫レ孟子ト荘子ト時ヲ同フシテ世ニ生レ孔子ヲ見得タル者ハ、異国ニモ唯ダ此二人ノミ。而シテ孟子ハ正《セイ》ヲ以テ是レヲ論ジ、荘子ハ奇《キ》ヲ以テ是ヲ論ズ。文辞異ニシテ、聖人ヲ敬礼スルコト其実一也。故ニ孟荘同時ニシテ、孟ハ荘ヲ云ハズ、荘ハ孟ヲ論ゼズ。其実相ヒ通ズレバ也。

然ルニ程朱始テ同異ノ一言ヲ発シテヨリ、一声万犬ノ声ヲ為《ナ》シ、今ニ於テ皆知ラズ。荘子ヲ学ブ者モ亦虚無隠遁ノ学トス。聖教ヲ学ブ者モ亦一己利害ノ学トス。皆君ヲ悩《ナヤ》シ国ヲ賊《ソコナ》フノ学術ト成ルノミ。

夫レ君ハ一人、臣ハ万人。其万人ヲ以テ其一人ヲ困《クルシ》メ奉ル、是レ礼ヲ知ラザル故也。程子適《タマ》ニ礼楽ノ故《ユヘ》ニ通ゼルマデニテ、是レヲ以テ国家ヲ利スルノ志ナケレバ、即チ亦自ラ論ズル盗賊ト同類ヲ免レズ。

仁義礼楽皆一己ノ城郭ト成テ、天下国家ノ為メニ敵ト成ル。学者其証拠ヲ見ントナラバ、面《マノアタリ》国家ノ形勢《アリサマ》ヲ以テ己レガ務ムル所ヲ見ヨ。一ツトシテ人臣其君ヲ敬スルノ慎ナキヲ知ルベシ。予、是レヲ以テ攻ムレバ、皆曰、是レ時ノ然ラシムル所ト云テ免レントス。天下国家ヲ治ムルニ時節ヲ待ツト云ハバ、聖学ハ誠ニ天下ニ用ルコト少《スコシキ》哉。道ノ行ハルル時節ト云、其時節ハ定メテ堯舜文武ノ時節ヲ云ナルベシ。然ラバ堯舜文武ノ時節ノ来ルマデハ四書六経ヲバ盗賊ノ為メニ行テ、君困ミ国究スルトモ構ハズ、唯ダ流俗ノ所作ニ従テ、己レガ身ヲ時節ニ合セテ可ナランヤ。

予、一事モ行ハズシテ、唯ダ言ヲ恣《ホシイママ》ニ攻ムルニアラズ。行テ以テ其尽セル所ヲ云ヒ、治メテ以テ其試ムル所ヲ云フ。然レドモ群士、予ヲ以テ大ニ疑ヒ、人倫ノ徒ニアラズトス。然リトイヘドモ、予、何ゾ彼レガ為ニ武臣ノ天命ヲ失ヒ、行ヒヲ改メ、志ヲ主君ニ忘レ、性ヲ国家ノ後ロニスベキヤ。予、未ダ行ハザルコトハ言ヲ発セズ。行テ而シテ後ニ記ス者也。言ト行ヒト別ナルハ君子ノ為ザル所也。若シ言ト行ヒト同ジカラズシテ、是ヲ人ニ攻ムルナラバ、吾レ五刑ノ罪ヲ九族ニ蒙ルベシ。是レ吾ガ君ニ事《ツカフマ》ツル人臣ノ礼義也。

夫レ人トシテ唯ダ言《モノイフ》ノミヲ覚テ、礼義ヲ弁ゼザル者ハ、形ハ人ニシテ交リハ禽獣ニ異ナルコトナシ。礼記ニ云ク、「鸚鵡能言《クモノイヘドモ》不《ズ》レ離《レ》二飛鳥《ヲ》一、猩々能言《クヘドモ》不《ズ》レ離《レ》二禽獣《ヲ》一。今人《トシテ》而無《キハ》レ礼、雖《ドモ》二能《ク》言《フト》一不《ズヤ》二亦《タ》禽獣《ノ》之心《ナラ》一乎」[25]ト云々。吾レハ此性命ヲ尽スヲ礼トシ、君ヲ安ンジテ国家ヲ忘レザルヲ敬トス。徒ニ平伏畏従スルヲ礼トシ、心上理学ヲ敬トシテ、君ヲ困メ国家ヲ忘レ、隙ヲ設ケ酒ヲ飲ミ碁ヲ嗜ミ、務《ツトメ》ハ時風ニ任セ、行ヒハ流俗ニ従ヒ、以テ一己ノ心上ヲ安ンジ、面ヲ厚フシテ君子ノ前ヲ恥ズ。

夫レ恥ヲ知ルハ義ニ近シ。義ヲ知ルハ礼ニ近シ。然ルニ恥ヲ恥トセズ、何ゾ義ヲ知ラン。義ヲ知ラズ、何ゾ礼ヲ知ラン。礼ヲ知ラズ、何ゾ敬ト云者ヲ知ランヤ。故ニ追従ヲ以テ和ト覚ユ。此故ニ朱程ノ心学ハ却テ心上ヲ乱スニ足ル。是レ限ナキ心ノ妙ヲ尋テ、其求メ多端ニ亘《ワタ》レバ也。故ニ務メヲ忘ルル也。

夫レ人臣ノ礼トスル所、唯ダ君ニ向テ国家ヲ忘レザルノミ。其心トスル所、何ゾ此外ヲ求テ二ツニセンヤ。纔ニ二ツニスルトキハ、他念ニ亘《ワタ》ル。他念ニ亘ルトキハ、誠ヲ失フ。誠ヲ失テ、心緒多端ニ走リ、求メ尽スベカラザルニ至ル。其本偏ニ一点ノ過失アランコトヲ深ク恐レ、一生衆俗ノ耳目ノ為ニ縛《シバ》ラレ、竟ニ務ヲ思フノ隙ナキニ至ル也。其位ニ居テ其事ヲ履《フマ》ザルユヘ、国ノ乱ルルヲ知ラザル也。是レ不敬也、無礼也。礼記ニ曰、「子《ノ》曰、事《ツルニ》レ君《ニ》軍旅《ニハ》不《ズ》レ辟《サケ》レ難《ヲ》、朝廷《ニハ》不《ズ》レ辟《セ》レ賤《キヲ》、処《テ》二其位《ニ》一而不《ルトキハ》レ履《マ》二其事《ヲ》一則乱《ルルナリ》也」[26]ト云々。

一　天下ハ唯ダ一ヲ以テ天下トス。天下ヲ分ケテ邦国列《ツラナ》ル。邦国、亦各一タリ。邦国ヲ分ケテ郡県陳《ツラナ》ル。郡県、亦各一タリ。郡県ヲ分ケテ村邑連ル。村邑、亦各一タリ。村邑ヲ分ケテ家屋聯《ツラナ》ル。家屋、亦各一タリ。其一一シテ体ヲ列ヌル、是レヲ礼ト云フ。其順ヲ正シクシテ乱レザラシムルトキハ、家屋村邑郡県邦国各天下ニ帰シテ、能ク一ヲ成ス。是レヲ楽《ガク》ト云フ。

故ニ礼記ニ云、「礼《ハ》也者猶《ヲ》《ゴトシ》レ体《ノ》也、体不《レバ》レ備《ラ》君子謂《フ》二之《ヲ》不成人《ト》一」[27]ト云。又曰、「楽《ハ》極《メ》レ和《ヲ》礼《ハ》極《ム》レ順《ヲ》」[28]トハ此レ是レヲ云也。此故ニ其体ヲ列ネテ是ヲ治ムルコトヲセザルトキハ、家屋村邑郡県邦国天下ニ反リテ、一タラズ。皆、吾レハ吾レ独リ吾レトシ、家ハ家独リ家トシ、郷ハ郷独リ郷トシ、国ハ国独リ国トス。是レヲ天下ヲ家トスト云フ。故ニ人ト人ト相ヒ好悪シ、家ト家ト相ヒ争奪シ、郷ト郷ト相ヒ逆悖シ、国ト国ト相ヒ矛盾ス。是レヲ乱ト云、甚キトキハ天下軍戦ニ及ブ。

故ニ君子ハ礼楽ノ故ヲ貴ブ。礼楽ハ天地ノ道也。君子是ヲ則《ノットリ》テ天治ニ順ヒ人治ヲ成シ、以テ天下ノ異体ヲ合同ス。是ヲ大同ノ世ト云フ。礼記ニ曰、「大道之《ノ》行《ハルヤ》也天下為《リ》レ公、選《ビ》レ賢《ヲ》与《ヘ》レ能《ニ》講《ジ》レ信《ヲ》修《ム》レ睦《ビヲ》。故《ニ》人、不《ズ》三独《リ》親《ト》二其親《ヲ》一、不《ズ》三独《リ》子《ト》二其子《ヲ》一、使《シム》乙老《ヲシテ》有《リ》レ所《ル》レ終、壮《ヲシテ》有《リ》レ所《ル》レ用、幼《ヲシテ》有《リ》レ所《ズル》レ長、矜寡孤独廃疾者《ノヲシテ》皆有《ラ》甲レ所《フ》レ養。男有《リ》レ分、女有《リ》レ帰。貨《ヲバ》悪《ム》三其棄《ツルコトヲ》二於地《ニ》一也。不《ズ》三必蔵《メ》二於己《ニ》一。力《ヲバ》悪《ム》四其不《ルヲ》三出《サ》二於身《ヨリ》一也、不《ズ》二必為《メニ》一レ己《ガ》。是《ノ》故《ニ》謀閉《ヂテ》而不《ズ》レ興《ヲコラ》、盗竊乱賊而《モ》不《ズ》レ作《ナサ》。故《ニ》外戸《シテ》而不《ズ》レ閉《ヂ》、是《ヲ》謂《フ》二大同《ト》一」[29]ト云へリ。

此故ニ家屋村邑郡県邦国、皆其体ヲ異別ニシテ其用ヲ合同シ、以テ天下ニ帰シ、天下以テ天地ニ帰シ、天地以テ上帝ニ報ズ。是ヲ大順ト云。故ニ礼ハ順ノ極也。礼順極リテ、能ク一ニ帰ス。是ヲ大和ト云。和順ノ大本其名ヲ礼楽ト云。此故ニ大礼大楽ハ人ト天地ト和順大同ス。礼記ニ「大楽《ハ》与二天地一同《ジ》レ和《ヲ》、大礼《ハ》与二天地一同《ス》レ節《ヲ》」[30]トハ是ヲ云也。此故ニ天ノ統ルヲ観、地ノ布《シク》ヲ察シ、千差万別ノ情ヲ一ニシテ、治ヲ得ル者ハ王者ノ道也。礼記ニ曰、「聖人耐《ハヨク》以《テ》二天下《ヲ》一為二一家《ト》一、以《テ》二中国《ヲ》一為二一人《ト》一」[31]トスト云。苟《イヤシク》モ礼楽ノ故《ユヘ》ヲ以テセズシテ、唯ダ己レガ才智ヲ以テ国家ヲ統ントス。及ベカラズ。況ンヤ流俗ニ従テ国家ヲ扱フ者ヲヤ。

一　夫レ一器ヲ造《ツク》ルモ、良工ハ其成ルコト速キハ、能ク其順ヲ得レバ也。規矩準縄密合シテ、其器善ク一ト成スハ良工也。皆是レ礼楽ノ道也。良工ハ規矩準縄ノ四ツヲ以テス。聖王ハ仁義礼智ノ四ツヲ以テス。是ヲ一ニスル者ハ、善ク其順ヲ明ニスレバ也。天地ハ春夏秋冬ノ四ツヲ以テス。其一歳ノ功ヲ合スル者ハ其順ヲ失ハザレバ也。此故ニ順ヲ知ル者ハ礼ヲ知レル人也。礼ヲ知ル者ハ天地ノ動キヲ知ル人也。天地ノ動キヲ知ラザレバ、人治何ニ依テカ是ヲ為《ナ》スベキ。人治ハ私智才覚ヲ以テスベカラズ。私智才覚ヲ以テスルトキハ、天ト人ト参《サン》タラズ。天人参タラズシテ未ダ国ヲ定メタル者ヲ見ズ。故ニ聖王ノ治ハ皆天地ノ動キニ習フ。孔子ノ曰、「夫《レ》、礼《ハ》先王以《テ》承《ウケテ》二天之《ノ》道《ヲ》一以《テ》治《ムル》二人之《ノ》情《ヲ》一、故《ニ》失《フ》レ之《ヲ》者《ハ》死《シ》、得《ル》レ之《ヲ》者《ハ》生《イク》」[32]ト云々。

夫レ順ハ道体ノ至妙也。事物ヲ執テ順ヲ見ルコト最モ微ナリ。本末ヲ知リ始終ヲ括《クク》リ、先後ヲ弁フモ、此順ヲ得ンガ為メ也。人毎ニ此順ヲ得ルコト能ハズ。故ニ体ヲ列ネ節ヲ制シ、人物ノ動キヲ定メ、以テ其順ニ居ラシムル者ハ、是レ人事ノ礼トスル所也。聖智ニアラズンバ、其礼制焉クンゾ順ニ叶ハシムルコトヲ得ンヤ。礼記ニ曰、「大順者《ハ》、所三以《シノ》養《ヒ》レ生《ヲ》送《リ》レ死《ヲ》事《ツル》二鬼神《ニ》一之常《ナリ》也」[33]、又曰、「動《テ》而不《ルハ》二相《ヒ》害《セ》一也、此順之《レノ》至《ナリ》也、故明《ニ》二於順《ニシテ》一然《ヲ》後《シテ》能《ク》守《ル》レ危《ヲ》也」[34]ト云ヘリ。

一　天ハ上ニ位シ、地ハ下ニ位シ、春夏秋冬其序順ヲ乱サズ。君ハ上ニ位シ、臣ハ下ニ位シ、士農工商其序順ヲ乱サズ。父ハ上ニ位シ、子ハ下ニ位シ、夫婦昆弟其序順ヲ乱サズ。治世ニモ乱レズ、乱世ニモ乱レズ、是レ自然ノ順体ニシテ、人力ノ作為ニアラズ。唯ダ是レヲ以テ礼トスルナラバ、誰レカ礼ヲ知ラザラン。

夫レ体アル者ハ必ズ用アリ。用アレバ必ズ動ク。動ケバ必ズ変ズ。故ニ天ハ旋テ息マズ。日月懸テ南北シ、地ハ載セテ出没ナサシメ、五行ノ生剋、陰陽ノ升降、春夏秋冬暖暑冷寒過不及ノ変盈朒[35]ノ差アリ。君ニ明闇アリ、臣ニ賢愚アリテ、政亦邪正ノ変アリ。士農工商父子夫婦昆弟朋友貴賤交接ノ間ニ於テ、豈変態ナキコトヲ得ンヤ。其変中モ亦順ナキコト能ハズ。其順ヲ以テスルトキハ変ニ応ジ、其順ヲ得ザルトキハ変ヲ済《スクフ》コトヲ得ズ。故ニ礼ハ是レ順ヲ極ムル所以ンニシテ、楽ハ是レ和ヲ極ムル所以ン也。此故ニ人物礼義ヲ得ルトキハ、混雑錯乱スルコトナシ。混雑錯乱スルコトナキトキハ、事繁シトイヘドモ治ルコト唯ダ一事ヲ為《スル》ヨリモ安ク、物多シトイヘドモ執ルコト唯ダ一物ヲ扱フヨリモ速カ也。故ニ世ヲ治ムルコト礼楽ヨリ簡易ナルハナシ。礼記ニ曰、「大楽必《ハ》易《ズナリ》、大礼必《ハ》簡《ズナリ》」[36]ト云ヘリ。又曰、「事大《ニ》積《メドモ》焉而不《ズ》レ苑《トドコヲラ》、並《ビ》行《ヘドモ》而不《ズ》レ謬《アヤマラ》、細《カニ》行《ヘドモ》而不《ズ》レ失《ハ》、深《ケレドモ》而通《ジ》、茂《ゲレドモ》而有《リ》レ間《ヒマ》、連《ヌレドモ》而不《ズ》二相《ヒ》及《バ》一、動《ケドモ》而不《ズ》二相《ヒ》害《セ》一也、此《レ》順《ノ》之至《リナレバナリ》也」[37]ト云々。

一　夫レ唯ダ人ノミ礼アランヤ。物モ亦礼ニ依テ治マル。人、礼アルトキハ、物モ亦礼ヲ以テ動ク。物、礼ヲ以テ動クトキハ、人物相ヒ害傷セズ。故ニ聖代ニハ麟鳳至テ、虎狼害ヲ為サズ。弓剱納リテ矢刃人ヲ傷ラズ。礼記ニ曰、「天降《シ》二膏露《ヲ》一、地出《シ》二醴泉《ヲ》一、山出《シ》二器車《ヲ》一、河出《シ》二馬図《ヲ》一、鳳皇麒麟皆在《リ》二郊掫《ニ》一、亀龍在《リ》二宮沼《ニ》一、其余鳥獣《ノ》之卵胎皆可《シ》二俯《シテ》而闚《フ》一也、則《チ》是《レ》無《ナケンヤ》レ故《ヘ》、先王《ノ》能《ク》修《メテ》レ礼《ヲ》以《テ》達《シ》レ義《ニ》、体《カナヘテ》レ信《ニ》以《テ》達《スル》レ順《ニ》故《ナリ》、此《レ》順《ノ》之実《ナリ》也」[38]ト云々。此故ニ礼楽ノ道ハ天地ノ自然ニ出テ、人ノ作為ナラザルコトヲ知ンヌベシ。

其本唯ダ一ヨリ分レ出テ、百千万ノ別異ヲ成シ、其順ヲ明ニシテ、復《マタ》善ク一ニ統べ、其和ヲ行フ者ハ、天地ノ礼楽妙用ノ道也。聖人此義ヲ微妙玄通シテ、天地ニ順ヒ、人物ノ動静ヲ定メ、礼ト云ヒ楽ト云フ。人其深妙ヲ察セズシテ、妄リニ是ヲ附会ノ事也ト誹ル、苟《マコト》ニ小人也。礼記ニ曰、「礼必《ハ》本《ヅク》二太一《ニ》一、分《レテ》而為《リ》二天地《ト》一、転《ジテ》而為《リ》二陰陽《ト》一、変《ジテ》而為《リ》二四時《ト》一、列《シテ》而為《ル》二鬼神《ト》一、其降《ルヲ》曰《フ》レ命《ト》、其《レ》官《ツカサドレリ》二於天《ニ》一也」[39]ト云フ。又曰、「礼《ノ》之大体《ハ》体《カタドリ》二天地《ニ》一、法《リ》二四時《ニ》一、則《リ》二陰陽《ニ》一、順《ニス》二人情《ヲ》一、故《ニ》謂《フ》二之《ヲ》礼《ト》一、訾《ソシル》レ之《ヲ》者《ノハ》、是《レ》不《ズ》レ知《ラ》三礼《ノ》之所《ヲ》二由《テ》生《ズル》一也」[40]ト云々。是レ始メハ天ノ礼ヲ云ヒ、而シテ人ノ礼ニ則ルコトヲ説ク。然ルトキハ礼ハ上帝ノ命ヨリ降テ、天ニ是レヲ官《ツカサ》ドル者也。然ルヲ是ヲ訾ルハ、是レ上帝ヲ訾ル也。

一　夫レ天地万物ノ象形ヲ成シテ善ク一物ノ体ヲ全成スル者ハ、皆是礼楽ノ道ヲ以テ全シ。故ニ其動クモ亦礼楽ニアラズンバ全タカルベカラズ。故ニ聖人ハ礼楽ヲ貴ブ。

夫レ人身ノ全体ヲ見ズヤ。百骸骨節頭尾手足、皆分離シテ異《イ》ヲ成ス。上下左右前後、其順序有テ乱レズ。是ヲ体ト云。故ニ曰、「礼《ハ》猶《ヲ》《ゴトシ》レ体《ノ》」[41]ト。而シテ筋脈ヲ以テ是レヲ一ニシテ、皮肉ヲ以テ是ヲ和ストキハ、百骸骨節頭尾手足臓腑耳目鼻口毛眉ノ分異ヲ同フシテ、以テ神気ヲ安ンジ、魂魄ヲ楽ム。是レヲ楽《ガク》ト云。故ニ曰、「楽《ガクハ》者楽《ラクナリ》」[42]ト。或ハ曰、「楽《ハ》統《ベ》レ同《キヲ》、礼《ハ》弁《ズ》レ異《ヲ》」[43]ト云フ也。是レ礼経ノ説ニシテ、或ハ天地ヲ以テ説キ、或ハ人事ヲ以テ説キ、或ハ物器ヲ以テ説キ、而シテ礼楽自然ノ妙用ヲ暁《サト》サシメント欲ス。然ルヲ今ノ学者ハ礼経ノ文言文字ノ訓詁ノミヲ学ビ、敢テ治国ノ大用ニ施スコトヲ志サズ。故ニ学者国家ノ事ニ与《アヅカ》レドモ其務ル所ヲ知ラズ、其執ル所ヲ知ラズ、イカントモスルコト能ハズシテ止《ヤム》也。

夫レ道ハ先王孔孟ノ道ニアラズ。先王孔孟ハ人ニ先ダチテ此道ヲ導クノミ。故ニ六経ノ書面ハ道ニアラズ。唯ダ道ノ跡ニシテ導キノ言ノミ遺《ノコ》レリ。皆糟粕死物ニシテ、且ツ一格一論ノミ。漢唐宋明及ビ、今ノ学者ハ皆孔子ヲ貴ブコトヲ専ラニシテ、道ヲ貴ブコトヲセズ。況ンヤ亦書ヲ貴テ孔子ヲ貴ビザル学者ヲヤ。況ンヤ書ヲ貴ビズシテ文字訓詁ヲ貴ブ学者ヲヤ。

夫レ孔子ハ名ノミ、今ハ没人也。後世ヲ導キテ道ヲ知レト云ノミ。其道ト云者ハ書ニハナシ。書ハ言ヲ載セテ其道ヲ鑑ミ知ルベキノ例《タメシ》ヲ記スノミ。其例ヲ執テ道ト覚ヘ、以テ是ヲ行フ故ニ、百世ヲ行フトモ皆功ナシ。

夫レ先王孔孟ナシトイヘドモ、四書六経ナシトイヘドモ、道ハ天地ニ存シ、義ハ事物ニ明也。其天地ヲ師トシ、其事物ヲ察セバ、聞ベカラズ習フベカラズシテ、天人ヲ動カスニ足ルベシ。天人ヲ動カスニ足ルトキハ、君タル者ハ先王也、臣タル者ハ孔孟也。先王孔孟甚及ベカラズトスベカラズ。

若シ今ノ学者ノ孔孟ノ如クナラバ、孔孟ナケレバ、世治ヲ棄ツベキカ。而シテ後世ノ孔孟ヲ待ツ者ナラバ、是モ亦今日ノ世治ヲ棄ツベキカ。然ルトキハ、孔孟ノ教ハ孔孟ノ時ノミ用有テ、孔孟ノナキ時ハ用ナキニ極マレリ。然ラバ四書六経ノ治教、学テ何ノ益カアル。但シ彼ノ巻テ懐《フトコロ》ニスルノ重宝トスル為カ。是レ学者ノ聖人ヲ知ルコト甚疎ト云ベシ。故ニ礼記ニ示シ導テ曰、「礼《ハ》也者、義《ノ》之実《ナリ》也。協《カナヘ》二諸義《ニ》一而協《フトキハ》、則礼《ハ》雖《ドモ》三先王未《ダ》《ズト》二之《レ》有《ラ》一、可《シ》二以《テ》レ義《ヲ》起《ス》二」[44]也ト云ヘリ。此故ニ道ヲ自得セバ、聖愚ノ別ヲ以テ云ベカラズ。気質ノ異ヲ以テ云ベカラズ。聖愚共ニ聖也。故ニ其治功ヲ顕ハス。信ジテ用ルトキハ、先王也。是ヲ捨ルトキハ、孔孟也。堯舜文武ノ聖タル名ハ其治功アルヲ以テ也。治功ノ跡ナクンバ、孔孟トイヘドモ、何ヲ以テ聖タルコトヲ知ルベキ。其治功ノ跡ヲ証拠トシテ以テ人ニ教ヘ、言ヲ後世ニ遺セルヲ以テ也。

亦、孔孟ノ聖タルコトヲモ伝ヘリ。孔孟人ヲ教ル言モナク、堯舜文武モ其位ナク、世ニ捨ラレ用ヒラレズ、以テ庸人ト混雑シテ立ツトキハ、庸愚聖賢其容貌言行見テ分ツベキ者更ニナシ。然ルヲ漢ヨリ以来ノ聖人ハ、仮令《タトヘ》庸人ト並ビ立ツトモ、其容貌言行、雪ト墨トヲ見ルゴトク知ルル者ト覚ユ。是レ皆文法ノ曲《キヨク》ニ乗ジテ斯ノ如ク成リ来レル者也。斯ノ如クノ学者ハ皆文法ノ花ニ鼓舞セラルルト云者ニテ、今日聖賢ト並ビ居テ聖賢ヲ知ルコト決シテ能ハズ。

故ニ孔孟ノ名ノミヲ貴テ、道ヲ貴ブコトヲセズ。何ヲ以テ道ヲ貴ビズト云フゾ。曰、漢ヨリ以来今ノ学者ニ至ル幾千万人ヲ見ヨ。孔孟先王ノ学ヲ貴ビ、博学弁舌孔孟ニ倍《マサ》リ、千言万言ノ書ヲ著ハシ、其名天下ニ鳴ル。然レドモ官ヲ得、職ヲ与《アヅカ》ルニ及テハ、其主ヲ説キ其治功ヲナセル学者一人モナシ。弥、言行ヲ慎ミ、君寵ヲ重ネ、一己善人ノ名ヲ得テ、国家ノ治功ニ毛頭ノ思ヒナク、以テ聖人ノ道ト仰グ。是レヲ以テ君ヲ敬スルノ礼ト覚ユ。誠ニ嘆ゲクベキノ至リ也。礼記ニ曰、「為《ル》二人臣《ノ》一者《ハ》、殺《シテ》二其身《ヲ》一有《ラバ》レ益《ニ》二於君《ニ》一、則為《ナセ》レ之《ヲ》。況《ンヤ》于《マゲテ》二其身《ヲ》一以《テ》善《ニスルヲヤ》二其君《ヲ》一乎」[45]ト云。又曰、「言《テ》而履《フムハ》レ之《ヲ》礼《ナリ》也、行《テ》而楽《ムハ》レ之《ヲ》楽《ナリ》也」[46]ト云リ。

一　人皆中庸ヲ貴ビ過不及ヲ恐ル。中庸ヲ撰ムニ、何ヲ以テ其中ヲ得ンヤ。事物ヲ執テ其中ト云者、望洋《バツト》トシテ知ルベカラズ。今ノ学者、中庸ノ書ヲ繙テ、善ク其道理ヲ講ズ。是ヲシテ事実ニ及バシムルトキハ、何《ナニ》ホドノ位ヲ指テ中トスルヤ知ルベカラズ。聖人トイヘドモ真《シン》ノ中正ハ撰ムニ由《ヨシ》ナシ。此故ニ聖人ハ、礼ニ由テ其中ヲ知ル也。故ニ聖人ハ礼ヲ貴ブ。礼ニアラザレバ執ラズ。礼ニアラザレバ為《セ》ズ。其中正ヲ執ルコト能ハザルヲ以テ也。礼記ニ「孔子《ノ》曰、師爾《ナンヂハ》過《テ》、而商《ハ》不《ズ》レ及《バ》。子産《ハ》猶《ヲゴトシ》二衆人《ノ》之母《ノ》一也、能《ク》養《ヘドモ》レ之《ヲ》、不《ズ》レ能《ハ》レ教《ルコト》也。子貢越《ヘテ》レ席《ヲ》而対《テ》曰、敢《テ》問《フ》、将《マサニ》《ベキ》三何《ヲ》以為《テナス》二此《ノ》中《ヲ》一者也。子《ノ》曰、礼《ヨ》乎、礼《ヨ》。夫《レ》礼《ハ》所二以《ンナリ》制《スル》レ中《ヲ》也」[47]トハ是ヲ云也。

人物ノ動キヲ定メ、其体ヲ極メ、和ヲ致スハ、皆其中ヲ明ニスル所以ン也。故ニ礼制ニ依テ中正ヲ得。礼制ニアラザレバ中ノ理有ルノミニテ、中ノ執ル所望洋タル也。設令《タトヘ》バ医人ノ薬方ヲ合スルモ、某薬《ナニヤク》何《ナニ》々ヲ合セ其軽重ヲ均シクシ、其加減ヲ平《タイラカ》ニシ、而シテ薬石気味ノ平分中正ヲ調テ、以テ其病ニ応ゼヨト云フ。中庸ヲ撰ムノ教也。然レドモ、其軽重ノ均シキ其加減ノ平ヲ執テ、薬石気味ノ平分中正ヲ得ルコト、其理有リ、其教有テ、其中《チウ》望洋トシテ由ナシ。故ニ平秤権衡ノ礼制有テ、而シテ其軽重ノ中《チウ》、加減ノ分ン、其正シキヲ明《アキラ》ムルコトヲ得《ウ》。礼ナケレバ人々其中正ニ居ラシムルコト能ハズ。此故ニ聖人ハ礼ニアラザレバ其執ルコトヲ恐ル。然ルヲ今ノ学者ハ礼ヲ察セズ。何ヲ以テ中庸ヲ講ジテ人ヲ導クヤ。論語ニ子ノ曰、「非《ズバ》レ礼《ニ》勿《レ》レ視《ルコト》、非《ズバ》レ礼《ニ》勿《レ》レ聴《クコト》、非《ズバ》レ礼《ニ》勿《レ》レ言《フコト》、非《ズバ》レ礼《ニ》勿《レ》レ動《クコト》」[48]ト云々。

此故ニ、聖人ハ起居動静治国仁義中庸法令、皆礼ニアラザレバ、道トスルコトナシ。爰ヲ以テ視聴言動、皆礼ヲ以テ其道ヲ得ルナリ。礼記ニ曰、「道徳仁義《モ》、非《レバ》レ礼《ニ》不《ズ》レ成《ラ》、教訓《シテ》正《スモ》レ俗《ヲ》、非《レバ》レ礼《ニ》不《ズ》レ備《ラ》、分《チ》レ争《ヲ》弁《ズルモ》レ訟《ヲ》、非《レバ》レ礼《ニ》不《ズ》レ決《セ》、君臣上下、父子兄弟《モ》、非《レバ》レ礼《ニ》不《ズ》レ定《ラ》、宦《ミヤヅカヒ》レ学《ニ》事《フルモ》レ師《ニ》、非《レバ》レ礼《ニ》不《ズ》レ親《マ》、班《ツキ》レ朝《ニ》治《メ》レ軍《ヲ》、涖《ノゾミ》レ官《ニ》行《フモ》レ法《ヲ》、非《レバ》レ礼《ニ》威厳不《ズ》レ行《ハレ》、禱祠祭祀《シテ》供二給《スルモ》鬼神《ニ》一、非《レバ》レ礼《ニ》不《ズ》レ誠《アラ》不《ズ》レ荘《ヲゴソカナラ》、是《ヲ》以《テ》君子《ハ》、恭敬撙節退譲、以《テ》明《カニス》レ礼《ヲ》」[49]ト云ハ、是レヲ以テ也。

此故ニ聖人ノ常ハ庸人ト同クシテ、殊ニ見ツベキノ行ヒナク、更ニ別ツベキノ容《カタチ》ナシ。唯ダ礼義ニ通ゼル人、以テ聖ノ聖タル所ヲ察スベシ。聖教要録ニ云ク、「別《ニ》無《ク》レ可《ベキ》レ謂《フ》二聖人之《ノ》形《ヲ》一、無《ク》レ可《キ》レ見《ツ》二聖人之《ノ》道《ヲ》一、無《シ》レ可《キ》レ知《ル》二聖人之《ノ》用《ヲ》一、唯《ダ》日用《ノ》之間、智至《テ》而礼備《ハル》」[50]ト云ヘリ。孔子家語ニ曰、「聖人者《ハ》徳《ヲ》合《セ》二於天地《ニ》一、変通無《シ》レ方究《メ》二万事之《ノ》始終《ヲ》一、協《カナヒ》二庶品之《ノ》自然《ニ》一、明並《ビ》二日月《ト》一、化行如《クシテ》レ神《ノ》、下民不《ズ》レ知《ラ》二其徳《ヲ》一」[51]ト云フ。是レ皆無形ノ大徳ヲ云フノミ。而シテ聖人ハ人ノ形ニ別ナクシテ、人ヲ以テ人ニ交ル。然ルトキハ容貌言行何ヲ以テ天地ト同キ所ヲ見知ルコトヲ得ベキ。其形ヲ以テ見ルトキハ、愚人トイヘドモ天地ト人トハ見分クルニ足レリ。聖人ハ徳ハ天地ト同ジト云フベケレドモ、形ハ小微ニシテ人也。况ンヤ愚不肖小知ノ眼目ヲ以テ大明大智ノ動キヲ見ルコト、猶ヲ管ヲ以テ天ヲ窺フガ如シ。焉クンゾ見知ルコトヲ得ベキ。小人ノ目ヨリハ却テ愚悪ノ人ト疑ドモ、聖ト見ル目ハアルベカラズ。然ルヲ書ニ記ス所ノ聖人ナレバ、今日人ト并テ雪ト墨トヲ弁ズルガ如ク、愚トナク賢トナク明カニ見ルニ足レリ。皆是レ文曲造立ノ聖人也。文花ノ曲ニ鼓舞セラレテ、聖人ノ形ヲ別ニスルコト最モ空論也。

徳化天地ト等シトイヘドモ、其形ハ人ナルヲ以テ是ヲ帝王ノ位ニ置キ用ルトキハ、堯舜タリ。是ヲ匹夫ニ置クトキハ唯ダ人タルノミ。其治功天下万物ニ及バズ。是レ天下人ト其形ノ別ナルヲ以テ也。然ラバ、今日唯ダ今聖人ト並ビ立テ何ヲ以テ其聖人タル所ヲ見知ルベキ。曰、礼義ニ通ゼル人是レヲ知ルベシ。况ンヤ其位ヲ得テ治功ヲ見ルニ於テヲヤ。故ニ一朝一夕ノ能ク極ムル所ナラズ。或人ノ曰、「治功ヲ以テ聖ト云ハバ、管仲子産モ聖トセンカ」。曰、管仲ハ礼ヲ知ラズ。子産ハ政ヲ知ラズ。両士ハ唯ダ生質ノ美才ヲ頼ムノミ。両士ハ共ニ礼ヲ知ラズ。故ニ聖ト称セズ。唯ダ其治功ヲ称スルノミ。王治ノ所以ンニアラズ。

今、漢唐宋明ノ儒者、聖人ヲ云コト明細也トイヘドモ、試ニ孔子ヲシテ再来セシメ、漢唐宋明ノ時ニ在《アラ》シメバ、肩ヲ並テ孔子タルコトヲ知ラザルコト決然タリ。何ヲ以テ是レヲ知ルヤ。曰、孔子ノ時既ニ孔子ヲ知ラズシテ悪言ヲ以テ譏リ、或ハ殺害セントスル者、王侯大夫庶人皆然リ。其譏リ且ツ害セントスル者ヲ見レバ、常ニ三王五帝ノ徳ヲ語テ仰ギ望ム。而シテ孔子ヲ以テ斯ノ如クスルトキハ、是レ三王五帝ト肩ヲ並テ、三王五帝ヲ知ラザル也。孔子ヲ以テ三王五帝トセル者ハ四百余州ニ唯ダ十人ノミ[52]。聖人ノ実行ヲ見ル者スラ猶斯ノ如シ。况ンヤ唯ダ伝言ノミヲ聞テ、其名跡ヲ信ズル者ヲヤ。

固ヨリ漢唐宋明ノ学者、孔子ノ言ヲ方人《カタフド》ニ執テ、面々意見ヲ肆《ホシイママ》ニ論ジ、新ニ一人ノ孔子ヲ造立シテ、金銀朱玉ヲ鏤《チリバメ》、以テ信ヲ誣ヒ、国家治道ニ益ナカラシメテ、害アラシメ、一人一己ノ利得善名ノ学トス。シカノミナラズ、吾ガ　朝武臣ノ徒ニ君臣ノ礼敬ヲ失ハシメ、是レガ為ニ恥ヲ恥トセヌ者多カラシム。彼等焉クンゾ生《イキ》タル聖人ヲ知ルベキ。若シ今日言語ノ善ノミヲ以テ云ハバ、漢唐宋明ノ学者ハ皆聖人タルベシ。聖教要録ニ「説《テ》レ道《ヲ》而謬《ル》レ人者《ヲノハ》、天下之《ノ》大罪《ナリ》也」[53]トハ、此是レヲ哀ムコト深ケレバ也。

夫レ聖人ノ道トスル所、国家ヲ踈ニシ、人君ヲ後ロニシ、一己ヲ修スルヲ一トスルコト有ルベキヤ。若シ孔子ノ説ク所誠ニ然ラバ、吾レハ孔子トイヘドモ春秋ノ法ニ依テ千歳向《サキ》ノ孔子ヲ罰スベシ。吾ガ　朝ノ人臣幼学ノ徒、必シモ漢唐宋明ノ美言ニ引レ、君臣ノ礼敬ヲ乱スベカラズ。唯ダ人臣ノ身ハ誠ヲ守テ、分職ノ外他念ヲ思ハズ、君ヲ安ンジ、民ヲ豊ニセヨ。心ノ学ニ一生ヲ空クスベカラズ。是レ礼也、敬也。孔子ノ曰、「政之《ノ》不《ルハ》レ中《アタラ》君之《ノ》患《ナリ》也。令之《ノ》不《ルハ》レ行《ハレ》臣之罪《ナリ》也。」[54]ト云リ。礼敬ノ義ヲ明ニ務ルハ天命ヲ尊ブ順ノ道也。

一　或人ノ曰、「礼ト法トハ其象《カタチ》相ヒ似タリ。何ヲカ礼ト云ヒ、何ヲカ法ト云フ」。曰、法ハ一定シテ万代易《カフ》ベカラザル是レヲ法ト云フ。礼ハ動テ中ニ中《アタ》ル。故ニ法トイヘドモ礼ニアラザレバ用ナシ。

夫レ規矩準縄ハ法也。故ニ万代不易也。是ヲ用ルニ至テハ大小長短ノ節文アリ。是レ礼也。苟クモ此礼ナキトキハ、其法モ其用ニ中タラズ。礼法ノ二ツ爰ニ於テ明也。此故ニ礼ハ古聖ノ制トイヘドモ、時ニ改メ易ユルコトヲ免レズ。法ニ於テハ聖人トイヘドモ時ニ改メ易ユルコト能ハズ。礼記ニ曰、「礼《ハ》従《ヒ》レ宜《キニ》、使《ヒハ》従《フ》レ俗《ニ》」[55]ト云、是レ也。

孔子大廟ニ入テ事毎ニ問ハ其宜キヲ得ンガ為也。吾ガ　朝ニテモ武臣其君ニ朝覲ノ礼ニハ短刀ヲ帯ス。然レドモ亦公家大臣ニ観《メミエ》ノ礼ニハ、短刀ヲ帯セズ、無刀也。是レ武家ト堂上家ト風俗相ヒ反ス。故ニ武家ノ礼也トテ一定シテ公卿ノ前ニモ刀ヲ帯スルコト、無礼也。然レドモ、亦禁廷守護ノ武士ハ帯刀シ、武臣君前ニ召ストキハ帯刀セズ。皆是レ宜キニ従ヒ風ニ従フヲ以テスルトキハ、知ルト云ドモ事毎ニ問ヒヲ審ニシテ行フヲ礼トス。礼順テ敬存ス。故ニ礼記ニ曰、「敬《ニシテ》而不《ル》レ中《ラ》レ礼《ニ》、謂《フ》二之《ヲ》野《ト》一」[56]ト云フ。

然レドモ亦異国ノ人ハ、貴賤皆常ニ冠シテ頭髪ヲ顕ハスヲ無礼トス。吾ガ　朝ニテハ公家ハ常ニ冠ス。武家モ大礼ノ時ハ、高位ノ人冠ストイヘドモ、常ニハ冠セズ。其余ハ皆頭髪ヲ顕ハスヲ礼トシ、冠スルヲ無礼トス。吾ガ　朝モ太古ハ貴賤皆冠セリト云フ。

異朝ハ正シ。吾ガ　朝ハ古今貴賤其礼順ナラズ。当《マサ》ニ改ムベキコト也。略《ホボ》是レ等ノ類ヲ推シテ礼法ヲ知ルベシ。近世、今川小笠原伊勢ノ三家、礼方《シツケカタ》ヲ制シ世ニ行ハル。甚ダ踈ニシテ精シカラズ。而シテ相ヒ伝テ最モ秘トス。神文ヲ以テ門葉ノ外ハ許スコトヲセズ。是レ何ノ礼ゾ。

夫レ礼ハ人ヲ教テ罪ナカラシムルヲ以テ貴シトス。然ルヲ深ク秘ス。最モ非礼也。設令《タトヘ》深ク秘スト云トモ、往テ学ザルモ亦礼ヲ失フ也。曲礼ニ曰、「礼聞《ハク》来《テ》学《ブコトヲ》、不《ズ》聞往《テ》教《ルコトヲ》」[57]ト云フ。

夫レ孔子ハ周ニ往テ礼ヲ老子ニ問ヒ、荀卿ハ五十ニシテ礼ヲ学ブト云ヘリ。秘セズシテ教ベシ、厭ハズシテ学ブベシ。人トシテ礼ヲ知ラザルハ、人ニ似タル人ナルベシ。況ンヤ礼楽ノ大本ニ通ゼズシテ、国家ヲ治ムル人ヲヤ。曲礼ニ曰、「人有《ルトキハ》礼則安《シ》、無《トキハ》礼則危《シ》、礼者《ハ》不《ズ》可不《ズンバアル》学《ビ》也」[58]ト云ヘリ。

一　夫レ礼ヲ以テセズシテ国家ヲ治ムル者ハ、灯ヲ用ズシテ闇夜ニ物ヲ探リ求ルガ如シ。事ヲスルコト、其序ヲ知ラズ。其序ヲ知ラザレバ、其順ヲ観ルコト能ハズ。故ニ本末別ラズ、始終弁ゼズ、先後思ハズ。唯ダ世ノ善悪好悪先見才智ヲ頼テ、事ハ当ルニ任セ、物ハ見ルニ従フノミナレバ、是レ国家ヲ治ル所以ンニアラズシテ、国家ヲ乱ス所以ン也。君ヲ安ンズルニアラズシテ、君ヲ困シメルコトヲ務ル也。然レドモ、本ト是レ国家ヲ乱シ君ヲ困シメント欲スルノ意ハナシ。君臣皆国家ヲ賑《ニギヤカ》サントテ謀ルトイヘドモ、当《マサ》ニ為《ス》ベキ其序ヲ知ラザル故也。

故ニ本末始終先後相ヒ混乱シテ定ラズ。定ラザルユヘニ、事ノ当ルニ任セテ務メ、物ノ来ルニ委《ユダネ》テ為《スル》ナリ。今ノ学者ノ務メハ是ノミ。

夫レ法ヲ以テ国ヲ定メ、礼ヲ以テ動ヲ定メ、楽ヲ以テ変ヲ定メテ、以テ混乱ヲ一ニ統ベル者ハ君子ノ学也。

夫レ国ヲ治ムルハ、猶ヲ書ヲ読ミ書ヲ記スガ如シ。書ハ猶ヲ一国ノ有ルガ如シ。字ハ猶ヲ事物ノ如シ。

夫レ読ムトキハ、字々句々章々其順序ヲ乱スベカラズ。字々句々章々本末先後ヲ乱シ、目ノ当ルニ任セ、手ノ執ルニ委テ、是レヲ読ミナバ、始終一統ノ情意豈通貫シテ治マルベケンヤ。故ニ書ヲ記スモ亦然リ。連字ノ法アリテ、字々定リ句々次第シ、章々分別シ、以テ記スニアラズヤ。而シテ一書ノ情意穏《ヲダヤカ》也。然ルヲ字々散乱シ、句々先後ヲ反《ハン》シ、章々本末ヲ失ヒナバ、一書始終ノ意何ヲ以テ通貫スベキヤ。一向ニ読ミ通ズルコト能ハズ。

治国ノ扱ヒ是レ斯ノ如シ。学者書ヲ読ミ、書ヲ記スコトハ、能ク其字々句々文章ノ次序大順ヲ乱スコトヲバセズシテ、一書ノ情全ク治メ統ルコトヲバ知ル。何ゾ国ヲ読ミ国ヲ記シテ君子ニ見聞ナサシメンヤ。59

然レバ今ノ学者ハ一向ニ無字無筆ト云者也。経書ヲ読ミ註書ヲ記スモ、唯ダ一人ノ心ノ上ノミニハアルベカラズ。悉ク治国平天下ノコトナルベシ。然ルヲ書ヲ読ミ書ヲ記スコトノミ達人ニテ、国ヲ読ミ国ヲ記スコト能ハザルハ、未ダ無字無筆ノ域ヲ離レズ。斯ノ如キノ学者ハ、仮令三国ノ書ニ通ジ、名誉天地ニ塞ルトモ、聖学ニ於テ国家ノ文盲ト云ベシ。是レ人ノ器タル者也。君子ハ器ナラズト、是レ之ヲ云カ。此故ニ幼学ヨリ能ク其師ヲ撰ムコトヲ慎ムベシ。

礼記ニ曰、「択《ムコト》レ師《ヲ》不《ズ》レ可レ不《ズンバアル》レ慎也。記《ニ》曰、三王四代唯《ハ》其《ダレ》師《ナリ》」60ト云ヘリ。古ハ君即チ師ニシテ常ノ師ナシ。世ノ衰ルニ及テ、国家別ニ師ヲ置ク。故ニ或ハ名ノ為、或ハ禄ノ為、或ハ渡世ノ為、或ハ官ノ為ニスルノ師有テ、其見《ケン》千差万別ニ乱レ、一ツモ国ヲ読ミ国ヲ記スノ文字ヲ知ラズ。故ニ礼記ニ「師也《ハ》者、所ニ以《ンナリ》学《ブ》レ為《ル》レ君也」61ト云ハ、其国家ヲ読ミ記スヲ学ベバ也。

此故ニ国家ヲ記シテ君ヲ安ンジ、民ヲ豊ニセントナラバ、能ク礼楽ノ故《ユヘ》ニ通ゼヨ。国家ヲ定ルニ礼ナキハ、文字ヲ知ラズシテ書ヲ見ルガ如シ。礼記ニ曰、「礼者《ハ》何《ンゾヤ》也、即《ツクノ》レ事《ニ》之治《ナリ》也。君子有《レバ》ニ其事一、必有《リ》ニ其治一。治《ルニ》レ国《ヲ》而《モ》無《キハ》レ礼、譬《ヘバ》猶《ヲ》瞽《ゴトキメクラニ》之《ノ》無《キガ》レ相《ケ》与《カ》。倀々乎《コトシテ》其何《レイヅクニユカン》之」62ト云々。

一　凡ソ物トシテ声ヲナサズト云者ナシ。生物ハ自ラ声ヲ発ス。死物ハ物ト物ト相ヒ触レザレバ、声ヲ発セズ。其本皆気ヨリ生ズ。天地万物唯ダ一気ノ中ニ在ルコト、猶ヲ魚ノ水中ニ有ルガ如シ。気即チ形ニ化シ、形即チ気ヲ載スルトキハ、形気離ルベカラズ。而シテ化巧皆条理ニ依ルトキハ、亦理気妙合シテ形象発生ス。理気ハ始メヲナシ、形気ハ終ヲナス。

其気中ノ精、是ヲ神ト云。此故ニ物ノ感ズルコト、気ヨリ速ナルハナシ。先ヅ気ニ響テ、而シテ心ニ移リ、情ニ亘《ワタ》リ、性ニ及ブ。此故ニ其色ニ於ケル、其香ニ於ケル、其味ニ於ケル、其声ニ於ケル、悉ク亦五行ノ気ニアラズト云コトナシ。而シテ耳目鼻口ニ感ズ。先ヅ感ジテ、而シテ五味ヲ知リ、五声ヲ別チ、五香ヲ弁ズル者ハ、神ニ通ヅル所也。而シテ情欲是ヲ引テ以テ神明ヲ掩フ。故ニ君子ハ感ズル所以ンノ者ヲ慎ム。礼ノ楽記ニ曰、「先王《ハ》慎《ム》下所二以《ンノ》感《ズル》レ之《ニ》者《ヲ》上」[63]ト云々。又曰、「人生《レテ》而静《ナルハ》、天之《ノ》性《ナリ》也。感《ジテ》二於物《ニ》一而動《クハ》、性之《ノ》欲《ナリ》也。」[64]ト云ヘリ。

其来テ感ゼシムル者ハ何者ゾヤ。声色香味是レノミ。其往テ感ズル者ハ何者ゾヤ。耳目鼻口是ノミ。故ニ声色香味ノ来ル者ヲ制シ、耳目鼻口ノ往ク者ヲ節シテ、其正シキニ居ラシム。是レ先王ノ礼楽ヲ興ス大本ニシテ、国道有ルトキハ国家ニ及ボシ、国道ナキトキハ一身ニ修メテ、以テ天地ト楽ミヲ同シ、鬼神ト行ヒヲ合スル者也。是レ天地ノ礼楽ニ則リテ以テ人事ノ礼楽ヲ興シ、国ヲ定メ人ヲ教ル者ナリ。此故ニ礼ハ人物ノ体ヲ治メ、楽ハ人物ノ情ヲ治ムル所以ンナリ。物ハ外ヨリ来リ、情ハ内ヨリ往テ、或ハ正トナリ、或ハ邪トナリ、治乱是ヨリ生ズ。礼楽ノ節制ヲ捨テ何ヲ以テカ其邪乱ヲ除キ其正治ヲ執ランヤ。礼ノ楽記ニ曰、「楽《ハ》也者、動《ク》二於内《ニ》一者《ノ》也《ナリ》、礼《ハ》也者、動《ク》二於外《ニ》一者《ノ》也《ナリ》」[65]。又曰、「好悪無《ク》レ節《スルコト》二於内《ニ》一、知誘《ヒカルルトキハ》二於外《ニ》一、不《シテ》レ能レ反《ヘルコト》レ躬《ニ》、天理滅《ス》矣。夫《レ》物之《ノ》感《ゼシムルコト》レ人《ヲ》無《クシテ》レ窮《リ》、而人之《ノ》好悪無《ケレバ》レ節《スルコト》、則是《レ》物至《リテ》而人化《セラル》レ物《ニ》也。人化《スレバ》レ物《ニ》也者、滅《シテ》二天理《ヲ》一而窮《ムル》二人欲《ヲ》一者《ノ》也《ナリ》」[66]ト云々。此故ニ感ヲ以テ感ヲ防グ者ハ、礼楽是也。何ヲカ感ヲ以テ感ヲ防グト云。

夫レ鯨波螺鼓ノ声音ヲ挙ゲ、弓炮鉄鉞ノ色相ヲ陳《ツラネ》テ以テ其志ヲ誘《ヒク》トキハ、人情頻ニ勇猛ヲ生ジ、尸《シカバネ》ヲ観テ恐レズ、其死ヲ好《ヨミシ》ス。称名鐃鉢[67]ノ声音ヲ挙ゲ、棺槨喪服ノ色相ヲ列テ、以テ其志ヲ誘トキハ、人情頻ニ悲哀ヲ生ジ、尸ヲ観テ嘆キ其別ヲ措ム。謡歌糸竹ノ声音ヲ挙ゲ、嬋娟[68]乱舞ノ色相ヲ連テ、以テ其志ヲ誘トキハ、人情頻ニ歓喜ヲ生ジ、容ヲ忘レテ溺レ、其義ヲ失フ。鈴笛鈸鼓[69]ノ声音ヲ挙ゲ、幣白神主ノ色相ヲ行《ツラネ》テ、以テ其志ヲ誘トキハ、人情頻ニ敬慎ヲ生ジ、形ヲ恭《ウヤウヤ》シクシテ其清キヲ思フ。是レ人情ノ声音色相ニ其感ヲ変化スルコト、火ノ移ルヨリ速也。故ニ其感ズル所ヲ正シクシテ、其感ズル所ノ邪ヲ防グ者ハ、礼楽ノ徳也。礼記ニ曰、「楽《ハ》者先王《ノ》之所二以《ン》飾《ル》レ喜《ヲ》也、軍旅鉄鉞《ハ》者先王《ノ》之所二以《ンナリ》飾《ル》レ怒《ヲ》也」[70]トハ亦此謂也。又曰、「先王之《ノ》制《スルコト》二礼楽《ヲ》一、人《ヲシテ》為《ナス》二之《ガ》節《ヲ》一衰《サイ》麻《マ》哭泣《ハ》所三以《ンナリ》節《スル》二喪紀《ヲ》一也、鐘鼓干戚《ハ》[71]所三以《ンナリ》和《スル》二安楽《ヲ》一也、昏姻冠笄《ハ》所三以《ンナリ》別《ツ》二男女《ヲ》一也、射郷食饗《ハ》所三以《ンナリ》正《ス》二交接《ヲ》一也、礼《ハ》節《シ》二民《ノ》心《ヲ》一、楽《ハ》和《シ》二民《ノ》声《ヲ》一、政《ヲ》以行《ヒ》レ之《ヲ》、刑《ヲ》以防《グ》レ之《ヲ》、礼楽刑政、四《ヨモニ》達《シテ》而《シテ》不《ルトキハ》レ悖《レ》、則王道備《ハレリ》矣」[72]ト云々。此故ニ礼楽ハ形気ヲ治メ、刑政ハ条理ヲ正《タダ》ス所以ン也。国家ヲ治ムル人、知ラズンバアルベカラズ。

一　夫レ声音ノ徳ハ最モ大也。其次ハ色相也。味ヒノ口《クチ》ニ於ケル、香ノ鼻ニ於ケル、其用、声色ニ比スレバ唯ダ一時ノ小也。故ニ楽ハ声音ヲ貴ビ、礼ハ色相ヲ貴ビ、以テ飲食ヲ兼ヌ。夫レ目ハ其見ルコト四海ニ及バズ。且ツ行《ユカ》ザルトキハ見ルコト能ハズ。耳ハ居ナガラ四海ヲ聴クニ足ル。故ニ聖人ハ其音《ヲト》ヲ観《クハン》ジテ其聴キヲ慎ム。

夫レ万物ノ声《ヲト》ヲナス者ハ何ノ故ゾ。是レ気ノ発動ニシテ、皆感ジテ声ニ顕ハル。其気ハ何ノ気ゾ。是レ金気也。人身ニ在テハ肺トス。故ニ医家ニ肺金ハ気ヲ掌《ツカサ》ドリ声ヲ出スト云。

夫レ一元ノ大気ヲ以テ大地ヲ空中ニ浮ベ、能ク中真ニ居《スヘ》テ、上《ノボ》ラズ下ラズ偏《カタヨ》ラズ傾《カタム》カザラシメ、高天ヲ周旋セシメ、日月星辰ヲ運行セシメ、天長ク地久シク、永静無究ノ変化ヲ成シテ逃《タジロ》ガズ、理気ノ妙合形気ノ附属、皆是レ一元大気ノ然ラシムル所ニシテ、其至剛至健以テ見ツベシ。是ヲ金気ト云。故ニ吾ガ　朝ハ金気ヲ貴テ水気ノ初ニ説クハ是レ之レヲ以也。此故ニ雲雨風雷草木人獣有形無象一物トシテ此気ヲ得ズト云者ナシ。故ニ万物ノ声ヲ成ス。皆金気ノ発動也。爰ヲ以テ気ノ感動ヲ専ラニシ、甚ダ疾《トキ》者ハ声音ヨリ貴キハナシ。爰ヲ以テ音楽ヲ作為シ、金石糸竹匏土革木[73]ノ八韻ヲ制シテ、八韻一佾トシ、天子ハ八ツ、諸侯ハ六ツ、大夫ハ四ツ、士ハ二ツトスル者ハ、亦礼ヲ以テ節スル者也。

然ルニ論語八佾篇ノ註ニ「天子八《ハ》、諸侯《ハ》六、大夫《ハ》四、士《ハ》二、毎《ニ》レ佾人数如《クス》二其佾数《ノ》一」、[74]「或《人ノ》曰、毎《ニ》レ佾八人《ナリト》、未《ダズ》レ詳《ニセ》二孰《レカ》是《ナルコトヲ》一」[75]ト云フトキハ、異国モ孔子没シ玉ヒテヨリ後、一向ニ其伝絶テ知ル人ナシト見ヘタリ。異国ハ楽ノ本国ニシテ、博学博識ヲ一ニ務ムル学者ダニ、諸儒ノ説区々トシテ決セズ。況ンヤ域ヲ吾ガ　朝ニ隔テ知ルベカラザル所以ン也。然レドモ其義ヲ明ニスルナラバ、仮令夷狄ノ国ニ居ルトモ、先王未ダ在《イマ》サズトモ、佾毎ニ八人ナルコトハ知ルベキコト也。故ニ礼記ニ云ハズヤ、「礼也《ハ》者義之実《ナリ》也、協《カナヘテ》二諸義《ニ》一而協《フトキハ》、則礼雖《ドモ》三先王未《ダ》二之《レ》有《ズト》一、可《シ》二以《テ》レ義《ヲ》起《ス》一也」[76]ト。然ルヲ諸儒口々ニシテ其決セル説ヲ見ズ。今、吾ガ幼学ノ惑トナル故ニ、予是ヲ義ニ明メテ俏毎ニ八人トス。幼学惑ベカラズ。

一　声音ハ唯ダ八音ノミヲ云ニアラズ。天地ノ間ハ声音ノミ。故ニ聖人ノ耳ハ常ニ能ク世ノ音ヲ聴ク。是ヲ聡ト云。能ク世ノ色相ヲ見ル。此レヲ明ト云。其聡明ヲ以テ居ナガラ四海政事ノ吉凶存亡ヲ知ル。是ヲ睿智ト云フ。睿知ヲ以テ世ノ声色ヲ見聞スルヲ、無声ノ楽、無体ノ礼ト云フ。此無声無体ノ礼楽ニ通ジテ、而シテ有声ノ楽ヲ聴キ知リ、有体ノ礼ヲ見知ルベシ。

夫レ詩経ノ教ハ是レ無声ノ楽也。春秋ノ教ハ是レ無体ノ礼也。詩経、春秋ハ万世不易ノ礼楽ニシテ、学者未ダ其故《ユヘ》ニ通ゼズ。其故ニ通ゼザル所以ンノ者ハ、蓋シ聖学ヲ以テ唯ダ一己修身ノ重宝トシテ、治国ノ学ヲ捨タルヲ以テ也。故ニ通ゼズ。

夫レ孔子礼ノ経解ニ曰、「入《テハ》二其国《ニ》一其教可《シ》レ知《ンヌ》也、其為《リ》レ人《ト》也温柔敦厚《ナルハ》詩《ノ》教《ナリ》也、属辞比事《ハ》春秋《ノ》教《ナリ》也」[77]ト。故ニ家語ニ曰、「子路治《ルコト》レ蒲三年、孔子過《テ》レ之入《テ》二其境《ニ》一曰、善《イカナ》哉由《ヤ》也、恭敬《ニシテ》以信《タリ》矣、入《テ》二其邑《ニ》一曰、善《イカナ》哉由《ヤ》也、忠信《ニシテ》而寛《タリ》矣、至《テ》レ庭《ニ》曰、善《イカナ》哉由《ヤ》也、明察《ニシテ》以《テ》断《ゼリ》矣、子貢執《テ》レ轡《ヲ》而問《テ》曰、夫子未《ダ》レ見《ズシテ》二由《ガ》之政《ヲ》一、而《シテ》三《タビ》称《ス》二其善《ヲ》一、其善可《シャ》二得《テ》聞《ツ》一乎、孔子ノ曰、吾《レ》聞《ケリ》二其政《ヲ》一矣、其境《ノ》田疇尽《ク》易《シ》、草莱甚《ダ》砕《ク》、溝洫深《ク》治《ル》、此《レ》其恭敬以《ス》レ信《ヲ》、故《ニ》其民尽《ス》レ力《ヲ》也、入《レバ》二其邑《ニ》一、墻屋完《ク》固《ク》樹木甚《ダ》茂《ル》、此《レ》其忠信以《ス》レ寛《ヲ》、故《ニ》其民不《ズ》レ偸《ウスンゼ》也、至《レバ》二其庭《ニ》一庭且《ツ》清閑《ニシテ》、諸下用《ユ》レ命《ヲ》、此《レ》其明察以《テ》断《ズ》、故《ニ》其政不《ズ》レ擾《レ》也、以《テ》レ此《ヲ》観《レバ》レ之《ヲ》、雖《ドモ》三三《タビ》称《スト》二其善《ヲ》一庸《ニ》尽《サンヤ》二其美《ヲ》一乎」[78]ト云々。是レ其国ニ入テ、其教ヲ知ルコト見ズシテ其礼敬トスル体ヲ知リ、聞ズシテ其和楽トスル声ヲ知ル。是ヲ無声無体ノ礼楽ト云。礼記ニ曰、「無声之《ノ》楽《ハ》日《ヒビニ》聞《ユ》二四方《ニ》一、無体之《ノ》礼《ハ》日《ニ》就《ナル》」[79]トハ是レ之ヲ云カ。故ニ又曰、「楽《ハ》観《ル》二其深《ヲ》一矣」[80]ト云フ。何ゾ冠婚喪祭ノ体ノミヲ礼ト覚ヘ、金石糸竹ノ声ノミヲ楽ト知ルコトヲ学バンヤ。

其色ヲ見テ天下政事ノ存亡ヲ察シ、其音ヲ聞テ四海政事ノ治乱ヲ観《クハン》ズル者ハ、皆聖人ノ礼楽ヲ論ズル所也。声色ノ二ツヲ以テ四海ノ治乱天下ノ吉凶ヲ観察セバ、何ゾ言ヲ待チ形ヲ仮リ、足ヲ労シ眼ヲ頼ムニ及ンヤ。戸牖ヲ出ズシテ、猶其未然ヲ知ルニ足ルベシ。今ノ学者ハ唯ダ兵革起テ干戈ヲ振フヲ乱ト定メ、其余ハ皆治世ト定ムルノミ。兵革ノ乱豈忽然ト起ランヤ。乱ハ治ヨリ出、治ハ乱ヨリ出ルニアラズヤ。故ニ治ハ乱ヲ成ザルコトヲ務ム。乱ハ治ヲ欲スルコトヲ務ム。然ルヲ治乱ノ相《ソウ》ヲ観察スルコトヲ知ラズシテ、何ヲ以テ治中ノ乱ヲ知リ、乱中ノ治ヲ知リ、以テ世ヲ治ニ反《カヘ》スコトヲ成スベキ。

夫レ人身喜ヲ含ムトキハ其色寛《ユタカ》也。人其色ヲ観テ其喜ビ有ルコトヲ知ル。是レ其問ヒヲ待ズシテ、知ルニアラズヤ。壁ヲ隔テ人ノ笑ヒヲ聞ク。其喜ビアルコトヲ知ルコト亦見ズシテ、是レヲ知ルニアラズヤ。誰レカ其笑フ声ヲ聞テ、是ヲ哀ミニ誤ル者アランヤ。人身病アルトキハ顔色変ジ、声音常ナラズ。良医ハ脈ヲ窺テ其未然ヲ知ルニアラズヤ。然ラバ、天下山河草木民人禽獣、色ナキコト能ハズ。声ナキコト能ハズ。其色ヲ観ジ其音ヲ察セヨ。礼楽ノ治乱、粲然トシテ知ルベシ。故ニ其人ノ声ヲ聞テ其怒ヲ知リ、其喜ヲ知リ、其哀ミヲ知リ、其楽ミヲ知リ、其苦ミヲ知ル者ハ、人ノ智也。情ノ感也。是ヲ知ラザル者ハ禽獣是也。故ニ礼記ニ曰、「治世之《ノ》音《ハ》安《ジテ》以《テ》楽《メリ》、其政和《セバナリ》。乱世之《ノ》音《ハ》怨《テ》以《テ》怒《レリ》、其政乖《ソムケバナリ》。亡国之《ノ》音《ハ》哀《ミテ》以《テ》思《ヘリ》、其民困《クルシメバナリ》。声音之《ノ》道《ハ》与《ト》レ政通《ズ》矣」[81]トハ此レ之ヲ云也。又曰、「知《テ》レ声《ヲ》而不《ル》レ知《ラ》レ音《ヲ》者《ノハ》、禽獣是也《ナリ》。知《テ》レ音《ヲ》而不《ル》レ知《ラ》レ楽《ヲ》者《ノハ》、衆庶是也《ナリ》。唯《ダ》君子《ノミ》為二能《ク》知《ンコトヲ》レ楽《ヲ》。是《ノ》故《ニ》審《ニシテ》レ声《ヲ》以《テ》知《リ》レ音《ヲ》、審《ニシテ》レ音《ヲ》以《テ》知《リ》レ楽《ヲ》、審《ニシテ》レ楽《ヲ》以《テ》知《リ》レ政《ヲ》、而《シテ》治道備《ハル》矣」[82]ト云ヘリ。此故ニ、世ノ声音ノ微ヲ聞テ、世ノ治乱存亡吉凶禍福得失栄枯ヲ知ルコト、一人ノ声音ヲ聞キ一人ノ色相ヲ見テ、其喜怒哀楽ヲ知ルガ如シ。是レ聖人ノ大礼大楽也。此故ニ、詩経ハ世ノ音ヲ観ズル者ニシテ、楽ノ道也。春秋経ハ世ノ色相ヲ察スル者ニシテ、礼ノ体也。聖教要録ニ曰、「礼《ハ》非《ズ》二矯《タダシ》レ情《ヲ》飾《ルノミニ》レ外《ヲ》、有《リ》二自然之《ノ》節、不《ルノ》レ得レ已《ムコトヲ》之道一也、聖人之《ノ》教《ハ》唯《ダ》在《ルノミ》二礼楽《ニ》一」[83]ト云ハ亦此謂也。

1　「楽者、天地之和也、礼者、天地之序也。」『礼記』楽記。乳井は礼楽を天地万物に従うものであり、かつ聖人によって制定されたものと解す。

2　春秋時代末期の政治家。越王勾践に仕え、勾践を五覇のひとりにさせた。
3　「賾、深也。」『易経』繫辞伝。奥深くぼんやりしてはっきり見えないさま。
4　『孟子』尽心下。
5　「楽者為同、礼者為異。同則相親、異則相敬。」『礼記』楽記。当該箇所に、鄭玄は「同とは、好悪に協ふを謂ふなり。異とは、貴賤を別つを謂ふなり」と注をつけた。『孝経』聖治や『史記』楽書にも同様の文言が見える。
6　「礼之本在于敬。（中略）楽之本在于和。」『四書大全』。乳井は『四書大全』を踏まえてであろう、朱子学の礼楽観を否定する。朱子学では「礼楽」の形式を支える「敬」「和」といった内面を「主」として重視するが、乳井からすればその逆で、「礼楽」を「主」にそれに則るところから「敬」「和」という内面性が醸成されてくるのであり、朱子の説は本末転倒である、ということになる。この考えは荻生徂徠や太宰春台の礼楽観のそれでもある。ちなみに王弼は「王弼云、禮以敬為主、玉帛者、敬之用飾。樂主於和、鐘鼓者、樂之器也。于時所謂禮樂者、厚贄幣而所簡於敬、盛鐘鼓而不合雅、頌、故正言其義也」と述べている。
7　「礼義立、則貴賤等矣。楽文同、則上下和矣。」『礼記』楽記。礼楽という裏付けがあるからこそ、敬や和という内面に影響を及ぼすことが出来る。
8　「治人之道、莫急於礼。」『礼記』祭統。当該箇所は『礼記』祭統の冒頭部分。礼楽の重要性を強調するために適当と判断したからこその引用である。
9　「天高地下、万物散殊、而礼制行矣。流而不息、合同而化、而楽、興焉。」『礼記』楽記。乳井は礼楽と天地万物とを密に連動したものと考えており、これを乱してはならず、もし乱せば必ず悪いことが起こる、と主張するわけである。
10　「楽、楽其所自生、礼、反其所自始。」『礼記』楽記・楽施編。乳井は、礼楽に従うことで得る安楽を言い、その根拠として経書の記述を提示したのである。『礼記』檀弓上にも類似する表現が見えるものの、そちらには「礼反其所自始」の六字が見えない。よって、ここでは楽記からの引用と想定してよいか。
11　「楽者、楽也。」『礼記』楽記。楽記のなかで、この文言は二度登場する。前者は、君子と小人で、何を楽しむのかが異なると説く。後者は、楽とは人情の楽しむ所であるため、楽を無くすことは出来ないと説く。ここでは、文脈との兼ね合いから、後者からの引用を想定すべきか。
12　「礼也者、物之致也。」『礼記』礼器。鄭玄の注に「致の言たる、至なり、極なり」とある。

13 「戊」は「戈」の誤り。

14 「制度在礼、文為在礼、行之其在人。」『礼記』仲尼燕居。

15 「事変無窮、幾会易失。酬酢之間、有未及省察、而謬以千里者。故君子貴明理。理明、則異端不能惑流俗、不能乱、而徳可大、業可久。」朱熹「答汪尚書書」、『性理大全』治道三・人才。このほか、湛若水『格物通』巻第二九にも引用される。

16 「人終身只窮理、不分知行。行之至、知之極也。」『浩齋過先生語録』。過源（一〇三七～一一〇六）、字は道源、浩齋と号す。浙江東部の人。嘉祐年間（一〇五六～一〇六三）、仁宗（一〇一〇～一〇六三）に国子直講として招聘されるものの、赴かず。著述の甚だ多い人であったとされるが、伝存しない。また、『宋史』にも著録されない。このため、『四庫全書総目提要』で著述の存在を疑われる。『浩齋過先生語録』二巻（万暦三三年序刊本）が伝わり、『四庫全書』に著録される。

17 「礼、体也。得事体也。」『釈名』釈言語。

18 「体、第也。骨肉毛血、表裏大小、相次第也。」『釈名』釈形体。

19 「子曰、礼云、礼云、玉帛云乎哉。楽云、楽云、鐘鼓云乎哉。」『論語』陽貨。

20 「楽者、非謂黄鐘・大呂・絃歌・干揚也、楽之末節也。故童者舞之、鋪筵席、陳尊俎、列籩豆、以升降為礼者、礼之末節也。」『礼記』楽記。直前の引用と共に、礼楽が人知を超えていることを強調する。

21 「礼只是一箇序、楽只是一箇和、只此両字含蓄多少義理、天下無一物無礼楽。」『二程遺書』伊川先生語第四。程頤が礼を説く際に用いる「序」字は、あくまでも貴賤上下の謂いであり、人間の内面には亘らない。

22 「如盗賊至為無道、然亦有礼楽。蓋必有総属、必相聴順、乃能為盗。不然則叛乱無統、不能一日相聚而為盗也。礼楽無処無之。学者要須識得。」『二程遺書』伊川先生語第四、及び『論語集注』巻九・陽貨。程頤は、盗賊でさえ礼楽がなければ存続しえないと説く。

23 「跖之徒問於跖曰、盗人亦有道乎。跖曰、何適而無有道邪。夫妄意室中之蔵聖也、入先勇也、出後義也、知可否知也、分均仁也。五者不備、而能成大盗者、天下未有之也。」『荘子』外篇・胠篋。盗賊にさえ道はある、とする趣旨。乳井は、程頤の語と『荘子』の記述を関連付け、さらに孔丘の意をよく理解した例として合わせて引く。

24 「聖人死則大盗不起。天下大平而無故矣。聖人不死大盗不止。雖重聖人而治天下、則是重利盗跖也。」『荘子』外

25 篇・胠篋。「鸚鵡能言不離飛鳥、猩々能言不離禽獣。今人而無礼、雖能言不亦禽獣之心乎。」『礼記』曲礼上。「群士、予ヲ以テ大ニ疑ヒ、人倫ノ徒ニアラズトス」とある通り、乳井は「人倫ノ徒」という観点から批判を受けた。しかし、乳井に言わせれば、「此性命ヲ尽ス」ことが礼、「君ヲ安ンジテ国家ヲ忘レザル」ことが敬であり、これを忘れた者は禽獣に過ぎない。そして、乳井にとっては、礼と敬とを誤解させるものが朱子学なのである。

26 「子曰、事君軍旅不辟難、朝廷不辞賤、處其位而不履其事則乱也。」『礼記』表記。人臣としての職責を説く引用である。乳井においては、その職責が限りなく拡張されて行く。

27 「礼也者猶体也、体不備君子謂之不成人。」『礼記』礼器。

28 「楽極和礼極順。」『礼記』楽記。『礼記』祭義にも見えるが、内容に大きな異同はない。いずれも、ある君子が楽について説いた言葉の記録とされる。

29 「大道之行也、天下為公、選賢与能、講信脩睦。故人、不独親其親、不独子其子、使老有所終、壮有所用、幼有所長、矜寡孤独発疾者皆有所養。男有分、女有帰。貨悪其棄於地也。不必蔵於己。力悪其不出於身也、不必為己。是故謀閉而不興、盗竊乱賊而不作。故外戸而不閉。是謂大同。」『礼記』礼運。

30 「大楽与天地同和、大礼与天地同節。」『礼記』楽記。

31 「聖人耐以天下為一家、以中国為一人。」『礼記』礼運。

32 「夫、礼先王以承天之道以治人之情、故失之者死、得之者生。」『礼記』礼運。

33 「大順者、所以養生送死事鬼神之常也。」『礼記』礼運。

34 「動而不相害也此順之至也、故明於順然後能守危也。」『礼記』礼運。

35 盈朒《えいじく》：古算法の名。

36 「大楽必易、大礼必簡。」『礼記』楽記。

37 「事大積焉而不苑、並行而不謬、細行而不失、深而通、茂而有間、連而不相及也、動而不相害也、此順之至也。」『礼記』礼運。

38 「天降膏露、地出醴泉、山出器車、河出馬圖、鳳皇麒麟皆在郊掫、龜龍在宮沼、其余鳥獣之卵胎皆可俯而闚也、則是無故、先王能脩礼以達義、体信以達順、故此順之実也。」『礼記』礼運。新釈漢文大系では「故に此れ順の実なり」と訓読するが、乳井は「順ニ達スル故ナリ。此レ順ノ実ナリ」と読む。

39 「是故夫礼、必本太一、分而為天地、転而為陰陽、変而為四時、列而為鬼神、其降曰命、其官於天也。」『礼記』礼運。

40 「礼之大体、体天地、法四時、則陰陽、順人情。故謂之礼。訾之者、是不知礼之所由生也。」『礼記』喪服。

41 「礼猶体。」『礼記』礼器。

42 「楽者楽。」『礼記』楽記。

43 「楽統同、礼弁異。」『礼記』楽記。

44 「故礼也者、義之実也。協諸義而協、則礼雖先王未之有、可以義起。」『礼記』礼運。

45 「為人臣者、殺其身有益於君、則為之。况于其身、以善其君乎。」『礼記』文王世子。

46 「言而履之禮也、行而樂之樂也。」『礼記』仲尼燕居。

47 「孔子曰、師爾過、而商不及。子産、猶衆人之母也、能食之、不能教也。子貢越席而対曰、敢問将何以為此中者也。子曰、礼乎、礼。夫礼所以制中也。」『礼記』仲尼燕居。

48 「子曰非礼勿視、非礼勿聴、非礼勿言、非礼勿動。」『論語』顔淵。

49 「道徳仁義、非礼不成。教訓正俗、非礼不備。分争弁訟、非礼不決。君臣上下、父子兄弟、非礼不定。宦学事師、非礼不親。班朝治軍、涖官行法、非礼威厳不行。禱祠祭祀、供給鬼神、非礼不誠不荘。是以君子、恭敬撙節退讓、以明礼。」『礼記』曲礼上。

50 「別無可謂聖人之形、無可見聖人之道、無可知聖人之用。唯日用之間、知至而礼備。」『聖教要録』聖人。

51 「聖人者徳合於天地、変通無方究万事之始終、協庶品之自然、（中略）明竝日月、化行如神、下民不知其徳。」『孔子家語』五儀解。引用文は「其の大道を敷きて、情性を遂成す」の二句を省略する。

52 孔門十哲のこと。

53 「説道而謬人者、天下之大罪也。」『聖教要録』小序。山鹿素行の門人が素行の語として引いたもの。

54 「政之不中君之患也。令之不行臣之罪也。」『大載礼記』主言。曾参の問いに孔丘が答えた時の言葉。

55 「礼従宜、使従俗。」『礼記』曲礼上。

56 「敬而不中礼、謂之野。」『礼記』仲尼燕居。

57 「礼聞来学、不聞往教。」『礼記』曲礼上。

58 「人有礼則安、無礼則危（中略）礼者不可不学也。」『礼記』曲礼上。

59 メンの傍らに〇サル、〇ナランカの字あり。

60 「択師不可不慎也。記曰、三王四代唯其師。」『礼記』学記。三王は、禹・湯・文・武の四王の内、文・武を一体とみて「三王」とする。四代とは虞夏殷周。

61 「師也者、所以学為君也。」『礼記』学記。

62 「礼者何也、即事之治也。君子有其事、必有其治。治国而無礼、譬猶瞽之無相与。倀々乎其何之。」『礼記』仲尼燕居。

63 「先王慎所以感之者。」『礼記』楽記。

64 「人生而静、天之性也、感於物而動、性之欲也。」『礼記』楽記。

65 「楽也者、動於内者也。礼也者、動於外者也。」『礼記』楽記。「楽極和礼極順」と同様の箇所からの引用である。よって、ここも『礼記』祭義に見える。

66 「好悪無節於内、知誘於外、不能反躬、天理滅矣。夫物之感人無窮、而人之好悪無節、則是物至而人化物也。人化物也者、滅天理而窮人欲者也。」『礼記』楽記。

67 にょうはち。仏家・寺院で用いる二種の打楽器、鐃と鈸。つねに組み合わせて用いられたところから併称される。のちには、鈸を特にさしていう。にょうはつ。

68 せんけん。容姿が、あでやかで美しいこと。品位があってなまめかしいこと。また、そのさま。

69 鼓鈸《くはつ》。太鼓と鈸《はち》。主に禅宗で使用される。音を奏でる法具のこと。弘前では曹洞宗が盛んであり、現在も弘前市西茂森には禅林三十三ヶ寺が存在する。

70 「楽者先王之所以飾喜也。軍旅鈇鉞者先王之所以飾怒也。」『礼記』楽記。

71 かんせき。楯、斧などの武器を持って舞う、武の舞のこと。

72 「是故先王之制礼楽、人為之節。衰麻哭泣、所以節喪紀也、鐘鼓干戚、所以和安楽也、昏姻冠笄、所以別男女也、射郷食饗、所以正交接也。礼節民心、楽和民声、政以行之、刑以防之、礼楽刑政、四達而不悖、則王道備矣。」『礼記』楽記。

73 中国で、発音体の材料によって分類した八種の楽器。金（鐘《しょう》）・石（磬《けい》）・糸（弦楽器）・竹（管楽器）・匏（笙《しょう》）・土（壎《けん》）・革（鼓）・木（敔《ぎょ》）。

74 「天子八、諸侯六、大夫四、士二、毎佾人数如其佾数。」『論語集注』八佾。

75 「或人ノ曰、毎佾八人未詳孰是。」『論語集注』八佾。朱熹が或る人の言として引くのは、何晏『論語集解』に見える馬融の説か。

76 「礼也者義之実也、協諸義而協、則礼雖先王未之有、可以義起也。」『礼記』礼運。

77 「入其国其教可知也。其為人也温柔敦厚詩教也。（中略）属辞比事春秋教也。」『礼記』経解。一部省略された形での引用である。

78 「子路治蒲三年、孔子過之入其境曰、善哉由也、恭敬以信矣入其邑、曰、善哉由也忠信而寛矣至庭、曰、善哉由也、明察以断矣、子貢執轡而問曰、夫子未見由之政、而三称其善其善可得聞乎、孔子曰、吾聞其政矣、其境田疇尽易、草莱甚碎、溝洫深治、此其恭敬以信、故其民尽力也、入其邑墻屋完固樹木甚茂、此其忠信以寛、故其民不偸也、至其庭庭且清閑、諸下用命此其明察以断、故其政不擾也、以此観之、雖三称其善庸尽其美乎。」『孔子家語』弁政。

79 「無声之楽日聞四方、無体之礼日就。」『礼記』孔子間居。

80 「楽観其深矣。」『礼記』楽記。

81 「治世之音安以楽、其政和。乱世之音怨以怒、其政乖、亡国之音哀以思、其民困。声音之道、与政通矣。」『礼記』楽記。当該箇所は音楽論として重んぜられ、『詩経』大序にも引かれる。

82 「是故知声而不知音者、禽獣是也。知音而不知楽者、衆庶是也。唯君子為能知楽。是故審声以知音、審音以知楽、審楽以知政、而治道備矣。」『礼記』楽記。

83 「礼非矯情飾外、有自然之節、不得已之道也、聖人之教唯在礼楽。」『聖教要録』礼。

志学幼弁　概要

自序

近頃の学者（儒者）は「心上理学ノ工夫」、つまり朱子学の思弁哲学と修養論ばかりに目を向けて「今日」の急務を忘れている。それを憂える故に、学に志さんとする「幼学」者のために本書を執筆する、とその執筆意図が漢文で簡潔に説かれる。

巻之一　「君臣」「忠孝」「道法」「性命」「中庸」

「君臣」

乳井の君臣関係についての基本的な認識が展開される。中国では父子関係を「五倫ノ最上」とするが、日本では君臣関係を父子より優位に置くとして、「君ハ天ナリ、罪ヲ君ニ得ルトキハ祈ルベキ天ナシ」と、人君の絶対性が強調される。

「忠孝」

「君」に対する「忠」か、「親」に対する「孝」か、二者択一の状況に陥った場合、日本では「忠」を、中国では「孝」を優先するのが、各々正しい道であるとして、国柄の違いを強調した上で、「忠孝ニ身ヲ尽スコトハ、是敢テ君父ノ為ニモアラズ、吾ガ為ニモアラズ、当ニ勤ムベキ性命ノ定理也」とカントの定言命法をも想起させる主張が展開される。

「道法」

「道」と「法」との違いとその密接不可分の繫がりが、本体と作用との体用論理をもって説かれる。また、「日本ノ教ヲ神道ト号シ、支那ノ教ヲ儒道ト号シ、天竺ノ教ヲ仏道ト号ス」と、三教それぞれ名称を異にするが、いずれもその「道」「法」は「天下ヲ治ルノ外他事ナシ」と、三教一致的な立場からの治国の要諦を説いている。

「性命」

「命ハ我ニ蒙ル所以ン、性ハ我ニ任タル所以ン」と、「天」（「天地主宰ノ神」）から受けた「性」と「命」の概念について、山鹿素行の『聖教要録』に依拠しながら、再定義を試みている。

「中庸」

「中庸」の概念について、「庸ハ用也」と訓じ、「中ヲ得テ用事ニ応ズ」ることが「庸」であると、独特のプラグマティックな中庸解釈が詳細に展開されている。文中「万物ノ中、地球ノ心《シン》ヨリ真《シン》ナルナシ」と、天円地方説ではなく、地球球体説を採用しているのが興味深い。

巻之二「名実」「事理」「公私」「仁義」「見識」

「名実」

「名」即ち概念と、概念が指し示す「実」との関係性を哲学的に論究している。聖人は、「名」と「形」をもって人々を教え導いた(＝名教)が、それは教えの始めの段階であり、最終的には「其用ノ実」を暁らしめるところに意図があった。故に「名教」に拘泥しすぎると本末転倒、「名形耳目ノ学問」に堕する。

「事理」

「事」と「理」との関係が詳細に論じられる。「理」はあくまで「事」の内に存し、「事」を離れて「理」があるわけではないとして、朱子学の思弁的な形而上学的概念としての「理」が否定される。また、「事」の内にある「理」は、「事」に従事する過程で把捉されるものであり、「事」を務めないで「理」を究めんとするのは間違いであるのに、「宋儒ノ学ハ先ヅ事ノ理ヲ明ラメ、而シテ其事ヲセントス。是レ聖人ノ教也トス。此故ニ学問ノ事ト今日ノ事ト別々」になってしまうのである、と朱子学の観念性を糾弾する。

「公私」

「公」「私」の概念とその関係性を巡って、実にユニークな議論が展開される。「天」にも「地」にも「私」があり、「聖人」にも「私」があり、「私」があればこそ「天下ヲ利ス」ることができる。乳井は「公」に対して「私」を消滅せよとは言わない。むしろ「公」を担うものとしての「私」を発揮せよ、と主張する。「私」の変革を通して「公」の変革を目指す志向は藩政改革への強い意識と緊密に結びついている。

「仁義」

数々の経典を紹介引用して、「仁」「義」の徳目の解釈を試みている。「仁」「義」を一義的固定的に捉えることはできない、との主張が展開される。「仁ハ体ノ名、義ハ用ノ名」であって、「仁」と「義」とは相補の関係にある。「仁義」は人が当に行うべき「天則」であり、世の誉れ、幸福を得る手段として為すものではない。

「見識」

聖人の教えを学ばんとする者は「見識」を立てることが重要である。「見識」には大小広狭の差がある。「聖教ノ学」の目差すところは「治国平天下」である。故にたとえ「匹夫ノ身」であっても「天下国家ノ治道ヲ的トスベキ」であり、「唯一己ノ無事修身ノミ」の学びに終わってはならない。己の利に囚われず、見識を大きく立てよ。

巻之三「自然」「成敗」「時宜」「善悪」「勇怯」

「自然」

「自然」には「天地ノ自然」と「人力ノ自然」とがある。種を蒔いて芽が生ずるまでは「神ノ力」で、「人ノ善ク為所」ではない。これを「天地ノ自然」という。芽を出した後これを培い成長させていくのは「人ノ力」であり、これを「人力ノ自然」という。「自然」は「神ト人トノ合一」であり、それ故「天人合一」ともいう。老荘を異端視する者は、老荘を「天地ノ自然ノミヲ楽テ、人力ノ自然ヲ楽マザル」ものと批難する。しかし老荘ほどの人物がこの「天」と「人」との統一の関係を知らないはずはない。実のところは、孔子が「人事ヲ説テ天道」を示そうとしたのに対して、老荘は「天道ヲ説テ人事」を示そうとしたのであり、両者は違うことはない。

「成敗」

最初から成功するか失敗するかに心を用いるのは惑溺である。事の「成敗」は「聖人」ですら知ることができない。成功か失敗かに心を用いると、「当ニ勤ムベキノ的」を外してしまうことになる。成るか成らざるかを度外にして、為すべきことを為すのみである。

「時宜」

「学者」は「時ノ一字」を知ることが肝心である。なぜなら「道」は古今「同ジ」であるが、「時」は古今「斉シカラズ」だからである。故に「道ト時ト相ヒ応ジテ行フヲ善政」というのである。何事も「時」を知らなければ、「道」を行うことはできない。「道」を実践するには「天ノ時」を知ることが要であるが、それは「一己ヲ利スル為」の口実として「時ヲ見合ス」ということであってはならない。

「善悪」

善悪の議論は表面的な「形」と「名」とに拘泥して論ずるべきではなく、その「実」を深く知った上ですべきである。

「勇怯」

「勇気ヲ養フコトハ武門士臣ノ者ノ最モ嗜ムベキコト」であるとの立場から、真の勇気とは何かを論じている。「勇ニ五等アリ。天真ノ勇アリ、気象ノ勇アリ、強力ノ勇アリ、血気ノ勇アリ、養有ノ勇アリ」と、五種類の勇気のあり方を古今東西の事例を枚挙して論じている。

巻之四「金気」「法令」「武芸」

「金気」

万物の生成を説くにあたって、中国は「水気」より始めるのに対して、日本は「金気」より始めるが、それは人倫の始めを中国では「父」にとるのと、日本では「君」にとるのと違いと同じであるとして、日本と中国の国柄の違いが指摘される。木火土金水の五気のうち、乳井はとりわけ「金」の徳を重要視しているが、それは金気が勇気と英気を象徴する徳だからである。

「法令」

「法」と「令」との違いが指摘され、その混同こそが硬直した守旧を招くとして、自説を展開する。「法」は一度立てたら、誰であろうと改めることは許されない。対して、「時ニ随ヒ事ニ依リ、改メ易ヘテ其宜キニ応ズ」るのが「令」である。「故ニ令ハ法ノ用也、法ハ令ノ体」である。そうであるのに、「令」を「法」と勘違いして杓子定規に墨守するのは愚の骨頂である。

「武芸」

ここでの議論は多岐に渡るが、武士の存在理由とその「職分」が説かれる。「弓矢ノ正義ハ賊ヲ退ケ、君道ヲ開キ、国ヲ豊シ、君ヲ安ンジ、究民ヲ救ヒ、禍乱ヲ鎮メ、人ヲ殺サヌヲ以テ弓矢ノ正理トハ云也。是レ武門生レナガラノ職名也」。つまり、軍事、行政、経済に渡っての統治の任を担うのが武士であるとして、武士の行政官僚としての意義と責務、存在理由の根拠付けが図られている。山鹿素行の「士道」論からの影響が強く窺える。

巻之五「節用」「数道」

「節用」

「節用」とは無駄な費えを省き、もしもの異変の時に備えて、「天地ノ化育」を助けるためのものである。しかるに「倹ノ道」をはき違えて、何もかも省こうとすれば、国は却って乏しくなり、民も貧する。「倹約」と「吝嗇」とは異なる。また、「上」を富まそうとして「税斂」を厚くするのではなく、逆に「先ヅ税ヲ免ジ、上ハ損シ下ヲ益シ大ニ天下ヲ賑ハシ、民ヲ富マシメ玉フ」ことこそが聖賢の教えである。

「数道」

算術、測量術に長けた乳井らしく極めて独自な数理哲学が披瀝される。天地の変化は至大で究め尽くすことができないかの如くであるが、天地万物には自ずと「定数」があり、全て「数」で天地の変化は解き明かされる。故に聖人は「数道ノ微」に通暁して「易」を作り、「常」「変」に通じて、万物を開発して事業を完成させ、四海の混乱を一統せんとしたのである。故に国家の多事多難を治めるには「数道」に通暁していなければならない。

巻之六「常変」「賞罰」

「常変」

乳井の極めてユニークなデジタル的な時間論が展開されている。常態的な時間のまとまり(「常」)も、微視的に観れば、時々刻々の変化(「変」)の集積体であり、またその時々刻々の変化も「至微」に分割された、いわば時のアトムともいうべきものの集積に他ならない。従って「常」も「変」に他ならないが、それを「変」と認識し得ないのはその「微」を知らないからである。乳井においては時間というまとまりは微小分割され、微小分割された時の原子が絶対の時として感得されているのである。微小分割された時間の一点を「今日唯今」と捉え、その一瞬の「今」にすべてを賭けよと説く。

「賞罰」

賞罰は「勧善懲悪」のためにに設けられたものかとの問いを立て、それに応える形で賞罰機能が人間の心理、社会秩序に及ぼす影響を詳細に考察している。賞罰は「礼義」にかなって正しく行われれば問題はないが、そうでない場合は賞罰機能が徒らに人々の利害心を煽ることとなる。

巻之七「迷悟」

人は迷う。それは人の宿命である。故に「君子」は、迷いを去ろうとせず迷いの中で「迷ヒヲ勤ムルコト」を知るが、これを「悟」と言う、との深淵な哲学が説かれている。君子は夢の中の夢を知ることに心を煩わせず、夢の中であろうとも「君ノ為国家ノ為」に心を尽くすのである。それが「悟」である。乳井は仏教のように迷いの世界からの超脱を説かない。この世を迷いの世と見切った上で、「今日唯今、国家ノ治也。国家ノ治ハ聖学也。聖学ヲ別ニシテ今日唯今ノ治道ナシ。今日唯今ヲ外ニシテ聖学ナシ。聖学、今日也。今日、聖学也」と、今日の、この一瞬に全てを傾注せよ、それが「悟」だと論旨を展開する。また、「欲」を必ずしも否定せず、「大欲」こそが大きな業績に繋がることを論じている。

巻之八「治道」「諫言」

「治道」

朱子学の観念性とその道徳的政治論に見られる「連続的思惟方法」(丸山真男の表現)が苛烈に暴露批判される。『大学』八条目には「心正而后身修。身修而后家斉。家斉而后国治。国治而后天下平」とある。宋儒はこれを盾にとって天下国家を治める前に先ず身を修めよと説く。しかしそれであれば、いつになったら治国が実現するのか。「人君人臣未ダ身修マラザル内ハ今日唯今究民ノ乱モ其伬ニテ措ベキカ」。よき統治者であるには、よき人格者であるに越したことはない。だからといって、身が修まるのを待っていたならば、今この目の前の窮民はどうなるのか、明日を待たず「今日唯今」、ここの、この「事」に全力を注げと乳井は主張する。

「諫言」

主君の非を見て諫言するのは「忠義」であるが、それは「国家人民社稷ヲ重ンズル故」である。「諫ノ道」は「君ノ非」を「己ノ身」に受けて為すものであり、己の名誉を後世に残さんがためのものではない。故に諫言には「己ヲ捨テ心ヲ尽シ」、細心の注意を要すべきであるとして、諫言の様々なありようが説かれる。

巻之九「曲直」「無為」「雑問」

「曲直」

ここで言う曲直とは、是非を正すという意でなく、行為の処し方において「直」と「曲」とそれぞれの場面とを弁えて対処せよとの意である。父親が羊を盗んだのを訴えた正直者の直躬を、孔子が「父ハ子ノ為ニ隠シ、子ハ父ノ為ニ隠ス。ソノ中ニ直ガアル」と説いたのがその良い例である。「内直フシテ外ヲ曲ルハ正直ノ道也。内ヲ曲ゲテ外ヲ直フスルハ邪曲也」との言葉を掲げて、乳井は曲直の意義を説いている。

「無為」

老子の「無為」の概念を独自に解釈して自説を展開している。世人は老子の「無為」を「何モセズシテ只自然ノ侭ニ任ス」ことであるかのように思っているが、これは誤解も甚だしい。「無為」とは「至誠ノ動キ、有為ノ精極」である。「無為」が「有為ノ精極」とは、端から見ればあたかも無作為のように見えて、その実、瞬息たりとも休まず、営々と「微ヲ積ミ」続けていくこと、それが「無為」ということの真意である。天地は「無為」のごとくに「微ヲ尽シ」、知らぬまに四季を移り変わらしめて「大功」をなすが、これを「有為ノ精極」というのである。人も「微ヲ尽シ」「微ヲ積ミ」、その様「無為」のごときが、事を為すということの精髄である。「独楽」は静止して動いていないように見えるが、これこそ「動キノ至レル者」である。老子はこの奥義を説き明かしたものに他ならない。

「雑問」

豊臣秀吉と赤穂四十七士への痛烈な批判が展開されている。朝鮮、明国は日本に対して何も害をなしていないにもかかわらず、秀吉は異国に攻め入り、「罪ナキ異域ノ人幾千万ヲ殺シ、土地ヲ奪テ、吾ガ富トセン」とした。

これは「無道ノ至」であり、まさに「盗賊」の仕儀である。世間の多くは秀吉を「大器量」の武人と賞賛する。しかし民家に押し込んで物を略奪すれば「強盗」である。「国」に押し込んで物を略奪した者を「武道ノ誉レ」とでもいうのか。「一銭」を奪えば盗人、「大国」を奪えば英雄とでもいうのか。秀吉は「武道ノ正義」の何たるかを弁えず、わが「神国」を「盗賊国」にした張本人である。

世間では赤穂四十七士を主君の遺志を継いで仇討ちを果たした、その「志」の「哀れ」を汲んで「忠」と称するが、これは根本の「大義」を見逃した見方である。吉良は刀を抜かなかった。故に罪はない。罪のない者を斬り殺すことが、どうして「武道ノ正義」と言えようか。藩が取り潰され浪士となった時点で、彼等には「君モナク、国モナク、社モ稷モナク」なった。「天命」はすでに改まってしまったのである。その彼らが務め尽くすべきは、「父子兄弟夫婦ノ恩愛ヲ務メ、飢寒ノ憂ナカラシメ、生ヲ養イ孝弟ノ道ヲ務メ、人倫ノ大義ヲ尽シ、以テ其死ヲ全スベキコト」であった。「大倫ノ道、何ゾ唯ダ君ニノミ極リ尽クベキヤ」。臣としての職分をなくした彼らにも、妻子眷族を養ってゆく責務がなお残っていたはずである。名誉を思うからといって、家族を「土芥ノ如ク捨ル」ことは鳥獣すらしない。君に仕えることのみが「大倫ノ道」ではない。

巻之十「礼楽」

荻生徂徠の礼楽思想を継承しつつ、それを現実の政治の場面で生かして実践すべく、更に一歩進めた礼楽論を展開している。漢唐宋明の諸儒より今に至るまで「心法」を論じることに齷齪してきた。殊に程朱の「心上ノ理学」は却って「心上ヲ乱ス」に至った。儒学とはもともと天下国家の統治を目差した学であり、聖人が建てた「礼楽」制度によって秩序を形成維持してきた。この「礼楽」を制作する権を徂徠は聖人のみに限定したが、乳井は「礼楽」は「聖人」の「作為」によって策定されたものに違いないが、それを成立せしめている「道」は「天地ノ自然」に基づいているが故に、「道」に精通しさえすれば「聖人」でなくとも「礼楽」制作は可能であると説く。ここにこそ乳井が弘前藩の宝暦改革に果敢に挑んだ思想的根拠を見いだすことができる。

解題　もうひとりの忘れられた思想家

小島康敬

はじめに

安藤昌益(一七〇三〜一七六二)を明治時代にいち早く「大思想家あり」と発見紹介したのは狩野亨吉であった。しかし昌益の名が広く知られるようになったのは、カナダ人の日本研究者ハーバート・ノーマンが昭和二十五年に出版した『忘れられた思想家』(岩波新書)による。その意味で昌益は「忘れられた思想家」として、戦後に再発見されたと言えよう。そして現在では高校の教科書には必ず載る著名な思想家として知れ渡っている。

しかし、昌益とほぼ時を同じくし、しかも昌益が活躍した南部八戸領内と隣接する、津軽弘前領内で活動した乳井貢(一七一二〜一七九二)についてはほとんど知られていない。本書はこの乳井貢を「もうひとりの忘れられた思想家」として、今に蘇らせることを意図する。

青森県中津軽郡西目屋村(弘前市から西南約三七キロメートル程に位置し、世界自然遺産白神山地の玄関口となっている)の川原平《かわらたい》にある稲荷宮鳥居の横に、「乳井貢先生碑」と刻まれた立派な石碑が訪れる人もなく苔むして静かに建っていた(津軽ダムの工事で撤去され、現在は津軽白神湖パークに移設されている)。これは乳井貢の遺徳を顕彰すべく昭和十年に地元有志によって建てられたものである。その碑文に言う。

津軽ノ地タル山高ク水長シ、此所ニ乳井貢先生ノ出デシハ洵ニ偶然ナラズ。先生和漢竺ノ学ヲ修メ、就中易数ノ奥義ニ達シ、心ヲ経済ニ傾ケ、著述頗ル多ク、而モ堂々烈々タル自説ヲ加ヘテ、其ノ意ヤ恍洋、其ノ言ヤ緊切、後進ヲ導キテ倦マズ、津軽藩勘定奉行トナルコト両度、ヨク時難ヲ済ヒ旧弊ヲ革メ、外ヶ浜ノアイヌ族ヲ平民ニスル等、達見ト治績ト嚇々タリシガ、後、謫セラレテ川原平ニ居リ、里人ノ蒙ヲ啓キ、山川ノ利ヲ通シ、恩沢四方ニ溢レシガ、寛政四年四月六日齢八十一ヲ以テ豪毅卓抜ナル生涯ヲ終レリ。[1]（以下略）

ここに簡潔に記されているように、乳井貢という人物は「易数ノ奥義ニ達シ、心ヲ経済ニ傾ケ」、多くの著述を残した学識者である。と、同時に勘定奉行として弘前藩の宝暦改革を主導した実務家でもある。昭和九年に乳井貢顕彰会が結成され、その事業の一環としてこの顕彰碑が建設され、昭和十年から十二年にかけて『乳井貢全集』全四巻が刊行された。これを機に乳井の名は郷土史家の中ではそれなりに知られるようになったが、その知名度は未だ広く一般化しているわけではない。郷土史をひもとくと、彼の名は宝暦改革で彼が導入した施策の最重要項目である「標符」の発行との絡みで言及されるものの、学者、思想家としての側面については研究の蓄積がほとんどない。改革を断行するに至った彼の思想信条や思想的背景にはどのようなものがあったのか、逆の言い方をすれば、改革を遂行してゆく中でどのような信念を持ち、どのような思想を形成するに至ったのか、また改革挫折後の思想的境地はどのようなものであったのか等々に関しては十分に解明されているとは言い難い。従って本解題では思想家としての乳井に光をあて、彼の思想を内側から理解し、再構成することとする。

一　乳井貢の経歴

乳井は正徳二年（一七一二）に弘前に生まれた。幼名は弥三左衛門。「幼少の時より世事かしこく、才智にして多芸に渉り」[2]、とりわけ「算術に熟練して古人未発の方法」を考え出したという。[3] 確かに彼は「算術」に長じ、『円術真法方円伝』『観中算用』『度量分数』『町見術』等々、多くの和算や測量関係の著述を残している。

ちなみに、普段我々が見慣れている算盤は地珠(下珠)は四つであるが、この四つ珠算盤が普及するのは昭和十年(一九三五)の文部省令で尋常小学校での算盤教育が必修となってから以後のことであり、それ以前は五つ珠であった。乳井は早くも天明元年(一七八一)に『初学算法』の中で、地珠一つは不要であり、五つ珠から四つ珠にすべきであると説いており、[4]四つ珠算盤の最初の提唱者であったと言えよう。また同書で彼は次のように述べている。吉田光由が算書『塵劫記』を著してから算術が流行りだし、貞享年間(一六八四～一六八八)にこれを学ぶ者が多くなったが、近年算学は「町人の業」であるからというので、「士たる人」は手にすることがなくなった。為に町人に利をはかられ、武士の「身上悉く貧窮」するに至った。しかし「国を富し民を饒にし、財用を足らしめ、国主に代り上に立つ人は、必ず学び知るべき事」である、と。[5]武士は「利」に恬淡であるべきで、そろばん勘定に走るのを卑しいとする武家の風潮にあって、彼らしい特異な見識である。『志学幼弁』巻之五の「数道」では、自然界が数的秩序に基づいて構成されていることを詳述しており、和算家としての彼の一面が窺える。享保二十年、六代藩主津軽信著《のぶあき》に奉公見習として仕え、手廻五番組に任ぜられた。[6]翌元文元年(一七三六)、二十五歳で父儀右衛門の家督五十石を相続し、小姓組三番組を仰せ付けられ、市郎左衛門と名を改めた。その後、七代藩主信寧《のぶやす》の代となり、延享元年(一七四四)膳番、同二年小納戸役、寛延二年(一七四九)近習小姓と奥向を勤めてきたが、宝暦元年(一七五一)「長病ニ付」御役御免を願い出て職を辞したが、[7]宝暦二年(一七五二)に「病気全快ニ付」御役復帰を願い出て、三月には手廻五番組、八月には寄合を仰せ付けられ、翌宝暦三年(一七五三)一月十五日、勘定奉行となった。時に乳井、四十二歳。

乳井の勘定奉行登用の経緯を「高岡記」は次のように伝えている。寛延二年の凶作で領内は飢饉に見舞われ、その対策に精魂尽き果て家老棟方作右衛門が病没した。棟方の死後、家老職は津軽主水寧都《やすと》がこれに代わった。乳井は主水とはかねてから「無二」の間柄であったので「眼病快気を申立」て、役職に復帰した。乳井は、人民の困窮救済はもとより、藩主信寧の入部の儀式・婚礼、公務の手伝い、神社・仏閣・道路・橋梁・民家の破損修復等について、

「御沙汰有度事なりと、折りにふれて問尋ね」た。すると主水の答えには、忠勤に於いては内外の差別はないので、思うところがあれば申し出よとのことであった。そこで乳井は、お歴々へ意見を徴された上で妙案がなければ、「某か趣意申上度候」と言上した。主水は用人・四奉行に意見を求めたが、用人毛内《もうない》有右衛門の建議があった他はこれという策もなかった。そこで乳井は「毛内の存寄、一段の事に候。此理を御参考ありて」と、一応毛内を立てた上で、「且某が趣意を御用ゐあらんに於てハ、一国の富有今明年の内にあり」と進言したところ、主水から「汝か存念一はいに勤むへし」と、即勘定奉行を仰せ付けられた、[8]という。乳井のこの進言の裏に功名心や社会的栄達への野心がなかったとは言えないであろう。しかしそれは、彼の「武門」に生まれた者としての強烈な責務意識からのなせる行為と解したい。武士としての使命感と義憤、これこそが乳井の行動と思想を支えているのである。これについては後に彼の思想を検討する際に再度言及しよう。宝暦五年（一七五五）には乳井は元司《もとし》職《しょく》に就任し、改革推進の中心人物となった。

　ここでこれまで明らかとなっている宝暦改革直前の弘前藩の財政状態[9]に関して最小限度言及しておこう。弘前藩では、四代藩主津軽信政の時代に積極的に新田開発が行われたが、元禄期には石高約二九万七〇〇〇石に増加し、ほぼ限界に達した。他方、江戸藩邸の出費は年々増加し、延享二年（一七四五）には大坂に廻米して換銀し、それを江戸に送る「上方よりの仕送金」も滞った。藩士の知行を借上げたり、貢米を担保にして上方・江戸・領内の有力商人から借財をしたりして、何とかこれを補うという逼迫状態であった。加えて津軽藩では寒冷地という地理的条件からくる冷害による度重なる凶作が藩財政の窮迫に一層の拍車をかけた。『宝暦四甲戌年御改帳之写』[10]には宝暦四年（一七五四）の時点での津軽藩の累積借財高が記されている。それによれば、茨木屋、鴻池、佐藤など上方の特定の豪商からの借銀が一万四六三八貫二九五匁、江戸からの借金は四万二三一九両余り、国元からの借金とあわせて総計「三拾五、六万両之御借金」という巨額な額にのぼる。この借財高を二〇年あまり時期が下るが、乳井が記した『年穀多寡節用』[11]に見られる安永六年（一七七七）度の藩財政収支の数値[12]と比較すると、これがいかに膨大な負債額であるかが明瞭となる。安永六年は「豊熟」[13]の年であったが、収入は米高が一五万九〇八一石、銀高が約一八六四貫八七匁、金高が一八六〇両であった。この総計を金に換算すると約二〇万両前後と概算される。[14]ということは、かりにこの年の収入と宝暦四年の収入との間にさほど差がないものと想定すると、およそ宝暦四年の段階で実に藩の年間総収入の二倍弱に相当する負債をかかえていたことになる。このような破綻した藩財政を前にして、乳井は思い切った策をもって行財政改革を断行していった。当初は目ざましい成果をあげた。また冷害による凶作に対しても乳井は応変果断の処置をもってし、世に言う「宝五の凶作」、即ち宝暦五年（一七五五）奥羽地方一帯を襲った大飢饉においても津軽領内からの餓死者は全く出なかった、と一、二の史料は伝えている。

宝暦五年亥大飢饉其年も夏中一向陽気無之出穂なく田畑凶作に候得共、其頃乳井様御任法に而御国中之壱人も不死中候[15]

宝暦六年（一七五六）、この年も凶作が続いたが、年貢徴収に功あって、藩主信寧より「貢」の名を「いく年も　四季の間　絶へぬ貢かな」の発句に添えて賜っている。[16]「四季の間」というのは城中「表居間」の名前であるが、それに四季を通して一年中の意が懸けてある。そして翌七年には家老席に列し一千石を賜り、栄達を極めた。

今ここで改革の一連の施策を列挙しておく。

一、「標符」の発行による経済統制。
二、行政組織の見直し。「御調方」を新設して行政機能や権力を一元化し強化した。
三、江戸藩邸への仕送り方法を見直し。大坂から送っていた江戸藩邸の諸経費を国許からの仕送りに切り替えた。
四、耕作地の調査整理。
五、通貨制度の統一と合理化。領内の金と銀との交換比率を江戸と同率に定め国内市場との統一をはかった。

六、商品経済機構への積極的対応。領内産馬の移出禁止を解除し、また領内特産の丹土・硫黄・兼平石の採掘移出を振興し、増収を見込んだ。

七、士分取り立てを見返りとする商人の活用と返済の延期。商人から御用達金を徴収し、かわりに運送方の役人及び手伝いに任命して彼らを利用した。また借財していた富商らに返済を延期して整理をはかった。

これらの施策の中で最も注目すべきは宝暦六年九月から翌年七月まで発行された「標付」[17]による一種の経済統制である。これは「徂徠之学風ヲ好」んだという御用達町人足羽長十郎の献策によるもので[18]、一商家一家業とし、すべての物資と金銭を藩に納めさせ、改めて家業別に再分配し、これを「標符」と呼ばれる売掛通帳でもって売買せしめるという施策であった。すべての商いが標符で決算され、利益の一割は商人の取り分とし、残りは藩に納めさせた。藩士への支給も禄高に応じた額の「標符」が渡され、取引明細を標符に書き記す形式がとられた。

宝暦八年（一七五八）、乳井は急転するドラマのように失脚においこまれ、知行・家屋敷を召し上げられ退役謹慎処分が下される。失脚の直接の要因は、改革が余りに急進的であったために、多くの敵対者からの恨みを買って讒訴されたことにあったが、その背景には何と言っても「標符」の通用が領内を経済的に混乱に陥れて、庶民の怨嗟を招いたことにあった。「標符」との引き替えで吸い上げた物資を他領に売り捌くことによって藩の金庫は潤ったものの、領内の品物の総体量は減って品不足となり、「何を調へんにも容易に手に不入、適ま其品出たりと聞くや否、諸人上を下へと群集する事、大方ならず、日用欠くべからざるの品すら如斯、況や其他に於てをや」[19]という状況に至ったのである。次の落書は当時の有り様を見事に皮肉っている。「上ハ勝、下ハ次第ニ詰将棋、標符ハいつか金と成やら」[20]。標符は諸藩で実施された藩札の目論みと同様に、窮乏した藩財政の急場しのぎの施策にすぎなかったのである。「標符」による売買取引の発想それ自体は、現在のカード決済・電子マネー取引のシステムと通じるところがあり、その意味では斬新なアイデアであったと言えるが、「標符」が通貨に代わる信用価値を担保できる適正な運用をしなかったことに失敗の根本原因があったと言えよう。
乳井の謹慎処分は明和五年(一七六八)にとかれた。この間の約十年間、乳井は文筆活動に専念したと思われる。虫に託して寓話風に綴った『五蟲論』(宝暦十二年序)や、主著『志学幼弁』(明和元年序)もこの不遇のうちに書かれた。これらの著作には、経綸へのほとばしりでる思いの丈が綴られているが、その裏に政治的挫折を余儀なくされた、乳井の鬱憤を読み取ることはさほど困難ではない。これらの著述はこれまでの自己の行動の正当化を図った弁解の書という見方もできなくはないが、その域を越えた人間と社会の在り方についての彼の一貫した考えを表明した信念の書と見るべきであろう。
安永七年(一七七八)、六十七歳の乳井は、新知行百石、役料五十石、物頭格にて勘定奉行を仰せ付けられた。再度の出仕である。老いてなお「気力壮健」、経世への宿意は捨て難く、「宝暦年中の汚名をすすがん」と胸中に計策を秘して臨んだが、家老を始め周囲の抵抗にあい[21]、二年後の安永九年(一七八〇)六月には「無調法之儀御座候」[22]とのことで再び知行を召し上げられ、幽閉された。幽閉先は河原平(現在の西目屋村川原平)、弘前城下より「西南七里余」の深山幽谷の地であった。流謫地で乳井は土地の人々に水田耕作を教え、村人はそこではじめて米を食することを知ったという。次の史料は、乳井が士分の身でありながら、農業土木の実際に携わり、その方面の知識や経験が豊富であったことを窺わせる。

乳井つらつら山谷の模様を実見し、一の山岳を穿ち通して、用水を導き、是より数町之田地を開き、村人初て耕耘し米を食する事を得たり、此用水を長く引て隣村砂子瀬村にも田地を開墾せり[23]

さらには漢学や算数を村人に教え、村に文化をもたらした。

此村中の男女一文字をたに知るものなかりしが、乳井か蟄居中弟子多く出来、漢学及算術に熟達するもの数人出て、是より人倫の道を知るもの多し[24]

それ故に村中の老若男女が「手足の如くなつき、父母の如く慕」った、という。流謫の境遇にあっても、社会的実践に絶えず邁進したところに乳井の真骨頂が窺える。もっともこの頃に至ると、二度の政治的挫折への苦い体験からか、荘子の思想に魅かれ、乳井の思想は一段と深みを増し、屈曲した複雑な様相を呈してくる。彼の興味深い著作『深山惣次』は執筆時期が不明であるが、深山は流謫地を意味し、惣次は荘子のもじりであり、幽閉中のこの時期の作ではないかと推定される。

天明四年(一七八四)、乳井は許されて生涯五人扶持を賜り、駒越村にしばらく移り住んだ後、最晩年は弘前塩分町に閑居し、余生を「専ら詩文俳諧を楽しみ、傍ら数学を講じて」[25]終えた。享年八十一歳。乳井の死を知った河原平の村人は「大いに悲傷し、恩徳報謝之為に、密に貢の霊を祭」[26]った、という。

乳井の領内での評価は、旧套を打破して新法を試みんとした人の常として、毀誉褒貶相半ばする。一方で「音信、贈答、親戚たりとも是を不受、廉直を示しけれハ、倫理絶類の人なり」[27]といった見方もあれば、他方ではそれは「廉節」を「飾る」にすぎないものといった見方もあった。また一方で「才智」長けた人と賛嘆する者があれば、他方では狡猾な策略家と誹る人もいた。しかしそのことは乳井自身承知の上のことであり、「是等の義は勝手次第のこと」[28]と褒貶を越えたところに彼はいた。否、むしろ乳井は褒貶の渦巻くことそれ自体に、ある種の誇りすら持っていた。というのも、彼が思想的信条として最も嫌悪したのは、「好事《カウジ》モ無キニハ如《シカ》ズ」[29]と波風を立てずにやりすごす事なかれ主義的な生き方であったからである。「毒にもならねば又薬にもならず」[30]、従って褒貶すら起こりようのない没主体的な生き方を、彼は武門の生まれとして最も軽蔑した。『志学幼弁』や『五蟲論』はこのことを雄弁に語っている。

そこで、以下、『志学幼弁』を中心に乳井の思想を考察する。

二　乳井貢の思想

1 「武門天命ノ職」

武門にある者としての強烈な職責意識、乳井の言説と行動の全てはそこから発し、そこに帰着した。乳井は、人には誰も「天」から命じられた「職」があり、この「天命職」を果たしていく責務がある、と力説する。ここでいう「職」とは、もちろん近代的な意味での「職業」をさすのではなく、それは身分制を前提とした上での各人の「分」に応じた役割といった意味合いである。従って当然のことながら、ある「職業」を自己の天命として選択するという契機はない。しかしそのことの前近代性をあげつらってみたところで無意味である。士農工商には各々の職分があり、その職分を天命として受けとめ、それを果たす責務が各々にはある、と乳井は言うのである。

ところで、自分の現にある「職」(社会的位置と役割)を「天命」として受けとめるべきだとの言説から、人は少なくとも相反する二つの生き方を導き出すことができよう。一方は人生に対する消極的受動的な処し方であり、他方は積極的能動的な処し方である。前者では、「天職」が運命的な所与として観念され、誰もが甘受する他ない諦めの論理として「天職」が語られる。ここでは人はそれ以上を望まず「知足安分」たるべきことが「天職」の名のもとに合理化され納得せしめられる。他方後者では、「天職」が自己の果たすべき使命として観念され、更なる行為の発動を促す自己叱咤の論理として「天職」が語られる。乳井が「武門天命ノ職」を問題とするのは、まさしくこの後者の意味においてである。

乳井によれば、「農」は農業生産活動に励み、「工」は手工業品を作りだし、「商」はそれらの物資を流通させるのが「天命職」である。「三民」が職務に精励し、「功」(実績・成果)を立てるからこそ、社会は成り立つ。その報酬が「天禄」である。このように「三民」はそれぞれに「天命ノ職」を尽くし、天地の化育に参与している。しかるに武士ひとり「職命ノ微塵モナクシテ禄ヲ得テ」いるようでは、「民ニ養ハルルト云者」でしかない。また「軍学弓馬刀鎗ノ秘術ヲ極メ巧手ト成リ、或ハ茶ノ湯・俳諧・香会」等の嗜みに通じるのをもって、「武道ニ足レリ」と心得る者もあるが、「是レ形ハ士人ニシテ、実ハ遊民」[31]である。

それでは一体「武門天命ノ職」とは何なのか。乳井は言う。

　夫レ弓矢ノ正義ハ賊ヲ退ケ、君道ヲ開キ、国ヲ豊《ユタカ》ニシ、君ヲ安ンジ、究民ヲ救ヒ、禍乱ヲ鎮メ、人ヲ殺サヌヲ以テ弓矢ノ正理トハ云也。是レ武門生レナガラノ職名也。[32]

君の輔弼として軍事、行政、経済にわたって統治の任に責めを負うのが「武門天命ノ職」である、というのである。ここには彼が日頃「吾ガ素行夫子」と敬慕した山鹿素行の考え方が色濃く反映されている。[33]素行は、元来戦闘員であるはずの武士が戦闘のなくなった徳川の泰平社会の中で、一体どのような存在意味を持つのかを真摯に問うた。そして、生産活動に従事しない武士は、日々の勤めに忙しい農工商「三民」に代わり、人間としての正しい道を学び、それを「三民」に指し示す手本たらねばならないと考えた。つまり素行は武士を戦闘者としてではなく、人倫の指導者として捉え直し、高い身分に応じたノーブレスオブリッジを負うべき存在と考えたのである。乳井は素行のこうした考え方を継承しながら、更に「三民ノ功業ヲ安カラシメ、以テ国家ヲ富マシム、是レ士ノ君ニ事《ツカヘ》テ勤メノ的トスル所也」とあるように、富国の観点からも士の職分を強調している点に留意しておきたい。乳井は、武術・武道に優れるのをもって君に仕えるのではなく、行財政のエクスパートであることをもって君に仕え、治国・富国の任を一身に背負ってゆくことこそが武士の社会的使命であると考えるのである。

藩財政の破綻に追い打ちをかけるかのように、津軽では周期的に襲来する冷害が士庶を問わず人々を悩ませた。とりわけ宝暦五年の異常気象による東北一帯を襲った大凶作は領内に壊滅的な打撃を与えた。収穫は平年の二割程度で、当然大飢饉に見舞われた。津軽のこうした現状を念頭におけば、『志学幼弁』での次の乳井の発言は甚だリアリティーが増してくる。『志学幼弁』は宝暦改革挫折後の謹慎処分中に著されたものであり、後からの自己正当化の弁と言えなくもないが、行間に改革に臨んだ乳井の熱い胸中を読み取ることは困難ではない。

今ノ人臣ハ務メヲ知ラズ。務メヲ知ラザルユヘニ心ハ忠ヲ思ヘドモ、見ナガラ国家ノ困究ヲ救コト能ハズ。[34]

国家（藩）が困窮に及ぶのは群臣がその職務を知らないからである。その「職務」とは何か。「国家ノ困究」を目の辺りにすれば、我こそはと「進ミ出テ是ヲ救ハント励ム心」で国に挺身することである。しかるに当節の武士はどうか。「危ナキ所」は人に譲り、「難キ所」は辞退し、大任を仰せつかれば「不肖愚昧」と言い逃れ、「何ゴトモ人ノ後ニ従ヒ、唯ダ己レ一身ヲ大事トシ、曽テ国家ノ危亡ヲ大事トセズ、是ヲ以テ聖教遜譲ノ至リ」と決め込んでいる。自ら踏み込んで「危難」に立ち向かう「英気」を喪失し、責任を問われることを恐れて「命ぜられたる職役を格式に合せるのみ」（『五蟲論』）で事足れり、とするような小役人根性を乳井は唾棄した。この乳井の生き方は、治国安民の任を担わんとするならば、リスクを恐れず、勇気と決断をもって現実に「踏込み深入り」し、それを「押こなし乗りつけよ」（「徂徠先生答問書」）と説いた徂徠の言葉を想起させる。

2　朱子学批判

乳井は武士社会にこのような臆病卑屈な風潮を蔓延させた元凶が朱子学にあるとして、朱子学を徹底的に糾弾してゆく。一体朱子学の何が問題なのか。朱子学では自然界と人間界とを貫く根本原理としての「理」（「天理」ともいう）を想定し、この「理」に則した生き方が求められた。外界の事物に宿った理（「物ノ理」）を一つ一つ明らかにしてゆくこと（「格物窮理」）と同時に自分の心の内に宿った理（「心ノ理」）を明らかにすることが求められた。具体的には「気質」に覆われた心を取り除き、本来のあるべき心（「本然の性」）へと立ち返ることであるが、そのための方法として「居敬」「存心持敬」といった、自己の心を深く内省することが課せられた。乳井はこうした朱子学における一連の心の修養法を「心上理学」、「心理ノ学」、「心学理学」、「心法心術心理ノ学」といった用語をもって批判する。乳井は、心の錬磨というのはあくまでも今目の前にある事柄を務めること（「今日事務」）を通してこそなされるべきであって、それを他にして「心ヲ以テ心ヲ工夫」してみたところで、それは「水ニ水ヲ入テ水ヲ分ケントスル」ようなもので、自己撞着であると言う。

> 宋儒始《ハジメ》テ心法心術心理ノ学ヲ立《タテ》、一切ノ聖語悉ク心上ニ引キ著《ツケ》テ工夫ノ一段トス。学爰ニ於テ始メテ治道ト扞格シテ、今日ト分離スルニ至ル。[35]

乳井によれば、儒教はもともと天下国家を統治するための学であって、個々人の道徳的な心の在り方に係わる学問ではなかった。それなのに「経済ヲ棄テ国家ノ急ヲ救ハズ、日夜心上理学ニ修行ヲ委ヌル」者が多いのは「朱子ガ腰抜ケ学問」に惑わされたからに他ならない、というのである。

3　「今日唯今」

朱子学に政治論がなかったかと言えば、事実はそうではない。『大学』の八条目にあるように、朱子学の最終課題は「治国・平天下」にあった。しかし朱子学では個々人の道徳的自己完成（「修身」）が実現すれば、自ずと国家の統治（「治国・平天下」）も実現すると考えられ、「修身」が「治国・平天下」に先立つ実践課題とされる。乳井は、朱子学のこの考え方こそが目の前の経済的政治的課題から身をかわし、事を先送りにする恰好の逃げ口上になっていると見て、その点を厳しく糾弾していく。

> 彼ノ宋儒ノ所謂ル身ヲ修ムルヲ以テ本トスレバ、其身ノ修マル極ヲ待テ、而シテ天下治平ノ事ニカカルベシト云……然ラバ人君人臣未ダ身修マラザル内ハ今日唯今究民ノ乱モ其侭《ママ》ニテ措《サシヲク》ベキカ。[36]

朱子学では民を治めるのに先立って自分の身を修めよと説く。なるほどよき政治家であるには、よき人格者であるに越したことはない。しかし、だからといって身が修まるのを待っていたならば、今この目の前にいる飢えた民はどうなるのか、と乳井は朱子学の修己から治人への修養論を「今日唯今」の「用」に役立たないものとして、その観念性を鋭く批判する。明日を待たず「今日唯今」、ここの、この「事」に全力を注げ、と乳井は言う。このような逡巡躊躇することなく、「今」を踏み出せといった彼の主張は、一時期にせよ藩政を実際に主導した体験に基づいていよう。なぜなら飢饉に喘ぐ「窮民」の惨状を目の前にしては、一刻の猶予も許されなかったからである。

乳井の著作では「今日唯今」という語が多用されている。

立教ノ千言、皆是レ今日唯今ノ外ナクシテ、急務ナラズト云コトナシ。然ルヲ今日唯今ノ急務ヲ措キ、先ヅ書ヲ読ミ尽シ、理ヲ覚ヘ極メ、而シテ事務ニ就《ツカ》ントスル義ナシ。[37]

唯生死ノ分ンヲ定メ勝負ノ義ヲ極ムレバ、唯今即必勝ヲ得ベシ。然ルヲ芸術修練ノ極ヲ以テ必勝トスル。是レ士武ノ大惑也。[38]

小人ハ変ニ通ゼズシテ、今日唯今ノ事々物々火急ナルコトヲ知ラズ、甚ダ隙アルガ如ク覚へ、油断ヲ積テ大事ニ及ビ、始メテ大変ヲ恐ル。[39]

今日唯今、国家ノ事也。今日唯今、国家ノ治也。国家ノ治ハ聖学也。聖学ヲ別ニシテ今日唯今ノ治道ナシ。今日唯今ヲ外ニシテ聖学ナシ。聖学、今日也。今日、聖学也。[40]

これらの用例を見ると、「今日唯今」という言葉が乳井にとって極めて重い思想的意味合いをもって語られていることが分かる。乳井は時間を連続的に流れる線としてではなく、その都度その都度、「今」「今」の点の無限集合体としてイメージしているかにみえる。それはいわばアナログ的な時間認識というよりは、デジタル的な時間認識に適応したものとでも言えようか。次の一文には彼のユニークな見方が示されている。

夫レ常ハ変ヲ積テ顕《アラハ》レ、変ハ微ヲ積テ通《トフ》ル。故ニ常モ変也、変モ常ニシテ、常変本ト両《フタツ》ヲ云ベカラズ。[41]

常態的な時間のまとまり（「常」）も、微視的に観れば、時々刻々の変化（「変」）の集積体としてあり、またその時々刻々の変化というのも「至微」に分割された、いわば時の原子ともいうべきもの（「微」）の集積に他ならない。従って「常」も「変」に他ならないが、それを「変」と認識しえないのは「其変ニ狎ルル」と「其微ヲ知ラザ」ることによる。このように乳井においては時間というまとまりは微小分割され、微小分割された時の原子が絶対の時として感得されているのである。乳井は微小分割された時間の一点を「今日只今」と捉え、その一瞬の「今」にすべてを賭けよと、言うのである。

勿論そうはいっても、その「唯今」は時の流れから完全に切断された時間のアトム、点として捉えられているわけではないであろう。もしそうであれば、過去を喪失し未来への責任を一切放棄した、刹那主義が現出しても不思議ではない。ピカートがナチズムを鋭く分析して提示して見せてくれたのは、まさしくそのような『瞬間』だけしか存在しない世界」の恐怖であった。[42]しかし乳井においては、時間は確かに極微の相において捉えられてはいるが、その「至微」はある統一的な方向性をもった運動の働きの規定を受けており、時間は分解せず、悪しき意味での刹那主義に陥ることを免れていると言えよう。乳井の時間論には、「至微」である瞬間に規定を与えているものとして、「太極造化ノ元命」とも「天地万物主宰ノ神」とも表現される究極者が想定されおり、その究極者と時の一点とが結びついており、その意味で乳井のいう「唯今」は過去と未来から切断された刹那ではない。過去と未来が「天地万物主宰ノ神」を介して「今日唯今」に流れ込んで来ているのである。

乳井の思考においては、意志や行為のあらん限りをその一点に集中すべき場として、時間が「今日唯今」に凝縮化されて捉えられていた。一瞬一瞬が緊張を内に孕んだ抜きさしならぬ、その都度の絶対の時として観念されていた。時間が瞬間に凝縮され、各瞬間が絶対の時として感得されているのである。乳井はこの視点から「大学八条目」に関しても独自の解釈をする。

教学ノ次第ヲ起ストキハ、今日ノ事務ヲ急トシテ、而シテ其事務善悪アリ。心博奕ノ慾ニ走レバ其知ヲ致スコト皆悪ニ至リ、心忠孝ノ慾ニ走レバ其知ヲ致スコト皆善ニ至ルベシ。故ニ心ハ事ニ因テ善悪ニ走ル。其事ノ善悪ヲ分チ知ラシム、是ヲ教ト云フ。此故ニ立教ヲ以テ其名ヲ序ヅルトキハ、事務ヲ先トシテ心ノ走ル所ヲ其次トス。其走ル所誠ナレバ、即心正キニ定ル也。心正キニ定ルトキハ聖教ノ善ヲ以テ身ニ修ムルコト弥篤シ。是レヲ身ヲ修ムルト云フ。是レハ是レ立教ノ名分也。

然ルヲ而后ノ二字ヲ置クヲ見テ、修行ヲ段切《ダンキリ》シテ行ク者ニ誤ル。本ト是レ修身正心誠意知致格物、別々ニ離シ一段二段トスル謂ニアラズ。八条目是レヲ統レバ唯ダ格物即平天下也。以テ見ツベシ、修身正心誠意知致別々ニ求メズシテ、今日唯今事務ヲ尽スノ間ニ在ルコトヲ。仮令バ里ノ向《サキ》ニ往ントスル者ハ足《アシ》ヲ労シ歩ヲ尽シ、其行クニ従テ駅舎山川ノ別ヲ見ルニアラズヤ。然ルヲ今ノ学者ハ未ダ一足ノ歩ミモ尽サズシテ、先ヅ其往ク所ノ駅舎山川ノ名分変化ノ理ヲ一毛モ遺漏ナク究メ尽シテ、而シテ足ヲ挙ゲントス。甚ク迷フ者ハ足ヲ歩マズシテ理ヲ以テ千里ノ向《サキ》ニ至ルト思ヘリ。一足ノ踏ム所怠ルコトナクンバ、千里ノ行程・駅舎・山川・険阻・景色・常変・難易皆其実ヲ得ベシ。是レヲ物《コト》格ルト云ベシ。故ニ今日唯今ノ足《アシ》ヲ格《イタス》ニ在リ。其一足ノ始メ東西ノ方ヲ定ルコトヲ致スベシ。東ニ行ベキヲ西ノ千里ニ向ハバ悔ルトモ益ナシ。是ヲ知《チ》ヲ致スト云ベシ。[43]（傍点引用者）

本来の朱子学がそのようなものであるか否かは別として、ここでは事につかないことの観念性が批判され、と同時に、「而后」を盾にして事を先送りする姿勢が厳しく批判されている。乳井は「而后」を論理的前後関係ではなく、時間的前後関係を意味するもの、と解するのである。つまり、身が修まって「而后」に国を治めるというのであれば、いつになったら国が治まるというのか、と根本的な疑義を呈するのである。このように乳井は「心上ノ修学極リテ、而シテ事ニ及ブト云ハバ、其極マル所ノ吾レニ覚ヘ有ル期、何レノ年何レノ日何レノ時ニ有ルベシト思ヘルヤ。允ニ愚ノ至リト云ベシ」と、心法論の非現実性を巧みに暴露する。

乳井の大学八条目についてのこの独特の解釈は、彼が机上の学者としてではなく、藩政を実際に主導したリアルな行政体験に基づいたものであったと言える。窮民の惨状を目の当たりにしては一刻の猶予も許されなかった。こうした現実との格闘の中で、行政実務家としての体験を見事に思想化して、彼独自のユニークなデジタル的時間論に至り着いたのである。

以上検討を加えてきたように、「今日唯今」を足場に、「学者必理ヲ先ンズベカラズ。夫レ只事ヲ尽スヲ先トスベシ」と、内省より行動を重視する乳井が、真理の指標を事の働きと効果におき、プラグマティックな思考をとるのは理の当然であろう。そこで次にこの点について考察を深めていこう。

4 「用」

『志学幼弁』では「今日唯今」と並んで、「用」「功」という言葉が頻出し、彼の思想を特徴付ける鍵概念となっている。乳井は物事を絶えず「用」の視点に差し戻して捉えようとする。つまり、事物は存在それ自体として自足的な価値を有するわけではなく、何かとの関係において「功用」を発揮したときに初めて価値が認められる、と考えるのである。例えば、水。それは用いられてこそ貴重な水となる。いかなる「清水」なりとも、それが用いられなければ「濁水ノ功用」に劣る。

夫レ井ノ水ヲ貴ブハ今日人ノ生ヲ養フ功用ノ道ヲ弘クスルヲ以テ也。然レバ水ヲ貴ブハ本ト人生ノ道ヲ貴ブニ在テ、其貴キ実ニ於テハ水ニアラズ。然ルヲ井水ヲ惜ミ貴テ井ヲ封ジ、常ニ人ニ施スコトナクンバ、水ノ功用殆ンドナク、水モ人モ其貴シトスル所ヲ失フニ至ルガ如シ。斯ノ如クナレバ、イカナル清水也トモ、濁水ノ功用ニ劣レリ。[44]

学問もまた然り。学問は徹頭徹尾「用」に立つべきものでなければならず、「用」に立たなければそれは「聖教」、すなわち聖人の教えではない。

夫レ事物ノ学ハ天地ノ間、人世ノ功用ヲ為《ナス》ヲ貴ブ。然ルヲ学テ人世ノ用ニ立《タタ》ザルトキハ聖教ニアラズ。[45]

実用主義的な学問観を持つ乳井にとって、「聖学」とは単に四書五経などの経書の類に限られるものではなかった。「聖学ノ用ハ田ヲ耕シ穀ヲ収《オサ》メ井ヲ鑿リ水ヲ求ルガ如キノ事務也」[46]と乳井は言う。彼においては「田ヲ耕シ穀ヲ収メ井ヲ鑿リ水ヲ求ル」ことは「聖学」の内に属するものとして捉えられた。事実、彼は自身の陸稲耕作の実験に基づいて、冷害の頻発する津軽のような寒冷地では水稲より陸稲の方が適しているとして、陸稲を奨励し、耕地の規模や形、播種の方法、作付けの方角等々の陸稲栽培技術に関する書、『陸稲記』をも著している。[47]彼にとって学問とは天下国家に実益をもたらすものでなければならなかった。それ故、農業や土木、測量学、実用数学が「聖学」の一環として彼の学問領域の射程に入ってくるのはごく自然のことであり、彼はこれらの分野の著述を多く残している。彼は机上の学問を空理空論として認めなかった。

乳井には真理を行動と実用の見地から捉えてゆこうとする自覚的な考え方があり、プラグマティズムの思想に通ずるものがある。彼は内省よりも実践を重んじた。そしてその実践における真理の基準は、用に立つか否かによって検証され決定される、と考えた。従って、はじめから固定した原理や絶対的な真理があるわけではない。同じ行為でもその時々の状況によって持つ意味合いが異なってくる。また状況が変わればこれまでの基準が無効となり、新たな対応を迫られることは往々にしてある。従って「時ノ一字」[48]を知り、旧例になずまず臨機応変に現実への有効性を指標として判断行為していくことが、国家経営の任にあたる者には求められる。「士」「学者」とはまさしくその任に与かるものではなかったのか。しかるに「今ノ学者ハ礼経ノ文言文字ノ訓詁ノミヲ学ビ、敢テ治国ノ大用ニ施スコトヲ志サズ」[49]といったていたらくである。「先王孔孟」を学ぶのではない。「先王孔孟」に学ぶのである。『六経』は「道の跡」、いわば「糟粕死物」であり、「道」そのものではない。「先王孔孟」が求めたところのものを汲み取り、それを

「今日唯今」に役立てるのが「学者」の務めである。古典はそれ自体に価値があるわけではない。それに意味を付与して価値をあらしめていくのは、「今日」の「吾」である。「死したる孔孟を貴びて国家何の益かある」。大事なのは「孔孟」を「今日」に用立てる「吾」の裁量である。ここには、「古」と「聖人」とを絶対視することなく、「今」の「吾」の主体的要請によって、それらを道具としていかようにも自在に読みこなし使いこなしていこうとする強烈な目的意志がある。

この点において興味深いのは、乳井が「聖人ノ言ト云トモ、用ユベカラザル者アリ」[50]として、聖人の教えの日本での修正を唱えている点である。乳井によれば、五倫の中で中国は「父子」の関係を「最上」とするが、日本は「君臣」関係を「最上」とする。「是レ日本ノ神教、人倫ノ次序、外国ニ卓爾タル所」[51]である。従って「日本ニ依ラバ忠ヲ執テ孝ヲ捨ツベシ、漢土ニ依ラバ孝ヲ取テ忠ヲ捨ツ」べきである。この主張の背後には『中朝事実』で日本主義的思考を展開した山鹿素行からの影響があろう。それはともかく、ここには儒教を「日本ノ域」に見合った形で変容せんとするプラグマティックな発想が窺える。

5 「有為ノ精極」

このようなプラグマティックな視点に立って、乳井は古典を自由自在に読み破る。一例として彼の老子解釈を見てみよう。

普通我々が老子の思想としてイメージするものは、「無用」ということの叡知であり、無為自然を尊ぶ脱俗的な人生観であり、それは「実用」ということから最も遠い、或いは真正面から対立する考え方である。

しかし乳井によれば、孔子も老子も実は同じことを表と裏から言っているのであり、相補的な関係にあると言う。彼の解釈を以下、要約する。

天地の一切を「自然」というが、なお分けて言えば「自然」には「天地ノ自然」と「人力ノ自然」とがある。例えば、種を蒔いて芽が生ずるまでは「神ノ力」で「人ノ善ク為所」ではない。これを「天地ノ自然」という。芽を出した後これを培い成長させていくのは「人ノ力」であってこれを「人力ノ自然」という。「自然」は「神ト人ト(ノ)合一」であって、それ故「天人合一」ともいう。ところで老荘を異端視するものは、老荘を「天地ノ自然ノミヲ楽テ、人力ノ自然ヲ楽マザル」ものと批難する。しかし老荘ほどの人がこの「天」と「人」との統一の関係を知らないことがあろうか。実のところは、孔子が「人事を説て天道に行し」めんとしたのに対して、老子は「天道を説いて人事を示」さんとしたのである。[52]

それでは老荘は「天道」の何を説いて「人事」の教えとしようとしたのか。勿論「無為」である。ところで、世人はこの「無為」を「何モセズシテ只自然ノ侭ニ任ス」ことであるかのように思っているが、これは誤解も甚だしい。「無為」とは「至誠ノ動キ有為ノ精極」である。「無為」が「有為ノ精極」であるとは次のような事態をさす。側から見ればあたかも無作為のように見えて、その実瞬息たりとも休まず、営々と「微ヲ積ミ」続けていくこと、それが「無為」ということの真意である。天地は「無為」のごとくに「微ヲ尽シ」、知らぬまに四季を移り変わらしめて「大功」をなすが、これを「有為ノ精極」というのである。

つまり、乳井は事を為すということの精髄を「微ヲ尽し」「微ヲ積ミ」、その様「無為」のごときものと捉え、老荘はこの奥義を説き明かしたもの解するのである。余りに荒唐無稽な解釈であるが、古典を自分の思想を表現する道具として自在に読みこなしてゆく彼の力業には目を見張らせられる。乳井はこのような「無為」、即ち「有為ノ精極」の生きざまを独楽の動きになぞらえる。「独楽」は静止して動いていないように見えるが、これこそ「動キノ至レル者」である。独楽が倒れることなく静止した状態を保ち得るのは、独楽の軸が勢いよく回転して、「息ムコトナキノ微ヲ尽」しているからに他ならない。この独楽の動きに象徴されるようなあり方こそ「微ヲ尽スノ極致」の姿である。

ここに彼は「武門」に生まれた者としての生き様の究極の姿を見たのであろう。では一体なぜ彼はかくも間断なく「今日唯今ノ微ヲ尽ス」ことを力説するのか、この問題を考えて行くと、彼の言う「用」と「功」がただ単に功利主義的な観点からのみ発せられたものでないことが判然としてくる。そこで以下この点を考察しておこう。

6　「天地の大用」

繰り返しになるが、乳井は「用」という言葉を好んで使った。その場合の「用」は実用性を意味する。しかし、実用の用とは異なる意味合いで「用」が語られている例もある。例えば次のような発言を見てみよう。

人ノミナラズ凡ソ形ヲ得ルホドノ者ニ於テ、此形ヲ以テ此形ノ用ニ労セズト云コトナシ。故ニ其死ヲ以テ真《シン》ノ休息ヲ得ベシ。夜寝テ息《イカフ》ハ真息ニアラズ。此故ニ人生レテ其日ヨリ事ノ為メ物ノ為メ心ヲ尽シ身ヲ労シ、以テ天下ノ用ニ通ゼズト云コトナクシテ、其帰スル所天地ノ大用ニアラズト云コトナシ。是レ天地ト人ト並ビ立テ、天ハ生ジ、地ハ養ヒ、人ハ其化育ヲ助ク。而シテ人ハ天地ト参タリ。是レ三才ノ大用至動也。其大用ノ至動ヲ為《ナ》サシムル者ハ何者ゾヤ。是レヲ命ト云。命ハ令《レイ》也。天即用ヲ為令《ナサシム》ル也。[53]

ここでの「用」はなすべき仕事とか役割といった意味である。しかもその「用」は単なる用事といった軽い意味ではなく、「天地の大用」という表現に見られるように、天から下された神聖な職務・使命といった意味合いが込められている。つまり乳井の思想においては、「用」という言葉は有用性という概念を含みつつ、それを越えて、人間として為すべき務め、役目、さらにそれは「天地」という超越的次元から生ある者に下されたものとして観念されているのである。それ故、人は「今日唯今」、この瞬間に「天地の大用」を果たすべくその責務を「天」・「天帝」・「天神造化の霊」に対して負っているのである。

『五蟲論』という書物は『荘子』に倣ってであろう、「蟷螂《カマキリ》」や「蝸牛《カタツムリ》」などを登場させた寓話仕立ての興味深い作品である。その中の一つに、とにもかくにも「禍を免れ」ようと、老荘を聞きかじって自分を無用者と決め込み、出る杭は打たれるからとてひたすら隠れて生きることを信条としている「馬蚿《ゲジゲジ》」や「蓑虫」に、「蝸牛」をしてこの世には「天神造化の霊より仰を蒙りたる一事の御用が有」[54]ることを説諭させ、「天帝必曰はん、朕万物の形を造りて世界へ出し置は、我が化育の用をなさしめんが為也」と述べさせている。乳井は「天地ヨリ塵埃《ヂンアイ》ノ末ニ至ルマデ用ナキト云者ナシ」[55]と、一切の存在は各々何がしかの役割（「分職」）を「天」から「命」じられており、それを果たすべく義務付けられているとする。個人的な心情のレベルでの誠実さとはまた別に、職務に最善を尽くしその結果を自ら引き受けるべく、どこまでも責任の倫理が強調されるのである。主君は主君の、家臣は家臣の、農工商は農工商の、社会的責務を「天」に対して負うと考えられた。それ故「夫レ忠孝ニ此身ヲ尽スコトハ、是敢テ君父ノ為ニモアラズ、吾ガ為ニモアラズ、当《マサ》ニ勤ムベキ性命ノ定理也」[56]とカントの定言命法にも似た発言がなされるのである。かくして「好コトト云ハレン為」でもなく、「身ノ幸福ヲ得ル本手ニ行フ為」でもなく、「正ニ行フ道ニ定リタルコト」であるから行為すべしという、崇高な義務の観念が強調されるのである。

7　豊臣秀吉と赤穂浪士への糾弾

乳井の思想においては、人間には「天」から命ぜられた「用」があるとされ、これを果たすべく、義務と責任が強調された。この点で興味深いのは、豊臣秀吉の朝鮮出兵と赤穂四十七士に対する乳井の痛烈な批判である。

秀吉の朝鮮出兵に対して、乳井はそれが「武道ノ正義」にかなった行為か否かを基準に判断して行く。「武道ノ正義」とは何か。第一に人に対してはこれを教えて罪なき者を殺さず、第二に物に対してはこれを損なわず節制し、この二つをもって「天地ノ化育ヲ賛ケ鬼神ヲ敬シテ天ニ事フル」こと、これが「武道ノ正義」あり、これが武士に課せられた責務である。

この観点に立った場合、秀吉の行為はどうか。朝鮮、明国が日本にどのような不義をはたらいたというのか。にもかかわらず異国に攻め入り「罪ナキ異域ノ人幾千万ヲ殺シ、土地ヲ奪テ、吾ガ富トセンコト」は「無道ノ至」であり、まさに「強盗」「盗賊」の仕儀である。世間の多くは秀吉を「大器量」の武人と賞賛する。しかし民家に押し込んで物を略奪すれば「強盗」である。ましてや「国」に押し込んで物を略奪した者を「武道ノ誉レ」とでもいうのか。「一銭」を奪えば盗人、「大国」を奪えば英雄とでもいうのか。秀吉は「武道ノ正義」の何たるかを弁えず、わが国を「盗賊国」にした張本人である。

太閤ハ異国ニ押シ入リ、人ノ妻子家僕ヲ暴殺シ、家国ヲ乱奪シテ、吾有《ウ》トセントス。小大異ニシテ、実ハ盗賊ノ業也。大臣武将ノ尊キヲ以テ異国ニ対シ吾ガ　神国ヲ盗賊国トセントス。[57]

このように朝鮮出兵を大義なき侵略行為として論難し、「武道ノ正義」という観点を前面に押し立てて、秀吉の行為を非人道的なものとして一刀両断する乳井の論法は鋭い。武将としてもって生まれた気性・能力とはまた別の次元で、武将には武将として「大道」を実践していくにふさわしい「器量」がなければならない。そこのところを混同して、「今ノ士タル者ハ太閤ノ気風ヲ望テ武道ノ意気地ト貴ブ。噫、哀ヒ哉」と乳井は言う。この乳井の発言には自ずと彼の武士理解が反映されている。ただ単に戦闘能力に秀でた者を武士の「鑑」とみる見方はきっぱりと拒否されている。乳井は武将としての資質や気構え（「意気地」）の次元を超えた、武将としての道徳的責務を問題としているのである。

乳井は赤穂四十七士に対しても、「武道ノ正義」に反した「天下ノ罪人」として、筆鋒鋭く糾弾する。以下、『志学幼弁』巻之九「雑問」で展開されている赤穂四十七士批判の論旨を要約しておく。[58]

世俗は四十七士の「哀情」に共感して、これを「忠義」の士と称賛するが、これは「武道正義ノ実」が何たるかを見誤った見方でしかない。「衆俗ノ情」に噺されて、判断において「実義」を失うことがあってはならない。四十七士は「天下ノ罪人」である。なぜなら「人ヲ殺シタ」からである。なるほど「敵討」ならば、「人殺シノ罪」には当たらない。しかしこの場合は「敵討」には相当しない。彼らの行為は「唯ダ君ノ欝憤忿怒ヲ継テ咎ナキ大人ノ家ニ乱殺シ、主君ノ罪ヲ十倍スル」ものでしかない。

吉良氏を憎むのは「衆人一同」のことであり、それ故に世の多くは四十七士に味方するが、これは「私」である。吉良氏に憎悪の気持ちを抱くことと四十七士の行為の妥当性とは別個の問題で、これを混同してはならない。

赤穂侯は私憤で「天使ノ大礼」を乱し刃傷に及んだ。その罪は重く、それ故に誅罰に伏したのである。他方、吉良氏は刀を抜かなかった。それ故「喧嘩ノ式」を免れたと言える。つまり喧嘩両成敗はこの場合には当てはまらない。たとえ吉良氏の悪言が事件の発端であったとしても、悪言は「私ノコト」であり、それをもって赤穂侯の行為を正当化する理由にはならない。

吉良氏は刀を抜き合わせず忍んだ。故に罪はない。その罪のない者を四十七士たちが切り殺したのは、果して「武道ノ正義」と言えようか。「是レ女ノ妬ヲ報ズルト其情同ジ」であり、「君臣ノ道ニ昧キ」ものの仕儀であり、「主君ノ災ヒ」にかこつけて「己ガ名ヲ第一ニシ勤メタル」ものでしかない。

では、彼らは主君の廟前で「死シテ恩義ヲ報ジ以テ義トスベキ」であったか。これも否である。殉死は「不仁」であり、「不仁」は「人道」にはずれる。恩義に報ずるのにただ「死」を以てする以外にはない、と考えるのは思慮が足りない。何のために主君に仕えるのか、その根本に思いを致す必要がある。

主君から妻子を養う禄を支給されることに恩義を感じるのは見当ちがいも甚だしい。家臣は主君の奴僕ではない。主君を補佐し共に「国家人民社稷」の統治の任にあたることが武士の勤めである。一命を君に捨て、親・妻子も顧みず、艱難辛苦に立ち向かい「己ヲ尽ス」のは「天命ヲ君ニ体シ、国家人民社稷ノ為ニ其誠ヲ守ル」ためであり、これが「武門臣道ノ正義」である。禄に対する反対給付として、或は、禄を支給してくれる主君の情愛に恩義を感じて奉公するのではない。「禄恩ノ為ニ君ニ務ルハ、是乞丐《コツガイ》日傭《ヒヤトイ》ノ務」である。禄を受け、官位を授かり、職を賜るのも、これはひとえに「国家人民社稷ノ為」である。それ故に「国家人民社稷ヲ治ル道」を知らないで、単に主君の用を足し、その俸禄で妻子を養うまでのことと思っている家臣は「乞丐日傭ノ恩ヲ辱スル」のと同じである。
ところで、赤穂浪士には、今現在君もなく、国もなく、民もなく、社稷もない。その彼らが何を務め、何を尽くそうというのか。「天命」はすでに改まってしまったのである。彼らが務め尽くすべきことは、「父子兄弟夫婦ノ恩愛ヲ務メ、飢寒ノ憂ナカラシメ、生ヲ養イ孝弟ノ道ヲ務メ、人倫ノ大義ヲ尽シ、以テ其死ヲ全スベキコト」である。「大倫ノ道何ゾ唯ダ君ニノミ極マリ尽クベキヤ」。臣としての職分をなくした彼らにも、なお妻子眷属に対する夫としての責務が残っているはずである。名誉を思うからといって、家族を「土芥ノ如ク捨ル」ことは鳥獣すらしない。

赤穂四十七士の死は、その死が、君のため国のため社稷のために何ら意味があるわけではない。彼らの挙はただ憎しみのために義央を乱殺したまでのことである。世間では恩愛の情を断ち切って、二年の辛苦を忍んで、良策を尽くし、主君の遺志を継いだ、その「志」の「哀れ」を汲んで「忠」と称するが、これは根本の「大義」を見逃した見方である。

この議論において、乳井は君臣関係を情誼的な紐帯に基づいた没我的献身のモラルで捉えることもなければ、かといって、俸禄を媒介とした主君と家臣との双務的な契約関係で捉えることもない。乳井は君臣関係を君と臣との二者間の閉鎖的な関係として捉えるのではなく、国家と人民の統治という大きな目的を遂行するためには君臣がどのような関係に至らねばならないか、という問題の立て方をしている。君と臣とは、それぞれ共に国家・人民を統治する責務、つまり「職分」を「天命」として負わされている。君は国と人民を統治する主体であり、臣はあくまでその君を補佐する重い任を担う者である。故に臣は君からの俸禄支給に「恩」を感じて唯々諾々と仕えるとすれば、それは乞食同様の仕儀でしかない、というのである。別言すれば、主君への献身ということも国家・人民の統治の実現ということに結び付かない限り意味はないということになる。

「天命」すでに改まり、治めるべき国も民もなくなってしまった赤穂の家臣たちには、その時点で、武士としての「職分」はなくなってしまった、と乳井は判断する。しかしなお、と彼は考えを詰めて行く。武士としての「職分」はなくなっても、人間としてのそれまでなくなったわけではない。妻子眷族を養ってゆく責務が残っていたはずではないか。君に仕えることのみが「大倫ノ道」ではない。赤穂四十七士達は「名」を惜しむあまりに、親に対する子としての、子に対する親としての、妻に対する夫としての「職分」を放棄して果たさなかった、このことこそがまさに批判されるべき最大の点である、というのである。

近世で論じられた様々な義士論の中でも、このように妻子眷族に対する浪士達の責任の問題をこれだけ明確に論として正面から取り上げたのは希有である。確かに事件後に仕立てられた浄瑠璃や歌舞伎の戯曲の多くの中には、親族への情の問題を顧慮・喚起させることに意を払った作品も少なくない。しかしそれらは、そのような家族の情的な結合を断ち切ってまでもして、君臣関係に殉じた浪士達の心情のけなげさを賛美することに主眼が置かれていたと言えよう。乳井が展開したような、妻子眷族に対する浪士達の責任追求の論点は、それまでの多くの義士論が欠落させていた問題視角であった。この意味において、乳井の義士批判は特異であり、注目に値しよう。

おわりに

十七世紀の儒教を奉ずる知識人にとっては、真理とはすでに過去において見出されたものであり、それは「四書五経」といった古典の中に記述されているものであった。従って何事も「古人の智」に依拠すべきであり、「自分の智」で勝手に判断する事は恣意憶測と考えられ、退けられた。しかし十八世紀中頃ともなると、知識人達は真理とは自らが見つけ出していくものであると考えるようになってきた。安藤昌益、富永仲基、三浦梅園、平賀源内、皆川淇園、司馬江漢、本田利明、海保青陵、佐藤信淵、二宮尊徳等々、彼らはもはや儒教の経典の中に真理を探るのではなく、真理一般を求め出した。古典に対してもそれ自体を懐古趣味的に追求するというのではなく、現実の課題を克服し未来を切り開くための知的な道具として捉えようとする。小論で検討を加えてきた乳井の実学志向の学問観や古典の権威に囚われず自在に古典を用具として使いこなしていく強烈な「吾」意識の主張などは、乳井が津軽という本州最北端の地にありながらも、このような十八世紀後半の開明的な思想家達の思想的営為と連なっていたことを証しよう。このことは近世日本の地域文化の成熟度を示すとともに、中央と地方との間の、もの、人、情報の想像以上の流通を予測させる。江戸時代の日本は藩に分割されていた。しかし藩という障壁をはるかに越えて、この時代日本の各地で一様に新たな学問への模索が展開されていたのである。

1 『乳井貢全集』第四巻。冒頭扉に顕彰碑の写真と碑文が掲載されている。引用にあたって句読点を付した。
2 「高岡記」『津軽藩旧記伝類』二二五頁。
3 「猪股繁長筆記」『津軽藩旧記伝類』二三九頁。
4 『乳井貢全集』第四巻二〇五頁。
5 同右一八七頁。
6 『弘前藩日記』はこれを享保十九年四月七日のこととしている。
7 「高岡記」は「眼病を云立、役儀を辞して暫く世の有様を見たり」と記している。『津軽藩旧記伝類』二二五頁。
8 「高岡記」『津軽藩旧記伝類』二二五〜二二六頁。
9 工藤睦男「宝暦改革前における弘前藩の財政事情―宝暦四年の借財高をめぐる一考察」(『弘前大学教育学部紀要』第九号　一九六二年)を参照。
10 弘前市立図書館岩見文庫蔵。なお注9の工藤論文ではこの資料の数値が一覧表化されており借財状況が明らかにされている。
11 『乳井貢全集』第三巻二六九〜二八九頁。
12 注9の工藤論文及び浅倉有子「蝦夷地警衛と藩財政」(『国史研究』九十号　一九九一年)には『年穀多寡節用』をもとにした収支一覧表が作成されている。
13 『佐藤家記』、みちのく双書『津軽藩歴代記類』(青森県文

化財保護協会　一九五九年）二二五頁。

14 注9の工藤論文二〇頁。

15 「内山旧記」『青森市沿革史』上巻九九四頁。

16 「工藤家記」『津軽藩旧記伝類』二三〇頁。

17 藩札の性格を持ち、通帳として使用された「標符」の実物が二〇〇三年の調査で確認されている。これによって、従来米切手と混同されて理解されがちであった「標符」の形態が明らかになった。『新編弘前市史』通史編2（近世1）四七五～四八五頁。

18 「封内事実秘苑」宝暦八年七月条『新編弘前市史』資料編2六七七頁。

19 「高岡記」『津軽藩旧記伝類』二三二頁。「封内事実秘苑」宝暦六年十月条『新編弘前市史』資料編2六六五頁。「高岡霊験記」『青森県史』資料編近世3七三頁。

20 『永禄日記』みちのく双書第一集二〇一頁。

21 「藤田氏抄録」には「御家老某惣じて乳井が存念をくじき防ぎて、町人宮崎源兵衛が奸計を用ゐし故、遂に乳井ハ其実功を顕す事、能ハざるのみならず、再び厳刑に処せられたり。心ある人々ハ惜しみけるといふ」とある。『津軽藩旧記伝類』二三六頁。二度目の失脚については、現時点では史料的にこの記述以上のことを明らかにし得ない。

22 乳井家由緒書『乳井貢全集』第一巻三頁。

23 「工藤喜右衛門筆記」『津軽藩旧記伝類』二三七～二三八頁。

24 同右。

25 「三谷句仏筆記」『津軽藩旧記伝類』二四〇頁。

26 「工藤喜右衛門筆記」『津軽藩旧記伝類』二三八頁。

27 「高岡記」『津軽藩旧記伝類』二二九頁。

28 『五蟲論』『乳井貢全集』第四巻三二四頁。

29 『志学幼弁』本書八頁。

30 『五蟲論』『乳井貢全集』第四巻三二四頁。

31 『志学幼弁』本書一二四～一二五頁。

32 同右一二三頁。

33 乳井が誰から学問の手ほどきを受けたかは詳らかにし得ない。ただ乳井の思想的系譜としては、「聖人ヲ知ル者、異朝ニハ孟子荘子ノ両子ノミ。吾ガ朝ニハ素行子・徂徠子・太宰純ノ三子ノミ」（『志学幼弁』本書二四四頁）と述べているように、山鹿素行、荻生徂徠、太宰春台に連なる。とりわけ素行に対しては素行の著『聖教要録』からの引用が多く私淑すること厚かった。元来津軽藩と素行の関係は密接である。四代藩主津軽信政（一六四六～一七一〇）は十五歳の折り素行に入門し、以後素行が病没するまで敬事し、弟の政朝（一六四八～一七〇五）と二人の息子信寿（五代藩主一六六九～一七四六）・資徳（一六七二～一七〇八）も入門した。また素行の長女亀の娘婿、岡八郎左衛門は延宝七年（一六七九）津軽家の家臣となり、天和元年（一六八一）家老となって津軽大学と称して国政を預かり、代々その子孫は津軽侯に仕え、津軽山鹿家の本家となった。さらに素行の二女鶴は延宝六年（一六七八）津軽藩士喜多村源八に稼し、源八も天和元年に家老となった。加えて素行の門人磯谷十助が延宝五年に津軽藩にとりたてられたのを始めとして、素行門人が少なからず津軽藩に召し抱えられた。そして素行の著『中朝事実』『武経要録』『武経全書』は津軽藩より出版されている。

34 『志学幼弁』本書二三一頁。

35 同右一九七頁～一九八頁。

36 同右一二九頁。

37 同右二六〇頁。

38 同右一二九頁。

39 同右一八三頁。

40 同右二四一頁。

41 同右一八三頁。

42 マックス・ピカート『われわれ自身のなかのヒトラー』（佐野利勝訳　みすず書房　一九六五年）。

43 『志学幼弁』本書二六一～二六二頁。

44 同右一四頁。

45 同右三〇頁。

46 同右二四二頁。

47 拙稿「乳井貢の実学思想と『陸稲記』」『転換期北奥藩の政治と思想―津軽藩宝暦改革の研究』平成三年度科学研究費補助金研究成果報告書（研究代表者　長谷川成一）一九九三年一月。

48 『志学幼弁』本書六八頁。

49 同右三一六頁。

50 同右二三三頁。

51 同右四頁。

52 『五蟲論』『乳井貢全集』第四巻三三〇頁。

53 『志学幼弁』本書一九一～一九二頁。

54 『五蟲論』『乳井貢全集』第四巻三三六頁。

55 『志学幼弁』本書三八頁。

56 同右九頁。

57 同右三〇四頁。

58 同右三〇六～三〇九頁。

【研究文献一覧】（公刊順）

『暗門』第三巻一二月号　乳井貢顕彰記念号　一九三五年一月。

藤田正次「乳井貢伝」(一)(二)(三)『うとう』二三・二四・二五号　一九三八年八月・一一月、一九三九年四月。

野村兼太郎『徳川時代の経済思想』日本評論社　一九三九年。

藤田正次「乳井貢の哲学的世界観」『うとう』二六号　一九四一年十月。

藤田正次「乳井貢の思想的位置」『月刊東奥』一九四一年八月。

藤田正次「学問の有用性と実践性」『月刊東奥』一九四一年九月。

羽賀与七郎「乳井貢とその嫡子について」(一)(二)『陸奥史壇』一九五七年四月・十一月。

宮本真澄「乳井貢の経済思想について」『弘前大学国史研究』二四号　一九六〇年。

大川哲夫「津軽藩に於ける宝暦改革の一考察」『弘前大学国史研究』三十号　一九六二年。

羽賀与七郎「弘前藩の学風」『弘前大学国史研究』三一号　一九六二年。

弘前市史編纂委員会『弘前市史』一九六三年。

宮崎道生『津軽藩宝暦改革の思想的背景』『地方史研究』七八号　一九六五年（後に『青森県の歴史と文化』津軽書房　一九七七年に収録）。

田中守『乳井貢の人と業績―地方行政史の教訓』『アジア文化研究』一一号　一九七七年。

小島康敬「津軽藩士乳井貢の思想」長谷川成一編『北奥地域史の研究』名著出版　一九八八年二月。

小島康敬「津軽藩士乳井貢―その思想と赤穂四十七士批判」『哲学会誌』二四号（弘前大学哲学会）一九八九年四月。

小島康敬「津軽藩士乳井貢の赤穂四十七士及び太閤秀吉批判」『論集　江戸の思想』財団法人高崎哲学堂の会　一九八九年五月。

小島康敬「乳井貢の実学思想と『陸稲記』」『転換期北奥藩の政治と思想―津軽藩宝暦改革の研究』平成三年度科学研究費補助金研究成果報告書（研究代表者　長谷川成一）一九九三年一月。

Kojima, Yasunori, "The Thought of Nyui Mitsugi: Practicality and Reform in Tsugaru Domain", *Asian Cultural Studies*, Vol. 19　1993.

小島康敬「徂徠学の実践—津軽藩の事例を中心として」『アジア文化研究』別冊第七号、一九九七年三月。

Ravina, Mark, *Land and Lordship in Early Modern Japan*, Stanford Univ Press, 1999.（邦訳『「名君」の蹉跌—藩政改革の政治哲学』ＮＴＴ出版　二〇〇四年四月）。

瀧本壽史「弘前藩宝暦改革における「標符（通帳）」の形態について—「宝暦七丁丑年五月　諸品通」と宝暦五年の米切手」『弘前大学国史研究』一一一号　二〇〇一年一〇月。

Trott, Rosemary Gray, "The Politics of Famine in a Far-off Place: Nyui Mitsugi and the Horeki Crisis in Tsugaru", 2001.（オーストラリア国立大学提出博士論文）。

小島康敬「乳井貢の登用と宝暦改革」『新編弘前市史』通史編2（近世1）　二〇〇二年六月。

瀧本壽史「弘前藩宝暦改革で発行された「標符」」『弘前大学国史研究』一一四号　二〇〇三年三月。

小島康敬「弘前藩宝暦改革の主導者乳井貢の思想と実践」浪川健治・佐々木馨編『北方社会史の視座』第二巻　清文堂出版　二〇〇八年二月。

仲尾宏「江戸時代知識人の壬申倭乱批判—貝原益軒と乳井貢の場合」『研究紀要』（世界人権問題研究センター編）十五号　二〇一〇年三月。

小島康敬「『武士的公共性』の可能性—山鹿素行・荻生徂徠・乳井貢」片岡龍・金泰昌編『公共する人間1　伊藤仁斎』東京大学出版会　二〇一一年一月。

小島康敬「山鹿素行・荻生徂徠・乳井貢の士道論」『退渓学論集』第九号　二〇一一年十二月。

小島康敬「乳井貢」『日中韓思想家ハンドブック』勉誠出版　二〇一五年十一月。

小島康敬「荻生徂徠の残響—太宰春台・堀景山・水足博泉・乳井貢・山県大弐・帆足万里の『楽』言説を巡って」『近世日本と楽の諸相』（京都市立芸術大学日本伝統音楽研究センター研究報告十二）　二〇一九年三月。

楊世帆「『志学幼弁』における天人関係について—徂徠学の影響をめぐって」第15回東アジア実学国際フォーラム『若手論壇報告集』二〇一九年十二月。

楊世帆「乳井貢の『大学』解釈について」『東北文化研究室紀要』通巻第六二集別冊　二〇二〇年。

楊世帆「乳井貢における規範と作為について—『至誠』と『数道』をめぐって」『研究　東洋』十二号（東日本国際大学東洋思想研究所紀要）　二〇二二年二月。

小島康敬（こじま・やすのり）

1949年生。学習院大学大学院博士課程退学。弘前大学人文学部助教授、国際基督教大学教養学部教授を経て、同大学名誉教授。この間、『新編弘前市史』、『青森県史』の編纂委員及びエジプトカイロ大学文学部客員教授、北京日本学研究センター客員教授を兼務。

主要著書・論文

『徂徠学と反徂徠』（ぺりかん社　1987年　増補版1994年）
「津軽藩士乳井貢の思想―その基礎的考察」（長谷川成一編『北奥地域史の研究』名著出版　1988年）
『新編弘前市史』通史編3（近世2）（共著　弘前市企画部企画課　2003年）
『青森県史』資料編　近世　学芸関係（共編著　青森県　2004年）
『「礼楽」文化―東アジアの教養』（編著　ぺりかん社　2013年）
『江戸のなかの日本、日本のなかの江戸』（共編著　柏書房　2016年）
「荻生徂徠の残響―太宰春台・堀景山・水足博泉・乳井貢・山県大弐・帆足万里の『楽』言説を巡って」（武内恵美子編『近世日本と楽の諸相』京都市立芸術大学日本伝統音楽研究センター研究報告12　2019年）

乳井　貢
志学幼弁

2024年12月20日　第1刷発行

校注者　小島康敬
発行者　櫻井義秀

発行所　北海道大学出版会
札幌市北区北9条西8丁目　北海道大学構内（〒060-0809）
Tel. 011(747)2308・Fax. 011(736)8605・https://www.hup.gr.jp/

㈱アイワード／石田製本㈱

ISBN978-4-8329-6901-8

主要語句索引

タ　行

ラ　行

人名索引

タ　行